法學叢書

歐洲共同體法總論

王泰銓 著

三民書局

國家圖書館出版品預行編目資料

歐洲共同體法總論／王泰銓著.--初
版.--臺北市：三民，民86
面；　　公分
ISBN 957-14-2584-2（平裝）

1.歐洲共同體-法律方面

578.1642　　　　　　　　　86004193

國際網路位址　http://sanmin.com.tw

© 歐洲共同體法總論

著作人　王泰銓
發行人　劉振強
產著作權人財　三民書局股份有限公司
發行所　三民書局股份有限公司
　　　　地址／臺北市復興北路三八六號
　　　　電話／五〇〇六六〇〇
　　　　郵撥／〇〇〇九九九八——五號
印刷所　三民書局股份有限公司
門市部　復北店／臺北市復興北路三八六號
　　　　重南店／臺北市重慶南路一段六十一號
初版　　中華民國八十六年五月
編號　S 57103
基本定價　拾伍元
行政院新聞局登記證局版臺業字第〇二〇〇號

ISBN 957-14-2584-2（平裝）

自　序

　　本書作者游學、講學歐洲二十五載，隨後應臺灣大學法律學研究所以及淡江大學歐洲研究所之聘請，分別自一九八八年、一九八九年開始講授歐洲共同體法以來，認真指導以上兩所隨課研究生（羅棻珠、吳彥君、林正智、王憶如、吳雪鳳、左雅玲、周諫仁、劉以理、陳聰銘、林香君、許莉美、傅玉絲、沈冠伶、徐心蘭、戴豪君等）翻譯歐洲單一法、歐洲經濟區域協定和歐洲聯盟條約；指導研究助理（何穗華、楊苑琳、潘淑杏、潘建彰、戴豪君、董珮娟、梁禺山、陳忠武、吳志光、劉華美、吳定亞、林志峰、沈冠伶、李崇僖等）成組或個別研討歐洲共同體法，搜集整理文獻、資料，協同撰寫部份相關論題，經過數年的努力，教學相長，終於累積了經驗和研究成果，感謝三民書局接納付梓，以饗讀者。

　　本書涵蓋領域廣大，使用語文較多，涉及層面複雜，錯誤在所難免，尚有待各界不吝賜教，以便日後繼續充實改進。本書並同列國立臺灣大學法學叢書第70號。

王泰銓　謹識

民國八十六年清明節

歐洲共同體法總論

目　次

自序

第一章　歐洲共同體之形成與發展

第二章　歐洲共同體法之法源

第三章　歐洲共同體法之性質

第四章　歐洲共同體機構組織及其相互間之關係

第五章　歐洲共同體關稅制度

第六章　歐洲共同體經濟暨貨幣同盟之發展

第七章　歐洲共同體反傾銷法

第八章　歐洲共同體競爭法

第九章 歐洲共同體公司法

第一章　歐洲共同體之形成與發展

第一節　共同體組織之形成

　　繼承羅馬帝國遺產的結果，歐洲人民有其共同的文化基礎和傳統政治統一的理念。所以自從中世紀末期，就有統一歐洲的呼聲。直到二十世紀的後半期，幾經多少作家、詩人、哲學家、歷史學家、法學家、政治家（**註一**）的努力倡導，圖謀實現查理曼時代(Charlemagne, 742～814)主導歐洲統合的原則。

　　第二次世界大戰以後，歐洲政治、經濟、社會一蹶不振，面對美蘇

註一　尤其是十四世紀Pierre Dubois的現代歐洲理論，圖謀在帝國、宗教權勢之下，成立國際仲裁制度，和平相處；十五世紀Podiebrad主張各國相互協助，並在互不侵犯的原則下，成立歐洲邦聯、設置國會說，以及Leibniz的歐洲統一論；十八世紀有Voltaire、Montesquieu、Kant和L'abbé de Saint-Pierre永久和平的歐洲聯邦理想；十九世紀有Saint-Simon鼓動創設歐洲經濟共同體的理論，Proudhon建設歐洲聯邦的原則。由於這些歐洲統合(L'unité européenne)的理念，產生歐洲合眾國(Etats-Unis d'Europe)的呼聲；二十世紀初期有Coudenhove-Kalergi泛歐聯盟(Union Paneuropéenne)運動，更有其他歐洲關稅和經濟聯盟(Union économique et douanière européenne)，歐洲和平聯盟(Fédération pour l'entente européenne)等運動之產生。Aristide Briand以國會名義曾向國際聯盟(Société des Nations)提出歐洲聯盟制度組織的備忘錄(Mémorandum sur l'organisation d'un régime d'union fédérale européenne)。以上詳細資料參照Cartou, Louis, Communautés européennes, Précis Dalloz, 5ème éd., 1986, pp.43～52.

兩大集團的競爭，法、德兩相仇恨的態勢，整合強化歐洲的運動接踵而來，掀起歐洲統合的浪潮。1946年12月19日邱吉爾(Winston Churchill)在瑞士蘇黎世大學 (l'Université de Zürich) 演說中呼籲歐洲聯盟的必要，得到歐陸各地正面的回應，乃有歐洲聯邦主義者的歐洲聯盟(Union européenne des fédéralistes)及社會主義者的歐洲合衆國運動(Mouvement socialiste pour les Etats-Unis d'Europe)，歐洲國會聯盟(Union parlementaire européenne)等組織產生。在這些運動推展下，1947年成立了歐洲統一運動委員會國際協調會(Comité internatronal de coordination des mouvements pour l'unité européenne)並在海牙會議(Congrès de La Haye)決定於1949年在史特拉斯堡(Strasbourg)成立歐洲理事會(Conseil de l'Europe)。但是結果根本轉化原本政治運動的性質而成爲歐洲國家一般政治、社會、經濟、文化方面合作的組織機構，其創始至今主要貢獻是通過1950年的歐洲人權公約(Convention européenne de la sauvegarde des droits de l'homme et des libertés fondamentales, signée à Rome le 4 novembre 1950。創始國有比利時、丹麥、法國、英國、愛爾蘭、義大利、盧森堡、挪威、荷蘭、瑞典十國；後來加入的國家有土耳其、希臘、冰島、西德、奧地利、賽普勒斯、瑞士、馬爾他、葡萄牙、西班牙、列支敦斯登等十一國。目前共有二十一個會員國)，及其後設立之歐洲人權法庭(La Cour européenne des droits de l'homme)，而在統合方面未見實際成效 **(註二)**。

面臨歐洲大陸經濟崩潰的危機，法、德有感於結合之重要性而積極推動。英、美鑑於共產國家的威脅亦加以支持。乃有馬歇爾計劃(Marshall Plan)的推展，而促成1948年歐洲經濟合作組織(Organisation

---

註二　參照Philip Christian, *Les institutions européennes,* Masson, Paris, New York, Barcelona, Milan, Mexico, Rio de Janeiro, 1981, pp.39～48.

européenne de coopération économique)──即是1960年成立國際性
經濟發展合作組織(Organisation de Coopération et de Développe-
ment Economique, OCDE) **(註三)** 之前身，以及1949年北大西洋公約
組織(North Atlantic Treaty Organization; NATO) **(註四)**，建立
了一種朝向歐洲經濟、軍事合作的基礎。

　　在歐洲統合運動的過程中，呈現出兩大抗衡對立的理念：主張歐洲
聯盟(l'union fédéralisme)主義，以地理因素的新理念激發同一命運的
共同體情操；主張國家主義(le nationalisme)者卻以戰爭、歷史、文化
的考量認爲保護國家主權是一個政府之基本任務。因而使得歐洲的建設
蒙受重重的困難。

　　二十世紀後半期，歐洲整合思想高漲，法國前國際聯盟祕書長莫內
(Jean Monnet)在1950年建議歐洲國家和平相處，組成共同的煤鋼產
銷市場，發展歐州經濟；同年5月9日法外長舒曼(Robert Schuman)
提出具體計劃，主張結合歐洲基礎工業而得到西德總理艾德諾(Konard
Adenauer)的支持。終於集結其他西歐國家（義大利、荷蘭、比利時、
盧森堡）於1951年4月18日，在巴黎簽定歐洲煤鋼共同體條約 **(註五)**，
創立歐洲煤鋼共同體(Communauté européenne du Charbon et de

註三　OCDE包括二十四個市場經濟工業國家：原先由十八個歐洲國家（西德、奧
　　　　地利、比利時、丹麥、西班牙、法國、希臘、愛爾蘭、冰島、義大利、盧
　　　　森堡、挪威、荷蘭、葡萄牙、英國、瑞典、瑞士和土耳其）組成，後有美
　　　　洲國家（加拿大、美國）、日本、芬蘭、澳大利以及紐西蘭之加入。是西
　　　　方國家之間龐大的經濟組織，協調相互間的經濟政策，並協力幫助開發中
　　　　的國家。

註四　西方政治、軍事組織同盟有比利時、加拿大、美國、丹麥、義大利、盧森
　　　　堡、荷蘭、挪威、葡萄牙、冰島、西德、希臘、土耳其。法國、西班牙各
　　　　限於政治同盟。

註五　Traité instituant la Communauté européenne du charbon et de l'acier,
　　　　signé à Paris le 18 avril 1951.並於1952年7月23日正式生效。

l'Acier, CECA; European Coal and Steel Community, ECSC)。ECSC條約適用期限為五十年，即至2002年7月22日止。這是侷限於煤鋼共同市場的規範，各會員國授權ECSC機關負責管理煤鋼產銷。這煤鋼產銷組織是第一個歐洲經濟合作組織，為後來歐洲共同體共同市場奠定穩固的基礎（**註六**）。

雖然舒曼計劃授權獨立於各會員國之外的高級公署(Haute Autorité)執掌煤鋼共同市場，相對簡單地被國家主義者所接受（**註七**），緊接著鼓吹成立歐洲防衛共同體(Communauté européenne de défense)及歐洲政治共同體(Communauté européenne politique)的努力，終於失敗（**註八**）。由於這種創立軍事、政治共同體組織嘗試失敗的教訓，歐洲煤鋼共同體會員國認為今後首先需要建立經濟上相互連帶的事實關係，達成經濟統合後邁入最終的政治統合(union politique)階段。

因而在1954年，Jean Monnet組成歐洲合眾國行動委員會(Comité d'action pour les Etats-Unis d'Europe)，而歐洲煤鋼共同體會員國外長乃於1955年在義大利西西里的Messine籌措簽訂羅馬條約，由比國外長席巴克（Paul Herry Spark）主持成立一個委員會草擬相關計劃。終在1957年3月25日分別簽訂了兩個羅馬條約（**註九**），亦稱

註六　當時英國拒絕加入歐洲煤鋼共同體，主要是因為它不願放棄其國家最高主權，只接受以協調方式建立關係。

註七　其主要理由是因為這種共同市場範圍局限於煤鋼市場而已。

註八　自1950至1953年，美國為韓戰全力以赴，西歐國家必須擔當防衛自己的責任。依照Plan Pleven六會員國簽訂歐洲防衛共同體(Traité instituant la Communauté européenne de défense, signé le 27 mai 1952)。後因法國國會在1954年拒絕批准，歐洲防衛共同體的成立終告胎死腹中。而歐洲政治共同體的草案早在1953年提送各會員國政府後便無下落。

註九　Traités instituant la Communauté économique eunopéenne et la Communauté de l'énergie atomique, signés à Rome le 25 mars 1957.並於1958年1月1日正式生效。

EEC、Euratom條約，分別建立了歐洲經濟共同體(Communauté économique européenne, CEE; European Economic Community, EEC)和歐洲原子能共同體(Communauté Européenne de l'Energie Atomique, CEEA; European Atomic Energy Community, EAEC或簡稱Euratom)。自此以後直至馬斯垂克條約生效之前，這三個共同體總稱爲歐洲共同體（European Communities, 簡稱EC; Les Communautés Européennes, 簡稱CE）。申言之，Euratom條約和EEC條約並無適用期限的規定，分別致力於原子能、經濟範圍之合作。從其特定的煤鋼、原子能到廣泛的經濟合作，ECSC、Euratom和EEC三個共同體各自基於其創立條約獨立擁有國際法人格外，並使三個共同體併存架構下的歐洲共同體得到國際社會的承認：自1958年聯合國派遣第一任大使駐歐洲共同體迄今，已有147個國家與歐洲共同體建立正式的外交關係，其中更有120個國家派駐使節。而歐洲共同體在普遍地與第三國締結雙邊或多邊協約之餘，亦已正式加入近百個國際組織，顯示了歐洲共同體之國際法人格之地位（註一〇）

　　雖然1957年以來，共同體的發展經歷了一段曲折的過程，但對其他非會員國家卻構成經濟上的威脅，乃有1960年歐洲自由貿易協會（Association européene de libre-échange, AELE; European Free Trade Association, EFTA）（註一一）之成立而與其對立。但自1961

註一〇　參見林志峰，歐洲共同體之國際法人格，淡江大學歐洲研究所碩士論文，民國84年5月。另詳閱Office des publications officielles des Communautés européennes, *Corps diplomatique accrédité auprès des Communantés européennes*, Luxembourg, 1991; Ibid., *Relations des Communautés européennes arec les organisation internationales*, Luxembourg, 1991。

註一一　七個創始國家（奧地利、丹麥、挪威、葡萄牙、英國、瑞典、瑞士）於1959年在斯德哥爾摩(Stockholm)簽訂歐洲自由貿易協會，後有芬蘭、冰島陸續加入（1970年）。英國、葡萄牙於加入歐洲共同體之後退出歐洲

年起，其一部分成員開始申請加入共同體，呈現共同體擴大發展跡象！共同體雖在1968年前完成關稅同盟，亦即對內廢除會員國間之關稅，對外建立共同的關稅制度，可是由於七〇年代貨幣、能源危機，國際經濟形勢的變化，以及共同體內部統合引發法國「空椅子之危機」（la crise de la chaise vide）。又因新會員國的加入，使得共同體政策的推展窒礙難行，共同市場的理想因而受挫。直至1986年，歐洲共同體通過歐洲單一法(Acte unique européen, AUE; Single European Act, SEA)**（註一二）**，積極推展內部市場並於1992年12月31日完成單一市場的理念。同時面對著國際經濟形勢所造成的影響，接著EC-EFTA 1984年盧森堡宣言(Luxemburg Declaration)和1989年戴洛(Jacques Delors)聲明之後，雙方於1991年10月22日在盧森堡共同達成建立歐洲經濟區域(Espace économique européen, EEE; European Economic Area, EEA)的協議，並於1992年5月2日十九個國家在葡萄牙波爾多（Porto）簽定歐洲經濟區域協議（Accord Sur l'espace économique européen; European Economic Area Agreement）。後因瑞士公民投票否決終未加入**（註一三）**，其餘十八個國家雖已完成其批准程序準備於1993年1月1日開始正式進入單一內部市場的經濟體系，仍須重新協調十八個國家的協議，遲至1994年1月1日才正式發生效力。

共同體會員國為加強會員國間的政治關係，以期在外交與國防上有

自由貿易協會。這種自由貿易地區的建立，主要是對付EEC的政策，協會國家間，廢除關稅障礙，自由交易工業產品，但是沒有一套歐洲共同體政策（經濟、政治、法律方面的）。

註一二　法文"Acte unique européen"直譯成「歐洲單一法」。英文"Single European Act"或德文"Die Einheitliche Europäische Akte"則為「單一歐洲法」。

註一三　因其傳統民主制度與經濟、地理因素的關係，瑞士公民尚難接受加入EC的情況下，否決加入EEA。諸多背景因素，詳參潘淑杏，九〇年代瑞士歐洲聯盟政策之研究，淡江大學歐洲研究所碩士論文，民國85年6月。

共同的政策；為統合共同體內部的經濟與貨幣政策，以期縮短會員國間經濟上的落差，1991年12月9、10日在荷蘭馬斯垂克(Maastricht)召開高峰會議，並於1992年2月7日簽署歐洲聯盟條約(Teaty on European Union，以下簡稱TEU)。可是在歐洲聯盟條約的討論階段，曾引起各會員國激烈的論爭，尤其對於會員國修改內國憲法，移轉貨幣政策範圍內的國家主權問題。在完成各會員國內國憲法批准程序中，丹麥終於在第二次的公民投票中獲得通過；法國的公民投票勉強過半；而德國經聯邦憲法法院宣判關於主權移轉之問題不構成違反基本法之規定後，最後一個國家完成憲法批准程序，使得歐洲聯盟條約遲延至1993年11月1日才生效。因其簽署地名關係，又稱馬斯垂克條約。這是歷年來修改共同體創始條約最重要的條約。它加強了歐洲共同體經濟暨貨幣政策，共同的外交與安全政策以及司法與內政範圍的合作；確立補充原則（principle of subsidiarity）規範共同體與會員國間的權限劃分。馬斯垂克條約生效之後，"EC"名稱不再泛指前所指稱之三個共同體，而將僅指EEC **(註一四)**。換言之，三個共同體之總稱「歐洲共同體」被「歐洲聯盟」（一般簡稱歐聯或歐盟）所取代，而「歐洲經濟共同體」改稱為「歐洲共同體」，因而EEC條約亦改稱為EC條約而成為歷史的名稱。這種重大的改變，值得注意。

一、共同體組織之擴大

共同體建立初期，ECSC條約第98條、EEC條約第237條、Euratom條約第205條規定，歐洲共同體是對所有符合加入條件的歐洲國家開放的。任一歐洲國家均可向理事會提出加入共同體的申請，而理事會在聽取執委會的意見後，以一致決接受申請。允許加入之條件與因此而產生對創始歐洲共同體條約的必要修改時，須經各會員國與申請國簽

註一四　參照EU條約，第G(1)條。

訂協定，並依簽約國憲法規定分別完成批准程序（**註一五**）。

　　歐洲共同體對申請國之以上加入條件要求外，其他並無具體明文的規定。其實，對其民主化、保障基本人權與經濟發展程度的考量，亦是主要的條件。

　　歐洲共同體的創始會員國只有六國（法國、德國、義大利、比利時、荷蘭、盧森堡），而後於1973年第一次擴大組織時有英國、丹麥、愛爾蘭的加入；第二次擴大組織時有希臘（1981年）的加入；第三次擴大組織時有西班牙、葡萄牙（1986年）的加入；第四次擴大時有奧地利、芬蘭、瑞典（1996年）的陸續加入，使得共同體在目前已有十五個會員國，且有繼續增加之趨勢。

㈠第一次擴大組織──英國、丹麥、愛爾蘭之加入

　　當ECSC創立之初，英國並無加入。後因鑑於共同體於經濟上的顯著成就及其本身的需要，遂於1961年8月10日，依據EEC條約第237條的規定正式提出加入歐洲經濟共同體的申請（**註一六**）。同年9月，理事會在聽取執委會的意見後，一致決議受理該項申請並於1961年11月展開談判。由於英國與共同體間存有不少歧異（**註一七**），延宕了一年半之久，未獲致結果。終因法國總統戴高樂(De Gaulle)反對英國的加入，而使談判宣告中止。

註一五　ECSC條約只規定理事會聽取高級公署意見後，以一致決通過並制訂允許加入條件送交各有關政府備存（該文件即日起生效）；EEC條約與Euratom條約只規定理事會聽取執委會意見後，以一致決通過，並無歐洲議會之介入，可是允許加入之條件與因此而產生修訂創始條約的協定，務須經由各會員國家憲法規定程序批准。

註一六　1962年3月2日、5日，英國又分別提出加入歐洲煤鋼共同體及歐洲原子能共同體的申請。

註一七　例如，英國不接受共同體六國既定之共同農業政策與計劃中的農產品價格制度。並且對於大英國協的問題亦未能獲得一致的解決。

戴高樂反對的態度，使共同體因內部意見不一致，而面臨不安定的危機。戴高樂一向認為英國並非歐洲大陸的國家，且其與美國之間有著特殊的關係。英國的加入共同體，可能使共同體變成一個依賴美國的共同體，將會被其吞噬（**註一八**）。

況且1962年12月，英、美之拿索(Nassau)協定，美國同意提供英國「北極星飛彈」，英國則支持美國在北大西洋公約組織所提的「北約多邊核武議案」。此議案之目的是為阻止其他歐洲國家各自發展核子武力，所以英、美拿索協定不僅妨礙法國獨立發展核武的計劃，而且使戴高樂更加肯定英國不能成為其夥伴（**註一九**）。

另外英國長久以來仰賴國協會員國進口價廉物美的農產品（**註二○**），政府每年皆以巨額做為農業補貼之用，而人民已經習慣接受這種事實（**註二一**），從事耕種者不多。相對的，法國的農業人口不但多（**註二二**），而且承受生產過剩的壓力，農民的收入都不高。而英國政府在談判期間，堅持加入共同體後仍能繼續其農業補貼政策及獲取國協會員國低廉的農產品，這對法國而言任何為大英國協的農產品所做特殊的讓步，將意味著原來共同市場的結束（**註二三**）。

英國與大英國協的會員國間有著密切的關係，大多數農產品皆以英國為主要市場，且雙方也簽有若干優惠協定。因此英國加入共同體之後，惟恐國協會員國獨享優惠待遇，而對法國經濟，尤其是農業方面帶來一大打擊。甚且對於EFTA國家，英國希望共同體能將其全部吸收成

註一八　Daltrop Anne, *Political Realities: Politics and the European Community*, New York, 1990, p.29.

註一九　吳圳義，戴高樂與現代法國，臺北，民國78年，頁214。

註二○　Daltrop Anne, op. cit., p.21.

註二一　吳圳義，前揭書，頁211。

註二二　五○年代末期，英國的農業人口僅佔工作人口的4%，法國卻高達23%。參見Daltrop Anne, op. cit., p.27.

註二三　吳圳義，前揭書，頁216。

爲正式會員國或準會員國，但戴高樂卻認爲，英國與EFTA國家的加入將完全改變「共同體之本質」(nature of the Community) (**註二四**) 。

　　1967年，在英國與共同體有關機構各別作過試探性之接觸後，正式向共同體提出第二次申請，而丹麥、愛爾蘭、挪威 (**註二五**) 也於同年提出申請，但卻仍因法國的反對而再次遭到延議，直到龐畢度(Georges Pompidou)繼任總統，情勢才有了轉變。1969年共同體六會員國於海牙召開高峯會議，法總統龐畢度表示，共同體共同農業政策之財政問題，若能獲得明確的解決，法國願與英國、丹麥、愛爾蘭等申請國家重開談判。1970年英國、丹麥、愛爾蘭、挪威再次向共同體提出加入申請。1972年1月22日正式簽署加入條約。三個新會員國同意遵守共同體創始條約及接受所有依據該條約所做出的一切決議事項。亦於同時簽署了附帶的「加入條件和條約調整法」(Act Concerning the Conditions of Accession and the Adjustments to the Treaties)。1973年上述有關條約正式生效，過渡期直至1977年7月1日結束。

㈡第二次擴大組織──希臘之加入

　　早在希臘依照EEC條約第237條正式向共同體提出申請加入之前，即與共同體於1961年簽定準會員國協定(Association Agreement)，準備將來成爲正式的會員國。希臘本擬於共同體第一次擴大組織時加入，但因當時仍處於軍事獨裁統治下，遂無法得逞。但於1962年準會員國協定正式生效後，共同體與希臘在經濟上即有了實質上的關係 (如關稅同盟) 。乃於1975年6月12日正式提出申請加入，1976年展開正式洽談至

註二四　Nicholson Frances & East Roger, *From the Six to the Twelve: The Enlargement of the European Community*, 1987, p.30.

註二五　挪威於1972年舉行公民投票，結果反對加入共同體而中止申請加入。參考Lasok D. & Bridge J. E., *Law and Institutions of the European Communities*, London, 1987.

1979年1月1日共同體與希臘正式簽署第二次加入條約(The Second Treaty of Accession)，1981年正式生效。過渡期直至1986年1月1日結束。

㈢第三次擴大組織──西班牙及葡萄牙之加入

西班牙早在1962年即已申請加入，但因其政治體制及經濟條件的因素未被共同體所接受。至於葡萄牙，在英國加入共同體之後，和其他EFTA國家一樣只能和共同體簽署自由貿易協定（1972年）。因為葡萄牙疲弱的經濟狀況，協定中同意葡萄牙在1980年1月或最遲於1985年，逐步解除對共同體的貿易障礙。而共同體於1976年11月起，解除對葡萄牙工業產品及大部分的農產品的貿易障礙。西班牙及葡萄牙終於在1985年6月12日與共同體簽署第三次加入條約(The Third Treaty of Accession)，於1986年1月1日正式成為共同體的正式會員國，過渡期直至1992年12月31日止。

㈣第四次擴大組織──未來之展現

歐洲單一法擴大歐洲議會的職權之下，也修改申請加入共同體的程序（註二六）：歐洲單一法第8條重申任何歐洲國家得申請加入共同體的規定。但新會員國的加入必需有歐洲議會絕對多數的同意。1990年10月3日德國統一之後，東德亦納入共同體組織，擴展了共同體的領域。1992年歐洲內部市場的建立，誘引許多歐洲國家加入共同體的意圖。奧地利、芬蘭、瑞典、挪威向共同體提出的加入申請，便是明顯的例證。

註二六　SEA, art. 8: Any European State may apply to become a member of the Community. It shall address its application to the Council, which shall act unanimously after consulting the Commision and after receiving the assent of the European Parliament which shall act by an absolute majority of its component members.

東歐國家政治、經濟體制改革之後，亦躍躍欲試。其他如土耳其、馬爾他、賽普勒斯等，雖均與共同體締結了準會員國協定，尚難能加入（**註二七**）。事實上，早在1973年，EC與EFTA國家即已締結自由貿易協定，雙方合作相當密切。甚至於1985年1月1日起，EC與EFTA國家之工業產品已可自由流通。但EFTA國家鑑於多年來外來投資集中於共同市場十二個國家的現象，及其境內低度的經濟成長，遂與共同體於1992年5月2日共同簽署歐洲經濟區域的協定，終於1994年起在十八個國家內，達到四大自由流通的目標。雖然EFTA國家，尚未全部成為共同體的會員國，但實質上，共同體的經濟領域卻已擴張形成，由十八個國家所構成的經濟區域也成為世界上最大的經濟區域。這是共同體第四次擴大的先聲，也是促成奧地利、芬蘭、瑞典於1995年1月1日成為EC會員國的事實。

二、申請加入共同體之條件

1993年11月1日EU條約生效，廢除先前三個共同體創始條約有關新會員國申請加入的條款，而在第O條統一、維持了歐洲單一法的有關加入規定：即「任何歐洲國家均得申請加入成為聯盟之會員國。該國應向理事會提出申請，理事會於諮詢執委會並獲得歐洲議會其成員之絕對多數同意後，以一致決之方式作成決定。加入聯盟之許可條件及相關聯盟條約之調整，應為各會員國與申請加入國間協定之主旨。此協定應送交各締約國依各國憲法之規定批准之。」

事實上，在共同體組織三次的擴大中，每次申請加入國家與原始會員國的談判，政治民主和經濟條件，都成為兩個加入共同體之先決條

註二七　歐洲共同體於1961年與土耳其締結準會員國協定。但因土耳其經濟發展
　　　　仍然落後，其加入共同體非短期能達成。1969年共同體相繼與摩洛哥、
　　　　馬爾他、賽普勒斯締結準會員國協定，但因地理、經濟發展程度等因
　　　　素，這些國家亦非短期能加入共同體。

件。今後加入歐盟的條件，亦復如此。

第二節 共同體關稅同盟之建立

共同體之建立目的在於設立一共同市場以促進整個共同體內經濟活動的和諧發展，並提升共同體內的生活水準（**註二八**）。爲了達到這種目的，依據EEC條約第9條之規定，共同體應以關稅同盟爲基礎。而關稅同盟的範圍包括一切貨物的交易、會員國間進出口關稅與具有同等效力之稅捐(taxes d'effet équivalent)之禁止，以及對第三國採行共同的關稅稅率。因此自1958年歐洲經濟共同體成立以來，關稅同盟即成爲其致力之目標。

一、會員國間關稅之廢除

共同體內部關稅的廢除是採階段性計劃逐步完成的：

第一，各會員國間應避免採用任何新的關稅或具有同等效力之稅捐，且應避免提高彼此間原有的關稅稅率（**註二九**）。

第二，在法定的過渡期間內分三階段降低關稅，迨過渡期間結束後，會員國間之進出口關稅即全告免除（**註三〇**）。由於原訂計劃執行順利，且當時共同體欲加速進行關稅同盟以對抗「歐洲自由貿易協會」之威脅，故實際上的進度較原訂時間提早了18個月完成（**註三一**）

至於在1968年後新加入共同體的會員國，其與原有會員國間關稅之廢除，依照「關於加入條件與條約調整法」(Act Concerning the Con-

---

註二八 參見EEC條約，第2條。

註二九 參見EEC條約，第12條。

註三〇 參見EEC條約，第13條、第14條和第16條。

註三一 EEC條約，第15條第2項規定各會員國可以快於第14條所規定之進度，減低彼此間之關稅。

ditions of Accession and the Adjustments to the Treaties)第32條規定，仍採過渡時期階段性的方式逐步廢除關稅（**註三二**）。

二、會員國間進出口數量限制之廢除

共同體除廢除會員國間之關稅外，亦著手進行免除會員國間物品進出口數量的限制。因為數量限制雖非關稅障礙之類，但常會產生與關稅相同的經濟效果。

在進口數量之限制上，依照EEC條約第31條及第32條的規定會員國間應避免採用新的數量限制及同等效力的措施。並於1959年開始將會員國間雙邊限額改為多邊全面性限額，其後以全面性限額為基準逐年增加限額，使其總值較前一年至少增加百分之二十，並訂在1969年底解決所有進口數量之限制（**註三三**）。

至於出口數量的限制，依照EEC條約第34條規定，各會員國亦須於過渡時期第一階段終了時即完全解除。

在實際執行的過程中，不論進口或出口數量限制的解除均較原計劃提前完成。1960年5月12日理事會通過第一次加速決議，使得共同體內部有關貨物數量的限制在1961年12月31日全告消除（**註三四**）。

三、對外共同關稅稅則之建立

註三二 如英國、愛爾蘭、丹麥於1973年加入共同體，其關稅廢除的進度。

註三三 參見EEC條約第33條。

註三四 但並非所有的物品進出口均不設限。EEC條約第36條規定，凡基於公共道德、公共秩序、公共安全、人畜性命或健康之保障、植物生命之維護、具有藝術、歷史或考古價值之國家寶藏之保護，以及工商業財產之保障等理由對進出口或通行所施行之禁止或限制，不受第30條至第34條規定之限制。惟此等禁止或限制不得構成對會員國間貿易有任何的歧視或變相限制之情形。

　　所謂關稅同盟，對共同體內要消除會員國間關稅及貿易障礙；對共同體外要採用一致的關稅政策（**註三五**）。共同體對外關稅稅則的建立，是以1957年1月1日共同體內四個關稅區（**註三六**）所實施關稅的算術平均數爲基準（**註三七**），會員國對與此共同關稅差距在百分之十五以內的各稅目，應在第一階段的四年內改採共同關稅稅率；其餘差距較大之稅目則分三階段逐步減少與共同關稅的差距：第一、第二兩階段各縮小百分之三十的差距，剩餘的百分之四十差距則在第三階段消除（**註三八**）。不過實際執行進度卻提早了一年半，所以1968年7月1日起已開始採行共同關稅稅率（**註三九**）。

　　共同體共同關稅建立時適逢「關稅暨貿易總協定」甘廼廸回合談判，決定大幅降低關稅稅率，而共同體會員國又均爲「關稅暨貿易總協定」的簽署國，故共同體又將原訂稅率降低百分之四十，新的關稅稅率平均約百分之十一點七，爲當時工業國家中較低稅率者（**註四○**）。

　　至於新加入的會員國，亦須於一定期限內將本國原有的關稅稅率改採共同體對外的共同關稅稅率。如英國於1973年加入共同體之後，分四個階段逐步改採共同體對外的共同關稅稅率（**註四一**）。

註三五　劉邦海，歐洲貨幣制度與歐洲通貨單位，財團法人金融人員訓練中心，民國78年，頁1。

註三六　比、荷、盧三國早於1948年正式實行「比荷盧關稅同盟」，故當時共同體內有法國、西德、義大利、比荷盧四個關稅區。

註三七　參見EEC條約，第19條。

註三八　參見EEC條約，第23條。

註三九　但對一些有特殊困難之會員國，依EEC條約第25和第26條的規定，執委會得准其暫緩實施第23條所規定的步驟或提高某些關稅稅目之稅率。

註四○　當時美國之關稅稅率爲百分之十七點八，英國爲百分之十八點四。

註四一　參見關於英國加入歐洲共同體條件與條約調整法第39條。

第三節　共同體機構之合併

　　早期的歐洲共同體包括歐洲煤鋼共同體、歐洲經濟共同體與歐洲原子能共同體。三共同體機構之組成與權限範圍各不相同。原先三個共同體之主要機構分別爲：ECSC有高級公署(The High Authority)，議會(The Assembly)，理事會(The Council)，法院(The Court)；EEC和Euratom則有歐洲議會(European Parliament)，理事會(Council)，法院(The Court of Justice)。爲逐步達成「單一歐洲」之理想，共同體會員國決定將三共同體之機構合併爲單一機構，此理想分別透過歐洲共同體特定共同機構公約（Convention on Certain Institutions Common to the European Communities）與合併條約（Treaty Establishing a Single Council and a Single Commission of the European Communities, 亦稱Merger Treaty）予以完成。

一、歐洲共同體特定共同機構公約

　　此公約於1957年簽訂，決定合併三共同體之特定機構，創設共同體單一機構。根據此公約第1條，設立歐洲經濟共同體與歐洲原子能共同體之單一議會(a single Assembly)。但其所管轄之事務與權限範圍，仍各依照EEC條約和Euratom條約之規定。另外，根據公約第2條之規定，此單一議會雖取代歐洲煤鋼共同體議會之地位，惟就有關煤鋼共同體之事務，仍須依照ECSC條約之規定行使職權 (**註四二**)。

註四二　參照EEC條約第138條、Euratom條約第108條和ECSC條約第21條。參照以下原文: The powers and jurisdiction which the Treaty establishing the European Economic Community and the Treaty establishing the European Atomic Energy Community confer upon the Assembly shall be exercised, in accordance with those Treaties, by a single Assembly

　　至於歐洲單一法院之構成，則於此公約第4條、第5條明文規定，設立歐洲經濟共同體與原子能共同體之單一法院（**註四三**）；此歐洲法院之管轄範圍仍須各依據EEC條約和Euratom條約之規定。此法院根據公約第5條之規定，亦取代歐洲煤鋼共同體法院(The Court)之地位。

---

composed and designated as provided in Article 138 of the Treaty establishing the European Economic Community and in Article 108 of the Treaty establishing the European Atomic Energy Community. (Convention on the Certain Institutions Common to the European Communities, art.1)；Upon taking up its duties, the single Assembly referred to in Article 1 shall take the place of the Common Assembly provided for in Article 21 of the Treaty establishing the European Coal and Steel Community. It shall exercise the powers and jurisdiction conferred upon the Common Assembly by that Treaty in accordance with the provisions thereof (Ibid., art. 2)．

註四三　參照EEC條約第165條至第167條與Euratom條約第137條至第139條。參照以下原文：The jurisdiction which the Treaty establishing the European Economic Community and the Treaty establishing the European Atomic Energy Community confer upon the Court of Justice shall be exercised, in accordance with those Treaties, by a single Court of Justice composed and appointed as provided in Articles 165 to 167 of the Treaty establishing the European Economic Community and in Articles 137 to 139 of the Treaty establishing the European Atomic Energy Community. (Convention on Certain Institutions Common to the European Communities, art. 3)；Upon taking up its duties, the single Court of Justice referred to in Article 3 shall take the place of the Court provided for in Article 32 of the Treaty establishing the European Coal and Steel Community. It shall exercise the jurisdiction conferred The President of the single Court of Justice referred to in Article 3 shall exercise the powers conferred by the Treaty establishing the European Coal and Steel Community upon the President of the Court provided for in that Treaty. To this end, on the date when the single Court of Justice referred to in Article 3 takes up its duties (ibid., art.4)．

　　由於此公約僅合併三共同體之議會與法院，並未完成合併共同體機構之目標，因此各會員國於1965年再簽署一合併條約。

二、合併條約

　　各會員國於1965年在布魯塞爾（Bruxelles）簽訂合併條約，將三共同體之理事會、執委會單一化。依此條約第1條規定，歐洲共同體之理事會取代歐洲煤鋼共同體、歐洲經濟共同體與歐洲原子能共同體之理事會。理事會之成員由各會員國之代表組成，主席則由各成員輪流擔任之（合併條約第2條）。此條約第9條亦將煤鋼共同體之高級公署與歐洲經濟共同體、原子能共同體之執委會合併爲一個執委會，由13個委員組成，每一會員國至少須有一名代表（第10條）。

　　至此，歐洲共同體主要機構——議會、法院、理事會、執委會均已合併爲單一機構。其英文名稱分別爲：The European Parliament, The Court of Justice, Council, Commission。不過值得注意的：上述各機構在處理具體事務時，仍須視該事務之性質、內容屬於那一個共同體，而依據各該創始條約針對不同共同體所賦予之不同權限行使之**（註四四）**，並無一個統一之管轄範圍與權限。

註四四　依照合併條約第1條第2項及第9條第2項，單一機構其所管轄之事務與權限範圍，仍各依照ECSC條約，EEC條約和Euratom條約之規定，參照以下原文：A Council of the European Communities (hereinafter called the "Council") is hereby established. This Council shall take the place of the Special Council of Ministers of the European Coal and Steel Community, the Council of the European Economic Community and the Council of the European Atomic Energy Community. It shall exercise the powers and jurisdiction conferred on those institutions in accordance with the provisions of the Treaties establishing the European Coal and Steel Community, the European Economic Community and the European Atomic Energy Community, and of

第四節　歐洲議會議員直接普選制度之實現

　　在1979年以前，歐洲議會議員是由各會員國選派其國會議員擔任。但在共同體創始條約中**（註四五）**規定歐洲議會應起草一建議草案使各會員國根據同一選舉程序直接選舉歐洲議會議員。由於議員之直接普選對歐洲議會之合法性意義重大，故早在1960年4月30日即由戴厚士(Fernand Dehouses)向歐洲議會提出一直接普選草案，簡稱戴厚士計劃（Dehouses Plam），獲得議會多數代表決議通過，但卻因法國的反對而失敗**（註四六）**。之後議會爲達成其任務，亦不斷地提出各種方案以供理事會選擇，而理事會卻一再拖延，甚至相應不理，使得議會曾考慮爰用EEC條約第175條**（註四七）**，控訴理事會違反條約規定，請求歐

---

this Treaty.(Merger Treaty,art. 1); A Commission of the European Communities (hereinafter called the "Commission") is hereby established. This Commission shall take the place of the High Authority of the European Coal and Steel Community, the Commission of the European Economic Community and the Commission of the European Atomic Energy Community. It shall exercise the powers and jurisdiction conferred on those institutions in accordance with the provisions of the Treaties establishing the European Coal and Steel Community, the European Economic Community and the European Atomic Energy Community, and of this Treaty.(Merger Treaty, art. 9)。

註四五　ECSC條約第21條第3項，EEC條約第138條第3項，Euratom條約第108條第3項。

註四六　法國當時總統戴高樂(De Gaulle)只意於經濟方面合作，不願有「超國家」的機構出現。

註四七　EEC條約第175條規定，如理事會或執委會未能採取行動，而違反本條約之規定時，各會員國及共同體之其他機構可將此違約情形訴請歐洲法院處理（第1項）。唯有關當局已事先被要求履行的情況下，此控訴才准予提出。如有關當局於被要求履行之兩個月內尚未表示立場，得於後兩個月內提出此項訴訟（第2項）。

洲法院加以裁決。在1970年至1972年之間，歐洲議會政治事務委員會與理事會分別舉行了三次會議，但仍無法達成共識。1973年因英國、丹麥、愛爾蘭之加入又有一新的直接選舉草案之提出。1974年季斯卡(Giscard d'Estaing)接任法國總統，法國才由反對直接選舉轉而支持。各會員國也才能在1974年12月於巴黎高峯會議中達成協議，計劃於1976年完成制定適當條款，於1978年或以後的任何時間舉行選舉。1976年9月20日，九國簽署了「歐洲議會議員直接普選法」(Act Concerning the Elections of the Representatives of the European Parliament by Direct Universal Suffrage)，使議員直接選舉終於有一法律根據。該法共有16條並有3項附件。於1978年7月1日（各會員國對「歐洲議會議員直接普選法」完成立法程序）正式生效。各會員國同意於1979年6月7日至10日舉行議會議員第一次直接選舉。由於統一的選舉程序仍未制定，仍需依照各會員國國內法規來選舉議員（註四八）。議會雖於草擬直接選舉法時也擬定了統一的選舉程序，但並未被理事會所接受。

　　關於各會員國席次之分配，則依會員國人口之比例加以分配，1976年直接選舉法通過時，共有九個會員國，總席次共198席，普選後計有410席（註四九）：德國、義大利、法國、英國各81席；荷蘭25席；比利時24席；丹麥16席；愛爾蘭15席；盧森堡6席。議員任期5年，於參與共同

註四八　Act Concerning the Elections of the Representatives of the European Parliament by Direct Universal Suffrage, art. 2.

註四九　1979年直接普選前總席數為198席，德國、英國、義大利、法國各36席。荷蘭、比利時、盧森堡各14席。丹麥、愛爾蘭各10席。普選後共有410席。1979年共同體與希臘簽署第二次加入條約及其附件(The Second Treaty of Accession and its Annexes)，希臘之席次為24席。1985年共同體再與西班牙、葡萄牙簽署第三次加入條約及其附件(The Third Treaty of Accession and its Annexes)，西班牙及葡萄牙於議會中各有24席，使得議會之總席數達到518席。

體事務時依其本意投票，不受任何指示及拘束並得享有豁免權（**註五○**）。歐洲議會議員得兼任會員國國會議員，但凡是擔任會員國政府機構或共同體其他機構任何職務者不得同時擔任歐洲議會議員。

　　關於選舉時間，歐洲議會議員直接普選法第9條規定，選舉時間須在星期四至星期日此段期間，最後的會員國投票完畢才開始計票；如果某一國採用兩次投票制，第一次投票須在上述此段期間內舉行，任何人以投一次票爲限（**註五一**）。理事會須諮詢議會後，以一致表決方式決定選舉日期，以後選舉日期爲五年任期最後一年的同一時期舉行（**註五二**）。於是歐洲議會於1979年7月6日至10日間舉行第一次直接選舉，選出410名議會議員。若議員於任期間死亡或辭職，其遞補則由各會員國自行制定適當的程序加以遞補。

　　統一選舉程序一直是議會努力的目標，1979年以來的直接選舉，雖各會員國公民參加投票的比率逐年增多，但創始條約中所規定的統一選舉程序仍未完成立法（**註五三**），究其因不外乎受限於各會員國不同的選舉制度；統一的選舉程序也意謂著各會員國需對其原有之選舉制度加

註五○　Act Concerning the Elections of the Representatives of the European Parliament by Direct Universal Suffrage, art. 4.

註五一　Act Concerning the Elections of the Representatives of the European Parliament by Direct Universal Suffrage, art. 9. 因未有統一的選舉程序，而依各會員國選舉程序選舉，所以「歐洲公民」並不能以同樣的方式參與選舉。如比、德、丹、法、義、盧將選舉權侷限於其各自的國籍。而在愛爾蘭、荷蘭則亦給其他會員國公民選舉權。英國雖給居住於其境內之愛爾蘭公民選舉權，其他會員國公民及居住於其他會員國之英國公民則無選舉權。由於不同的規定，一位居住於盧森堡的英國公民則無選舉權。

註五二　Act Concerning the Elections of the Representatives of the European Parliament by Direct Universal Suffrage, art. 10.

註五三　ECSC條約第21條第3項，EEC條約第138條第3項及Euratom條約第108條第3項。

以修改之故。

第五節　共同體自主財源制度之建立

歐洲聯盟建立之前，歐洲共同體包括歐洲煤鋼共同體、歐洲原子能共同體和歐洲經濟共同體，原本有其各自獨立的預算。1965年4月8日會員國所簽訂合併條約中認爲對於三共同體應有單一的預算制度後，共同體之預算始告統一（**註五四**），但三共同體的財政來源卻有不同：

一、歐洲煤鋼共同體

1952年歐洲煤鋼共同體成立時即擁有自主之財源，ECSC條約也是唯一允許共同體有自主財源權力的條約。依照ECSC條約第49條規定，煤鋼共同體高級公署可藉由煤鋼產品課稅及借貸方式支付共同體的開支，但其課稅率非經理事會三分之二多數同意不得超過煤鋼共同體產品均值之百分之一（**註五五**）；至於經借貸而來的資金，僅能供貸款予共同體內之企業使用，而不得用以彌補預算上的赤字（**註五六**）。

由於擁有自主之財源，歐洲煤鋼共同體較其他兩個共同體有更大的財政獨立能力。

二、歐洲經濟共同體和歐洲原子能共同體

歐洲經濟共同體及原子能共同體與煤鋼共同體之情況不同。前兩者，在建立之初，並無其自主的財源（**註五七**），而是依賴會員國按比例

註五四　參見1965年會員國簽訂的合併條約(Merger Treaty)，第20條。
註五五　參見ECSC條約，第50條。
註五六　參見ECSC條約，第51條。
註五七　不過根據Euratom條約第172條第4項之規定，原子能共同體對於研究發展之經費，可以借貸方式支付。

分攤所需之經費(註五八)，但EEC條約第201條明文規定，會員國財務分擔額得以共同體本身之其他財源代替，尤其當共同體關稅收入確立後得以此項財源代替。而Euratom條約第173條亦有類似的規定。於是共同體自1968年正式採行共同關稅稅率後亦即著手建立自主財源的制度。

　　早在1965年執委會曾提議建立自主財源制度以取代會員國之攤派，惟遭遇當時法國總統戴高樂之反對，故該議案爲理事會所否決。1969年12月，共同體各會員國在海牙舉行高峯會議，確認以共同體自主財源逐步取代分攤制度，並決定強化歐洲議會之預算權。1970年4月21日理事會通過「共同體自主財源決定」(Council Decision on the Replacement of Financial Contributions from Member States by the Communities own Resources)(註五九)，根據該決定第2條的規定，自1971年起共同體直接擁有下列收入：

　　(1)自非會員國家輸入貨物時，共同體有關機構所課徵之關稅，亦即共同關稅；

　　(2)共同體有關機構對自非會員國輸入之農產品課徵之平衡稅、保險稅、附加稅及其他有關稅捐；

　　(3)其他各項根據EEC條約及Euratom條約所規定的政策而產生之各項收入。

　　以上有關農產品之平衡稅，自1971年1月1日起全部收歸共同體預算之需；而關稅之收入自1971年1月1日至1974年12月31日這一過渡期間

註五八　各會員國分擔的比例，比利時7.9%，西德28%，法國28%，義大利28%，盧森堡0.2%，荷蘭7.9%（參見EEC條約第200條第1項和Euratom條約第172條第1項）。然而對歐洲社會基金(Fonds Social Européen)比例，比利時則爲8.8%，西德32%，法國32%，義大利20%，盧森堡0.2%，荷蘭7%（參見EEC條約第200條第2項）。對研究及投資方面的支出，比利時則爲9.9%，西德30%，法國30%，義大利23%，盧森堡0.2%，荷蘭6.9%（參見Euratom條約第172條第2項）。

註五九　OJ No L 94, 28.4.1970。

內，逐漸收歸共同體以取代會員國所分攤之共同體預算（註六〇）。至於在這過渡時期內，預算支出不足之部分仍由會員國依比例分攤（註六一）。

因此，依原定計劃，自1975年起共同體財政收入應全部獨立自主；其財源除上述外尚包括會員國依共同體決定劃一徵稅基準所捐出不超過百分之一的加值稅（註六二）。但加值稅稅率之徵收標準卻一時無法取得共識，迨1977年理事會始通過有關加值稅的第6號指令，1978年起各會員國開始將此指令納入本國的法律體系並制訂有關之施行細則。但因1973年新會員國的加入共同體（註六三），故實際上遲至1980年共同體財源獨立的決定始克完全實施。

1988年，理事會為了因應歐洲共同體通貨膨脹、經濟不景氣造成之財政危機，決議賦予歐洲共同體以「財稅收入」作為第4項自主財源。該「財稅收入」乃是以會員國之國民生產毛額（gross national product, GNP）作為基準，並由歐洲共同體在預算編列過程中，依實際之需要訂定稅率。例如1988年財稅收入之稅率為百分之一點一五，1992年則為百分之一點二。此財稅收入雖有助於歐洲共同體平衡收支，穩定財政，但仍不脫會員國財務攤派之模式。

第六節　共同體之豁免權及外交特權

1965年歐洲共同體外交特權及豁免權議定書(Protocol　on　the

註六〇　其逐年移入的比例是1971年50%、1972年62.5%、1973年75%、1974年87.5%、1975年則全部移入（參見共同體自主財源決定第3條第1項）。

註六一　當時分攤的比例是比利時6.8%，西德32.9%，法國32.6%，義大利20.2%，盧森堡0.2%，荷蘭7.3%（參見1970年共同體自主財源決定第3條第2項）。

註六二　參見1970年「共同體自主財源決定」第4條第1項。

註六三　新加入的會員國為愛爾蘭、丹麥，皆須逐步分攤共同體的預算支出。當時預定自1980年起，此三國要實施共同體劃一基準後的加值稅。

Privileges and Immunities of the European Communities)，詳細
規定共同體機構及官員之特權、豁免的範圍，茲將此分述如下：

一、共同體地產、基金、資產之不可侵犯

共同體之建物公舍不可侵犯，應免於搜索、徵收或沒收。共同體之
地產及資金非得歐洲法院之授權，不得加以任何行政或法律措施之限
制。共同體之公文檔案均不得侵犯。共同體之資產、收入及其他財產均
免於課徵任何直接稅；對於公務使用之物品或出版品均免於關稅之課
徵。

二、通信和行動的自由

對於公務上的聯絡和文件之傳遞，共同體機構享有會員國所在地之
外交禮遇。共同體機構之官方通訊及聯絡均免於檢查(censorship)。共
同體機構之人員及隨從(servants)持會員國核可之有效旅行文件(valid
travel documents)於公務履行時可自由的行動(laissez-passer)。

三、議會成員

議會成員在會期中來往開會地點不受任何行政或其他方式的拘束，
並享有海關禮遇，滙兌優惠。議會成員在執行任務時不受任何司法程序
之拘束。

四、會員國代表履職於共同體之機構

會員國代表（Representatives of Member States）履職於共同
體之機構時，其顧問及技術專家具有任務而往來開會地點時均享有海關
特權(customary privileges)，豁免權及使用其他方便設施。

五、共同體之官員及侍從

共同體之官員及侍從於公務範圍享有會員國內國法司法訴訟(legal proceeding)之豁免。其配偶及家屬均免於遷入的限制(immigration restrictions)。在貨幣兌換上比照國際組織之官員優惠辦法。個人使用之家具及自用車可免於課稅。官員之薪俸由共同體支付按理事會之核准程度並在其內國免課稅。

六、第三國派駐共同體之代表團之豁免及特權

第三國派遣至共同體執行任務之代表團,在會員國領域內享有外交豁免及特權。

七、適用對象

共同體之組織依本議定書第18條至第22條,包含理事會、執委會委員、法院（包括法官、當事(報告)法官、書記官）、歐洲投資銀行……均適用本議定書。

第七節　共同體內部市場之建立

一、歐洲單一(內部)市場之理想與實踐 (註六四)

所謂之「歐洲單一市場」(Single European Market)是眾所熟悉的「共同市場」(Common Market)的別稱,係指1992年12月31日 **(註六五)** 規定完成貨物、人員、勞務、資本自由流通(free movement of

---

註六四　拙著,原載經社法制論叢,民國80年第8期,頁37～56。本文內容酌有增刪。關於歐洲單一法參考文獻、資料,參見本章附錄。

註六五　依照歐洲單一法第13條的規定,歐洲單一市場完成的期限為1992年12月31日。但是這個期限的時效完成,並不自動創造法律效力。這是政治性的宣示而已。參照關於EEC條約第8a條之宣示之原文：The Conference goods, persons, services and capital)的無邊界的內部市場(Internal Market)。歐洲人以此整合所成之內部單一市場，區別其外之外部市場(External Market)。

這種單一歐洲經濟整合的理念，早已出現在1957年羅馬條約創立的歐洲共同市場（**註六六**）。可是在以後28年間的組織運作發展下，共同體仍然存在著許多弱點，始終無法健全共同體的經濟架構，以致形成內部市場實體性、技術性、財政性的種種障礙，造成共同體會員國研究預算的分散，無法單獨承擔更大規模的研究發展計畫；不同國家的技術規格、健康安全標準、海關檢查規定、經濟貨幣制度、環保規則、教育職業水準、間接稅則等等，阻礙上述的四大自由流通，增加共同體工業生產品的成本，削弱其在世界市場的競爭能力，而影響共同體的就業市場條件等等。

爲因應所面臨的嚴重困難，共同體會員國元首以及政府會議（歐洲高峰會議，European Council），於1982年12月在丹麥哥本哈根(Copenhagen)責成理事會對於執委會提出加強內部市場的適當措施作成決定，並於1984年6月底在法國楓丹白露(Fontainebleau)議決責成理事會以及會員國盡速研定辦法，取消各國邊界之各種形式的海關檢查，以促進人員的自由流通；於1984年12月在都柏林(Dublin)同意在適當的條件下，使理事會採取措施（包括實現歐洲規格）整合單一化內部市

---

wishes by means of the provisions in Article 8a to express its firm political will to take before 1 January 1993 the decisions necessary to complete the internal market defined in those provisions……Setting the date of 31 December 1992 does not create an automatic legal effect.

註六六　參閱EEC條約第2條原文：The Community shall have as its task, by establishing a common market and progressively approximating the economic policies of Member States, to promote throughout the Community a harmonious development of economic activities....

場；於1985年3月要求執委會在其下次會期之前，為實現單一市場更有效促進企業發展、競爭與交換的條件，提出一明確而詳盡的作業項目時間表(White Paper)。

據當時執委會官員Paolo Cichini之研究報告指出，在共同體內部市場存在的障礙完全消除的時候，共同體會員國間的貿易，將可增加二千億歐幣(ECU)，相當於共同體GNP的5%，並可增加二百萬至五百萬個工作機會。近年來東歐政治、經濟體制之改變，東西德經濟、貨幣、政治的統合，將會更加影響共同體內部市場的態勢，值得國人正視未來歐洲單一市場的發展。

執委會於1985年6月提出1993年之前完成內部市場的白皮書，編列需要制定的建議案共計300項（**註六七**），預定逐年逐項消除所有的障礙。1986年之歐洲單一法（Single European Act, SEA）也因之應運而生，賦予內部市場整合計畫充分的法律基礎，預期在五、六年期間，各會員國的法律得到協調，接近，或制定歐洲規格，甚至於相互承認內國有效法規的相對效力，以達成內部市場的整合目的。

二、各種障礙之消除

以下分別解析消除實體性、技術性及財政性障礙之內涵、步驟與方針：

(一)消除實體性的障礙(elimination of physical barriers)

依照1957年的羅馬條約，解除了共同體會員國邊界的關稅及交易上的數量限制規定（**註六八**）。可是在邊界海關檢查的項目中，仍包括對於個人貨物的檢查，為共同體缺乏整合之一大現象。這些障礙的存在，

註六七　1985年6月28、29日米蘭(Milan)高峰會議，COM(85)310。
註六八　EEC條約，第12條、第19條，第30條至第37條。

主要來自於會員國不同的財政經濟、交通運輸、衛生健康、技術規格、公安、移民等方面的法規關係，共同體內部市場還可以用更適當的辦法來解決這些邊境的管制，以便消除以下對人、物所存在的實體性障礙：

1.對人方面的管制障礙

Ⅰ.在邊界對旅客通常有兩種海關檢查管制

(1)旅客為公安理由接受身分與攜帶物品之檢查；

(2)商務經濟關係上須接受間接稅的管制。此係屬財政性的障礙，俟後論述。

基於公安理由的管制，在無其他更適當的管制恐怖份子、販賣毒品、武器等禁止入境物品辦法之前，有關的實體上阻止個人自由移動的障礙不可能廢除。尚有待執委會協調會員國有關的內國法規或制定內部市場維護公安的標準條件。

Ⅱ.發行歐洲公民護照(European Passport)

共同體會員國已達成共同的協議，發行式樣一致的歐洲公民護照，識別方便，使歐洲公民(European Citizen)方便自由通行，不失為內部統合之一大表徵。

Ⅲ.禁止新的或更嚴格的管制措施

執委會要求各會員國不再增添新的或更嚴格的管制個人方面的措施，並且在各會員國間警察、行政當局的合作與相互聯繫之下，使得1988年完全消除由一會員國進入另一會員國出境時的管制。換言之，入境檢查涵蓋了出境檢查。

對於非共同體會員國的國民而言，由於內部市場消除邊界管制，亦得到自由通行的權利。1990年之後，更有調和適用的關於非會員國國民的入境、居住、僱用、庇護、難民、引渡的法則。至於簽證政策會員國與第三國有關的協約可使第三國國民在內部市場的自由通行權得到保障。

Ⅳ.公安管制之消除

透過會員國間警政當局的通力合作，加強內部市場的對外管制，在1993年消除內部公安管制方面的障礙。

2.對貨物方面的管制障礙

I.簡化通關手續

直至1985年，共同體致力於減輕邊界繁瑣的手續，以促進貨物的自由流通。爲繼續完成這個目的，內部市場的整合計畫更要加速改善、簡化會員國間還存在的這類問題，例如統一表格作業方式，廢除過境交保制度，訊息資訊化等。

再者，會員國適用第14條有關加值稅的指令規定，欲圖逐漸解除內部邊界的管制，責成會員國國內稅務單位統籌徵收辦理。執委會還責令會員國不再採用任何利用或強制措施來管制貨物的流通。

II.貨物規格標誌的建立

共同體會員國各有不同的經濟、社會條件，往往從健康、安全、衛生標準的觀點，釐訂各自不同的貨物邊界管制辦法，阻止會員國或第三國產品的輸入。執委會爲消除這種妨礙貨物流通的障礙，協調會員國有關的法規使之接近或制定共同規則，規定基本的要求標準。例如制定各種歐洲規格、標誌等。

III.國內檢驗制度之建立

對於動植物及其產品的檢查，共同體在1992年底前，逐漸消除內部市場的管制，責成會員國國內衛生檢驗單位加以管制（包括有生命的動植物及其產品）。也就是說，在起運地完成檢驗手續，核發檢驗證書或張貼歐洲標誌以示符合歐洲規格。如被認定有不實、粗劣的動植物產品，則在到達目的後必須再行檢查一次。爲簡化上述的管制程序，歐市內部市場必須採用更多的共同體規格，它不但要適用於會員國間的交易，也要適用於會員國與第三國間的商務關係。另外也可經由原產品輸出國管理單位，先前提交輸入物品消費國的管理單位，依照協調的程序詳細檢驗。內部市場檢查官的設置，對於管理檢驗工作的執行將有助

益，且可增進相互的信賴。1992年內部市場整合計畫，所推展的共同政策，相同的程序、同一的條件，藉以減少檢驗證書的使用。但產品若有嚴重傳染之慮時，則限定必須使用檢驗書。

Ⅳ.邊界貨物運輸管制之消除

邊界貨物運輸的管制在於檢查業者是否遵守運輸規定與安全要求。因為共同體內陸運輸大部分是採配額許可制度，所以要消除邊界運輸許可車輛之管制，必須首先消除共同體內部運輸配額限制。至於對於危險貨的運輸管理不得不有共同規則的施行。執委會非但協調各會員國有關的法規，而且還須制定基於公安要求的基本規則，責成會員國採行，以消除不同內國法規衍生的種種邊界管制。

Ⅴ.用來做為統計資料的登記表格亦列為消除的對象

在先行階段先簡化作業程序改用統一的表格，俟共同體內部市場整合之後，這些統計資料可逕取自於企業單位；企業單位的連線資訊設備亦可紓解邊界的手續。

就整體障礙消除之方針、步驟而論，鑑於前述技術上的種種問題，更有待共同體完成龐大的立法工作，所以要有前後階段性的整合劃分。前後階段的障礙消除，重點在於移轉邊界的管制作業到會員國內部管制單位，然後在後一階段進行協調會員國法規或制定共同規則，以達到消除實體性障礙的目的。

(二)消除技術性的障礙(elimination of technical barriers)

即使是消除了邊境的管制障礙還不能達成共同市場的四大自由流通的目的。各會員國內部存在的其他種種障礙，繼續阻礙單一市場內部的整合。

共同體內部整合的單一市場，對於在一會員國內合法製造行銷的產品，他會員國沒有任何理由可以禁止或限制在其境內自由流通。1979年歐洲法院對於法國Dijon地區製造的Cassis酒，在德國遭受禁止銷售案

件判決中，肯定指出會員國間不得以其產品條件要求不同而阻止其在境內競銷。實際上會員國對於健康、安全、環境保護的立法原則往往是一致的，所以爲達成此保護目的之各種不同形式的法規措施也應該是大同小異。即使對於勞務、人員方面亦同。因此，如果一個共同體的國民或公司，依法得在一會員國內開展其經濟活動，亦得在其他會員國內自由活動。

執委會認爲上述理想的實現，務必首先轉移會員國傳統的觀念，根本改變各會員國的一貫作法，以致使實體障礙消除後還存在的其他障礙亦隨之消除，我們可以就下列幾方面來探討：

1.貨物自由流通方面

實體的障礙阻擾日常的交易，造成不合理的行政費用，致使消費者承受過高的負擔。各會員國對於產品不同規格的規定，諸如英國巧克力不能在比利時銷售，因爲有關會員國對於巧克力有不同的定義（英國巧克力可以有多量的植物油，比利時卻不以爲然，而比英國加更多的糖及花生米）；法國甚或荷蘭、丹麥的啤酒被禁止在德國銷售，因爲它們的啤酒成分（法國之啤酒成分含有水、發酵素、麥麴和一種特別的植物花Houblon）違反德國的「純粹法規」(Reinheitsgebot)，促成雙重不良的結果；不但被禁止銷售或增加產品的附加費，而且因檢驗、儲存耗時添加費用、增加單位成本。結果阻擾、減低歐洲企業間的合作，阻礙共同市場高層次工業產品的推出，會員國企業家侷限於內國市場的發展，缺乏共同研究發展新科技的條件因而影響歐洲產品品質的提升，如雖然EEC成立以後的二、三十年期間，理事會根據羅馬條約的規定，用一致表決的方式對於會員國在立法上有直接影響共同市場的建立或運作的法規加以調和，並已產生具體的效果，可是從這幾年來共同體發展的狀況而言，欲早日完成內部單一市場之目的，還須理事會對於執委會建議的法案，一一遵循過去一致表決方式，制定指令推展整合工作，恐難能突破現狀而達到理想目標，乃有新的因應措施的產生。

I.指令的調和

調和制度的靈活運用，放棄費時繁重的一致表決制度的程序，以免除對於創新，因應發展條件的阻礙。實務上由於調和法規的指令，涵蓋錯綜複雜的技術層面規定，其制定程序又十分嚴謹，耗費時日延誤調合工作。歐洲單一法規定了具體的辦法：一方面增加條件多數表決的方案，緩和立法上一致表決通過法案的困難（**註六九**）；另一方面對於會員國有關健康、安全及環境保護立法上的分歧要求，調和規定原則性的標準，俾使符合歐洲規格標準的產品，在歐洲內部市場獲得自由流通。

這種歐洲規格將經由歐洲規格委員會或行業規格機構來研商制定。執委會加強電氣、建築、電訊、資訊、食品方面的規格化，健全產品的歐洲規格。另外為避免發展歐洲規格的期間內，有新的障礙變數產生，EC 83/189指令責成會員國預先通知執委會任何有關預期設定的技術上的特別規定，並且在執委會考量期間，中止採用該項規定。在必要時，還須接受調和。這種指令施行以來，特別在一些食物產品、工業產品、醫藥、環保方面已發生效用。至於原子能方面，其性質特殊，對於會員國間的移轉均有特別規定。1984年執委會建議修正原子能共同體條約，目的在於成立內部單一的原子能市場。

II.會員國法規對等的相互承認原則

過分藉重於指令調和的方式，不但會造成法規氾濫而且因為調和法規制定程序耗時而影響單一市場內競爭的條件。歐洲法院的判例，歐洲議會和Dooge委員會都認為在一會員國國內合法製造、行銷的產品，必須在其他會員國內得到自由銷售。如果從健康、安全、環保觀點以及國內工業條件認為調和法規並非主要的關鍵，那就要互相承認各自存在的不同品質規格、不同食品成分等要求的法規（**註七〇**），不得以進口產

註六九　參照SEA，第6條、第7條規定。

註七〇　SEA第19條第1項第2款明文規定"The Council, acting in accordance with the provisions of Article 100a (EEC Treaty), may decide that the

品非依照進口國家規定所製造爲理由禁止其在該國內銷售；產品購買人不必經過驗證以證實其所購買產品合乎出口國家之法規規定，不必先行技術試驗，亦不必在進口國家經過鑑證程序；批發商、零售商甚至於最後的消費者，都有權利在共同市場內自由選擇自己的供應產品商人。這種新策略的長期運作，可以減少共同體層次的企業規則，有利於推展共同體內部市場的整合。

傳統上會員國均有各自保留的國家買賣市場，對歐洲單一市場的整合造成一大障礙。EC 70/32及77/62指令，試圖打開公共市場以提供內部供需投標競爭的條件；71/305指令協調公共市場建設的投標程序；71/304指令致力於提供勞務自由的條件。可是根據統計顯示成效不彰，執委會協調會員國開放國家的市場，尤其是國防、健康、電腦、車輛、裝備、醫藥供需方面。此外有關指令尚未涉及之部門，如能源、運輸、水電、電訊等方面亦同。

2.勞務自由流通方面

執委會在1992年之前，消除共同體內自由業者、薪金階級的自由流動的障礙。對於後者而言，歐洲法院判例甚至於限制國家行政機構任用人員保留錄用本國人的傳統原則。執委會已經採取措施，責令會員國簡化申請居留證手續，並草擬勞動者的課稅草案，尤其是邊境勞動者的問題。

對於自由業者職業能力的鑑定、文憑，在1990年實行歐洲職業訓練卡的制度，以資證明受領持有該卡者之特別技能。繼楓丹白露（Fontainebleau）高峰會議之後，共同體逐次建立大學文憑和學徒訓練資格相互承認的一般原則。甚至於擴大人員自由流通的範圍到大學生的自由流動，設立共同體獎學金，承認歐洲的學術文憑。

provisions in force in a Member State must be recognized as being equivalent to those applied by another Member State".

3.共同市場的服務業方面

服務業的重要性正如商品銷售條件影響經濟發展的基礎。執委會認爲應該開展整體的服務市場，不分傳統（運輸、銀行、保險）或新型態（資訊、視聽設備的商業化）的服務業。

I.銀行

金融服務與資金流通的同時自由化，是歐洲金融整合的一大開步，也是深入內部市場的重要環節工作。因爲科技的進步，不斷使得金融操作方面的文件（如消費信用貸款、購屋儲蓄契約、聯合代銷作業等）得到流轉。執委會認爲在經過協調會員國有關法規（尤其對於許可、管制、重整、清算等方面）下，還可整合出共同體層次的系統，作爲相互承認的基礎。銀行在信用貸款時，遵守穩固金融規章及各種管制原則（如自備金、支付能力和庫存現金係數、重大危險之監督）。第4及第7指令有關公司年終會計報表、合併報表的規定，都在信用貸款部門適用中。在共同體層次對於重整和清算的公司應有的措施或者對於希望上市的公司應具備的條件，也在調和之列。執委會利用金融辦法（如抵押貸款及適用於抵押貸款銀行的監督）實現法規方面的相互承認。

調和有關適用於有價證券聯合代銷機構規定，給與投資這些機構發行的證券者以相等的保護。共同體開展歐洲有價證券市場，建立共同體的股票內部市場。其目的在於歐洲各股市使用電腦連線方便投資者的買賣。

II.保險

1973年指令(關於人壽以外的保險)和1978年指令(人壽保險)爲有利於保險的經營，特別對於保險人的金融平衡監督規定加以調和。至於對於管理服務方面的，早已取得協調。所以這種服務業的自由流通並非不可能。1960年的指令，更是自由化了各種保險費有關的資金。不過理事會迄今尚未頒行過任何有利於自由化會員國間保險賠償服務的指令。

III.運輸

這種服務業在1993年前，占共同體內部生產毛額7%。內部運輸自

由市場之建立，將對共同市場之商業、工業經濟有極大的影響。其整合
要件：

①會員國間之商品陸上運輸，必須消除任何數量或配額限制。對於
人員運輸繼續自由化旅客陸運的服務；

②會員國建立國際商品河川運輸服務的自由化，航海、航空運輸服
務的自由化。

Ⅳ.新科技與服務

新科技的發展，促成各種新興的跨國間的服務業，並且逐漸在經濟
上扮演重要的角色。例如視聽服務，資訊服務，分發、銷售信息化等服
務。執委會認爲共同體爲避免市場自由流通的障礙，務須裝設適合的共
同規格的電訊網，以達服務目的。

Ⅴ.建立企業合作條件

共同體要進一步創造能使企業合作發展的條件、環境，共同體統一
立法成立歐洲經濟利益集團（**註七一**），使會員國企業間在共同特有的
範圍下合作發展，另外頒行歐洲共同體公司法（SE）（**註七二**），完成
歐洲共同體商標（**註七三**）、歐洲共同體專利（**註七四**）、歐洲共同體企

註七一 參照Règlement no 2137/85 CEE du Conseil, du 25.7.1985, relatif à l'institution d'un groupement européen d'intérêt économique. JO No L 199/1, 31.7.1985.

註七二 參照Memorandum de la Commission du 15 Juillet 1988 au Conseil, au Parlement et aux partenaires sociaux (Doc. Com/88 320 final).

註七三 參照Première directive du Conseil, du 21 décembre 1988, rappro-chant les législations des Etats membres sur les marques. JO No L 40/1, 11.2.1989;Règlement no. 40/94CE du Conseil, 12. 1993, Sur la margue Communautaire. 有關歐洲共同體商標法，參閱曾陳明汝，歐洲商標及其涉外關係，臺大法學論叢，民國86年。

註七四 參照Convention sur le brevet communautaire (fait à Luxembourg le 15 décembre 1989). JO No L 401/10, 30.12.1989.

業稅則等種種制度。

(三)消除財政性的障礙(elimination of fiscal barriers)——從間接稅上之差別分析

　　1968年關稅同盟建立之後，歐洲共同體會員國間仍存在著邊界的海關管制，其一大部分是賦稅性的目的，羅馬條約雖授權理事會、執委會對各會員國財政立法加以調和（**註七五**）以避免內部市場自由競爭的失調，可是因為會員國各有其財政稅收制度，所以不但直接稅之課征標準、範圍有不同，而且在間接稅的課征制度上差異極多，尤其是間接稅的課征範圍、稅率在各會員國間存在著實質上大小高低不同的差別。

　　如表1-1，EEC會員國加值稅的課征稅率，高低差別，從盧森堡一般最低12%到愛爾蘭最高23%。如表1-2，EEC會員國重要五種貨物稅課稅標準，一包香煙的貨物稅從希臘最低0.28ECU到丹麥最高1.96ECU；一升啤酒的貨物稅從法國最低0.03ECU到愛爾蘭最高1.14ECU；一升酒的貨物稅從德國最低0.00ECU到愛爾蘭最高2.74ECU；0.75升烈酒的貨物稅從希臘最低0.16ECU到丹麥最高9.85ECU；一升高辛烷汽油的貨物稅從盧森堡最低0.20ECU到義大利最高0.49ECU。如表1-3，EEC會員國間接稅國家收入占國內生產毛額的比率亦大有不同，從義大利最小的8.32%到愛爾蘭最大的17.3%。

註七五　參照EEC條約第1篇第1章有關關稅的規定。亦參照SEA第18條有關規定。

表1-1　EEC會員國加值稅率一覽表(1985)

	低	一般	高
比　利　時	6和17	19	25
丹　　　麥	—	22	—
德　　　國	7	14	—
法　　　國	5.5和7	18.6	33.3
愛　爾　蘭	10	23	—
義　大　利	2和9	18	38
盧　森　堡	3和6	12	—
荷　　　蘭	5	19	—
英　　　國		15	—

資料來源：執委會1985年6月文件

表1-2　EEC會員國貨物稅一覽表(1985)

	一包香煙	一升啤酒	一升酒	0.75升烈酒	一升高辛烷油
比　利　時	0.73	0.13	0.33	3.78	0.25
丹　　　麥	1.96	0.65	1.35	9.58 *	0.28
德　　　國	1.02	0.07	0.00	3.43	0.23
法　　　國	0.31	0.03	0.03	3.37	0.36
希　　　臘	0.28	0.22	0.00	0.16	0.29
愛　爾　蘭	1.14	1.14	2.74	7.84	0.36
義　大　利	0.57	0.18	0.00	0.75	0.49
盧　森　堡	0.54	0.06	0.13	2.54	0.20
荷　　　蘭	0.74	0.23	0.33	3.79	0.28
英　　　國	1.25	0.70	1.60	7.70	0.29

＊ 平均稅額

資料來源：執委會1985年6月文件

表1-3　EEC會員國間接稅占其國內生產毛額百分比率一覽表(1982)

	加值稅	貨物稅	加值稅＋貨物稅
比　利　時	7.67	2.39	10.06
丹　　　麥	9.84	5.87	15.71
德　　　國	6.34	5.70	9.04
法　　　國	9.19	2.22	11.41
愛　爾　蘭	8.22	8.91	17.13
義　大　利	5.48	2.84	8.32
盧　森　堡	6.04	4.24	10.28
荷　　　蘭	6.83	2.36	9.19
英　　　國	5.22	4.58	9.79

資料來源：執委會1985年6月文件

　　上述各種差異，就是單一內部市場完成以前財政性的障礙。邊界海關管制維持了這種差異，阻礙了單一市場的四大自由流通。要消除邊界的管制，必需先有阻止誘惑個人及投機商人集結低稅或不課稅的國家從事商業行為的共同體制度，避免會員國國家失去稅收，遏止欺騙、規避法規，扭曲貿易的機會。

　　美國的經驗顯示，歐洲單一市場的成立各會員國之間可以沒有邊界而維持不同的稅率**（註七六）**。在美國沒有所謂的各邦之間的關稅制度，也沒有各邦之間買賣稅率的調合。可是要考慮到市場的競爭效力，鄰國之間的稅率差距最大應該保持在5%之內，以免市場負面效果的產生。申言之，如果要將美國的例子具體適用在歐洲單一市場，依據各會員國課征加值稅的狀況，執委會認為可以在將制定的基準稅率上下保持2.5%的彈性幅度。換言之，如果加值稅基準稅率定為16.5%，會員國可以採用自14至19%幅度不同的稅率；如果加值稅基準稅率定為17.5%，

註七六　執委會見解，參照L'achèvement du marché intérieur. Livre blanc de la Commission à l'intention du Conseil européen, juin 1985 (Document), p.45.

會員國可以採用自15至20%幅度的不同稅率。但是這種2.5%的彈性幅度對於貨物稅來說就不適合了，因爲貨物稅往往是影響零售價格重要的一部分。

除了上述有關共同體加值稅稅率基準的制定外，執委會還要就加值稅、貨物稅課徵對象範圍加以調整，據統計在英國、愛爾蘭，適用加值稅的範圍最狹小，不超過35%的私人消費，至於在其他大部分會員國裡則相反的廣大到90%以上。相對的，在貨物稅方面，對於煙、含酒精飲料、礦物油課徵範圍相當一致，不過在酒方面差別很大；例如在義大利、希臘沒有酒稅；在德國只對香檳以外的汽酒課稅；在盧森堡只就輸入的酒課稅。相同的，一些石油產品在一些會員國家免稅；例如在盧森堡、比利時的家庭用燃料油；在比利時、法國、荷蘭的潤滑油；在比利時的香油等。課征適用範圍的整合影響課征稅率的數量，而稅率的基準亦同時與其數量及課征稅之適用範圍有連帶關係。

另外爲避免新的賦稅性障礙繼續產生，共同體在執委會的建議下要使會員國停止增加現有的稅率及課征稅的範圍。至於一些敏感性的特殊問題，可以暫時准許例外的規定，不過爲了共同體總體的利益，這種例外應盡可能的減少。

執委會準備在達到調和各會員國加值稅率之前，建立會員國間的抵銷制度。即加值稅需於買賣地國家依其法律規定繳交之後，可在進口國家依申報的方式得到償還。

同樣的，在貨物稅得到調和之前，執委會認爲需要在各會員國國內建立互相連接的海關倉庫，儲存需要經過課稅的貨物，以免除海關的檢查。

以上三種障礙消除之後，才能實現歐洲經濟整合的單一市場，才能促成貨物、人員、勞務及資本的四大自由流通，進而邁向歐洲聯盟的目的。

第八節　共同體經濟區域之推展

一、歷史沿革

　　歐洲經濟區域之形成，有其長遠的歷史背景。1958年EEC成立之翌年，英國、葡萄牙、瑞典、挪威、奧地利及瑞士等七國（**註七七**），進行建立歐洲自由貿易區的談判，並於1960年1月4日簽訂斯德哥爾摩公約(Stockholm Convention)，同年5月3日正式成立歐洲自由貿易協會(The European Free Trade Association)，簡稱歐協(EFTA)。EC在完成關稅聯盟之後，積極建立其經濟體制、法律體系及對外政策，EFTA國家間則竭力排除關稅障礙，自由交易工業產品（**註七八**）。直至七〇年代初期，兩者之間沒有合作關係而有某些程度的抗衡對立現象。但多年來兩者關係，因爲經濟、文化、地理因素的相互影響，由原先的對立狀態逐漸轉變成爲經濟的合作，促成擁有十八個國家領域的歐洲經濟區域(European Economic Area, EEA)。

㈠盧森堡宣言

　　自從英國、丹麥加入EC之後，在1972年、1973年，EC分別與EFTA國家簽訂雙邊自由貿易協定(Free Trade Agreements)，相繼在

註七七　由於英國與丹麥（1972年），葡萄牙（1980年）先後加入EC，而冰島（1970年），芬蘭（1986年），列支敦斯登（1991年）繼續成爲歐協的會員國，而1995年1月1日起奧地利、瑞典和芬蘭再加入成爲EC會員國，所以目前歐協只剩瑞士、挪威、冰島和列支敦斯登四個國家。

註七八　歐協在1966年比原定時間提前三年完成排除關稅、貿易障礙，建立自由貿易區。

1973、1974年間生效（**註七九**），逐漸消除工業產品關稅及數量限制。到1983年已建立一個全球最大的工業產品免稅市場，並且EC從EFTA國家進口之鋼鐵、鋁、非金屬及紙類原料限制亦完全解除（**註八〇**）。隨著EC組織之擴大，自由貿易協定之適用範圍亦擴及希臘、西班牙、葡萄牙等國家。

1984年EC與EFTA國家在盧森堡召開部長級會議，共同發表8條盧森堡宣言(Luxembourg Declaration)，提出建立歐洲經濟空間 (European Economic Space, EES)，後因英國認為 "Space" 意義模糊、空洞，乃改用"Area"一詞），倡議致力對抗保護主義，認為要促進西歐國家工業產品的自由流通必須協調歐洲規格，消除技術性關稅障礙，簡化通關手續及原產地規定，廢除不公平貿易待遇和國家補助辦法（第3條）；推展雙方合作範圍到貿易以外的項目，協調運輸、農業、漁業、能源方面的政策，加強環保政策、消費者保護和研究計畫（第4條和第5條），減低失業率及通貨膨脹率（第6條和第7條）。同時共同聲明在OECD、GATT和其他國際組織下，促進世界貿易的自由化（第7條和第8條）。

(二)戴洛聲明

繼盧森堡宣言之後，雙方續於1988年2月在布魯塞爾召開第二次部長級會議，檢討四年來的合作關係（**註八一**）。同年6月又在芬蘭召開第

註七九　參閱EFTA Secretariat, *The European Free Trade Association,* Geneva, 1987, pp.27, 103～112。除係指協定14份之外，尚有EC與EFTA國家簽署之議定書(Protocols)5份。其中Protocol No.2有關農業產品（主要是經由工業加工過之食品）；Protocol No.1 有關敏感性產品（包括紙張、鐵合金、特殊鋼料、鋅、鉻、錳、鈦、鎢以及其他15種金屬）。
註八〇　詳見杜筑生，歐洲經濟共同體之對外關係，臺北，民國76年，頁56。
註八一　重要的有兩個多邊公約的簽署：一是關於促進共同體內部單一市場貿易的共同體單一行政文件(Single Administrative Document, SAD)適用於

三次部長級會議，除分別檢討雙方在技術規範、檢驗及認證、原產地規定、出口管制、貿易手續簡化等方面的進展情形之外，並決定在教育、環保、金融、運輸、稅制、智慧財產權、研究發展等各方面加強合作。EEA的籌建也在符合雙方利益之前提下繼續推展，促使雙方從盧森堡政治性宣言轉變成建立歐洲經濟區域談判的實際行動。1989年2月，共同體執委會主席戴洛(Jacques Delors)在歐洲議會所在之法國史特拉斯堡(Strasbourg)發表聲明提出建議案，決定推動共組EEA的內容。主張由EC和EFTA國家雙方建立一個共同的立法和行政機構，以推展雙方在經濟、社會、金融及文化等各方面緊密的合作關係。同年3月EFTA國家在奧斯陸(Oslo)所召開的高峰會議對戴洛的建議予以正面的回應，同意以客觀的態度共同與EC協調，並和EC籌組一個可在貨物、勞務、資本、人員自由流通，並能進而擴大建立一個除雙邊內部市場外，還包括法律、政治以及機構等合作關係的歐洲經濟區域（**註八二**）。隨後雙方部長在布魯塞爾非正式集會時，EC會員國亦重申在此一架構下與EFTA國家加強合作的意願。4月間雙方設立一個雙邊高階指導小組(Joint EFTA-EC High Level Steering Group, HLSG)，設有貨物自由流通、勞務和資本自由流通、人員自由流通、平行政策及法律和機構性事務等五個工作小組，負責規劃第二次會議中有關協議合作事項的可能範圍和內容，並據以研擬各項相關的法律和組織架構。1992年5月2日在波爾多（Porto），Euratom、ECSC、EC會員國與EFTA國家之間簽署歐洲經濟區域協定（The Agreement on the European Economic Area, EEA Agreement以下簡稱EEA協定），但因瑞士公民投票拒絕加入，影響其遲至1994年1月1日才生效。

EFTA：一是雙方共同轉運規則(Common Transit Rules, CTR)之建立。

註八二　Club de Bruxelles (éd.), *EC/EFTA The Future European Economic Area*, Bruxelles, 1991, p.19.

二、歐洲經濟區域協定

(一)談判過程的焦點問題

EC和EFTA國家自1989年起開始展開有關建立EEA的談判工作,歷經三年之久,而在談判過程中最具爭議性的焦點有下列數端:

1.EEA立法流程

EC主張其立法之自主權,EFTA國家只能參與法規的研擬,EFTA國家則希望參與有關EEA領域的立法而非僅被迫接受既定之法規。

2.EEA建立後,對於EC法律的適用問題

EC主張在EEA內EFTA國家必須實施EC制定的有關法律,並儘量減少EFTA國家的例外權;EFTA國家則表示不能全盤接受EC的主張,要求若干例外權及過渡時期的緩衝。

3.EEA共同機關的設立問題

EC要求EFTA設立與EC機構相對應的機構,以共同監督和管理有關政策的實施;EFTA國家表示設立上述機構將涉及其體制的改革,困難重重。

4.漁業問題

EC要求EFTA國家開放北海漁場,但挪威和冰島深感受害;EFTA國家則要求其海產品自由進入EC內部市場,因而威脅到西班牙和葡萄牙的漁業利益。

5.卡車過境運輸問題

EC要求其卡車得以翻越阿爾卑斯山區;EFTA國家中的瑞士、奧地利則因環保問題而拒絕。

6.援助發展基金問題

EC要求14億歐幣基金以幫助歐洲單一市場中較貧窮的國家;

EFTA國家只同意以7.5億歐幣按五年貸款發放給受援國家。

7.其他爭執問題

　　例如競爭政策、農業問題、人員自由流通及過渡時期等，亦為談判中爭執的焦點。

㈡EEA協定之範圍及適用的法律

　　為了歐洲經濟區域之實現，EFTA國家必須採用EC成立以來之立法，即共同體既有的法律(acquis communautaire)，包括共同體之創始條約及其他國際條約，派生法(規則、指令、決定)以及EC法院的判決等。也就是說將EC已制定的12000頁法律條文作為EEA國家共同的法律基礎，所以EFTA國家方面必需經由國內繼受程序將其融入內國法的體系。但是EC、EFTA與EEA各自的組織、結構及功能不盡相同，且EFTA國家並不因為和EC會員國共同成為EEA的成員而亦成為EC的會員國。因此在EEA內有平行發展的EC法與EFTA國家法律；相互間並不完全重疊一致。EEA協定本身有近千頁的內容，共有129條有關歐洲經濟區域的共同規則，22份附件及47份議定書。在附件中特別援引適用於EEA內的12000頁共同體法。

　　從單一經濟區域的觀點及EEA協定的適用範圍更能清楚的瞭解，共同體法在EEA內並不全部適用於EFTA國家。雖然EFTA國家自1994年1月1日起和EC會員國平等地加入單一市場的運作，可是並不像EC會員國一樣喪失其部份的國家主權或自治的政治權力。EFTA國家保留他們的政治領域不受共同體政治活動的影響。

　　從具體的協定內容來分析，EEA已超越單純的經濟合作而更直接的包括了更多層面的利益。協定包括：

1.經濟領域的合作：貨品、服務、資金、人員四大自由流通(the free movement of goods, services, capital and persons)

　　擴大當時歐洲單一市場之十二個國家的領域至歐協六個國家（瑞士

除外）的領域，總共十八個國家的領域都適用EEC單一市場的內部有關規定；原先有瑞士和列支敦斯登享有五年過渡期間的特別條款，以調合有關人員自由流通的法規，避免因為薪資較其他國家高且居歐洲中部之關係，而引發這兩個國家之外籍人口暴增（註八三）。

I. 商品自由流通方面

(1)自1972年以來，EC與EFTA國家的雙方貿易協定，已消除工業產品關稅、數量限制及技術性障礙。EEA協定擴大消除其他的障礙，例如農業、漁業產品方面等。但是EEA協定允許締約國每當國家財庫或國家利益受威脅時，可以限制進口。

(2)EEA協定採納EC有關產品自由的800件競爭法規，建立在EEA內產品不受歧視的條件。將來在EEA內EC標誌的使用，可促進商品的流通，避免假藉各種技術性禁止規定的濫用。

(3)Cassis de Dijon原則之廣泛適用。即一締約國家批准進口的產品，應該在EEA內自由流通。除非因產品的進口危害環境、消費者利益、人和動、植物之生命、健康，否則進口國家政府不能禁止或限制其進口。

(4)原產地規則(rules of origin)。EC與EFTA國家雙方自由貿易協定包括原產地規則，以決定其產品的優惠條件(preferential status)。一種產品是否被稱之為優惠產品(preferential product)，須視其產品含有自由貿易地區的原材料(raw material)的成分或在該地區內製造完成的程度而定。

換言之，如果一種產品的原材料成分或其製造過程出自EEA國家之外的百分比例相當高時，這種產品的原產地將視之為EEA之外。此種規則經多方面的修正、簡化證明文件之後，舉凡一種產品的生產重要

註八三　1995年1月1日起，奧地利、芬蘭、瑞典因加入歐盟已不再是歐協的成員了。

階段係在EEA內產生時，都有助於認定該產品的原產地是在EEA內
(註八四)。

　　(5)國家補貼(State aid)。國家補貼之措施，包括授與以及貸款或稅
捐上的優惠。EEA協定除因一些政治、經濟、社會因素的考量之外，
廣泛禁止不正當的貿易措施。

　　(6)邊界手續之簡化（但仍維持管制）。

　　(7)EFTA-EC商務上的合作。電腦規格化訊息以取代發票，報稅等
程序。

　　(8)單一公共市場（public market）的建立。

　　(9)EFTA-EC雙方基於對GATT談判的精神，致力於農業產品的自
由貿易化，雙方同意從EC較不發達地區輸入EFTA一些農業產品，這
就是協定所謂之 "Cohesion products"。另外，EEA國家間承諾相互
交換農業產品交易的條件，其目的在於減少國家壟斷保護的障礙。

　　(10)EC與冰島、挪威雙邊漁業談判結果，EC同意自1993年1月1日全
面開放一些海產品市場並逐漸減免關稅，自1997年1月1日起完全廢除。
相對的，冰島和挪威同意允許EC國家在其海域內能有更多的捕撈作
業。

　　(11)EC對於能源的規定都適用於EEA內。

　　II.人員自由流通方面

　　(1)EEA提供良好的就業機會（包括自由業）。除特定公職外，不
因國籍之不同而有歧視待遇或條件。EEA國民有權在任何EEA內國家
工作並因而有其居住權利。學生進修或自由業者另有特別規定。

　　(2)簡化人員邊界管制。

　　(3)EEA國家必須允許勞動者及其家屬保持其在境內所得之社會福
利津貼，或在外國又取得新的。EEA國民自一締約國遷移到他締約國

註八四　有關詳細原產地規定，參見EEA協定，第4號議定書。

時可以積累所得之社會福利津貼。

(4)EEA公民在EEA內有自由經營建立權(freedom of establish-ment)或自由提供服務的權利，而不受任何歧視。

(5)承認各種行業、職業的文憑；鼓勵學生交換計劃。

Ⅲ.服務自由流通方面

(1)於不歧視的基本原則下，在EEA內允許本締約國國民到另一締約國家自由創業，在EFTA內受本國許可經營的銀行可以在其他EEA國家設立銀行（子公司或分公司）而無需先前設立的程序。這種本國管制原則負責監督其在本國或其他EEA國家內的信託行為。

(2)保險業（壽險或非壽險及機車保險）如同銀行一樣，在EFTA一國家取得執照的保險公司可以到任何其他EEA國家提供服務，換言之，EEA公民可以在任何EEA國家投保不受其居住所的限制。

(3)在EEA內建立相同的規制，開放運輸市場使消費者享有較多的選擇，提升運輸效率和安全。原先瑞士、奧地利分別與EC談判阿爾卑斯山過境問題。EC分十二年逐步降低卡車廢氣排放量並聯合鐵公路運輸。

(4)電訊、視聽和訊息服務的密切合作。

Ⅳ.資本自由流通方面

(1)消除資金移轉、跨國投資、貸款等之管制障礙，不因國度不同而受歧視差別。

(2)EEA協定承認EFTA國家需要時間（挪威、瑞典二年，奧地利、芬蘭、冰島三年，瑞士、列支敦斯登五年）制定新規則，以取代過去嚴苛、禁止或限制其他國家國民的不動產買賣。

(3)對於資本的移轉危及國內資本市場一般的收支平衡時，EEA協定允許相應的限制措施。除非情勢急迫，否則採用預防措施的國家務須先行與其他國家磋商。

2.其他非經濟領域的合作

包括科學及技術發展研究，教育、消費政策，環保社會政策等的合作：

Ⅰ.科學技術研究發展

為提升歐洲工業的競爭地位，EFTA-EC雙方加強科學技術研究發展。EFTA國家可以參加EC研究發展計畫。

Ⅱ.援助發展基金

EFTA同意提供15億歐幣，以年息3%計算，免息二年之低利貸款以及5億歐幣的援助發展基金(Cohesion fund)幫助EC會員國中經濟、社會發展差距較大的西班牙、葡萄牙、希臘和愛爾蘭，以便其致力於環保、教育方面的建設。

Ⅲ.商務連絡網

EEA公司（中小企業，SMEs）商務連絡網(Business Cooperation Network BC-Net)之建立，方便歐洲公司間的連繫。並且EFTA國家亦加入Euro-Information Centre Network，使中小企業可掌握與統合有關的訊息。

Ⅳ.環保政策

協定規定環保合作的標準，應以高水準為基礎。EFTA國家參加EC將近50件環境立法的工作小組。

Ⅴ.教育政策

EC已建立學生交換，實習和教育計劃方案。EFTA國家自1995年1月1日都能全部加入。

Ⅵ.社會與消費者保護政策

社會政策包括工作的安全條件，男女待遇平等，勞動者生活水準的改善，基本工作條件（例如薪水等），殘障、老人的利益和勞資雙方密切合作的指導原則等。EEA協定強調社會對話，籌設諮詢委員會，考量經濟社會的層面從中協調勞資雙方的關係。

消費者的保護政策，不僅注意產品安全而已。EFTA國家同意接受

EC有關的立法，所以對於標價、沿戶售賣、廣告、付卡等都有共同規則，即EEA協定採用或維持較嚴的規則。

3.締約方都能接受的法律制度

如上所述，EEA協定在於積極促進EC與EFTA國家間的自由貿易，但無關稅聯盟的建立。EC對外的關係，即共同體與其他第三國家之間的法律關係，並不就是EEA的關係。EC與EFTA國家間沒有共同的商業政策，儘管EEA內十八個國家基於經濟密切合作的關係對外必須有某種程度的協調理由。同時EC與EFTA國家雙方同意沒有共同的農業、漁業、財政、賦稅和貨幣政策；而EFTA國家不參加歐洲貨幣制度和歐洲貨幣聯盟。對於政治聯盟與歐洲共同防禦和對外政策亦無共同政策可言。

從這些觀點上的差異做法，再經由實際的適用、發展結果，不就在歐洲統合或整合目標上，再添加了有形或無形的障礙嗎!?後續的運作，值得重視。事實上，這種障礙可因奧地利、瑞典、芬蘭的加入歐盟而大部份得到化解。

三、EEA之機構

在EEA的協商過程中，EFTA國家一直希望參與EC的立法程序。反之EC不願與EFTA國家分享其內部的立法權，而強調在EEA的架構下與EFTA國家進行協商與合作。EC的堅持獲得了勝利，EFTA國家只獲得了建制化被告知的權利和有關內部市場的新法案諮詢權。另外EFTA國家可以列席EC許多委員會表示意見（而無投票權）。但亦有許多基於保護EC主權爲由而拒絕EFTA國家參與的委員會（**註八五**），EFTA國家只能被迫接受共同體既有的法律，並透過國內繼受程序使其

註八五　Thomas P. Henschel, "The New European Integration – Perspectives of the European Economic Area." *Europe Beyond 1992*, Tamkang University, Taipei, pp.415～416.

成爲內國法體系之一部份。

　　EC堅持不與EFTA國家組成共同決策機關的理由主要有二：首先是南北歐的貧富不平衡，貧窮的南歐對於富裕的北歐一直存有心結，尤以西班牙爲甚。西班牙認爲北歐國家可以經由EEA輕易享受單一市場的利益，南歐自然得進入豐富的北歐漁場進行漁撈。這點已是爭執很久的事實。如此將使重視溝通協調而步履蹣跚的EC立法流程更加難以推展。其次EFTA國家雖希望獲得立法權，但卻不願同意並接受EC的貿易、農業及關稅政策。EC自不願輕易讓不願付出代價的EFTA國家加入其決策體系內（註八六）。

　　雖然EFTA國家無法享有決策權而是被動接受EC的相關法律制度，但仍可擁有立法諮詢權，以及對於法令差異的調整權。且爲了解決彼此爭端及防衛性措施等事宜，仍須有專門機關來處理。大體而言，EEA之組織架構與名稱大致與EC相似，只是其職權較有限，結構也較爲鬆散（註八七）。

　　EEA協定爲歐洲經濟區域的發展，創立幾個新的機關，包括EEA理事會(EEA Council)，EEA聯合委員會(EEA Joint Committee)及其諮詢機關：EEA聯合議會委員會(EEA Joint Parliamentary Committee)和EEA諮詢委員會(EEA Consultative Committee)。

　　雖然EFTA國家是被動接受歐體的法律制度，但EEA的組織形式上仍力求彼此的平等，以期增進彼此和諧與團結。例如EEA理事會的主席爲一位EC理事會成員及一位EFTA國家政府代表共同擔任。EEA聯合議會委員會由歐洲議會及EFTA議會以相同名額的議員共同組成，甚至連集會也採輪流方式在EC與EFTA國家境內舉行。此種雙主席制與同等名額及集會的安排方式充分表現歐洲人統合之智慧，使大家有了

註八六　Ibid., pp.417～418.

註八七　有關EEA的組織架構，詳參見何穗華，歐洲經濟區域組織功能之研究，淡江大學歐洲研究所碩士論文，1995年6月，頁55～57。

面子又顧全了裏子。

　　EFTA國家爲確保EEA協定的良好運作，也創立兩個機關以相對應，即EFTA監督官署(EFTA Surveillance Authority, ESA)和EFTA法院(EFTA Court)。

　　如EC執委會委員，每個ESA委員，超然獨立於其國家利益之上，不受有關政府的訓令。ESA也是獨立於EEA任何機關之外的機關，因此ESA有其自己的作業架構與預算，決策方式以多數表決爲基礎。

　　另外在加強EEA聯合委員會與EFTA國家的協調關係上，EFTA國家設置其常務委員會(EFTA Standing Committee)，有委員共六人，由EFTA國家各派一員代表組成的（**註八八**），接受EFTA國家專業人員的意見EEA聯合委員會決策參考。

㈠EEA理事會

　　EEA理事會扮演的角色類似歐體之歐洲高峯會議（European Council），是EEA最高政治指導機關。其主要的任務在於確立EEA政策性的指導方針，制定EEA聯合委員會之統一綱領。任何EEA理事會一致通過的決定，都建立在EC、EFTA國家之共同合意基礎上（EEA協定，第90條第2項）。

　　EEA理事會係依據EEA協定第89條所設立的。其成員由EC理事會及執委會全部的成員與EFTA國家各國政府代表各一名所組成（EEA協定，第90條第1項）。主席由一名EC理事會的成員及一名EFTA國家政府代表共同擔任，任期爲六個月（EEA協定，第91條第1項）主席得出席EEA聯合議會委員會之聽證會（EEA協定，第95條第5項）。

　　EEA理事會每年由主席召集開會兩次，若有需要時得召開臨時會（EEA協定，第91條第2項）。

註八八　這項組成隨著奧地利等三國加入EC後，勢必有所調整。

　　EEA理事會的職權主要有兩方面：首先負責給予履行本協定的政治推動力。並爲EEA聯合委員會訂定一般之指導方針；其次EEA理事會應全面評估本協定之運作與發展，並作爲修正本協定所需之政治決定（EEA協定，第89條第1項）。

㈡EEA聯合委員會

　　EEA聯合委員會係根據EEA協定第92條設定的。成員由各締約方的代表所組成（**註八九**）。

　　EEA聯合委員會是EEA的決策機關，也是交換消息與觀點之論壇。可設置次級委員會或工作小組協助推展工作。另有兩個諮詢機關：一爲EEA聯合議會委員會，另一爲EEA諮詢委員會。

　　EEA締約方間一般的爭議，由EEA聯合委員會協商解決。但是EEA聯合委員會要考慮可維持EEA協定良好運作的條件下來解決。此外由於EEA協定也導進羅馬條約有關防衛條款(Safeguard Clause)的規定，以爲保障EFTA國家的最低利益。所以基於經濟、社會、環保問題的理由，EFTA國家亦可以主張暫緩援用共同規則以避免其負效用的產生或收支比例平衡失調的現象。如果聯合委員會對於防衛性措施(Safeguard Measure)的期間與範圍，或恢復平衡措施的比例(proportionality of a rebalancing measure)有關的爭議無法解決時，任何締約方均可主張仲裁方式解決之。

註八九　在EEA協定的前文明定了歐洲經濟共同體及歐洲煤鋼共同體及歐體十二個國家及歐協七個國家等共二十一個締約者（瑞士除外後剩二十個締約者）。EC國家與EFTA國家簽訂EEA協定的法律基礎是根據EEC條約第238條有關締結準會員協定的規定。此項EC對外締約的權限是屬於明示的締約權，必須由EC與其各會員國一同來簽訂此種協定，例如EC與第三世界國家所簽的洛梅公約即屬此類。參見邱晃泉，張炳煌合著，歐洲共同體解讀，月旦出版公司，民國82年10月，頁40～42；杜筑生，歐洲經濟共同體對外關係，正中書局，民國76年7月，頁16～27。

EEA聯合委員會實為EEA中最重要的機構，除了是其決策機構外，也負擔了解決爭執，處理防衛措施，以及訊息與觀點交流等功能。

EEA聯合委員會主席由EC之代表（亦即EC執委會）及一名EFTA國家的政府代表共同擔任，任期六個月（EEA協定，第94條第1項）。

EEA聯合委員會原則上每個月至少開會一次，並得依主席或任一締約方之請求而召開臨時會（EEA協定，第94條第2項）。其決定必須建立在EC、EFTA國家之一致通過的基礎上（EEA協定，第93條第1項）。綜上論點，EEA聯合委員會的職權相當大，主要目標在確保本協定有效的執行與運作。其主要職權如下：

(1)對於有關於本協定的解釋或適用所生的爭端進行協商與解決（EEA協定，第111條）。

(2)處理有關於避免產生嚴重社會、經濟、或環境之持續性困境而採取的防衛性措施及恢復平衡措施等事宜（EEA協定，第112條～第114條）。

(3)負責組織一個判決資訊交流系統（EEA協定，第106條）。

(4)在推展任務的需要，設次級委員會或工作小組（EEA協定，第94條第3項）。

(5)發行有關本協定的功能與發展之年度報告（EEA協定，第94條第4項）。

(6)為使歐洲法院與EFTA法院對於本協定的解釋能達成一致，EEA聯合委員會應對此二法院的判決保持經常性審查，並採取行動使二者的解釋能達成一致（EEA協定，第105條）。

㈢EEA聯合議會委員會

由於EEA聯合議會委員會並無立法權，亦無預算、監督等權力，與現今的歐洲議會無法相比，只能稱得上是一個諮詢機構。EEA聯合議會委員會係根據EEA協定第92條設立的。其成員由歐洲議會及

EFTA國家議會的議員共同以相等名額組成，其名額依本協定第36號議定書定之（EEA協定，第95條第1項），開會的地點須輪流在EC與EFTA國家境內舉行。

EEA聯合議會委員會的功能在於透過與會者的對話及辯論，增進EC與EFTA國家間就有關本協定事項之相互瞭解，使各會員國多一條溝通意見的管道，且可以報告或決議等方式發表其觀點（EEA協定，第95條第3項）。

EEA聯合議會委員會對於EEA聯合委員會雖無監督權，但可以後者依EEA協定，第94條第4項所發行的年度報告進行審查，並得邀請EEA聯合委員會之主席舉辦聽證會（EEA協定，第95條第5項）。

不像EC會員國，EEA締約國家並沒有移轉給EEA機構立法權力，通常EFTA國家國內議會仍然維持其對新立法之決議權，因此EEA理事會或EEA聯合委員會通過的決定必須經由國內法來完成，即非有國內之繼受程序不可。所以EEA聯合議會委員會，在EEA議員之間產生重要連線，是討論EEA事項之論壇，也是瞭解國內資訊狀況的地方；EEA聯合議會委員會邀請EEA理事會主席來議會聽取更多、更深層的有關EEA消息。

(四)EEA諮詢委員會

EEA諮詢委員會成立（EEA協定，第96條第2項）的目的在於透過詢問各階層（如農民、工人、商人、自由業）的意見以加強彼此的溝通。EEA諮詢委員會包括經濟暨社會委員會委員及EFTA諮詢委員會委員。它是有組織、有規律的推展EEA之經濟及社會福利工作。

雖然EEA協定並未在決策程序或其他程序中規定應詢問EEA諮詢委員會的情形，但EEA諮詢委員會得主動以報告或決議的方式發表其意見（EEA協定，第96條第2項）。

㈤EFTA法院

　　EFTA法院與歐洲法院共同承擔EEA協定運作下的司法管理。

　　在EEA的談判過程中原擬成立歐洲經濟區域法院，但歐洲法院在1991年11月8日發表一份長達52頁的意見指出，建立一個平行的法院，不僅違反羅馬條約且侵犯歐洲法院對歐洲共同體法唯一的解釋權。故EEA法院的構想便胎死腹中（**註九〇**）。因此有關EEA所生的法律糾紛即由歐洲法院與新設之EFTA法院共同加以負責。歐洲共同體法的解釋權仍屬於歐洲法院，EFTA國家的內國法院得依第34號議定書之規定向歐洲法院聲請解釋（EEA協定，第107條）。依據該議定書第1條之規定，當EFTA國家的內國法院審理中的案件涉及共同體創始條約及其派生法之解釋時，該法院得請求歐洲法院加以解釋。此種程序頗似歐洲法院之先決裁決程序。

　　EFTA法院依EEA協定第108條第2項設立的。原定法官七人由各會員國（包括瑞士）派遣一名，任期六年。其職權僅限於處理下列案件（EEA協定，第108條第2項）：

　　⑴關於EFTA國家涉及監督程序之案件。

　　⑵不服EFTA監督官署有關競爭之決定所提起之訴訟。

　　⑶解決兩國或兩個以上EFTA國家間之糾紛。

　　為彌補EEA並無本身獨立的法院，避免對協定及相關的法律之解釋產生不一致的情形，由EEA聯合委員會建立一個判決資訊交換系統，包括歐洲法院、EFTA法院、歐洲初審法院、及EFTA國家的內國終審法院（EEA協定，第106條前段）的判決。

　　該系統的運作方式如下（EEA協定，第106條(a)～(c)款）：

　　⑴上述各法院應將其有關EEC、ECSC、EEA條約解釋與適用之判

決送交歐洲法院的登記處（the Register of the Court of Justice）。

(2)歐洲法院登記處對各國主管機關就相關文件事宜之聯繫，由各會員國自行指定。

(3)該登記處應將此類判決予以整理分類，並作出摘要及譯本以供參考。

四、EEA之監督系統

為了確保EEA協定能有效運作並處理有關競爭活動之法律程序，必須成立一個監督系統。此監督系統分兩方面來負責，一為EFTA監督官署，另一為EC執委會（EEA協定，第109條第1項）。故在EEA協定中成立了EFTA監督官署（EEA協定，第108條第1頁），其成員原定七人分別來自EFTA國家（包括瑞士），每國各一人。其職權主要是督促各締約國遵守EEA協定並履行其義務；接受締約國、個人、公司的諮詢或對其他造當事人為執行EEA法規所提起的訴願；向EFTA法院控告EFTA國家的不法行為。

有關監督程序之進行係由EC執委會與EFTA監督官署相互合作，並交換資訊與相互協商（EEA協定，第109條第2項），其程序如下：

(1)EC執委會與EFTA監督官署可以接受任何與本協定之適用相關的申訴，並相互知會對方所受理的申訴（EEA協定，第109條第3項）。

(2)此二機構應就其所受理的申訴進行審查，若非屬於本身職權範圍內之申訴應立即移交對方（EEA協定，第109條第4項）。

(3)若此二機構對於申訴所採取的行動或審查結果無法獲致協議，則交由EEA聯合委員會依爭端處理程序解決（EEA協定，第109條第5項）。

EEA監督官署與EC執委會所作之決議為對國家以外之個人處以罰款者，無須其他手續，便可將此決議導入各國內依其相關強制執行之法律由合適之機構加以執行（EEA協定，第110條）。

五、EEA之相關程序

㈠立法程序

　　EEA的決策型態早在EC與EFTA國家的締約談判中，即為一個爭議的焦點問題。其主要的關鍵在於，涉及兩大組織主權讓渡的疑慮，使得共同決策的問題成為雙方角力的主戰場，雙方為建立共同經濟區域的理想也受到嚴重的考驗。

　　EEA協定中的機構條款（Institutional Provisions，第七章，第89條至第114條），究其立法精神，主要係為調和EC對「自主性」的堅持，及EEA所揭櫫共達「一致性」的目標間所產生的衝突性（**註九一**）。在雙方談判同意建立起一套獨立的EEA法律秩序初期，EC方面擬以地理區域作為其發展經濟霸權的基礎，而不願放棄其富有的近鄰（**註九二**）；而EFTA國家則唯恐歐盟建立起經濟壁壘──單一市場（Single Market），將會使其置外於國際經濟發展的潮流。以其各有所圖的動機，EC以其單一市場的規模與成就，以及單一市場所憑藉的完整法律系統──共同體既有的法律，自然不願EFTA國家輕易地影響或破壞其原有的設計。所以雙方都很清楚，就其合作的實質問題，他們實在很難不去思考如何建立EEA法律秩序與機構的問題。

　　就其法律秩序言之，EEA協定在導言中即強調其建立一個有活力且具一致性之EEA的目標，係奠基於其共同的規則、平等的競爭狀

註九一　August Reinisch, "The European Economic Area," *The Journal of Social, Political, and Economic Study*, Vol.18, No.3, Fall 1993, p.297.

註九二　Commission of the European Communities, *Europe in a Changing World − The External Relations of the European Communities,* Office for Official Publications of the European Communities, Luxembourg, 1993, p.19.

態，並提供足夠的執行工具——包括司法層面的執行工具。而在此所指
的共同規則，亦即EFTA國家同意以共同體既有的法律作爲EEA法的
基礎；換言之，EEA協定就必須包含與EC法完全一致的規定，且保證
該規則得以與EC的規定同步執行、運用與解釋（註九三）。因此在保障
每一締約方立法自主性的前提下，EEA要能與EC完成一套旣聯合又能
平行發展的法律秩序。此即學者所強調EEA法所具有「其中包括」
（inter alia）的概念（註九四）。

　　EEA法的這種特性在EEA協定中處處可見，在EEA協定中就有不
少與EC相類似的平行條款。如本協定第7條就相當近似於EU第189條。
即「於本協定之附錄或EEA聯合委員會所作成之決定中，所指稱或包
含的法律，應對各締約方有拘束力，且應成爲、或被作成爲，其內部法
秩序之一部份：

　　(1)與EEC規則相當之法律應成爲締約方內部法律秩序之一部份；

　　(2)與EEC指令相當之法律應給予締約方選擇執行的形式與方法。

　　該條的目的在於盡量確保EEA內法律的安定性，亦即確保附錄中
所規定的內容，得以在EFTA國家內及共同體中具有同等的法律效果。
不過，如奧地利、列支敦斯登等採用一元論的締約國，認爲EEA協定
具有國際公法的性質，並不需要經過內國的立法程序，便可直接適用該
協定並成爲內國法秩序的一部份，則這些國家就有可能優先適用EEA
法（註九五）。

　　至於EEA的立法程序，EEA協定中並未將任何締約國的立法權過

註九三　Sven Norberg, "The Agreement on a European Economic Area,"
　　　　Common Market Law Review, Vol.29, 1992, p.1175.

註九四　Ibid., p.1176.

註九五　Sven Norberg, Karin Hoekborg, Martin Johansson, Dan Eliasson Dedi-
　　　　chen, "EEA Law: A Commentary on the EEA Agreement," *Graphic
　　　　Systems AB,* Sweden, 1993, pp.205～206.

渡到任一EEA的機構；換言之，EEA的機構都不具有高於各締約國內國立法機關的立法權限。所以本協定第97條即強調每一締約國可以就本協定所涵蓋範圍內，不違反非歧視原則下，於通知其他締約國後，仍擁有修改其內國法的權利，若EEA聯合委員會認為該項修改不致妨害本協定良好的運作與發展，或若依照本協定之下的立法程序完成的。

而此處所稱「本協定之下的立法程序」，係指本協定第98條所規定之立法程序。依據該條規定本協定之附錄第1號至第7號，第9號至第11號，第19號至27號，第30號至第32號，第37號，第39號，第41號和第47號議定書，得由EEA聯合委員會的決定，依據本協定第93(2)條，第99條、第100條、第102條及第103條之規定修改之。其餘的14項議定書和協定本文（Main Agreement）的條款，則只能透過召開締約方間會議時方可協議修改。亦即本協定第97條～第114條特別專章處理的立法程序（Decision-Making Procedures），有其特定的適用範圍。至於本協定重要或具爭議性的問題，仍是倚賴各締約方面對面共同解決。而EEA協定第118條提供一個國際條約的修改程序，即規定若有任一締約方認為，基於締約方共同的利益有必要將本協定未涉及的範圍納入時，可以在EEA理事會中提案，並指示EEA聯合委員會探討該提案的各種層面而作為報告。EEA理事會亦可對此作成政策性的決定使各締約方展開談判。而完成談判的協定仍需經由各締約國的內國程序予以批准**(註九六)**。

如此的立法程序，係透過EEA聯合委員會的決定而對相關的附錄或議定書加以修改的。一方面為確保EFTA國家在未來相關領域立法時的影響力及EC原有的立法自主性，賦予EFTA國家立法諮詢權；另一方面則著重EEA法律與EC法律間差異的調整，使締約方可循各內國法的程序予以繼受。

1.立法諮詢

註九六 August Reinisch, op. cit., p.301.

　　由於談判的結果，EFTA國家並未能介入EC的立法程序協定。未來EEA的法律制定，尤其是涉及EEA所涵蓋範圍內的事項，大抵仍由EC執委會研擬草案，送交理事會決議，EFTA國家所扮演的僅是立法諮詢之角色。因此，EC執委會就本協定所規範領域草擬出新法案後，應就法案的詳細內容，如同其向EC會員國之專家諮詢般，非正式地向EFTA國家的專家尋求建議（第99條第1項）；而EC執委會亦應於提交草案至EC理事會時，一併將其影本提交各締約方。並可應任一締約方的要求，於EEA聯合委員會中進行初步的意見交換（EEA協定，第99條第2項）。其次，為因應EC內繁複的立法程序能與EEA內之立法程序平行進行，在EC理事會作成決定前，EC與EFTA國家得於EEA聯合委員會進行告知與諮商（EEA協定，第99條第3項）。各締約方則應以誠信進行合作（EEA協定，第99條第4項）(參見圖1-1)，協助EEA聯合委員會達成協議。

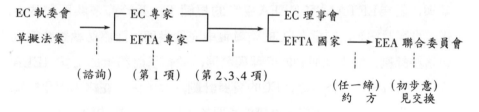

圖1-1　第99條

　　有關EFTA國家的專家參與協助EC執委會所設立之委員會的問題，本協定亦將之納入第100條和第101條之規定範圍中。關於EEA的法規有許多係奠基於共同體法，是以為了確保EFTA國家的權利，EFTA國家的專家就必須參與和EEA相關範圍的委員會（約有250至300個）。因此，根據這些規定，EC執委會所設立的委員會可概略地分為三類（**註九七**）：

註九七　Sven Norberg, op. cit., pp.1184～1185.

(1)協助執委會執行其行政權的委員會——執委會在共同體法案形成階段必須的詢問委員會。

(2)協助執委會管理並發展有關EFTA國家可給予財務支援之特殊委員會——處理四大流通以外之問題，如研發與科技發展、環境、教育、訓練、社會政策等之委員會。

(3)其他委員會——非屬前二類之委員會。

依據EEA協定第100條，EC執委會確保EFTA國家的專家於第(a)類的委員會草擬措施的階段，盡可能廣泛地參與。有鑑於此，執委會將基於諮詢EC會員國專家之相同基礎，諮詢於EFTA國家的專家，並以平等的立場充份交換彼此的意見。就EC與EFTA國家雙方合作初期觀之，EC執委會願以此方式採納EFTA國家的觀點，實是一項重要的進展。

而EFTA國家的專家特別深具影響力的則是其在第(b)類委員會中的參與，因為EFTA國家在EEA協定的規範下，對於許多共同體的計畫、專案及活動，同意在EC的委員會中完全參與，而協助執委會完成對這些計劃、專案及活動的管理與發展，並給予財務上的支援（EEA協定，第81條）。換言之，EC的發展計劃，大多係旨在縮小南北貧富差距，此也正是共同體內一直無法克服的困境。而富裕的EFTA國家，如能藉由資金的挹注，助EC一臂之力共同提昇南歐的經濟，EC自然亦樂意在此等委員會中予以對等的地位。此等委員會也就成為現階段EFTA國家在EEA內涉入較深處。至於第(c)類的委員會，也就是用以協助執委會的其他委員會，EFTA國家的專家之結合就將本於維持本協定良好運作所需，參與該等委員會。本協定第37號議定書即陳列此等委員會之名單。而其合作的型式則規定於處理相關事項之相關議定書中。且若有任一締約方認為此等相同特性之委員會有必要合併時，EEA聯合委員會亦得以修改第37號議定書（EEA協定，第101條）(參見圖1-2)。

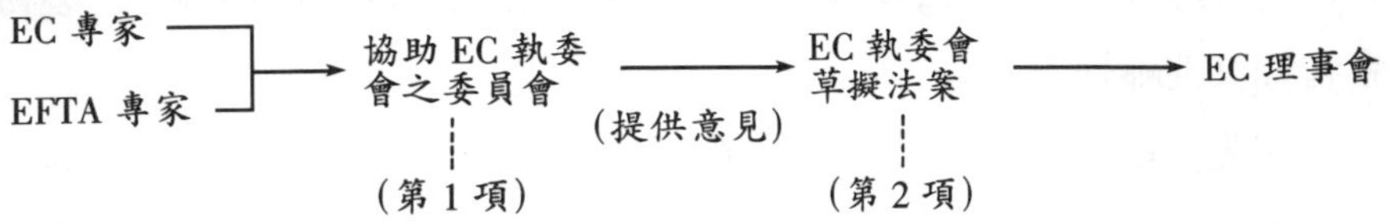

EC 專家 ┐
　　　　├──→　協助 EC 執委　　──→　EC 執委會　　────→　EC 理事會
EFTA 專家 ┘　　　會之委員會　　　　　草擬法案
　　　　　　　　　　　　　（提供意見）
　　　　　　　　（第 1 項）　　　　　（第 2 項）

圖 1－2　第 100 條

2.法令差異的調整

　　EC所制定出的法規，雖已於前置作業階段，儘可能地參酌各締約國的意見，卻未必能在EEA國家間眞正適用。由於EEA的法律必須根據EC法加以調合，因此法律差異的調整也就成爲EEA立法程序之重要部份。

　　根據EEA協定第2(a)條：「『協定』一詞意指協定本文、其議定書、附錄以及在其中所指之法律條文。」故一旦協定簽訂並經批准通過，即表示其包含的條文及相關文件均一併生效。又，根據第93條第2項：「EEA聯合委員會之決定，應由共同體、EFTA國家間之一致通過作成之。」換言之，協定一經簽訂，未來EC與EFTA國家間的談判與協議均在EEA聯合委員會內完成，而EEA聯合委員會的決定，對EEA各締約方亦皆具約束力，不過這種約束力亦應僅限於第98條所規範的適用範圍內。

　　綜上所述，可發現：(1)附錄中所規定之法規視同協定本文，同樣對締約方具有拘束力；(2)EEA聯合委員會是協定中所賦予修改法規的組織。因此EEA協定第102(1)條即強調：「爲保障法律之確定性與EEA的和諧，EEA聯合委員會應儘可能針對本協定附錄之修正作出與共同體制定之相關新法規相似之決定，以便共同體之相關新法規與本協定附錄之修正得同時適用。爲達此目的，共同體於每次針對受本協定規範之事項通過立法時，應立即於EEA聯合委員會中知會其他締約方。」此係爲這些修正法律的生效與適用所宣告的一般原則。換言之，EEA協定附錄修正後之生效日，與EC法律之生效日間不應有所遲延。爲達此目

的，EC有義務於EEA相關領域之法律通過後，立即透過EEA聯合委員會告知其他締約方。

首先，EEA聯合委員會應重新評估任一因新法規而直接受影響之附錄的一部份（EEA協定，第102條第2項），締約方則應盡最大的努力以達成關於本協定事項之協議。而若任一議題產生嚴重困難，而其於EFTA國家中係屬立法機構之權限範圍，則EEA聯合委員會應致力尋求一共同可接受的解決方案（EEA協定，第102條第3項）。不過，若修改附錄的協議無法達成，EEA聯合委員會即應審查所有之可能性以維持本協定的良好運作，並為此目的採取必要之決定，包括注意平等立法的可能性。而該必要的決定須在提交到EEA聯合委員會起六個月內完成，否則最遲應於EC相對應之法規於EC之生效日作成（EEA協定，第102條第4項）。

但是，若期限終了時，EEA聯合委員會尚無法針對本協定附錄之修改作出決定，則受影響的附錄即視為臨時性的暫停適用，除非EEA聯合委員會有不同的決定。此類臨時性的暫停適用，自第4項所規定的六個月期限終了日起生效，但不得早於該系爭共同體法規於EC之施行日（EEA協定第102條第5項）。而EEA聯合委員會則應評估暫停適用的實際結果作必要的調整（EEA協定，第102條第6項）。最終仍須由EEA聯合委員會致力於同意一個共同可接受之決定，以使該項暫停適用儘快結束（EEA協定，第102條第5項後段）（參見次頁圖1-3）。

其次，依據規定有關EEA法規執行的EEA協定第35號議定書：「鑑於本協定旨在創造一個一致的歐洲經濟區域，而該區域係奠基於區域內的共同法規，任何締約方不須轉讓任何立法權予EEA機構；反之，將透過國內程序來達成。」易言之，各締約方完成內國法的程序是EEA法生效的必要條件。因此EEA聯合委員會所作成的決定，僅在各締約方完成其內國所要求的憲法要件，才能對各締約方產生約束力。且相關締約方，應將其已符合憲法要件的事項通知其他締約方，若該憲法

要件中包含有日期之規定，則該決定應於該日起生效並產生約束力。若
該締約方一直未能通知其完成內國法律要件的日期，則EEA聯合委員
會的決定，應於最末通知後第二個月之首日生效（EEA協定，第103條
第1項、第2項）。

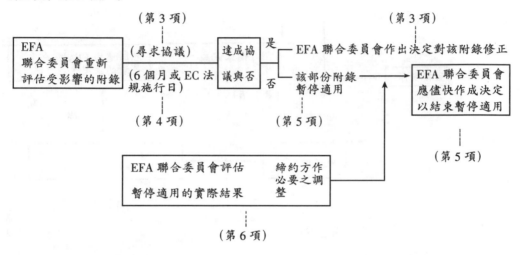

圖 1－3　第 102 條

但是若EEA聯合委員會作出決定之日起六個月期滿後，相關締約
方仍未爲通知，則EEA聯合委員會的決定就可在相關締約方完成憲法
要件的期間內暫時適用。除非有任一締約方告知該項暫時適用不能施
行，或任一締約方告知EEA聯合委員會的決定尙未被批准，則EEA聯
合委員會所爲之決定就應自該項告知後一個月予以暫停適用，惟不得早
於該相關共同體法規於共同體內之施行日（EEA協定，第103條第3項）
（參見次頁圖1-4）。

總而言之，以上條款在協定中雖名爲立法程序，實質上卻無眞正的
決策權力，無寧將之視爲一個合作的空間，具有諮詢、協調與調整的功
能，而成爲一個妥協之後的產物。而值得一提的是這樣的立法程序對
EC與EFTA國家均有不同的意涵。對EC而言，此乃意指其應將EFTA
國家的觀點納入決策考量。不儘在草擬與準備法案時爲之，共同體新法

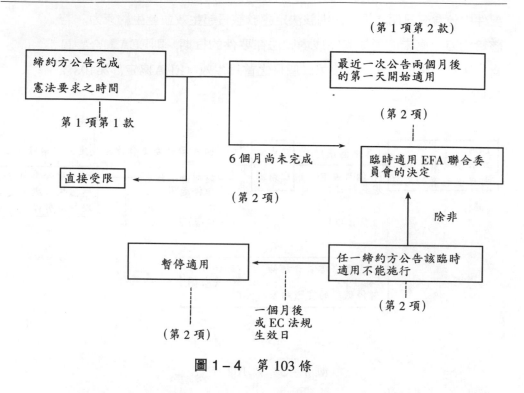

圖 1-4　第 103 條

規出爐時亦應透過EEA聯合委員會採取決定以維繫EEA之原則與目標。若不以此行之，EFTA國家勢必不會遵從EC的法規，亦不會在相對應之EEA法規予以同意權；而對EFTA國家而言，這將意味著未來開創雙方共同法規之未來發展，將操於共同體之手的可能性已大大增加。不過，EFTA國家仍有可能以正式或非正式的各種方法注入其觀點，並與EC就新的共同法規進行討論，甚至以維護其主權為由而不接受修改現有EEA法規之提案。亦即，EEA的立法程序乃仰賴「共同合意」才得以為之。是故理論上，EFTA國家擁有「選擇退出權」（opt-out）並拒絕適用共同體的新法規，較諸EC會員國可能在條件多數決（qualified majority）的壓制而受新法規拘束的情形看來，表面上，EFTA國家在EEA中可能獲得較大的自主性，但EC的法律一經通過卻再無修改的空間，反而有可能因為自主性的堅持而必須犧牲某些經

濟利益（**註九八**）。因此此程序已充分顯示EC與EFTA國家在EEA中不對稱的本質，勢必在未來的運作過程中發生一定的影響。

㈡爭端處理（參見次頁圖1-5）

一如大部份與貿易有關的國際條約，EEA協定建立一項處理締約方間爭端的機制。這主要是因為締約方之間由於立場的不同，觀點互異，對於EEA協定的條文自有不同的解釋。因此為了確保EEA內的和諧，並維持公平的競爭環境，自然極需要有一套處理締約方間爭端的機制（**註九九**）。

EEA協定所規定有關締約方間爭端處理的程序，係1991年歐洲法院提出意見（opinions）反對設立EEA法院後，經談判修改後的結論。因此，EEA協定的爭端處理系統就因EC與EFTA國家不同的司法、政治系統而形成零碎的狀態（**註一〇〇**），使得其爭端處理系統亦呈現多元性的紛亂。即EC會員國間的爭端由歐洲法院處理之；而若EFTA國家間發生爭端則由EFTA法院予以解決（EEA協定，第108條(2)(c)），為此EEA協定透過新設立的EFTA監督官署（ESA）和EFTA法院作為主要的處理機關（ESA和EFTA法院的主要職權，詳見本節三、歐洲經濟區域之機構之說明；至於EC與EFTA國家間的爭議事項則依據本協定第111條的程序加以處理。

依據EEA協定第111條第1項及第2項規定，受理並解決有關EEA協定的適用或解釋之爭端事項的機關是EEA聯合委員會。亦即，任何發

註九八　Christophe Reymond, "Institutions, Decision-Making Procedure and Settlement of Disputes in the European Economic Area," *Common Market Law Review*, No.30, 1993, pp.449～480.

註九九　Cf. Sven Norberg, Karin Hoeborg, Martin Johansson, Dan Eliasson, Lucien Dedichen, op. cit., p.275.

註一〇〇　August Reinisch, op. cit., pp.303～304.

生於EC和EFTA國家間的爭端，將透過政治工具來加以解決，而非訴
請司法的裁判（註一〇一）。依照EEA協定第111條的規定，EC方面似
乎只有執委會可以代表EC會員國將爭端事件提交EEA聯合委員會；而

解決爭端之程序

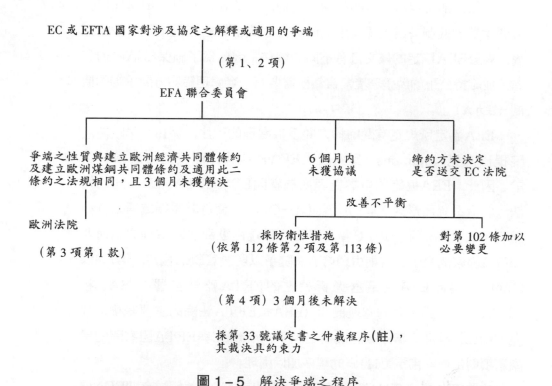

EC 或 EFTA 國家對涉及協定之解釋或適用的爭端

（第 1、2 項）

EFA 聯合委員會

爭端之性質與建立歐洲經濟共同體條約
及建立歐洲煤鋼共同體條約及適用此二
條約之法規相同，且 3 個月未獲解決

6 個月內
未獲協議

締約方未決定
是否送交 EC 法院

改善不平衡

歐洲法院

（第 3 項第 1 款）

採防衛性措施
（依第 112 條第 2 項及第 113 條）

對第 102 條加以
必要變更

（第 4 項）3 個月後未解決

採第 33 號議定書之仲裁程序(註)，
其裁決具約束力

圖 1-5 解決爭端之程序

註：第 33 號議書——裁決程序：

　1.除非爭端當事者另有決定，爭端之仲裁應有三位仲裁員。

　2.爭端雙方各方應在 30 天內指定一位仲裁員。

　3.雙方指定的仲裁員共同選出一位仲裁員，此仲裁員應為締約方之一的國民，而非仲裁員所隸屬之國。若在各方指定裁決者後二個月內爭端雙方未協議出此第三位仲裁員，則應自 EEA 聯合委員會所擬之七人名單中選出。

　4.除非締約者決定其他方式，仲裁法庭(arbitration　tribunal)應採其議事規則。其裁判由多數決產生。

　　註一〇一　Sven Norberg, Karin Hoeborg, Martin Johansson, Dan Eliasson, Lucion Dedichen, op. cit., pp.278～279.

EFTA方面則無此限制。因此，涉及爭端的締約方應提供可資利用的相關資訊予EEA委員會以利深入審查，並尋求解決之道。而若一項爭端涉及與EEA協定之條款相關之判例法，而其實質上係同於「建立歐洲經濟共同體條約」及「建立歐洲煤鋼共同體條約」及適用此二條約之相對應法規，且此項爭端在送交EEA聯合委員會三個月內仍未解決，則涉及爭端的締約方即可以請求歐洲法院就相關法令的解釋予以裁判（EEA協定，第111條第3項）。

　　但是，若EEA聯合委員會於此程序提出後六個月內，尚未對此爭端達成協議，或若涉及爭端的締約方尚未決定是否送交歐洲法院，則涉及爭端的締約方為了改善可能的不平衡狀態；此時便可引用下列兩種程序以解決其爭端：

　　(1)依據EEA協定，第102條有關修改法規的規定，對相關的附錄加以必要的變更，從而解決已發生的衝突；

　　(2)若該項爭端適用於採取防衛性措施的範圍或期限、或適用於採行恢復平衡措施的條件，則可依據第113條所規定採取防衛性措施（EEA協定，第111條第3項）。而若該締約方已採行其防衛措施或已依據EEA協定第114條因比例適當性而採行恢復平衡措施，但三個月後，其爭端仍然未能解決，則任一涉及爭端的締約方可依據EEA協定第33號議定書的仲裁程序作出最後的仲裁，而涉及爭端的當事締約方均應受仲裁結果之約束。不過與EEA協定之條款解釋的相關問題，並不可以此仲裁程序為之，仍需依據EEA協定第102條規定之程序加以解決（EEA協定，第113條第4項）。

(三)防衛措施的採取程序（參見次頁圖1-6）

　　EEA協定是EC與EFTA國家，基於平等的競爭條件並遵守相同的規則，以促使雙方保有持續而均衡強化的經貿關係（EEA協定，第1條第1項）。因此，公平競爭是建立EEA最大的宗旨，才能使各締約方可

在廣大的市場中，享受到自由貿易的利益。是故在EEA內實不應允許
保護的政策或行動存在而損害自由貿易公平競爭的精神。

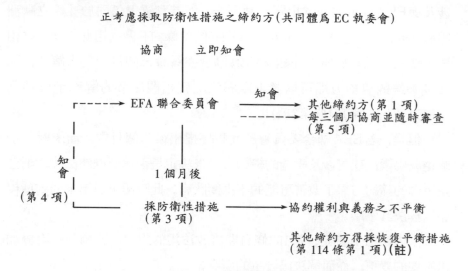

正考慮採取防衛性措施之締約方（共同體爲 EC 執委會）

協商　　立即知會

EFA 聯合委員會　　知會　　其他締約方（第 1 項）
每三個月協商並隨時審查（第 5 項）

知會
（第 4 項）

1 個月後

採防衛性措施
（第 3 項）　　協約權利與義務之不平衡

其他締約方得採恢復平衡措施
（第 114 條第 1 項）（註）

圖 1－6　防衛性措施之採取程序（第 113 條）

註：恢復平衡措施亦具優先權，採取程序與防衛性措施之程序同，即第 113 條（第
　　114 條第 1、2 項）。

　　然而，EEA所涵蓋的範圍廣泛，各締約方間經濟社會發展程度差
異頗大，而EEA所採行的共同規則，卻是適用於全體締約方。爲調和
並避免某些締約方受到嚴重的衝擊，而影響到全體締約方的整體利益，
EEA協定中亦採行防衛性措施的程序。

　　由於防衛性措施的特殊性，EEA協定中規定採行防衛性措施的必
要條件，係若自然環境賴以生存之部門或區域將產生嚴重的經濟、社會
或環境之持續性困境（EEA協定，第112條第1項）時，方可以適當的
（下述的）程序單方面採行防衛性措施；但必須受限於嚴格的適用範圍
與時限，而對本協定之運作干擾最少的措施應優先考慮之（EEA協
定，第112條第2項）；而所採行的防衛性措施則將適用於所有的締約方
（EEA協定，第112條第3項）。

其具體程序爲：當一個締約方正考慮採取防衛措施時，即應立刻透過EEA聯合委員會通知其他締約方，並提供相關資訊（EEA協定，第113條第1項），且立即與EEA聯合委員會進行協商，以尋求共同可接受之道（EEA協定，第113條第2項）。而當事的締約方，若於知會EEA聯合委員會起的一個月後尚未獲致協商結論，即可開始採行防衛性措施；若有需要採取立即行動的例外行動狀況而排除事先審查時，相關的當事締約方即可立即採取必要的防衛性措施以救濟該情況（EEA協定，第113條第3項）。此時，當事締約方應立即知會EEA聯合委員會有關其已採行的防衛性措施（EEA協定，第113條第4項）；且每三個月對此措施協商一次，以在預期之期限期滿前廢止或限制其適用範圍，而各締約國則得隨時請求EEA聯合委員會審查此措施（EEA協定，第113條第5項）。

但若此項已採行並適用於各締約方的防衛性措施，對於EEA協定中所規定的權利義務造成不平衡，那麼其他任一締約方便得向此締約國採取必要且相對的恢復平衡措施（reblancing measures）（EEA協定，第114條第1項）而以對本協定干擾最少的措施優先考慮之；其程序則與採取防衛性措施之程序相同（EEA協定，第114條第1、2項）。

六、歐洲經濟區域之展望

在EEA協定下，EC會員國與EFTA國家組合成立的EEA，其地理面積由地中海綿延到北極圈，涵蓋了十八個國家，擁有三億八千萬消費人口，成爲全球最大、整合最完全的經濟區域。而在出口貿易方面，EC在1990年佔全球貿易總額之39％，EFTA約佔6％，使得EEA佔全球出口貿易的比例高達45％。今後對EEA的出口貿易地域分布中，因爲EEA之整合效果，成員國間之出口比例可望提高。

四大自由流通的實現，將促使EEA內的自由競爭，消除關稅障礙、數量限制，降低產品成本且提升其品質，使消費者享有廉價、多種

選擇之方便。這些效果反應甚而會帶動銀行業、空運業及電訊、交通方面的發展。根據EC官員之當時預測，EC內之經濟成長將因EEA內貿易壁壘之消除，投資成本之降低，提高5%，整個西歐地區將因EEA之協定有利成長（註一〇二），境內之總生產毛額將超過六兆美金（註一〇三）。可見EEA的發展，將使西歐地區成為世界經濟重心，加強其在國際上的影響力。

　　EEA的建立是EC第4次擴大的先聲，且於1995年1月1日已有EFTA國家，如奧地利、瑞典、芬蘭國家正式加入歐洲聯盟，而且隨著東歐國家的民主化進展亦會有如匈牙利、捷克、波蘭的申請加入，所以從EEA到EC的擴大，已經在呈現中。其實EC與EFTA國家合組EEA的法律基礎，是根據EEC條約第238條關於與第三國締結準會員國協定的規定。EC與EFTA國家建立準會員國協定的目的，除加緊雙方經貿關係之外，是要EFTA國家透過準會員協定，調合其政治、經濟、社會、法律條件，以利來日加入EC之便。正如執委會主席戴洛提出之同心圓體系的計劃，以EC政治經濟聯盟為核心，EFTA國家為中間層，其他東歐新興民主國家及土耳其、賽普勒斯、馬爾他等為外層（註一〇四）。EEA之建立既為EFTA國家加入EC打開大門，其模式將繼續適用到最外層。

　　從EC到EEA的發展，最近美國、加拿大及墨西哥的北美自由貿易協定(1992年)，及繼EEC建立（1958年）之後，先後有歐協EFTA

註一〇二　A Bigger Europe: Good for Business, *International Herald Tribune*, Oct. 23, 1991, p.1.

註一〇三　19 Nations in Europe Set to Form Trade Bloc, *International Herald Tribune*, Oct. 23, 1991, p.1.

註一〇四　關於上述各種組織參閱DERBYSHIRE Denis J. & DERBYSHIRE Ian, *Political Systems of World* (Edingburgh: W & Chambers, 1989), pp. 864～893.

（1960年）、中美洲共同市場CACM （Central American Common Market, 1961年）、阿拉伯共同市場ACM （Arab Common Market, 1965年）、東南亞國家協會ASEAN （Association of Southeast Asian Nations, 1967年）、西非國家經濟共同體ECOWAS （Economic Community of West African States, 1975年）及亞太經濟合作APEC（Asia Pacific Economic Cooperation,1990年）之成立，對於未來亞太經濟區域的發展有極大的衝擊。

另外EEA協定生效之後，在政經方面其影響所及極為廣泛。

對EC而言，EFTA國家理應隨著EEA的建立，逐步融入EC體系之內，最後終將成為EC會員國。因為EFTA國家對於社會以及勞工立法等方面，都較EC嚴謹，所以總對EC經濟及社會立法持反對意見的英國將有所聲援，提高EC中的異議聲浪。再者，EFTA國家一向對於環保有嚴格之要求，也會對EC產生壓力，加速環保法之完整化。可見EEA將對EC內不同意見之力量消長有所影響，間接波及各種立法之制定速度與內容。

對EFTA國家而言，大部份國家認為加入EEA為其將來成為EC正式會員國之先行階段，所以也將因應EC之要求，逐步讓渡主權。而當EC正式接受EFTA國家為其會員國時，EFTA國家陸續的加入，將使歐洲自由貿易協會這個組織自然解體。一方面在EEA成立之後，EFTA國家如瑞典、挪威及芬蘭等，將面臨來自勞力較便宜的南歐國家工人之競爭，而對於號稱擁有從「搖籃到墳墓」的一套完善社會福利制度的北歐國家，其福利支出將更吃重。但另一方面，EEA的建立，也將吸引更多的美、日及其他國家投資商至EFTA國家投資，可望挽回其經濟日益蕭條的現象。

對企業而言，由於EEA之整合，來自歐洲以外地區的企業，一方面必須要有相當規模，才能突破重重障礙打入EC或在歐洲設立據點；但是另一方面因為EEA內有關工業產品規格標準、消費者保護、環保

等法規將愈趨一致，而有利其在內部市場的行銷。對EC本身的企業，中小規模企業將得與大企業一較長短，因爲大企業在行銷上的優勢將因區域國界之消失而減弱。再者，對來自歐洲以外地區，而其規模又不足以直接進入EC競爭之企業而言，可以先在東歐地區謀求發展，期待EC將來的擴大整合。

第九節　共同體政治聯盟之發展

　　歐洲政治統合之嚐試由來已久，但因歐洲共同體各會員國缺乏共識而進展緩慢。歐洲聯盟條約（又稱馬斯垂克條約，以下簡稱EU條約）首次將共同體之外交政策與安全政策同時納入歐洲聯盟法律架構下，此意謂著歐盟各國有意打破政治統合之瓶頸以朝向較一致的方向邁進。

　　然而，政治統合之基本前提乃須各國願意放棄自己的國家主權，將之交予一超國家性質決策中心。在歐盟各國對EU條約一致看好的樂觀前景下，丹麥於1992年6月2日公民投票否決EU條約，主要原因在於反對歐盟之共同安全政策、警務、司法及歐洲公民權等事項；而法國在1992年9月30日所作的公民複決中，贊成批准EU條約的呼聲亦只以50.95%對49.05%之些微比例獲勝；英國下議院的複決批准投票，更是以319票對316票，在驚濤駭浪中險勝；在德國雖然參衆兩院均以壓倒性多數贊成，但因綠黨議員向聯邦憲法法庭提出告訴，認爲EU條約之簽署違反德國憲法，經憲法法庭判決並未違憲後，德國才算正式通過EU條約，成爲當時歐盟十二國最後完成批准程序的國家（**註一〇五**）。由此可看出欲達到政治統合的基本前提實不容易（詳見圖1-7，1-8，1-9），其後雖有奧地利、瑞典及芬蘭於1995年1月1日起正式加入歐盟，歐洲國

註一〇五　*中歐貿易促進會編，歐洲經貿參考資料，第13卷第1期，民國83年2月，頁3。*

家所面對政治統合的困難，仍無大異。

圖1-7 歐洲聯盟條約會員國批準情形

會員國	日期	批準情形
丹麥	1992.6.2 1993.5.18	人民表決50.7％反對 人民表決56.8％通過
愛爾蘭	1992.6.18	人民表決69％通過
盧森堡	1992.7.2	國會60票對51票通過
希臘	1992.7.31	國會300票對286票通過
法國	1992.9.30	人民表決50.95％通過
比利時	1992.9.17 1992.11.4	眾議院146票同意，33票反對，3票棄權，通過 參議院315票同意，26票反對，1票棄權，通過
義大利	1992.9.17 1992.11.4	眾議院176票同意，16票反對，1票棄權，通過 參議院403票同意，46票反對，18票棄權，通過
西班牙	1992.10.29 1992.11.25	眾議院314票同意，3票反對，8票棄權，通過 參議院222票同意，0票反對，3票棄權，通過
德國	1992.12.2 1992.12.18 1993.10.12	眾議院543票同意，17票反對，通過 參議院一致決通過 憲法法院判決歐洲聯盟條約並未違憲
荷蘭	1992.11.13	國會130票對19票通過
葡萄牙	1992.12.11	國會200票對21票通過
英國	1992.11.4 1993.7.19	下議院319票對316票通過 上議院141票對29票通過

圖1-8　歐洲共同體各會員國政府批準歐洲聯盟條約贊成與反對之比例

單位：%

國別	贊成	反對	
	50	50	
丹	56.8	43.2	（人民）
愛	69	31	（人民）
盧	54	46	（國會）
希	51	49	（國會）
法	50.95	49.05	（人民）
比	80.2	18.1	（眾議院）
比	92.1	7.6	（參議院）
義	91.1	8.2	（眾議院）
義	86.29	9.8	（參議院）
西	96.6	0.9	（眾議院）
西	98.66		（參議院）
德	96.96	1.7	（眾議院）
德			（參議院）
荷	87.2	12.7	（國會）
葡	90.49	9.5	（國會）
英	50.23	49.76	（下議院）
英	82.9	17.0	（上議院）
平均	77.15	22.70	

圖1-9　歐洲共同體人民對西歐統合之態度　　單位：%

	比	丹	德	希	西	法	愛	義	盧	荷	葡	英	平均
非常贊成	31	24	42	54	41	29	38	44	32	26	47	27	37
某程度贊成	54	36	37	28	35	50	33	42	42	50	22	42	41
某程度反對	6	19	8	3	4	7	4	4	14	11	4	12	7
非常反對	1	14	2	3	2	2	3	1	4	5	1	5	3
未回答	8	7	10	12	18	12	22	9	8	8	26	14	12
總計	100	100	99①	100	100	100	100	100	100	100	100	100	100

①原始資料中德國（西德）之統計未達100%

資料來源：Michael Emerson et al.（1991）p.190

　　政治聯盟涉及層面相當廣泛，舉凡外交、安全、社會、教育、基本人權、環境等政策，甚至經濟政策亦包含在內。廣義地來說，EU條約中有關政治聯盟之發展主要包括歐洲議會職權的擴張、共同外交及安全政策、聯盟公民權、內政與司法事務等四方面。有關歐洲議會職權的擴張，主要是因應歐盟內部對民意重視的要求，故在組織職權加以適度的調整。而聯盟公民權之導入乃爲加強保護各會員國國民之權益（EU條約，第B條第1項第3款）。依EU條約第G條C點之規定，只要具有任一會員國之國籍者，即屬聯盟之公民（EC條約，第8條第1項），在各會員國境內有自由遷徙與居住的自由（EC條約，第8a條第1項）；在1994年12月31日前，凡居住於非其本國之會員國內的聯盟公民皆得享有與其居住國之國民平等的投票權與成爲候選人之資格（EC條約，第8b條第1項）；此條件亦適用於歐洲議會的選舉，亦即，即使該聯盟公民非居住於其本國內，其選舉權與被選舉權仍受到聯盟之保障（EC條約，第8b條第2項）。此外，聯盟公民在第三國境內，若無法受到其本國外交或商務代表之保護，得接受聯盟之保護（EC條約，第8c條）；聯盟公民亦有向歐洲議會請願之權利（EC條約，第8d條）。

　　在司法與內政事務合作之加強上，歐盟將處理涉及共同利益之政策，如庇護政策（asylum policy）、邊界管制、移民政策、司法審判、關稅合作、預防恐怖活動之合作等。因此成立歐洲警政署（European Police Office, Europol）以及由高級官員所組成之聯席委員會（EU條約，第K條第1項(9)與第4項），做爲各國合作之基礎。

　　本節主要乃以狹義的政治聯盟（PU）──共同外交及安全政策（Common Foreign and Security Policy）層面出發，對PU的演進過程、政策內容、運作架構做一檢視。在PU的歷史演變方面，主要根據二次世界大戰後，共同體歐洲高峰會議（簡稱高峰會議，The European Council）對PU所做之決議爲內容；政策內容方面以單一法及歐洲聯盟條約之法律規定爲主要的依據；PU的運作架構則以高峰會議與

歐洲政治合作（The Europe Political Cooperation，以下簡稱EPC）（註一〇六）爲對象探討其運作。

一、共同體政治聯盟之歷史演變

歐洲人民在連續遭受兩次世界大戰的慘痛經驗後，不得不認清歐洲民族彼此間的密切相關性。因此，二次大戰後歐洲政治統合理念的蓬勃發展便不難想像。其實在二次大戰之前，早已有不少和平統合歐洲的嘗試。例如，二〇年代法國外長布里安（A. Briand）極力主張歐洲應先進行政治統合。1923年奧地利卡芮基伯爵（G. Coudenhove-Kalergi）創立歐洲統合群衆運動組織「泛歐聯盟」（Pan-Europe Union），布氏亦於1927年任其榮譽主席。1929年布氏以法國外長身份曾對德國外長史特哲曼（G. Streseman）提出類似歐洲聯邦之構想。1939年5月17日「布里安備忘錄」（Briand Memorandum）即爲法國政府對歐洲統合計劃提出的詳細建議。可惜當時歐洲各國政府反應冷淡，在史特哲曼去世後，德國亦拒絕此建議。布氏的努力終未獲成效。

二次大戰期間，歐洲各國爲走出戰爭的陰影而出現泛歐運動的趨勢。法國政治家梅爾（R. Mayer）、戴高樂（Charles de Gaulle）、邱吉爾（W. Churchill）皆主張唯有歐洲各民族團結一致方能重建和平秩序。不過當時歐洲政治統合的規模皆不夠具體，更談不上政治聯盟，眞正開始邁向政治聯盟的階段應可以1950年代建立歐洲防禦共同體（The European Defense Community）作爲起點。

㈠歐洲防禦共同體條約之始末

註一〇六　一般探討歐洲政治合作或共同體政治統合之文獻中所指之「政治合作」有多重意義，有時爲「歐洲政治合作」架構之簡稱；有時指會員國間政治合作的關係；更有時則指共同體機構的合作立法程序。我們應依文獻內容及詞句間關係來理解，以免混淆或誤解原意。

　　建立歐洲政治聯盟的首次嚐試乃在1952年至1953年間。當時適逢韓戰結束，全球進入冷戰的低迷氣氛中，歐洲各國極欲穩定政治、社會秩序以全力投入經濟重建工作。故各式各樣的國際合作紛紛興起，但參與國際組織之會員國皆以不損及自己國家主權為原則，致使國際合作只流於空談。1950年5月9日舒曼計劃（Schumann Plan）的提出才打破此僵局。乃有1951年5月18日法、德、荷、比、盧、義等六國簽署歐洲煤鋼共同體條約。

　　歐洲煤鋼共同體建立後，面對蘇聯與東歐之威脅，西歐各國亦希望加強國防與外交上的合作以與共產集團相抗衡。1950年6月韓戰爆發，美蘇關係緊張，美國為增強西歐北約盟國之軍事力量而盼西德重新建軍。此舉招致西歐盟國，尤其法國極力反對。法總理布萊溫（R. Pleven）首先提出歐洲聯合部隊的構想，在此軍隊中仍有德國士兵，卻不能有一支德國部隊，以避免德國軍事主義重現。此即歐洲防禦共同體之議肇始的緣由。

　　1952年5月27日，德、法、義、荷、比、盧在巴黎簽訂歐洲防禦共同體條約。條約中備受爭議處乃為：一旦防禦共同體成立，將由一超國家性質的政治決策中心來擔任最高行政機構，會員國須遵行其決議。如此一來，各成員國之國家主權及自主性必受影響。特別是ECSC條約第38條所擬推動政治統合的下個步驟——歐洲政治共同體，會將各會員國的主權讓渡更加具體化。

　　1952年5月30日歐洲理事會通過決議，建議籌設一超國家的政治官署（political authority）。同年7月1日法外長舒曼建議成立歐洲政治當局（European Political Authority）。歐洲煤鋼共同體部長會議並於同年9月10日委命歐洲議會召開特別會議，儘速擬定條約草案以建立歐洲政治共同體。特別會議於1952年9月15日首度召開。

　　1953年3月10日，歐洲政治共同體組織章程草案獲通過。據此草案將設置一超國家性質且是無法解除的歐洲政治共同體。此共同體主要負

責經濟、國防、外交等各種事務。不過，在外交方面仍強調會員國外交政策之協調。可見外交政策最終決定權仍在各會員國本身。

對此，當時在野的法國人民聯盟（Rassemblement de Peuple Français, RPF）及法共產黨（Parti Communiste Français, PCF）強烈反對。戴高樂亦認為歐洲政經整合須以不影響各國主權獨立的前提下，在平等的原則上相互合作以形成邦聯（confédération）而非歐洲合眾國（Les Etats-Unis de l'Europe）。1954年8月30日法國國會以319票對264票否決了政府原先同意所簽署之歐洲防禦共同體條約，遂導致歐洲防禦共同體流產。

㈡波昂（Bonn）高峰會議

1957年歐洲經濟共同體透過羅馬條約的簽署順利成形後，歐洲政治聯盟的第二次嘗試亦隨之展開。1960年9月5日，法國總統戴高樂宣稱，希望歐洲經濟共同體六會員國在外交、國防、經濟方面能緊密合作。1961年2月11日共同體六國遂於巴黎會議上同意由各國政府代表組成研究委員會，以對擬議中的政治合作組織提出具體建議。此研究委員會由法國外長傅舍（Fouchet）主持。當時法國主張採取偏「政府間」（intergovernment）的組織型態，其餘五國則傾向於建立超國家組織。1961年7月18日的六國波昂高峰會議仍達成有關政治合作的宣言。

宣言內容為賦予歐洲共同體條約上政治統合之意志、以具體形式將彼此的合作組織化，擬定其發展進度、確保持續推動，以期最終能藉具體組織結構實現條約之目標與理想。為達此目標與理想，共同體會員國領袖須定期召開會議，互相交換意見，研商歐洲共同體政治合作之可行步驟，並積極推動教育、文化、研究等合作關係。此外，另成立一專門委員會，負責研擬政治合作之計劃方案，並隨時向高峰會議提出報告（註一〇七）。然而，建立歐洲政治聯盟的計劃，終因傅舍計劃不受法

註一〇七　張臺麟，歐市政治合作的回顧與展望，問題與研究，第31卷，第1期，

國支持而宣告失敗。

(三)海牙（Hague）高峰會議

1969年4月戴高樂卸任，龐畢度（G. Pompidou）繼任後，共同體的政治統合發展才有所突破。同年12月1至2日各會員國領袖在海牙召開高峰會議，爲歐洲統合運動帶來新紀元。在此次會議中，確立了共同體未來的定位與走向，一方面決定逐步朝向建立「經濟暨貨幣聯盟」及更緊密的社會政策之聯結；另一方面擴大共同體的範疇，尤其在政治領域及機構的擴大方面。因此，在會議中通過責成會員國外長研擬最佳可行方案以促進歐洲政治統合之決議。據此決議，會員國任命比利時外交部政治事務司司長達維農（E. Davignon）成立研究小組（**註一〇八**）。

(四)盧森堡報告（Luxembourg Report）

1970年達維農研究小組提出報告（即達維農報告）。 其中一方面確定共同體會員國將在國際政治與外交事務上儘量採取一致立場與作爲；另一方面則確定共同體政治合作的組織與運作原則。如會員國外長每年集會二次，及由各國外交部政治事務司司長組成政治委員會每年集會四次等方案之提出。達維農報告即於同年10月27日由六國外長代表政府在盧森堡開會通過而成爲盧森堡報告（**註一〇九**）。

(五)哥本哈根（Copenhagen）高峰會議

歐洲政治合作既已有良好開始，共同體第二次擴大後的九國元首遂

1992年1月，頁32。

註一〇八　Commission of the ECs, Bulletin of the European Communities, October 1970, pp.15～18.

註一〇九　本報告內容詳見, EPZ-Dokumentation, Bonn: *Auswartiges Amt,* 8. Aufl, 1987, pp.23～28.

於1972年10月19、20日在巴黎召開高峰會議時決定，在七〇年代結束之前將全面關係轉化爲歐洲聯盟，連帶歐洲政治合作亦需跟進。爲此，遂責成各國外長於1973年6月30日前提出第二份報告。

此報告於1973年12月14日的哥本哈根高峰會議中提出且獲通過，即爲哥本哈根報告（**註一一〇**）。其內容主要爲：

1.各國領袖同意，只要情勢需要或有利共同體政治合作的進展，將做經常性且高層次的研商。由輪值主席國擔任會議召集與籌備工作。

2.確定部長理事會有權針對國際危機或重大事件召開緊急會議，並儘量採一致立場。

在1981年10月13日的倫敦高峰會議宣言及1983年6月19日的司徒加高峰會議所發表的歐洲聯盟嚴正宣言（The Solemn Declaration on European Union）或稱司徒加宣言（Stuttgart Declaration）亦再次強調政治合作之重要性與步驟（**註一一一**）。

㈥歐洲單一法（Single European Act）

1985年道奇專案小組（Committee Dooge）研究報告更進一步確立共同體政治整合的目標。亦即，共同體將在一定的體制架構中努力建立一個共同的對外政策。

1986年2月，共同體十二會員國簽署歐洲單一法，本法第三篇「歐洲在外交政策領域中之合作條款」中首次規定政治合作架構、共同體會員國的共同對外關係及安全問題及政治合作架構之組織與運作。由此明顯地看出，歐洲政治合作將是共同體邁向政治聯盟（PU）重要的一環。

註一一〇　Ibid., pp.32～43.

註一一一　Commission of the ECs, Bulletin of the European Communities, No.6, June 1981, p.9. & Commission of the ECs, Bulletin of the European Communities, No.6, June 1983, p.21.

㈦馬斯垂克（Maastricht）高峰會議

　　歐洲單一法簽定後，1990年共同體執委會的年度施政計劃強調共同體須加速統合步伐與內部團結，以因應共同體該負擔之國際責任，如援助東歐或開發中國家、關注德國統一過程、同年年底的烏拉圭回合談判及在歐安會所扮演之角色等。同年4月19日德國總理柯爾（M. Kohl）與法國總統密特朗（Mitterrand）發表聯合聲明，呼籲共同體著手籌劃共同外交暨安全政策，並建議經濟暨貨幣聯盟會議與PU的政府間會議同時召開。故在4月28日的都柏林臨時高峰會議（Dublin European Council）中遂責成外長即刻審視修約之必要性及其內容，使會員國能在同一時間內完成EMU及PU的簽署。

　　6月25、26日會員國領袖再度於都柏林舉行定期高峰會議。其中就PU部分達成以下結論：依羅馬條約第236條規定以召開政府間會議的方式，共同會商有關修改條約之協議。故訂於1990年12月14日舉行政府間會議並期望能在1992年底簽署修改條約之協議；而此項政府間會議之籌備與進行依規定皆應與歐洲議會保持密切聯繫。後來雖於10月27日，12月14、15日分別又召開羅馬特別高峰會議及羅馬高峰會議，有關PU的探討仍無突破性進展。且歷時多年的政治合作決策程序亦一直未能達成預期的目標。

　　1991年12月9、10日在荷蘭馬斯垂克鎮所召開的高峰會議，各會員國終於達成共識。各會員國同意將在各國際組織與會議上採取一致立場，以維護共同體的整體利益，對安全問題也將在各會員國間互相協商，並同意簽署歐洲聯盟條約。

　　1992年2月17日共同體會員國領袖簽署歐洲聯盟條約，因其簽署地關係又稱馬斯垂克條約。本條約被喻為與34年前建立共同體的羅馬條約同等重要。條約中最受重視的兩大支柱——經濟暨貨幣聯盟及政治聯盟，將歐洲共同體推向歐洲聯盟的層次，其所集結出來的政、經實力，

讓歐洲再度成爲世界舞臺上不可小覷的耀眼巨星。

二、共同體政治聯盟的兩項重要文件──歐洲單一法（SEA）與歐洲聯盟（EU）條約

㈠歐洲單一法對外政策之合作條款

　　SEA第一篇的共同條款第1條開宗明義宣示，歐洲共同體與歐洲政治合作（EPC），以共同促進歐洲聯邦（European Unity）爲其目的。並將政治合作事項規範於第三篇，確認並補充1970年的盧森堡報告、1981年倫敦報告（London Report）和1983年歐洲聯盟嚴正宣言所訂立的程序及各會員國間陸續建立的慣例。其內容包括：

1.形成並實現一個歐洲之外交政策（SEA，第30條第1項第1款）

　　在此原則下，各會員國對於：

　　　I.共同利益之對外政策

　　應相互協商，以確保其結合的影響力能經由協商（coordination）、共同立場（the convergence of the position），聯合行動（joint action）而達到最有效的運作（SEA，第30條第1項第2款(a)）。

　　　II.各自立場之外交政策

　　應充分考慮其他會員國立場（SEA，第30條第1項第2款(b)、(c)）並參考共同立場的決定（SEA，第30條第1項、第2款(c)與第7款(a)），且應極力避免採取任何有損會員國在國際組織間有效結合之力量及其立場與行動（SEA，第30條第1項第2款(d)）。因此，爲增加在外交政策上的聯合行動能力，各會員國應確保共同原則與目標之逐漸發展與確定（SEA，第30條第1項第2款(c)），且應儘可能避免妨礙共識之形成與因共識所形成之聯合行動（SEA，第30條第1項第3款(c)）。

2.EPC架構的運作（見圖1-10）

　　EPC架構所涉及的事務包含歐洲安全問題與對外關係。爲促進歐

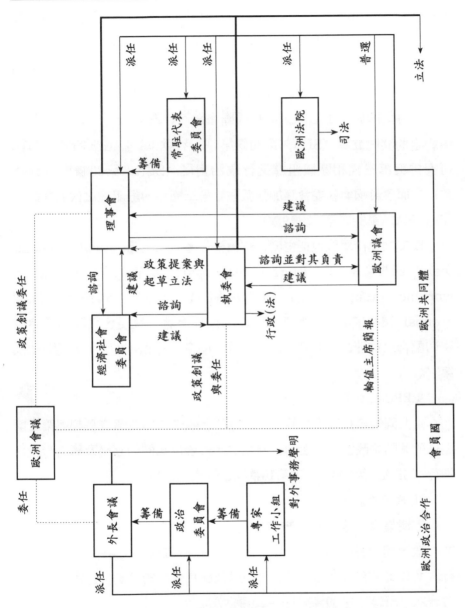

圖 1－10　歐洲共同體暨歐洲政治合作決策流程圖

說明：1.虛線部份表示非條約賦予之權力或義務，粗實線部份則爲共同體之立法。

　　　2.單一歐洲法第六、七條關於「合作程序」(cooperation procedure)之規定
　　　參見本書相關部份。

洲在外交政策事務上之一致發展，各會員國間應就有關安全方面的政治、經濟立場進行密切協調（SEA，第30條第1項第6款(a)、(b)）。在EPC架構下對安全問題的規範並不違反西歐聯盟（West European Union, WEU）及大西洋聯盟的架構（SEA，第30條第1項第6款(c)）。

各會員國於參加國際組織和國際會議時，應充分考量EPC之領域中約定的共同立場（SEA，第30條第1項第7款(b)）。必要時各會員國可安排與第三國和區域組織進行政治對話（SEA，第30條第1項第8款）；而會員國與執委會應加強派駐於第三國和國際組織之代表間的合作（SEA，第30條第1項第9款）。

EPC之運作單位包括主席、政治委員會（the political committee）、部長會議（ministerial meetings）、專家工作小組（expert working groups）、歐洲通訊小組（European correspondents' groups）與秘書處。在此架構下，部長理事會、執委會與歐洲議會應密切配合以加速政治整合（SEA，第30條第1項第3款(a)、(b)、第4款及第5款）。

I.EPC之主席

由共同體部長理事會輪值主席擔任。輪值主席應負責發起與第三國關係的共同體政治合作活動、協調並代表會員國們的立場及籌備會議之進行（SEA，第30條第1項第10款(a)、(b)與第5款）。

II.政治委員會

定期集會以推動政治合作作為EPC的運作核心。該會係由各國外交部政治司司長組合而成，其主要任務在於確保EPC中相關事宜的執行，並負責所有技術面的協調工作以及部長會議的籌劃。通常一個月集會一次（SEA，第30條第1項第10款(c)）。

III.外交部長會議

由各會員國的外交部長組成。各會員國外長及一位執委會執行委員每年至少集會四次（SEA，第30條第1項第3款(a)）。在共同體理事會

會期中，也可以討論在政治合作架構下之外交政策事務。在特殊情況下，可應三個會員國以上之要求，於48小時內召開會議（SEA，第30條第1項第10款(d)）。會議的召開由共同體輪值主席國家之外交部長負責召集，於該國首都舉行。除了四次的正式會議外，各國外長每年亦舉行至少兩次非正式的吉姆尼黑式會議（Gymnich Meeting）**（註一一二）**。

Ⅳ.專家工作小組

係基於政治委員會的指示而召集專家工作小組（SEA，第30條第1項第10款(f)）。由會員國外交部之主管司、處長或專門人員參加，負責政治委員會的預備工作。通常每半年開會二～三次。

Ⅴ.歐洲通訊小組

此為隸屬委員會的歐洲通訊小組，由各國外交部政治司派任的高級專員所組成。負責協調政治合作集會之籌備事宜；在政治委員會會議之前後，處理組織及程序上的各項事務，並協助部長或政治委員會撰擬會議結論（SEA，第30條第1項第10款(e)）。

Ⅵ.秘書處

政治合作向來重視其「非機構化」（non-structural）的特質，但是由於各輪值主席必須負擔過重的行政事務，且主席輪替之際，難免產生執行事務不連續的現象。遂在單一法中設立一個秘書處並規定：設於布魯塞爾的秘書處應協助輪值主席準備與執行EPC之活動以及處理行政事務。秘書處在主席的授權下行使其職權（SEA，第30條第1項第10

註一一二　這種非正式的會議形式，是各國外長選擇週末於鄉間風景優美處舉行，會議期間無翻譯員，亦無正式議程，只是不拘形式地交換意見，同時討論政治合作及共同體事務。會議內容除非全體同意，不對外公布。若需對外公布則由輪值外長代表對外簡報。首次於波昂附近之吉姆尼黑古堡（Chateau de Gymnich）舉行，故稱之。參照黃明瑞，歐洲安全合作會議中歐洲政治合作之研究，淡江歐洲研究所碩士論文，1985年6月，頁43。

款）。但是，各國在設立秘書處之際，亦擔心過於巨大的政府間組織會造成其與共同體執委會之間的對抗，因此，秘書處規模不大，只設主任一人及五位高級專員。原則上，工作人員採各國輪流分配擔任的方式，仍舊強調其「非常設性」的本質。且於SEA第30條第1項第11款中明定：EPC秘書處人員視爲最高締約各方派駐在祕書處所在地之外交人員，且享有同等之優先權及豁免權。

(二)歐洲聯盟條約共同外交及安全政策之條款

此篇除了繼單一法對外交政策有較詳盡規定外，又將安全防禦政策納於法律架構中，這對共同體欲邁向政治聯盟而言可算是前進一大步。其主要的內容包括：

1.共同外交及安全政策之目標（EU條約，第J.1條第2項）

包括保護此聯盟的共同價值、基本利益與其獨立性；加強共同體及會員國的安全性；維護國際和平與安全；提昇國際合作；發展並鞏固民主與法治；尊重人權及基本自由。

2.共同外交及安全政策之運作方式

在EU條約第J.1條第3項有關聯盟目標中規定，會員國間於執行外交及安全政策時應依據EU條約第J.2條的「共同立場」建立合作系統。而於涉及會員國共同利益時，應逐步執行EU條約第J.3條所規定的「聯合行動」。由此可見共同外交及安全政策的運作方式主要乃以共同立場與聯合行動爲依據。此二者在單一法中已有規定，歐洲聯盟條約則是再予更明確化。

I.共同立場

EU條約第J.2條第2項指出，在必要的情況下，部長理事會得制定一共同立場，各會員國亦應確保其國家政策與此共同立場一致。因此，會員國於國際場合中應相互合作維護之（EU條約，第J.2條第3項）。此外，負責處理共同體外交及安全政策的部長理事會主席（即歐洲政治

合作主席）（EU條約，第J.5條第1項）在國際組織與會議中亦應表達
此立場（EU條約，第J.5條第2項）。各會員國的外交使節，駐外單位
及執委會駐第三國或國際組織的代表亦須相互合作以確保共同立場
（EU條約，第J.6條）。

Ⅱ.採取聯合行動之程序（見圖1-11）

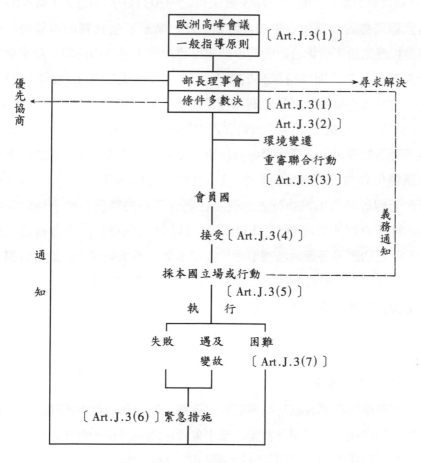

圖 1 - 11　聯合行動程序圖

參照歐洲聯盟條約第 J.3 條

　　　　　歐洲聯盟各國決定採取聯合行動時，首先應由歐洲高峰會議界定外交及安全政策之整體指導方針（EU條約，第J.8條第1項），部長理事會（簡稱理事會）再據此基礎決定有關聯合行動之事項，其中包括實施此行動聯盟之整體特殊目標、行動期限、方法、程序及執行要件（EU條約，第J.3條第1項）。理事會於作決定時，須依羅馬條約（即EC條約）第148條第2項所規定之條件多數決行之（EU條約，第J.3條第2項）。若國際局勢的變遷而會對聯合行動的任一議題產生實質的影響時，理事會則應重新審視聯合行動的原則與目標，作成必要的決議。理事會若未採任何行動，則維持原來的聯合行動（EU條約，第J.3條第3項）。

　　　會員國應接受此行動原則以作爲本國行動之指導（EU條約，第J.3條第4項）。在據此原則採本國立場或行動時，若有必要，會員國有義務及時通知理事會，讓理事會得以事先協商。此義務不適用於將理事會決議轉化爲內國法的相關措施（EU條約，第J.3條第5項）。會員國執行時若因局勢轉變或執行失敗而須在聯合行動的整體目標下採緊急措施，亦應立即通知理事會（EU條約，第J.3條第6項）。而會員國在遇及執行上的困難時應訴諸理事會，而理事會在不牴觸聯合行動之目標或不損其效力下，商討解決之道（EU條約，第J.3條第7項）。

3.參與共同外交及安全政策之機構

I.歐洲高峰會議

負責界定政策之原則與指導方針（EU條約，第J.8條第1項）。

II.部長理事會

根據歐洲高峰會議的指導原則對政策之制定與實施做決議，並確保聯盟行動之統一、協調及效率；理事會做決議時應採一致決，但涉及聯合行動的程序則例外（EU條約，第J.8條第2項）。

　　　任何會員國或執委會可將有關共同外交及安全政策之問題交諸理事會，亦可對之送交提案（EU條約，第J.8條第3項）。

　　　理事會輪值主席在處理外交及安全政策事務上若有必要，應由前任

或下任輪值國從旁協助（EU條約，第J.5條第3項），遇及需要迅速決議時，可依主席動議或應執委會或任一會員國之請求，於48小時內或更短時間內召開理事會非常會議（EU條約，第J.8條第4項）。

III.政治委員會

在不損及部長理事會及執委會職權下，包括政治主任委員（Political Directors，即各國外交部政治事務司司長）的政治委員會應密切注意與共同外交及安全政策相關之國際局勢，並應理事會要求或自己提議遞交意見予理事會以協助政策的擬定。此外，它亦應監督政策之執行（EU條約，第J.8條第5項）。

IV.歐洲議會

理事會主席及執委會應定期向歐洲議會報告歐洲聯盟共同外交及安全政策之發展，理事會主席亦應諮詢議會意見並加以適當考慮。議會可向理事會提出詢問或建議且每年針對共同外交及安全政策的實施成效進行討論（EU條約，第J.7條）。

V.執委會

執委會應充分參與共同外交及安全政策範圍內之工作（EU條約，第J.9條）。

4.防禦政策之原則

雖然共同體之最終目標為形成自己的共同防禦政策（EU條約，第J.4條第1項），但在EU條約第J.4條第2項、第4項、第5項中卻對繼續維持「北大西洋公約組織」（North Atlantic Treaty Organization，以下簡稱NATO或北約）的功能與保持歐洲本身武力自主性採一較折衷的方式。即代表共同體本身防衛組織的「西歐聯盟」將發展為歐洲聯盟的軍事部門，並成為共同體與北大西洋公約組織間軍事合作之橋樑（EU條約，第J.4條，第2項、第5項）。

而西歐聯盟的決策對參與北約的會員國亦不造成影響（EU條約，第J.4條第4項）；某些聯合國安理會常任理事國之成員國在確保共同體

立場及歐洲聯盟利益時，亦不應違反聯合國憲章之規定所賦與之職責（EU條約，第J.5條第4項）。

另外，EU條約第J.4條第3項規定，有關防禦政策之議題並不適用EU條約第J.3條所確立之聯合行動程序。至1996年有關防禦政策之條款尚可再進行詳估與修改（EU條約，第J.4條第6項）。可見目前共同體採取共同國防政策或自組單一軍隊在現有的法律規範下仍然十分困難。

5.共同外交及安全政策之行政支出及其他

共同體各機構在此政策下的行政支出係由共同體預算支付。理事會亦得或由共同體預算支出進行一致表決，或謹慎考慮由各會員國照一定比例支付之可能（EU條約，第J.11條第2項）。

三、現階段共同體政治聯盟之運作

由上述的共同體政治聯盟的歷史演變及二個相關的法律文件可發現，在探討現階段共同體政治聯盟的運作時，應特別釐清「現階段」之定義。共同體邁向PU的過程中，歐洲政治合作可說是一重要環節。因此，「現階段」應指由1969年海牙高峰會議上所達成的EPC之共識開始至目前。

EU條約在單一法的外交政策外，再加添安全政策的指導原則。此意謂著外交及安全政策將不再獨立於歐洲聯盟體系之外，未來EPC的運作亦將有所轉變。在歐洲聯盟一直將政治聯盟的發展，視為統合的終極目標下，EU條約在政治合作領域的擴張也就格外具有意義。

特別值得注意的是，共同體會員國領袖在歷次的高峰會議中不論是磋商共同體所面臨的問題或是針對國際事務對外聯合發表聲明，其所指涉的議題無所不包。儘管在共同體條約中並未賦予其明確職責，但在七〇年代中期至今的歐盟統合過程中卻扮演著主導的角色。尤其在1974年巴黎會議公報和1983年歐洲聯盟嚴正宣言皆明白言及歐洲高峰會議得在理事會與EPC架構下召開及運作。藉由高峰會議將原本各自獨立的共

同體與EPC兩大架構予以連結。EPC與歐洲高峰會議皆爲政府間協議設置之機制，有別於其超國家組織特性的共同體機構。而二者於1986年同時納入單一法規範中，政治意味大於法律意義（**註一一三**）。因此，討論現階段共同體PU之運作應包含此二種互有關連的模式。

(一)歐洲高峰會議

1.形成之歷史背景

　　自六○年代以來，國際金融體系動盪不安，世界經濟互賴關係更趨密切，爲配合共同體統合的加深與擴大，一個定期聚會的溝通管道以研擬政策因應國際環境變遷，乃爲共同體推動統合不可避免之需求。然當時共同體的主要決策機構尚無一能滿足此需求，以使共同體實現關稅聯盟之餘，能進一步追求其政策的延續。例如，理事會爲決策技術細節所限及一致決原則的影響常導致決策緩慢；執委會在政治事務上無發言權、委員產生方式未經民主程序致其合法性與正當性令人質疑；歐洲議會僅屬諮議機關，立法權有待加強；而共同體政策欠缺整體性，各專門理事會間及共同體與EPC間缺乏相互配合；在政策執行上共同體亦未能做有效的監督與檢視，使得行政績效不彰。

　　因此，配合多變局勢、加強共同體統合之責遂落於各國領袖上。藉由政府領袖面對面交換意見、擺脫官僚束縛、使各會員國政治體系互相交流，以尋求共同體的穩定。

　　共同體各會員國之領袖級高峰會議自法國總統戴高樂倡議召開以來，1961～1974年間雖召開過七次會議，但對於戴氏的主張——定期召開高峰會議，協商共同體與國際問題，促進會員國在政治、經濟、文化和防禦等領域的政府間合作以逐步構成邦聯，各國仍無法達到共識。此

註一一三　詳參鍾志明，歐洲會議之研究：結構、功能及其展望，淡江歐洲研究所碩士論文，1991年6月，頁137、138。

僵局至1973年10月法總統龐畢度致函各會員國政府首長，提議在EPC架構與明確規範下定期舉行高峰會議而有所突破。1974年英、法、德相繼更換執政者，並將高峰會議帶入建制化（institutionalization）。同年12月9、10月巴黎九國高峰會議會後發表公報決定：在不影響條約規範和程序下，會員國政府首長（與外長）可在共同體理事會暨EPC架構下每年集會三次。此決議經由高峰會議將共同體與EPC正式連結。

隨後1977年倫敦聲明與1983年歐洲聯盟嚴正宣言亦皆重申高峰會議之建制化，但對其角色與功能交代仍含糊不清。由於這些決議只是國家元首間的政治性協定，並未正式將歐洲高峰會議納入共同體架構，故高峰會議仍無法律地位。

1986年歐洲單一法的簽定，賦予歐洲高峰會議法律上正式的承認。SEA第一篇共同條款第2條明文規定：「歐洲高峰會議由各會員國領袖或各會員國政府首長及歐洲共同體執行委員會主席組成，並由各國外交部長及執委會的一位委員陪同參加出席；歐洲高峰會議一年至少集會兩次」。雖然如此，任何有關高峰會議的職權仍未提及，只是再次澄清會員國間的關係並減少開會次數而已。而且，根據SEA第32條的規定，單一法中對於高峰會議和歐洲政治合作的條款，並不影響創立歐洲共同體之三紙條約，以及後續予以修正補充之相關條約或法律。換言之，創立歐洲共同體之基礎條約中，有關共同體組織的規定就不受到高峰會議和歐洲政治合作條款的影響，仍維持以歐洲議會部長、理事會、執委會為主要的共同體機關。再則，依SEA第3條第2項的規定，歐洲政治合作有關機構及機關，依照第三篇及第1條第3項所稱文件規定之條件與目標行使其職權。由此可見，高峰會議仍獨立於共同體的組織架構之外。

EU條約第一篇共同條款第D條則對高峰會議之角色有進一步規定：歐洲高峰會議應對歐洲聯盟發展提供所需的動力，並為其訂定一般性的政治行動方針。而在每次召開會議後，應提交予議會相關報告並且每年交予議會一份有關歐洲聯盟進展之年度書面報告。

　　儘管如此，高峰會議的職權界定仍然相當模糊。此種模糊定位主要係因若擴大其職權功能，乃意味著會員國政府地位的提昇，而與超國家統合途徑相悖；況且，若將之納入條約規範下的法律組織架構，其彈性及非正式運作將受程序制約而降低各會員國領袖間尋求政治協商之可能性。因此，歐洲高峰會議正式納入聯盟組織體系，它仍是會員國利益代表的組合，其發展運作較傾向於扮演統合最高指導者的角色。

2.歐洲高峰會議之職權

　　由於高峰會議之運作方式及職權在法律上並無明確規定。若欲探討其功能運作則應對政府領袖聯合發佈的公報或政治文件做一整理。依1974年巴黎公報，1977年倫敦聲明及1983年歐洲聯盟嚴正宣言可得知高峰會議具下列幾項功能（**註一一四**）：

I.非正式交換意見

　　藉由兩個主要會期間的爐邊會談（the firesides chats）可讓會員國領袖們以輕鬆的交談方式互相了解彼此國情、協商共同利益及行動。

II.確立統合方針

　　一個多國體系的共同體中，最欠缺的是民族國家的自然凝聚力。爲了對共同體整合注入發展動力，領袖們必須在高峰會議中對未來共同體統合的整體發展提出新的規劃及內涵，藉以代表一種堅強的信念與對統合的承諾進而推動共同體之發展（**註一一五**）。

III.政策協調

　　爲連結共同體與EPC架構，確保政策的執行與持續性，各國政府領袖應在會議上進行不同層面之磋商與協調。

註一一四　有關以上文件詳細內容，請參閱鍾志明，邁入90年代的歐洲高峰會議，問題與研究，第30卷，第5期，1991年5月，頁76～77。

註一一五　Roy Pryce, Post Experience and Lessons for the Future, in R. Pryce (ed.), *The Dynamics of European Union*, London: Rootledge, 1989, pp.275～276.

Ⅳ.非立法的決策

為維持高峰會議之決策彈性及避免侵害條約賦予理事會的決策職權，高峰會議所做成之決定應交由相關部長理事會及執委會進行或制定成法律規章，故高峰會議之決策並不具法律約束力。

Ⅴ.政策導向與擴大合作範圍

1983年歐洲聯盟嚴正宣言指出，高峰會議負責「擬議新領域活動之合作」，亦即將共同體導向新的政策領域。換言之，共同體許多政策活動及政治合作皆來自政府領袖在高峰會議中的創議或協議結果。舉凡EPC、歐洲貨幣制度、環境、能源與社會政策、共同外交及安全政策、文化合作、打擊恐怖主義等皆是拓展合作之例。

Ⅵ.發表對外關係聯合聲明

針對重要國際事件或危機，政府領袖常於高峰會議發表會員國的共同立場。此聲明文件由於政府領袖忙於應付共同體內部事務，通常由EPC架構下各階層官員負責草擬。

Ⅶ.解決部長理事會無法解決之困難

倫敦聲明提及高峰會議應解決部長理事會無法做成決定之問題，通常包括涉及各國重大利益的高度敏感問題、需採一致決之政策或事務及若干與專門理事會有關之整批交易案等。藉由高峰會議各國尋求妥協的場合解決棘手的政治問題，以使理事會之立法過程得以順暢。因此三委員會（Committee of Three）在1979年所提出的「歐體機構報告」（Report on European Institutions）中便援引高峰會議的此項功能，稱為「上訴法院」（court of appeal）。用以處理條約中規定之較低決策機構（如理事會、執委會）所無法處理的困難。並以其實質內涵，認定高峰會議「實質上」（de facto）就是EEC和EPC最高的決策單位（**註一一六**）。

註一一六　Etienne Davignon, *The European Political Cooperation in EC*, Lon-

Ⅷ.政策監督

由高峰會議議題來源，如前次會議留下之問題、國際現勢事務、輪值主席之工作計劃、會員國與共同體機構之提議可推知定期召開或臨時的高峰會議應可扮演共同體政策的監督者。

3.會議之籌備與進行

Ⅰ.與會人員

1987年7月正式施行的單一法明白規定高峰會議應由各會員國領袖或各會員國政府首長與執委會主席組成，各國外長和一位執委會委員陪同參加出席。自1975年第一次都柏林會議至1990年第47次羅馬會議，固定出席人員爲：法國總統（與會中唯一的國家元首）、其餘各會員國政府首長、各國外長、執委會主席及一名副主席（通常爲主管對外事務的委員）。自1987年來，歐洲議會議長在會議未正式討論前會向領袖表達議會立場與期望，隨即離開會場不參與實質討論。

Ⅱ.籌備過程

會議籌備作業通常自前次會議撰寫公報時開始，有時這種前置工作的展開往往更早。理事會祕書處居於整個前置作業的樞紐。祕書長輔助會議輪值主席搜集各會員國意見。輪值主席爲籌備工作的總負責人。

首先，確定會議日期與地點。由常駐委員會下的安迪西小組（Antici Group）負責於會議召開前半年通知並連繫各會員國。會議開始前8～10週，共同體與EPC各機構在檢視上次會議公報內容執行效果後，將相關資料彙報輪值主席國，輪值主席隨即召開本國主管會報初擬「備議項目」（catalog of presumable theme）（**註一一七**）；會議

don: Power-House Company, 1986, p.186. & D. Antoniozzi, "Report of the Political Affairs Committee on the Role of the European Parliament in its Relations with the European Council," EP-WD, 1－737/81, 25 Nov. 1981, p.19.

註一一七　歐洲高峰會議並無正式議題或議程，遂稱爲備議項目。

召開前三週週末，各國外長則在政治委員會協助下於輪值主席國舉行一次非正式會談，即吉姆尼黑式會議，先行磋商高峰會議的議題。會議開始前一週內，外長再度聚會確認「備議項目」，並由輪值主席致函各會員國領袖闡述會議精神及討論重點。一般說來有關共同體政策及事務的議題是由常駐代表委員會負責；歐洲政治合作議題則由政治司長所組的政治委員會協助外長負責；執委會則居間協調聯繫。除了以上籌備程序外，各會員國領袖間於會前的多重雙邊接觸，在高峰會議的談判與決議過程中亦扮演重要的角色。

會議召開之時，輪值主席必親訪各國確立會議議程並在爭議性問題上尋求折衷之道；執委會主席亦於會議召開二週前穿梭於各國間，與各國領袖接觸以增加共識。其中最著名之例首推法、德定期舉行的高峰會議，任何有關歐洲整體政策之推動若無此二國同意皆難以獲得進展。而1990年4月19日法德高峰會議，柯爾與密特朗共同宣佈將致力推動1993年的政治聯盟，不久在4月28日的都柏林臨時高峰會議即通過該項提議，便是雙邊接觸所影響的具體結果。

除英、法、德、義四大國有頻繁接觸外，荷、比、盧三國亦會於會前舉行三國協調會議。此種多邊雙重接觸不但可使會議進行更具效率，亦有助會議氣氛和諧，又可避免臨時提案所導致匆促做成的決議，其與籌備程序是相輔相成的。

III. 會議流程

自單一法制定後除了召開臨時會議外，為配合輪值主席任期，二次定期會議皆在六月下旬與十二月上旬舉行。會議於午宴後揭開序幕，展開第一個會期討論共同體政策事務。先由執委會主席例行報告共同體經濟、社會情況發展，政府首長才開始正式討論。外長通常很少主動發言，其任務多為協助領袖並做個人式記錄。

晚宴後政府領袖與執委會主席祕密、非正式的爐邊會談，就國際現況交換意見。同時，外長與執委會副主席則另行磋商共同體政策並修改

政治委員會草擬的對外聲明文件。

　　第二天會期的討論內容主要爲議程中尚未討論的議題、對政治合作聲明做最後確認及準備會議結論公報。閉幕時輪值主席與執委會主席共同舉行記者會說明會議經過與結果。各國領袖、外長或政府發言人亦向本國新聞媒體做簡報與答覆詢問。

　　高峰會議不做會議記錄，會議結果是由理事會祕書處協助輪值主席做成「會議結論」（conclusions of the European Council），其性質爲依照議題的範圍及協議內容發佈書面聲明或宣言，或由輪值主席在記者會以口頭方式陳述。各會員國政府及執委會亦將之刊載於各自公報（Bulletin）上。由於強調會議之非正式性質，嚴格說來並沒有共同體官方的完整會議公報。而公報中的會議結論常令人感覺模糊不清致使與會者產生不同的認知和解釋，原因乃在於與會者常用寬鬆語句陳述不同觀點；政府領袖協商後之協議仍存有歧見，非公報起草官員所能掌握；而共同聲明性質亦取決於政府領袖之意向，若領袖欲特別強調某一政策之重要性可將「宣言」、「聲明」或「決議」置於主席結論中（即會議結論）；或以附件之方式詳細說明決議或會員國之保留立場。不過，不論會議以何種名稱公佈文件或決議，即使其內容十分詳盡可直接轉化爲共同體的法律或行動，仍不具法律效力（**註一一八**）。

4.歷次高峰會議有關政治聯盟之決議

　　此部分與共同體政治聯盟之發展歷史大多重覆，在此不再贅述。

(二)歐洲政治合作

　　EPC之運作於上文有關單一法第三篇之內容分析已曾述及，此部份乃針對EPC之性質、EPC與共同體組織及高峰會議之關係加以闡述。

1.EPC的性質

註一一八　　同註一一二，頁42～57。

　　EPC的構想，幾乎和共同體政治聯盟的肇始同時，但是，早期EPC大多只停留在政治宣言的階段。直至1969年海牙高峰會議的決議才達成共識，由會員國外交部長研擬最佳可行方案，以促進歐洲共同體的統合。因而任命比利時外交部政治事務司司長達維農（Davignon）設立一研究小組加以研擬。1970年該小組提出一份報告（即達維農報告，Davignon Report），此報告中一方面確立了共同體會員國將在國際政治與外交事務上儘量採取一致的立場與作爲；另則確立了EPC的組織及運作的原則。此份報告即成爲後來政治合作的主要架構。

　　在達維農報告中，主要的設計乃是EPC與歐洲政府領袖的組織體系劃分，亦即，EPC獨立於共同體的組織系統之外。其基本的架構乃是以會員國政府爲基礎，期望藉由EPC的運作使會員國間能坦誠交換意見，說明立場以爭取其他會員國的支持而達成一致的立場。

　　因此，EPC具有無特定形式的特質。它並不具有條約基礎，而是由一些不具法定效力的外長報告及協議組合而成。這相較於超國家型態的共同體組織體系，是大不相同的。EPC並沒有常設機構，因此，各國不需費神去維繫共同機構的運作，只須運用各國傳統的外交技巧並配合各國現存的決策機構，就可使各國達成一致的決議。

　　這種鬆散的政府間架構，乃是因應共同體各國對外交政策主權的要求而生，亦爲共同體政治聯盟的重要特色。其表現在運作的架構中，就是「非機構化」。自1969年以來，EPC的施行並未設立固定的機構，其運作完全建立在共同體各會員國外交部長間及外交部間的相互協調合作。將近二十年的時間裡，EPC一直只是靠幾次的協約及非具法定效力的外長報告在運行，雖然其間1981年及1983年均有會員國有意將EPC法制化，最終都只以宣言收場。

　　至1985年底召開政府間會議，並於1986年簽定單一法時，正式在第三篇「有關外交政策合作之條款」中，爲EPC定位並規定其相關的單位之運作原則，正式賦予EPC法律的根據及基礎，亦成爲現階段政治

合作之最高指導原則。EPC的組織及其運作已於前文有關單一法第三篇中述及，在此不再重覆。

2.EPC與歐洲共同體組織的關係

　　EPC於1986年正式規範於單一法中，亦正式與共同體組織有所連結。然而，自七〇年代EPC成立以來，即意味著各國對外交政策自主權的要求。所以，共同體組織在此意涵之下，也就代表了全體會員國在經濟層面的利益，藉由超國家組織的運作，得而共享。而兩者在近二十年的運作中，的確堪稱並行不悖。

　　促使EPC與共同體經濟活動相互協調的二項主要原因是：

　　(1)政治合作與經濟共同體的目標皆為歐洲統合。

　　(2)從協調觀點而言，外交與經濟政策自始即息息相關，很難嚴格區分諸如地中海政策、歐阿對話及歐安會議，是屬經濟政策範圍或外交政策問題。

　　SEA的第30條第1項第3款、第4款、第5款，就是針對EPC與共同體組織之間所作的規範。其中第3項對部長理事會的規定，要求一位執委會之執行委員參與，而該執行委員所代表的意見就是共同體的意見；第5項中規定，共同體之對外政策與符合EPC的政策必須一致。所以，在發展的過程中，歐洲的外交政策是用以連接政治合作體系及組織系統。即，外長會議輪值主席必須與執委會確定EPC的外交政策和共同體外交政策間沒有相左的意見存在（**註一一九**）。

　　因此，EPC的法制化就影響到了共同體原有的決策模式。共同體決策原先由執委會提案，理事會決議立法的程序，除了要接受歐洲高峰會議的政策創議與指示外，必然也受到EPC系統中政治委員會對外交

註一一九　Jochen A. Frowein, "The Competence of the European Community in the Field of External Relations," in the External Relations of the European Community in Particular EC-US Relations, 1989, pp. 34～35.

政策的研擬及外長會議之協議結果所影響。

　　然而，EPC與執委會如何負起使政策達到一致性的責任？是否有任何法律的方法及工具協助？此時，歐洲議會就扮演相當重要的角色。

　　SEA第30條第4項規定，最高締約各方應確保歐洲議會與EPC之密切合作。部長理事會輪值主席應定期將在EPC架構下正被審議中的外交政策議題知會歐洲議會，並確保歐洲議會的意見得予適當的考量。雙方的合作關係如下：

　　(1)輪值主席國外交部長須於接任之初及交接之前向歐洲議會做一報告。

　　(2)輪值主席國之代表須出席每月在史特拉斯堡歐洲議會之會議中接受質詢，並提出EPC認可的決議事項。

　　(3)每位輪值主席參與兩次歐洲議會中政治委員會的討論（秘密且非正式的）。

　　這種強調監督與諮詢的民主程序，主要是希望成為歐洲外交政策問題的辯論場所，並在形成EPC與共同體之共同外交政策時，發生積極的影響力。此外，會員國外交部長、執行委員會及秘書處三者之間，有一秘密的連傳密碼系統（COREU）作為連繫工具，彼此可以隨時且快速的連絡溝通，以確保資訊之正確性，並儘快採行決定。尤其在緊急狀況下，可不需要召集會議就做出立即而有效的決定。

3.EPC與歐洲高峰會議關係

　　高峰會議與EPC皆為共同體統合提供「非立法性決策」的動力，避開法律規範途徑，以務實、彈性的漸進合作方式邁向歐洲聯盟的目標。此二者性質類似，但是比起高峰會議在共同體體制架構中的顯著角色，EPC所受的影響則較小。

　　但由於在共同體事務中，歐洲高峰會議「上訴法院」的功能，造成主導EPC的外長不敢斷然下決定，而推諉給政府領袖，以致會延誤或癱瘓建立共識的過程。另外高峰會議本身因強調其非正式性質，使得

EPC意志的形成更加複雜。少數會員國領袖在心理層面的影響下，亦將EPC視爲純粹的政府間機制，刻意降低歐洲統合的含意與成份。

不過，實際上，1970年來高峰會議通過的政治合作報告和對外聲明文件，多由外長及外交官員草擬，政府領袖並未作太大的修改。可見各國政府領袖尚能尊重外長之權責，並未實質侵害到EPC架構。如今，馬斯垂克條約已將外交、安全政策納入共同體架構中，EPC在未來將有實質的轉變，這也是高峰會議對EPC最大的影響。

四、共同體政治聯盟形成之可能

歐洲聯盟自早期創建就已揭櫫目標爲建立「歐洲合衆國」，但經四十餘年的努力，仍舊在朝著目標前進。其中包含許多階段性的作法，政治聯盟的形成就是其一。

然而，PU到目前爲止，尚無法正式宣告完成。因此，我們將著手探討PU的形成過程中，兩項可能是主要影響或決定性的因素——外交與安全。外交部份我們將評估身負凝聚外交共識的歐洲政治合作之成效；安全部份，則是將與歐洲政治暨安全最有相關性的組織，提萃而出，以分析共同體會員國是否能達成共同防禦的共識。

(一)歐洲政治合作執行的成效

EPC是一個獨立於共同體組織之外的政府間架構，代表各會員國對該國外交自主權的要求，但同時亦冀望透過彼此協商之共同對外政策，可用以凝聚實力、增加其在國際之影響力。因此，EPC執行的成效，在此意義下也就格外重要。

對會員國而言，現行的EPC架構大致能讓他們滿意，因爲它延伸了一個國家的外交政策，並提供了額外的資訊及共同行動的意見且沒有束縛性的承諾。主要是因爲EPC所達成相互協商的程度，並非基於條約所規定的義務，也沒有表決的規則。藉由這種非強迫性及基本上隨時

保有無須參與的可能，因而大大地提高了會員國的合作意願。

所以，自1970年起，共同體各國在對外政策及國際問題上採取較積極的合作。其中較重大的成就如：1975年7月以共同體之名義簽署了赫爾辛基協定（Helsinki Agreement），使共同體成為在東西對抗中確保歐洲雙方權力均衡不容忽視的力量。此外，共同體會員國在聯合國中以一致的力量影響表決，設法達成其共同的政策，使得共同體逐漸成為重要的對話與談判對象，形成重要的勢力。

然而，EPC運作，依舊有其障礙存在，主要有：

1.各會員國傳統的外交包袱不易消除

共同體會員國中，各個會員國的規模、政經實力並不相當，其思考模式也就有所差異。四個大國——法國、德國、英國及義大利，較重視全球性、廣泛且特殊的政治利益，並力求共同體以外之國家的支持；其他小國，則較重視一般性的政治利益。但是在EPC的架構中，並未尋得一平衡點可以滿足各國的需求，大國通常還是較占主導的地位（**註一二〇**）。

共同體會員國在尚未建立共同體之前，各自在國際政治舞臺上已有其長久的歷史。因此，所形成的外交包袱也就象徵其傳統的政治利益，格外不易輕拋，常造成彼此間的矛盾情結。例如：英國仍常懷念其帝國光榮不願屈就，且其與美國在歷史上的連結使英國的立場容易傾向美國；丹麥在斯堪地那維亞半島上有傳統利益，因此期望在北歐與西歐之組合基礎有所合作，故對參與整合行動就有所限制；愛爾蘭珍視其中立的地位且有傾向於第三世界國家的自覺意識；義大利則將南歐視為共同體的金三角（golden triangle）（**註一二一**）。此外，過去殖民地亦常

註一二〇 William Wallace, "Introduction: Cooperation and Convergence in European Foreign Policy," in: *National Foreign Policies and European Political Cooperation,* 1983, pp.10～15.

註一二一 Christopher Hill, "National Interests － The Insuperable Obs tacles?",

成為傳統政治利益所在。

2．共識與協議多屬原則性的揭示，且立場趨於保守

　　儘管1986年的單一法已正式賦予EPC法制化的基礎，亦詳加規定其運作的架構。但是，現階段許多協議或作為皆由各會員國外交部研擬，除非經由高峰會議形成共識，否則很難成為定案，使得EPC在作決定時，常因謹守其與高峰會議間的分際，而延宕決策時效。甚至因決定缺乏實質拘束力而近乎無用亦所多聞。

3．會員國長久以來，對共同涵意及共同態度累積之依賴

　　EPC是一個封閉的政府間溝通過程，通常只有間斷性的討論與公告流通於各國的政治系統中，所以對其他國家的政治立場，常常只能掌握片面的看法。雖然，歐洲議會可居間彌補各國間的差距，但這種補強性的影響究竟有限。

　　然而，EPC所協調出的外交政策、要求一致的意見及共同的態度，在近二十年的運作下，對一些重要的問題已凝聚了相當的共識。而一旦一個新的國家加入共同體或EPC中，就很難融入此意見一致的架構中。較晚加入共同體的幾個國家，如希臘、西班牙、葡萄牙都曾遭遇到類似的障礙。這也將造成共同體未來擴大時可能的爭議焦點之一。

4．各國拒絕權力移轉

　　EPC正式法制化後，無疑正式地宣告讓共同體組織以外的組織系統合法並存，亦即肯定非機構性的政府間組織也能有效率地處理會員國之間的事務。馬斯垂克條約將國防安全事務亦納入規範，無非是在向會員國的自主權挑戰。但是在各國批准時所遭遇到的反對聲浪，亦反應出各國對權力的珍惜。

　　比利時一位政治委員會主任委員，在1979年一項對政治合作檢討的

---

　　in：　*National Foreign Policies and European Political Cooperation,*
1983, pp.185～188.

會議中，就曾說道：「我們現在已屆臨一個高原期（plateau），就像它以前一般，我們已很難在現有的資訊及架構下再多做些什麼。」而如果想要移出此高原期，就必須增加對國家權力的壓制，加強其「義務」而非只是諮商，要有共同之行動（**註一二二**）這也正是各國最難抉擇的，常常因此就讓政治合作停滯不前。

那麼，究竟EPC對政治聯盟的影響為何？其實，EPC的運作，漸被賦予相當的重要性；在國際政治中，亦提供了在世界舞臺競技時的彈性應變。如此一來，對凝聚會員國共識更增加了吸引力。但此是否意味著朝向PU邁進一大步？歐洲政論家亞隆（Raynond Aron）曾在論及國際體系裡的歐洲命運時強調：「外交場合的統一並不能減低歐洲政治的弱點，尤其當它面對強大的民族主義而提出歐洲統一的問題時更是如此。」（**註一二三**）然而，歐洲政治的弱點，除了民族主義作祟外，國家對共同體維護個別的政治利益信心不足，及其對主權的重視，都成為無可取代的重心。因此，EPC正面的成效，對形成PU雖有一定的貢獻，卻不可過分樂觀地視之，以免造成虛夢式的期待。

㈡歐洲共同體各會員國能否達成防禦合作之共識

可能影響PU形成的第二個因素，就是各個會員國對共同防禦的看法。事實上，歐洲共同體各個會員國以EPC之架構，形成共同的外交政策及採取一致的立場，至1985年單一法制定時為止，他們並沒有將一向與外交不可分割的國防納入其運作體系中。因此，一些會員國對於共同體是否具有主導國防政策的能力，抱持著懷疑的態度。同時，也讓其共同對外政策無法兼顧每一個面向，遂存在著殘缺的本質。

EU條約特別設立專章規範共同體的外交及安全政策，除了再詳細

註一二二　William Wallace, op. cit.

註一二三　閻嘯平譯，世界動向的掌握者，臺北，允晨文化公司，頁66。

規定共同對外政策外，亦提供各會員國之共同國防政策及防禦系統一個
藍圖。至此，共同體邁向政治聯盟的步伐才正式涉及外交政策之其他面
向。但是，在EU條約第五篇「共同外交及安全政策條款」中，EU條約
第J.4條及第J.5條對於有關共同防禦政策之指導和會員國與其他世界組
織之間的關係之規定，大都只是原則性的宣示，或模糊而具妥協性的要
求。因此，如果要將馬約的規定視爲具體規範，將會大失所望。

　　不過，這些正式的規定的確可視爲共同體在致力形成PU時，一項
重要的努力。因此，探討共同體會員國是否能達成防禦合作之共識，須
先分別簡述西歐聯盟、北大西洋公約組織及歐洲安全暨合作會議
（CSCE）等與共同體會員國關係密切的區域性組織，再研究共同體與
這些組織的交互關係，以進一步分析達成防禦共識的可行性。

1.西歐聯盟（WEU）

　　WEU是二次世界大戰後，西歐各國鑒於蘇聯在東歐相繼成立共黨
政權，遂欲加強歐洲安全的想法下所形成。最初由英、法、荷、比、盧
等國，一方面爲了防止蘇聯擴張的野心，另一方面則是爲共同協防德國
軍國主義的重現，於1940年簽定布魯塞爾條約。主要目標即爲了保障締
約國相互之安全與合作。

　　1952年，共同體嚐試成立歐洲防禦共同體失敗之後，1954年在英、
法兩國積極推動下，邀西德、義大利及比京公約原有的五個成員國，於
巴黎正式簽訂四項巴黎議定書，成立西歐聯盟。1988年，西班牙及葡萄
牙正式加入，目前會員國共有九國。

　　其組織架構以九國的外交部長爲核心，每年定期在倫敦召開的兩次
常設理事會議，爲政治與軍事的最高決策機構；而由會員國議會一百零
八位議員組成的議會（assembly），每年在巴黎召開兩次會議，主要
討論歐洲國防與安全相關之事宜。大會秘書處下設有安全問題處
（agency of security problems），專門從事裁軍、國防安全、武器
生產及標準化等問題的研究與觀察。

WEU主要的目標著重歐洲國家間的政治、經濟、軍事統一與合作，特別是要確保各成員國的集體國防安全。然而，限於角色地位之難以確立，長久以來呈現功能萎縮的現象。

2.北大西洋公約組織

NATO成立的背景大約和西歐聯盟的背景相當。主要是美國在當時體認到蘇聯勢力擴張的威脅，決採「圍堵」的外交政策。美國參議院於1948年6月通過了一項「范登堡決議案」（Vandenberg Resolution），准許美國參加區域性的安全政治防禦聯盟。故1948年7月，美國、加拿大開始與比京公約五個簽約國共同研議，計劃成立一個區域安全組織。不久，義大利、挪威、冰島、葡萄牙亦加入談判，終於在1949年4月4日，各國於華盛頓簽約成立了「北大西洋公約組織」。西德、希臘、土耳其、西班牙則稍後加入。

NATO基本上與一般軍事同盟並無太大區別，主要目的在增強締約國防衛的能力並集體抗拒侵略。根據該公約第5條的規定：「對任何一締約國的攻擊……」，即可意會到其軍事同盟的意涵。但是，其與傳統軍事同盟最大的不同在於，它也致力於維護締約國政經之穩定，並藉多國組織來增進締約國的關係。

NATO的指揮機構是北大西洋理事會（North Atlantic Council），由各國的內閣閣員組成，主要決定各會員國的責任與義務分擔。其下並設有行政人員處理行政事務、軍事機構，以軍事委員會為首，由各國參謀長組成；及非軍事機構，負責其他相關領域事宜之研擬。

NATO成立至今，在其直接防衛的目的上相當有成就；尤其在第二次世界大戰後，東西雙方冷戰的時代，其防禦與嚇阻的成就，的確居功厥偉。然而，自從東歐及蘇聯的局勢翻然大變之後，一直以美國為首的北約，亦面臨到角色定位困難之問題，尤其進入後冷戰時代後，共同防禦的需求減低，其存廢也就頗多爭議。

3.歐洲安全暨合作會議

　　歐安會召開的構想是在1954年間，首先由蘇聯提出，但當時並未受到西方的回應。直到1968年，NATO希望透過談判來裁減核武，以維持東西方軍力平衡，故同意召開此一會議。歐安會遂於1972年11月舉行，主要議題以安全、經濟合作、文化交流等範圍爲主。於1975年簽訂「赫爾辛基協議」。

　　但是，歐安會一直沒有固定的組織架構，因爲歐安會議並不是爲尋求解決衝突的辦法而設，亦不提供北約或華沙公約組織任何替代性的抉擇方案，它純粹是成員國之間共同的政治對話，藉由加強彼此的認知，有助於解決問題（**註一二四**）。

　　進入後冷戰時代，各國對歐安會亦有所期許，因此，在1990年的歐安會中，共同體的會員國即積極推動歐安會的建制化，且朝擴大制度化功能方面演進。目前設一行政秘書處於捷克之布拉格；在奧地利的維也納設立衝突防制中心，以採取避免衝突與混亂的聯合途徑；並於波蘭華沙設立聯合自由選舉辦事處，將接受國會團體的參與。

　　綜觀上述，可知共同體各會員國在防禦政策的作法其實是多元的。自第二次世界大戰後美蘇對峙的兩極體系中，西歐國家一直都追隨美國的外交政策。而北約也就象徵著美國所主導的「大西洋主義」。然而，共同體內部既已享受到經濟整合利益，不免也希望在政治上一展頭角。這種想法尤其以法國爲重。法國從戴高樂當政時開始，就一直倡議獨立自主、反對「美霸」的外交政策，因此，「歐洲主義」的概念也就日漸抬頭。

　　共同體中有九個國家隸屬於WEU，但是，此九國亦均屬NATO的會員國，WEU角色定位不易自不難想像。而1980年起，由於美蘇關係

註一二四　吳東野，後冷戰時期的歐洲安全新秩序，問題與研究，第30卷，第4期，1991年4月，頁43。

緩和，美國在西歐佈署中程核武及雷根總統提出「星戰計劃」的影響，西歐人民開始質疑NATO的角色，並意識到只有真正建立一套歐洲共同外交及安全政策，才可以擺脫長久以來對美國軍事上的依賴。

在EU條約中，共同體所計劃的政治聯盟要求WEU的協助，並實施具防禦意義的聯盟決議與行動，將WEU視為歐洲聯盟發展與整合的一部份。且要求部長理事會基於與WEU之協定，應接受必要的實際安排（EU條約，第J.4條第2項）。即是有意要WEU肩負起共同體防禦政策主導之責。此外，1992年5月法德高峰會議中，決定在WEU的架構下，成立一支三萬五千人的聯合部隊，以期為未來成立獨立自主的歐洲武力建立良好的基礎，則可說是「歐洲主義」路線的主力。

然而，在同一條文中，卻又仍有一項充滿妥協色彩的規定，即要求制定出的政策，不應歧視某些防禦政策之特性，應尊重某些加入北約之會員國的義務，並與該架構下的防禦政策一致（EU條約，第J.4條第4項），亦即尊重北約傳統的價值和地位。其實，這正是共同體各國主要的矛盾所在。再者，本條亦提及在西歐聯盟與大西洋聯盟的架構中，不限制兩個以上會員國在雙邊合作層次上更密切合作之發展（EU條約，第J.4條第5項），德法同盟就是最好的例子。而此條的規定，正允許了聯盟中雙邊關係的存在，一方面可能有助於EPC共識形成，但另一方面，也有可能使得其內部不同的意見有初試啼聲處，反而可能不利於聯盟之形成。

至於歐安會，基本上與北約及共同體各國有其積極的功能。當歐安會議逐漸建制化之後，其橋樑性的功能將被加強，使北約、共同體與歐安會之間能具有互補與制衡之效。因此，共同體各會員國對防禦政策的看法，「大西洋主義」和「歐洲主義」的路線之爭，短期之內想要釐清並不容易，要形成一致的共識亦頗困難。而馬約中不少充滿妥協性的條文就更加突顯這種矛盾性。是以，共同防禦政策共識之凝聚就成了決定政治聯盟形成與否的另一關鍵。

五、未來展望

　　歐洲共同體政治聯盟的發展，可說是和歐洲共同體的發展同步進行。早期舒曼倡議建立共同體，主要原因之一就是希望促成德法諒解，在共同體合作互助的前提下，維持歐洲和平，避免戰事再起。而今，我們亦可看到舒曼最初設立的幾個目標已大致完成。

　　共同體各國以幾個條約建構起歐洲聯盟的架構後，在有制度性的立法之下，分別將歐洲高峰會議及歐洲政治合作這兩個具有「非立法性決策」的組織，賦予一定的法律地位，並成為主導共同體對外政策的主體。

　　就各會員國的國家利益來說，共同體會員國內部一直存有「民族國家 (nation-state) 本位立場」及「聯邦主義者 (federationalist)」的分歧意見。法國在戴高樂當政時期，秉持的「祖國之歐洲」 (Europe of States) 的理念，並沒有隨時間的流逝而消失。在EPC運作的過程中，不時都透露出各國對主權的珍視。1992年12月13、14日召開愛丁堡 (Edinburgh) 高峰會議，決議同意丹麥可以不加入EU條約中的共同安全政策、公民資格認定標準、警務、司法、外來移民等部份。這種決議正是典型的「民族國家主義」與「聯邦主義」的拉持後，「民族國家主義」獲得尊重的最佳例證。這種拉持極有可能因為各國在不同項目中尋求「選擇退出權」而呈現一面倒的現象。所以，儘管共同體各會員國不斷透過法律的規範，形成其共同的對外暨安全政策，且一旦面臨重大政治挑戰時，各國為了求取國家最高利益必然會加強外交政策的協調，然而，各國卻未必能偕手邁向政治聯盟，如此對PU未來的發展，並不是一個正面的因素，甚至可能成為矛盾之所在。

　　而就國際關係的層面來說，共同體與北約之間，存有「歐洲主義」、「大西洋主義」彼此之安全合作與經濟競賽的關係。進入後冷戰時期，國際政治局勢丕變，西歐國家共組的歐洲聯盟，也就急欲擺脫在

美國的默許與保護下形成的「經濟巨人，政治侏儒」，希望在國際政治事務上亦發揮影響力。

美國在軍事安全上的看法與西歐國家不同，西歐國家認為只有努力創造一個和平的國際環境，才能逐步走向獨立與自主；但美國雖視共同體為大西洋聯盟集團的主力，但仍希望維持在較大的泛大西洋共同體之主導角色。兩者看法不一致，正提供歐盟內部一股凝聚之力量，如果想要擁有真正的獨立自主，共同體各國唯有統一口徑砲口對外方能竟其功。如此，這將是有助於發展PU的正面因素。

再則，從EU條約在荷蘭簽訂時的實際情況來看，此次所達成的協議，與原先輪值主席國荷蘭所提出的草案有所差距，主要乃是英國堅持反對將有關歐洲「聯邦」的字眼置於政策中。由此可看出歐盟各國之間並未達成邁向共同體未來走向的共識；然而，就EU條約的實質內容而言，其涵蓋層面廣泛，的確有意使共同體朝向更進一步的整合，且運用不少宣示性及妥協性的條款來包容紛雜的歧見。對外關係條款之設計即是一例。而EU條約在第五章「共同外交及安全政策之條款」，與其後所附之「對西歐聯盟之宣言」（Declaration on Western European Union），一再強調以WEU連結共同體與大西洋聯盟，卻又尊重北約在西歐原有之影響力。由此可知，在各國決策實際的運作上，妥協的藝術才是真正值得斟酌之處。

因此，共同體政治聯盟未來的發展，並不必過份樂觀或悲觀地預期。此猶如初學步的孩童，顛簸前進時，好不容易前進了十步，不慎跌倒又倒回兩三步。至於是否一定可以學會走路甚至走向鮮明的目標（聯邦），則要看此孩童（共同體）在成長過程中是否能獲得父母（各會員國）適當的照顧與呵護才可言定。

第十節　共同體與會員國間權限劃分之準則

一、概說

自從歐洲聯盟條約生效以後，補充原則（principle of subsidia-rity）已正式成爲共同體法上重要之法律原則（**註一二五**），是共同體與會員國間權限劃分的準則。補充原則非經由歐洲法院的案例法（case law）衍生，而係直接由歐洲共同體條約規定的，但是補充原則並非歐洲共同體法所創設。該原則之產生先於歐洲整合運動而具有歷史和制度的成因，更具有法律、政治的雙重性質，與權限的分配以及權力的制衡相關，使得學者間在邦聯的或聯邦的歐洲議題上，引發強烈的論爭。

觀諸歐洲整合運動之發展，從共同市場到單一市場甚至朝向緊密聯盟等不同的階段性目標，使得整合效果的不斷溢出而日趨深化與廣化。共同體（the Community）的權限乃基於由會員國逐步移轉其權限而有擴大之跡象。對於原屬於會員國權限範圍的相關事項，因爲與共同體權限相互交疊、移轉而日漸縮小。在整合前景仍有相當困難之際和各會員國政經情勢的限制下（如九〇年代經濟及貨幣聯盟的整合），共同體與會員國權限的互動以及利益的平衡，實爲未來歐洲整合前途的關鍵。因此，補充原則在上述權限交疊和互動中扮演極度重要的角色。補充原則的引入（納入歐洲共同體條約規定中），在歐洲共同體的整合過程中充分展現高度的爭議性質。由於EC條約第3b條規定的不明確，雖使補充原則成爲條約規範的一環，但卻無法釐清共同體與會員國間因權限交疊或移轉的層層問題。此外，補充原則也引發共同體和會員國間權限係

註一二五　關於補充原則規定在EU條約第3b條，而ECSC條約和EAEC條約並未將補充原則納入規範。

應集權或分權的論爭。而歐洲法院適用補充原則時，限於其司法審查的功能並不能對政治性的爭議作出判斷。因為，在決定由共同體或是會員國何者較能有效達成目標的評估上，涉及了政治性和經濟性之目的判斷，絕非純然的法律問題。在整合過程中補充原則的確為一項主要工具，也正因其具有法律面和政治面的雙重意涵，不僅擁有高度的彈性，卻也出現適用的困境。雖然現階段共同體仍無法如同合眾國之制度結構一般，對權限問題有一清楚的界定和劃分；補充原則的適用上關於專屬權限和非專屬權限的區分，並無任何可資判斷的明確標準及共同體的法律依據，有待將來清楚明確的界定與劃分有助於未來共同體整合的大勢。

何謂補充原則？學者間並無一致的通說定論（**註一二六**）。從歷史發展的角度探討，可以瞭解補充原則於不同時期中所代表的意義，以及歐洲共同體為何引入此一原則作為解決權限爭議的基準。雖然補充原則的來源與出處並無切確的開端，但可確定的是於十九世紀，該原則即被使用來論爭國家與人民權力區分的問題。當時，自由主義論者引用John Locke與Thomas Paine等人的論述，主張政府是基於被統治者的同意，而獲得統治權力的合法性，被統治者是在自願而理性的社會契約中，決定同意服從政府。此外，補充原則也說明除了人民於契約中同

註一二六　一般而言，補充原則可以解釋為「唯有任務無法有效地立即執行，或地方無法有效地執行時，則中央應有補充執行之功能」。此一解釋由於運用的差異，產生兩種不同的效果：一是由上而下 (from above)，另一則是由下而上 (bottom up)。前者是指，中央機關享有特定事項範圍的權限，但僅限於為達成既定目標所必要，而予以介入或採取措施；後者是指，相對於地方，中央機關則具有補充或輔助之性質，亦即當地方不足以達成既定目標時，中央得以介入之。See Nicholas Emiliou, *Subsidiarity: An Effective Barrier Against the Enterprises of Ambition?*, (1992) 17-5：383～407 E.L.Rev., pp.383～384.

意授與政府的權限外，國家於行使其權力時不得影響到人民之自然權利
（natural rights）。另一方面，保守主義卻以補充原則，主張國家權
力及能力均高於其他社會團體及個人，故當其他團體及個人有力有未逮
之情形時，國家應即刻介入處理。因此當時的補充原則具備兩種意涵：
一是主張限制國家權力以保護人民的權利；二是國家權力的介入有助於
保障個人權利而成爲公權力擴張之基礎。所以當時補充原則的意義，則
在討論國家統治機關與被統治者的權力互動，並在層級間討論統治程度
的問題。

　　二十世紀中闡述補充原則的具體例證，首先見諸於羅馬天主教教廷
之寺院法（Canon Law）（註一二七）。教廷鑑於當時社會脫序現象嚴
重，而試圖規範出重建社會秩序的基本原則。教宗庇佑十一世（Pius
XI）在1931年發佈的通諭信函（encyclical letter）中指出，歷史事實
顯示，社會演進的結果使得原先小團體能夠完成的事情已由較大且強有
力的團體所完成，而責任也由小團體移轉至大團體上，因此在規範社會
秩序方面，若可由個人或小團體完成者則應委託其執行；大團體或較高
層之團體不得爲增加其功能而僭取前述個人或小團體在執行上之有效
性，否則即爲社會秩序之不正當、邪惡和障礙（an injustice, a grave
evil and a disturbance）。此爲社會原理（social philosophy）中不
可動搖及改變之基本原則，故所有社會活動之眞正目的，應是去協助社
會有機體的成員，而非毀滅或併吞之（註一二八）。嗣後教宗也在其他

註一二七　寺院法是教宗為其統治之目的，確定所屬人民權利義務關係而發展的
　　　　　法規和程序，如同羅馬法是世俗君王的治國法典一般，直接與帝王的
　　　　　權威發生關連；易言之，寺院法則是精神領袖的治世法典，使教民直
　　　　　接與教宗發生關係。參閱章孝慈譯，大陸法系之傳統（臺北：黎明書
　　　　　局，1978年10月），頁12。

註一二八　Pope Pius XI, *Quadragesimo Anno* (London: Catholic Truth Soci-
　　　　　ety, 1936), p.31, para.79.

通諭中強調，補充原則是爲社會組織的一般原則：政府與公民以及家庭與中間團體的關係，必須藉由補充原則予以規範和權衡（**註一二九**）。

至此，從十九世紀到二十世紀中葉，補充原則是基於社會原理的觀念而產生。其主要目的在於保障社會之個人和小團體不受大團體及政府的不當干涉。換言之，國家不得任意剝奪次級團體的權力，且國家唯有在特殊情形時方能作出適當而必須的干涉。此一價值的建立，不但使得補充原則對於歐洲大陸在處理國家和社會政治活動的理論上，便產生了相當的影響（**註一三〇**）。隨後更涉入了歐洲整合的風潮中，透過不斷的發展而賦與新的意義。

共同體的整合運動上，補充原則的概念首次出現於1975年由執委會所提出的歐洲聯盟草案報告（Commssion's Draft Report on European Union）（**註一三一**），該報告是依據1974年巴黎高峰會議（Paris Summit of 1974）之決議，並由當時的比利時首相Leo Tindemans所主導（**註一三二**）。該報告傾向支持共同體權限之擴張，並認爲必須將

註一二九　See Nicholas Emiliou, above Article, p.385.

註一三〇　See Nicholas Emiliou, above Article, p.385.在此處是指德國基本法引入補充原則的觀念。德國學者認爲，該原則係爲較高層的政治組織單位於低層單位無法執行或更爲有效執行同一權限時，得獲取該權限。相關條文可參考德國基本法第30條與第72條之規定。德國基本法第30條規定：「國家權力之行使與國家職責之履行爲邦之義務，但僅以基本法未另定或許可者爲限。」；第72條則規定：「在共同立法權限之上，邦唯有在聯邦未行使其立法權之範圍內，行使其立法權。在共同立法權之上，需要聯邦法律規定時，聯邦基於以下原因而具有立法權：1.邦無法有效藉由立法規範該事項；或2.邦法律規範之事項違反他邦之利益或全體國民之利益；或3.爲維持法律、經濟之一致或超乎任何一邦領域之生活條件，而必須制定該法律者。」

註一三一　Supp. 5/75-Bull. EC. [O]

註一三二　European Union, Report by Mr. Leo Tindemans to the European Council, Commission of the European Communities, Supp. 1/76-Bull. EC.

一定的權限移轉到共同體。蓋會員國均不願犧牲本身利益以推動整合工作，故整合難以在會員國的層次上完成。然而共同體為持續發展，必須與會員國間建立權限分配的分際作為適應，所以會員國與共同體之間應是彼此互補而非相互競爭的關係（as complementing rather than competing with each other）；並且就行政權力的轉移而言，Tindemans認為歐洲之建構應考慮行政分權的趨勢，透過會員國授權使聯盟得以有效行使行政權力，亦即在共同體層次上彌補會員國層次不足之處，對於會員國無法有效地完成的任務時，將授權聯盟代為執行（**註一三三**）。因而聯盟將擁有專屬、共同、以及潛在等三種形式的權限（exclusive, concurrent, and potential）。所謂專屬於聯盟權限事項，包括貿易政策和共同關稅稅率；而所謂共同權限，則包括廣泛存在於聯盟和會員國之間且兩者均有權行使之領域，並於該領域中當聯盟認為有必要時方主張某一事項之權限，會員國在聯盟尚未採取措施的其他事項上，仍保有自由行使的空間；所謂潛在權限，則包括原為會員國之權限但在適當時期則歸屬於聯盟之權限（**註一三四**）。但該報告仍缺乏對上述三者權限具體的規範及界定標準；而僅簡單陳述聯盟權限的範圍，包括經濟、貨幣和預算事項、社會事務、以防衛目的之共同外交政策、與人權保障等事項（**註一三五**）。雖然1975年執委會之歐洲聯盟草案報告未能設立明文規定，以解決權限分配的問題，仍不難發現歐洲共

註一三三　See Daborah Z Cass, "The Word That Saves Maastricht? The Principle of Subsidiarity and the Division of Powers within the European Community", (1992) 29: 1107～1136 C.M.L.Rev., pp.1114～1115.

註一三四　See A. G. Toth, "The Principle of Subsidiarity in the Maastricht Treaty", (1992) 29: 1079～1105 C.M.L.Rev., p.1088.

註一三五　參閱A. G. Toth, *The Oxford Encyclopaedia of European Community Law,* Vol.1, *Institutional Law* (London: Oxford University Press, 1990), p.249.

同體已將前述具備天主教社會原理的補充原則，納入共同體與會員國在整合過程中權限分配的考量之中。

因此歐洲共同體在整合時基於補充原則的原理和價值，認為：第一、當會員國能力不足時共同體即有必要採取行動；第二、會員國與共同體具有不同的潛力以執行任務，而任務應根據潛力的差異有所分別；第三、會員國與共同體所採取的行動應視為互補的關係，以完全達成整個共同體之目標；最後，會員國行政權力的移轉將有助於共同體目標的實現（**註一三六**）。但是上述歐洲共同體的態度卻相反地引起會員國加強捍衛其權力，並形成所謂集權和分權的爭議，使得補充原則在歐體整合運動上面臨極大挑戰。

該原則第二次出現則是在1984年歐洲聯盟草約（The Draft Treaty on European Union）協商階段（**註一三七**），使補充原則更有了實質的進展。其中第12條表示「本條約賦予聯盟之共同權限（concurrent competence）上，會員國應繼續採取措施，惟須聯盟尚未對其予以立法。相較於會員國個別作為而更為有效時，聯盟應採取措施以實踐其任務；特別是在執行上，因其層次或效果超越國界，須由聯盟採取措施者。」（**註一三八**）已明顯區分出所謂專屬權限（exclusive compe-

---

註一三六 Ibid., p.1115.

註一三七 OJ 1984 C 77/33, 在Gensher和Colombo等德國與義大利部長的倡議之下，該草約依據1983年司圖加特高峰會議之歐洲聯盟嚴正宣言（Solemn Declaration on European Union in Stuttgart in 1983）而擬定。

註一三八 該條原文為 "Where this Treaty confers concurrent competence on the Union, the Member States shall continue to act as long as the Union has not legislated. The Union shall only act to carry out the tasks which may be undertaken more effectively in common than by Member States acting separately, in particular those whose execution requires action by the Union because their dimension or effects extends beyond national frontiers."

tence）與共同權限的問題。這裏所謂共同權限的概念，與德國基本法第72條的性質相類似。共同權限是指可能同時由共同體或會員國採取措施的情形；一旦聯盟決定對其執行立法權則會員國的立法權即刻喪失，並成為聯盟的專屬權限。亦即會員國就該相關範圍喪失所有的權力，除非聯盟制定的法律賦予會員國訂定施行措施的權利。此外，聯盟於共同權限上採取補充原則時，須依照兩項標準：一是有效性之試驗（the more effective attainment test），另一是具有超越邊境之效果（the cross-boundary dimension effect）。前者是強調平衡有效性以對抗價值衝突（balancing effectiveness against other conflicting values），後者是指依據聯盟設立的目標，而決定是否具有超越邊境的效果。然而兩者標準卻充分反映出，政治性的判斷與集權和分權的矛盾；換言之，在判斷是否有效時，所謂「有效」的認定即含有集權化的效果，另一方面聯盟唯有在層次或效果超越國界，方得採取措施更顯示出，超越邊境效果的標準是傾向於分權化。是故補充原則於1984年歐洲聯盟草約階段中，已具有政治及法律的雙重性而難以理解，並在適用上須平衡共同體和會員國利益價值的困境（**註一三九**）。

　　1993年11月1日EU條約（**註一四〇**）生效後，歐洲整合運動又發生重大變革。大體而言，歐洲聯盟條約的內容主要包括：建立經濟暨貨幣同盟、推展會員國間司法及內政之合作、實施共同外交及安全政策以達成政治同盟、並且藉由單一機關架構和組織程序有效性、民主化和透明化的改革中以完成歐洲聯盟的目標。因此歐洲聯盟條約修正原先歐洲煤鋼共同體條約、歐洲原子能共同體條約、以及歐洲經濟共同體條約的部分規定；其中歐洲經濟共同體（European Economic Community,

註一三九　See Nicholas Emiliou, above Article, pp.392～393.
註一四〇　1992年2月7日當時12個會員國於荷蘭馬斯垂克（Masstricht）簽署歐洲聯盟條約（Treaty on European Union），因此歐洲聯盟條約一般又稱為馬斯垂克條約（Masstricht Treaty）。

EEC) 則更名爲歐洲共同體 (European Community, EC) （註一四一)。修正後的歐洲共同體條約、歐洲煤鋼共同體條約、與歐洲原子能共同體條約，以及前述之會員國間司法及內政之合作，和共同外交及安全政策兩者，成爲歐洲聯盟廟堂 (temple) 結構下的三大支柱 (three pillars)，此三大支柱奠基於單一的機關架構上，共同支撐起歐洲聯盟的廟堂，以朝向更爲緊密之歐洲整合 (**註一四二**)。EU條約第G條第(5)項，即EC條約第3b條，正式將補充原則予以明文規範。

二、歐洲共同體條約中補充原則之意義

與一般法律原則不同的是，補充原則是藉由歐洲共同體條約規定產生，並非經由歐洲法院歷來判決的見解所形成。而歐洲共同體條約之補充原則雖然引入了先前寺院法基於社會原理建立的價值觀，由於條文規定賦與該原則新的意義和適用範圍，因此必須以實證法學 (Positivism) 的觀點，對條文作文義解釋以瞭解補充原則的意義以及相關的權限問題。

補充原則的具體內容，依照EC條約第3b條規定：「(1)共同體應在本條約所賦與之權限以及對其所指定之目標範圍內，執行職務。(2)在非共同體專屬權限內，共同體應根據補充原則採取措施；但僅限於會員國無法達成擬定措施之目標，且基於該擬定措施的規模或效果，由共同體達成者更爲適當之情形。(3)共同體之任何措施，不應逾越爲達成本條約

註一四一　根據EU條約第G條第(1)項，歐洲經濟共同體條約修正更名為歐洲共同體條約，而歐洲經濟共同體則更名為歐洲共同體。即自歐洲聯盟條約生效時起，歐洲經濟共同體成為歷史名詞而改稱為歐洲共同體。而第G條的內容即包括了修正後新的相關條文。

註一四二　See P.S.R.F. Mathijsen, *A Guide to European Union Law* (London：Sweet & Maxwell, 1995, 6th ed.)，pp.5～6.

所定目標之必要範圍。」（註一四三）

(一)共同體權限賦與原則

由於EC條約規範各種政策及目標以完成不同階段的整合，甚至根據該條約第235條具有補充作用的概括授權規定以實現共同市場的目標，學者Lang認為很難發覺有任何的領域將永遠屬於共同體權限之外，而且法律上對於共同體權限的擴展並無任何限制（**註一四四**）。但這種共同體無限制擴張其權限的說法，卻與EC條約第3b條第1項的規定不符。第3b條第1項是規範有關共同體權限屬性原則或權限賦與原則（the principle of attribution of powers or the principle of conferred powers）。此一原則正是共同體法律體系的根源（**註一四五**）。觀諸該項內容「共同體應在本條約所賦與之權限，以及對其所指定之目標範圍內，執行其職務」，以及EC條約第4條第1項後段「上述每一機

註一四三 其原文為 "The Community shall act within the limits of the powers conferred upon it by this Treaty and of the objectives assigned to it therein. In areas which do not fall within its exclusive competence, the Community shall take action, in accordance with the principle of subsidiarity, only if and in so far as the objectives of the proposed action cannot be sufficiently achieved by the Member States and can therefore, by the reason of the scale or effects of the proposed action, be better achieved by the Community. Any action by the Community shall not go beyond what is necessary to achieve the objectives of this Treaty."

註一四四 參閱Josephine Steiner, "Subsidiarity under the Masstricht Treaty", in David O'Keeffe and Patrick M. Twomey (ed.), op.cit., pp.54～55.

註一四五 See A. G. Toth, "A Legal Analysis of Subsidiarity", in David O'Keeffe and Patrick M. Twomey (ed.), *Legal Issues of the Masstricht Treaty* (London: Wiley Chancery Law, 1994), p.38.國內亦有學者將權限賦與原則稱為有限制的個別授權原則。參閱陳麗娟，歐洲共同體法導論（臺北：五南圖書，1996年11月初版），頁45。

關應在本條約所賦與之權限內執行職務」等語，可暸解共同體機關的權限均來自於歐洲共同體條約的明文賦與，並且共同體機關依其職權有義務達成條約所指定的目標；例如EC條約第2條和第3條所列之各項政策與達成共同市場或內部單一市場之四大自由流通等。因此，共同體的運作必須依據相關條約之規定，進一步地在特定事項上採取措施，制定法規、行政處分或司法裁判。

(二)權限之劃分準則

EC條約第3b條第2項中則規範補充原則的實質內容。其適用範圍是在非共同體的專屬權限領域內，唯有擬定措施的目標無法由會員國有效達成時，共同體才能介入。即意謂共同體必須審查會員國能否以其他方法，如制定法律、執行行政規章或措施等，以有效達到該擬定措施的目標。所以第3b條第2項在適用上，必須比較共同體與會員國措施的有效性（**註一四六**）。然而，共同體措施之有效性必須符合下列兩項標準：一是擬定措施的目標無法由會員國有效達成；另一則是相較於會員國，該擬定措施由共同體達成者更爲適當。上述兩項有效性的標準，必須再以下三個指標予以衡量：首先，該擬定措施具有超國家性質且無法由會員國達成；其次，會員國單方採取措施或欠缺共同體措施時，均違反歐洲共同體條約訂定之目標（例如避免會員國間之貿易競爭受到扭曲或變相之貿易限制、或增加經濟社會的結合等）或者是因而造成會員國利益之損害；第三，共同體所採取的措施於規模或效果上，相較於會員國所採取的措施，產生更爲明確的利益（**註一四七**）。

在歐洲共同體條約架構下，共同體的權限與會員國的權限如何劃分及互動，成爲一關鍵性的問題。共同體的權限乃建立在會員國逐步移轉

註一四六　Bull.EC 10-1992, p.116.
註一四七　Bull.EC 12-1992, pp.14～15.

其權限，且共同體機關必須依照該條約的規定行使職權；事實上經由權限移轉與整合目標的發展，除了專屬於共同體或會員國的權限之外，共同體權限與會員國權限仍有許多交疊之處。但歐洲共同體條約對共同體與會員國權限劃分的事項上，未設有普遍性的標準以資遵循；因而在整合過程中，國家權限（National Power）和共同體權限（Community Power）仍無法像其他憲政體制一般，藉由憲法的明文規範予以個別列舉（**註一四八**）。

已如前述，共同體的權限均由會員國移轉且明確地藉由條約而賦與，而會員國則在此賦與的範圍外，享有剩餘權限（residual powers）；亦即共同體對於上述範圍以外的事項，尚未形成所謂適用於各會員國之共同規範（common rule），而會員國對此保有權限予以立法或執行。例如：歐洲共同體條約第30條之規定，禁止會員國間對於進口採取數量上限制或所有具有相同效果措施，使得會員國有義務履行並須直接適用此一禁止規定；若會員國為維護公共利益的考量，得依據該條約第36條的例外規定採取數量上限制之措施。另外，除了條約賦予的明示權限（express powers），在解釋時亦須考量歐洲法院經由判決所形成之案例法，並且基於有效原則的特性，承認共同體為達成其目標的默示權限（implied power）（**註一四九**）。如同歐洲法院於1970年ERTA一案中表示，共同體具有法律人格，並且在對外關係上共同體有能力與第三國（即非共同體會員國）締結協定，此種權限的發生不僅基於歐洲共同體條約規定明確的賦與，例如第113條與第238條，亦基於

註一四八　Bull.EC 10-1992, p.119.

註一四九　See Nicholas Emiliou, above Article, p.400; Commission Communication on the Principle of Subsidiarity for Transmission to the Council and the Parliament, Bull.EC 10-1992, p.116; Conclusions of the Presidency on Subsidiarity Adopted at Edinburgh European Council of December Annex 1 to part A, Bull.EC 12-1992, p.14.

其他相關條文，以及在該條文架構下共同體所採取的措施。一旦共同體爲履行條約而採取措施時（如制定規則、指令等），會員國即喪失其與第三國個別地或集體地締結協定的權限，因爲共同體與會員國內部的法律秩序，是不能與共同體對外的法律關係相互分離違背，而會員國更不得自外於共同體的架構採取行動，違反共同體法的一致適用（uniform application of Community law)(**註一五〇**）。

　　雖然歐洲共同體在取得對外締結協定的權限後，並非完全排除會員國對外締約的權利，以及與歐洲共同體共同參與國際組織的機會。在歐洲共同體具有超國家性質（sui generis, supernational）的前提之下，共同體權限和會員國權限相互交疊，因而產生所謂的專屬權限（Exclusive Competence）和共同權限（Shared or Concurrent Competence）的分野。如何區分專屬權限和共同權限實在十分困難，因爲從歐洲共同體條約中並無一明確的區分標準，也因此在權限專屬與否的界定上，產生廣義和狹義的論爭。

1.專屬權限之內涵

註一五〇　Case 22/70 Commission v. Council (ERTA) [1971] E.C.R. 263, p. 274.另外歐洲法院表示，歐洲共同體就特定事項有無對外權限，不應單就歐洲共同體條約的規定而認定，尚須參酌該條約之整體架構作爲判斷之依據。因此歐洲共同體之對外權限，除了歐洲共同體條約之明文規定，更以默示的方式藉由歐洲共同體條約之其他規定、加入條約或制定派生法等產生。參見Case 3,4 and 6/76 Cornelis Kramer and others [1976] E.C.R 1279, p.1308. 後來歐洲法院對默示權限的問題更延續上述ERTA以及Cornelis Kramer案之見解表示，爲達成特定目的的情形下，即使相關條文並未賦與歐洲共同體對外權限時，歐洲共同體爲了實踐該目的，應享有締結相關國際協定之對外權限。換言之，只要歐洲共同體內部存在該權限，不論歐洲共同體對內採取措施與否，均參見使歐洲共同體享有爲達成該目的所須之權限。參見Opinion 1/76 Draft Agreement Establishing A European Laying-up Fund for Inland Waterway [1977] E.C.R. 741, p.755.

　　學者Toth認爲，從1975年執委會之歐洲聯盟報告與1984年歐洲議
會之歐洲聯盟草約中對於專屬權限和共同權限的區分，與歐洲共同體條
約的文義和歐洲法院確立的法律原則（jurisprudence），完全不同而
悖乎邏輯。歐洲共同體條約對於共同體和會員國間的權限區分，是基於
全然不同的原則而產生。歐洲法院曾堅定地表示，在大多數的事項上
（例如締結條約、關稅及貿易政策、漁業、農業市場共同架構、商品和
人員自由流通等），一旦決定該事項的權限從會員國移轉到共同體，則
共同體即享有該權限之專屬性；相對地會員國不再享有任何共同權限的
空間。因此共同體權限的開始即爲會員國權限的結束。會員國不再具有
單方面（unilaterally）立法的權力，且在共同體特別授權執行的範圍
內，得以採取相關措施（**註一五一**）。歐洲法院亦表示，共同體權限的
存在排除了共同權限存在於會員國的可能性（**註一五二**）。即使事實上
在特定期間內，共同體未能執行由會員國移轉而來的權限，並不表示在
該期間內對會員國創造了共同權限（**註一五三**）。以上歐洲法院確立的
原則與共同體法中具有基本價值之優先性理論（the doctrine of the
supremacy of Community law），有密切關聯（**註一五四**）。基於第
3b條於適用時明示排除共同體的專屬權限範圍、以及歐洲共同體條約
並未區分專屬權限與非專屬權限的事項、還有根據歐洲法院的判決，共
同體權限對於所有爲維持追求共同目標的事項上必須具備專屬性等三項
理由，故Toth認爲第3b條之補充原則不能適用於歐洲共同體條約所規

註一五一　See A. G. Toth, "A Legal Analysis of Subsidiarity", in David
　　　　　O'Keeffe and Patrick M. Twomey (ed.), op.cit., p.39.

註一五二　Case 22/70 Commission v. Council (ERTA) [1971] E.C.R. 263, p.
　　　　　276.以及Opinion 1/75 Local Cost Standard [1975] E.C.R. 1355, p.
　　　　　1364.

註一五三　Case 804/79 Commission v. United Kingdom [1981] E.C.R. 1045,
　　　　　pp.1072～1076.

註一五四　此一理論將於補充原則與共同體法之優先性中詳述。

範的任何事項上；否則根據歐洲法院確立之原則，決策權已確然由會員國放棄而交予共同體，若又允許其交回會員國，則將是歐洲整合過程上的一大退步（註一五五）。

在歐洲單一法及歐洲聯盟條約生效後，針對歐洲共同體條約的內容作部份修正，並增加許多新的政策領域，包括：「環境政策」、「經濟及社會的結合」、「教育、職業訓練、青年、文化和公共衛生」、「消費者保護」、「橫貫歐洲網路」、「產業」、「研究和技術發展」、「發展合作」、「社會政策」等方面。以上新的政策領域，對於共同體的權限均作嚴格的規範，且該新的政策領域並不專屬於共同體。然而新的政策領域無可避免地與內部市場 (the internal market) 相連接，成為攸關內部市場之建立和發展的輔助性政策 (flanking policies)；但是依照前述共同體整合目標與會員國移轉權限至共同體的觀點而言，內部市場的發展屬於共同體之專屬權限範圍，所以不適用補充原則的規定（註一五六）。

學者Steiner則提出不同於Toth的廣義見解認為，歐洲共同體在初期並不注意有關共同體和會員國間權限分配的問題，而是著重共同體與會員國以合作方式共同行使相關權限以達成共同利益的目標。即使在某些領域方面，雖然預期的共同體目標已經達成，但會員國仍保有小部份得以採取措施的範圍，因為在大多數的領域上，權限是共同的而非專屬的。以上所述並不表示會員國與共同體得同時對同一事項予以立法，且會員國的權限就該事項上不受任何限制；而是會員國採取的措施則僅具補充的性質。一旦共同體根據歐洲共同體條約執行其職權對特定事項予以規範時，會員國不得任意採取措施違反上述規範；換言之，當共同體

註一五五　See A. G. Toth, "A Legal Analysis of Subsidiarity", in David O'Keeffe and Patrick M. Twomey (ed.), op.cit., p.40.

註一五六　See A. G. Toth, "A Legal Analysis of Subsidiarity", in David O'Keeffe and Patrick M. Twomey (ed.), op.cit., pp.40~41.

法的範圍和數量增加時，會員國的權限即隨之縮小（**註一五七**）。

　　Steiner亦認爲僅在少數的事項上會員國不得保有其權限。這也是難以從條約和學者見解中，界定何種事項屬於共同體專屬權限的困難所在。所以就第3b條之目的考慮共同體專屬權限範圍時，應指共同體對特定事項已能予以立法，亦即行使該權限而言。根據共同體權限賦與原則，共同體權限乃源自於會員國權限的賦與，僅在程度上有所不同。故會員國權限結束時，共同體即取代會員國行使該權限，並非共同體權限的開始。易言之，Steiner主張共同體根據條約規定廣泛地行使權限，並不表示補充原則不能適用於共同體已能實際執行的權限範圍（**註一五八**）。因此就共同體已能實際執行的權限範圍而言，共同體仍可適用補充原則。

　　惟須進一步分析的是，Steiner所謂「共同體行使權限」的意義，應解釋爲理事會、歐洲議會和執委會以立法予以實行，或者是透過歐洲法院的判決以解釋條約規定，使共同體在相關領域行使權限。這正說明實際上共同體行使權限的情形，顯示歐洲法院對於形成共同體法實質內容的重要性，以及共同體行使權限時透過立法和司法交相互動的方式（**註一五九**）。

2. 執委會關於專屬權限和共同權限之界定

　　根據執委會1992年10月對理事會與歐洲議會關於補充原則的報告中指出（**註一六〇**），就性質而論專屬權限包括兩項構成因素：一是目的

註一五七　See Josephine Steiner, "Subsidiarity under the Masstricht Treaty", in David O'Keeffe and Patrick M. Twomey（ed.），op.cit., pp.57～58.

註一五八　Ibid., p.58.

註一五九　See Paul Craig and Grainne de Burca, *EC Law*（Oxford：Clarendon Press, 1995），p.116.

註一六〇　Commission Communication on the Principle of Subsidiarity for Transmission to the Council and the Parliament, Bull.EC 10-1992,

因素（a functional element），另一則是實質因素（a material element）。所謂目的因素，是指共同體有義務履行一定的任務，但該項義務應明確地由條約所規範，例如EC條約第8a條規定「共同體於1992年12月31日屆至前應採取措施，以逐步確立內部市場爲目的」，或是第40條關於農業市場共同規範（common organization of agriclutural markets）的建立等。若一共同體機關不履行條約義務者，根據EC條約第175條，會員國或其他共同體機關得向歐洲法院提起不作爲之訴（fail to act）請求救濟。所謂實質因素，則爲會員國喪失單方面採取措施的權利，但並不表示會員國即完全排除於行使該專屬權限範圍之外；例如在共同貿易政策方面，仍有海關關務事項仍需會員國執行。因此，執委會認爲不能以共同體根據條約在特定領域上擁有專屬權限，逐而認定與該領域相關的所有的措施均屬於專屬權限之內；亦即在某些情形下，會員國仍有權採取措施。故在解釋歐洲共同體條約內容時，不應以廣義的觀點過度擴張而忽略條文的眞意，而且共同體有義務履行條約所定之目標，並不表示會員國就該目標即完全喪失執行的權利（the right to act）（**註一六一**）。

---

p.116.

註一六一 Bull.EC 10-1992, p.120.就共同體與會員國於智慧財產權方面的問題，可清楚說明目的和實質因素的意義。歐洲共同體於烏拉圭回合簽署與貿易有關之智慧財產權協定（Agreement on Trade-Related Aspects of Intellectual Property Rights, TRIPS）。該協定之目的主要是建立智慧財產權保護的普遍標準，使得商品於出口市場上能對抗仿冒和盜製的行爲，有助於貿易自由化的實施，而讓貿易流量得在正常狀況下存在不受扭曲或干擾。See Inge Govaere, "Intellectual Property Protection and Commercial Policy", in Marc Maresceau (ed.)，*The European Community's Commercial Policy after 1992: The Legal Dimension* (Dordrecht: Martinus Nijhoff, 1993)，pp. 203～205.然而，共同體簽署此等多邊貿易協定是否表示，與貿易有關之智慧財產權事項屬於共同體專屬權限，並非不無疑問。歐洲法院認爲，基於世

界貿易組織協定已將與貿易有關之智慧財產權納入國際貿易規範的範疇中，其目的在於增強並整合智慧財產權的保護以達成一世界性的標準；據此，歐洲法院以為，商標使用、產品製造、抄襲設計和著作重製等均與貿易有關，但此不足以將智慧財產權悉數納入共同貿易政策的範圍內。因為，智慧財產權並非專為國際貿易而設，其影響國際貿易的程度與國內貿易（internal trade）相同。Opinion 1/94, Community Competence to Conclude Certain International Agreements, 〔1994〕E.C.R. I-5267, p.I-5405.況且，根據共同體與第三國的雙邊協定，要求第三國藉由協商程序和相關條款，提高智慧財產權的保護標準，亦不足以表示共同體對於與貿易有關之智慧財產權事項，具有專屬權限得以締結國際協定。因此，除了禁止仿冒品透過海關放行而自由流通之外，與貿易有關之智慧財產權中的其他事項，例如：著作權、商標、產地標示、工業設計、專利、積體電路佈局設計、營業秘密和專利授權契約不公平競爭之限制等，均不屬於共同貿易政策的範圍內。從上述的共同體措施和國際實踐得知，目前共同體對外貿易與智慧財產權的關聯，是基於共同貿易政策的目標，經由智慧財產權的保護以達成貿易自由化之目的。可是歐洲共同體條約中就智慧財產權本身的權利內容、性質和法律規範等事項，並無具體的規定。整體而言，智慧財產權的內容，在共同體內整合的進度並不一致。因而，有關智慧財產權的法律整合，僅能在程序上達成一致的標準或協調會員國相關程序的規定；在實體法的部分，如商標、專利授權的構成要件，仍根據各會員國的法律予以規範。事實顯示，共同體內關於智慧財產權的事項，尚未達到整合形成共同規範（common rule）優先於會員國法律在共同體內適用。共同體內關於智慧財產權的事項，若欲進行法律整合形成共同規範，其法律基礎不外乎根據EC條約第100條、第100a條以及第235條，採取共同體之措施以公布具有法律效力之規則或指令。但上述條文的表決規定與程序規定，與第113條中所規定的表決和程序事項不同；一旦主張共同體得根據第113條對於與貿易有關之智慧財產權具有專屬權限，可對外與第三國締結協定以整合保護智慧財產權的世界標準，並能同時形成共同體內部共同規範時，將使得共同體機關能夠規避原先形成內部共同規範時所應遵循的表決和程序規定，產生共同體措施法律基礎適用錯誤的情形。Ibid., pp.I-5405～5406.故在智慧財產權的事項上，仍屬於會員國與共同體共同權限的執行範圍；與貿易有關的智慧財產權事項上，共同體與會員國應共同

　　執委會在報告中又指出，就範圍而言，專屬權限是指從共同市場到內部單一市場的四大自由流通和特定的政策內容，包括EC條約第8a條之消除商品、人員、服務、和資本自由流通的障礙；第113條共同貿易政策措施的一致化；以農產品自由流通為前提之農業市場共同規範；魚源的保護及共同漁業市場架構；和運輸政策共同規則及條件等。專屬權限的劃分標準應依據階段性目標的不同而有所調整，例如歐洲共同體條約中對於單一貨幣和匯率交換政策的事項，在經濟貨幣同盟整合的最終階段，賦與共同體具有專屬權限。然而，「實現四大自由流通」與「達成單一市場」兩者之間很難區分有何不同；在實現四大自由流通的同時，將產生其他輔助性的政策——如環保政策、消費者保護……等以完成最終自由流通的目標，但此等輔助性政策皆根據歐洲共同體條約相關規範予以嚴格實施，目前並不屬於專屬權限的範圍（**註一六二**）。

　　非共同體專屬權限的範圍即是屬於共同體與會員國的共同權限範圍，以及會員國的專屬權限範圍。歐洲共同體條約並無定義性的規定列出共同權限的事項，故在此舉出屬於會員國專屬權限的領域，例如會員國之經濟發展、賦稅、教育、文化、社會安全、健康、家庭政策、地方政府組織、公共運輸、下級隸屬組織、警政、刑事法規、私法、以及地方區域等等，作為排除適用補充原則時的參考。根據EC條約第3b條第2項，當擬定措施的目標無法由會員國有效達成時，則該措施採取的層次即提昇至共同體。因此在共同權限內，共同體或會員國措施的有效性須以擬定措施的規模或效果作為考量；首先，須審查會員國處理該措施的方法與目的；其次，評估共同體採取行動的有效性，並再依照各該不同範圍，選擇最適當有效的措施（**註一六三**）。

　　　　行使並對外締結國際協定。

註一六二　Ibid., p.121.

註一六三　The Resolution on the Principle of Subsidiarity of July 12, 1990, OJ 1990 C 231/163, para. 7,9.

　　若比較學者與執委會關於專屬權限的見解可發現，Toth的廣義專屬權限見解和執委會所提出的報告，完全不能契合；而Steiner的觀點則獲得執委會的一些支持。因為第3b條第1項規定，共同體應在本條約所賦與之權限以及對其所指定之目標範圍內，執行職務。當會員國權限結束時，非Toth所稱共同體權限的開始，而是共同體有權行使該權限。在新的共同體政策中，共同體藉由條約規定而執行的事實（即使是概括地行使），並非表示在新的政策上即不適用補充原則（**註一六四**）。已如前述，僅有少數領域會員國不得保有其權限（大多數的情形會員國依舊保有某種程度的權限），因此難以界定何種領域是屬於共同體的專屬權限；況且新的共同體政策中，其內容是否完全專為達成共同體之利益和目標尚有疑義。

　　鑑於條文未作明確規定，我們僅能從學者觀點和實務上執委會的意見，瞭解專屬權限和共同權限在區分上產生爭議的情形。此點正說明共同體和會員國間權限問題的高度政治性和敏感性，以及整合過程中的困難所在。本文以為，如果會員國能屏除歧見，在歐洲整合的制度設計上朝向歐洲合眾國(United States of Europe)的方向，在未來將基礎條約修正成為歐洲合眾國之憲法，明確劃分共同體與會員國之權限問題，並就權限的屬性和移轉做更清楚的區分，則歐洲整合之成功必然指日可待。

(三)專屬權限與比例原則之關係

　　第3b條第3項中規範有關共同體措施之性質和範圍。該項規定「共同體之任何措施，不應逾越為達成本條約所定目標之必要範圍。」其適用上包括了專屬權限和非專屬權限的領域，並且就措施和目標之間，必須依循比例原則（principle of proportionality），也就是任何對共同

註一六四　See Josephine Steiner, "Subsidiarity under the Masstricht Treaty", in David O'Keeffe and Patrick M. Twomey (ed.), op.cit., p.58.

體、會員國國家政府或地方當局、經濟活動者以及公民等的財務或行政
事務的負擔，應減至最低的程度，並與欲達成目標間形成一定之比例
（註一六五）。透過歐洲法院歷來判決，皆認為比例原則已成為共同體
法之一般法律原則（general principle of law）。藉由該原則，共同
體機關對人民基於公共利益（public interest）且為達成上述公共利益
目的所需時，方能對人民課以義務、限制或處罰。此原則確保個人行為
之自由不受超越公共利益程度措施之影響；換言之，共同體機關所採取
的措施與共同體欲達成的目標間，必須存在合理關係（reasonable
relationship）──即該措施不得超過為達成目標之適當與必要程度
（註一六六）。因而，為確定共同體法之規定是否符合比例原則，該規
定所採行的方法與目標價值應屬一致，並且該規定採行的方法為達成目
標所必須者（註一六七）。據此，共同體在措施採取上，必須對共同體
本身、會員國政府、地方機關、自然人及法人的負擔和權利的侵害達到
最低程度，並且合於所欲達成的目標。因而共同體措施的形式應儘量簡
單，以滿足目標的達成和有效執行的需要。

綜合而論，共同體之權限乃源自於條約的授權與賦與；在專屬權限
上，共同體有義務採取措施以達成條約所指定之目標，但在非共同體專
屬權限上，只要會員國無法達成所採取措施的目標，並基於規模或效果
由共同體採取措施更能達成該目標時，共同體應依據補充原則而執行職
務。共同體所採取的措施不能違背歐洲共同體條約所定目標之必要範
圍，亦即措施和目標之間必須符合比例原則。

註一六五　Bull.EC 12-1992, p.15.

註一六六　Case 11/70 International Handelsgesellschaft [1970] E.C.R. 1125,
　　　　　pp.1136, 1146～1147.

註一六七　Case 66/82 Fromançais [1983] E.C.R. 395, p.404.

附錄　歐洲單一法參考文獻、資料

一、期刊論文

Armull, Anthony, Current Survey European Communities. Institutional and jurisditional questions. *The Single European Law Review*, London, 1986, pp.358～363.

Bieber, R., Pantalis, J., Schoo, J., Implications of the Single Act for the European Parliament, *Common Market Law Review*, n° 4, 1986, pp.767～792.

Bosco, Giacinto, Commentaire de l'Acte unique européen des 17 ～28 février 1987, *Cahiers de droit européen*, n° 4/5, 1987, pp.355～382.

Bruha, Thomas, Munch, Wolfgang, Stärkung der Durchführungsbefugnisse der Kommission. Anmerkungen zu Art. 10 der Einheitlichen Europäischen Akte, *Neue Juristische Wochenschrift, n° 10, 4. Marz 1987, pp.542～545.

Calamia, Petro, L'Atto Unico Europeo di Luxembourgo (The European Single Act of Luxembourg), *Affari esteri*, n° 174, 1987, Rome.

Cova, Colette, Réussir l'Acte unique, *Revue du marché commun*, n° 306, avril 1987, pp.183～184.

De Zwaan, J. W., The Single European Act: Conclusion of a Unique Document, *Common Market Law Review*, n° 4, 1986, pp.747～765.

Domestici-Met, Marie-José, Les procédures législatives communautaires après l'Acte unique, *Revue du marché commun,* nº 310, October 1987, pp.556~571.

Edward, David, The Impact of the Single Act on the Institutions, *Common Market Law Review,* nº 1, 1987, pp.19~30.

Ehlermann, Claus-Dieter, Die Einheitliche Europäische Akte: die Reform der Organe. *Integration,* nº 3, 1986, pp.101~107.

————The Internal Market Following Single European Act, *Common Market Law Review,* nº 3, 1987, pp. 361、409.

Freestone, David, DAVIDSON, Scott, Community competence and Part III of the Single European Act, *Common Market Law Review,* nº 4, 1986, pp.793~801.

Glaesner, H. J., L'acte unique européen, *Revue du marché commun,* nº 298, Juin 1986, pp.307~321.————Die Einheitliche Europäische Akte, *Europarecht,* nº 2, April~June 1986, pp. 119~152.

————The Single European Act: Attempt at an Appraisal, *Fordham International Law Journal,* Vol. 10, nº 3 (1987), pp. 307~321.

Gonzalez Sanchez, Enrique, El Acta Unica Europeo, Revista general de derecho, nº, 514~515, pp.4055~4080.

Grabitz, Eberhard, Die deutschen Länder in der Gemeinschaft. Das Ratifizierungsgesetz zur Einheitlichen Europäischen Akte aus der Sicht des Grundgesetzes. H.P. Ipsen zum 80. Geburtstag, *Europarecht,* nº 4, 1987, pp.310~321.

Gulman, Claus, The Single European Act—Some Remarks from a Danish Perspective, *Common Market Law Review,* nº 1, 1987, pp.31~40.

Hirsch, Valérie, Marché intérieur: une nouvelle impulsion grâce à l'Acte unique? *Revue du marché commun,* n° 303, Janvier 1987, pp.1~2.

Hrbek, Rudolf, Der mühsame Einstieg in die EG—Reform, *Wirtschaftsdienst,* n°10, Oktober 1987, pp.497~505.

Iersel, J. P. van, Van "top-down" naar "bottom-up" : intensivering van de Europese samenwerking, *Nieuwe Europa,* Den Haag, 1986, pp.89~93.

Jacque, Jean-Paul, L'Acte unique européen, *Revue trimestrielle de droit européen,* Paris, 1986, 4, pp.575~612.

Kramer, Ludwig, The Single European Act and Environment Protection: Reflections on Several New Provisions in Community Law, *Common Market Law Review*, N° 4, 1987, pp. 659~688.

Lodge, Juliet, The European Community: Compromise under Domestic and Institutional Pressure, *The World Today*, n°11, November 1986, pp.192~195.

————The Single European Act and the New Legislative Co-operation Procedure: a Critical Analysis, *Journal of European Integration*, 1987, Vol. XI, n° 1, pp.5~28.

Meier, Gert, Einheitlichen Europäischen Akte und freier EG—Warenverkehr, *Neue Juristische Wochenschrift,* n° 10, 4. März 1987, pp.537~542.

Murphy, Finbarr, The Single European Act-I, *The Irish Jurist,* 1985 (1986), pp.17~42;Act—II, *The Irish Jurist,* 1985 (1986), pp. 238~263.

Pescatore, Pierre, Some Critical Remarks on the"Single European Act", *Common Market Law Review*, nº 1, 1987, pp.9 ~18.

Pourvoyeur, Robert, De besluitvorming in de EG na de invoegetreding van de Europese Akte, *Nieuwe Tijdingen,* nº 25, September 1987, pp.17~21

Qrstrqm Mqller, J., Binnenmarkt und Umweltschutz. Artikel 100a der Einheitlichen Europäischen Akte, *Europa—Archiv,* nº17, September 1987, pp.497~500.

Ress, Georg, Das deutsche Zustimmungsgesetz zur Einheitlichen Europäischen Akte. Ein Schritt zur "Föderalisierung" der Europolitik *Europäischen Grundrechte Zeitschrift,* nº 15, 22 September 1987, pp.361~367.

Salzer, Bernhard, Die Einheitliche Europäische Akte: die neuen Vertragsartikel Forschung und technologische Entwicklung, *Integration,* nº 3, 186, pp.121~125.

Scharrer, Hans-Eckart, Die Einheitliche Europäische Akte: der Binnenmarkt, *Integration,* nº 3, 186, pp.108~114.

Scherpenhuhsen Rom, W. E., De noodzaak van Europese integratie, *Economisch Statistische Berichten,* nº 3636, 16 December 1987, pp.1176~1179.

Schoutheete, Philippe de, Le rapport Tindemans dix ans après, *Politique E' trangère,* 2/86, pp.527~538.

Sidjanski, Dusan, Du projet de Traité d'union du Parlement européen à l'Acte unique européen, *Revue d'intégration européen,* nº 2/3, 1987, pp.109~134.

————The Single European Act, *Common Market Law Review,* nº 23, 1986, pp.249~252.

Temple Lang, John, The Irish Court case which delayed the Single European Act: Crotty v. an Taoiseach and others, *Common Market Law Review*, nº 4, 1987, pp.709~718.

Ter Kuile, B. H., De strijd tegen de vemieuwende achteruitgang, *Economisch Statistische Berichten*, nº 3636, 16 December 1987, pp.1180~1183.

Toth, A. G., The legal Status of the Declarations Annexed to the Single European Act, *Common Market Law Review*, nº 4, 1986, pp.803~812.

Toulemon, Robert, Le cheminement vers l'Europe politique, *Revue du marché commun*, 307, mai-Juin 1987, pp.349~354.

Vandermeersch, Dirk, The Single European Act and the environmental policy of the European Economic Community, *European Law Review*, nº 6, December 1987, pp.407~429.

Velo, Dario, L'Atto Unico europeo l'unione economico-monetaria, *Mezzogiorno d'Europa*, nº 7, Luglio-Settembre 1987, pp. 411~416.

Vogelaar, Th. W., De Europese Akte, *Nieuw Europa*, Den Haag, 1986, pp.76~81.

Weidenfeld, Werner, Die Einheitlichen Europäische Akte, *Aussenpolitik*, nº 4, Quartal 1986, pp.375~383.

Wessels, Wolfgang, Die Einheitliche Europäische Akte: Die Europäische Zusammenarbeit in der Aussenpolitik, *Integration*, nº 3, 1986, pp.126~132.

Wijsenbeek, Florus A., Een derde stap op weg naar medewetgevende bevoegdheid van het Europese Parlement, *Sociaal、 Economische Wetgevfing*, nº 7/8, Juli/August 1987, pp.505

～510.

二、論著、報告

L'Acte unique européen, Journée l'études, Bruxelles, 10 Mars 1986, Bruxelles, Institut l'études européennes, ULB, 1986, p.91

The Single European Act Revisited: Its Implications for the Internal Market and for the Development of the EC 31.8/87, Bruxelles, Belmont, 1987, p.80

Berger, Claude, Un exemple de concertation réussie, le règlement n° 3972/86 du Conseil, *Revue du marché commun,* 1987, p.162.

Blumann, Claude, Le pouvoir exécutif de la lumière de l'Acte unique européen, *Revue trimestrielle de droit européen,* 1988, n° 1, p.23 à 59.

Blumenfeld, Frik, Rapport sur les relations entre le Parlement européen et le Conseil, *Parlement européen,* Doc. séance 103/86.

Cerexhe, Etienne, Welche Chancen bietet die Einheitlichen Europäische Akte? in *Wege zur europäischen Rechtsgemeinschaft,* Koblenz, 1987, pp.37～62.

Corbett, Richard, The 1985 Intergovernamental Conference and the Single European Act, pp.238～272, in *The dynamics of European Union,* Roy Pryce, London/New York, N.Y./ Sydney, Croom Helm, 1987, p. 300

Crespo, Baron, Von Wogau, Karl, Rapport fait au nom de la commission temporaire "pour la réussite de l'Acte Unique". Avis sur la communication de la Commission. Réussir l'Acte

Unique: une nonvelle fromtière pour l'Europe, *Parlement européen,* Doc. séance 42/87.

Dail Eireann, 4th Joint Committee on the Secondary Legislation of the EC, *Report* n°34, The Single European Act, 3.12.86.

De Ruyt, Jean, l'Acte unique européen. Commentaire, Avant-propos de Jean-Victor Louis, Préface d'Emile Noël, Bruxelles, Editions de l'Université de Bruxelles, 1987, p. 355 , Coll.*Etudes europénnes.*

Glaesner, Hans-Joachim, Die Einheitlichen Euopaischen Akte: Versuch einer Wertung, in *Der Gemeinsame Markt, Bestand und Zukunft in wirtschaftrechtlicher Perspektive,* Baden-Baden, 1987, pp.9~35.

Government of Ireland, *The Single European Act. An Explanatory Guide,* Dublin, The Stationery Office, 1986, p.72

Grabitz, Eberhard, Bilanz und Analyse des Luxemburger Gipfels, in *Wege zur europäischen Rechtsgemeinschaft, Koblenz,* 1987, pp.37~62.

House of Lords, Select Committee on the European Communities. Single European Act and Parliamentary Scrutiny, Hmso, 1986 (Session 1985~1986, n° 12).

Louis, Jean-Victor, "Monetary Capacity", in the Single European Act, *Common Market Law Review*, 1988, n° 1, pp.9~34.

Masclet, Jean-Claude, *L'union politique de l'Europe, Presses* universitaires de France, Paris, 1986, p. 127 Coll. *Que saisje?,* n° 1527, pp.114~121.

Mattera, Alfonso, *Le marché unique européen: Ses règles, son fonctionnement,* Jupiter, 2ème éd., 1990.

Nemrod, Jacques, Le mal européen. Le surprenant trompe—l'oeil de l'Acte Unique, Rivage Press, Paris, 1987.

Parlement européen, S. 87/88, débats: 11~13 mai 1987, pp.114 ~149. *Réussir l'Acte Unique: —Bataille pour l'Union,* Altiero Spinelli, Luxembourg, Office des Publications, 1987.

Pescatore, Pierre, Observations critiques sur l'Acte unique européen, in *L'Acte unique européen,* journée d'études du 1º mars 1986, Bruxelles, 1987, Institut d'études européennes de l'Université libre de Bruxelles.

Planas, Luis, Rapport sur l'Acte unique européen, *Parlement européen,* Doc. séance 4169/86.

Prout, Christopher, Rapport sur l'application des procédures prévues par l'Acte unique aux propositions de la Commission en suspens devant le Conseil, *Parlement européen,* Doc. séance 2/87.

Réussir l'Acte unique. Une nouvelle frontière pour l'Europe. Programme de travail de la Commission, 1987, *Bulletin des Comunautés européenne,* supplément 1/87.

Tizzano, Antonio, La Cour de Justice et l'Acte unique européen, in *Du droit international au droit d'intégration. Liber Amicorum Pierre Pescatore,* ed. F. Capotorti. Baden-Baden, Nomos Verlag, 1987, pp.691~727.

第二章　歐洲共同體法之法源

國際法學者慣以國際法院於作成裁判時，得以適用之法律爲國際法淵源之解釋；遂有國際法之淵源者乃國際條約（conventions internationales）、國際慣例（coutumes internationales）、一般法律原則（principes généraux de droit）、司法判例（décisions judiciaires）以及各國權威最高之公法學家學說（doctrines des publicistes les plus qualifiées）等（註一）之謂。準此言之，所謂歐洲共同體法之法源，應就是歐洲法院在審理案件時，得以適用之法律。惟歐洲法院得以適用之法律爲何，歐洲法院規章議定書（Protocol on the Statute of the Court of Justice of the European Communities）並未有規定；而EEC條約第164條、Euratom條約第136條以及ECSC條約第31條亦僅簡單籠統地規定「在本條約之解釋及適用上，歐洲法院應保障法律之確被遵守」（註二），而未對「法律」之內容或來源予以明確之規範。然就歐洲共同體法的種類及其層次觀之，共同體法之法源不僅有創始共同體的條約，而且還包括共同體機構及會員國的實踐法則，包括歐洲法院的判決。從狹義的共同體法而言（EC條約，第5條和第177條），其法源分別爲一級法源（sources primaires）或稱基礎法源（sources fondamentales，即創立共同體之創始條約（constitutive treaties）及其他國際條約）和次級法源（sources secondaires）或稱派生法源（sources

---

註一　國際法院規章（Statut de la Cour internationale de justice），第38條。
註二　EEC條約第164條、Euratom條約第136條以及ECSC條約第31條。

dérivées, 即共同體機構依據創始條約所制定的規則、指令、決定）。
但從廣義的共同體法而言（EC條約，第164條和第173條）則包括創始
條約及其附件(annexes)、議定書(protocols)，共同體或會員國與第三
國或其他國際組織簽訂之條約、協定，共同體會員國間簽訂之條約、協
定，以及共同體機構根據創始條約所頒布之派生法包括規則(regula-
tions)、指令(directives)、決定(decisions)及其他法律一般原理原則、
歐洲法院判決及習慣。

綜合以上共同體法之法源，分析如下：

第一節　共同體條約

共同體條約可分爲歐洲共同體之基礎條約、會員國間所締結之協
約、共同體或其會員國與第三國或其他國際機構之協定。

一、基礎條約

基礎條約係指作爲創立歐洲煤鋼、原子能以及經濟共同體之創始條
約，由歐洲共同體各會員國共同簽署之各項條約。依條約之性質及其目
的，尚可將之區分爲三個共同體之創始條約及其附件與議定書，與日後
爲三個共同體之運作、擴大及機構合併而修正或補充創始條約之各項條
約二大類。

三個共同體之創始條約及其附件與議定書乃各會員國主權之直接參
與，而制定之法律規範。就其規範之內容而言——確定各共同體成立之
目的與應當實行之一系列政策、規定各共同體機構之組織規程及其享有
之權責、劃分會員國或會員國國民與各共同體相互間之義務與權利關係
以及修改、增添創始條約之特別程序等基礎關係之架構——實與一般內
國憲法無異，而有憲法條約（constitutional treaties）之稱（**註三**）。

註三　D. Lasok,& J. W. Bridge, *Law and Institutions of the European Commu-*

此類條約包括：

1.ECSC條約

創立歐洲煤鋼共同體的條約，通稱巴黎條約，於1951年在巴黎簽訂，1952年生效。

2.EEC條約或稱EC條約

創立歐洲經濟共同體的條約，通稱羅馬條約，於1957年在羅馬簽訂，1958年生效。在歐洲聯盟條約生效後，改稱爲EC條約。

3.EAEC或稱Euratom條約

創立歐洲原子能共同體的條約，亦稱羅馬條約，1957年在羅馬簽訂，1958年生效。

ECSC條約雖僅以煤鋼爲其規範之內容，惟就其實現條約宣示之目的所爲之規範，卻極其詳盡，已具造法性條約（traité-loi）之屬性；反觀EEC條約雖將其適用之範圍延伸至經濟、社會、運輸與農業……等層面，以爲更深廣之政經統合，卻僅爲概括籠統之規定或原則性之宣示，僅具備框架條約（traité-cadre）之性質；Euratom條約則兼具造法性條約與框架性條約之性質（**註四**）。

創始條約之附件與議定書，如對ECSC條約所規定之煤鋼作出明確定義之ECSC條約附件I（Annexe I: Definition of the "coal" and "steel"）；歐洲法院規章議定書等，與其所補充之創始條約——ECSC條約、EEC條約及Euratom條約——具同等效力。

因三個共同體之運作、擴大及機構合併而修正或補充上述各項創始條約之各項條約有（**註五**）：

---

nities, London: Butterworths, 1978, 4th edition, p.99.

註四　Etienne Cerexhe, *Le droit européen: les objectifs et les institutions*, Bruxelles: Bruylant, 1989, p.285.

註五　此類條約爲數頗多無法在此一一類舉，歐洲煤鋼、原子能暨經濟共同體之條約彙編（*Traités instituant les Communautées*, Edition abrégée, Luxembourg: *Office des publications officelles des Communautées européennes*, 1987,

1. 共同體特定共同機構公約(Convention on Certain Institutions Common to the European Communities)

是項公約於1957年和EEC條約及Euratom條約同時簽署生效。該公約明定歐洲議會和歐洲法院爲三個共同體之共同機構。

2. 合併條約(Treaty Establishing a Single Council and a Single Commission of the European Communities 〔Merger. Treaty〕)

1965年於布魯塞爾簽訂，1967年生效，又稱布魯塞爾條約。此條約第1條與第9條分別規定理事會(Council)和執委會(Commission)爲三個共同體之共同機構，而取代原歐洲煤鋼共同體、經濟共同體、原子能共同體中理事會與執委會之地位。但理事會與執委會在處理具體事務時，仍須視事務之性質，依據三創始條約所賦予之不同權限而行使職權。

3. 預算條約

(1)第一次預算條約 (Treaty Amending Certain Budgetary Provisions of the Treaties Establishing the European Communities and of the Treaty Establishing a Single Council and a Single Commission of the European Community) 〔Budgetary Treaty〕。

1970年於盧森堡簽署，修改先前與歐洲經濟共同體預算相關之規定，並賦予歐洲經濟共同體以獨立自主之財源。

(2)第二次預算條約(The Second Budgetary Treaty)

於1975年簽署，1977年生效。是項條約之簽署不僅強化歐洲議會之預算審查權，更成爲歐洲共同體審計院 (Cour de Comptes) 設立之法律依據。

4. 加入條約

(1)第一次加入條約及其附件，1972年簽署，1973年生效。因英國、

pp.631～640) 有較詳盡之收錄。

愛爾蘭、丹麥之加入而簽訂。

(2)第二次加入條約及其附件，1979年簽署，1981年生效。因希臘加入而簽訂。

(3)第三次加入條約及其附件，1985年簽署，1986年生效。因西班牙、葡萄牙加入而簽訂。

(4)第四次加入條約及其附件（有關奧地利、芬蘭、瑞典之加入）。

5.歐洲單一法（Single European Act）

其主要目的在建立歐洲內部單一市場，是同時修改三個創始條約的條約。歐洲單一法對共同體機構體制之改革，是修改創始條約之最重大部分；擴大歐洲議會之職權及執委會之執行權（歐洲單一法第6條、第7條、第8條、第9條、第10條），使歐洲共同體更具靈活性。此外，歐洲單一法亦對共同體之法院、基金、對外政策、環境保護、研究與科技發展、經濟金融合作等方面均作成修正或補充規定。

6.歐洲聯盟條約（Treaty on European Union）

1992年2月7日歐洲共同體各會員國之外交部長在荷蘭馬斯垂克（Maastricht）簽署了歐洲聯盟條約，因此又稱馬斯垂克條約。此條約是1957年羅馬條約以來，歐洲共同體最重要之條約。此條約共有七篇：第一篇共同條款，第二、三、四篇分別修正EEC、ECSC和Euratom條約部份，第五篇共同對外和安全政策，第六篇司法合作及第七篇最後條款，並包括十七份議定書以及三十三份宣言。其內容主要包括「歐洲經濟暨貨幣聯盟」及「歐洲政治聯盟」二大部分，以及其他社會、文化、環境、共同對外和安全政策等，並預定於1993年1月1日起生效。但因須經各會員國憲法規定程序即國會批准或人民投票（例如愛爾蘭和丹麥），終於遲延至1993年11月1日才發生效力。

「歐洲經濟暨貨幣聯盟」之主要內容分別為貨幣政策及財政政策二方面。在貨幣政策方面，各會員國決定成立一個統合各會員國中央銀行之「歐洲中央銀行體系」（European System of Central Banks）及

單一的「歐洲中央銀行」（European Central Bank），預定至遲將於1999年1月1日完成。中央銀行體系之功能在於制定、協調各會員國之貨幣政策，並發行單一歐洲貨幣(ECU)（註六）。財政方面則規定各會員國之預算必須配合條約中之規定，並將其預先計劃及實際之預算赤字、負債狀況報告給執委會，以供執委會監控（註七）。

「歐洲政治聯盟」（註八）之內容主要包括共同外交及安全政策（The Common Foreign and Security Policy，簡稱CFSP）、西歐聯盟(Western European Union)及社會政策。共同外交及安全政策之目標在於保護此聯盟之共同價值、基本利益與獨立自主；加強共同體及各會員國之安全性；維護國際和平與安全；提升國際間之合作；發展並加強民主與法治政治，尊重人權及基本自由等。各會員國必須針對任何攸關共同體共同權益之外交、安全政策，通知並諮詢其他各會員國，以便在共同行動下，發揮最大之影響力（註九）。西歐聯盟則由九國（註一〇）組成，成為歐洲聯盟防禦之構成要素，並藉此強化北大西洋公約組織之功能（註一一）。在社會政策方面，致力於提升就業率、改善勞工居住與工作環境、適當地社會保護、管理階層與勞工之對話，以及充

註六　Jenkins Charles, The Maastricht Treaty, *the Economist Intelligence Unit*, 1992, p.15; 其他參閱相關條文和議定書。

註七　參加經濟暨貨幣聯盟之條件為：政府預算赤字不得高於國民生產毛額之3%，政府負債總額不得高於國內生產毛額之60%，匯率浮動率在歐洲貨幣制度內(EMS)，即2.25%，利率及物價穩定分別不得高於共同體平均數之1.5%～2%。見甘逸驊，馬斯特里赫高峰會及其影響，問題與研究，第31卷，第3期，民國81年3月1日，頁72。

註八　參照王泰銓（合作研究助理何穗華、劉佳宥，歐洲政治聯盟之形成與發展，問題與研究（國關中心），民國83年。詳請參閱本書第一章

註九　參見甘逸驊，前揭論文，頁75。

註一〇　九國包括：比利時、法國、德國、義大利、盧森堡、荷蘭、葡萄牙、西班牙、英國。

註一一　Jenkins Charles, op. cit., p.65.

分發揮人力資源。

上開各項基礎條約之締結雖以修正或補充創始條約的方法；惟其效力並無異於創始條約，而與之具同一效力，並在歐洲共同體法秩序中居於最高位階，亦是歐洲共同體各機構制定規則、指令、決定等派生法 (droit dérivé) 之根據。

各類型之基礎條約與典型國際條約雖同爲簽約國間之共同合意而形成，然二者却存有顯著差異：基礎條約創設超國家機構(supra-national institutions)，且條約之執行非由簽署國簽定，而係由其創設之機構加以執行。對此歐洲法院在Fédération charbonnière de Bel-gique案中宣稱：「我們的法院並非一國際法院，而係存在於由六個國家所成立之共同體內，與其說爲一國際機構，倒不如說更似一聯邦機構。……創始條約雖以國際條約之形式簽定，且無庸置疑，其係一國際條約，然自實質觀點視之，其創設共同體之人格，而由基礎條約授權制定之派生法律，則應被視爲共同體之內部法(internal law)」（註一二）。

歐洲聯盟條約第N條規定，各會員國或執委會均得向理事會提出修改條約之建議，理事會於徵詢歐洲議會之意見（必要時亦得徵詢執委會之意見），又若條約之修改內容涉及貨幣層面時，理事會亦應徵詢歐洲中央銀行理事會 (Conseil de la Banque centrale européenne) 之意見，若同意修改條約，即召開由其主持之會員國代表會議，以便對條約之修改內容取得共識。修正後之條約仍應交由會員國依其憲法所規定之程序批准發生效力。

至於共同體創始條約之適用範圍，包括時間上及空間上之範圍。時間上之適用範圍即指創始條約之有效期限，ECSC條約第97條規定，該

註一二　Case 8/55, Fédération charbonnière de Belgique v. High Authority, (1954～56) E.C.R. 245 at 277.

條約之有效期爲50年。EEC條約第240條及Euratom條約第208條均規定，本條約無限期有效，因而排除任何簽署單方撕毀條約之可能性；空間上之適用範圍，ECSC條約第79條規定，適用於會員國之歐洲領土和一簽署國保證其對外關係之歐洲地區。此地區主要指德國之薩爾區，蓋該地區當時尚未併入德國，但該地區之對外關係由德國負責。EEC條約第227條則規定，該條約適用於比利時、丹麥、聯邦德國、法國、希臘、荷蘭、義大利、盧森堡、西班牙、葡萄牙、愛爾蘭、英國。Euratom條約第198條之規定與EEC條約同，並且還規定適用於會員國管轄之非洲領土。

　　三個共同體均因創始條約之賦予，在法理上乃三個各自享有法律人格之個體。根據ECSC條約第6條第1段、第2段暨第3段之規定，歐洲煤鋼共同體爲一「具法律人格之個體」，「在國際關係上具有行使其職權及爲實現其目的所需之法律能力」，而「在每一會員國國內，應如本國一般法人，按內國法之規定享有最廣泛之法律能力」。EEC條約第210條暨第211條與Euratom條約第184條及第185條等條款之規定，雖明確賦予歐洲經濟共同體、原子能共同體「會員國內國法律人格」，而未能如ECSC條約一般，對其國際法人格作出明確之規定。惟若參酌歐洲經濟共同體、原子能共同體因創始條約之賦予而具有之各項國際職權，再佐以歐洲法院之以合目的性（finalité）爲主軸所爲之職權擴張解釋，歐洲經濟共同體與歐洲原子能共同體之法律人格，除會員國之內國法律人格外，亦有國際法人格之意見表示（註一三）。

二、會員國間所締結之其他協約

　　會員國間所締結之其他條約，係指會員國在創始條約之規定框架

註一三　詳參閱林志峰，歐洲共同體之國際法人格，淡江大學歐洲研究所碩士論文，民國84年5月。

下，相互締結之條約或協定。大體而言，三個共同體均是藉由派生法之
頒行適用，以達成其既定之目的或落實政策之施行；然而在一些特殊之
情況下，三個共同體目的之達成或政策之施行，事實上亦有待會員國相
互間以簽署條約或協定之方式爲之，而其間更不乏有以會員國間之既存
協定爲基礎者。茲將之區分爲會員國相互間在創始條約生效前與生效後
所締結之條約或協定兩大類，並將之分別敘述如下：

(一)創始條約生效前締結之協約

依照EEC條約第233條及Euratom條約第202條，本條約之規定不
排斥比利時和盧森堡間或比利時、荷蘭、盧森堡三國間區域聯盟之存在
或完成，惟只限於本條約之適用無法達成該區域聯盟之目的時。亦即，
原則上會員國在EEC條約生效前所締結之條約仍繼續有效存在，但因
適用EEC條約即可達到相同目的者，即應適用EEC條約。

EEC條約第233條及Euratom條約第202條僅規定比利時、盧森堡
及比利時、荷蘭、盧森堡三國間協約之效力，此種規定是否爲一例外規
定，則影響其他國家在EEC條約及Euratom條約生效前所締結條約之
效力。學者有採例外規定說者，認爲依EEC條約第5條和Euratom條約
第192條規定，會員國應當避免可能妨害實現本條約目標之一切措施。
這顯示會員國不得爲有損於共同體之行爲……。會員國簽署共同體創始
條約時，承擔了遵守條約之義務，因此，以往簽定之協定如不符合共同
體基礎條約之規定，應停止繼續生效（**註一四**）。然EEC條約第5條及
Euratom條約第192條之規定，是否能規範會員國於共同體成立前之行
爲，不無疑問。不過，我們贊成歐洲法院根據ECSC條約第87條，EEC
條約第219條和Euratom條約第193條規定，認爲會員國間不得再主張
與創始條約牴觸的先前存在的條約（**註一五**）。

註一四　見章鴻康，歐洲共同體法概論，民國80年，頁168。
註一五　根據EEC條約第219條及Euratom條約第87條，各會員國對於有關解釋或實

(二)創始條約生效後締結之協約

依照EEC條約第220條規定，會員國為了有利於其公民，在必要時應進行談判，以保障其人民權利、消除雙重課稅、互相承認公司、實現跨國公司合併、互相承認並執行內國法院之判決及仲裁判斷。除此之外，為使會員國之社會保險措施不致構成勞務流通之障礙，ECSC條約第69條第4段亦規定會員國應作出必要之安排。基於是項考量，會員國在各項創始條約之規定框架下相互締結之條約或協定，亦應視為歐洲共同體法之法源。如為公司及法人之相互認許，於1968年簽署之公司及法人相互認許公約（Convention sur la reconnaissance mutuelle des sociétés et personnes morales）；以及為簡化相互承認並執行司法判決與仲裁判決之手續，於1968年簽署之民商事件裁判管轄及執行條約（Convention concernant la compétence judiciaire et l'exécution des décisions en matière civile et commerciale）……等。事實上，某些會員國相互締結之條約或協定，雖非會員國在創始條約之框架下簽署的，惟其談判過程、簽署生效，理事會或執委會均全程參與，約文亦交由理事會秘書處（Secrétariat général du Conseil）保管，此類條約或協定，應仍可視為歐洲共同體法之法源。為專利之統一而締結之歐洲共同體歐洲專利公約（Convention sur le brevet communantaire）即為一例。是項條約之締結雖非以各項創始條約為依據，惟其目的，則無非在於建立一個適用於歐洲共同體之統一的專利制

施本條約之爭議，不採用本條約規定以外之解決方法。惟又根據EEC條約第234條第一段之規定，EEC條約之締結不應影響「在本條約生效前，會員國與第三國因協定之締結所產生之權利與義務」，使歐洲共同體在接受會員國部份主權之注拋時，亦承襲與是項部份主權相對應之部份會員國義務，從而使歐洲共同體之締建，產生國際法上之國家繼承效果；詳參閱林志峰，前揭書，頁131～132。

度。該條約前言明示將遵循歐洲共同體之目的，而其第39條更明確規定該公約之適用不得牴觸歐洲共同體之創始條約（**註一六**），其爲歐洲共同體法之法源應無疑義。

　　EEC條約生效後會員國間所締結之條約若與創始條約相牴觸時，其效力如何？EEC條約中並未有明文規定，而歐洲共同體專利條約(Convention sur le brevet communautaire fait ā Luxembourg le 15 décembre 1989)第2條規定，不得援用本協約任何條款而排除EEC條約的適用(aucune disposition du présent accord ne peut être invoquée pour faire échec à l'application du traité instituant la Communautē ēconomique européenne)。至於其他非專利案件應如何決定，似乎必須依循一般法理考量解決。創始條約與此類協約雖皆爲共同體法體系中之一部分，然由於這種創始條約創造共同體法律體系，且基於創始條約之授權規定（如EEC條約第20條、第220條）會員國始有義務及權利締結此類協約，因而創始條約之效力應優於會員國間所締結之協約（**註一七**）。

　　此外，倘此類協約與共同體之法規（規則、指令、決定）相牴觸時，何者效力爲優？共同體之法規係基於創始條約之授權，而由共同體機構制定，若此類協約之效力不足以廢棄創始條約之規定，亦不足以影響創始條約授權所制定之法規，因此，共同體法規應優先適用（**註一八**）。否則，會員國即可相互藉訂定協約之方式，以達規避共同體法規

註一六　詳請參閱Issac Guy, *Droit communautaire général*, Pairs: Masson, 1992, 3ème edition, pp.136～137; D. Lasok & J. W. Bridge, op.cit., pp.189～190.

註一七　因而學者有稱此類協約爲輔助協約(Subsidiary Conventions)，見Hartley T. C., *The Foundations of European Community Law*, 2ed., 1988, p.92.

註一八　Hartley T.C.,op.cit., p.95.惟學者有不同見解。參照Lasok D. & Bridge J. W., op. cit., p.111.

之目的。

　　其實這種理論上的顧慮，在實踐過程是不可能發生的！因爲會員國間簽訂此類協約，一般是先由會員國在執委會的參與下，協商擬定草約，並經執委會最後通過，再由各會員國代表簽字的（**註一九**）。

三、共同體、會員國與第三國或其他國際組織之條約

㈠會員國與第三國之條約

1.創始條約生效前所締結之條約

　　依照EEC條約第234條第1項規定，會員國在創始條約生效前與第三國之間所締結之條約，不受EEC條約之影響。惟同條第2項認爲此類條約和EEC條約牴觸時，會員國應採取適當手段去除之。此條款沿用國際法中之習慣，確保第三國能繼續行使其權利，會員國不能規避對第三國應承擔之義務。惟此類條款是否拘束歐洲共同體？可自二方面觀察：一方面依EEC條約第113條規定，會員國已將關稅及通商政策之立法權限移轉予共同體，因而就此部分，共同體應繼受會員國之權利義務，而受EEC條約成立前所締結之條約之拘束，此類條約即成爲共同體法體系中之部分（**註二〇**）；另一方面除前述部分外，共同體並不繼

註一九　參見Isaac Guy, *Droit Communautaire général*, Masson, Paris, New York, Barcelone, Milan, Mexico Sao Paulo, 1983, pp.142～143.

註二〇　The International Fruit Company Case, 21－4/72 (1972) E.C.R. 1219, 於此判決中，歐洲法院認爲共同體應受關稅總協定(General Agreement on Tariffs and Trade, 簡稱GATT)之拘束，蓋此協定係簽署於共同體成立之前，且所有會員國均參與。其後於Nederlands Spoorwegen(Case 267－9/81, (1983) E.C.R. 801)一案中，歐洲法院更明申：共同體應「取代」(replace)會員國於GATT協定中之地位，並繼受其權利與義務。參見 Hartley T. C.,op. cit., p.173.惟歐洲共同體繼承其會員國之權利或義務，GATT僅爲一特殊之案例，並不能因此而類推適用於其他國

受會員國對第三國之權利義務，而此類條約亦不爲共同體法體系之部分。二者若相互矛盾時，共同體法並不居於優先地位而可排斥此類條約之適用（註二一）。

　　Euratom條約第105條則有不同的規定：有關會員國就此類條約、協定至遲於本條約生效後30日內通知執委會時，本條約之規定不得對抗簽訂該條約協定之會員國、個人、或企業在本條約生效前與第三國、國際組織、第三國國民簽定之協定或條約的實施。亦即，會員國可繼續履行此類條約。若未在期限內通知，則會員國不得再繼續履行與共同體創始條約有牴觸之條約。

2.創始條約生效後締結之條約

　　根據EEC條約第5條、Euratom條約第192條及ECSC條約第86條，會員國應採取一切措施以盡本條約或共同體機構規定之義務並協助共同體實現其任務，不得作出任何妨礙實現共同體目標之行爲。因此，共同體成立後，會員國與第三國所締結之條約若與基礎條約相牴觸時，歐洲法院雖無權廢棄此類條約，然卻可確認會員國之違法行爲，促使會員國修改或終止此類條約。而會員國亦不能以共同體法來對抗第三國，蓋共同體法優先原則僅於共同體內部適用。

　　　　際組織或協定；繼承是否發生，仍應視個案而定。詳情參閱Robert Kovar, La contribution de la Cour de Justice au développement de la condition internationale de la Communauté européenne, *Cahier de droit européen*, 1978, pp.562～564.

註二一　會員國與第三國所締結之條約在何種情況下，可拘束共同體，學者曾依據當事法官（Advocate General）Capotorti之報告提出若干標準：第一、此類條約係先於EEC條約成立前所締結，且締約國之一造由共同體全體會員國所締結。第二、會員國希冀共同體遵守此類條約。第三、於此類條約之架構中，須由共同體機構執行之行爲。第四、他造締約國承認會員國移轉權限予共同體。見Case 812/79, Attorney General v. Burgoa （1980） E.C.R. 2787, at 2815－16. 參閱Hartley T. C., op. cit., p. 173.

(二)共同體與第三國締結之條約

　　歐洲共同體因各項創始條約之授權，而具有與第三國或其他國際組織締結條約或協定之權利；這種條約或協定一經簽定，即成為歐洲共同體法秩序之組成部份。又根據EC條約第228條第7段之規定，是項條約或協定，對「共同體各機構及各會員國具拘束力」。從而可以推斷：歐洲共同體與第三國或其他國際組織所簽署之條約或協定，乃歐洲共同體法之一部份。

　　歐洲共同體之締約權既淵源於各項創始條約之規定，又根據EC條約第228條第5暨第6段之規定，即將締結之國際條約或協定與EC條約衝突時，除非根據歐洲聯盟條約第N條之規定，修改EC條約，否則該國際條約或協定不生效力；也就是說，歐洲共同體不得與第三國或其他國際組織締結與EC條約相牴觸之國際條約或協定。又歐洲共同體與第三國或其他國際組織所簽署之條約或協定，對歐洲共同體各機構具拘束力，則歐洲共同體各機構自不能作出與之相牴觸之規則、指令決定。由此可知，歐洲共同體與第三國或其他國際組織所簽署之條約或協定，在歐洲共同體法秩序之位階上，實優於派生法而隸屬於各項創始條約。

　　共同體簽訂之此類國際條約依歐洲法院之意見，即為共同體法之一部分，不存有將國際條約轉換為共同體法之問題（**註二二**）。因此，共同體所簽定之國際條約，只要在共同體公報發表正式生效，即成為共同體法之一部分，而依共同體法優先適用原則及直接適用原則，此類條約亦應享有優先地位，並可在共同體範圍內直接適用，直接拘束共同體之公民或法人。

(三)共同體及其會員國與第三國締結之條約

註二二　章鴻康，前揭書，頁173。

　　例如歐洲經濟區域協定(The European Economic Area Agreement，以下簡稱EEA協定)。歐洲共同體與歐洲自由貿易協會國家於1984年共同發表盧森堡宣言之後，致力籌設歐洲經濟空間(Espace économique Européen, EEE; European Econonomic Space, EES，後因英國認爲"Space"意義模糊、空洞，乃改用Area一詞）。1990年5月，共同體執委會根據EEC條約第238條規定（**註二三**）向理事會提議要求授權與EFTA國家進行建立歐洲經濟區域(European Economic Area, EEA)談判。同年6月13日歐洲議會對歐洲經濟區域談判作出正面意見，表示應本「其不得影響共同體的統合及主權」的原則（**註二四**），6月18日理事會通過授權執委會談判內容，承認EFTA國家在單一市場內與EEC會員國一般享有同等的權利。但是EEA的建立必須考慮不影響EEC的內部統合；共同體法規必須爲EEA之基礎，減低區域內經濟社會之差異；EEA內各協約國之權利義務平等、公平競爭；EFTA國家尊重共同體之決策主權的獨立性以建立EEA之共同機構以及結合發展基金(Cohesion Fund)；EEC-EFTA國家妥善安排漁業、農業、運輸及法律爭端的解決問題。經過雙方多方協商、諒解下，終於在1991年10月22日達成協議，共同體十二個國家和歐協七個國家成立一個囊括十九個國家領域的歐洲經濟區域，設置共同聯合委員會等機構，在這領域內實行貨物、勞務、人員、資本之自由流通（**註二五**）。後因瑞士公民投票拒絕加入，包括十八個國家的EEA協定，延遲至1994年1

註二三　EEC條約第238條規定EC得與第三國、國家聯盟(a union of states)或國際組織簽署協定，建立準會員國關係，規定相互間之權利、義務，共同行爲與特別程序(第1項)。此協定應由理事會於徵詢議會之意見後，以一致表決同意簽訂之（第2項）。如此協定涉及對本條約之修改時，條約之修改事項應先依本條約第236條規定程序決議（第3項）。

註二四　參考The Jensen, Rossetti, Luttge Reports. *Europe,* 13 June 1990, p.6.

註二五　參考*EFTA News,* No.1, January 31, 1991, p.2.

月1日才發生效力。

第二節　派生法

　　派生法係由共同體之機構依創始條約之授權所制定之法規。「派生法」一詞乃源自法語droit dérivé，意指由創始條約而派生出來的。其範圍和效力均依創始條約而定（**註二六**）。依照一般授權原理，被授權制定之法規，其目的、內容、範圍均不能逾越授權法之規定，共同體派生法亦必須符合上述要件：即共同體機構爲達成共同體之目的，在其授權範圍內依創始條約之規定制定法規。

　　根據共同體條約之授權，共同體機構可在條約規定之範圍內進行立法工作，以補充條約之疏漏，或爲條約之實施作成具體規定。如上所述，共同體創始條約相當於一國憲法之地位，因此其規定不可能鉅細靡遺，從創始條約之條文到具體實現共同體之目標、任務仍有待制定具體步驟，尤其是EC條約，僅爲一框架條約，多爲原則性規定，因此必須由理事會或執委會爲更具體之規定。

　　EC條約第189條及Euratom條約第161條規定派生法之形式有：規則、指令、決定。其他如建議和意見並不具法律的拘束力。立法權限分屬理事會、執委會及議會。而ECSC條約第14條則有不同之規定，其派生法形式有：決定、建議，而意見則無法律的拘束力。第15條又將決定

註二六

EC條約第189條 Euratom條約第161條		ECSC條約第14條	
立法機關	法規形式	立法機關	法規形式
理事會 執委會 議會	規則 指令 決定 （建議）（意見）	執委會	一般決定 建議 個別決定 （意見）

分爲一般決定及個別決定。一般決定即相當於EC條約之規則，個別決定即相當於決定；至於建議則相當於指令之效力，其立法權限僅屬執委會（註二七）。依EC條約第189條規定，議會和理事會或理事會與執委會共同聯合制定規則，指令以及決定，甚至於建議或意見的提出亦同。

　　規則、指令、決定具有法律的拘束力；建議及意見則不具法律的拘束力。從羅馬條約的規定，此五者各有其不同的性質效力，似涇渭分明。惟實際上，形式上稱之爲「規則」，然却具有「決定」之特性者，亦時有多見。爲解決此種紛歧現象，歐洲法院即以其實質上具備之特性爲判斷標準，而不受限於法規之名稱。詳言之，若一法規之名稱雖爲「規則」，然却不具普遍適用性(general appliction)而僅具「決定」之特性，法院即視其爲一「決定」(a disguised decision)，而非「規則」（註二八）。

　　以下將進一步探討規則、指令、決定及建議與意見及其他之效力：

一、規則

　　依照EC條約第189條和Euratom條約第161條規定，規則乃一具普遍適用性（porté générale），在每一方面均具拘束力並直接適用（directememt applicable）於各會員國境內之法規範。由此可知，規則之特殊性質包括：普遍適用性、統一適用性以及直接適用性。

(一)普遍適用性

　　規則非指向某會員國或某一特定對象，而係泛指所有會員國及其他對象。且其亦非僅針對某一特定事項，而係適用於所有同類狀況。職是之故，規則並不以特定之對象爲其適用生效之範圍，而係適用於「抽象

註二七　ECSC條約第14條規定立法機關爲高級公署，共同體機構合併後，由共同體執委會擔當。

註二八　Hartley T. C., op. cit., p.100.

類屬之所有不特定之人事物」（**註二九**），是以具有普遍適用之性質。

(二)統一適用性

規則係具高度統合性(uniform)之工具，適法者在規則下並無自由選擇其他的形式和方法的可能，而必須適用規則之全部，並不得以不完全或選擇性態度適用規則（**註三〇**）。已頒行生效之規則，就其所欲實現之目的暨施行之辦法，或已為具體之規範，或僅作概略性之規定；會員國或歐洲共同體各機構於適用之時，固然不能單方面部份或全部地規避規則所課之義務，即使據之以為頒行施行細則之時，亦不得有違「規則制訂之主要精神」（**註三一**）。

(三)直接適用性

共同體頒布之規則在共同體之管轄範圍內自動生效，而毋須經由內國立法之轉換程序，即可直接為各會員國或其他對象設定權利、義務。規則應公布於共同體公報（Journal Officiel des Communautés Européennes），而根據EC條約第191條第1暨第2項之規定，「按其指定日期」或「自公布之日後二十日」生效。

共同體機構制定之規則就其特性而言，相當於內國法體系中之法律層次。因此通常適用於共同體中要求統合程度較高之領域，如：建立關稅同盟，制訂和實施共同農業政策、競爭政策、歐洲經濟利益集團、歐洲公司、勞工自由流通、國家補貼認可等。

註二九 Case 16-17/62, Confédération Nationale des Producteurs de Fruits et Légumes v. EEC Council (1962) E.C.R. 478.

註三〇 Case 39/72, Commission v. Italy (1973).詳閱Lasok D. & Bridge J. W., op. cit., p.100.

註三一 Case 30/70, Scher v. Einfuhr-und Vorrstsstelle für Getriede und Futtermittel(1970) E.C.R. 1197.

　　理事會和執委會皆有權制定規則，通常重要規則均由理事會制定。
理事會制定之規則又可分為二類：第一、直接為實施共同體創始條約之
有關條款而制定之基礎規則；第二、根據此基礎規則再為制定具體實施
辦法之執行規則。執委會所制定之規則即多屬具體實施辦法之執行規
則。根據EC條約第155條規定，執委會為確保共同體市場之運作與發展
……，執委會可行使理事會為執行其所制定之規則而授予之權限。亦即
執委會係根據理事會之授權，而制定具體實施辦法。因此，執委會所制
定之法規目的、內容、範圍，均須依授權規則而定，倘二者相牴觸時，
理事會制定之規則當然居優先地位（**註三二**）。此外，理事會僅能將具
體實施辦法授權予執委會制定規則，至於關於一般原則事項，則不能授
權。惟歐洲法院在歐洲共同體發展的歷程中有漸次擴大理事會可授權範
圍之現象（**註三三**）。

二、指令

　　依照EC條約第189條及Euratom條約第160條規定，指令以其欲達
成之目的結果拘束指向特定會員國，但完成的形式和方法則由會員國選
擇決定。

　　指令之生效日一般係指特定會員國之指令接受日，惟根據EC條約
第191條第1項暨第2項之規定，指令之制定係根據同條約第189條之規定
程序而由歐洲議會議長及理事會主席予以簽署或所有會員國為指向之對
象者，其生效程序等同於上述之規則生效程序，均應刊載於共同體公
報，並自其指定日起或自公布日起20日生效之。

註三二　Case 32/65, Italian v. EC Council and EC Commission (1966) E.C.R.
　　　　389 at 415; (1969) C.M.L.R. 39 at 46. 詳閱Lasok D. & Bridge J. W.,
　　　　op. cit., p.117.

註三三　Case 41/69, Chemiefarma v. Commission (1970) E.C.R. 661. 詳閱Har-
　　　　tley T. C., op. cit., p.112.

　　指令既係一就結果而對特定會員國產生拘束力之法規範，職是之故，指令不僅欠缺規則之普遍適用性質，亦無規則之統一適用屬性。特定之會員國雖有義務選擇「最適當之形式與方法（formes et moyens les plus appropriés）」（註三四），如以內國法律、法規之制訂形式或修正、補充、廢除相關之法律、法規方式，以達成指令所規範之目的。對指令之適用依然享有相當程度之自由裁量權，縱使指令在理論上未經內國立法或行政機構之轉化程序，不得生效適用於會員國境內，從而欠缺直接適用之性質，歐洲法院卻基於EC條約第189條並未明確規定除規則以外之派生法即不得作為一具直接適用性之法規範，而認為指令和決定對其所指向之會員國與會員國國民，均應具有直接適用之屬性，使會員國國民得依據指令之規定，在該國法院提出訴訟（註三五），從而肯定指令之具直接適用性質，歐洲法院擴大解釋指令所隱含之實質效力（effet utile），使之成為一具直接適用性之法規範；而指令復因其就目的達成之方法與形式所為之規範日趨嚴謹，大大縮減特定會員國之自由裁量，使指令與規則事實上已無甚差異可言了（註三六）。

註三四　Case 48/75, Royer, (1976) E.C.R. 519.
註三五　Case 9/70, Grad v. Finanzamt Traunstein (1970) E.C.R. 825 at 837.
註三六　垂直與水平直接效力之有無則不啻成為規則與指令在直接適用時之最大分野。規則兩者皆備，指令則僅有垂直直接效力。指令之垂直直接效力意指指令雖以特定會員國為規範之對象，會員國國民依然得以援引以為權利義務之主張，是項事實已為歐洲法院在審理事件之時，如SACE、Van Duyn、Verbond der Nederlandse Ondernemingen…等案，逐步確認；會員國國民相互間能否直接援引以為權利義務之主張，即指令之水平直接效力，則為歐洲法院在Marshal、Traen及Pretore de Salo…等案中，以指令未經內國轉化不得為個人設定義務或授與權利為由，予以駁斥。詳請參閱Etienne Cerexhe, op. cit., pp. 299～302, 有關指令之直接適用，將於第三章第二節中加以討論。

三、決定

　　依照EC條約第189條和Euratom條約第161條規定，決定在一切方面對它所指向之對象具有強制力。也就是說，決定與指令類似，僅對特定對象具約束力（**註三七**），而不若規則拘束抽象類屬之所有不特定之人事物，是以不具有普遍適用之性質；又其規範之內容對決定之收受者均具強制力，而未賦予其所指向之會員國任何自由裁量權，則與規則相似，具有統一適用之屬性。決定是否具有直接適用之性質，EC條約雖未明文規定，惟依同條約第191條第3段「決定之內容應通知其收受人，並自收受日起生效」，可知收受決定者若為一特定之自然人或法人，意即彼等於收到決定之日，即享有或擔負特定之權利或義務。準此言之，決定在上述之情況下，乃為一與規則同具直接適用屬性之法規範。

　　然而當決定指向數個甚至全體會員國時，如何決定其法律性質？究為數個決定之集合體，或為一具普遍規範意義之規則？唯一之區別方法，仍應視其是否具普遍意義而定。此外，決定與指令之界線亦逐漸模糊，有些指令對如何達成結果已為鉅細靡遺之規定，使會員國少有選擇餘地，而有些決定則係對會員國之行為加以認可。若自決定具統一適用性觀之，此類決定無疑地賦予會員國某種程度之自由選擇權。因此，如何認定三者，應自其實質內容或其功能觀之，而不應受限於其形式之名稱為何，以決定其效力。例如：雖然以規則之形式訂定，但實際上並不具普遍適用性，而僅針對某一特別個案時，歐洲法院應可認定其為一「偽裝之決定」(disguised decision)，僅具決定之效力而非規則（**註三八**）。

註三七　惟指令僅能以會員國為其規範之對象，而決定之規範對象則包括會員國、特定之自然人與法人等。

註三八　Hartley T. C., op. cit., p.100.

四、建議、意見及其他

EC條約第189條規定理事會和執委會得使用之統合工具，除了前述具拘束力之規則、指令、決定外，尚包括性質僅止於任意性規範之建議與意見。理事會或執委會以建議表達某種意向，希望接受建議者爲某種作爲或不作爲，惟彼等並無依此辦理之義務；意見則僅爲理事會或執委會就發生於共同體內或某會員國境內之事件或情勢，所表示之看法或評價。由此可知，建議或意見對其指向者並不具拘束力，而僅具精神上或政治上之象徵意義（註三九）。惟建議與意見既不具拘束力，則無法據以起訴，成爲裁判大前提之規範，因此建議與意見尚不足以成爲共同體法之法源。除了建議與意見外，不具法律拘束力之統合工具尚包括高峰會議(Summit, European Council)所發布之宣言（declarations），結論（conclusions）及理事會或會員國政府發布之計劃（programmes），決議（resolutions），宣言，備忘錄（memoranda），通知（communications），討論（deliberations），綱領（guidelines）…，此類文件因不具拘束力，亦非共同體法之法源。

第三節　一般法律原則

一般法律原則雖因1920年制訂之常設國際法院規約，而正式成爲國際法之主要淵源之一；惟適用一般法律原則以補充典章規範之未臻完善，實乃古今皆然之事。EC條約第164條僅籠統地規定在本條約之解釋及適用上，歐洲法院應保障法律之確被遵守；同條約第173條雖明確規

註三九　*Trente ans de droit communautaire*, Luxembourg: Office des publications officielles des Communautés européennes, Collection: *Perspectives européennes*, 1981, *Les sources du droit communautaire: les actes des institutions communautaires*, par Eberhard Grabitz, p.93.

定歐洲法院對法規合法性之審查權，惟仍未提及一般法律原則之適用。蓋該條文僅規定歐洲法院審查歐洲議會和理事會，執委會，理事會以及ECB制定的法規之合法性；歐洲議會對第三人發生法律效力的法規亦在此審查權限範圍內。EC條約第6條不僅禁止「任何基於國籍所作之歧視」，更授權理事會制訂法規禁止任何此類之歧視，明確宣示平等與不歧視原則（principe d'égalité et de non-discrimination）乃歐洲共同體之主要基本精神之一，自應受歐洲法院之保障而確被遵守。準此以解，EC條約（甚而所有以歐洲共同體為締約一方之任何國際條約或協定）所規範之內容，而作為歐洲共同體主要精神之一般法律原則，如自由原則（principe de liberté）、連帶責任原則（principe de solidarité）與單一原則（principe d'unité）……等（**註四○**），同上述各類條約及派生法，均為歐洲共同體法之淵源。

又EC條約第215條第2項規定歐洲共同體之非契約性損害賠償時，更明文指出歐洲共同體應依「會員國內國法之一般原則」以為損害之賠償。由此可知，歐洲法院除了得以適用EC條約明確宣示之一般法律原則外，尚可援引會員國內國法之一般原則。惟所謂會員國內國法之一般原則，可能是全部會員國內國法秩序所共同承認之法律原則；也可能僅是若干少數會員國內國法秩序所援引適用而有普遍被承認趨勢之法律原則，例如不當得利原則（principe de l'enrichissement sans cause）、信賴保護原則（principe de protection de la confidentialité）、以及比例原則（principe de proportionnalité）……等（**註四一**）。

註四○　cf. Jean-Victor Louis, *L'ordre juridique communautaire,* Luxembourg: Office des publications officielles des Communautés europénnes, Collection: *Perspectives européennes,* 1990, 5ème édition mis à jour, pp. 49~54.

註四一　cf. Jean Boulouis, Roger-Michell Chevallier, *Grands arrêts de la Cour de Justice des Communautés européennes,* Tome 1, Paris: Dalloz, 1987, 4ème édition, pp.96~102; T. C. Hartley, op. cit., pp.129~151.

　　由以上的說明可知，歐洲共同體法法源之一的一般法律原則，係淵源於各項基礎條約之規範內容，為歐洲共同體主要精神之一般法律原則暨會員國內國法秩序援引適用之一般原則。綜觀歐洲法院之判決，可將之歸納為下：共同體侵權責任及損害賠償原則、基本人權保障原則、非歧視及平等原則、法定聽證原則、行政原則、法律安定性原則、信賴保護原則、既得權保護原則、比例原則、不可抗力原則、誠信原則、既判力原則、一事不再理原則及不當得利禁止原則⋯⋯**(註四二)**。以下探討幾個較重要的原則：

一、基本人權保障原則 (Principle of fundamental human right)

　　基本人權之保障為德國基本法之重要規定，基本法所保障之人權高於一切，若其他法律與之相牴觸時，應屬無效。

　　共同體法優先於會員國之一般法律，固無疑問。惟各會員國內國憲法亦同樣居於法律體系中之最高位階，共同體法是否仍優先於會員國之憲法，不無爭議。歐洲法院在初期認為沒有義務保證會員國之憲法受到尊重**(註四三)**。惟自1960年起，歐洲法院在Stander案中首次確認了基本人權之保障為共同體法之一般法律原則**(註四四)**，並認為人之基本權利包含於共同體法之一般原則中，歐洲法院保障其受到尊重。

二、非歧視及平等原則(Principle of non-discrimination and equality)

　　非歧視及平等原則源自EC條約第6條之規定，禁止任何對國籍之歧

註四二　詳參大谷良雄，EC法概論，頁60。

註四三　Case 1/58, Stork v. High Authority (1959) E.C.R. 17 at 26; Case 36–38, 40/59, Geitling v. High Authority (1960) E.C.R. 423 at 438.

註四四　Case 29/69, Stander v. City of Ulm(1969) E.C.R. 419.

視; 同條約第40條之規定, 在農業方面不得對生產者或消費者有任何歧視待遇; 第119條之規定, 各會員國均必須實行男女同工同酬之原則, 不得因性別不同, 而在報酬等方面有任何歧視……。歐洲法院則更進一步確認非歧視及平等原則為共同體法之一般原則 (**註四五**), 並擴大其適用之範圍, 例如: 宗教歧視 (**註四六**), 一般性別歧視 (**註四七**) 等亦均有此原則之適用。

三、法律安定性原則(Principle of legal certainty)

　　法律安定性原則所涵蓋之概念甚廣, 主要包括三部分: 不溯及既往原則(non-retroactivity)、既得權保護原則(vested rights)及合法期待原則(legitimate expectations) (**註四八**)。

　　不溯及既往原則係指新法不適用於該法生效前之行為。既得權保護原則係指新法之規定不得侵害既已獲得之權利, 其與不溯及既往原則在概念上實具一體兩面之關係。歐洲法院在Société pour l'Exportation des Sucres v. Commission一案 (**註四九**) 中, 即明白宣示不溯及既往

註四五　Case 1/72, Frilli v. Belgium (1972) E.C.R. 457 (Paragraph 19 of the judgement); Case 152/73, Sotgiu v. Deutsche Bundespost (1974) E.C.R. 153 (Paragraph 11 of the judgement); Case 168/82, ECSC v. Ferriere Sant' Anna (1983) E.C.R. 1681.

註四六　Case 130/75, Prais v. Council (1976) E.C.R. 1589.此案係關於一信仰猶太教之婦女, 在申請共同體職位文件中, 未表明其信仰, 而當她被通知參加考試時, 考期恰與一猶太慶典撞期, 乃請求理事會改期而被拒絕。向歐洲法院起訴雖敗訴, 然歐洲法院認為: 倘該機構在發通知前已被事先告知撞期, 則應另擇期日, 以尊重信仰該宗教之應徵者, 縱無法另擇期日, 亦必須附理由說明。

註四七　Case 20/71, Sabbatini v. European Parliament (1972) E.C.R. 345.

註四八　Hartley T. C., op. cit., p.139.

註四九　Case 88/76, Société pour l'Exportation des Sucres v. Commission (1977) E.C.R. 709.

原則。執委會制定之法規只適用於該法生效後之行為；至於該法頒布生效日前一天所為之行為，則無法加以規範。

合法期待原則源於德國法。此原則係指共同體機構所採取之措施不得違反該措施所適用對象之合法期待。所謂「合法期待」即為一小心謹慎之人(a prudent man)在一般條件下，根據其所有之知識經驗所可產生之合理(reasonable)期待。合法期待並不包括當事人利用共同體體制之缺陷所進行之投機活動，蓋當事人之合法期待應係預見共同體機構將可能採取措施以彌補缺陷，因此不能以合法期待為由，以規避共同體法之適用（註五〇）。

四、比例原則（Principle of proportionality）

比例原則亦源於德國法。比例原則係指一國家或公權力主體(a public anthority)在限制個人基本權利時須符合下列要件：第一、所採取之手段與其所欲實現之公共利益具相當關連；第二、在所有相當關連之手段中須採取侵害最小者；第三、其所欲達成之公共利益須大於其所侵害之個人權利。比例原則在經濟法領域中愈見其重要性，蓋經濟法領域中往往牽涉到為達成經濟上之目標，可否對商人採取課徵稅捐或徵收費用等方式。七〇年代中期，共同體內奶粉生產嚴重過剩。執委會及理事會強迫飼料業者必須購買奶粉來取代大豆作為飼料中所需蛋白質的原料，可是奶粉成本遠高於大豆，飼料業者與農民逐向歐洲法院提出訴訟。歐洲法院在此脫脂奶粉案(Skimmed-Milk Power Case)（註五一）中，即認為為了減少脫脂奶粉之剩餘過剩，而對飼料製造商科以購買脫脂奶粉添加於飼料中之措施，違反比例原則，判定有關此項計劃的法規無效。事實上強制購買脫脂奶粉，已在不同的農業部門間造成歧視性的成本分

註五〇 Case 2/75, EVGF v. Mackprang（1975）E.C.R. 607.

註五一 Case 114/76, Bela-Mühle Josef Bergman v. Grows-Farm（1977）E.C.R. 1211;其他如 Case 116/76, E.C.R. 1249; Case 119, 120/76 E.C.R. 1269.

配，而該法規所造成之損害與其所欲達到之目的也不符合比例原則。

五、法定聽證原則(Principle of right of a hearing)

　　法定聽證原則係歐洲法院採取英國法之第一個例子（**註五二**），其內容係指個人之利益顯然將被一公共權威之決定所影響時，應給予該個人機會表達其意見。歐洲法院在Transocean Marine Paint Association v. Commission一案（**註五三**）中，採取了Transocean Marine Paint Association之抗辯理由，首次承認法定聽證原則之適用。

第四節　歐洲法院的判決

　　歐洲法院的判決係大陸法系諸國裁判制度之產物，自爲大陸法系之既判力原則（res judicata）所拘束，也就是說，裁判之拘束力是相對的，僅對特定事件之當事人有其拘束力；而不似英美法系所遵循之判例拘束原則（stare decisis），對同一類型案件所爲之判決，前案對後案有拘束力，下級法院應受上級法院之約束（**註五四**），不僅突顯法院判例之重要性，更使之自然而然地成爲主要法源之一。就此觀點而言，視僅具事實影響力之歐洲法院判決爲歐洲共同體法之法源，實有待商榷。

　　綜觀歐洲共同體近五十年之統合進展，歐洲法院之判決所代表之意義，事實上並不僅侷限於歐洲法院透過具體之訴訟案例，消極地以爲事實之認定或法規之適用，以保障法律之得到尊重；更重要的是歐洲法院

註五二　Hartley T. C., op. cit., p.147.

註五三　Case 17/74, Transocean Marine Paint Association v. Commission (1974) E.C.R. 1063.

註五四　Jurgen Schwarze, *The role of the European Court of Justice in the interpretation of uniform law among the Member States of the European Communities*, Baden-Baden: Nomos Verlagsgesellschaft, 1988, p.31.

對歐洲共同體之各項基礎條約所爲之解釋或發表之諮詢意見，積極地發揮其造法性功能，不斷地創設新的法律見解而形成新的法律原則；或作爲歐洲共同體法地位發展之依據，諸如確認歐洲共同體法之優於會員國內國法之Costa v. Enel案、宣示歐洲共同體法具直接效力之Van Gend en Loos案……等；或成爲歐洲共同體對外職權擴張之法律基礎，如確認歐洲共同體對外享有締約權之Aetr案、Kramer案、第1/75、第1/76暨第1/78號諮詢意見……等，直接塡補歐洲共同體各項基礎條約之無法領域（lacunes）並補充派生法之不足；或以爲共同體精神之凝聚、藉以建立良好的運作體系或對含糊之權利義務關係詳爲釐清。例如歐洲法院即曾就EEC條約第30條和第100條作成明確之定義劃分：具特定例外之第30條之目的在於不久將來廢止所有對進口物品所加之數量的限制及其他同等作用之措施，而第100條之宗旨則在於經由會員國之法規規定促使因差異所致之絆脚石減至最少（**註五五**）。又如，對跨國勞務移動之自由化，歐洲法院就EEC條約第59條前段規定之精神，廢止了基於國籍或未經常居住於勞務提供地之理由而必須課徵提供勞務之人的作法，以免除會員國國民勞務提供自任之保障（**註五六**）。此外，前述之一般法律原則，有許多即是透過歐洲法院的判決加以確立，而成爲共同體會員國必須遵守之準則。因此，歐洲法院的判決在共同體法中，乃成爲其重要法源之一，實不容置疑。但在歐洲聯盟條約生效之後補充原則（Principle of subsidiarity）的效應，似必將拘束歐洲法院無限擴張共同體權限的能力！。

註五五　Case 193/80, Commision v. Italy(1981)E.C.R. 3019 at. 3033.

註五六　Case 33/74, Johannes Hennius Maria Van Binsbergen v. Bestnur van de Bedrijts vererniging voor de Metallnijverheid(1974)E.C.R. 1309, para 10.

第五節　習慣

　　由於歐洲共同體之歷史尚淺，不似國際社會已有豐富之習慣，因此理論上雖可承認習慣為共同體法法源之一，惟實踐上尚未見有習慣形成，足以成為歐洲法院裁判之依據。

第三章　歐洲共同體法之性質

　　1951年的巴黎條約以及1957年的兩個羅馬條約分別創立了歐洲煤鋼共同體、歐洲經濟共同體與歐洲原子能共同體形成先前所謂之歐洲共同體。1993年歐洲聯盟條約生效之後，歐洲共同體這個名稱不再泛指三個共同體，而僅指歐洲經濟共同體。不管名稱的變化，總結第二章的分析，創立共同體之基本條約以及其他議定書，附帶文件，共同體或共同體與會員國和第三國或國際組織間之條約、協定，會員國間之協定構成了共同體之基本法源；共同體機構所制訂之規則、指令、決定，歐洲法院之判決乃至法律之一般原理原則，習慣乃爲共同體之派生法源。這兩種不同的法源共同形成一般所謂之歐洲共同體法(European Community Law)。

　　歐洲共同體法既由以上各種名稱及內容不相同之規範性文件所構成，其性質究竟是屬於會員國之國內法，抑或是屬於國際法之一部分？換言之，相較於傳統上之國內法與國際法，歐洲共同體法具有何特殊性質？與國內法和國際法之關係又如何？傳統上國內法與國際法之分類之外，是否應該從另一不同之觀點觀察歐洲共同體法之法律性質？

　　以上問題的探討，必須進一步瞭解歐洲共同體法是否須經各會員國內部之繼受程序(reception procedure)始能成爲會員國法律秩序之一部份，而發生法律上之拘束力？歐洲共同體法是否直接在各會員國和其人民之間創設一種法律關係，而使內國人民得以直接援用共同體法之規定請求內國法院保障其權利？各會員國內國法院是否有義務適用歐洲共同體法作爲裁判之依據？在共同體法與國內法同時併存而內容互不牴觸之

情形下，二者如何適用以發揮其規範功能？相反地，在共同體法與國內法同時併存且內容互相牴觸之情形下，二者在適用上之關係又如何？歐洲法院在審理有關共同體之案件時，是否得援用會員國國內法之規定作為裁判依據？此外，在共同體創立前，會員國間締結之條約或會員國與第三國締結之條約內容與共同體法牴觸者，其適用上之關係如何？共同體創立以後對外所締結之條約或會員國對外所締結之條約，與共同體法之關係如何？凡此問題，本書在第二章共同體法之法源部份雖已有詳細的說明，但對於共同體法性質之分析，仍須繼續延伸以上論點以彰顯共同體法之特性，釐清共同體法與會員國內國法間之關係。

第一節　共同體法之特性

歐洲共同體法既然是由會員國間、共同體或共同體與會員國對外所締結之條約及其他派生法源所構成，並非全然由各會員國行使國家主權之結果所制訂之法律，故性質上非屬單純的內國法，固不待言。究其性質似應屬國際法之一部分，惟其之施行卻以內國法之方式，即時、普遍並直接適用於會員國之內；又其所規範之法律關係亦不僅止於會員國間、會員國與共同體相互間之公的權利關係，更是各會員國國民與共同體或會員國相互間之私的權利關係。歐洲共同體法獨樹一幟（sui generis）之性質，由此可知；而歐洲法院在Van Gend en Loos一案（**註一**）判決中，即明確表示，創立歐洲共同體之條約並非一單純在締約國間創設權利義務之協定。進一步與傳統且典型之國際法比較，歐洲

註一　Case 26/62, NV Algemene Transport – En Expeditrie Ouderneming Van Gend en Loos v. Nederlandse Administratie Der Belastingen (1963) E.C.R. 1；(1963) C.M.L.R. 105. 詳細的判決文，參閱Usher J. & Plender, R, *Cases and Materials on the Law of the European Communities,* 1979, pp. 18～19.

共同體法具有其特殊之性質（**註二**）；尤其是從以下幾點加以探討：

　　1.依據創立歐洲共同體之條約而設立一個與會員國之主權機關截然不同的具有準政府性質之主權機關，並賦予它包括立法、行政、司法三權在內之主權，而此主權之取得係由會員國移轉其部分主權而來；

　　2.共同體主權機關依據條約規定於行使其職權之際，將同時影響各會員國及其人民之權利義務；

　　3.創立歐洲共同體之條約並未包含規範各種具體事務之細節規定，而僅是規定一些一般的原則、基本的法則、必要的政策以及必備的機關與執行的程序。因此，創立歐洲共同體之條約性質上類似一般主權國家之憲法，所以共同體法雖起源於國際法上之條約，然其性質更近於一國之根本大法。

　　由上述可知，歐洲共同體法係來自於共同體之法律，並非國內法，亦非國際法，乃會員國間彼此共同之法律，具有其特殊之地位與效力。因此，在觀察歐洲共同體法之特性時，似應擺脫傳統內國法與國際法二分法之觀點，而將歐洲共同體法視為一新近誕生之法律規範；並以歐洲共同體法之自主性與統合性為著眼，以為歐洲共同體法與國際法暨會員國內國法之區辨。

一、共同體法之自主性

　　歐洲共同體法之自主性（autonomie），簡單地說便是歐洲共同體法既非國際法，亦非會員國內國法，而係由歐洲共同體之獨立主權機構——理事會、執委會暨歐洲議會——，依特定之程序——如EC條約第189b條與第189c條之規定——制定頒行，並以歐洲法院為單一裁判機構，而於歐洲共同體內一體適用歐洲共同體法。歐洲共同體法之強制效

註二　參閱Mathijsen P.S.R.F., *A Guide to European Community Law*, 1975, pp. 1～2.

力或因歐洲共同體之缺乏強制機制，而遠遜於會員國內國法；惟因歐洲法院先行裁決權（statuer à titre préjudiciel）之行使——積極闡釋EC條約之意涵、法律原則之創設以彌補歐洲共同體法之不足——不僅影響或約束各會員國，更使歐洲共同體法排除會員國內國法而優先適用。由此可知，歐洲共同體法之自主性，不僅是主權移轉所造成之必然性結果，更是歐洲法院在實踐中逐步發展出來之歐洲共同體法原則。而其目的，不論是以政治之角度出發或以歐洲共同體之層面觀之，則不外乎是保障歐洲共同體在其組織架構上之獨創性，並在維持三個共同體之一致性的同時，確保歐洲共同體之統合（**註三**）。以下就歐洲共同體法之自主性，區分爲歐洲共同體法對國際法之自主性以及歐洲共同體法對會員國內國法之自主性二項，分別討論如下：

(一)共同體法對國際法之自主性

歐洲法院在Van Gend en Loos一案（**註四**）中，明確指出歐洲共同體法係會員國主權讓渡之產物，規範之對象並不僅限於會員國還包括會員國國民，是國際法下之一新法秩序。歐洲共同體法雖爲國際法下之一法律秩序，歐洲法院在審理案件之時，仍常適用國際法之規範或原則；然其之適用國際法，並不在於區辨爭訟兩造之曲直是非，而僅在於更貼切地解釋EEC條約：「條約應本其文意以爲解釋」（**註五**）；以合目的性（finalité）爲EEC條約之解釋……乃歐洲法院適用國際法最顯著之例（**註六**）。除此之外，在與EEC條約之規定相關之議題，EEC條約

註三　Jean Boulouis, *Droit institutionnel des Communautés européennes,* Paris: Montchrestien, 1990, 2ème édition, pp.191～192.

註四　Van Gend en Loos, op. cit., p.12.

註五　Case 6/72, Europemballage Corps and Continental Can Inc.v. EC Commission, (1973) E.C.R., p.243.

註六　根據1969年之維也納條約法公約（Convention de Vienne sur le droit des-

第233條優先適用會國員在EEC條約生效前相互簽署之協定，包括在關稅暨貿易總協定架構下簽署之任何協定（**註七**）；第234條規定會員國在EEC條約生效前與第三國之間所締結之條約，不受EEC條約之影響；第5條第2段規定會員國應避免採取任何可能危及EEC條約各項目的達成之措施。這些都是歐洲共同體法適用國際法上原則之例（**註八**）。

(二)共同體法對會員國內國法之自主性

會員國內國法與歐洲共同體法是「兩種截然不同之法秩序」（**註九**）。在歐洲法院作此宣示時，事實上歐洲法院已確認，歐洲共同體法

---

traités）第31條第1段之規定，條約之解釋應「依其用語按其文意（contexte）」並參照條約之目的及宗旨，善意為之。依條約之文意以解釋條約自不能將文意侷限於某一條款之中，自應參酌其他與之相關之條款。而所謂之文意，在同條第2段有更廣義之解釋，其並不僅限有待解釋之條約本身，更可能是任何「與其相關之協定、慣例與國際規則」。詳參陳治世，條約法公約析論，臺北：臺灣書局，民國81年8月初版，頁141～146；Pierre Marie Dupuy, *Droit international public,* Paris: Dalloz, 1992, pp.220～221.

註七 Case 10/61, EC Commission v. Italy, (1962) E.C.R. 10.

註八 一國先後締結之國際條約有相互牴觸之情勢發生時，其效力應依各別條約之規定判定之。根據上述之維也納公約第30條第2段之規定「遇條約訂明須不違反先訂或後訂條約或不得視為與先訂或後訂條約不合時，該先訂或後訂條約之規定應居優先。」EEC條約第5條第2段「會員國應避免採取任何可能危及本條約各項目的達成之措施」之規定，即表明了，會員國相互間暨會員國與第三國或國際組織簽署之任何協定，若與之牴觸，應優先適用EEC條約。詳參陳治世，前揭書，頁136～140；D.P.O.Connelle, *International Law,* Vol. 1, London: Steven & Sons Limited, 1965, pp.290～295。又哈佛大學條約法公約第22條第1項規定：「相同之締約國所締結之後一條約如其規定與前一條約衝突，後約代替前約。」詳參杜筑之，國際法大綱（上冊），臺北：臺灣商務印書館，頁431。

註九 Case 13/61 ,Kledingverkoopbeddrijf de Uitdenbogerd v. Robert Bosch GmbH, (1962) E.C.R. 50.

對會員國內國法之自主性。歐洲共同體法「獨立於各會員國內國法」（**註一○**），而有其獨特之本質；歐洲共同體法「不應爲會員國內國法之任何法律條文所牴觸」；而會員國內國法之援引，亦不能用以「對抗歐洲共同體合乎法律形式之根據」（**註一一**）。歐洲法院排除適用會員國內國法並拒絕解釋其意涵、審查其合法性……等作爲，則不啻是歐洲共同體法自主於會員國內國法之具體例證。

歐洲共同體法對會員國內國法之自主性，事實上與其對國際法之自主性如出一轍，並非絕對的；在特定之情況下，歐洲法院依然得以適用會員國內國法或其一般法律原則。EC條約第215條第2項對於歐洲共同體之非契約性損害賠償責任規定歐洲共同體應依「會員國內國法之一般原則」以爲損害之賠償。再者，歐洲共同體法「援引之法律原則，在歐洲共同體內應以一致之方式，以爲解釋與適用」（**註一二**），以上都是歐洲法院適用會員國內國法一般原則之例。歐洲法院復因EEC條約第181條之規定，而享有對「歐洲共同體在公法或私法上，與有關方面所簽合約內所包括之任何仲裁條款（clauses compromissoires）」之裁決權，則不啻爲歐洲法院之適用會員國內國法開啓一扇便利大門。

歐洲共同體法雖有其自主性，但或因EC條約之規定，或在不損及其自主性之情況下，歐洲共同體法在實際之運作上依然無法排除與會員國內國法發生合作（cooperation）關係之可能。EC條約第192條第2段就理事會與執委會之裁決如涉及個人之金錢義務時，即明文規定應「依執行所在地國家之現行民法程序」予以強制執行；同條第3段亦有當事人於完成該項申請手續後，得「依內國法律之規定，直接請求主管機關」進行強制執行之規定。歐洲共同體法之施行，或透過內國法院，或

註一○　Van Gend en Loos, op. cit., p.12.

註一一　Case 6/64, Costa v. Enel, (1964) E.C.R. 594.

註一二　Case 49/71, Hagen v. Einfuhr-und Vorratsstelle für Getreide und futtermittel (1972) E.C.R. 34.

藉重於會員國內國法之法定程序，無疑是歐洲共同體法與會員國內國法間之合作關係的最佳例證。除此之外，就勞務之流通(libre circulation des travailleurs) 及事業建立之自由（liberté d'établissement）而言，當其牽涉者乃受益人之判定，尤其是國籍認定之問題時，便可能會有歐洲法院反致（renvoi）會員國法院之情事發生（**註一三**）。

二、共同體法之統合性

事實上當歐洲法院在Costa一案（**註一四**）中表示，EEC條約創立一「在會員國境內逕行適用生效」之獨特秩序時，不僅確認歐洲共同體法之自主性，對其統合性亦作出明確之宣示。統合（intégration），乃是對複數既存秩序之原有性質，有意識地對彼此間之歧異加以協調，或創設新性質，從而形成一統攝各既存秩序領域之新秩序；申言之，歐洲共同體法之統合性意即歐洲共同體法無須經由會員國內國法制法機構之轉化，而直接適用生效於會員國境內，逕行成為會員國內國法秩序之一部份（**註一五**）。歐洲共同體之統合功能依其目的與效力可大致區分為取代（substitution）與調和（harmonisation）兩者。茲將之分別敘述如下：

(一)共同體法取代會員國內國法

歐洲共同體法之取代會員國內國法，乃歐洲共同體在逐步實現其目

註一三　*Trente ans de droit communautaire*, Luxembourg: Office des publications officielles des Communautés européennes, Collection: *Perspectives européennes*, 1981, Rapports entre le droit communautaire et les droits nationaux, par Robert Kovar, p.117.

註一四　Costa case p.593.

註一五　Jean Boulouis, op. cit., p.193；張稚川，歐洲共同體法與會員國憲法衝突之研究——以德意志聯邦共和國為例，淡江大學歐洲研究所碩士論文，民國82年6月，頁1。

的之過程中而產生之必然現象，同時也是主權移轉所造成之結果。歐洲共同體既以建立內部市場為目的，則舉凡與之相關之政策、法令自當一體適用；若放任各會員國自行其是，則歐洲共同體之前程堪憂，更遑論既定目的之達成。而主權移轉之事實既告成立，則讓渡主權者──會員國──即喪失制定與已讓渡主權相關之任何法律規範的權利；相反的，主權讓渡之接受者──歐洲共同體──在繼承會員國移轉之主權後，便有權利制定與之相關之任何法律規範。

在關稅同盟之建立過程中，會員國若無法在預定之期限內以談判之方式，就EEC條約G表列舉產品之稅率獲致協議，理事會即可根據執委會之建議並依EEC條約第20條之規定「在第二階段終了前以一致決方式，其後則以條件多數決方式（**註一六**），制定此等產品之共同關稅稅率」。由此可知，一俟理事會作出共同關稅稅率之後，會員國即喪失經由談判以為關稅制定之權利，而僅能適用歐洲共同體之共同關稅稅率。除此之外，根據EC條約第100c條第7段之規定，會員國間簽署有效之任何協定，其規範之領域為第100c條之範圍者，在理事會「尚未依據本條款之規定作出指令或任何措施以取而代之」前，會員國間之協定依然有效。也就是說，一俟理事會根據第100c條之規定，作出指令或任何措施之後，會員國間之協議即自動失效，相關事務之處理僅能適用理事會之指令或措施。

註一六　理事會之票決方式可分為一致（unanimité）、多數（majorité）與條件多數（majorité qualifiée）三種（ECSC條約第28條更有絕對多數（majorité absolue）決方式之規定）。所謂一致決即理事會之全部成員以無異議之方式（棄權者不算）通過討論之事項，如歐洲議會之普選；所謂絕對多數決乃每一會員國一票，表決超過半數即通過討論之事項，如理事會之結論；所謂條件多數決即依國家之大小而予不同之加權數（EC條約第148條），表決時必須在總數76票中得到54票且須有8個國家贊成才算通過，如法案非來自執委會。EU條約生效之後，共同體面臨第四次擴大，影響了表決成數之變動。

(二)共同體法調和會員國內國法

　　歐洲共同體法優先（primauté）於會員國內國法適用之原則雖已為歐洲法院所確認（**註一七**），惟法理上「後法廢棄前法」（Lex posterior derogat priori），就相同事務所為之規定，如果會員國依然得以後制定之內國法規範廢棄歐洲共同體機構先前制定之歐洲共同體法規範，則關稅壁壘（barrière douanière）即便已經消除殆盡，內部市場之建立依然可能因為新生之法律壁壘（barrière juridique）而功敗垂成。歐洲共同體法之調和會員國內國法——會員國仍然保有制定法規範之權利，惟內國法規範規定之內容應依歐洲共同體法之頒行適用，而作必要之修改；一則以避免上述情事之發生，二則趨同各會員國就同類事務所作之各別規定——就此層面觀之，便顯得格外重要了。

　　對與共同市場之建立或機能之運行有直接影響之任何會員國法律與行政規定，理事會得依EC條約第100條之規定，「經執委會之建議，並於諮詢歐洲議會與經濟暨社會委員會之意見後，以一致決之方式，作成指令，使之調合接近」。由此可知，理事會可藉由指令之頒行，而達到歐洲共同體法調和會員國內國法之目的，儘管是項作為之效力因指令須以一致決之方式制定而大打折扣。而對各會員國為內部市場之建立與運作而制定之任何法律與行政之規定，理事會亦得依EC條約第100a條之規定，「依據第189b條規定之程序，並於諮詢經濟暨社會委員會之意見後，採取任何得以使之調和接近之措施」。理事會得採任何措施以調和會員國內國法，在形式上顯較第100條更為靈活；惟其遵循之立法程序——第189b條——，強化歐洲議會在立法過程之角色，雖言較符合現代民主國家之立法程序，卻使之更為繁複冗長。除此之外，會員國得

註一七　歐洲共同體法優先於會員國內國法適用問題，將於「歐洲共同體法與會員國內國法之關係」論題中詳加討論。

依第100a條第5段之規定，援引「EC條約第36條所列舉之非經濟因素」，經執委會依同條第4段判定其對「會員國之貿易不易構成專斷之歧視或含混之限制」，予以批准後，即可採取「在歐洲共同體監督下之暫時性措施」，則不啻成爲歐洲共同體法調和會員國內國法之隱含性障礙。

第二節　共同體法與會員國內國法間之關係

　　歐洲共同體法與會員國內國法雖是兩種截然不同之法秩序，惟就法律效力之屬人（ratione personnae）與屬地（ratione loci）原則而言，歐洲共同體法之施行適用是以會員國內國法秩序之屬地效力範圍爲領域；而從屬於某一會員國內國法秩序之個體，亦必爲隸屬於歐洲共同體法秩序之個體。也就是說，歐洲共同體雖因其獨特之本質與結構——獨立自主之行政、立法與司法機構、獨特之立法程序及有限但卻不斷擴張之對外職權——而爲一獨立之法律實體，卻使歐洲共同體法與會員國內國法形成相互競合、牴觸之法律體系。歐洲共同體法與會員國內國法間之關係爲何，EC條約並未就此作出具體之規定，而各會員國憲法，或有類似「國家之部份主權得依國際條約之締結或法律之規定，暫時移交依國際公法而設立之國際組織」或「因參與爲保證國家間之和平正義之國際組織，得限制國家主權之行使」……等概括性之規定，雖能成爲各國加入歐洲共同體並對之讓渡部份國家主權之法律基礎，依然無助於兩者間關係之釐清。職是之故，歐洲法院對之所持之態度，便成爲釐清歐洲共同體法與會員國內國法之關係時，最主要之關鍵了。歐洲法院在Van Gend en Loos與Costa等案中，即曾明確的表示歐洲共同體法應即時、直接的適用於會員國境內；而就同一事務歐洲共同體法與會員國內國法有不同規範之情事發生時，應優先適用歐洲共同體法……，以爲兩者間關係之釐清。茲將之分別敍述如下：

一、共同體法之即時適用性

(一)即時適用原則之概念

所謂即時適用原則，係指歐洲共同體法一經制訂生效後，即自動地取得各會員國國內實證法之效力，而無須經由會員國內部之繼受程序，即構成各會員國國內法律秩序的一部份，具有拘束各會員國及其人民之效力。換言之，共同體法之規定不須經各會員國國內法之轉化過程(transformation)、特別採用程序(specific adoption)或併入國內法(incorporation)程序，「即時地」(immediately)在各會員國內發生法律上之效力，各會員國及其人民不得以該共同體法尚未經繼受程序而主張不受共同體法之拘束。

探討共同體法是否具有即時適用性，首先應探討國際法在國內法上之效力問題。向來之國際法學上即有二種主張：

1.二元論(Dualism)

主張二元論的代表人物是近代實證法學派學者，如奧國法學家杜里培(Triepel)及義大利法學家安齊諾蒂(Anzilitti)等（**註一八**）。二元論者主張國際法與國內法是互相分開獨立而毫無關係的二個法律體系，依據此說，國際法與國內法有幾點根本的區別（**註一九**）：

I.不同的淵源

國內法的淵源是國家所制定之法規及其他被國家承認之習慣法、法理；國際法的淵源則是國家間所締結的條約及其他國際上之慣例等。

II.不同的規範對象

註一八　參閱沈克勤，國際法，民國69年，增訂5版，頁68。
註一九　參閱劉慶瑞，國際法在國內法上的地位之比較研究，原載國立臺灣大學法學院，社會科學論叢，第8輯，民國47年4月，收錄於氏著，比較憲法，民國67年10月版，頁324。

國內法規範個人與個人，以及個人與國家之法律關係；國際法則規範國家與國家間之法律關係。

III.不同的適用機關

國內法由國內法院適用，並執行之；國際法則由國際法院適用，其執行機關尚未充分完備。

從上述論點，國際法與國內法既有如此根本之區別，故國際法非國內法之一部份，國際法雖已生效，除非依國內法所規定之繼受程序，將其轉化成為國內法，否則不能在國內發生法律上之效力。

2.一元論(Monism)

主張一元論的代表人物是維也納學派的學者，如凱爾生(Kelsen)及孔茲(Kunz)等（**註二〇**）。一元論者主張國際法與國內法乃是一個統一的法律體系中之一部份，二者間並無本質上之不同，而只有相對的區別（**註二一**）。法律學是一門統一的智識，由有拘束力之法規範所組成之單一體，無論是拘束個人或國家或國際組織，都屬於一個整體，只要承認國際法是具有眞正法律性質的法律體系，便須承認國際法和國內法都是完整法律學的一部份，二者同是法律結構中相互關連的部份（**註二二**）。

從上述論點，國際法與國內法既無本質上之不同，則國際法一生效，即時可在締約國國內發生法律上之效力，無須經特別的繼受程序。

(二)即時適用之效力

如上所述，國際法在國內法上之地位，對於採二元論之國家，國際法在其領域內並無即時適用之效力；反之，採一元論之國家，國際法在其領域內則具有即時適用之效力。雖然歐洲共同體法有其獨特之性質，

註二〇　參閱雷崧生，國際法原理(上冊)，民國42年3月初版，頁190。

註二一　參閱劉慶瑞，前揭書，頁324。

註二二　參閱陳治世，國際法，臺灣書局，民國68年9月初版，頁67。

並非單純之國際法，似不能以上述之二元論、一元論的主張，探討共同體法是否有其即時適用性，此二種理論卻提供區別問題之思維方向。

1.歐洲法院

歐洲法院首先於Van Gend en Loos一案（**註二三**）中，認爲歐洲共同體法係與各會員國之法律秩序截然不同之另一獨立的法律秩序。於Costa一案（**註二四**）中，更詳細地指出「不像一般的國際性條約，EEC條約有其獨自的法律秩序。事實上，創立一存續期間不定之共同體，設置其自己之機構，並擁有法律上之人格、能力、國際上之代表能力以及各會員國在一定之範圍內移轉其主權予共同體之實質權力。各會員國既然彼此限制其主權而創立一共同體，該共同體之法律即應可同時適用於各會員國及其所屬之人民。歐洲共同體法不僅有別於各會員國之內國法，而且亦獨立於各會員國主權及內國法體系之外。亦即，依據共同體法可賦予各會員國或其人民權利，亦可課予義務，而其拘束力之發生，不需各會員國之介入或干預。」換言之，共同體法成爲內國法體系之繼受程序是不需要的。此外，歐洲法院於同一案中更進一步指出，如不承認共同體法之即時適用效力，「共同體法之實行效力在各會員國間將有所不同，此將危及EEC條約第5條第2項所揭示之共同體目標之達成，並將造成該條約第7條所禁止之差別歧視」。因此，共同體法應有即時適用之效力。

2.會員國法院

會員國法院之見解基本上與上述歐洲法院之見解並無不同。茲舉前西德與義大利憲法法院之見解說明之：

前西德憲法法院於1967年10月18日之判決中認爲，理事會與執委會所制訂之規則是由一特別之公權力機關所制訂之法規，該公權力機關是

註二三　參閱Case 26/62，　前揭案例。

註二四　參閱Case 6/64，前揭案例，Rec.Ⅲ, 1141,(1964) C.M.L.R. 425.參閱 Plender R. Usher J., op. cit., pp.20～22.

由條約所設立且明顯地與各會員國之公權力機關不同。EC並非是一個國家或一個聯邦國家，它是一個在不斷演進、整合、互動創造之過程中，所形成的具有特殊性質的共同體。該共同體是由各會員國移轉其部份主權所創立之獨立於各會員國公權力機關之外的另一公權力機關，其所制訂之法規無須經各會員國公權力機關之確認或批准，亦不得由該機關予以廢止（**註二五**）。又於1971年6月9日之判決中指出，依據前西德基本法第24條第1項之規定，聯邦得移轉其主權於國際組織。故EC機構基於各會員國所移轉之主權制訂的規則，立即在會員國國內發生法律上之拘束力（**註二六**）。

義大利憲法法院於1965年12月27日之判決中，認為「ECSC之法律秩序有別於義大利之法律秩序，ECSC之法律秩序為義大利之法律秩序接受，但非併入於(incorporated)義大利之法律秩序」；因而拒絕將二元論之理論嚴格地適用於共同體法。嗣後又於1973年12月27日之判決中指出，共同體法之即時適用性已是各會員國間一致的判例法，歐洲共同體法既非國際法，亦非外國法或內國法。基於平等性(equality)與法律安定性（certainty）之需求，共同體法應即時地適用於各會員國而具有法律效力，無需內國法之繼受或調適，只要它已頒布施行，即能立即地、平等地、一致地適用於所有的規範對象（**註二七**）。

綜觀上述論點，歐洲法院及各國法院一方面區別共同體法與內國法，一方面亦區別共同體法與國際法。如上所述，共同體法亦具有如一元論般之即時適用效力，乃歐洲法院與各國法院之共同立場。其旨趣，或係強調EC係具另一獨特之法律秩序，或係強調EC機關之主權性質，或係為實現共同體法之目標，或係基於平等性、普遍性之要求……。總

註二五　參閱Lipstein K., *The Law of the European Economic Community*, 1974, p.24.

註二六　詳參Ipsen H. P., *Europäisches Gemeinschaftsrecht*, 1972, S.47 ff.

註二七　參閱Mathijsen, P.S.R.F., p.8.

而言之，共同體法是「在會員國之法律」(Law in the Member States)，而不是「屬於會員國之法律」(Law of the Member States) （註二八）。

二、共同體法之直接適用性

(一)直接適用原則之概念

　　所謂直接適用原則，係指歐洲共同體法之規定直接在各會員國與其人民之間創設一種法律關係，依該法律關係之內容，會員國人民得援用共同體法之規定請求會員國國內法院保障其權利。直接適用原則與即時適用原則不同，前者著眼於會員國國內法院是否有義務保障共同體法賦予其人民之權利；後者著眼於共同體法是否須轉化為會員國國內法後始生法律上之拘束力。歐洲法院於1972年Leonesio一案（註二九）中，即明確地區別直接效力(direct effect)與直接適用性(direct applicability)二種概念。

　　申言之，「直接適用性」係就個人（自然人或法人）方面觀察共同體法，亦即在何種範圍內共同體法對個人課以義務，反之，個人在何種範圍內可以援用共同體法以保障其權利之問題。「直接效力」即指，國家以外的自然人或法人等個人，作為法律上之權利義務主體，在內國法院可以直接援引共同體法而主張其權利及利益，以求救濟之謂。因而有「直接適用性」的規則（EC條約第189條）不一定即具有「直接效力」，而是否具有「直接效力」除法條有明確、完整、不附條件的規定

註二八　參閱Parry A. & Hardy S., *EEC Law*, London: Sweet & Maxwell, 1973, p.152.

註二九　Case 93/71, Leonesio v. Italian Ministry of Agriculture, 18 Rec. 287 (1972); (1973) C.M.L.R. 343. 詳請參閱Stein E.-Hory P. & Waelbroeck M., *European Community Law and Institution in Perspective*, 1976, p.197.

外，仍有待共同體法院解決。

　　雖然直接適用原則在概念內涵上與即時適用原則不同，但直接適用原則應以即時適用原則爲前提，蓋在共同體法具有即時適用效力之前提下，方有必要進一步討論其是否具有直接效力之問題。

(二)直接適用之要件

　　並非所有共同體法在即時適用之原則下，均當然具有直接適用之效力。歐洲法院於1962年Van Gend en Loos一案（註三〇）中，即表示須從共同體法之精神、目的、功能、結構、用語等方面來決定。歐洲法院在嗣後之Molkerei-Zentrale案（註三一）中，亦有相同之見解。如有質疑時，應經由解釋以確定之。依EC條約第177條所規定之先行裁決(Preliminary Ruling)，歐洲法院有權解釋共同體法是否具有直接適用之效力（註三二）。

　　從許多歐洲法院之判決中，可歸納出共同體法須具備明確性(clear and precise)、完整性(perfect and complete)及不附條件(unconditional)等三要件後，始有直接適用之效力（註三三）。

1.明確性

　　明確性是指條文之規定必須明顯且精確。不但文字要直截明白，且權利、義務須可得確認，且可得認識（註三四）。例如，EEC條約第12

註三〇　參閱Case 26/62，前揭案例。

註三一　Case 28/67, Molkerei-Zentrale v. HIA Paderborn, Rec. XIV 211, (1968)C.M.L.R. 187. 參閱Parry A. & Hardy S., op. cit., p.144.

註三二　參閱Parry A.& Hardy S., op. cit., p.144.

註三三　以下的說明，參閱Parry A. & Hardy S., op. cit., pp.144～148.

註三四　Case 18/71, Eunomia v. Ministry of Public Instruction, Rec. XVII 811, (1972) C.M.L.R. 4.

條所規定不得增加現有關稅之義務，是可得認識即具有明確性（**註三五**），但同條約第33條第1項所規定全球配額總體價值之估計方法，則不具有明確性（**註三六**）。

2.完整性

完整性是指條文之規定即刻可以施行，不須再採用其他的施行細則來補充執行。換言之，條文規定之施行，各會員國或EC機構並無裁量之餘地（**註三七**）。例如條約第32條及第33條，因會員國尚有自由裁量之範圍，或第92條亦因EC機構尚有自由裁量之範圍，即無完整性。惟如某條款之施行雖尚須補充，但非會員國可以自由裁量者，仍具完整性，例如第95條第3項之規定（**註三八**）；或條款之規定賦予法院自由裁量範圍，而非權利義務主體之自由裁量者，如第95條第2項之規定，亦具有完整性。

3.不附條件

歐洲法院並未明確界定不附條件之意義，但至少是指條文之規定不附有一定之期限。正如EEC條約第13條第1項有關在會員國間廢除所有進口關稅之規定，在1970年1月1日過渡階段結束後，始具有直接適用之效力（**註三九**）。

㈢共同體法之直接適用效力

具備上述三要件之共同體法，始有直接適用之效力。歐洲共同體法

註三五　參閱Case 26/62, 前揭案例。

註三六　Case 13/68, Salgoil v. Ministry for Foreign Trade, Rec. XIV 661, (1969) C.M.L.R. 181.

註三七　Case 28/67, 前揭案例。

註三八　Case 57/65, Lütticke v. HIA Saarelonis, Rec. XII 293, (1971) C.M.L.R. 674.

註三九　Case 33/70, Sace v. Italian Ministry of Finance, Rec. XVI 1213, (1971) C.M.L.R. 123.

在會員國直接適用而有其直接效力之產生，係指歐洲共同體法直接賦予權利課予義務之對象，除歐洲共同體各機構或會員國之外，尚包括各會員國國民之謂（**註四○**）。會員國國民得以援引歐洲共同體法之規定，以對抗內國法規範之規定、並為個人權利義務之主張，從而構成歐洲共同體法之直接垂直效力（effct direct vertical）；而會員國國民相互間援引歐洲共同體法之規定，以為權利義務之主張，則構成歐洲共同體法之直接水平效力（effect direct horizontal）。歐洲共同體法之屬性不一，是否具直接適用性質而有直接垂直與直接水平效力，事實上仍有待歐洲法院之確認。

以下分別說明各種不同法源之直接適用效力。

1.條約（以EC條約為範圍）

在Van Gend en Loos一案中，歐洲法院首次確認EEC條約之直接適用原則。歐洲法院認為，國際條約能否直接適用於締約國境內，應取決於該國際條約之「締約精神、結構意涵暨其用語」（**註四一**）。基於EEC條約之締結係以共同市場之建立為目的，惟共同市場之運作卻與共同市場內之各個份子息息相關；EEC條約並非純粹僅為釐清會員國彼此間之權利義務關係而締結之一般國際條約；又EEC條約第177條雖僅賦予歐洲法院以各項先行裁決權，實際上卻意味著各會員國承認歐洲共同體法之強制執行性，而使各會員國國民能在內國法院據之以為權利義務主張之理由。歐洲法院認為歐洲共同體法乃一獨立於各會員國內國法而為國際法下之一新的法秩序，而「隸屬於該法秩序之主體，除了各會員國之外，同時也包括各會員國國民」（**註四二**）、「歐洲共同體法

註四○ Klaus-Dieter Borchardt, *L'ABC du droit communautaire*, Luxembourg: Office des publications officielles des Communautés européennes, Collection: *Documentation européenne*, 1990, 3ème édition ,p.39.

註四一 Van Gend en Loos, 前揭案例。

註四二 Ibid.

在爲個體設定義務之同時，也對之授予權利，這些權利義務構成其全部
法律權利義務之部份」（**註四三**）。申言之，EEC條約不僅規範歐洲共
同體與會員國、會員國相互間之權利義務，更直接對會員國內之個體
——會員國國民或法人——設定義務或授予權利，後者自有權利援引
EEC條約之規定以爲權利義務之主張。

　　EEC條約除前言暨其附件及議定書外，凡六部份，總計二百餘
條，並非任一條款皆爲會員國國民或法人直接設定義務或授予權利。根
據歐洲法院之見解，EEC條約之部份條款（**註四四**），如第12條、第32
條與第32條第1段、第37條第2段與第53條、以及第95條第1段與第2段
……等，對會員國規定了明確且無條件之不作爲義務，其施行亦無須經
由會員國內國立法程序之轉化。也就是說，會員國因EEC條約之締結
而擔負之棄絕性義務（obligation d'abstention），在會員國與受其司
法管轄之個體間之法律關係中，「當然可以（se prêter pafaite-
ment）產生直接效力」（**註四五**）。

　　除此之外，歐洲法院亦依據EEC條約第7條第7段就「過渡時期終
了之日（expiration de la période de transition），即爲實施本條約
所訂規程之最後日期，亦爲建立共同市場所需一切措施宣告完成之日」
所爲之規定，而認爲EEC條約第37條第1段、第48條以及第52條……等
課會員國以在一定期限內，逐步達成預定結果之行爲義務（obligation
de faire）條款。在其規定之進程（progressibilité）未被遵循之情況

註四三　Ibid.

註四四　綜觀歐洲法院之判決，EEC條約具直接適用效力者，有第9條、第12條、
　　　　　第13條、第16條、第31條……等數十餘條款之規定，而尚有爭議者，有
　　　　　第30條、第48條、第62條……等等條款之規定；而未具有直接適用之效
　　　　　力者，則有第5條、第92條、第93條……等條款之規定。詳參Lipateint.,
　　　　　op. cit., p.290.

註四五　Van Gend en Loos, op. cit., p.13.

下，「會員國所擔負之行為義務，自其屆滿之日起，即視為自動生效」（註四六），直接適用於會員國境內。

　　EEC條約之部份條款或課會員國以明確、無條件之棄絕義務，或規定會員國負有在一定期限內，逐步達成預定結果之行為義務；會員國國民或法人固然得以直接，或於限期屆滿之日後，援引上述條款以對抗會員國違反EEC條約之事實；惟會員國國民或法人相互權利義務關係之釐清，是否仍得適用EEC條約之規定，歐洲法院於1974年於Walgrave一案中，對此疑點作出肯定的答覆。

　　歐洲法院認為，EEC條約有關因國籍不同而產生禁止歧視之禁止條款，如第48條與第59條，「亦應適用於非公權機構制訂之協議規章」（註四七），「內國法院應斟酌EEC條約第7條、第48條以及第59條之規定，以為檢視是項協議規章之合法性與效力」（註四八）。歐洲法院復於1975年之Defrenne II案中進一步表示，EEC條約第119條男女同工同酬之原則「不僅適用於公權機構制訂之規章條例，同時也適用於以集體方式解決計酬工作之協議暨個人間之合同」（註四九），如此再次確認會員國國民或法人相互之間，亦得援引EEC條約之規定，以為權利義務之主張。

2.規則

　　依據EC條約第189條第2項規定，規則是普遍適用的，且全面而直接地在各會員國發生拘束力，規則具有直接適用之效力。所以法院僅須審查某項規定之形式及內容是否為規則而已（註五〇）。

註四六　Case 2/74, Reyners v. Belgian State, (1974) E.C.R. 651.
註四七　Case 36/74, Walgrave and Koch v. Association Union Cycliste Internationale, (1974) E.C.R. 1419.
註四八　Ibid.
註四九　Case 149/77, Defrenne v. Sabena, (1978) E.C.R. 476.
註五〇　Case 16, 17/62, Rec. VIII 901, (1963) C.M.L.R. 160.

　　歐洲法院在1971年第43號案件中，進一步確認規則之直接效力：
「根據其本身性質和在共同體法源體系中的作用，它（規則）產生直接
效力，可以為個人創設權利，國家司法機關有義務加以保護」。由此可
知，個人既能援引規則之規定以對抗會員國內國法規之規定，亦得據之
以為彼此間權利義務之釐清。規則之直接適用實有其直接垂直與水平效
力。

3.指令

　　依照EC條約第198條第3項規定之文義觀之，指令需要會員國政府
之中介作用，不能直接在會員國發生效力，不能為會員國之國民直接援
用，似無直接適用之效力。惟在實務上，因EC發佈的指令條文越來越
具體，有時甚至對細節的規定也甚為詳盡，無需會員國之補充，因而依
照歐洲法院的判決，在這種條件下指令也有直接適用之效力。

　　依照條約第13條第2項規定，會員國應在過渡期間內逐漸廢除會員
國間與進口關稅有相同效力之其他費用，此項廢止之期間則依指令決定
之。據此，1966年之提前決定(acceleration decision)乃規定1968年7月
1日應廢止所有EEC內部之費用；基於此項決定，執委會乃對義大利政
府發布指令，要求其於上開期限內廢止某項行政費用。

　　在1970年SACE一案（**註五一**）歐洲法院認為，依據EEC條約第13
條第2項及第9條規定，該項義務之規定應予直接適用，因而該決定及指
令亦應直接適用，蓋指令並未明顯改變會員國之義務。惟法院旨在指
出，該義務實因指令之存在而具有直接效力。依照法院之意見，只要指
令所規定之義務是「無條件的、相當精確，即足以在會員國與其所管轄
之國民與法人的關係中產生直接效力。」。

　　其實，指令之直接適用性應自二方面觀察。其一為會員國國民能否

註五一　Case 33/70,　SALE v. Italian Ministry of Finance, Rec. XVI, 1213,
　　　　　(1971) C.M.L.R. 123.

援引指令之規定以對抗被指令指向之國家，也就是指令直接適用之直接垂直效力；其二則爲會員國國民相互間能否援引指令之規定以爲權利義務之主張，也就是指令直接適用之直接水平效力。

　　根據EC條約第189條第3段之規定，指令僅就其「規定達成之目的，拘束特定之會員國」，至於目的達成之方法與形式，則聽任會員國權宜行事；也就是說，指令在未經會員國內國行政或立法機構之轉換程序，「會員國國民不得據之以爲主張其對第三人之權利，而會員國更不得據之以對其國民設定義務」（**註五二**）。由此可知，指令無法直接規範會員國國民相互間之法律關係，而不像規則之具直接水平效力（**註五三**）。指令雖僅對特定之會員國有拘束力，惟會員國國民事實上仍能直接援引指令之規定以對抗會員國內國法規之規範內容，從而構成指令之直接垂直效力，則係歐洲法院在一系列判例中，逐步發展確認之原則。

　　EC條約雖未明文規定指令乃一具直接適用性質之規範，惟其亦未明確規定指令不得直接適用；在此情況之下，歐洲法院基於歐洲共同體機構以指令規範會員國應盡之共同體義務的同時，該指令亦將對其國民產生法律上之效果（conséquences juridiques）；若該會員國國民無法援引是項指令之規定，或若該會員國不將該指令視爲歐洲共同體法之一部份，則該指令之直接效力（effct direct）必將因此而大打折扣……等理由，而認爲以會員國爲指向標的之指令是否具有直接適用之性質，「端視相關條款之本質、結構意涵暨其用詞用語能否在會員國與會

註五二　Case 14/86, Pretore de Salo, (1987) E.C.R. 2570.
註五三　指令之直接適用能否產生直接水平效力，學說對此之見解仍存有相當大的差異，而歐洲法院事實上亦未形成一統一之見解。持肯定見解者固然著眼於歐洲統合之落實。持否定見解者則執著於以特定會員國爲指向標的之指令，自應僅對特定會員國有拘束力，也就是法律確定性原則之落實。在被指向國家未選擇形式或方法前，會員國國民之權利義務事實上仍處於不確定狀態；既不知權利義務之內容爲何，自不能援引主張以爲釐清會員國國民相互之法律關係。

員國國民相互間之關係上產生直接效力」（**註五四**）而定。

　　歐洲法院在爾後之一系列判例中，不僅重申是項原則，對指令之直接適用亦作出更具體之解釋，使會員國國民不僅「在特殊之情況下，尤其是在會員國未因指令之規定而採取適當之措施，或其採取之措施與指令之規定格格不入時」（**註五五**），得積極援引是項指令之規定以對抗會員國違反指令之事實；更可因「會員國內國機構不得引用與指令所規定之無條件且相當明確之義務相左之立法或行政規範，以茲對抗」（**註五六**），而使其權益消極地受到保障。

4.決定

　　EC機構所作出之決定的效力基本上與規則相同，但決定的適用對象與規則的適用對象不同，不是泛指會員國，它可以指向特定的會員國或會員國之國民。指向國民的決定與規則一樣，具有直接適用之效力。惟指向會員國之決定是否具直接適用之效力，則不無疑問。

　　在1970年之Grad一案（**註五七**），歐洲法院認為EEC條約第189條規定規則有其直接適用之效力，「並不能由此得出該條所指的其他類型之法令不能產生相同效力之結論」。如排除個人援引決定內容之可能性，與第189條承認決定具有強制效力之規定不符。特別是在EEC機構以決定的形式規定會員國為某種特定行為時，「該國國民若不能在訴訟中加以援用，國家司法機關不能視其為EEC之一分子，則該決定的有益效力必將因此減弱」。據此，歐洲法院認為，此類決定「能夠在會員國及歸其管轄之人的關係中產生直接效力，能賦予他們在訴訟中直接加以援用之權利」。

註五四　Case 412/74, Van Duyn v. Home Office, (1974) E.C.R. 1348.
註五五　Case 102/79, EC Commission v. Belgium, (1980) E.C.R.1473.
註五六　Case 158/80,Rewe Handelsgesellschaft v. HZA Kiel, (1981) E.C.R. 1837.
註五七　Case 9/70, Grad v. Finanzamt Traunstein, 1970. Rec. XVI 825.

歐洲共同體，因其具有某程度之主權、獨立之機構（立法、行政、司法），及爲達成單一市場之特殊目的，共同體法有普遍、平等實施之必要性，其性質既非國內法，亦非傳統之國際法，且共同體法於成立生效後，與會員國之國內法各自形成獨立之法律體系，因而在共同體內，乃同時並存共同體法及國內法之實施問題，從而兩者之關係如何，即廣爲學說論議。

㈣補充原則之直接效力問題

從以上分析，我們可以瞭解共同體法可直接適用於會員國之內國法院，並且適用於任何爭端，只要該法律規定是明確而無附加條件時，不僅適用於個人及會員國之間，也適用於個人與個人之間；亦即會員國之自然人或法人得依據共同體法主張其權益，在法院之前作爲請求權之基礎，無須由會員國再採取其他措施使之生效，該共同體法規定得直接適用於所規範的法律關係上（**註五八**）。

當共同體無法在共同權限內採取措施，此時會員國所採取之措施若侵害個人之權益時，則個人是否得主張歐洲共同體條約之補充原則請求救濟，不無疑問。根據EC條約第3b條第2項的規定，補充原則並未創設或賦與共同體任何關於權限的事項，該原則僅能運用在由其他歐洲共同體條約規定已規範的權限事項上，因而不能單獨成爲共同體行爲的法律基礎（**註五九**）。故補充原則不具備直接效力；然而在解釋該原則時，歐洲法院有權審查爭議事項是否符合該原則之規定（**註六〇**）。所以發生上述爭端時，因爲補充原則不具有直接效力，個人無法於歐洲法院或會員國法院單獨主張該原則請求救濟。即使共同體在共同權限內採取措

註五八　Case 57/65, Üticke (1966) E.C.R. 205, p.257.

註五九　See A.G.Toth, 'A Legal Analysis of Subsidiarity', in David O'Keeffe and Patrick M Twomey (ed.),op.cit.,p.39.

註六〇　Bull. EC 12-1992, p.14.

施而被認爲不符合補充原則之適用條件時亦同。

三、共同體法之優先適用性

(一)優先適用原則之概念

　　歐洲共同體雖爲一獨立自主之法律實體，卻是歐洲共同體法與會員國內國法相互競合之法律體系。歐洲共同體法直接適用於會員國境內，逐行成爲會員國內國法之組成部份，已如上述；惟若歐洲共同體法與會員國內國法就同一事務所爲之規定相互衝突抵觸時，究應優先適用歐洲共同體法，亦或優先適用會員國內國法？對此極具敏感之問題，歐洲法院在其司法實踐中，確立了歐洲共同體法優先於會員國內國法適用之原則。

　　所謂優先適用原則，係指歐洲共同體法與會員國內國法同時併存且其內容相互牴觸時，歐洲共同體法之規定具有優先於內國法之規定而適用之效力。優先適用原則與直接適用原則不同。前者在決定共同體法與內國法間適用上之先後順位關係；後者在決定共同體法之規定是否有如國內法一樣的直接效力。

　　雖然優先適用原則在其概念或內涵上與直接適用原則不同，但優先適用原則應以直接適用原則爲前提，蓋惟有賦予共同體法直接適用之效力，在其與國內法相互牴觸時，方能解決二者適用上的困難關係。

(二)優先適用原則之前提

　　優先適用原則應建立在二個前提之上：其一是會員國內國法院有義務適用共同體法之規定，其二是共同體法之規定與會員國內國法之規定相互牴觸。欠缺第一前提的情況下，共同體法與會員國內國法即無併存之可能。當無兩種相互牴觸之問題；欠缺第二前提的情況下，所涉及的是共同體法與會員國內國法如何協力發揮規範功能的問題，而非孰爲優

先的問題。

1.會員國內國法院之適用共同體法

依據EC條約第5條及Euratom條約第192條之規定，各會員國有義務確保關於條約所生義務之履行、促進共同體目標之達成，並禁止採取任何足以危害共同體目標實現之措施。此項會員國之一般義務同時適用於行政、立法、司法等部門。因此，會員國國內法院有義務適用共同體法之規定，否則即構成違背條約之規定。

2.共同體法與會員國內國法之協力運作

在共同體法與國內法不相互牴觸時，二者不僅和諧併存，且常相互協力運作以發揮其規範功能。例如會員國內國法官在審理案件時遇到共同體條約之解釋或共同體機構所制定之法規之效力及解釋問題時，可依EC條約第177條之規定請求歐洲法院先前裁決。又如共同體機構所作有關對個人或企業之罰金決定時，該決定須經由會員國有關機關依內國民事訴訟程序之規定執行之（參閱EC條約第192條之規定）。再如共同體機構對於共同體之訴訟案件亦有賴各會員國有關機關之刑事訴追。

此外，歐洲法院雖於1959年Stork & Co.一案中，明確表示「依據EEC條約第8條之規定，共同體機關只受共同體法之拘束，不能適用各會員國之國內法」。但歐洲法院卻於許多判決中適用會員國國內法之概念、解釋其意或適用其原理原則，乃為不爭之事實。凡此均足以說明共同體法與國內法之協力運作關係。

(三)優先適用原則之確立

1.會員國憲法之規定

由於共同體條約對於共同體法與會員國內國法相互牴觸時並無明確解決方法之規定，是以會員國內國法官在解決此一問題時即傾向於依國內法（尤其是憲法）之規定解決，因而有必要先就各會員國憲法之規定觀察之。

荷蘭1953年憲法第66條明定共同體法對於現有之國內法以及嗣後制訂之國內法均有優先性，此爲各會員國憲法中唯一對此問題作明確規定者。

法國1958年第五共和憲法第55條規定「國際條約或協定經正式批准公佈者，其效力在國內法之上」（**註六一**）。法國法院一般均將此條款之規定解釋爲經正式批准之國際條約，有優先於現在及未來國內法之效力（**註六二**）。

前西德1949年基本法第24條第1項規定，聯邦得依法律將其主權移轉於國際組織。第25條規定，國際法之一般規則構成聯邦法之一部分。此等一般規則之效力在聯邦法律之上，並對聯邦境內之住民直接發生權利及義務（**註六三**）。共同體法之優先性如此可知一般矣（**註六四**）。

義大利1948年憲法第10條第1項僅規定，義大利之法律秩序應符合一般承認之國際法規則（**註六五**）。其憲法法院於1964年之Costa一案中明確支持共同體法之優先性（**註六六**）。

其他各會員國憲法上雖然均未對此問題作明確規定，但其法院判例方面基本上均支持共同體法之優先性（**註六七**）。

2.歐洲法院之見解

歐洲法院於歷年來之判決中均一致地指出共同體法之優先性，強調共同體法之規定不僅應適用於共同體領域內，且因其法律具有直接適用

註六一 譯文見司法行政部編印各國憲法彙編，頁740。

註六二 參閱Mathijsen P.S.R.F. op. cit., p.13.

註六三 前揭譯文，司法行政部編印，頁302。

註六四 參閱Harbecht W. 原著，朱建松譯，歐洲共同體法，民國78年3月版，頁122～124。另參閱Runge C., *Einführung in das Recht der Europäischen Gemeinschaften*, 1975, S.74 ff.

註六五 前揭譯文，司法行政部編印，頁350。

註六六 參閱Lipstein K., op. cit., p.40.

註六七 Ibid., p.39.

之效力，不容國家公權力機關之干預。

在Costa一案中，歐洲法院首次確認歐洲共同體法優先會員國內國法適用之原則。歐洲法院認爲，歐洲共同體法之優越地位係因EEC條約之締結而產生之必然結果（corollaire），所以基於後制訂之內國法若能使歐洲共同體法之施行效力（force exécutive）因國而異，則EEC條約揭櫫之原則與目的，將永無實現之日；會員國因EEC條約之締結而承擔之義務，亦將由「無條件之義務轉變而爲可能性之義務」；或單憑「法令之頒行即可逃避其應盡之義務」；而EEC條約第189條賦予規則以具拘束力並得在會員國境內直接適用生效之屬性，亦將「淪爲空談（sans portée）」……等理由（**註六八**），歐洲法院釋出：肇基於國際條約之歐洲共同體法，「其獨創性特質，使其在受到任何內國法令之對抗時，不僅無傷其共同體之本質，更無法動搖歐洲共同體之法律基礎」（**註六九**）、會員國依EEC條約之規定，將相關之權利與義務讓與歐洲共同體，從而對其主權造成相當明確之限制，在此情況之下會員國自不能以「單方面、後制訂並與歐洲共同體理念相左之法令規章以對抗主權讓渡之事實，更不得賦予該法令規章以優越之地位」（**註七〇**）……等著名之論斷。由此可以論得，歐洲共同體法優先會員國內國法適用原則不僅源自於EEC條約本身，亦是歐洲共同體本身所要求的；如果不能保證歐洲共同體法之優越地位，歐洲共同體賴以存在之基礎也就喪失了（**註七一**）。

在1965年San Michele一案（**註七二**）中，歐洲法院更進一步表

註六八　Costa v. Enel, 前揭案例.

註六九　Ibid.

註七〇　Ibid.

註七一　章鴻康，歐洲共同體法概論，民國80年，頁141。

註七二　Case 9/65, San Michele v. High Authority, Rec. 1967, XⅢ1. 參閱 Parry & Hardy S., op. cit., p.136 S.

示，共同體之本質係建立在於貨物、人員、服務、資本之自由流通，使
各企業得在相同之條件下，基於自身擁有之資源以自身之風險進入內部
單一市場，使各企業得在平等條件自由競爭之基本前提下，即在於法律
之平等性情形下，一體適用共同體法爲必要。因此，歐洲法院認爲共同
體內之人民在EEC條約之整體、一致適用下不能取得不同之待遇。

　　歐洲法院在1970年之Internationale Handelsgesellshcaft一案
（註七三）中，則更明確的表示，依據內國法之法律原則或概念以瞭解
共同體法之效力，將違背共同體法之性質及功能；共同體法之效力，只
能基於共同體之觀點予以瞭解。而基於具有自治性質之條約所頒行之法
規，性質上亦不容由內國法之法則予以推翻，從而影響共同體之運作並
危害共同體之法律基礎。

　　綜上論點，歐洲共同體法與會員國內國法相互衝突、牴觸時，應
「援引歐洲共同體法優先適用之原則（application du principe de la
primauté de la règle communautaire）」（註七四）。根據該項原
則，具直接適用性質之EEC條約或歐洲共同體各機構制訂之派生法，
自其生效之日起，不僅「使與之衝突牴觸之會員國內國法規範，完全失去
被適用之可能」（註七五），更因其爲會員國內國法秩序之高位階法規範，
而使「會員國不得制訂與之衝突牴觸之內國法規範」（註七六）。

　　歐洲法院在Costa爾後之一系列案件中，不僅一而再，再而三地重
申歐洲共同體法優先會員國內國法適用之原則，亦將是項原則之適用範

註七三　Internationale Handelsgesellschaft mbH v. Einfuhr－und Voratsstelle
　　　　Getreide (1970), 16 Rec. 1125, p.1135;(1972)C.M.L.R. 255.參閱Lipstein
　　　　K., op. cit., p.24.
註七四　Case 14/68, Wilhelm v. Bundeskartellamt, (1969) E.C.R. 14.
註七五　Case 106/77, Amministrazione delle Finanze dello Stato v. Sim-
　　　　menthal SpA, (1978) E.C.R. 643.
註七六　Ibid.

圍擴大，使與歐洲共同體法牴觸之會員國內國法，不論其存在於歐洲共同體法之前，或後歐洲共同體法而制定，均不得適用。事實上，歐洲法院亦課會員國內國法官以援引歐洲共同體法優先會員國內國法適用原則之義務。歐洲法院認為，會員國內國法官在其管轄之範圍內，負有適用歐洲共同體法之責任，並有義務確保歐洲共同體法賦予個人之所有權利。職是之故，會員國內國法官「在必要之情況下，得依自身職權之行使，令所有與歐洲共同體法衝突牴觸，甚至於後歐洲共同體法制定之內國法規範，失去適用之可能，而無須請求或等待這些法規範經由立法途徑或其他憲法程序先行撤銷」（**註七七**）。

從以上分析，歐洲法院肯定共同體法具有優先適用原則，不外基於以下數點理由：

1.基於歐洲共同體之本質暨共同體法之特殊性，優先適用原則乃共同體與共同體法存在之基本要件；

2.基於法律之平等性、一致適用性暨禁止差別待遇……等理由，應承認優先適用原則；

3.共同體法是由具有獨立主權之機構所制訂之法律，為避免破壞共同體之自治性及危及其存在基礎，為發揮共同體之功能以實現其目標，應承認優先適用原則。而各會員國之內國法官為該國國民之權益之維護，更應主動積極適用是項原則。

綜上論點，歐洲共同體法是具有特殊性質之法律，既非國內法，亦非國際法，乃是由具有自治性質之共同體所制訂之法律。所以探討共同體法之性質，應摒棄傳統法學上國內法與國際法二分法之觀點，從另一不同之角度以觀察歐洲共同體法。

基於歐洲共同體法之特殊性質，歐洲共同體法不須經各會員國國內之繼受程序，當然地在會員國國內取得實證法之地位，具有拘束各會員

註七七　Ibid., p.644.

國及其人民之效力，此即共同體法之即時適用效力。又歐洲共同體法如
具備明確性、完整性及不附條件等三要件時，直接在會員國與其人民之
間創設一種法律關係，依該法律關係，內國人民得直接援用共同體法之
規定請求國內法院保障其權利，此即共同體法之直接適用效力。此外，
在歐洲共同體法與會員國國內法同時併存且其內容互相牴觸時，歐洲共
同體法之規定應優先於國內法之規定而適用，此即共同體法優先適用效
力。

　　為達成創立共同體條約所揭示之共同體之理想，歐洲共同體內必須
有自己之一套法規以維護共同體之秩序。因此，基於歐洲共同體之特殊
性，共同體法之所以具有即時適用效力、直接適用效力及優先適用效
力，並非基於任何會員國國內憲法或其他法律之規定，而是基於共同體
自身之本質，其存在及功能要求共同體法須一致地、公平地適用於所有
會員國。尚有賴於共同體機構、各會員國政府，本創立共同體之初衷，
互相協力配合，始能充分發揮共同體法維護共同體秩序之功能。但是歐
洲聯盟條約中的補充原則（principle of subsidiarity）的效應，必將
影響並限制歐洲法院無限擴張共同體權限的能力。

(四)優先適用原則與補充原則之關係

　　從以上分析，共同體法的優先性，顯示共同體法的位階高於會員國
的內國法。因為共同體法自成一法律體系，而共同體的權力均源自於各
會員國的主權限制或權限移轉而來，所以共同體法應優先於會員國法律
適用。若共同體法在各會員國間有不同效力時，將會阻礙歐洲共同體條
約所定目標之達成，並有損共同體的正常運作。故在具體個案中，各會
員國應一致適用共同體法，不得適用牴觸共同體法之會員國法律（**註七
八**）。由共同體條約所衍生的法律乃是一獨立的法源，根據其特性和來

註七八　Case 6/64, Costa v. Enel (1964) E.C.R. 585, pp.593～594.

源的性質，不能由會員國內國法律所逾越（**註七九**）。而任何會員國法律妨礙共同體法執行或違反共同體法規定之情形，將造成會員國違背歐洲共同體條約義務之履行，並危及共同體整合的基礎。因此，會員國法院必須完全適用共同體法，確保共同體法賦與個人的權利不受侵害，以及排除會員國法律牴觸共同體法的可能（**註八〇**）。歐洲法院的判決，明確指出會員國不得制定或公佈與共同體法牴觸的新規定，共同體法和內國法之間並不適用後法優於前法的原則；換言之，就同一事項上若共同體法與內國法均有規定時，會員國有義務遵循共同體法並優先適用之。此外，會員國法律必須確保共同體法的適用與執行上之有效性（**註八一**）。

共同體法優先性適用於共同體法律和會員國內國法律相衝突時，或是對同一事項，共同體法及會員國內國法均得予以規範之法規競合的情形。而補充原則是以權限的配置，根據其規模或效果，選擇較為有效的層次。當共同體機關以補充原則採取措施但會員國卻反對時，便產生共同體機關所制定的法律與會員國法律相衝突的情形；為解決此一窘境，則必須先界定系爭事項究竟屬於何種權限，爾後再以共同體法的優先性決定何者法律或措施為合法正當（**註八二**）。但共同體法的優先性對於補充原則是否具有絕對的影響，不無疑問。在非共同體之專屬權限上，會員國若仍保有執行該權限的權利，且以規模及程度而言均為有效之執行主體，則共同體法優先性的原則不應侵犯該會員國行使權限的權利。

註七九 Case 11/70, Internationale Handelsgesellschaft mbH v. Einfuhr und Vorratsstelle für Getreide and Futtermittel (1970) E.C.R. 1125.

註八〇 Case 106/77, Italian Finance Adminisration v. Simmenthal (1978) E.C.R. 629, pp.643~644.

註八一 Case C-213/89, R v. Secretary of State Transport, ex parte Factortame Ltd and others (1990) E.C.R. 1-2433.

註八二 See Daborah Z Cass, The Word That Saves Maastricht? The Principle of Subsidiarity and the Division of Powers Within the European Community, (1992) 29:1107~1136, C.M.L.R., pp.1129~1131.

第四章 歐洲共同體機構組織及其相互間之關係

第一節 共同體機構之組織及其職權

一、概況

　　歐洲乃近、現代文明之啓蒙地，小國林立，互不相讓，而亦成爲人類歷史上兩次世界大戰之起因。俗謂「水能載舟，亦能覆舟」，擁有世界上最雄厚的政治、經貿實力的歐洲，如何能從善安排以爲人類謀求最大的安定、福祉，而避免不必要之爭端造成世界性的災難，這些都是極須努力的。事實上自中世紀末期，就已有歐洲統一的呼聲。先前的歐洲共同體，包括了歐洲煤鋼共同體、歐洲經濟共同體、歐洲原子能共同體，便是在第二次世界大戰後，痛定思痛下之產物。

　　然而，歐洲共同體的運作、發展需要共同設置機構加以配合。因此共同體設立了以權力分立形式、互相監督、制衡之一系列機構，成爲共同體焦點之所在。從1951年的「巴黎條約」和1957年的「羅馬條約」到1986年的「歐洲單一法」及1992年的「歐洲聯盟條約」（亦稱馬斯垂克條約），共同體的機構從創始條約的架構在幾次條約之修訂，其職權與關係都有關鍵性的調整。共同體機構組織功能之不斷演變，突顯出歐洲近五十年來在政治、經濟等方面整合之結果。本節之重點，正是著眼於

共同體主要機構（**註一**）：執行委員會、部長理事會、歐洲議會、歐洲法院之組織、職權之歷史變革上。

二、執行委員會（The Commission）

執委會之組織結構以及職權範圍歷經1965年的「合併條約」、歐洲單一法及歐洲聯盟條約之調整後，有所更迭，析述如下：

㈠羅馬條約（EEC條約）及合併條約中的執委會

1.組織

在合併條約簽訂生效之前，三共同體：ECSC、EEC、EAEC（Euratom），有各自之執委會。只不過在建立ECSC的巴黎條約中將之稱為「高級公署（High Authority）」（**註二**）。合併條約則將共同體之執委會組織部分的規定，即ECSC條約第9條至第13條、EEC條約第156條至第163條、EAEC條約第125條至第132條，加以廢除（合併條約第19條），而以合併條約第10條至第17條取而代之。故合併後之執委會其組織結構規定在合併條約之中。

合併條約第10條第1項規定執委會由十七人組成（**註三**），理事會得以一致決變更執委會成員之人數。執行委員必須是會員國之國民，並具一般能力（general competence）。各會員國至少有一委員，同國籍

註一　其所在地依會員國相互同意下定之（EC條約第216條）。1992年12月12日會員國代表就共同體機構所在地問題達成協議（OJ　No C　341/11，23. 12. 1992）：執委會、理事會（布魯塞爾），歐洲議會（史特拉斯堡），歐洲法院（盧森堡），審計院（盧森堡），經濟暨社會理事會（布魯塞爾），歐洲投資銀行（盧森堡）。

註二　參見ECSC條約，第8條。

註三　Article 15AA ESP / PORT 修正。詳細任命方法參閱 Van Miert, The Appointment of the President and the Members of the European Commission, (1973) C.M.L.R. 257～259.

之委員不得超過兩位。執行委員必須經過理事會一致同意任命之（合併條約，第11條及第14條）。其任期四年，得連任。此外，執委會設主席一人，副主席六人，由理事會同意自執委會委員中選任，任期二年得連任（**註四**）。以上規定，歐洲聯盟條約在歐洲議會擴權及新會員國的加入情況下，有所變更。

執委會以其成員的多數決議通過事項，但僅在其議事規則規定的法定人數出席時才有效力（EEC條約，第163條）。依據現行執委會議事規則第2條規定，執委會的決議必須至少有9位委員出席。

執行委員各自組成內閣（Cabinet），由其內閣協助其處理政務。閣員由其自行任命，直接對他負責，不限於歐體的雇員。內閣的領導人是委員的左右手。各執委會委員的閣揆會定期集會協調政策與準備會議，如果達成協議，無疑地執行委員會亦採納（**註五**）。

合併條約第10條第2項亦規定執委會委員之工作認知，強調委員應基於共同利益（general interest），於執行職務時保持完全獨立。亦即委員們應以其政治眼光作判斷而非受其對其國籍所屬國之忠誠程度影響。不得接受各政府、團體或個人之指示，禁止為任何與職務相違背之行為。同時各會員國亦應遵循此特性不得對執委會委員施以影響。

合併條約第16條及第17條指出，執委會必須遵循議事規範，確保執委會及其部門能依照ECSC條約、EEC條約、EAEC條約及合併條約的規定執行、運作。在執委會委員做出決策後，須由執委會依不同的事務領域分成之部門協助推動。執委會設有總署（Directorates-General, DGS）（**註六**）、於1985年已增為22個（**註七**），1986年更擴大為23個

註四　參見執委會程序規則（the Rules of Procedure of the Commission, ROP-Comm），第1條。
註五　T. C. Hartley, *The Fundtleytions of European Community Law*, New York: Oxford Uni. Press Inc., 3rd Edition, 1994, pp.13～14.
註六　Eric Stein, Peter May, Michel Waelbroeck, *European Community Law*

（註八），其依序是：

　　DG I──對外關係（External Relations）、DG II──經濟財政事務（Economic and Financial Affairs）、DG III──內部市場及工業事務（Internal Market and Industrial Affairs）、DG IV──競爭（Competition）、DG V──就業、工業關係及社會事務（Employment, Industrial Relations and Social Affairs）、DG VI──農業（Agriculture）、DG VII──運輸（Transport）、DG VIII──發展（Development）、DG IX──人事行政（Personnel and Administration）、DG X──資訊（Information）、DG XI──環境（Environment）、DG XII──科技研究發展（Science, Research and Development）、DG XIII──電訊資訊工業及革新（Telecommunication, Information Industries and Innovation）、DG XIV──漁業（Fisheries）、DG XV──金融機構及公司法（Financial Institutions and Company Law）、DG XVI──區域政策（Regional Policies）、DG XVII──能源（Energy）、DG XVIII──貸款及投資（Credit and Investments）、DG XIX──預算（Budgets）、DG XX──財務管理（Financial Control）、DG XXI──關稅同盟及間接稅（Customs Union and Indirect Taxation）、DG XXII──組織政策之協調（Coordination of Structure Policies）、DG XXIII──企業政策、經銷行業、觀光、合作（Enterprise Policies; Distributive Trades, Tourism and Cooperatives）。除了DGS之外，執委會亦設有十個特別行政單位，依次爲總秘書處（Secretariat-

　　　　And Institutions In Perspective, Charlottesville: The Michie Company Publisher, 1976, pp.41〜42.

註七　D. Lasok & J. W. Bridge, *Law & Institutions of the European Communities*, London: Butterworths, 5th Edition, 1991, p.217.

註八　Philip Raworth, *The Legislative Process in the European Community*, Deventer: Kluwer Law and Taxation Publishers, 1993, p.21.

General）、法律服務處（Legel Service）、統計室（Statistical Office）、發言人處（Spokesmen Service）、消費者政策事務處（Consumer Policies Service）、人力資源及敎育，訓練，靑年處（Human Force Resources, Education, Training and Youth）、翻譯處（Translation Service）、傳譯暨會議處（Joint Interpretation and Conference Service）、原子能供應代理（Euratom Supply Agency）、安全局（Security Office）。

2.職權

　　歐洲共同體執委會之組織雖受合倂條約的影響，而有部分的改變，但其職權方面，仍係依其羅馬條約之規定。在羅馬條約中，執委會的權限可以分爲：

　　Ⅰ.行政權

　　執行委員會，顧名思義，擁有執行事務之權力。根據羅馬條約第155條之規定，執委會須依本條約及各機構所採取之相關措施執行；並且依理事會之授權執行事務。因此，執委會以其超國家機構之地位，有執行共同體事務之權利與義務。其主管的主要領域爲主持各農產品共同市場的管理委員會（**註九**）、保持正常的競爭活動（**註一〇**）、管理共同體預算（**註一一**）等。另外執委會對其每年執行職務的情形，向歐洲議會提出一總報告（**註一二**）。

　　Ⅱ.提案權

註九　參見EEC條約，第43條。
註一〇　同上註，第89條、第90條。
註一一　同上註，第203條。在共同體支出方面，執委會還負責各項基金之管理，其中主要三項爲歐洲社會基金（European Social Fund）；歐洲農業輔導及保證基金（European Agriculture Guidence and Garantee Fund）、歐洲區域發展基金（European Regional Development Fund）。
註一二　同上註，第156條。

執委會爲達成共同體條約之目標下提案，交由理事會作成決定（**註一三**）。換言之，除了在特別情況外（**註一四**），執委會享有獨占的提案權力（**註一五**）。甚至在特定的領域內，執委會若未行使其提案權，理事會（**註一六**）或歐洲議會（**註一七**）只得依法促請提案。但在執委會不提案的情形下得由議會依法提出不信任投票（**註一八**）或由執委會提起不作爲之訴（**註一九**）。

III.立法權

EEC條約第189條規定，爲了達成共同體之使命，執委會與理事會制定規則、指令、決定、建議及意見。此外，執委會亦可單獨制定各項規定，諸如：有關執委會其本身的程序（**註二〇**）、商業政策之部分措施（**註二一**）、農產品之進出口平衡稅（**註二二**）等法律。

IV.監督權

依照EEC條約第169條規定，如果執委會認爲某一會員國未能履行該國依本條約所應履行之義務，執委會在給予該會員國提出其看法後，應就此問題作出說明理由的意見。如果相關會員國在執委會所規定之期限內未能履行執委會的意見，執委會可向法院提起訴訟。所以，執委會擁有監督各會員國是否遵守共同體條約之權力，並且在給予該會員國說

註一三　同上註，第145條。

註一四　同上註，第84條第2款、第126條。

註一五　同上註，第152條、第155條第2款。關於提案權請進一步再參考：Noel, *The Commission's Power of Initiation*, 10 C.M.L.R.123 (1973).

註一六　EEC條約，第152條。理事會之提案要求對執委會具有法律拘束力，但後者卻享有政治上的裁量權自行確定提案內容。

註一七　EC條約新訂第138b條。

註一八　EEC條約，第144條。

註一九　同上註，第175條。

註二〇　參見合併條約，第16條。

註二一　同上註，第110至第116條。

註二二　同上註，第46條。

明之機會後，有作成意見之義務。更甚者在該會員國於期限內仍置之不理時，有追訴之權力（**註二三**）。

　　執委會的監督權亦可及於個人對於共同體義務之履行。例如依據EEC條約第79條，運送人在共同體中的運送不得違反「不歧視原則」（rules of non-discrimination）以及在同條約第89條、第87條第2項可監督個人是否違背競爭規則（rules of competition）方面。

　　V.其他職權

　　執委會在國際法院中代表共同體；在共同商業政策或依羅馬條約之規定，有需要對外簽定條約時，執委會代表共同體於理事會之授權下，與第三國或國際組織進行談判，以及在理事會之指導下交涉國際協定；但無締約權（**註二四**）。

(二)歐洲單一法（SEA）中的執委會

1.組織

　　關於歐洲單一法，其內容著重於調整共同體機體之職權，對於執委會之組織結構未有改變（**註二五**）。

2.職權

　　執委會的職權在羅馬條約中有多面向之功能，所以居於極重要的地位。然而，在歐洲單一法生效之後，却有重大的變動。

　　Ⅰ.執行權

　　依EEC條約第155條之規定，執委會確保條約規定及各機構所訂定措施之執行，且依理事會之授權實施理事會所制定之各項規則。然而

註二三　參見EEC條約，第170條第3項。

註二四　同上註，第228條、第229條、第111(2)條、第113(2)及(3)條。以及歐洲共同體特權與豁免議定書（the Protocol on Privileges and Immunities）第6條。

註二五　參見SEA，第4條至第12條。

SEA第10條則藉由修改EEC條約第145條，擴大理事會授權執行法規之範圍方式，增加理事會執行之權限（**註二六**），使得執行權不再只是執委會本身的權力（**註二七**）。

II.提案權

由於歐洲單一法採行新的立法程序——合作程序（Cooperation Procedure）。按此一程序，理事長在執委會所提出的議案及嗣後得在議會的諮詢意見之基礎上，以條件多數決作成共同立場（common position）之後再將該共同立場送至議會進行二讀（**註二八**）。此時，理事會和執委會必須依SEA第7條第2項b款之規定充分告知歐洲議會，關於理事會達成共同立場及執委會採取其立場之理由。並且依據同項c款歐洲議會可以在三個月內，以絕對多數的表決方式要求執委會針對共同立場作出修正或予以拒絕。此與羅馬條約規定，執委會對於歐洲議會所提出之問題，僅以口頭或書面答覆不同（**註二九**）。所以，歐洲單一法賦予歐洲議會在執委會之提案權方面有更多參與立法之機會。又，根據SEA第7條第2項d款，執委會應考慮歐洲議會之修正意見，故執委會在提案權方面受到歐洲議會之箝制。

III.增加執委會在政治合作範圍之參與

在歐洲單一法新增之政治合作架構下，第2條規定歐洲高峯會議（European Council）每年至少集會兩次。第30條第3項(a)及b款則規定各會員國外交部長及一名執委會成員在歐洲政治合作架構下，每年至

註二六　Juliet Lodge, "The Single European Act: Towards a New Euro-Pynamism? ," *Journal of Common Market Studies* VXXIV No.3, March 1986, p.215.

註二七　SEA第10條規定：「部長理事會對其通過之法案賦予執委會執行之權限。有關此權限之行使，部長理事在特定之情況下，亦得保留此權限，由其直接行使。……」

註二八　參閱SEA，第7條第2項a款。

註二九　詳閱EEC條約，第140條第3項。

少集會二次，並可在理事會會期討論外交政策（註三〇）。然而，執委會雖有權出席政治合作會議，但仍不具有其在歐洲共同體架構下之提案權（註三一）。

(三)歐洲聯盟條約（EU條約）中的執委會

1.組織

　　歐洲聯盟條約，對有關執委會組織結構部分調整了以下各項：

　　(1)執委會委員之人數，由十七位提升為二十位，其任期依EU條約修正後之規定，由原來的四年延長為五年（註三二）。

　　(2)執委會委員及執委會主席的提名與任命方式，依EU條約之規定，會員國首先必須針對主席之提名諮詢歐洲議會、會員國和被提名之主席諮商後提名其欲任命之人選。上述被提名人須經歐洲議會同意後，再經會員國政府共同同意任命之。副主席之人數亦改為一至二名（註三三）。

　　從上述EU條約之修正，會員國對於提名任命委員和主席，增加了要求及限制。亦即反應出幾項重要的事實：第一、對於主席之提名，會員國須諮詢歐洲議會，顯示出歐洲議會可以在提出主席人選時扮演一重要角色，表達其意見。再者，此舉亦有助於執委會與歐洲議會間之關係。歐洲議會可藉由同意權之行使，選擇能符合其要求與其合作之執委

註三〇　參閱王泰銓（合作研究助理何穗華、劉佳宥），歐洲聯盟政治統合之發展，問題與研究月刊（政大國關中心），第33卷8期，民國83年8月，頁34。

註三一　David Edwards, The Impact of the Single Act on the Institutions, *Common Market Law Review*, Vol.24, 1987, p. 28.

註三二　參見EU條約修改後之羅馬條約（即EC條約）第157條第1項和第158條第1項。

註三三　參閱EU條約修改後之羅馬條約（即EC條約）第158條第2項、第161條。

會委員，以避免共同體在決策過程中遭遇阻力。第二、會員國與被提名之主席以諮商方式，能夠使主席候選人在事先規劃將來欲共事之委員人選，亦有助於執委會事務之推動。又，關於此項改變實施於任期始於1995年1月7日之執委會主席及委員（註三四）。

2.職權

I.提案權

首先在提案之事項範圍有相當重要的擴張，例如在衛生、教育、文化及消費者保護方面；或就改善全歐通訊提出指導原則；以及有關工業創新與尖端科技上等事項（註三五）。但是本條約之共同決定程序（Co-decision），則削弱了執委會的提案權（註三六）。

換言之，依EC條約第138b條規定：「歐洲議會於其多數成員通過下，可要求執委會提出其認為履行本條約之目的而需制定之共同體法相關事項之適當提案。」由此可見，歐洲議會已具有要求執委會提出議案之權利，如此一來，其對於提案內容的控制力更為強大，執委會的提案權愈受限縮。

II.監督權

執委會除仍保有EEC條約第169條之監督、意見提供、追訴等權限外，依EC條約第171條第2項之規定，執委會有權對未依條約履行之會員國課以總數金額（lumpsum）或罰金。換言之，擴大了執委會之監督措施。

三、部長理事會（The Council of Ministers）

有關理事會之組織及職權，亦歷經合併條約、歐洲單一法、馬斯垂

註三四　同上註，第158條第3項。

註三五　鄒忠科、王泰銓，從馬斯垂克條約探討歐洲統合對世局的影響，淡江大學歐洲研究所，民國82年6月30日，頁13。

註三六　同上註。

克條約三個重要階段的變革，以下將分別論述之。

㈠羅馬條約（EEC條約）及合併條約中的理事會

1.組織

　　理事會是共同體主要的立法機構，共同體大部分的立法由理事會制定，並且折衷會員國各自的利益，故其由會員國之部長組成（**註三七**），其型式每依會議主題之性質而定，基本上可分為所謂的一般理事會會議（General Council Meetings）及特別理事會會議（Specialized Council Meetings）。前者由外交部長出席，其會議除內部事務外，尚包括共同體之一般事務；後者則由相關事務的部長出席（**註三八**），包括了農業、經濟與金融、內部市場、漁業、預算、發展、環保、能源、運輸、教育、工業、消費者、衛生、文化、人權保護、旅遊、研究、通訊、勞工事務（**註三九**）。有時條，亦有二個以上理事會召開聯席會議。這些會議之舉行多為秘密性，除非一致同意（**註四〇**），否則少有公開會議。

　　雖然理事會有根本的立法權，但由於各國部長事務繁忙，不可能長期為共同體服務而常駐於一處，故事實上大部分的工作乃由「常駐代表委員會」（Committee of Permanent Representatives，簡稱COREPER）完成。COREPER乃是依據合併條約第4條所設立，用以協助理事會會議的準備工作，並執行理事會所分派的任務。而COREPER有兩種集會方式：一為以會員國各國之大使（ambassadors）組成，稱為COREPER II；一為以其他的「永久助理代表」（Deputy Permanent Representatives）組成，稱為COREPER I；兩者間並無階級關係，

註三七　參見合併條約，第2條。

註三八　D. Lasok & J. W. Bridge, op. cit., p.227.

註三九　Philip Raworth, op. cit., p.65.

註四〇　Ibid.

獨自於其能力範圍內運作。COREPER II所處理之事務較具有政治性，如共同體外部事務、金融服務等；COREPER I則偏向整體性，如內部市場、環境、運輸與社會事務（**註四一**）。除此之外，為了使提交至理事會之事項能獲致接納，故實踐上將爭議先交由「常駐代表委員會」會商，討論結果若列為"A"級之議案，先由常駐代表委員會審查決定，理事會不須再行討論，只就該決定作贊成與否之表決，列為"B"級的議案，則須交由理事會討論表決。

理事會亦設有主席（Council Presidency）一職，以綜攬理事會事務之運作。根據合併條約第2條之規定，由各會員國依其國名英文字母首字之順序，輪流派任（**註四二**）。任期為六個月。主席除了在一般理事會事務之掌控外，其具有三點重要的影響：第一、與COREPER密切合作以設定理事會之會議內容（**註四三**）；第二、決定何時於理事會議程中將議案交付表決（**註四四**）；第三、與執委會密切合作，使各會員國利益妥協，進而達到作成決定所需之必要的合意。

通常理事會開會時，各國部長帶著其國內的官員和幕僚。理事會有它自己的秘書長及秘書處。秘書長由歐體的永久官員擔任，秘書處和執委會的事務部門頗相似，分為幾個部會（Directorates General）由秘書長領導，但規模較小（**註四五**）。

2.職權

在EEC條約中，理事會擁有最主要的決定權、立法權等等，並且部長們各自代表其所屬國，進行利益交換。故理事會之角色極為重要，亦極為微妙。根據EEC條約第145條之規定，為了確保實現本條約所規

註四一 Philip Raworth, op. cit., p.66.
註四二 D. Lasok & J. W. Bridge, op. cit., p.227.
註四三 參照The Rules of Procedure of the Council (ROPCo)，第2條(1)。
註四四 同上註，第5條(1)。
註四五 T. C. Hartley, op. cit., p.18.

定之目的，理事會依本條約有以下主要的職權：

I.協調權

理事會負責協調會員國相關之經濟政策（**註四六**）。

II.決定權

理事會擁有決定之權力。除有例外規定（即本條約未有明文規定或依派生法規定之情形）理事會就議案之決定則有以下之方式：

(1)一致決（unanimity）

須由理事會出席表決之一致通過。依EEC條約第148條第3項規定，棄權不視同反對，不影響一致贊同通過的計票方式。主要涉及到基本的、政治的利益之議案，或修改條約款項之議案。例如在EEC條約第149條第1項，理事會欲修改執委會提案時，就必須以一致決通過。

在此必須說明的是，本來羅馬條約欲以三階段建構共同市場（Common Market），其中在前兩階段要求理事會以一致決作成決定，在第三階段自1966年1月1日起轉爲以條件多數決。然而當時法國總統戴高樂認爲只有維持一致決即會員國的否決權（le droit de veto）才能圍堵跨國組織的偏差，從1965年7月起法國杯葛共同體機構，拒絕出席理事會引發 "la crise de la chaise vide" 也就是所謂的「空椅子政策」（empty chair policy）。這樣僵持的狀況直至1966年元月在盧森堡舉行會議，達成「盧森堡協議」（Luxembourg Accords），凡涉及會員國重大利益之議案必須尋求妥協以達同意爲止（**註四七**）。直到現在這個協議仍然適用，只要有一個會員國主張決議事項對其具有重大利益。例如1993年GATT烏拉圭回合談判中，法國又主張適用盧森堡協議。

(2)簡單多數決

註四六　參閱EEC條約，第6條(1)。

註四七　進一步詳細參考 T.C.Hartley, op. cit., pp.20～21; D.Lasok & J.W. Bridge, op. cit., pp.205～210.

即依EEC條約第148條第1項，以會員國部長出席表決之多數（相對多數而言，與絕對過半多數不同），通過法案。大多爲不重要而條約上未特別規定之事項。

(3)條件多數決

共同體第三次擴大之後，依照當時十二個會員國間人口與經濟力的比重關係（réalité des rappcrts de forces démographiques et economiqueo）與法律上平等的原則（principle de léqualité juridique）修改。

EEC條約第148條第2項，各會員國所分配之票數總數76票中須有62票贊成，如果提案非來自於執委會時，還須至少有8個會員國贊成才可通過。各會員國票數分別爲：英、法、德、義四國各10票；西班牙8票；比、希、荷、葡各5票；丹麥、愛爾蘭各3票；盧森堡2票。採取此方式之優點可避免大國以優勢地位壟斷或小國聯合而阻礙共同體運作。第四次擴大之後，十五個會員國總票數提升爲87票中須有62票同意，如果提案非來自於執委會時，則還須至少10個會員國的同意。原各會員國維持先前一樣的票數，新會員國奧地利、瑞典、分別得到4票、芬蘭3票。

III.立法權

理事會在共同體中，爲完成條約所賦予之使命，擁有相當重要的立法權。依據EEC條約第189條，其可作出：

(1)規則

對各會員國全體適用，有直接拘束力。在與各會員國之國內法相牴觸時，有優先之效力。

(2)指令

對被指定之會員國有拘束力，但由會員國採取落實指令的形式及方法。

(3)決定

對被指定之會員國、企業、個人或其效力所及之相對人都有拘束力。

(4)建議及意見

無拘束力，僅屬忠告。

IV.預算權

依EEC條約第203條（**註四八**），理事會擁有審查、修改、否決共同體預算之權力。至於預算決定之詳細過程，留待後述。

V.其他權力

如合併條約第6條，理事會可以條件多數同意確定執委會主席、委員、法院成員之薪水、津貼、退休金。或EEC條約第153條，理事會於徵求執委會意見後得制定專門委員會之規則。其他基於監督權的行使，有權向歐洲法院請求審查執委會、歐洲中央銀行制定之法規以及歐洲議會對第三人具有法律效果行為之合法性（legality）以及提起違反羅馬條約之訴控告歐洲議會或執委會不履行其職務之行為（第172條、第175條）。另外理事會任命審計院、經濟暨社會委員會與區域委員會之成員（第188b條、第194條、新增第198a條）。

㈡歐洲單一法（SEA）中的理事會

1.組織

在組織方面，未有重大改變。

2.職權

職權方面則有下列之重要變革：

I.表決方式部分

鑑於過去在條約中部分事項之決定採用全體一致決之制度對於共同

註四八　本條曾被1975年7月22日之「關於修改共同體創始條約財政條款和合併條約財政條款之協定」中第12條所修改。

體在謀求進一步結合及推行共同政策的行動上，常因少數會員國反對，而陷於癱瘓狀態。因此單一法中就此點作局部修正，即廣泛擴大條件多數決適用範圍。依EEC條約新增之第100a條之規定，爲建立內部市場，調和各會員國之法律、行政命令、法規，除本條約另有規定外，理事會就執委會所提議案，協同歐洲議會及向經濟暨社會理事會諮詢後，以條件多數決方式通過達成上述目標之法規（**註四九**）。其他如新增之科技及研究發展計劃、區域政策、改進工作環境等方面亦多適用條件多數決方式。惟下列有關議案仍維持全體一致決之方式：財政賦稅、人員自由流通、受僱人利益、理事會欲修改執委會之提案、新會員國入會申請（**註五〇**）。此方面改革並非十分徹底，預料在日後之運作上仍有相當之障礙。

II．立法程序

在單一法中還有一項重大之變革，亦即SEA第7條所採取之「合作程序」（Cooperation Procedure），使理事會立法過程加速。亦即，依單一法修改前之EEC條約第149條，當理事會本身無法就執委會之提案形成全體一致決時，只能消極的加以拒絕，或仰賴執委會之自行修改，故若執委會不提案，理事會幾乎無法運作。所以，爲使法案之誕生富於彈性不致僵化，單一法以合作程序使議會參與立法以補充理事會意思之不足。在過去，理事會制定一項法規平均需費時二年，長者達十年，而在單一法生效後，指令形成時間已縮短至一年以內（**註五一**）。至於合作程序之詳細內容分析，詳待後述。

III．執行權

依SEA第10條之規定，理事會對其通過之法案賦予執委會執行之權利。並且在特定情況下理事會亦得保留此執行權，由其直接行使。故

註四九　參閱合併條約，第4條。

註五〇　參閱SEA，第7、第8條。

註五一　*The Economist*, 25 February 1989, p.59.

由此可知，對某些法案，理事會擁有執行權。

(三)歐洲聯盟條約（EU條約）中的理事會

1.組織

　　首先在組織方面，依EU條約修正後之羅馬條約（即EC條約）第151條第2項之規定理事會由秘書長職掌之總秘書處協助之。而秘書長之產生，由理事會以一致決之方式任命之。理事會決定總秘書處之組織。理事會主席的輪流順序在1996年1月1日起因應新會員國之加入而調整爲義、愛、荷、盧、英、奧、德、芬、葡、法、瑞典、比、西、丹、希。

2.職權

　　職權方面則有以下的重要變革：

　　Ｉ.立法程序

　　依EC條約第189b條之規定，增加了共同決定程序（Co-decision）。在此程序之下，歐洲議會由「參與立法」之角色，而成爲與理事會相當之決議機構。換言之，理事會之決議權角色須與議會分享了（share the role with the parliament）**（註五二）**。例如EC條約第189b條第1項，歐洲議會得與理事會共同接受執委會之提案；第191條第1項，議會聯合理事會得有制定各項法規（Instruments）之權利。至於共同決定程序，詳見後述。

　　Ⅱ.EU條約亦提供了相關機構協助理事會之職權運作

　　例如貨幣委員會（Monetary Committee）協助理事會於某些經濟或貨幣之立法準備工作。

註五二　*EU條約第K條第4項(1)；修正後之羅馬條約（即EC條約）第100b條、*
　　　　109c條(1)。

四、歐洲議會〔The European Parliament〕

㈠羅馬條約（EEC條約）中的歐洲議會

1.沿革

在ECSC時代，稱爲「代表大會」(Assembly)**(註五三)**，是由各會員國的議會派代表組成。在1957年的合併條約規定三共同體共同使用一個議會（a single Assembly），其名稱仍爲「代表大會」**(註五四)**。在1958年代表大會通過決議，改名爲「歐洲議會代表大會」。直到1962年，正式定名爲「歐洲議會」(European Parliament,簡稱E.P.)。

2.組織

Ⅰ.議員

在直接選舉施行之前，議會議員乃是由會員國國會議員中選出。ECSC時代，其共有78名議員，分別是法、德、義各18名，比、荷各10名，盧森堡4名。羅馬條約簽署生效之後，擴增至142名，法、德、義各36名，比、荷各14名，盧6名。1973年因愛爾蘭、英國、丹麥之加入共同體，各有10、36、10席，故議會席次增至198席。1976年理事會根據EEC條約第138條之規定，參加議會之共同體各國議員應由直接選舉方式產生而通過了「歐洲議會議員直接普選法」**(註五五)**。1979年正式施行，適逢希臘之加入，故議會增至434席。1985年西班牙、葡萄牙加入，依「關於加入條件和諸條約修改條款的文件」中第10條之規定，西班牙有60席、葡萄牙有24席，使得歐洲議會擴大至518席。議員之任期爲5年，可同時兼任會員國議員，但不得兼任共同體其他機構之職務

註五三　參閱ECSC條約，第21條。
註五四　參閱「關於歐洲共同體特定共同機構公約」，第1條、第2條。
註五五　理事會決定第76/787號。

(註五六)。後因德國的統一，新會員國的加入，歐洲議會議員總數有所更迭。

Ⅱ.議長 (President of the E.P.)

議會設有議長，由全體議員選出。對外代表歐洲議會，對內主持全體會議，負責議會之整體事務**(註五七)**。

Ⅲ.主席團 (The Bureau)

由議長、副議長 (Vice-Presidents) 14名組成 **(註五八)**。

Ⅳ.委員會

設立委員會在創始條約中並無規定，屬歐洲議會之自主權。主要的工作乃是研擬及審議歐體有關之事務或議案，並進而提出意見及建議。換言之，其可強化議事之功能及效率。現有委員會共20個，有外交事務 (Diplomatic Affairs)、安全與防衛 (Security and Defence)、農業與鄉村發展 (Agriculture and Rural Development)、預算 (Budgets)、經濟貨幣與工業政策 (Economic Monetary and Industrial Policies)，能源研究與科技 (Energy Research and Science)、對外經濟關係 (External Economic Relations)、司法與公民權利 (Legal Affairs and Citizen Rights)、社會事務與勞工環境 (Social Affairs & Labour Environment)、區域政策與規劃 (Regional Policies and Plans)、運輸與觀光 (Transport and Tourism)、環境健康與消費者保護 (Environment Health & Consumer Protection)、文化青年教育與媒體 (Culture, Yorth, Education and Press)、發展與合作 (Development & Cooperation)、

註五六　同上，第3～6條。各會員國之席次分配依其國力之大小及人口多寡計算，如英國人口超過盧森堡150倍，而實際上英國卻分配到87席次、盧森堡6席次，比15倍席次還少。

註五七　ECSC條約第23條第1項、EEC條約第140條第1項。

註五八　參見歐洲議會程序規則 (Ropparl) 第20(1)條、第110(1)條。

公民自由與內部事務（Citizen Freedom and Internal Affairs）、預算監督（Budgetary Control）、法制（Legal System）、漁業（Fisheries）、程序（Procedure）、婦女權利（Women Rights）、請願（Petition）等**（註五九）**。

V.黨團

歐洲議會議員依其不同之政治主張、理念，分屬不同之跨國政黨（Transnational Political Groups）。並透過黨團之運作以瞭解政策及民意之取向。根據現行歐洲議會規則第29條，同一國籍的議員需達二十六位才可組成一黨團；若有二個不同國籍的成員組成，僅需二十一位議員；若有三個會員國的議員共同組成，則只需十六位。四個會員國的十三位即可。

目前歐洲議會有十個黨團**（註六〇）**，包括了歐洲社會黨（Party of European Socialist, PES）、歐洲人民黨黨團（European People's Party, EPP）、自由民主改革黨黨團（Liberal, Democratic and Reformist, LDR）、左翼統一聯盟黨團（Confederal Group of the European United Left, EUL）、歐洲萬歲黨團（Forza Europa, FE）、不結盟議員（Non-attached, IND）、歐洲民主聯盟（European Democratic Alliance, EDA）、綠黨黨團（Green Group in the European Parliment, G）、歐洲激進聯盟（European Radical Alliance, ERA）、歐洲國家黨團（European of the Nations, NE）。

註五九　參見Ropparl, Chapter XII及Annex VI.

註六〇　至於有四個黨團在1994年直選後消失，分別為彩虹黨團（Rainbow Group, RBW）、左翼統一黨團（Left Unity, LU）及歐洲右翼技術黨團（Technical Group of European Right, ER）。進一步詳細資料請參考Vivienne Kendall, *Europe's New Parliment*, *EIU European Trends*, 3rd Quarter, 1994.

　　歐洲議會黨團與一般民主國家議會的黨團紀律相比，團度不高，因為政黨聯盟發展成為歐洲層次的政黨體系上，仍停留在低度制度化的階段。歷屆歐洲議會選舉後，若干政黨因改變其既有的政黨聯盟，導致舊的政黨聯盟消失，或產生新的政黨聯盟(**註六一**)。有些政黨接納不屬於相同政治家族的政黨，使其政黨聯盟出現意識形態異質化的現象，其中尤其是歐洲社會黨；義大利社會民主黨。自一九九四年歐洲議會選舉後，民主黨因左派民主黨加入歐洲社會黨之後，即退出該政黨聯盟(**註六二**)；政黨聯盟內較大的會員國政黨往往在歐洲議會內採取單獨行動，尤其針對重大議題，試圖為己國爭取最大利益。以上分析，顯示歐洲議會政黨聯盟尚未形成歐洲政黨體系。儘管社會黨，自由民主黨，與歐洲人民黨，成立自己的基金會，採取黨鞭制度，發表歐洲選舉宣言，以及在歐洲高峰會議召開前夕，舉辦政黨高峰會議，連結會員國政黨領袖，政府首長，以及執委會委員 (**註六三**)，還不符合EC條約第138a條的希求：「歐洲層次的政黨對於歐洲聯盟的整合是重要因素，它有助於歐洲意識的形成，與表達歐洲公民的自由意志。」繼政黨聯盟之後，最重要的還是改造根植會員國的內國政黨體系，使歐洲級政黨聯盟能夠在組織架構上與草根政治連繫起來，如此歐洲議會選舉才能夠反應歐洲利益。

3.職權

　　I.立法權

註六一　　Shaun Bowler and David M.Farrell, The Organizing of the European Parliament: Committes Specialization and Co-ordination, *British Journal of Political Science,* Vo1.25.1995, pp.236～240；郭秋慶，歐洲議會聯盟中的超國家發展，歐美月刊，民國85年7月，第十一卷，第七期，頁34。

註六二　　Andrew Duff, John Pinder and Roy Pryce, eds, *Pepresenting the People, Masstricht and Beyond: Building the European Union* (London:Routledge,1994), pp.236～239.

註六三　　Andrew Duff,et.al,op.cit. pp.236～239.

在EEC條約中賦予議會參與立法之權限可謂微乎其微。只有在第137條規定：「歐洲議會得行使審議及監督之權」。而事實上審議權只是「被諮詢權」，即理事會在決策前項徵詢議會的意見，但無遵從該意見之義務。

II.締約權

根據EEC條約第111條、第113條、第229條、第230條、第231條、第237條、第238條之規定，共同體由理事會及執委會共同行使締約權。議會只在條約有明文規定時，始有被諮詢之機會。

III.監督權

議會本即被設立以監督共同體之運作，故其主要之權限即為監督權。

ECSC條約第20條、第22條、第23條和第24條規定，議會得行使監督權。EEC條約第137條亦有監督權之規定。而議會則透過公開討論執委會（或高級公署）所提之年度總報告（**註六四**）、質詢權（**註六五**）、不信任投票（motion de censure）（**註六六**），或設立委員會分別負責審查執委會的政策等方式監督執委會運作。EU條約中擴充調查執行共同體法的情況（EC條約第138C條、第138e條）

至於對理事會之監督則非常薄弱。例如，EEC條約第140條第4款：「理事會在某些時候得依其議事規則之規定，於歐洲議會發表意見」可見理事會並無向議會負責之義務，只是在被要求時，對於議會簡單陳述罷了。

IV.預算權

依據EEC條約第203條第3款之規定：「預算案應由理事會提交議會……議會有權提出修正預算草案之建議」，但此最後之決定權仍在理

註六四　參見EEC條約第143條、第156條及合併條約第18條、ECSC條約第22條。

註六五　EEC條約，第23條第3款、第143條。

註六六　ECSC條約第24條和EEC條約第144條。

事會。不過於1970年所簽訂之盧森堡公約及1975年之布魯塞爾公約，分別賦予議會「非義務性支出」的最終決定權與「預算案駁回權」。

由上述說明可知，此時之歐洲議會權限極小，雖號稱代表民意之機構，却連監督權之實質內涵也支離破碎，毫無實際之效用！

(二)歐洲單一法（SEA）中的歐洲議會

歐洲單一法對於歐洲議會之影響主要可以分為立法程序與對外決策兩個部分。

1.立法程序

SEA第6條、第7條修正並補充了EEC條約第7條、第49條、第54(2)條、第56(2)條、第57條、第100a條、第100b條、第118a條、第130e條及第130q(2)條。對以上條款規定之事項立法程序轉變為「合作程序」（Cooperation procedure）（**註六七**）。此乃鑑於共同體內部機構之關係及決策程序未盡理想，故以「機構平衡之理念」為基礎對EEC條約加以修正（**註六八**）！

在「合作程序」（**註六九**）中，依舊由執委會提案，送交理事會及歐洲議會。理事會於聽取議會觀點後，以條件多數決作成共同立場（common position），詳附理由交議會；執委會亦以其觀點知照議會。議會於三個月內若同意或不表示意見，則由理事會依其「共同立場」作成法規；議會若以絕對多數決否決理事會之共同立場，則理事會在二讀程序中只能以一致決方式才能以「共同立場」作成法規；若議會以絕對多數修改理事會之共同立場，將其結果送交理事會、執委會。執委會在一個月內重新審議理事會基於修正觀點作成的共同立場；此時不論執委會接納議會之意見與否，再將其審議案和議會的修正案附加意見

註六七　參見SEA，第6條。

註六八　Vivienne Kendall, op. cit., p.69.

註六九　SEA，第6條、第7條。

送至理事會。理事會於三個月內得以條件多數決通過執委會之審議案；或以一致決通過議會之修正意見，或修改執委會之審議案；或審議案失敗而無法生效。不過在理事會尚未做出決定前，執委會還可修改其審議案。

綜上論點，合作程序，乃賦予議會在理事會採納立法提案前，有一「二讀」之機會發揮影響力，從「被諮詢之對象」躍昇為「合作對象」。但因未賦予「最終決策權」，甚至「共同決策權」，故議會職權仍有一定之限制。

2.對外決策權

由於歐洲單一法在對外政策合作方面，將行之有年的「歐洲政治合作」（EPC）納入規範，使議會在歐洲政治合作層面得更積極參與，在締約權方面亦有了共同決策之實權。

在政治合作方面，依SEA第30條第4款之規定：「執委會主席應定期告知歐洲議會在政治合作之架構下正在審議中之外交政策議題，並確保歐洲議會之意見被適度地考量。」

在對新會員國的申請加入方面，SEA第8條修改了EEC條約第237條（以後被EU條約第G(83)刪除，由EU條約第O條取代），規定必須有歐洲議會之同意始能生效。

因此，歐洲議會開始在對外關係中取得一舉足輕重之角色（**註七○**）。它在對外行使締約權方面擁有了最終決議權。但這只是共同體對外權限中的部分同意權而已。

㈢歐洲聯盟條約（EU條約）中的歐洲議會

1.組織

註七○ Karl-Heinz Neureither, The European Parliament: An Emerging Political Role? Geoffrey Edwards and Elfride Regelberger Edited, *Europe's Global Links*, London: Printer, 1990.

　　(1)EU條約第15號宣言（15th Declaration），由於德國統一及其他會員國議員名額之調整，故議員名額經理事會同意後，由原來的518名增加至567名。其中德國增加18席成爲99席，法、義、英各增6席，成爲87席，西班牙增4席成爲64席，荷蘭增6席成爲31席，比、希、葡各增1席成爲25席，丹麥、愛爾蘭、盧森堡則未變動，各持有16席、15席、6席。此項議會組織之擴大已於1994年6月的選舉中實施。1995年新加入的會員國瑞典、奧地利，芬蘭分別得到22席、21席、16席，使得歐洲議會議員總數成爲626席。

　　(2)依本條約第138c條，歐洲議會在權責範圍之內，於全體議員1/4之要求下，可以設立「暫時性調查委員會」（a Temporary Committee of Inquiry）。本委員會之功能在不損及共同體其他機構之職權下且不在歐洲法院審理時，調查執行共同體法之情況。即調查此種爭議性之違反共同體法或不當適用共同體法之問題，而其具體調查辦法由歐洲議會、理事會和執委會共同擬訂之。不過在調查報告提出後，須解散之。

　　(3)在本條約第138e條下，歐洲議會亦可組成「行政監察使」（Ombusman）受理共同體內之自然人或法人對於共同體機構不當行政（maladministration）之申訴。行政監察使之指派，應在每一屆歐洲議會改選行之，任期與議員同。

2.職權

　　歐洲聯盟條約創立「共同決策程序」(Co-decision Procedure)，強化了歐洲議會的地位。依被歐洲聯盟條約修正後之羅馬條約（即EC條約）第189b條，在共同決策程序中，從執委會向理事會及歐洲議會提案之後，到理事會決定共同立場爲止，其程序與原來的「合作程序」相同，只是針對歐洲議會意欲拒絕此共同立場時，共同決策程序以「協調委員會」（Conciliation Committee）及一個可能的三讀程序（third reading）延展決策程序，此新程序賦予協調委員會討論歐洲

議會之否決案並減少其對執委會的依賴；而且議會也能在機構平衡的基礎上，於立法過程之第二回合中直接與理事會交涉（**註七一**）。關於合作程序之詳細內容，留待後述。

其他增加的權力包括：參與行使限制歐洲聯盟公民遷徙自由之同意權（**註七二**）、決定用以資助共同體落後地區之結構基金（Structural Fund）之援助對象（**註七三**）、行使歐洲議會選舉制度之調整權（**註七四**）、要求執委會提案之權（**註七五**）及行使追訴權（**註七六**）、行使關於國際協定之批准權（**註七七**）等。同時歐洲聯盟條約就歐洲議會的預算審核權，在歐洲共同體條約相關部分（第199條至第209a條）修正規定，建構出歐洲議會、理事會和執委會之間複雜的權力平衡關係（**註七八**）。另外，歐洲聯盟條約賦予歐洲議會提請歐洲法院審查共同體機構之法規或行為之合法性（legality）以為維護其權利（**註七九**）；行使任命執委會主席及委員之同意權（**註八〇**）；受理歐聯人民之請願（**註八一**）。

總之，由於歐洲議會議員為會員國國民直接選出，擁有高度之民意，故其職權由早期之被諮詢與消極之監督而逐漸擴大為立法程序中有舉足輕重之角色。此舉均在在顯示出歐洲共同體之運作，歐洲議會的民

註七一 Philip Raworth, op. cit., pp.40～41.

註七二 EU條約修正後之羅馬條約（即EC條約）第8a條第2項。

註七三 同上註，第130c、130d條。

註七四 同上註，第138(3)條。

註七五 同上註，第138b條。

註七六 同上註，第175條。

註七七 同上註，第228條第3項。

註七八 Macleod, Hendry, Hyett, *The External Relations of the European Communities* Oxford, 1996,p.10.

註七九 EU條約修正後之羅馬條約（即EC條約），第173條第3項。

註八〇 同上註，第158條。詳參見本書相關部分。

註八一 同上註，第138d條。

意色彩，將不可輕忽。

五、歐洲法院 (The Court of Justice)

㈠羅馬條約 (EEC條約) 中的歐洲法院

1.沿革

巴黎條約中，歐洲法院即爲ECSC四大機構之一。1952年2月1日，部長理事會對法院之組織達成協議，任命七位法官。ECSC法院於1953年4月受理第一個案件，惟至1954年12月才作出第一個判決（註八二）。

因羅馬條約欲建立之EEC及EAEC亦有其各自的法院，故羅馬條約簽訂時，附隨簽訂「歐洲共同體特定共同機構協定」(Convention on Certain Institutions Common to the European Communities)，將ECSC、EEC以及EAEC三個共同體之三個法院合併爲一（第3條、第4條），歐洲法院自此成立。

歐洲法院之主要任務依EEC條約第164條，乃在保障歐洲共同體條約之有效解釋及適用。其所監督之活動，包含了整個共同體的經濟、原子能、煤鋼等事項。並承襲ECSC法院之型態、人事、硬體建築物以及約四十個已受理的案件。

2.組織

Ⅰ.法官

依原先EEC條約第165條、第166條規定，歐洲法院由7名法官及2名輔佐法官(Advocates General)組成。隨後因共同體的四次擴大，法官人數亦隨之調整。依據1994年加入條約(Act of Accession)第17條暨1995年第1號決定第10條修正EEC條約第165條第1項之規定（註八三），

註八二　D. G. Valentine, *The Court of Justice of the European Communities*, London: Stevens & Sons, 1965, p.2.

註八三　OJ 1994 C241/I; OJ 1995 L1/I.

現在歐洲法院有法官十五名，皆係會員國具有不容爭議之獨立性，且在其本國擔任最高司法職位或公認之卓越法學人士（**註八四**）。法官的遴選係由各會員國推薦，經由理事會（外交部長）一致決任命，任期六年，連選得連任，每三年重選二分之一（EEC條約第167條第2項），俾更新法院之血輪及保持審判之維繫。法院設院長一人，由全體法官相互推選後產生，任期三年，負責法院事務之分配及行政事務之處理等。

條約中雖未明文規定法官國籍之分配型態，在慣例上，均係由各會員國派任一位，而若有多出的餘額再由較大的會員國（英、法、德、義、西）輪流派任。近年來陸續有新會員國加入歐洲聯盟，理事會傾向凡有新會員國加入時，該國將自動派任一名符合資格之人士，加入歐洲法院擔任法官之工作；若法院仍有需要時，應依據EEC條約第165條第4項及第166條第3項之規定，向理事會申請增加法官名額。

II.輔佐法官（Advocates General）（註八五）

輔佐法官原先人數只有兩人。共同體每次的擴大結果，和法官人數的調整性質一樣，輔佐法官人數也逐次增加。

依據1994年加入條約（Act of Accession）第20條暨1995年第1號

註八四 EEC條約之所以要求各會員國需派任法學素養較高之人擔任法官，是希望藉由不同法律背景之人，提供各種法律見解以充實共同體法；更希望藉由法官之輪值，將其在法院所獲得之心得，在其會員國中確實宣導。更何況會員國法與共同體法相輔相成，實有必要將共同體法藉此機會加以整合及交流。

註八五 Advocate General係配合歐洲聯盟而特別設計之制度。因為歐洲聯盟會員國眾多，各國之法律制度不盡相同。要使歐洲法院的法官確實適用共同體法（含基礎條約會員國法及其他之派生法規），實屬不易。若能在法官審判期間，由法院配置一位協助法官觀察案件的人士，提供對該案件的法律意見，使法院適用法律更精準，不失為一良方。這種制度之設計係源自法國行政法French Conseil d'Etat中的「Commissaire du Gouvernement」，是司法行政官，並非在訴訟程序中執行律師、法官、檢察官或檢察長之職務，所以我們稱為「輔佐法官」。

決定第11條修正EEC條約第166條之規定（**註八六**），目前歐洲法院設置八名輔佐法官；其任用資格、宣誓用語、程序、待遇、義務等，皆與法官相同（EEC條約第167條）（**註八七**）。不僅如此，其增加名額之規定與法官同，而且自1995年至2000年間再增加1名（Decision 95/4 of the representatives of governments）（**註八八**）。實務上，五個最大的會員國各派任一名常駐輔佐法官，其餘名額由其他十個會員國，依照國名英文字母輪流擔任（joint declaration on Decision 95/1第31條）（**註八九**）。隨著奧地利、芬蘭及瑞典的加入，下一次增加的輔佐法官將是丹麥籍，其次依序將由盧森堡、荷蘭、奧地利、葡萄牙、芬蘭及瑞典籍分別擔任之。

　　輔佐法官的職權主要係在公判庭提公平合理之意見，協助法官執行EEC條約第164條所規定的職掌，其需與法官一樣，獨立無偏見的行使職權（EEC條約，第166條）。原則上，法院受理案件之後，便會指派一名輔佐法官負責研究（一案一人），並在法院言詞辯論終結後法院判決前，提出對該案之意見（**註九〇**），法官在判決之前需參考該項意見，但不受其拘束；惟法官與該輔佐法官有不同意見時，須於判決理由中說明之（**註九一**）。

　　輔佐法官本應基於公正之立場協助法官判案，但在先行裁決案件中，輔佐法官還扮演輔助當事人之一方進行訴訟的角色，這是因為先行裁決的性質使然。按所謂先行裁決係會員國法院在審理案件，適用共同

註八六　OJ C241/I; OJ 1995 L1/I.

註八七　就因為這個緣故，許多曾擔任法官者，在其擔任之前或之後，亦曾擔任過輔佐法官一職。

註八八　OJ 1995 L1/221.

註八九　OJ 1995 L1/221.

註九〇　該項意見應包括對該案事實之認定、法律之適用及判決之建議。

註九一　不論輔佐法官之意見是否為法官在判決中所採用，其意見與法院判決同時刊登在法院公報或蒐錄在判例選集中。

體法有疑義時，將該案件暫時中止審理，請求歐洲法院對該案作出一先行裁決，俾該聲請法院得以作為判決之依據。因該項先行裁決不過係作為會員國法院判案之依據，且適用於有疑義之案件大抵均較係複雜，若由輔佐法官協助其在法院進行該項訴訟行為，較易收事半功倍之效；而且，當事人對該項裁決不服，仍有救濟之途徑，故此時輔佐法官所扮演之角色就與先前有所不同。

III.書記長 (Registrar)

法院設有書記官處 (Registry)，由書記長統籌管理 **(註九二)** ；書記長由全體法官及輔佐法官共同任命，任期六年，得連選連任，遇有不適任得隨時免職。

書記長之工作主要有兩方面: (1)關於法院訴訟程序事項 (如案件之受理、案件之移送及卷宗之管理等) ；(2)關於法院內部行政事項 (如預算、行政管理工作等)**(註九三)** 。

VI.法律祕書 (legal secrelaries, léférendaires)

每位法官及輔佐法官均有三位法律祕書協助其從事法律研究工作，其工作內容繁忙且專業，類似英美法高等法院中，協助法官之法律書記官的設置 (law clerk)。早期法律祕書係配置於法院組織架構裏，惟目前則係非屬法院編制內，主要目的是希望受過訓練的法律祕書能返回該國，從事宣導共同體法的任務。

V.Lecteur d'arrêts

設置在院長辦公室之官員，其主要工作係以法國法制為基礎，對法院之裁判加以修飾措辭，避免法院裁判用語有不一致的情形發生。

除此之外，法院還設置有研究部門、語言部門、圖書室、電腦室及人事室等。

註九二　法院程序規則 (Rules of Procedure of the Court)，第16條。
註九三　法院程序規則，第16條至第23條。

至於法院之其他人員，尚有助理書記（**註九四**）其主要之功能乃是扮演輔助、協助之角色，以利判決之進行。

3.職權

I.根據EEC條約第164條，歐洲法院確保共同體所有法律爭議之解釋及共同體法之適用被遵守。所以歐洲法院最重要之職權及任務，就是共同體法律爭端之解決。EEC條約規定的訴訟態樣可以分爲：會員國間之訴訟（**註九五**）、會員國與執委會、理事會間之訴訟（**註九六**）、會員國與執委會間之訴訟（**註九七**）、執委會與理事會間之訴訟（**註九八**）和個人與共同體間之訴訟（**註九九**）程序。

若以訴訟程序的主體而言，在會員國間之訴訟（actions against member states）、會員國與共同體機構間之訴訟（actions against Union Institution）只有會員國及共同體機構爲訴訟主體。自然人、法人不在此範圍內。

(1)執委會對會員國之訴訟

依據EEC條約第169條之規定，當執委會認爲某一會員國未能遵守或履行條約所規定之義務時，得要求該會員國提出一合理說明；若該項說明未能符合執委會之要求，執委會應限期命其改正，屆期仍不改正，執委會得依此爲理由向歐洲法院提起訴訟。

(2)會員國間之訴訟

有三種：其一，依據EEC條約第170條，任一會員國認爲他會員國未能遵守或履行條約所賦予之義務時，得請求執委會處理之，若執委會

註九四 法院程序規程（Rules of Procedure of the Court），第12條～第23條。
註九五 參見EEC條約第170、182條。
註九六 同上註，第169條、第173(1)條、第175條。
註九七 同上註，第169條、第173(1)條、第175條。
註九八 同上註，第173條、第175條。
註九九 同上註，第173條、第175條、第177條、第184條。

於法定期限不予處理，或雖予以處理，但該會員國不予理會，得向歐洲法院提起訴訟（註一〇〇）；其二，依據EEC條約第182條之規定，會員國相互間對條約之爭議事項，經雙方同意由法院裁決時，法院取得該項爭議之管轄權；其三，依據EEC條約第219條規定，會員國間對於條約之解釋及適用，必須依據條約之內容爲之，故凡會員國間之爭議，訴諸條約以外之法源時，歐洲法院對於該項爭執，亦取得管轄權。

(3)會員國與共同體機構間之訴訟

ECSC條約第88條規定執委會對任一會員國之行爲，有權決定是否違反條約之義務，但會員國得對該項決定進行答辯。執委會認爲不滿意時，得請求歐洲法院對該事項進行裁判。這似乎是共同體機構與會員國間之爭訟，惟法院認爲係會員國違反條約之訴，同如同上述EEC條約第169條關於會員國有違反條約之義務時，執委會請求歐洲法院爲終局裁判以資解決的情形。同條約第93條則規定關於會員國國家補貼之問題，應如何適用共同體法；即當一會員國發見他會員國有補貼之情形，且業已影響EEC第92條關於市場諧和運作或濫用之事實時，得請求執委會命該會員國立即停止或變更該項補貼，若該會員國堅持不停止或變更，執委會或任一具利害關係之會員國，得以此一理由向法院提起訴訟；關於該項爭議，法院取得管轄權。此種管轄權之取得主要係基於EEC條約第5條之立法精神「採取適當之措施以確保條約之履行及禁止任何使條約瀕臨危險之行爲」。惟會員國仍經常以該國憲法或法律之特殊性、政治及經濟之理由，迴避條約之拘束（註一〇一）。

註一〇〇　執委會此時應先徵詢有關會員國之意見，並命該會員國進行書面或言詞答辯，若執委會未於三個月內作出處分，該會員國得逕向法院提起訴訟。

註一〇一　例如在EC Commission v. Italy一案中，法院即駁回義國政府以政治危機爲理由之抗辯。在EC Commission v. United Kingdom一案中，法院亦認爲英國政府所稱因內國政治及經濟因素無法遵守條約之抗辯，爲無理由。EC Commission v. Italy.casc 7/61,〔1961〕E.C.R. 317; EC Commission v.United Kingdom, case 30/72,〔1979〕E.C.R. 419.

　　另外，會員國、執委會或理事會，依照EEC條約第173條之規定，有權利請求歐洲法院對共同體的具體行為進行合法性的審查。

　　(4)個人與共同體間之訴訟

　　若是以個人（自然人及法人）為原告時，其必須居於一定之地位（standing）。依EEC條約第173條第2項之規定，該個人起訴主張之共同體行為必須對其有直接的（directively）、個別的（individually）之影響，此點與其他會員國或共同體機構間之訴訟不同。不過若是在本條約第184條之情形，則個人在符合該條之遲誤提訴期間且訴訟對象之規則具有違法性質時，個人即可援引本條約第173條第1項主張，而不受同條第2項之限制。

　　若以歐洲法院所審理之案件來區別訴訟類型則有：

　　①請求會員國作為之訴（EEC條約第93條、第169條與第170條、第180條a款、第182條與第225條）。

　　②撤銷之訴：EEC條約第173條規定四項撤銷訴訟之理由。第一、共同體機構行使其在條約規範以外之職權，即所謂的「越權行為」（ultra vires）；第二、違反實體程序之要求，例如未達規定人數而逕行表決或未諮詢其他機構等；第三、違反法規之行為，例如對於條約或規則（regulation）之錯誤解釋及適用等；第四、共同體機構對於其權力的不當使用（**註一〇二**）。

　　③罰金訴訟（EEC條約，第172條）。

　　④請求理事會或執委會作為之訴（EEC條約，第175條）（**註一〇三**）。

　　總括而言，此方面共同體法主要受大陸法系影響，其中又以法國法

註一〇二　Eric Stein、Peter Hay、Michel Wellbraeck, *European Community Law and Institutions in Perspective*, Charlottes Ville: The Michel Company Publisher, 1976, pp.144～147.

註一〇三　詳細參考Anthony Pary and Stephen Hardy, *EEC Law*, London: Sweet & Maxwell, 1973, pp.88～118.

最深。關於訴訟之形式，沿襲法國法recours de la légalité與recours de pleine juridiction之設計；前者係指法規之違憲審查，歐洲法院對於抵觸條約者，只需諭知無效，係當然的，自始的無效，後者係指歐洲法院於案件有完整的管轄權，得對案件進行事實審及法律審而言。以下分別說明之：

(1)撤銷之訴（action for annulment）

又稱無效之訴。係指制定共同體法之共同體機構，自其公佈法規二個月內，因該制定法規之機構無權限（lack of competence）、濫用權利（misuse of power）、制定程序違法（essential procedural requirements）、違反基本法或派生法之規定（infringement of the Treaty or any rule of law）等情事，會員國、理事會、執委會或因本案直接受有損害之自然人或法人得向法院提起訴訟，請求法院審理該項法規之合法性；如法院認為該法規違反條約之精神，得逕宣告該項法規無效（EEC條約，第173條），類似違憲審查。

聲請無效之訴，需具備下列條件始得為之：①聲請審查之法規，必須是可得司法審查的：即該法規必須是具有拘束力者，如決定（Decisions）及規則（Regulations）等，惟不限於該法規之形式，只要具有一定法律效果者均屬之（**註一〇四**）：同時也不限於該法規全部無效者，如一部無效亦可就該部份聲請裁判（**註一〇五**）。②自然人及法人提起訴訟之限制：按共同體法原本主要係規範會員國，再經由會員國立法，才拘束自然人或法人，故原本就歐洲法院受理之訴訟案而言，自然人及法人本非適格。然此處特別規定自然人及法人在一定條件之下得向法院提起訴訟，即該法規必須是決定而非規則，而該項決定係直接且個

註一〇四　ETRA case, Commission of EC v. Council EC, case 22/70, 〔1971〕 E.C.R. 273.

註一〇五　Geitling Gmbh and Associated Coalmines v. High Authority, case 2/56, 〔1971〕 E.C.R. 1957.

別損害聲請人之權利。③該法規必須在該制定機構無權限、濫用權利、制定程序違法、違反基本法或派生法之規定的情形下，適格之聲請人方得向法院提起訴訟。

(2)不作為之訴 (action against failure to act)

依據EEC條約第175條之規定，理事會或執委會於受理案件二個月內不為處理，聲請人應先向該受理機構請求救濟，若該機構仍不作為，應據此為理由，向歐洲法院提起該機構不作為之訴。

(3)違約之訴 (plea of illegality)

違約之訴係前述無效之訴所指稱之法規，公布後二個月內，利害關係人未依據第173條之規定，向法院聲請撤銷該法規時，得依據EEC條約第184條之規定，以該法規之內容係違反條約之規定為理由，向歐洲法院提起該法規係違反條約之「違約之訴」。

(4)關於非契約性責任 (non-contractual liability) 與罰鍰抗告 (action against penalties)

依據EEC條約第215條，關於非契約責任準用會員國法律之共同的原理原則，對於共同體機構本身或受雇人於執行職務時受有損害，應予賠償。

當事人對於法院依據EEC條約第172條，關於當事人違反規則所作罰鍰處分，得聲明不服，向法院提出抗告。例如，法院認為當事人違反第17/62規則所作之罰鍰處分，即得向法院提出抗告聲明不服。

(5)仲裁規定

依據EEC條約第181條之規定，法院對於共同體所簽訂之契約內有仲裁規定者，自動取得其管轄權。惟共同體須係當事人之一方，而且該契約內有規定仲裁條款之情形下，方有適用。

II.歐洲法院在EEC條約下第二項重要之職權就是「預先裁決」(Preliminary Rulings) （註一〇六）。先行裁決權是基於共同體法律

註一〇六　參見EEC條約，第177條。

之解釋與適用權相分離原則所設計之制度。亦即解釋權歸於歐洲法院；共同體法適用權歸於會員國之法院。當訴訟於會員國之內國法院發生有關共同體法之解釋或效力之爭議時，可由條約所規定之人聲請歐洲法院裁決，以確保共同體法在各會員國之統一解釋及適用。

　　根據EEC條約第177條第1項之規定，先行裁決之適用事項包括：本條約之釋義、共同體機構頒布的法規之有效性及釋義以及理事會決定成立的各機構章程的釋義，但限於有關章程有此規定。而適用之時機，依本條第2項、第3項有二：會員國內國司法機構認為先行裁決之作成乃其判決所必需時；以及依會員國內國法該案件已無其他司法救濟途徑時之終審法院對於繫屬之案件有聲請先行裁決之義務。得聲請先行裁決人依法為會員國之內國法院（**註一〇七**）、仲裁機構（**註一〇八**）、個人（Individual）、終審法院（**註一〇九**）。

　　至於先行裁決之類型，就EEC條約第177條規定整體觀之，可分為二種：一為解釋共同體法之「解釋裁決」；另一為裁決共同體法有效性之「效力裁決」。

　　解釋裁決之標的包含：條約及具有條約性質之協定、議定書等附屬文件（**註一一〇**）；共同體機構之行為（**註一一一**）、部長會議所設立之機構章程（**註一一二**）。效力裁決之標的則為執委會及理事會之規定

註一〇七　　EEC條約，第177條。

註一〇八　　61/65 Widow Vaassen-Gobbels v. Beambtenfonds, Rec.XII 377, (1966)C.M.L.R. 508.

註一〇九　　EEC條約，第177條第3項。

註一一〇　　同上註，第177條(a)項。

註一一一　　同上註，第177條(b)項。解釋上包括了理事會與執委會之立法行為、執委會之執行行為等，但歐洲議會之行為是否包括在內則有爭議。進一步參考A. Parry and S. Hardy, op. cit., pp.121～122。

註一一二　　同上註，第177條第(c)項。

（Regulation）、指令（Directive）、決定（Decision）三者（**註一一三**）。

　　歐洲法院裁判之效力得分爲「適用共同體法有疑義時統一解釋之效力」及「一般裁判對當事人及第三人之效力。

　　前者係指「先行裁決」、「無效之訴」、「違約之訴」等關於共同體法統一解釋之效力，此種近乎一般國家憲法上違憲審查之設計，其效力當然及於全共同體，凡違反該項解釋之法律行爲，係當然的，自始的無效。

　　後者係指歐洲法院及第一審法院所受理之案件，依據共同體法合法之訴訟程序及適用共同體法所作山之裁判。其是否有類似英美法判例之效力，或其對當事人及第三人之效力程度如何值得探究。簡而言之，即既判力之範圍是否有擴張的問題。按共同體法本係基於大陸法系而發展，惟審級利益是否存在，仍有疑義；因爲(1)歐洲法院與會員國法院並無審級的關係存在；(2)英美法判例之觀念並未援用。故對於歐洲法院的法官而言，每一案件都是一個新的嘗試（或許這種情形在第一審法院關於人事訴訟的案件中有所改觀）。

　　III.作爲共同體機構之法律諮詢者（**註一一四**）。

　　IV.根據EAEC條約第18條，得就仲裁委員會之仲裁結果，於當事人提出於法院時，就仲裁的形式上的合法性與本條約的解釋作一判決。

　　V.審理共同體侵權行爲之損害賠償案件（**註一一五**）。

(二)歐洲單一法（SEA）中的歐洲法院

　　歐洲單一法中，對歐洲法院之組織及管理問題作出一些新的規定：

　　1.歐洲單一法對歐洲法院最大之影響，莫過於「第一審法院

註一一三　同上註，第177條(b)項。

註一一四　同上註，第228條。

註一一五　同上註，第178條。

（Court of First Instance，簡稱C.F.I.）」之設立。由於訴訟案件之急速增加，並且訴訟爭端愈漸增多，歐洲法院欲做徹底之審理亦力不從心，造成案件堆積，有損訴訟經濟、迅速之原則，所以共同體會員國1986年簽訂之SEA第4條、第11條、第26條中規定（註一一六），由歐洲法院之提議，經與執委會及歐洲議會之諮商後，理事會得以一致決方式設立一附屬於歐洲法院之第一審法院，審理自然人及法人所提起之訴訟案件。

第一審法院所審理之案件類型，較屬不重要者，如共同體之機關人員、反傾銷等案件。但依EEC條約第168A條第1項後段有二限制：(1)不審理會員國及共同體機構所提起之案件；(2)不受理本條約第177條之先行裁決問題。因為先行裁決影響重大，故仍隸屬歐洲法院管轄之範圍（註一一七）。

第一審法院之判決，僅限於對案件之法律適用問題才可向歐洲法院上訴。此時歐洲法院成為法律審，對於上訴案件，不審理事實，以期歐洲法院案件之審理負擔有所舒解。但實際上，若遇到法律與事實相牽涉之案件，歐洲法院仍是疲於奔命！

又第一審法院法官之任命程序、任期等，皆與歐洲法院之法院相同（註一一八）。

綜上分析，可知歐洲單一法後，復設置一隸屬於歐洲法院之第一審法院，分擔歐洲法院日益沈重的工作量、其管轄權在條約中有明確之分配，茲分述如下：

註一一六　即修改後之ECSC條約，第32條5款、EEC條約第168a條、EAEC條約，第140a條。

註一一七　Jean de Ruyt, *L'Acte unique européen*: *Commentaire*，許連高譯，透視單一歐洲法案（正確譯文應為單一歐洲法或歐洲單一法），遠流出版公司，民國80年初版，頁225～226。

註一一八　參閱EEC條約，第168a條。

(1)第一審法院之管轄權

①共同體與其職員關於「職員規則」（Staff Regulation）及「員工手冊」（Conditions of Employment）範圍內爭執之事項；

②依據ECSC條約與執委會有所爭執者；

③依據EEC條約第181條關於仲裁條款之事項；

④關於共同體機構之決定直接且個別損害自然人或法人之權益者，或關於損害賠償之爭議案件等。

(2)歐洲法院之管轄權

①會員國或共同體機構提起之直接訴訟（如無效之訴、不作為之訴及違約之訴等）；

②依據EEC條約第228條第6項關於締結國際條約之意見；

③依據EEC條約第177條關於先行裁決之事項；

④第一審法院之上訴案件等。

2.歐洲單一法新增設之歐洲政治合作（**註一一九**），其中第31條規定，歐洲法院依據三個共同體條約所享有之權力，只能行使於單一法之第二篇內（即修改共同體條約部分）及第32條。從單一法涉及締約之當事國時，在第二篇內採會員國（Member State）之用語，在第三篇則採「最高締約各方」（High Contracting Party）之國際法字眼。滋生疑問者，單一法之起草者是否有意藉由排除法院管轄之規定，而將此一方面之爭端訴諸於國際法之架構去解決。本條約第31條是否免除會員國在EEC條約第219條所負之義務。由於歐洲法院乃是共同體會員國紛爭解決之唯一機構，而第31條將歐洲法院排除，自是將政治合作方面之紛爭交由國際機構或其他國際方法解決（**註一二○**）。但是，在實際上

註一一九　參閱SEA第1條～第3條、第30條。

註一二○　David Fresstone and Scott Davidson, Community Competence and PARTⅢ of the Single European Act, *Common Market Law Review*, 1986, pp.796～797.

會員國似不可能採取上述途徑。原因在於歐洲法院向為歐洲統合捍衛者之角色，從其過去之判決所創立「平行主義（Doctrine of Parallelism）即為明證（**註一二一**），故明文將法院於政治合作之管轄權排除，由此點，共同體徘徊於超國家組織及政府間合作方式之心態，再次展露無疑。

㈢歐洲聯盟條約（EU條約）中的歐洲法院

　　首先於EU條約修正後之羅馬條約（即EC條約）第165條第2項，規定歐洲法院原則上是以全會型式審理，亦即由全體十五名法官審理繫屬案件。但例外可由3到5名法官組成法庭，根據依其目的所制定之法律進行偵查或就特殊類型之案件予以裁判。又，根據同條第3項，訴訟當事人一造為會員國或共同體機構時，得請求歐洲法院以全會型式審理之。亦即EC條約使歐洲法院之法官能彈性審理案件，予以分工進行，增進訴訟經濟及效率。

　　EU條約修正後之羅馬條約（EC條約）第168a條，刪除了第一審法院不受理會員國及共同體機構所提起案件之規定。在EC條約第170條第2項亦增加歐洲法院之權力，亦即法院認定會員國未執行其判決時，法院得課總數金額或罰金。並且依據第172條，增加了法院擁有罰金之管轄權。

　　又關於審查法規合法性之權限，則以詳細列舉之方式，包括了歐洲議會與部長理事會共同制定之法規、理事會之法規、執委會及歐洲中央銀行之法規，以及由議會制定對第三者產生法律效力之法規（**註一二二**）。

　　在共同體機構訴訟管轄權方面增加了對歐洲議會及歐洲中央銀行之

註一二一　　Ibid., p.799。

註一二二　　請參閱EU條約修正後之羅馬條約（即EC條約）第173條第1項。

管轄（註一二三）以及對補充原則適用上之司法裁判權。以下特別對後者詳加討論。

㈣歐洲法院對補充原則之司法裁判權

早在歐洲聯盟草約階段，立法者即表示必須將補充原則的爭議，交由歐洲法院予以適用和解釋。根據歐洲議會於1990年7月12日之決議，其中第3項「歐洲共同體法院確保法律之遵循，並從事共同體與會員國權限分配之監督角色」，而第14項前段「歐洲法院以其體制，應具有關於確保共同體與會員國權限分配事項之司法審判」（註一二四）。就上述兩項決議文觀之，可見立法者意欲透過歐洲法院既有的司法功能，以解釋補充原則關於權限分配前提要件之爭議。隨後於同年11月21日之決議第2項「藉由授權歐洲法院適當權限，以確定補充原則於法律上受到遵循，並允許共同體機關和會員國就爭議事項，請求歐洲法院予以審判」，可得知在草約階段，歐洲法院乃是適用補充原則產生爭議時的司法裁判機關。

歐洲聯盟條約生效後，於歐洲共同體條約中新增第3b條之補充原則。但因其文義並不明確，而引起學者間爭論該原則的適用，以及該原則司法裁判的問題。事實上補充原則已成為歐洲聯盟條約之一部分，以實證法律的觀點而言（歐洲聯盟條約第L條），歐洲法院對該原則具備司法裁判之權限（註一二五）。

註一二三　同上註，第3項。

註一二四　The Resolution on the Principle of Subsidiarity of July 12, 1990, OJ 1990 C 231/163 para. 3,14.

註一二五　至於EU條約第A條及第B條有關補充原則的闡述，依照該條約第L條「歐洲法院的裁判權不及於前言，標題I、V、和VI」，因此就純粹裁判權的觀點，該條約之前言、第A條至第F條、共同外交安全政策（第J條、第J-11條）和司法內政合作事項（第K條至第K-9條），歐洲法院無裁判權。See A.G. Toth, Is Subsidiarity Justiciable, (1994) 19-3:

　　司法裁判（Justiciability）一詞在共同體法中並非普遍週知或廣
為使用的名詞。因為根據共同體法之規定，司法裁判不具有明確的法律
意義。歐洲法院根據歐洲共同體條約所設立或運作的法律救濟方式，使
得司法裁判的問題（即是司法解決的可能），必須以下面三項依邏輯秩
序排列的問題討論（**註一二六**）。首先是歐洲法院對該爭議的裁判權
（裁判權問題），其次是有無救濟途徑（訴訟方式問題）、由何者提出
（適格問題），最後則是否歐洲法院有權認定爭議的實質部分（實質的
裁判權問題）。若欠缺以上三項之任何一項，均認為該爭議在歐洲法院
是不能具備司法裁判的性質。相同地補充原則之司法裁判問題，也必須
依此三項進行驗證。

1.歐洲法院之裁判權

　　共同體法關於裁判權的一般原則是，當歐洲共同體條約明文賦與
時，歐洲法院才享有對爭端事項的裁判權。此與歐洲共同體條約第4條
第1項後段「每一機關應在本條約所賦與的權限範圍內執行職務」的意
義完全相符。歐洲共同體條約第3b條之補充原則，並無規定有關歐洲
法院司法裁判的事項，所以根據「歐洲法院在條約明文賦與時才享有裁
判權」的一般原則，對補充原則是否得受司法裁判方面，仍須依照歐洲
共同體條約相關訴訟規定辦理。

　　由於補充原則本身不具有直接效力，因此該原則應附麗在實質請求
權的基礎上，方有司法裁判的可能。歸納而言，補充原則如何能在歐洲
法院之前適用司法之裁判，必根據歐洲共同體條約規範之訴訟方式及訴
訟程序的架構下，由歐洲法院進行爭端發生事後的（posteriori）審理
（**註一二七**）。

　　　　　　268-285 E.L.Rev., pp. 272～273.

註一二六　Ibid, pp. 270～272.

註一二七　*根據EC條約228條第6項，歐洲法院得透過鑑定之方式於共同體對外*
締結之國際協定生效前，進行事前的（a priori）司法審理。所謂鑑定

2.補充原則於歐洲法院提起訴訟請求救濟之方式

　　可依照以下兩種方式在歐洲法院提出補充原則之爭議：一是向歐洲法院直接提起訴訟（direct action）；另一則是以預先裁決（preliminary ruling）的方式，由會員國法院提請歐洲法院予以解釋歐洲共同體條約之條文，以及共同體措施之效力問題（註一二八）。而歐洲法院的司法裁判在不同的訴訟方式下，亦有不同的程度和範圍。縱然如此，實際地將補充原則併入上述方式之訴訟，可是運作上可能會產生相當的困難；因為即使歐洲法院對補充原則具有司法裁判之權，事實上有關的政治性爭議和協商仍無法透過此一司法途徑予以解決。共同體發展的歷史顯示，權限屬性及條約解釋乃隨整合之程序而改變，而創始條約的規範亦隨整合發展迭有修正。共同體權限和會員國權限更因共同體的整合發展及會員國主權移轉之過程產生相互交疊的情形，雖然補充原則能初步設定適用的界線，卻無法處理因此衍生之政治爭議問題。補充原則基於其政策性特質，在歐洲法院的司法裁判下恐難經由政治組織運用民主程序予以實現，使得司法審查流於主觀，更何況補充原則施行程序有機關之協定並不適用於歐洲法院（註一二九）。

　　（opinion）是指，根據EC條約第228條第6項，歐洲法院對於理事會、執委會或會員國提出，關於系爭（envisaged）協定是否符合歐洲共同體條約規定的爭議，所作成的司法解釋以表示歐洲法院就該爭議所持之意見。若歐洲法院之鑑定表示否定態度時，如堅持該協定對共同體生效而產生拘束力，則唯有根據EU條約第N條的規定，修正條約內容以履行共同體承擔之國際義務。根據歐洲法院訴訟程序法（Rule of Procedure o f the Court of Justice, OJ 1991 L 176/7）第107條第2項的規定，鑑定之解釋包括該系爭協定是否符合歐洲共同體條約，以及共同體或共同體機關是否有權締結此一協定。惟須注意的是，關於「共同體或共同體機關是否有權締結此一協定」一項，在EC條約第228條第6項中，並未明文訂定。

註一二八　Ibib., p.274.
註一二九　See Nicholas Emiliou, "Subsidiarity: An effective Barrier Against

根據EC條約第173條提起無效之訴。就此歐洲法院有權審查共同體機關行為或措施之合法性（legality）。因此若理事會越權採取措施，則會員國得以共同體機關欠缺該權限(lack of competence)或違反條約規定（infringment of the Treaty），提起訴訟，以一致決或條件多數決尋求此一司法途徑請求救濟。而自然人與法人在特定情形下，亦可運用補充原則，藉由第173條第4項提起訴訟。

根據EC條約第175條提起不作為之訴。對於理事會未能對執委會之提案採取適當作為（措施）而違反第3b條的情形，會員國以及其他共同體機關得向歐洲法院提起訴訟，確認該不作為的情形。但此訴訟應僅限於該相關機關已先前指定，必須有義務採取措施才得受理。

根據EC條約第178條及第215條提起損害賠償之訴。如現行之共同體法律依補充原則而廢止，會員國或企業因該法律先前之義務而須給付相當費用（特別是因環保標準或消費者保護方面）；然而此等費用在共同體法律廢止後，失卻其法律依據或者因執行該法律義務而造成損害時，依此提起訴訟。

根據EC條約第169條及第170條提起違約之訴。當會員國違反條約義務並違反第3b條之「非其專屬權限內」的情形，執委會可根據第169條而會員國得根據第170條向歐洲法院提起違約之訴。

根據EC條約第177條請求預先裁決之訴。涉訟之個人得在會員國法院對該案系爭的共同體措施或歐洲共同體條約規定，與會員國法令間相衝突之處提出質疑；且個人得一併主張該共同體措施違反補充原則。如果會員國法院認為個人之主張有其理由，則依會員國法院之裁量權，向歐洲法院對共同體措施違反補充原則之情形或條約內容之解釋，請求預先裁決。迨歐洲法院作出先行裁決後，再回歸會員國法院之訴訟程序繼

the Entreprise of Ambition?", (1992) 17-5: 383-407 E.L. Rev., pp. 402～403.

續進行；例如Regina v. London Boroughs Transport Committee ex parte Freight Transport Association Limited（註一三〇）之英國案件。該案上訴人乃倫敦交通當局，其訂定禁止夜間於倫敦住宅區街道行駛重型貨運車之規定，除非該貨車裝置有特別之煞車消音系統，且領有使用許可方能通行；該禁止規定之目的在於爲減少因空氣煞車系統所引發的噪音。英國地方法庭及上訴法院皆一致認爲，被告之貨車符合共同體第70/157號指令之規範，並指出該交通當局的規定及其相關處罰費用不符合共同體法，蓋因禁止規定違反共同體第70/157號指令關於調和貨車煞車噪音的標準。而且該指令亦明定，任何會員國不得阻礙符合指令規範的貨車自由行駛於共同體領域內。

英國上議院（the House of Lords）則反對上訴法院之見解，認爲該案中共同體指令之目的，與倫敦交通當局規定爲特定環境區域保護之目的不盡相同。被告之貨車雖符合指令之標準，但基於環境保護係屬會員國之權限，故該規定及相關處罰費用並不違反共同體法。被告基於第177條向歐洲法院請求預先裁決之聲請，不爲上議院所接受而拒絕提出。

此一英國案件正可反映補充原則之權限分配問題，措施的必要性以及與共同體法優先性之互動問題；也說明了補充原則因其特殊之政治性質，而在歐洲法院適用和解釋上的困難。

3.補充原則之實質裁判權

補充原則僅適用於非共同體專屬權限內，因此法院在適用補充原則時必須：首先，決定共同體措施或會員國法律屬於共同體之專屬或非專屬權限，若屬於共同體專屬權限時，補充原則即無適用的餘地；再則，於非共同體專屬權限內決定共同體措施或會員國法律在實現目標上，由共同體或會員國何者達成爲適當。通常在決定權限屬性時，涉入政治判

註一三〇　[1992] 1 C.M.L.R.5.

斷的可能較低；而在決定由何者達成目標較爲有效時，則含有高度的政治、經濟評估標準，使得司法審查的功能相形降低。歐洲法院於法律爭端中決定上述權限屬性以及由何者達成目標較爲有效時即產生補充原則之實質裁判權強弱的問題。因而在衡量補充原則實質裁判權時，仍須遵循歐洲法院傳統上所採取之「限制裁判權」（Limited Jurisdiction）的見解，即歐洲法院的權限僅限於審查共同體機關作爲或不作爲的客觀合法性，也就是該作爲或不作爲必須符合共同體法之條約和強制性規範（註一三一）。因此對於爭端事項若違反共同體法時，歐洲法院只能宣告該事項無效，不得予以修正或改變該事項之條件或內容使其生效。換言之，僅解決法律爭議而將政治性的爭議留待其他共同體機關以民主、透明的程序協商解決。

六、共同體其他機構

㈠審計院（Court of Auditors）

審計院雖然在早期就已成立，但其共同體機構之地位則在歐洲聯盟條約才加以確立。

1.組織

審計院之委員共15名，其資格爲應屬於或曾經隸屬於個別會員國之外部審計團體或適合提供此項職務的。須經部長理事會諮詢議會後以一致決方式任命，任期6年，得連續任命之。委員會設有主席，由全體委員中選出，任期三年，得連選連任之。

2.職權

主要爲審計權，即審查共同體所有收入與支出之帳目。並提供議會

註一三一　See A.G Toth, "Is Subsidiarity Justiciable," (1994) 19-3: 268-285 E. L. Rev., pp. 281～283.

及理事會一份聲明，確保所審核帳戶之可靠性，以及帳戶下業務的合法性與規律性。此外，亦須審查所有收入是否均已入帳，開支是否以合法且正常方式支出，財務管理是否建全。審計院亦須於會計年度結束後提出年度報告（annual report）（**註一三二**）。

㈡經濟暨社會委員會（The Economic and Social Committee, ECOSOC）

依EU條約第4條第2項，理事會與執委會得由ECOSOC協助之。其性質為代表不同領域利益之諮詢機構。從EU條約第193條，其由不同之代表組成，包括生產者、農民、運送業者、勞工、商人、技工等。在實踐上則由三大集團：僱主、勞工及其他人員組成。委員由理事會以一致決之方式任命，任期4年。各會員國之委員人數依法分配（**註一三三**）。其主席及職員由委員中選出。

主要之職權為接受理事會及執委會之諮詢，但在必要時亦可主動提出意見。

㈢區域委員會（The Committee of the Regions）

區域委員會乃是依歐洲聯盟條約而設立、運作，代表共同體內之區域或地方團體。與ECOSOC同為理事會及執委會之諮詢機構，其組成及職權與ECOSOC相同（**註一三四**）。

第二節　共同體機構相互間之關係

歐洲共同體機構之組織與職權，在羅馬條約、合併條約、歐洲單一

註一三二　EU條約，第188a條至第188c條。
註一三三　同前註，第194條。
註一三四　同前註，第198a條～第198c條。

法及歐洲聯盟條約下產生了階段性、歷史性的變革，機構間關係之運轉亦相應地隨之轉變。所以僅就形式上組織職權之瞭解尚有不足之處、對於其間關係之變動亦應有所認知，本節以影響歐洲共同體最大的「立法程序」為中心藉之說明機構關係之改變。另外，EU條約對於「補充原則」（Principle of Subsidiarity）的規定有關機構間運作的關係亦一併加以說明。

一、羅馬條約(EEC條約)中的機構關係

㈠執委會與理事會之關係

如前所述，執委會乃是歐洲共同體之主要行政機構，以維持共同體之運作，但是根據羅馬條約其亦扮演立法者及提案者之角色。不過其立法權限雖有一定範圍之限制，却擁有完全之提案權能（註一三五）。至於理事會則為歐洲共同體主要之立法決定機構，所以，關於執委會及理事會間主要之關係，吾人著重於立法程序上之互動與配合，所產生立法上之合作關係。不過，所謂之立法可以從兩個角度加以觀察，一為立法程序；一為議案內容。分別予以說明之。

1.由理事會或執委會自行立法程序

有關理事會自行立法之規定如EEC條約第84(2)條、第93(3)條；執委會則為第90(3)條。

2.諮詢程序(Consultation Procedure)──一般法案(次頁圖4—1)

首先根據EEC條約第149條之規定，執委會似乎為唯一擁有提案權之機構，再依第155條第2款之內涵，執委會之職能亦包含提案權（註一三六）。由此觀之，理事會在立法活動中雖為主要之立法機構，擁有強

註一三五　參閱EEC條約，第149條。
註一三六　參見EEC條約，第155條第2款：「執委會根據本條約之明確規定或者執委會認為必要時，應就本條約所規定之事項提出建議或意見。」

大之審查、決議之權，但是在絕大多數的法案，均須由執委會提出。換言之，理事會必須基於執委會之提案才能進行立法（**註一三七**）。

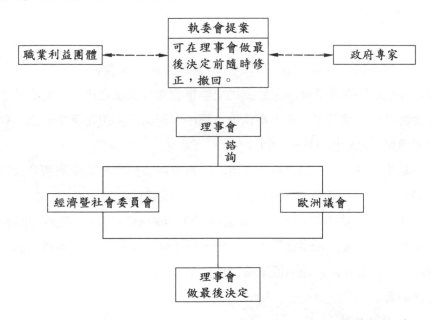

圖 4-1　歐洲共同體之諮詢程序（Consultutation　Procedure）

不過，執委會所獨攬之提案權亦有例外，依EEC條約第138條第3項，議會應制定草案以便使各會員國按照統一程序進行直接普選，此時，歐洲議會則擁有提案權。但是，令人疑惑的是，若執委會怠於行使其提案權時，理事會可否自行提案加以審議？細觀EEC條約，吾人認為，在此情形下，理事會應依EEC條約第152條之規定：「理事會得要求執委會……向理事會提出適當之議案」以茲因應。由此，更可看出執委會擁有無可替代之提案權。

而關於執委會新提案之創意，大都來自執委會本身，但是有得自於

註一三七　Anthony Parry & Stephen Hardy, op. cit., p.27. 另參閱Philip Raworth, op. cit., p.24.

與內國或歐洲之利益團體、會員國政府、共同體其他機構甚至是個人之非正式接觸，亦有因創始條約或派生法之特別指示而產生（**註一三八**）。有了創意之後，執委會就該特定之爭議或領域在提案之前，交由相關之總署（DG）作初步研究（Preliminary Study）。接著由執委會的工作小組（Working Party）研擬初步提案草案，在折衷各方利益後完成最終提案草案。至於要送交理事會進行立法之提案，則由執委會全體自由裁量做出，而不屬執委會程序規則第27條規定下得分派給執行委員個人之職權（**註一三九**）。

執委會將提案交給理事會之後，理事會將該提案諮詢歐洲議會及經濟暨社會委員會（**註一四〇**）之意見，不過該意見並無拘束力。此時，在理事會還未做成決定前，執委會依EEC條約第149條第2項得隨時修正其提案。然後，理事會除了對該提案依本條約第147條第1項以全體一致決加以修改外，只能照原案接受或放棄該案。

3.條約案

I.對外締約

依EEC條約第238條之規定，共同體可與第三國、國家聯盟、國際組織締結條約及協定。又依本條約第228條，由執委會進行對外談判、協商之工作，俟談判完成後，再由理事會諮詢歐洲議會之意見後簽署、批准。但例外情況下，執委會被授權時亦有權簽署，如：「歐洲共同體特權及豁免公約」第7條第1款規定，執委會為使歐洲共同體之官員所持之通行證在第三國被視為有效之證件，得與第三國締結有關之協定。另外，依本條約第237條，共同體在締結新會員國加盟協定時，由理事會

註一三八　參見EEC條約第87條第1項；理事會指令（directive）88/361，第6條第5項。

註一三九　OJ No L 178, 1988.

註一四〇　並非所有議案均須諮詢經濟暨社會委員會，只有在條約明定時，如EEC條約第49條。

負責談判，經執委會提供意見後（after obtaining the opinion of the Commission），理事會以全體一致決通過。

　　II.共同體創始條約之修改

　　依羅馬條約之規定（**註一四一**），條約之修改，必須經由特殊之程序。各會員國政府或共同體執委會皆可提出修改之建議。但共同體創始條約之修改在共同體內部無即時適用原則或直接適用原則之效力，因為共同體創始條約之修改尚須由會員國依羅馬條約第236條第3項按其各自之內國憲法規定之程序，加以批准始得生效。

(二)執委會與歐洲議會之關係

　　歐洲議會並非共同體之立法機關，故其無完整之立法權力，其在羅馬條約下與執委會之關係，主要在於監督關係，而立法諮詢及預算審核也間接呈現了這種關係。除此之外，歐洲議會也依其程序規則之運作而與執委會發生關係。

　　首先，議會對執委會擁有「不信任案」之提出權，此為民主國家議會對行政機關之典型權力。依EEC條約第144條之規定，「如果議會對執委會之施政，提出不信任案動議時，至少三日後才可舉行公開投票，以對此動議作出決定。若議會以其出席人員三分之二以上贊成，且其人數超過議員總數之半數時，執委會應集體辭職。」由此觀之，不信任案之提出與通過，限制頗嚴，相當謹慎。並且不信任案之對象乃是針對執委會之施政，而非個別之執行委員。

　　但是令人疑惑的是，歐洲議會雖具有解散執委會之權力，但並未同

註一四一　參見EEC條約第236條第1項、第2項：「任何會員國政府或執委會都可向理事會提出修改本條約之提案。如果理事會在與議會磋商和必要的與執委會磋商後，提出贊成召開各會員國政府代表會議的意見情形，理事會輪值主席應召集會議以便以全體一致對本條約進行修改。」

時賦予其對執委會繼任者之人事權（註一四二），因而，故發生相當大之爭議。不過在實際之運作上，議會和執委會經常就共同體事務溝通及交換意見，故不信任案之提出尚屬罕見！

其次，依EEC條約第143條規定：「議會應舉行公開會議以討論執委會所提交的年度總報告。」議會就執委會在該年度之事務推行及運作，擁有知悉並加以討論而產生間接影響之地位。並自1970年開始，執委會主席於提出年度報告時，亦附帶說明共同體未來活動之計劃，猶如施政方針；在歐洲議會要求更詳細報告之下，執委會也作了善意的回應，將事後審核轉爲經常性監督。又依本條約第140條第3項：「執委會對議會及其議員所提出之質詢，應以口頭或以書面形式予以答覆。」議會可透過質詢權對執委會加以監督。而此質詢，依議事規則可以分爲四類：第58條附帶辯論之口頭質詢、第59條不附帶辯論之口頭質詢、第60條質詢時間之口頭質詢、第61條書面質詢。其中值得注意的是引進英國式的「質詢時間」（A Westminister Style Question-Time），始於1973年，乃是定一固定時間，每次全會的第二或第三日，會議之前的一個半小時，爲質詢時間，每位議員皆可提出口頭質詢，因爲無法事先準備，故質詢過程頗爲生動活潑；且便於新聞界之採訪，吸引共同體各會員國國民提升對議會之關心。

(三)理事會與歐洲議會之關係

依EEC條約之規定，歐洲議會之主要權限爲審查權及監督權，因此，其與執委會之關係爲：

1.監督關係

EEC條約第140條第4項規定，理事會依其議事規則之規定向議會

註一四二　參見Michael Palmer, *The European Parliament, What it is? What it does? How it works.* Oxford Pergamon Press, 1981, p.43.

陳述意見。且依理事會議事規則第19條規定：「理事會若決定在議會常
會或臨時會發表意見，得委任其主席或其他成員出席議會，理事會亦得
以書面報告表明立場。」從此觀之，當理事會主動向議會發表意見時，
某程度上議會可以對其行使監督權。但仍無實質上之監督權，因爲是否
受議會監督取決於理事會本身，故爲彌補此一「責任漏洞」（account-
ability gap）所造成之機構不平衡現象，歐洲議會對於加強監督理事
會之目標，大都透過「慣例」爲之。例如，在1972年的決議中，首次表
明願意答覆來自歐洲議會之質詢；並在不採納議會之意見後說明其理由
（**註一四三**）。且在實際運作上，理事會對於議會之口頭或書面質詢多
少都會給予答覆。

2.審議關係

依EEC條約第137條規定，歐洲議會行使本條約賦予之諮詢與監督
（advisory and supervisory powers）亦即所謂的立法程序中之「被
諮詢權」（right of consultation）。換言之，執委會之提案交給理事
會後，理事會應諮詢歐洲議會（**註一四四**），但歐洲議會之意見不具拘
束力（**註一四五**）。故其影響力有限，僅具有形式上的立法參與權，也
因此埋下了日後改革歐洲議會權限之伏筆。

3.預算審議關係

預算權之主要權限係由議會與理事會所擁有，而執委會在這方面主
要在於彙集、整理各共同體機構所送之預算計劃，並加以草擬預算案而
送至理事會。所以將預算審議關係置於歐洲議會與理事會之關係下討論。

歐洲三共同體中，原只有ECSC有自主之財源（own resource），
而EEC、EAEC其財政經費來源則須由各會員國依EEC條約第200條及
Euratom條約（EAEC條約）第172條，以各自不同之比例分攤。儘管

註一四三 Anthony Parry & Stephen Hardy, op. cit., p.48.

註一四四 可參考EEC條約，第43條第2項第3款。

註一四五 D. Lasok & J. W. Bridge,op. cit., pp.253～257.

羅馬條約簽約時，其第201條曾規定要求建立自主之財源，以取代分攤制，但在此制度建立之前，其預算審議程序，主要爲執委會編列預算，經理事會以多數決通過送至歐洲議會，議會可以在一個月內表示同意或不表意見，此時以理事會通過之草案爲最後定案；若議會建議修正則預算草案再送理事會，以條件多數決作最後之決議（註一四六）。在此程序中，歐洲議會雖可提出修正預算草案（preliminary draft budget），但不具拘束力，而最後理事會採納與否，由其自由決定。

1970年，共同體會員國簽訂盧森堡條約（Treaty of Luxembourg），使得共同體財源自主邁向新的里程，故此條約亦稱爲「第一預算條約」。其內容主要在訂立「過渡條款」，以1971年～1974年爲過渡時期，增加了理事會駁回歐洲議會修正案之難度，使得議會地位相對增加其重要性；並以1975年以後爲正常時期，並修訂「職務性支出」（operational expenses），歐洲議會得以出席議員絕對多數決通過「修改建議」。而行政支出（administrative expenses），只要有過半數議員支持，則擁有提出修正案之實權（註一四七）。

1975年，又在布魯塞爾簽訂了「布魯塞爾條約」，又稱「第二預算條約」。本條約繼盧森堡條約後再次修改有關預算審查程序部份。依布魯塞爾條約第12條，即修改後之EEC條約第203條，規定各共同體機構須於該會計年度前一年之7月1日以前編列其支出之概算方案，執委會須於9月1日前整編爲預算方案提交理事會，理事會以條件多數決通過，並於10月5日送至歐洲議會審議。在45天內，歐洲議會可以作出下列反應：

(1)歐洲議會同意通過預算方案，或在此期間內未表示意見，則草案視爲正式通過。

註一四六　參見EEC條約，第203條。
註一四七　參見盧森堡條約，第4條、第5條。

(2)歐洲議會可以多數決修正非義務性支出部分之預算方案，或以絕對多數決就義務性支出提出修改建議（**註一四八**）再送理事會，理事會對於非義務性支出的修正案可以條件多數修改；或直接通過之。而義務性支出部分之議會修改建議則視是否增加預算總額而作決定，若增加，則理事會須以條件多數決通過，或未能通過，則視爲否決該修改建議；若未增加，則除以條件多數加以否決外，基本上議會之修改建議是爲理事會所接受。是以，義務性支出之決定權在於理事會，議會雖可提出修改建議，但理事會仍爲最後之決定者。不過若該修改建議未涉及預算增加時，理事會若不明確反對則視爲接受；如涉及增加時，理事會必須明示同意才屬通過。在非義務性支出，議會在一定範圍內有修正之權，若理事不予接受時，歐洲議會仍有最後決定權（**註一四九**）。

不過，依EEC條約第203條第8項，歐洲議會得基於重大理由，以議員總數半數以上和表決案三分之二以上否決理事會之預算方案。此舉更使議會成爲預算審議關係上舉足輕重之角色，而與理事會同爲決定預算之不可或缺之重要機構。

綜合言之，預算案中理事會與歐洲議會之權限如下：

	義務性支出	非義務性支出	整體預算
理事會	決定權 (EEC第203(5)(b)條)	修正權 (EEC第203(5)(a)條)	提案權 (EEC第203(3)條)
歐洲議會	修改建議權 (EEC第203(4)條)	修正權 (EEC第203(4)條) 決定權 (EEC第203(6)條)	通過權 (EEC第203(6)條) 駁回權 (EEC第203(8)條)

註一四八　所謂義務性支出，係指依共同體創始條約或根據條約而制定之法令所必須支出之費用。若支出之費用不屬此範圍，則屬非義務性支出。

註一四九　參見EEC條約，第203條第6項。

二、歐洲單一法(SEA)中的機構關係

　　歐洲單一法中最重要且影響歐洲共同體機構關係最深之處，莫過於新的立法程序──「合作程序」。尤以歐洲議會地位之改變最爲顯著，使其參與立法程序之機會大增。除此之外，由於欲使代表各會員國利益之理事會以一致決方式決議，實屬困難，故增加了適用條件多數決之事項。但敞開此一方便之門而無相對之監督，則又恐如同脫疆野馬一發不可收拾，故亦使歐洲議會之職權擴張以爲平衡。以下詳細分析說明「合作程序」之機制。

(一)共同合作程序 (Co-operation Procedure)(次頁圖4—2)

　　根據SEA第7條，也就是被SEA修改之EEC條約第149條，合作程序中，仍是以執委會向理事會提案而開始；理事會在接到提案後，向歐洲議會或相關之機構諮詢，而此諮詢已成爲立法程序中不可或缺之一部分。歐洲議會作出無拘束力之意見，此稱爲「一讀程序」(First Reading)(**註一五〇**)，其與諮詢程序中議會表達意見之程序幾乎完全相同。理事會聽取議會意見，以條件多數決作出「共同立場」(common position)。此共同立場在本質上僅處一種草案性立法決定，故依本條第2項b款，理事會須將共同立場交給歐洲議會，由歐洲議會於三個月之期限內進行「二讀程序」(Second Reading)。依第c款，議會可贊同(或無作出任何決議)、修正或拒絕該共同立場。申言之：

1.歐洲議會贊同理事會之共同立場時

　　當議會贊同理事會之共同立場或無作出任何決議時，理事會應根據此共同立場，以條件多數決通過此審議中之議案 (**註一五一**)。而理事

註一五〇　Philip Raworth,op. cit., p.45.
註一五一　EEC條約，第149條(2)項(b)款。

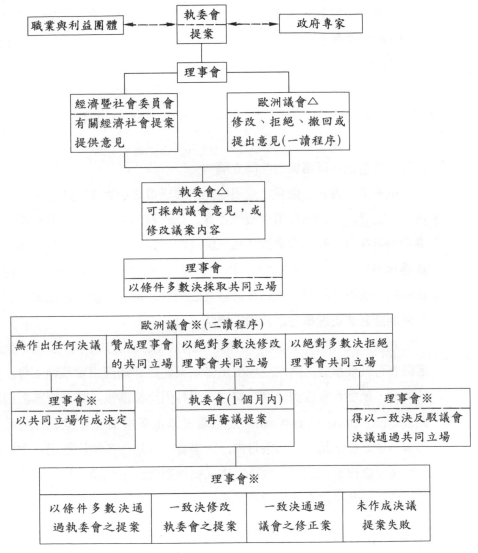

圖4-2 共同合作程序（Cooperation Procedure）

※在三或四個月內
△無時間限制
參考1987年歐洲單一法第7條的規定，有關職業與利益團體遊說之模式、途逕，參考黃寶仙，
歐洲工商組織——歐洲工業暨雇主總會聯盟研究（淡江大學歐洲研究所碩士論文，民國81年
6月），頁68以下。

會根據共同立場通過議案之期限並無規定，但實際上大都爲3～4個月。亦即理事會有義務以該共同立場立法，以免違反了條文 "shall definitively adopt the act in question in accordance with the common position" 規定。歐洲議會主席可依議會程序規則第54條代表議會，在理事會不根據共同立場立法時，依EEC條約第175條向歐洲法院提起訴訟。

2.歐洲議會拒絕理事會的共同立場時

歐洲議會得在三個月之期限內，以其成員之絕對多數決拒絕理事會之共同立場，並通知理事會及執委會。此時若執委會未撤回其提案，理事會仍可在收到歐洲議會決議後三個月內，以一致決之方式反駁議會決議通過共同立場（**註一五二**）。以上法定三個月期限，根據EEC條約第149條第2項第 g 款得依理事會與議會之同意，延長一個月的期限。

3.歐洲議會修正理事會之共同立場時

在與EEC條約第149條(b)款相同之期限及表決方式下，該條(c)款規定議會可就理事會之共同立場提出修正案。並通知理事會及執委會。且依(d)款，執委會在收到該修正案之一個月內再審議後，將其再審議過之提案（re-examed proposal）連同議會修正案送交理事會。自接受該再審議過之提案起三或四個月內，理事會得以條件多數決通過執委會之再審議過之提案，或以一致決之方式就執委會修正通過之再審議過之提案，或以一致決之方式通過原議會修正案（**註一五三**）。

(二)共同合作程序下各機構之角色

從以上的分析，可以瞭解在歐洲單一法之合作程序下，此三機構之立法角色的改變，尤以歐洲議會爲甚。

註一五二　參見EEC條約，第149條2項c款。
註一五三　參見EEC條約，第149條第1項及第2項(e)款、(g)款。

1. 執委會

執委會在共同合作程序中乃是扮演就歐洲議會之二讀程序作出反應的角色，除非共同立場已被議會所接受。當歐洲議會以拒絕共同立場或其他方式要求執委會撤回提案時，執委會可考慮接受與否。如果議會修正共同立場時，執委會在必要時亦可決定是否認可該修正案，此時即授與執委會有法律上之義務來考慮議會之修正案（註一五四）。此外，執委會亦具有相當之影響力，如它可以撤回提案之方式，避免理事會以共同立場立法；如它就議會對理事會的共同立場作出的修正案，再審議後的提案，理事會須以一致決才可修改其提案。

2. 理事會

理事會在共同合作程序中，仍保留其立法主導者之地位。雖然議會及執委會之影響力日增，其仍可以其最終決定權，決定立法（註一五五）。就理事會之表決程序而言，其欲採取執委會之再審議提案時，可以條件多數決為之；若欲修改該再審議之提案或不顧議會之拒絕而欲通過理事會共同立場時，則須以一致決為之；至於議會所贊同之共同立場，係源於理事會的決定，羅馬條約雖未規定以何表決方式為之，但依共同合作程序之旨趣，應依條件多數決。

3. 歐洲議會

至於歐洲議會，歐洲單一法以共同合作程序加強了歐洲議會之立法參與權，亦即除了確保議會受第一次諮詢（即一讀程序）外，並增加了二讀的權利，使得在一讀時被忽視之議會修正案也能被採用為新的修正案。儘管這些新的修正案可能繼續遭受理事會之漠視，但在實際上，仍有少數被最後之立法所吸收。更甚者，在此程序中，理事會也須就為何不將議會原始修正案納入其共同立場提出解釋，並且必須說明為何不採

註一五四　T. C. Hartley, op. cit., p.44.
註一五五　參見EEC條約第149條第(2)項(d)、(e)款。

納議會在二讀所提出之修正案（**註一五六**）。這樣的作法使得理事會不得不顧及議會之意見。除此之外，議會亦能於二讀程序中拒絕理事會之共同立場，迫使理事會只能以極困難之一致決之方式推翻議會之拒絕，是以二讀程序賦予議會有類似否決權之權力。

三、歐洲聯盟條約(EU條約)中的歐洲共同體機構關係

在EU條約中，增添第B條，第G(5)條（即羅馬條約新增第3b條）規定，導入了補充原則；刪除了EEC條約第149條，而以第189a條、第189c條（原共同合作程序）取而代之，並修正了第189條，增加了第189b條使原有之基本的立法程序不變之下，創設出「共同決定程序」（Co-decision）。有關之機構關係，分析如下：

㈠補充原則施行程序的機構間協定

1993年10月25日在盧森堡召開之機關間會議（Interinstitutional Conference），其宣言中達成一項「歐洲議會、理事會、和執委會間補充原則施行程序的機構間協定」（Interinstitutional Agreement between the European Parliment, the Council and the Commission on Procedure for Implementing the Principle of Subsidiarity），協定目的在於闡明補充原則與共同體機關之關係（**註一五七**）。該協定之法律基礎乃根據EU條約第B條、EC條約第3b條、以及根據歐洲理事會於愛丁堡高峰會議達成關於補充性、透明性、民主性原則之決議而制定。其內容分為：總則、程序規定、符合補充原則之審查和最終

註一五六 參見EEC條約，第149條第(2)項(b)、(d)款。

註一五七 Interinstitutional Agreement between the European Parliament, the Council and the Commission on Procedure of Implementing the Principle of Subsidiarity on October 25, 1993, Bull.EC 10-1993, pp.119～120. OJ 1993 C 329/135.

條款（General Provisions, Procedure, Review of Compliance with the Principle of Subsidiarity, and Final Provisions）等四大部分。以下就協定內容予以說明。

1.總則

補充原則施行程序之目的，在於規範由歐洲共同體條約所定而賦與共同體機關權限的執行方法，以達到該條約所定之目標。補充原則施行程序不得對共同體既有之法秩序（acquis communautaire, the Community patrimony）（註一五八）表示質疑，特別是條約規定關於賦與機關權限或者是機關間權限平衡方面。

2.程序規定

在執行提案權時，執委會應考慮並遵守補充原則。歐洲議會和理事會依照EC條約第138b條和第152條執行其所賦與的權限時，亦同。任何執委會的提案，其解釋備忘錄（the explanatory memorandum）應依據補充原則附具提案理由。任何對執委會提案本文的修正，若程度上需要共同體更廣更強地干預時，不論是否由歐洲議會或理事會所提出，必須依據補充原則附具理由。上述三個機關應在其內部程序下，按照補充原則之規定，審查機關行為的法律基礎和提案內容。

3.符合補充原則之審查

符合補充原則的審查應根據正式的共同體程序（normal Community process），依照本條所定之原則審查。執委會就遵循補充原

註一五八　共同體既有之法秩序是指，關於三個歐洲共同體之規定、原則、協定、宣言、決議、立場（positions）、意見、目標和措施（practices）之整體，不論其是否具有法律上拘束力，而自三個共同體建立以來所發展，以及經由共同體機關和會員國所接受成為措施之規範者。因此，共同體既有之法秩序的概念較共同體法的概念更為廣泛。A.G. Toth, *The Oxford Encyclopaedia of European Community Law*, Vol.1, International Law (London Oxford University Press, 1990), p. 9.

則之情形，應向歐洲議會及理事會製作年度報告。歐洲議會應對該報告舉行公開討論，並與理事會及執委會共同參與。

4.最終條款

在適用本協議發生困難時，歐洲議會、理事會、或執委會主席均可要求召開機關間會議，以克服此等困難或增補修正本協議。本協議應自歐洲聯盟條約生效時起適用之。

觀諸本協議的內容，相較於以往的宣告有所不同。因為此一協議使得補充原則納入了共同體一般立法程序中，對於共同體機關之間具有相當程度的拘束力。其前言中提到了EU條約第b條和EC條約第3b條為其法律基礎。在程序規定方面，執委會扮演一關鍵性的角色，在向理事會提案時必須根據補充原則，以解釋備忘錄附具理由；不論是對提案本身或對其提出修正，須依補充原則而實行。並在正常過程中（即指共同體之一般立法程序即共同體之一般立法程序）進行補充原則之審查，且由執委會製作年度報告，由歐洲議會舉行公開討論，使得歐洲議會能廣泛地參與提案的諮詢。最終條款中更表明可召開機關間會議以克服適用上的困難，並該機關間協定應自歐洲聯盟條約生效時起適用等等。由上述得知經由此一機關間協定，使得能具體融入條約建立的組織架構中，增加機關的政治性功能並增強機關間合作，以有效且民主地促進歐洲整合之發展（**註一五九**）。

(二)聯合立法（the jointly legislative）

修正後之羅馬條約（EC條約）第189條規定：「為執行其職務並依照本條約之規定，歐洲議會聯合理事會，理事會和執委會制定規則並頒佈指令，做出決定，提出建議或送達意見。」本條之規定相當有趣，因

註一五九 參閱Joerg Nonar, Interinstitutional Agreement: The Phenomenon And Its New Dynamics After Maastricht, (1994) 31: 693-719 C.M.L. Rev., pp. 711～719.

爲從條文之字句，可以瞭解理事會和執委會有依條約之旨趣及履行職務而進行立法（**註一六〇**）。但是令人不解甚爲疑惑的是：爲何插入了「歐洲議會聯合理事會立法」"the European Parliament acting jointly with Council"，其究何所指？其應指：第一、根據歐洲聯盟條約修改後之羅馬條約（EC條約），應指議會與理事會之「聯合立法」。如第172條之「由歐洲議會和理事會共同制定……之規則」、第173條「……由歐洲議會與理事會共同制定之法規……」、第184條「歐洲議會和理事會共同制定之規則，……」等；第二、亦指歐洲議會與理事會之「聯合立法程序」，即EC條約第189b條之「共同決定程序」；第三、也指依第191條，在共同決定程序下通過之法案，應經由歐洲議會議長及理事會主席之簽署而頒布（**註一六一**）。

(三)共同決定程序（Co-decision Procedure）

在共同決定程序中，從執委會提案階段到理事會作成共同立場，與共同合作程序之程序相同，主要是在二讀程序開始有所變革。

在修正後之羅馬條約（EC條約）第189b條第2項，歐洲議會於共同決定程序之二讀程序中對於理事會的共同立場有以下情況：

1.歐洲議會贊同理事會之共同立場時

此時理事會必須採共同立場而通過法案。在時間上像共同合作程序般，歐洲議會在獲得理事會作成之共同立場後，三個月內作出決定（**註一六二**），此三個月期限得經歐洲議會和理事會共同同意延長爲四個月（**註一六三**）。

註一六〇 EEC條約，第145條。
註一六一 Philip Raworth, op. cit., pp.40～41.
註一六二 參見修正後之羅馬條約（即EC條約）第189b條(3)後段。
註一六三 EC條約，第189b條(7)。

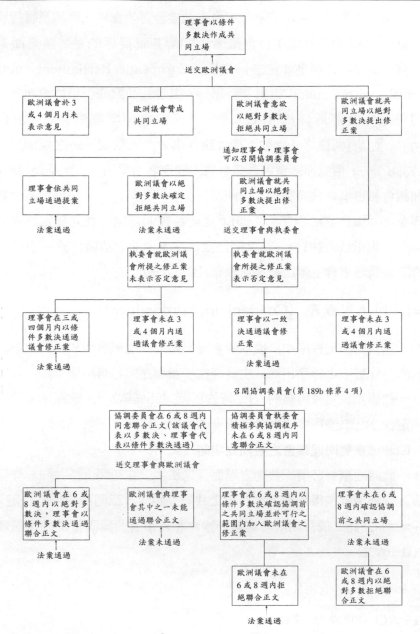

圖4-3 共同決定程序(Codecision Procedure)

參考:馬斯垂克條約修正後之羅馬條約即歐洲共同體條約(EC條約)第189b條

　　若理事會在共同決定程序中不依歐洲議會已贊同之共同立場立法時，可否適用「協調委員會程序」？我們不持肯定之看法，因為在EC條約第189b條(3)之前段之規定，限於歐洲議會修改了共同立場之情形，故後段規定「理事會不批准係爭議案時」 "the Council does not approve the act in question"，應指理事會不批准歐洲議會之修改法案情形，應不包括理事會不批准經議會同意之共同立場之法案，何況第189b條(2a)規定歐洲議會贊同理事會之共同立場時，理事會必須依照該共同立場通過法案。

　　又若歐洲議會於期限內未表示意見時視同贊同，所以理事會亦依共同立場通過法案。

2. 歐洲議會拒絕理事會之共同立場時

　　所謂歐洲議會拒絕理事會之共同立場，依修正後之羅馬條約（EC條約）第189b條第2項(c)款，歐洲議會可以其成員之絕對多數決向理事會指出其意欲拒絕共同立場。此時，理事會可以召開「協調委員會」（Conciliation Committee）來進一步解釋其立場。但若在召開協調委員會之後，歐洲議會以絕對多數決確定否認此共同立場，則該法案視為不接受，除非依照該項(d)款修改之。

3. 歐洲議會就理事會之共同立場提出修正案時

　　歐洲議會可針對共同立場提出修正案，但須以絕對多數決為之。該修正內容須送理事會及執委會，執委會對修正案得提供意見（**註一六四**）。理事會依修正後之羅馬條約（EC條約）第189b條第3項之規定，於三或四個月之期限內，做出下列決定：

　　(1)當執委會未就歐洲議會之修正案持否定意見時，理事會以條件多數決通過該修正案。

　　(2)當執委會就歐洲議會之修正案持否定意見時，理事會須以一致決

註一六四　同上註，第189b條第2項(d)款。

才能通過該修正案。

(3)理事會若未通過係爭之法案時，理事會主席在歐洲議會之同意後召開協調委員會。

協調委員會是由理事會成員（或其代表人）及同額之歐洲議會代表共同組成（**註一六五**）。協調委員會之兩方即議會代表及理事會各別進行表決，但只有雙方皆表同意時才可作出決定。若有一方反對時，則該議案就不被接受。依規定在理事會方面採取條件多數決，在歐洲議會代表方面採取多數決（**註一六六**）。而執委會亦參與此程序並使議會與理事會兩方之意見一致。協調委員會的目標在於達成一個新的「聯合正文」（joint text），即歐洲議會與理事會達成新協議之文件。協調委員會須在六或八週內作出決定。

協調後之結果依修正後之羅馬條約第189b條第5項、第6項，可分為：

I.同意聯合正文時

此時尚須由歐洲議會與理事會就此聯合正文分別以絕對多數決、條件多數決方式作成決議。歐洲議會與理事會必須皆批准此一聯合正文，若有一方未能批准時，此法案視為沒有通過。

II.未同意聯合正文時

協調委員會若未同意聯合正文時，如果理事會在協調委員會之決議期限屆滿後六或八週內，未採取任何行動時，則該議案沒有通過。但若理事會在同樣之時間內，以條件多數決確認協調前之共同立場，於可能之範圍內加入歐洲議會提議之修正案，則除非歐洲議會於理事會確認之日起六週內以絕對多數決否決此一法案，此時法案即通過。

(三)共同決定程序下各機構之角色

註一六五　換言之，因會員國於1995年增加了3國而成為15國，故所謂同額乃各15人。

註一六六　參見修正後之羅馬條約（即EC條約）第189b條第4項。

1. 執委會

執委會仍享有唯一之提案權，但依EU條約第K.3條第2項，任一會員國在刑事事件之司法合作、海關合作、警政合作事項有獨立提案權，而在移民、邊界管制、民事事件司法合作等事項有與執委會分享提案權。

在共同決定程序中，由於歐洲議會可自行阻止共同立場成為法律（**註一六七**），更可以直接針對其就共同立場提出之修正案與理事會進行協調。執委會之角色因此而有些許減弱，只能參與該協商及行使其撤回提案權。

2. 理事會

理事會之立法領導權在共同決定程序中幾乎被完全抹殺。理事會再也無法不經議會之同意而通過法案。歐洲議會分享了理事會之立法權，甚至當兩機構間就最後之立法有不一致的意見時，歐洲議會亦有與理事會進行協調之權。不過，儘管如此，理事會仍保留一些權力，即如果聯合正文未為議會所接受，理事會有權確認其原來之共同立場，使其成為法律，除非歐洲議會以成員之絕對多數決否定之（**註一六八**）。

3. 歐洲議會

歐洲議會在共同決定程序中受益最多。其由共同合作程序之立法參與，提升為地位上與理事會相當之決議機構。

首先，歐洲議會得與理事會共同接受執委會之提案（**註一六九**）。並且在否決權方面有制衡理事會之權。即議會拒絕共同立場，除非理事會以協調委員會之組成且說服議會改變其態度，要不然該提案立法程序

註一六七　參見修正後之羅馬條約（即EC條約）第189b條第2項(c)款、第5項及第6項。

註一六八　歐洲議會對此設計頗有微詞，認為將強迫使議會進入三讀程序，並加強議會負擔共同體發展之義務。Cf. Resolution of 11 July 1990 on the Intergovernmental Conference in the Context of Parliament's Strategy for European Union, p.32.

註一六九　參見修正後之羅馬條約（即EC條約），第189b條第2項。

將終結。又對於此拒絕，理事會不可以一致決將之推翻（**註一七○**）。同樣地，理事會若不接受歐洲議會之修正案時，不可置之不顧而必須召集協調委員會作成聯合正文以為解決。所以相較於共同合作程序，歐洲議會已擁有實質之否決權。

四、歐洲聯盟條約中各立法程序之適用範圍

歐洲聯盟條約（馬斯垂克條約）改稱歐洲經濟共同體條約（EEC條約）為歐洲共同體條約（EC條約）。所以以下所稱羅馬條約或修正後之羅馬條約，係指歐洲共同體條約。

(一)諮詢程序之適用範圍

1.一致決事項

條文	事項內容	提案者
修正後之羅馬條約第8b條(1)	內國之選舉權及被選舉權	執委會
修正後之羅馬條約第8b條(2)	歐洲選舉之選舉權及被選舉權	執委會
修正後之羅馬條約第8c條	國籍更改權	執委會
羅馬條約第51條	社會安全措施	執委會
羅馬條約第75條(3)	嚴重影響會員國之運輸政策	執委會
羅馬條約第84條(2)	嚴重影響會員國之海、空運之條約規範適用	執委會
羅馬條約第99條(3)	直接稅的一致化	執委會
羅馬條約第100c條	調整各國法規	執委會
修正後之羅馬條約第100c條(1)	簽證規則一致化	執委會
修正後之羅馬條約第103條(2)	能源經濟措施	執委會
修正後之羅馬條約第104c條(14)	預算短缺之替代議定書	執委會
修正後之羅馬條約第130條(3)	工業政策	執委會

註一七○ 同上註，第189b條第3項、第4項、第5項、第6項。

修正後之羅馬條約第130b條	結構基金外之區域協助	執委會
修正後之羅馬條約第130d條	結構基金與凝結基金	執委會
修正後之羅馬條約第130o條(1)	共同體研究發展計畫執行架構	執委會
羅馬條約第145條	分派實施權於執委會	執委會
羅馬條約第201條	共同體自有資源系統	執委會
羅馬條約第209條(a)	金融規則	執委會
羅馬條約第235條	達成條約目標之剩餘權	執委會

2.條件多數決事項

條文	事項內容	提案者
羅馬條約第28條	共同體關稅稅率之變更	執委會
羅馬條約第43條(2)	共同農業政策	執委會
羅馬條約第59條	對第三國服務自由流通之延伸	執委會
羅馬條約第63條(2)	服務自由流通	執委會
修正後羅馬條約第73c條(2)	資本自由流通措施	執委會
修正後羅馬條約第73f條	資本流通之安全防衛措施	執委會
羅馬條約第79條(3)	運送僱傭之歧視政策的廢除	執委會
羅馬條約第87條(1)	對條約之競爭規範的實施立法	執委會
羅馬條約第94條	國家援助條約規定之適用	執委會
修正後羅馬條約第100c條(2)	緊急簽證之必要條件	無
修正後羅馬條約第100c條(3)	簽證之格式	執委會
羅馬條約第101條	不正競爭之排除	執委會
修正後羅馬條約第103條(3)	緊急經濟措施之實行	執委會
修正後羅馬條約第104c條(14)	持續性預算短缺議定書之適用	執委會
羅馬條約第112條(1)	出口補償之一致化	執委會
羅馬條約第103條(2)、(4)	共同商業政策	執委會
修正後羅馬條約第130i條(4)	特別研究發展計畫	執委會
修正後羅馬條約第130s條(2)	環境措施	執委會

(二)共同合作程序之適用範圍

共同合作程序≠共同決定程序 (協調程序)

條文	事項內容	提案者
修正後羅馬條約第6條	歧視政策之禁止	執委會
修正後羅馬條約第8a條(2)	居住權與遷徙權之運作	執委會
修正後羅馬條約第75條(1)	運輸政策	執委會
修正後羅馬條約第84條(2)	海空運條約規定之適用	執委會
修正後羅馬條約第103條(5)	會員國經濟政策之多邊監督規劃	執委會
修正後羅馬條約第104a條(2)	有關使用金融機構條約規定之適用	執委會
修正後羅馬條約第104b條(2)	有關信用機構及公債條約規定之適用	執委會
羅馬條約第118a條(2)	勞工健康與安全	執委會
修正後羅馬條約第125條	歐洲社會基金之執行	執委會
修正後羅馬條約第127條(4)	職業訓練	執委會
修正後羅馬條約第129d條(3)	跨歐洲網路	執委會
修正後羅馬條約第130e條	歐洲社會基金改革之實施	執委會
修正後羅馬條約第130o條(2)	長期研究發展計畫之實施	執委會
修正後羅馬條約第130o條(2)	補充的研究發展計畫	執委會
羅馬條約第130q條	特別研究發展計畫	執委會
修正後羅馬條約第130s條(1)	環保措施	執委會
羅馬條約第138條(3)	歐洲議會普選程序	執委會

(三)共同決定程序適用範圍

條文	事項內容	提案機構
修正後羅馬條約第49條	勞工自由流通	執委會
修正後羅馬條約第54條(2)	自由設立權	執委會
修正後羅馬條約第56條(2)	公共政策規範及實施的協調	執委會
修正後羅馬條約第57條(1)	文憑、證書、及其他資格之承認	執委會
修正後羅馬條約第57條(2)	自我經營活動規定與實施的協調	執委會
修正後羅馬條約第100a條(1)	會員國各國法律規定之調整	執委會
修正後羅馬條約第100b條(1)	法律規定之互相承認	執委會
修正後羅馬條約第126條(4)	教育（鼓勵措施）	執委會 (全體一致決)
修正後羅馬條約第128條(5)	文化（鼓勵措施）	執委會
修正後羅馬條約第129條(4)	公共健康（鼓勵措施）	執委會
修正後羅馬條約第129a條(2)	消費者保護	執委會
修正後羅馬條約第129d條	跨歐網路指導方針	執委會
修正後羅馬條約第130i條(1)	長期研究發展計劃之採用	執委會 (全體一致決)
修正後羅馬條約第130s條(3)	一般性環保行動計畫	執委會

五、展望

　　執委會在立法程序中的角色，主要為拓展和保護歐洲共同體的利益，並且在歐洲共同體條約第36條下之衍生規定實行時，確保該規定獲得尊重。執委會在執行其職務時，為使其提案適時地通過成為法律，必須於其他兩個立法機關居中協調。雖然立法程序不斷地變革，而執委會與理事會、歐洲議會之間關係亦日趨平等，執委會仍擁有最重要的提案權，且在理事會未通過此法案時，執委會隨時都可改修其提案內容，左右歐洲共同體立法之進行。故如何善用其提案權，適宜且妥善地為共同

體之立法盡力，如何促進其提案能在各會員國間獲致通過，實是執委會未來在共同體中應繼續努力之方向。

理事會由各會員國之部長組成，不可避免地要保護其本國之利益。不過，只要理事會能接受協調，而非完全排除共同體之利益，保護本國利益仍是理事會合法而正當的角色。並且以條件多數決方式決議之議案日益增加，一致決方式則傾向減少，在在都使理事會有更好的途徑進行立法。儘管立法程序的變革，削弱了理事會原有的立法最高權力，理事會在具有直接民意基礎之歐洲議會監督之下，平衡共同體與會員國間之利害，而適切地立法，能避免不具民主性之譏。所以，理事會將來如何在共同體及其所代表之會員國間之利益來斟酌衡量，是一大課題。

歐洲議會則為近來改變角色最大的共同體機構，其議員由各會員國普選而直接選出，並在共同體的立法程序中代表著共同體人民。他們保護各種不同的利害關係，諸如共同體利益、國家利益、政治及社會理想以及其選民，但是有的時候也會因其個人利益而搖擺不定，且受遊說團體的影響。然而，由於歐洲議會是共同體中唯一具有直接民意基礎的機構，其發展無可限量，在歐洲聯盟繼續整合合下，如果走向高度之統合而成為近似於聯邦之型式時，歐洲議會很有可能成為歐洲聯盟之「下議院」，而理事會則可能形成「上議院」，而由此上、下議院獨自掌控立法權。就算整合暫時停止，歐洲議會仍因其在立法程序之權限，參與不斷擴張下，扮演著不可忽視之角色。

綜上論點，三機構間之互動關係，乃是歐洲共同體整合的標竿；三機構間的權力劃分，亦是歐體以「聯邦制」或「邦聯制」方式整合的焦點。會員國中有主張「聯邦制」認為建立超國家機構，將各會員國主權移轉，消弭國界，成為歐洲聯邦。亦有主張「邦聯制」認為不犧牲各會員國主權，以多國性協約加強團結，建立政府間的機構。雖有如此之爭議，但從歐洲共同體的歷史發展來看，機構間之關係不斷地變動，不論將來如何變化，歐洲整合的目標亦趨集中。

　　歐洲到現階段的整合結果，帶來國際上一股區域整合之風，但大多數只停留在政府首長間之合作諮商階段，唯有歐洲一枝獨秀令世人羨慕不已。但是吾人不能忽略歐洲本身之歷史文化背景，更不可漠視其早居世界發展之首的地位。

第五章 歐洲共同體關稅制度

第一節 概說

所謂關稅（customs duties, customs tariffs）係指政府對於進出口產品所課徵之稅，其目的在於改變進出口產品的國內及國際價格，以達到調節該國進出口之數量。與關稅具有同等效力之非關稅貿易障礙（non-tariff trade barriers），係除關稅外能達到限制進口或出口數量目的之一切政策措施，如配額（quota）、補貼（subsidy）、管制外匯及政府採購政策等。透過徵收關稅，政府除可增加國庫收入，並可改變進出口價格而調節進出口數量，保護國內產業。關稅徵收方式有：一、經由改變進出口產品價格，以達到限制貿易目的之價格政策，包括進口關稅（import tariff）、出口關稅（export tariff）、進口補貼（import subsidy）及出口補貼（export subsidy）；二、經由直接限制進口或出口產品數量之政策，包括進口配額（import quota）及出口配額（export quota）。換言之，關稅之於貿易是一種政策性工具，其目的不外是保護國內產業、控制供需、影響價格，甚至作為貿易報復之工具（**註一**）。

註一 學者普遍主張關稅具有限制貿易發展之效力。(1)幼稚工業論（infant-industry argument）：幼稚工業指尚在發展中，而無法與外國高技術產業競爭之產業。故持本論學者主張，為使本國幼稚工業具生存發展機會，應以關稅或配額之手段，暫保護其免於受到外國高技術生產者之競爭，直至其發展具

　　第二次世界大戰後，西歐的荷、比、盧、前西德、法、義六國打破
國界藩籬共組歐洲共同體，企圖以經濟統合手段，挽救遭兩次世界大戰
摧殘頹疲的經濟。八○年代後歐體不僅建立起一共同市場，現今更繼續
朝政治統合目標前進。歐體整合運動的斐然成效振奮了各國，並吸引了
其他歐洲國家的加入，整合的陣容愈形浩蕩。

　　共同體的整合係建立於關稅同盟基礎之上（EEC條約，第9條）。
經濟統合學者Bela Balassa教授定義關稅同盟的意涵：「廢除會員國
間關稅及數量限制，使商品得以自由流通；對第三國之貿易，各國採取
一致之共同關稅稅則」（**註二**）。關稅暨貿易總協定（General Agree-

有生產技術效率和經濟規模，堪與外國產業競爭為止。然事實上，此種措
施往往反使受保護產業無法脫離幼稚工業階段；(2)關稅收入論（tariff rev-
enue argument）：對新近獨立、成立或開發中國家而言，由於缺乏其他
稅源，或無法徵得足夠之租稅收入，徵收簡單易得之關稅遂成為政府之主
要收入。然關稅若成一國之主要收入，表示該國之經濟落後，生產和消費
型態尚未健全；(3)保護工資論（wage-protection argument）：持此論者
認為工資水準高之國家無法與工資水準低之國家競爭，故須透過關稅或配
額以保護本國較高工資勞工，使其免於受到外國低工資成本產品之競爭。
以上參閱黃仁德，歐陽勛編，國際貿易理論與政策，臺北，三民書局，民
國82年8月增訂版，頁372～376。

註二 Bela Balassa將經濟統合區分為五種型態：(1)自由貿易區：即會員國相互間
　　　　廢除關稅及數量限制，但對外仍維持各自之關稅，如歐洲自由貿易協會
　　　　European Free Trade Association, (EFTA)；(2)關稅同盟；(3)共同市
　　　　場：在該區域中，任何貿易限制及加諸於生產要素（如人員、貨物、資
　　　　金、服務）自由流通之各項限制均被取消；(4)經濟同盟：除擁有共同市場
　　　　之特性外，並擁有共同之貨幣及一致之經濟政策，以弭平會員國間之差
　　　　異，歐聯目前正朝達成此一目標邁進；(5)全面性經濟整合（Complete Eco-
　　　　nomic Integration）：此為經濟整合之最高型態，舉凡貨幣、財政、社會
　　　　政策等，均予以統一，並設立一決策可連結各會員國之超國性組織。參閱
　　　　Bela Balassa, *The Theory of Economic Integration,* Illinois: Richard D.
　　　　Irwin Inc., 1961, p.2.

ment on Tariff and Trade,GATT）第24條第1款規定：「以一個單一之關稅領域取代原本多數之關稅領域」。換言之，即是在一關稅同盟內，各會員國間之產製品彼此免稅，並廢除其他貿易障礙，而在與同盟外第三國貿易時，各會員國對第三國一體適用相同之稅率與內容。

共同體關稅的整合分為對內與對外二個部份，對內共同體係以漸進之方式取消會員國間之關稅、促進會員國間之自由貿易；對外建立一共同關稅稅則（Common Customs Tariff, CCT），統一各會員國對第三國貨物課徵關稅之標準。然而由於歐洲共同體係結合歐洲煤鋼共同體、歐洲經濟共同體與歐洲原子能共同體，三個共同體成立之時間與規範貨物不盡相同，因此歐體乃採漸進之方式進行關稅整合之工作。

共同體關稅事項法令規章之法源可分為共同體法與國際協定二大類。共同體法涵括建立共同體之基礎法源，如建立歐洲煤鋼共同體條約、建立歐洲經濟共同體條約、建立歐洲原子能共同體條約、歐洲單一法、和歷次的加入條約等；以及由理事會與執委會頒佈之派生法與歐洲法院之判例。國際協定係共同體與其他區域性組織、國家集團或單一國家簽訂之雙邊或多邊協定，如關稅暨貿易總協定⋯⋯。

直至第三次擴大共同體關稅領域範圍涵蓋12個共同體會員國之疆域，但部份隸屬會員國管轄權之海外領地則不適用此關稅領域之定義範圍（註三）。共同體第四次擴大，奧地利、芬蘭與瑞典於1995年1月1日

註三　非屬共同體關稅領域範圍之會員國領地有：丹麥的格陵蘭與Faroe Islands；德國的Islands of Helligoland和Büsingen；西班牙的Ceuta和Melilla；法國的海外屬地與地方行政區域（collectivités territoriales）；義大利的Livigno與Campione自治區、位居Pont Tresa與Porto Ceresio行政疆界與湖岸間的Lake Lugano領水。此外另有三個非屬歐洲共同體會員國的國家劃屬於歐體之關稅領域，奧地利的Jungholz與Mittelberg隸屬於德國；蔚藍海岸沿岸的小國摩納哥隸屬法國；聖馬利納共和國隸屬於義大利。參照Community Customs Code, art. 2、3（EEC Council Regualation No. 2913/92, OJ 1302/1992,19.10.1992）.

加入後，歐體關稅領域範圍亦隨之擴大至15個國家。

第二節　共同體關稅同盟之形成與發展

歐洲共同體建立單一市場以來，與由美國、加拿大及墨西哥組成的「北美自由貿易協定」（North American Free Trade Agreement, NAFTA）並列世界最大的二個區域經濟體，且更進一步尋求其政治上之統合。探究歐體獲致如此成就的原因，關稅同盟為其重要的環節。關稅同盟的形成，促使經濟規模擴大，給歐體帶來豐沛之經濟成長力及效益。然而歐體關稅同盟之建立，歷經一段漫長的調適期間。

二次大戰後的歐洲大陸因飽受戰火摧殘，經濟資源枯竭，各國為振興生產力，紛紛以增加關稅和限制進口等措施，試圖挽救頹敗之經濟。但各國競築關稅壁壘之結果，却適得其反；加之蘇聯主控歐洲大陸的威脅，美國提出重建歐洲經濟之「馬歇爾計劃」（Marshall Plan）；同時，歐洲各國並成立「歐洲經濟合作組織」（Organization of European Economic Cooperation, OEEC）**（註四）**。1950年9月，該組織設立「歐洲支付同盟」（European Payment Union, EPU），以各國每月與EPU結算之方式，取代過去會員國彼此結算之繁節。此種多邊支付辦法，旨在打破當時關稅壁壘狀況，降低會員國間進口之限制，達成貿易自由化的目標。另外，部份美國學者提出建立歐洲自由貿易區或關稅同盟之建議，以促進歐洲經濟合作，重振經濟力。但由於歐洲各國政府主張應先進行政治統合，故此一倡議遭到擱置（1951年荷、比、

註四　該組織之會員國為英國、愛爾蘭、荷蘭、比利時、盧森堡、丹麥、挪威、冰島、瑞士、法國、奧地利、義大利、土耳其、希臘及葡萄牙16國，西德旋亦加入；美國及加拿大則為贊助會員國（associate member）。1961年OEEC轉化為「經濟合作暨發展組織」（Organization for Economic Cooperation and Development, OECD）。

盧、德、法、義六國所簽訂的歐洲煤鋼共同體條約僅廢除阻礙煤、鐵、鋼產品自由流通之關稅）。1953年荷蘭外長拜恩（J. W. Beyen）建議在歐洲煤鋼共同體設立共同市場及關稅同盟，並爲歐洲煤鋼共同體之外交部長會議所接受，可惜隨著設立歐洲防禦共同體與歐洲政治共同體計劃相繼失敗，拜恩之構想亦宣告胎死腹中。幸而由於「比、荷、盧關稅同盟」（Benelux Customs Union）的施行頗具成效，及拜恩奮而不懈再度於1955年舉行之歐洲煤鋼共同體外交部長會議提議設立共同市場及關稅同盟。同年6月1、2日歐洲煤鋼共同體六國外長於「麥錫那會議」（Messina Conference）中決議設立「歐洲經濟共同體」和「歐洲原子能共同體」，以經濟統合爲實現歐洲政治統合之基礎。故迄1957年羅馬條約的簽訂，關稅同盟的概念方眞正被落實。

一、比、荷、盧關稅同盟

　　荷蘭、比利時、盧森堡，三國在第二次大戰期間遭受嚴重破壞，因國土相鄰，條件相似，三國逐於1944年9月5日簽訂「關稅公約」，並在1948年1月1日建立「比、荷、盧關稅同盟」，以促進三國在經濟、財政及社會方面之合作；廢除彼此間之關稅，並建立一共同對外之關稅稅則(**註五**)。

　　比、荷、盧關稅同盟是有組織性的 **(註六)**，其施行成效極大。以

註五　依照關稅公約第2條，禁止對流通於三國間之貨物課徵關稅，但酒類製品、葡萄酒、啤酒、糖、菸草等產品則不在此限；三國仍保有協調上述產品稅率之權利。荷、比、盧簽訂關稅公約後，又簽訂多次協定以補充或修改該項公約之不足，1958年2月3日，三國復簽訂「經濟同盟條約」（Treaty of Economic Union）。唯1944年簽訂之關稅公約仍爲創立比、荷、盧關稅同盟之基礎條約。參閱F. Gunther Eyck, *The Benelux Countries, An Historical Survey*, New Jersey, 1959, pp.102～107.

註六　「比、荷、盧關稅同盟」主要的機構有：調和各國意見之部長會議（Le Comité des Ministres）；協調各委員會行動之經濟聯盟委員會（Le Conseil de l'Union Economique）；負責處理日常事務之秘書處；及享有條約

比利時及荷蘭爲例，1948年比利時出口至荷蘭之貨物佔後者總進口8%，至1956年則增爲13%；而比利時自荷蘭之進口由12%增爲22%。且兩國在工業上之多項協定，亦使原本以農業爲導向的荷蘭及以工業爲發展主力的比利時，差異漸小，工業生產力大增。1958年，三國簽訂「經濟聯盟條約」（Treaty of Economic Union），使三國間之人員、資金、服務如同貨物亦可自由流通，自成一共同市場。由於三國間貿易障礙之廢除，進而帶動生產力及貿易額之增加，經濟迅速復甦，刺激日後歐洲之統合（註七）。

二、ECSE條約之規定

爲促成歐洲煤鋼共同市場建立，ECSC條約第4條規定廢除一切足以阻礙煤鋼產品自由流通之進出口關稅、具有同等效力之稅捐，及數量限制。然依該條約第72條之規定，並無煤鋼之對外共同關稅稅則，僅由高級公署提出建議，部長理事會以一致決之方式決定對第三國之煤鋼產品課徵最低及最高稅率，若未逾越該範圍，會員國得依其國內情勢，決定稅率。

三、EAEC條約之規定

EAEC條約關於核能產品之規範較簡單，第93條規定會員國應於1959年1月1日起，廢除一切進出口關稅或具有同等效力之稅捐，及數量限制。第94條規範建立核能產品對外共同關稅稅則之程序及時間表。

四、EEC條約之規定

解釋權和最終裁決權之仲裁會（Le Collège Arbitral）。
註七　參閱F. Gunther Eyck, op. cit., pp.106～107；劉廣衡，歐洲經濟共同體擴大組織之研究，臺北，商務印書館，1975年，頁21；俞寬賜，歐洲共同市場，臺北，商務印書館，1968年，頁31～33。

　　建構於貨物自由流通，以及會員國對域內及域外產品採不歧視原則的歐洲共同體關稅同盟，範圍涵蓋一切貨物交易（第9條第1項）；廢除會員國間進出口關稅及具有同等效力之稅捐（Charges having an effect equivalent to customs duties）（第12條至第17條）、會員國間數量限制及與其具有同等效力之措施（Measures having an effect equivalent to quantitative restrictions）（第30條至第37條）；共同體對外共同關稅稅則之建立（第18條至第29條）；來自第三國之產品如何取得自由流通於共同體之資格及相關規定（第10條）。此外，執委會及理事會亦得視共同體之需要及各會員國之減稅情形發佈規則、指令、決定、建議或意見，使關稅同盟之建立工作得以順利進行。執委會並針對業已自由流通於共同體內之會員國產品及自第三國輸入之進口品，制訂管理合作辦法（methods of administrative cooperation，第10條第2項），如原產地規則（rules of origin）等；頒佈指令確定與關稅具有同等效力之稅捐及與配額具有同等效力之措施的廢除步驟（第13條第2項與第33條第7項）；針對個別國家之需求訂定或取消會員國的進口配額（第33條第2項與第4項）；監督會員國減讓關稅之進度，並提出不具拘束力之建議或意見（第14條第6項及第15條）。1960年及1962年，部長理事會曾頒佈兩次減稅決定（acceleration decision），使關稅同盟得以提早於1968年完成。

　　歐洲煤鋼共同體條約及歐洲原子能共同體條約所規範之煤、鐵、鋼產品及核能相關產品，均隸屬於EEC條約所定義之貨物範圍，為避免牴觸情事發生，EEC條約第232條規定，EEC條約之規定，不得損及於歐洲煤鋼共同體條約及歐洲原子能共同體條約之規範。就廢除關稅的方式而言，EEC條約與ECSC條約及EAEC條約不同。後二項條約係採行一次廢除會員國間所有煤鋼產品與核子物質之關稅，而EEC條約係採行階段性有計劃地逐步廢除共同體內部之關稅。

五、加入條約之規定

依照加入條約第2條，建立共同體的三項基礎條約（歐洲煤鋼共同體條約、歐洲原子能共同體條約、歐洲經濟共同體條約）及共同體機構所頒佈之派生法，均適用於新加入之會員國。但為使新會員國調適其與原會員國間之差異，賦予新會員國過渡期以調整稅率差距。1973年加入之英國、愛爾蘭及丹麥之過渡期為5年（1973年至1977年），1981年加入之希臘亦以5年之過渡期完成調整（1981年至1985年），西班牙及葡萄牙則以7年期限完成過渡（1986年至1992年）。

六、SEA之規定

1968年7月1日完成之關稅同盟，範圍僅限於工業產品之關稅廢除，直至1986年之歐洲單一法，才涵蓋廢除工業產品之非關稅貿易障礙，並預期完成包括人員、貨物、服務及資金自由流通之單一市場。SEA第16條第1項並修改EEC條約第28條之規定，「任何有關共同關稅稅則之自主條改（autonomous alteration）或暫停實施（suspension of duties），應由部長理事會根據執委會之建議，以條件多數決（原為一致決）之方式決定之。按原EEC條約第28條，稅則之修改或暫停實施須獲部長理事會全體74票才能通過，故議案延宕過久、效率不彰，SEA之修改將改善此一弊病（54票即可通過）。

第三節　關稅同盟內部之規範與實現

關稅同盟內部之規範，主要是由關稅及與其具有同等效力之稅捐、內國（地）稅、數量限制及與其具有同等效力之措施所組成。根據EEC條約第14條之規定，會員國應於1969年12月31日前完成建立關稅同盟，但由於各國減稅情形良好，關稅同盟乃於1968年7月1日較原訂日

期提早十八個月完成。

一、會員國間關稅的廢除

(一)關稅的廢除

　　共同體關稅之廢除是漸進地，分為三階段，每一階段為期四年，俟12年過渡時期結束後，關稅即完全免除（EEC條約第8條，參見表5-1）。EEC條約第9條第2項並就廢除進、出口關稅之「一切貨物」明定為，「來自各會員國之產品，及來自於第三國但業已自由流通於共同體內部之產品」。第10條第1項再就「來自第三國之產品」，認定為按照必要之進口手續進口，並已照章繳納關稅或其他具有同等效力之稅捐，且未享有全部或部份減稅之非會員國產品。這些域外產品進口至共同體後，享有視同會員國產品之待遇，各國不得對該產品課徵其他名目之稅收。

表5-1　EEC條約第14條制定之關稅減讓時間表

過渡階段	實施日期	減稅幅度(%)	待減關稅總額(%)
第一階段 (1958年1月1日 ～1961年12月31日)	1959年1月1日	10	90
	1960年7月1日	10	80
	1961年12月31日	10	70
第二階段 (1962年1月1日 ～1965年12月31日)	1963年7月1日	10	60
	1965年1月1日	10	50
	1965年12月31日	10	40
第三階段 (1966年1月1日 ～1969年12月31日)	1966年1月1日 至 1969年12月31日	10	30
		部長理事會頒佈指令決定所餘稅率之減讓時間	

資料來源：參考EEC條約第14條。

按EEC條約第14條規定，共同體自EEC條約生效日起（1958年1月1日）即進入廢除關稅之過渡階段，歐體各會員國開始逐步進行各階段分期減除關稅之計劃。減稅方式分為個別產品及各會員國關稅總額同步減免施行。第一階段首期實行之每一產品減稅幅度及總減稅額同為10%，此後各階段每期個別產品減稅幅度至少應等於該國1957年1月1日所採用之稅率（下稱基本稅率），唯此項規定僅適用於稅率低於30%之產品，第一、二階段結束時，每一產品之應減稅額至少為基本稅率之25%，故兩階段共減50%。而各階段每期應減之關稅總額應等於各會員國之關稅收入總額減少10%，而每一會員國關稅收入總額之計算方式係，以基本稅率乘該國於1956年當年度自其他會員國進口貨值。會員國可利用第一、二階段之過渡時期調適其國內因關稅減除、市場逐步開放，產業面對眾多外來競爭者之壓力，作出各種因應措施。進入第三階段後，部長理事會應針對尚未完成減稅之餘額，頒佈指令，確定減稅時間，俟過渡時期結束後，共同體即完成免除關稅之計劃（參見次頁表5-2）。

1958年12月4日，執委會依EEC條約第10條第2款之規定，制訂貿易管理合作辦法，提供一管理共同體內部一切貨物之自由流通之DD1證件（Certificate DD1）。在本質上，此一證件並非為免於海關檢查，或通關文件之保證書，而是在於對逐步減除關稅及數量限制之認知（**註八**）。

由於減稅計劃進行順利，執委會乃依EEC條約第15條第2項之加速減稅原則，於1960年2月26日向會員國提出加速減稅建議，並經部長理事會通過，於同年5月12日公佈「第一次加速減稅決定」（The first acceleration decision）（**註九**），1961年1月1日實施。理事會於1962

註八 Decision of 5 December 1960, OJ33, 31.12.1958, 詳參*EC Commission, Thirty Years of Community Law, Luxembourg, Office for Offical Publication of European Communities,* 1983, p.243.

註九 OJ 58,12.9.1960,詳參*Thirty Years of Community Law,* op.cit., p.243.

年1月14日的決定中，宣佈第一階段出口關稅及與其具有同等效力稅捐減除完成（**註一〇**）。

表5-2 EEC條約第14條制定關稅減讓時間表各階段減稅進度及減免方式

過渡階段	每一產品減稅額（％）	各階段結束時，每一產品之最低應減稅額（％）	應減總額（％）
第一階段 （1958年1月1日 ～ 1961年12月31日）	10％ 1.每一產品之減稅幅度至少應等於其基本稅率之5％ 2.稅率仍超過30％之產品，每次減幅不得低於基本稅率之10％	至少為基本稅率之25％	10％ 應減總額應等於關稅收入總額減少10％*
第二階段 （1962年1月1日 ～ 1965年12月31日）		至少為基本稅率之50％	
第三階段 （1966年1月1日 ～ 1969年12月31日）			

資料來源：參考EEC條約第14條
*每一會員國之關稅收入總額應以基本稅率乘上1956年該國自其他會員國進口之貨值計算。

進入第二階段之初，各會員國於1962年5月15日同意「第二次加速減稅決定」（the second acceleration decision）（**註一一**），並於同年7月1日實施（**註一二**）。原訂計劃配合二次加速減稅決定，使執委會計劃於1967年7月宣佈建立關稅同盟，但未得理事會同意。1966年7月26日（**註一三**），理事會決定於1968年7月1日廢除農產品外的工業產品剩

註一〇 OJ 10, 10.2.1962, Ibid., p.244.

註一一 OJ 41, 28.5.1962, Ibid.

註一二 Ibid., p.245.

註一三 Council Decision 66/532/EEC, OJ 165, 21.9.1966, Ibid.

餘的百分之十五基本關稅（**註一四**）。所以較原訂計劃1969年12月31日提早十八個月完成之關稅同盟爲一有限度之關稅同盟（參見表5-3）。

表5-3　確實之關稅減讓時間表

工業產品			法令依據	減幅	待減稅率
階段	原訂計劃	加速減稅			以1957年1月1日施行之稅爲基本稅率
第一階段	1959年1月1日		EEC條約第14條	10	90
	1960年7月1日		EEC條約第14條	10	80
		1961年1月1日	第一次加速決定	10	70
第二階段	1962年1月1日		EEC條約第14條	10	60
		1962年7月1日	第二次加速決定	10	50
	1963年7月1日		EEC條約第14條	10	40
	1965年7月1日		EEC條約第14條	10	30
第三階段	1966年1月1日		EEC條約第14條	10	20
	1967年7月1日		1966年7月26日理事會決定	5	15
	1968年7月1日		1966年7月26日理事會決定	15	0

資料來源：參考(1)EEC條約第14條；(2)*Thirty Years of Community Law*, Luxembourg, Office for Official Publication of European Communities, 1983, p. 243

當1973年1月1日，英國、丹麥、愛爾蘭加入歐體之際，原會員國間已相互完成關稅廢除，上述三新會員國乃根據加入條約第32條及第34條之規定，自1973年4月1日起逐步降低關稅及與其具有同等效力之稅捐，

註一四　Council Decision of 14 January 1966, OJ 10, 10.2.1962, Ibid.

最後英、愛、丹三國按預定時間，1977年7月1日完成與原會員國間關稅
之廢除，其進度如表5-4：

表5-4　英國、丹麥與愛爾蘭廢除關稅之進度表

過渡階段	減讓稅率%	所餘稅率%
1973年4月1日	20	80
1974年1月1日	20	60
1975年1月1日	20	40
1976年1月1日	20	20
1977年7月1日	20	0

資料來源：參考加入條約第32條、36條。

　　但出口關稅及與其具有同等效力之稅捐、核能物質及煤鋼產品在加
入條約生效一年後，即完成關稅之廢除（加入條約第32條）。

　　根據1979年歐體與希臘簽訂之「第二次加入條約」（The second
Act of Accession）第25條及第29條之規定，希臘應自1981年1月1日
起，逐步降低關稅及與其具有同等效力之措施，最後，希國按預定時間
於1986年1月1日完成廢除關稅，建立十國關稅同盟，其進度如表5-5：

表5-5　希臘廢除關稅之進度表

過渡階段	減讓稅率%	所餘稅率%
1981年1月1日	10	90
1982年1月1日	10	80
1983年1月1日	20	60
1984年1月1日	20	40
1985年1月1日	20	20
1986年1月1日	20	0

資料來源：參考希臘加入條約第25條、第29條

於1985年與歐體簽訂第三次加入條約（The third Act of Accession）的西班牙與葡萄牙，自1986年3月1日起正式進入減讓關稅階段，並於1993年正式完成關稅之廢除，其進度如表5-6：

表5-6   西班牙與葡萄牙廢除關稅之進度表

過渡階段	西班牙 減讓稅率%	葡萄牙 減讓稅率%
1986年3月1日	90	90
1987年1月1日	77.5	80
1988年1月1日	62.5	65
1989年1月1日	47.5	50
1990年1月1日	35	40
1991年1月1日	22.5	30
1992年1月1日	10	15
1993年1月1日	0	0

資料來源：參考西班牙加入條約第31條及葡萄牙加入條約第194條。

會員國間經濟障礙之廢除及關稅同盟之成立，可謂一相當艱鉅之工程，因其不僅須清理各會員國國內原有之關稅法所形成之障礙（the jungle of the national customs law），尚須克服國家經濟主權之概念（**註一五**）。EEC條約第12條即明文規定：「各會員國應避免於彼此

註一五   D. Lasok, *The Law of the Economy in the European Communities*, London: Butterworths & Co., 1980, p.65.

貿易間採用任何新關稅或具有同等效力之稅捐，並應避免提高彼此貿易
關係中已適用之關稅或其他稅捐」。在Van Gend en Loos v. Neder-
landse Administratie der Belastingen案（註一六）中，荷蘭商人控告
荷蘭海關對其自德國進口之化學物品課徵稅額超過共同體所規定之稅
收，雖此舉是為荷蘭政府所允許，但歐洲法院根據上述EEC條約第12
條之規定，判定荷蘭政府違反具有直接及即時效力之該條規定。

(二)與關稅具有同等效力之稅捐的廢除

　　根據EEC條約第16條之規定：「各會員國最遲應於第一階段終了
時，廢除彼此間與出口關稅具有同等效力之稅捐」；相較於第12條之規
定，各會員國於過渡期內逐步廢除彼此間與進口關稅具有同等效力之稅
捐，此乃因各國政府多鼓勵民間出口，少對其設有出口限制之故。

　　執委會於1985年開始列出尚存的與進口關稅具有同等效力之稅捐的
清單，並要求各會員國提供相關資料，而於同年年底發布第一次之相關
指令，進入六〇年代後，執委會又針對此一問題，發佈8項指令（註一
七）。1965年2月1日，執委會已整理出357項可能被視為與進口或出口
關稅具有同等效力之稅捐，其中的228項已著手處理，但至1967年時，

註一六　Case/26/62, Van Gend en Loos v. Nederlandse Administratie der
　　　　Belastingen (1963) E.C.R. 1.

註一七　Commission Directive 63/600/EEC of 15 Oct. 1963, OJ 156, 29.10.
　　　　1963; Commission Directive 65/400/EEC of 28, July 1965, OJ L 43, 7.
　　　　8. 1965; Commission Directive 65/328/EEC of 16, June 1965, OJ 120,
　　　　5.7.1965; Commission Directive 66/723/EEC of 24, Nov. 1965, OJ 234,
　　　　21.12.1996; Commission Directive 67/126/EEC of 31, Jan. 1967, OJ 26,
　　　　15.2.1967; Commission Directive 68/31/EEC of 22 Oct. 1967, OJ L 12,
　　　　16.2.1968, Commission Directive 68/156/EEC of 12 March 1968, OJ L
　　　　74, 26.3.1968; Commission Directive 68/157/EEC of 12 March 1968,
　　　　詳參 *Thirty Years of Community Law*, op. cit.,p. 247.

執委會宣佈無法提出一解決此些稅捐之確切期限。1970年的年度報告又新增23項待審查之稅捐，但大體而言，每一年的增加數已逐漸降低（**註一八**）。

　　歐洲法院在Commission v. Luxembourg and Belgium案（**註一九**）中，對「與關稅具有同等效力之稅捐」一詞，作出解釋：「無論其名稱及適用方式爲何」，當一稅捐「不論是在進口當時或之後（at the time of importation or subsequently）片面（unilaterally）課徵者，且此一課徵特別針對其他會員國產品，而排除本國之同類產品（exclusion of a similar domestic product），藉提高進口產品之價格而致使對產品之自由流通產生相當於關稅之效果」（the same effect upon the free movement of products as a customs duty）。

　　1969年比利時政府對進口鑽石課以進口稅以爲其境內之鑽石切割工人設立一社會基金（social fund），此舉遭到鑽石進口商控告，雖比利時政府宣稱該基金是爲謀工人之福利，但歐洲法院仍判定該項進口稅違反「禁止徵收與關稅具有同等效力稅收之原則」（**註二〇**）。

　　義大利政府依其法律（Italian law of 1 June 1939, No. 1089）對其與藝術、歷史、考古相關之文物課以出口稅以禁止出口而遭到執委會控告，雖義大利政府辯稱此些文物並非一般商品，且基於EEC條約第36條，得保護具有考古價值之國家寶藏，故不屬第16條之範疇，但原告執委會認爲該等文物既可以金錢量化，即屬商業交易物品，且根據

註一八　Ibid., p.248.

註一九　Jointed Cases 2 and 3/62, Commission v. Luxembourg and Belgium (1962) E.C.R. 425, 詳參*Thirty Years of Community Law*, op. cit., p. 253.

註二〇　Jointed Cases 2 and 3/69, Diamandarheiders v. Brachfeld (1969) E.C.R. 211.

EEC條約第16條之規定，與關稅具有同等效力之稅捐最遲應於過渡時期第一階段結束前廢除，最後，歐洲法院判定義大利政府此舉違反第16條之規定，且宣稱第36條規定並不適用於此案，因其僅屬第30條至第34條實體及技術障礙之例外原則，而非適用於貿易領域之財政障礙（**註二一**）。

㈢內國（地）稅（Internal Taxation）之保留

EEC條約第17條第3項規定，各會員國得保留以內國稅取代具財政性質之關稅。但如一會員國直接或間接地對來自其他會員國之產品課以超過本國同類產品所適用之內國稅捐，或課足以間接保護國內其他產品之內國稅時，則違反EEC條約第95條之規定；自1962年1月1日起，各會員國禁止對進口品課徵歧視性內國稅，其旨在預防會員國於貿易關稅壁壘廢除後，以財政工具取代保護國內產業免於外國競爭（**註二二**）。

在前述的鑽石一案中，歐洲法院指出，羅馬條約第95條條文的作用是，在共同體去除關稅及與其具有同等效力的稅捐後，廢除各國間最後的貿易障礙，故第95條應被視為第9條的補充條款（**註二三**）。

另一方面，EEC條約中之第12條與第95條具有互補性却相互排擠（complementary but mutually exclusive），二者均旨在廢除變相轉為貿易障礙的財政性稅捐，但在針對內部競爭所行使之課稅控制是不相同的。第12條係在禁止關稅及與其具有同等效力之稅捐；而第95條則未禁止內國稅，僅禁止由國籍不同而產生之歧視，會員國可視自身之需要，決定是否要進行課稅（**註二四**）。

註二一　Case 7/68, Commission v. Italy (1968) E.C.R. 423.

註二二　*Thirty Years of Community Law*, op. cit., p.250.

註二三　Cases 2 and 3/69, 同上註一九。

註二四　Stephen Weatherill, *Cases and Materials on EEC Law*, London：Blackstone Press Ltd., 1992, p.152.

在Humblot v. Directeur des Services Fiscaux案（註二五）中，由於法國對汽車課徵年稅有雙重標準：16CV以下的車子，採累進稅率，汽車馬力愈大則所課之稅愈高，最高課徵1100法郎；而16CV以上之汽車，採固定之特殊稅率，一律課徵5000法郎。但因法國16CV以上之汽車皆爲進口車被課重稅，歐洲法院根據EEC條約第95條規定認爲，法對車輛採行之固定特殊稅高過採累進稅數倍，且進口車爲唯一之課徵對象，違反該條規定，應予以禁止。

然而，如何判定一種稅徵爲合法之內國課稅亦或假借內國稅之名加諸於進口品之歧視性課稅？歐洲法院認爲，「任何非嚴謹關稅定義，且僅對一切非本國產品片面進行課徵之稅，不論其設計或適用範圍爲何，將構成違反EEC條約第9條、第12條、第13條和第16條禁止課徵與關稅具同等效力之稅捐的規定，……除非該項課徵涉及一套計劃性地根據一相同標準對本國產品和相同或類似之進口品課稅之內國稅系統，或其爲實際回歸經濟活動者一定比例金額之服務費用（payment for a service in fact rendered to the service），或爲盡共同體法規定義務所進行的查證（註二六）。」

歐洲法院於Commission v. Germany案（註二七）中，再就內國稅之課徵加以更進一步規範：

(1)課徵費用不得超過查證的實際成本；

(2)共同體所有相關產品有義務共同接受查證；

(3)共同體法本共同體全體之利益規範查證之方式；

(4)查證工作旨在促進共同體貨物的自由流通，特別是其可消除根據

註二五　Case 112/84, Humblot v. Directeur des Services Fiscaux(1985)E.C.R. 1367.

註二六　Case 39/82, Denner v. Netherland (1983) E.C.R. 19, Case 18/87 Commission v. Germany (1988) E.C.R. 5427.

註二七　Case 18/87, Ibid.

EEC條約第36條施行之片面查證措施所引發之障礙。

　　由此可知，共同體於1968年7月1日建立之關稅同盟，實際上僅廢除傳統型式之關稅，而與其具有同等效力之稅捐則仍待竟功。蓋與關稅具有同等效力之稅捐所以不易完全去除在於，其並非一具體之概念，且可經由會員國新設稅捐名目創造增加，亦可藉助解釋擴大（**註二八**），同時，由於EEC條約第17條第3款允許會員國保留課徵內國稅之權利，繼之以至今各國間稅制尚未統一，致使廢除此項稅捐之任務異常複雜且艱辛。

二、會員國間數量限制之廢除

㈠數量限制之廢除

　　即配額的數量限制之廢除。一國為使國際收支平衡，或保護國內產業，而對於進出口貨物之數量或金額限制在一定之額度，其可替代關稅成為一種限制進口之措施（**註二九**）。在實施上，可經由許可證制度，對個別進口商，依一定價值、重量及數量上之查驗，允許其進口特定數量的貨物，通常進口國當局將進口配額，分配予出口國之出口商；且適用數量之限制並不限於進口貨物，亦得對出口或過境轉運貨物之數量做部份或全面之限制措施（**註三〇**）。

　　EEC條約擬藉由禁止進口（第30條）和出口（第34條）之數量限制，以及避免於相互會員國間引用任何新的限制及具同等效力之措施（第32條），以廢除配額。且第33條規定，各會員國應採漸進性之方式逐步廢除配額之限制。但數量限制之廢除與關稅廢除之最大不同點在

註二八　Stephen Weatherill, op. cit., p.152.

註二九　國際貿易金融大辭典，臺北，中華徵信所，1989年7月，頁676。

註三〇　參見蕭俊，歐洲經濟共同體貨物自由移動之研究，臺北，淡江大學歐洲研究所碩士論文，1989年6月，頁46。

於，關稅以基本稅率（basic duty）為基準而逐步降低，而數量限制則以全面性配額（global quota）為基準而逐年擴大；其中每年每一產品之全面性配額至少應增加百分之十，使配額總值較前一年度至少增加百分之二十。就配額少量或禁止輸入之未自由化產品而言，如其全面性配額未達該國國內生產百分之三，提高至百分之三；第二及第三年底則分別調高至百分之四及百分之五，此後該會員國應逐年提高此項配額至百分之十五。如該會員國無此項生產，執委會應頒布決定，建立適當配額（EEC條約第33條第2項）。至第十年年底時，每項配額至少應等於國內生產之百分之二十（EEC條約第33條第3項）。如某項貨物實際進口額連續兩年低於設定配額時，該會員國應撤銷其配額成為無進口數量限制之貨物（EEC條約第33條第4項）。

　　1960年5月12日部長理事會通過「第一次加速決定」，使各會員國進口數量限制之實際施行進度，提早於過渡時期第一階段終了前（1961年12月31日）即完全廢除（**註三一**）。第一次加入條約第24條規定對於英國、丹麥及愛爾蘭三國數量限制之廢除，三國並於1974年1月1日完成配額之廢除。第二次加入條約第35條就希臘加入歐體規範數量限制之廢除，希臘於加入日（1981年1月1日）起即完成配額廢除（**註三二**）。第三次加入條約第42條及第202條則分別規範西班牙及葡萄牙廢除與歐體各國間的數量限制，前二國於1986年1月1日加入日起即完成配額之廢除工作（**註三三**）。

註三一　*Thirty Years of Community Law*, op. cit., p.247.

註三二　希臘加入條約第36條允許某些特定產品可延至1988年12月31日完成廢除配額。

註三三　西班牙加入條約第43條允許西班牙某些特定產品可延至1989年12月31日完成此項廢除工作；而葡萄牙則可延至1990年12月31日完成此項廢除工作（葡萄牙加入條約第203條）。

(二)與數量限制具有同等效力之措施之廢除

在「與數量限制具有同等效力之措施」方面，EEC條約第34條規定應在第一階段結束時，完全廢除。然事實上，「與進口數量限制具有同等效力之措施」至過渡階段結束之日仍未被廢除（**註三四**），其主要原因是由於如「與關稅具有同等效力之稅捐」一般，EEC條約並未對「與數量限制具有同等效力之措施」定義，致使執行上困難重重，不易認定。

執委會在1962年數量限制完全被廢除後方才正視此一問題。根據EEC條約第33條第7項之授權，執委會乃於翌年邀請專家共同研商此一課題。1964年7月28日發布指令，廢除馬鈴薯之進口限制（**註三五**），1967年歐洲議會議員Deringer以書面質詢方式，要求執委會對「與數量限制具有同等效力之措施」此一名詞加以界定，引起各方關切（**註三六**）。

執委會終於1969年12月22日發佈70/50號指令，對「與數量具有同等效力之措施」解釋如下（**註三七**）：

該措施僅對進口品適用而使進口更形困難，或較國產品之處理更昂貴（Measures other than those applicable equally to domestic imported products, which hinder imports which could otherwise take place, including measures which make importation more difficult or costly than the disposal of domestic production）；對

註三四　D. Lasok, op. cit., p.69.

註三五　Commission Directive 64/486 EEC of 28 July 1964, OJ 2253, 20.8. 1964, 詳參 *Thirty Years of Community Law*, op. cit., p.247.

註三六　詳見Commission Directive 70/50 of 22 December 1969, OJ Special Edition 1970.

註三七　OJ L 13, 19.1.1970.

進口品設定較國產品不同且難以達成的條件（formality which is required in respect of imported products only, or a condition differing from that required for domestic products and more difficult to satisfy）；並給予國產品優惠措施（Measures which favour domestic products or grant them a preference）（第2條）。

　　某些措施雖對國產品及進口品同等適用，但此等措施對於貨物自由流通所造成之限制效果遠超過貿易法規之實質效果（Measures are equally applicable to domestic and imported products, where the restrictive effect of such measures on the free movement of goods exceeds the effect intrinsic to trade rules），即貨物自由流通之限制效果與其宗旨不符；或同樣目標可藉其他較不危及貿易方式達成（the same objective can be attained by other means which are less of a hindrance to trade），均被視為「與數量限制具有同等效力之措施」（第3條）。

　　第70/50號指令就「與數量限制具有同等效力之措施」解釋有不同適用。第2條條文涵括EEC條約第30條，不歧視進口品之精神；第3條條文則重申EEC條約第30條，一切產品（不分域內或域外）同等適用內國法之原則（註三八），以避免各會員國制定技術性障礙，如關於要求進口品外形、重量、成份之條文，以阻礙貨物之自由流通。

　　1974年，歐洲法院在審理一會員國之內國法涉及歧視進口產品之Dassonville案（註三九）中，認為「會員國對共同體內部貿易施行足以

註三八　*Thirty Years of Community Law*, p.263.

註三九　Case 8 / 74, Procureur du Roi v. Benoit and Gustave Dassonville (1974) E.C.R. 837。此案起因於，比利時政府對自法國進口之一批原產於英國之蘇格蘭威士忌（Scotch Whisky）要求須具有英國政府開具之原產地證明書，但因法未向英要求此一證明，故歐洲法院認為比利時政府

直接或間接，實質或潛在地產生阻礙之貿易法規，均將被視爲與數量限制具有同等效力之措施」（All trading rules enacted by Member States which are capable of hindering, directly or indirectly, actually or potentially, intra Community trade are to be considered as measures having an effect equivalent to quantitative restrictions）。此外，歐洲法院並就共同體體制缺乏保障消費者確認產地原產品證明（product's designation of origin），解釋會員國僅得依下列條件採取預防不公平之交易行爲：應爲合理措施（measures should be reasonable）；產品原產地證明方式（means of proof required）不應妨礙會員國間之貿易往來；應爲共同體人民所接受；這些預防措施不應違反EEC條約第36條規定，構成對會員國間貿易往來任意歧視或變相限制手段（means of arbitrary discrimination or a disguised restriction）。前述解釋較執委會於1970年發布之指令範圍更廣，限制更嚴，且此案對「具有同等效力之措施」之解釋成爲日後歐洲法院審理此類案件之主要依據。

　　由於歐體統合程度日漸加深，各會員國間貿易往來日益頻繁，會員國內國法爲保護本國特殊利益導致妨礙EEC條約第30條之不歧視原則及一體適用精神，歐洲法院於1979年Cassis de Dijon判決修正Dassonville案之廣義解釋。Cassis de Dijon案（**註四〇**），係西德聯邦酒類專賣局（Federal Monopoly Administration for Spirits）禁止法國Cassis de Dijon水果酒之進口，因其未達聯邦法律規定水果酒最低酒精濃度25％之標準，Rewe公司控告西德政府此舉爲「與進口數量限制具有同等效力之措施」，違反EEC條約第30條規定。西德聯邦政府

　　　　此舉造成進口商之不利地位，且無利於歐體內部貿易之發展，故判比利時政府敗訴。

註四〇　Case 120/78, Rewe-Zentrale AG v. Bundesmonopolverwaltung für Branntwein (1979) E.C.R. 649.

曾辯稱此為保障公衆健康及保護消費者免於不實之商業行為 (commercial practices)，歐洲法院則認為西德政府規定較高標準的最低酒精濃度有排擠其他會員國產品進入西德市場嫌疑，判定西德政府敗訴，Rewe公司僅須於Cassis de Dijon酒瓶加貼酒精濃度標示，即可銷售上市。

歐洲法院於此案判決中，就會員國保護本國經濟排除進口品一情事，規定四項強制性要件 (mandatory requirements)：財政監督之有效性 (effectiveness of fiscal supervision)；公共健康之保障 (protection of public health)；商業交易之公平性 (fairness of commercial transactions)；消費者之保護 (protection of the consumer)。惟會員國僅得於商業及技術法規 (commercial and technical rules) 範疇內適用，且其施行須以公衆利益為出發點符合強制要件，對貿易危害程度最低並且顧及Dassonville案之合理原則。歐洲法院對Cassis de Dijon案之判決進而成為執委會檢視共同體條約就貨物自由流通適用之指導原則。執委會認為，會員國原則上不得禁止在另一會員國內合法生產行銷之產品於其本國市場銷售，雖該產品之技術及品質要求與進口國本國產品不同，除非其不符合歐洲法院設置之嚴格要求（註四一）。

㈢EEC條約第36條例外原則

EEC條約第36條規定：「凡基於公共道德、公共秩序 (public pol-icy)、公共安全，人類、動物或植物生命及健康之保障，具有藝術、歷史或考古價值之國家寶藏之保護，以及工商業財產之保障等理由對進出口或通行所作之禁止或限制，不受第30條至第34條規定之約束。惟此項禁止或限制不得構成對會員國間貿易任意歧視或變相限制之手

註四一　OJ C 256/2, 3 Oct. 1980.

段」。

　　歐洲法院於1961年的Commission v. Italy案（**註四二**）中指出：

　　(1)第36條規定僅爲第30條至第34條之例外，而非貨物自由流通之其他原則，如「禁止課徵具有同等效力稅捐」之例外。

　　(2)其僅適用於非經濟狀況（non-economic situation），且不得作爲會員國因開放市場而發生經濟困難時之防衛條款（safeguard clause），限制其他會員國之產品。

　　(3)其不得被解釋爲會員國在此領域內保留之主權。

　　(4)第36條第1段受到同條第2段之拘束。

　　1986年，英國海關根據其1876年所制之海關法禁止一批由德國進口之充氣式色情娃娃，因英國海關當局認爲此批娃娃過於猥褻，但沒有任何英國法令禁止製造這類產品，雖英國海關辯稱，歐洲法院在1979年12月4日的判決中，原則上給予各會員國根據該國之價值判斷及自身須求決定公共道德裁量權，但法院認爲，當沒有任何立法禁止在市場上銷售此類產品時，會員國不得基於公共道德爲由，禁止自其他會員國進口產品（**註四三**）。

　　就保護具有藝術、歷史或考古價值之國家寶藏方面，其定義頗受到爭議。歐洲法院於另一件關於義大利國家寶藏之判決（**註四四**）中，認爲凡得以金錢估量（can be valued in money）並爲商業交易之主體（subject of commercial transactions）之國家寶藏，即使稀少昂貴，亦不得成爲第36條之保護對象。

　　所謂工業與商業財產（industrial and commercial property），

註四二　Case 7/61, Commission v. Italy (1961) E.C.R 317, *Thirty Years of Community Law*, p.270.

註四三　Case 121/85, Conegate Limited v. H. M. Customs and Excise Commissioners (1986) E.C.R. 1007.

註四四　參閱前揭案例Case 7/61, Commission v. Italy.

涵蓋項目繁多，但EEC條約均未作定義，而遵循相關公約之規範，如歷經多次修訂之1883年巴黎保護工業財產公約（The Paris Convention for the Protection of Industrial Property of 20 March 1883）對所保護之權利內容臚列清楚。此外，EEC條約第222條亦明載歐體條約不得以任何方式損及各會員國現有關財產之制度。

(四)具商業性質之國家獨佔（State Monopolies of a Commercial Character）

經濟學上獨佔（monopoly）係一種產品只由一個生產者生產之市場結構。由於該獨佔者為該產業唯一之廠商，提供產品特殊，無類似之替代品，使得廠商可完全控制產品之供給，獲致最大利潤，且對產品價格具有支配能力。就長期觀點言之，獨佔市場易形成不公平之負面效應**（註四五）**，但各國政府基於國家安全之考量，認為某些產業獨家生產對社會大眾及國家發展較有利，如電力、郵政、自來水為政府最常經營之獨佔事業，其他尚包括菸、酒之公賣等。由於各會員國國營獨佔事業為生產及交易上市場單一價格之決定者，顯然構成共同體建立一貨物自由流通的共同市場之阻礙，共同體乃將國家獨佔此一對進出口貿易會產生「與數量限制具有同等效力措施」之問題加以規範。

依照EEC條約第37條，會員國應於過渡時期終了前逐步調整任何具有商業性質之國家獨佔，以清除其向各國國民採購或行銷所設定之一切歧視行為。然而，各會員國政治、經濟及社會背景不盡相同，調整具商業性質之國營獨佔事業成為一敏感而棘手之問題。該條文內容複雜，涵括規約、凍結原則（standstill principle）、調整時間表及防衛措施、農產品管理和國際協定；但用語模糊，以調整（adjust）替代以往

註四五 獨佔市場之負面效果有：社會資源未能充分有效被運用；社會所得分配不平均；產量不足，社會福利未能達於最大；不利於經濟穩定。歐陽勛，經濟學原理，臺北，三民書局，民國74年再版，頁577。

堅定明確的廢除（abolish）和禁止（forbid），充滿政治妥協色彩（**註四六**）。此外，執委會執行該條文之依據爲缺乏強制力之建議，沒有發佈指令之權力，僅得依賴歐洲法院之解釋權，因此執行上有其困難與限制。

　　EEC條約所規定之適用對象爲，任何法律上或事實上，直接或間接管理、決定或影響會員國間進口或出口之機構，及由國家委辦之獨佔事業。然而，此一規定相當含糊，歐洲法院乃於Costa v. Enel案（**註四七**）中，將具商業性質之國家獨佔事業明定爲：國家獨佔之事業或團體，首先，須擁有足以爲會員國間貿易競爭主體的商品爲交易客體；其次，須在該貿易行爲中扮演實際角色（The state monopolies and bodies must, first, have as their object transaction regarding a commercial product capable of being the subject of competition and trade between Member States, and secondly must play an effective part in such trade）。可知具商業性質之國家獨佔並未限定公營或民營，但交易客體限定爲商品。因此具營利行爲及獨佔地位而提供勞務之水、電、瓦斯等公營事業，非國家商業獨佔，故不在此條之適用範圍（**註四八**）。Costa案並確定各會員國應避免違反第37條第2項之凍結義務（standstill obligation）。稍後，歐洲法院於1973年的Sacchi案件（**註四九**）判決中，將以服務爲目的之獨佔事業排除於國家商業獨佔之外，特別是以廣告爲目的之電視與廣播事業。

　　EEC條約第37條第4項爲一項關於農產品國家獨佔事業之特殊條款。該項要求執委會進行調整時，須顧及生產者之就業與生活水準，而常引起防衛行爲是否構成第37條第1款規定之例外或防衛條款爭議，因

註四六　*Thirty Years of Community Law*, p.248.

註四七　Case 6/64, Costa v. Enel (1964) E.C.R. 585.

註四八　*Thirty Years of Community Law*, p.272.

註四九　Ibid.

此當共同體於1962年開始進行第一波調整行動時，德、法、義三國之菸草及酒類公司便以此條做為例外原則之依據，調整工作之施行頗受阻礙，直至1976年的Miritz案（**註五○**），歐洲法院才宣佈，自過渡時期結束日起，本項條款不再為第37條第1項規定之例外。

第四節　共同體對外共同關稅稅則之建立

關稅制度為一國實施關稅政策訂定之措施，內容涵括稅則的分類、稅率高低的訂立、貨物完稅價格（duty-paying value）之價格核定標準、減稅或退稅等規定。稅則係政府對於進出口貨物課徵關稅之稅率表（schedule of tariff），課稅主權國基於課徵關稅之需要，將各種不同的貨物予以有系統分門別類後，並對每一貨品訂定不同的稅率（從價）或單位稅額（從量）。因此稅則係由稅則號別（tariff no.）、貨名（description of goods）及稅率等組成（**註五一**）。稅則的制度可分為單一稅則制與複式稅則制（multi-schedule tariff, multiple tariff）。單一稅則係對各國輸入之相同貨物均課以同一稅率，並無差別待遇；複式稅則係，同一種貨物有二個或二個以上之稅率，對於來自不同國家或地區所生產、製造之同一種貨物，或因輸出地（國）不同，或因運輸工具之國別不同，而以不同稅率課徵關稅（**註五二**）。而依制定稅率之方式可分為自訂稅則（率）（autonomous tariff）與協定稅則（率）（conventional tariff）。自訂稅則係本國政府基於國家政策之需要，將國會完成法定程序制訂公佈之稅則；而協定稅則係與他國基於

註五○　Case 91/75, (1976) E.C.R. 229.

註五一　趙繼祖，我國關稅制度之研究，臺北，五南出版社，民國80年初版，頁25。

註五二　蔡俊彥，關稅理論與實務，臺北，民國71年9月初版，頁12～13；趙繼祖，前揭書，頁28。

公平互惠原則，協商減讓制訂之稅則，故又稱爲互惠稅則（率）（reciprocal tariff）**（註五三）**。

　　歐體在致力促成一個內部無關稅障礙的共同市場的同時，則其對外關稅必得一致，才能避免貿易轉向和不公平競爭之現象。在區域經濟發展蓬勃的今日，歐體維護共同關稅的共同經濟政策和集體行動，成爲其爭取會員國最大利益之籌碼，於各項國際相關事務的談判上，歐體享有優勢地位。

　　如前所示，關稅同盟係對內會員國間彼此廢除關稅，成爲一關稅領域，所有會員國適用相同之關稅稅則，共同對外課徵關稅。換言之，由第三國輸入共同體之貨物，只要在任一會員國照章完成繳納共同關稅，即可自由流通於共同體各個會員國。

　　共同體各會員國已於1968年7月1日完成廢除會員國間彼此之關稅，另一方面自第三國輸入之貨物則適用共同關稅稅則課徵關稅。自1994年1月1日起生效之「共同體關稅法典」（Community Customs Code）更彙整過往共同體對外課徵關稅依據之44項規則與指令，成爲一套有系統之法律規章。

一、共同關稅稅則之形成

(一)共同體基礎條約對共同關稅稅則之基本規範

　　EEC條約第9條及第18條明確表示歐體各會員國基於互利基礎建立關稅同盟，其範圍包括對第三國共同關稅稅則之採行，即歐體對第三國輸入歐體內部之產品課徵相同之關稅稅率，以取代各會員國的自定稅率。

　　EEC條約第19條規定此共同關稅稅率爲1957年1月1日歐體四個關

註五三　趙繼祖，前揭書，頁27。

稅領域（即比荷盧關稅同盟、法、德、義）所實施關稅之算術平均數。該條第3項、第4項規定各類產品在計算共同稅率時之上限及例外情況，並以表分列於EEC條約附件，可知歐體共同關稅之制定，力求周延。因此又特別於第20條准許各會員國以談判方式決定部份產品之適用稅率，並且賦予部長理事會和執委會在達成共同關稅的過程中，扮演緩和調節的角色。

至於實施共同關稅稅則之步驟，依照EEC條約第23條規定，逐步縮小原各會員國之自定稅率與共同關稅稅率之差距。在第一、二階段，各會員國自定稅率和共同關稅稅率差距未超過15%的稅目，於EEC條約實施後第四年終了時採用共同關稅稅率；差距超過15%的稅目分兩次減少，第一次在EEC條約實施後第四年縮減30%的差距，第二次則在第二階段終了時再縮減30%的差距；其餘待減之稅目，會員國應於部長理事會根據第20條規定採取行動後的六個月內，採用依此產生之共同稅率。

由上可見歐體建立共同關稅之步驟並非硬性規定各階段差距減免比例，而是在時間上給予調適之過渡期；在施行上除逐步減少數字之差距外，亦賦予各會員國執行關稅減讓時可因時因情況得彈性採取不同調整程度之權力。例如EEC條約第24條准許各國得以快於第23條規定的速度建立共同關稅稅則，更顯見其彈性。歐體後來三次的擴大，亦都採取這種漸進的方式完成關稅同盟（見表5-7，5-8，5-9，5-10）。

表5-7　EEC條約中之CCT形成步驟

稅目縮小與共同關稅之差距時間	差距未超過15％的稅目	差距超過15％的稅目	以談判方式達成共同關稅的稅目	
四年內（第一階段）	完成	縮小30％	未達成協議的稅目	達成協議的稅目
				完成
第二階段		縮小30％	理事會根據執委會建議一致票決制定共同關稅	
過渡期終了前		完成	完成	

資料來源：參考EEC條約第23條。

表5-8　英國、丹麥、愛爾蘭建立與原歐體

六個會員國共同關稅稅則之進度表

稅目縮小與共同關稅之差距時間	差距未超過15％的稅目	差距超過15％的稅目
1974.1.1	完成	縮小40％
1975.1.1		縮小20％
1976.1.1		縮小20％
1977.7.1		完成

資料來源：參考英國、丹麥、愛爾蘭加入條約第39條。

表5-9 希臘建立與原歐體九個會員國
共同關稅稅則之進度表

稅目縮小與共同關稅之差距時間	差距未超過15％的稅目	差距超過15％的稅目
1981.1.1	縮小10％	縮小10％
1982.1.1	完成	縮小10％
1983.1.1		縮小20％
1984.1.1		縮小20％
1985.1.1		縮小20％
1986.1.1		完成

資料來源：參考希臘加入條約第31條。

表5-10 西班牙、葡萄牙建立與原歐體十國
共同關稅稅則之進度表

稅目縮小與共同關稅之差距時間	差距未超過15％的稅目	差距超過15％的稅目
1986.3.1	完成	縮小10％
1987.1.1		縮小12.5％
1988.1.1		縮小15％
1989.1.1		縮小15％
1990.1.1		縮小12.5％
1991.1.1		縮小12.5％
1992.1.1		縮小12.5％
1993.1.1		完成

資料來源：參考西班牙加入條約第37條及葡
萄牙加入條約第197條。

　　綜觀上列圖表說明可知，歐體以逐步統合方式建立對外一致之共同關稅稅則。

(二)共同關稅稅則之沿革

　　第一次世界大戰戰後，國際聯盟爲拓展國際貿易於1925年5月召開世界經濟會議，建議統一各國之稅則分類，並於1937年完成「日內瓦稅目分類」（Geneva Nomenclature）。1950年世界各國齊聚於布魯塞爾簽訂「布魯塞爾公約」，修訂日內瓦稅目分類，通過「布魯塞爾稅則分類」（Brussels Tariff Nomenclature, BTN），並成立「關稅合作理事會」（Customs Cooperation Council, CCC）。歷經三次修訂的布魯塞爾稅則分類於1975年改稱「關稅合作理事會稅則分類」（Customs Cooperation Council Nomenclature, CCCN）**（註五四）**。

　　雖然稅則分類表上載明各種貨品的種類與適用稅率，但是有時貨品模稜兩可的屬性常使其歸屬問題爭論不已，需移送至歐洲法院處理。至於貨品的完稅價格之估價方式，歐體原採「關稅貨品估價公約」（Convention on the Valuation of Goods for Customs Purpose）中的「布魯塞爾估價定義」（Brussels Principles of Valuation, BDV）爲準則，該制擬以理論上之市場價格課徵關稅，由於係屬假設性質，易生爭議。進入八〇年代，歐體改採GATT東京回合談判達成的「關稅估價法」（Customs Valuation Code），進口貨物之完稅價格係以買賣雙方之實際交易價格爲準**（註五五）**。

　　1987年歐體以「國際商品統一分類制度」（Harmonized Commodity Description and Coding System, HS，簡稱統一分類制度）

註五四　呂黎娟，歐洲共同體關稅整合及其影響之研究，淡江大學歐洲研究所碩
　　　　士論文，1995年1月，頁11。
註五五　陳明邦，現行關稅制度與實務，臺北，三民書局，民國79年，頁203～
　　　　205。

取代布魯塞爾稅則分類（**註五六**）。同年理事會頒佈2658號規則（**註五七**），結合過去施行的商品分類法以及統一分類制度之規定，建立稅目共同分類表（Combined Nomenclature, CN），納入「歐洲共同體統一關稅稅則」（Integrated Tariff of the European Communities, TARIC），完成現行之共同體關稅稅則分類法（Community Customs Tariff Nomenclature, CCTN）（**註五八**）。

　　歐體對外共同關稅稅則之相關規定以往均由理事會與執委會以頒佈規則或指令之方式加以規範，故相關之法規不免流於散漫，沒有條理。鑑於國際貿易日趨緊密複雜，以及歐體於1992年12月31日完成內部單一市場之建立目標，爲顧及參與共同體經濟活動者及官方關稅行政之利益，歐體認爲有必要將程序修正簡化，並將相關事項合併規定於共同體層次之關稅法規範之下。理事會遂於1992年10月12日頒佈第2913號規則，建立共同體關稅法典，並於1994年1月1日開始適用，自此歐洲共同體有關關稅課徵相關事項之規範與施行細則方有一完整之法典依據。

(三)共同關稅稅則之適用

　　歐體與其他區域性組織、國家集團或個別國家定有雙邊或多邊之商業性協定，因此共同關稅稅則乃形成複式稅則，包含自定稅率與協定稅率二種。

1.自定稅則

　　所謂自定稅則係由共同體單方面決定課徵關稅稅率，其稅率較協定稅則課徵之稅率爲高，適用於非共同體會員國國家，但不包括GATT（WTO）締約國，以及其他與共同體訂有雙邊或多邊優惠關稅協定之國家。一般而言由於多數國家與歐體多訂有協定，因此僅少數國家如臺

註五六　同前註。
註五七　Council Regulation 2658/87, OJ L 256, 7.9.1987.
註五八　D. Lasok, op. cit., p.201.

灣適用自定稅則之範疇。

2.協定稅則

協定稅則係理事會與執委會依其職權（EEC條約第111條、第113條、第228至第231條、及第238條）與其他國家或國際組織簽訂之優惠關稅協定。共同體對外共同關稅稅則多採行協定稅則係國際社會壓力、與國際減稅談判的妥協結果，或共同體基於歷史因素，與會員國舊日的海外領土與殖民地簽署片面之優惠協定。依不同之關稅協定性質，優惠程度亦隨之有別（見表5-11，**註五九**）：

表5-11　共同體對外貿易優惠關稅分級表

地　　　區	優惠關稅協定形式	共同體對外貿易佔有率（％）	1985年人口總數（以百萬計）
EFTA	自由貿易協定	21	40
環地中海國家	混合型態優惠協定	12	250
ACP國家	共同體片面特別優惠協定	6	360
其他第三世界國家	普遍優惠協定	18	2900
已開發工業國家	最惠國待遇	34	400
東歐國家	合作協定	9	390

資料來源：Willem Molle, *The Economics of European Integration* (*Theory, Practice, Policy*)，Aldershot, Dartmouth, 1990, p.450 & 457.

註五九　參見Willem Molle, *The Economics of European Integration* (*Theory, Practice, Policy*)，Aldershot, Dartmouth, 1990, pp.449～457；經濟部國貿局，歐洲單一市場稅制整合報告，臺北，民國81年，頁178；杜筑生，歐洲經濟共同體之對外關係，臺北，正中書局，民國77年，頁44～145。

Ⅰ.與歐洲自由貿易協會國家簽訂之自由貿易協定（Free Trade Agreement）

根據該些協定，EFTA國家之工業產品得自由流通於共同體境內。1992年5月2日共同體與歐協國家簽訂歐洲經濟區域協定（European Economic Area Agreement），共同建立一個域內貨物、人員、資本、服務，四大流通的自由貿易區（該協定已於1994年1月1日生效），在此一自由貿易區內，會員國彼此間廢除一切足以阻礙自由貿易的實體性與技術性貿易障礙，但對外並無一共同之關稅稅則。

Ⅱ.與環地中海國家簽訂之混合型態優惠協定

這些環地中海國家因地緣之利，或因舊日與部份共同體會員國有殖民從屬關係，或有意尋求加入共同體，而與歐體簽訂不同之優惠協定，其可分為以下三類：

(1)準會員國協定（Association Agreement，或稱加盟協定）

協約國為土耳其、賽普勒斯和馬爾他。由於前述三國有意加入共同體，因此準會員國協定以建立關稅同盟為目標，然共同體對土耳其仍存有政治不夠民主化之疑慮，賽普勒斯與馬爾他國內之經濟條件尚無法承受對歐體開放市場所帶來之衝擊。

(2)合作協定

與歐體締有此類協定之國家有摩洛哥、阿爾及利亞與突尼西亞（Maghreb國家）、埃及、黎巴嫩、約旦、敍利亞（Mashrel國家）以及南斯拉夫。共同體片面給予合作協定締約國優惠待遇，該些國家之工業產品得免稅進入共同體市場。

(3)自由貿易協定

自由貿易協定係築於互惠原則之上，目前僅共同體與以色列訂立之協定屬於此一範疇。

Ⅲ.與非洲、加勒比海和太平洋地區國家（Africa Caribbean and Pacific，即ACP國家）簽訂之洛梅公約（Lomé Convention）

　　這些國家原先屬於歐體某些會員國（如比、法、英等）之屬地，獨立之後，和歐體簽訂一系列協定，最重要者為洛梅公約。按此公約，ACP國家出口至共同體的全部工業製成品與9.5%的農產品可完全免稅進入共同體，且ACP國家所享有之稅率是共同體對外各項稅率中最優惠的一種。

　　Ⅳ.普遍優惠待遇（Generalized System of Preference, 簡稱GSP）

　　係依據1968年OECD會員國所通過協助發展中國家之協議，工業國家對開發中國家的進口產品片面採取優惠待遇，減免關稅以助其經濟發展，適用國係聯合國發展中國家的會員國。在這類優惠待遇中，工業產品進口享有暫緩支付關稅的優待，享有此類優惠待遇之國家主要為拉丁美洲與亞洲國家。

　　Ⅴ.最惠國待遇（The Most Favoured Nation Treatment Clause）

　　最惠國待遇適用之稅率係指，共同體成員國與其他WTO會員國間所適用之稅率。依GATT第1條規定之普遍最惠國待遇原則，會員國對於進口或出口至其他會員國任何產品所授與的任何利益、優惠、特權或豁免，應無條件適用於其他會員國之同類產品（註六〇）。換言之，歐體與之簽署互惠協定，任一方若予第三國有其他優惠待遇，則亦同時須給予另一方，此乃基於平等互惠及不歧視原則行之。適用最惠國待遇之國家為與共同體未訂有其他優惠關稅協定之已開發國家，如美國、日本、加拿大。

　　Ⅵ.與個別東歐國家簽訂雙邊合作協定

　　共產政權尚未垮臺之前，共同體與由蘇聯及其東歐附庸國所組之經

註六〇　最惠國待遇條款原則劃分為有條件與無條件二種原則。共同體與工業技術進步之已開發國家經常在締結之雙邊或多邊條約中採用有條件之互惠形式。程家瑞，歐洲共同體關稅法制度之基本原則，第二屆歐洲共同市場研討會，民國71年11月，頁Ⅰ-6。

濟互助理事會（Council of Mutual Economic Assistance,簡稱 CMEA或Comecon）個別會員國訂有貿易協定。共產政權倒臺後，共同體與此些前計劃經濟國家間之貿易協定轉爲範圍更形擴大之合作協定，如於環保、科技及教育等領域進行合作交流計劃，以幫助東歐國家早日施行市場經濟與代議民主政治，並參與歐洲經濟整合計劃。

二、共同關稅稅則之施行

(一)共同體關稅法典

自1968年關稅同盟建立以來，執委會已頒布了許多項規則與指令做爲共同體對外關稅稅則的法律依據，但長期以來不免流於漫無條理；再者共同體各會員國間之關稅法令尚存在諸多歧異，妨礙單一市場的建立。有鑒於此，執委會乃依EEC條約第28條、第100條a項及第113條規定頒佈之規則於1990年3月21日向部長理事會提出「共同體關稅法典」草案（**註六一**），彙整共同體自1968年以來所制定之44種法規，成爲一套有條理之法律規章，但部長理事會遲至1992年10月12日方通過此案。根據此部法典第253條條文之規定，共同體關稅法典自1994年1月1日正式生效；惟第161條出口程序與第182條、第183條關於再出口之規定，則提早於1993年1月1日先行生效（**註六二**）。

共同體關稅法典主要規範共同體與第三國貿易之關稅課徵事宜，來自第三國之貨物，如已照章通關完稅，即可自由流通於共同體內部，以符合EEC條約第10條所規範之精神。共同體關稅法典全文共九篇253條，內容概述如下：

註六一 EEC Council Regulation No.2913/92, OJ L 302/1992, 19.10.1992.
註六二 *部長理事會旋即於同年頒布之OJ L 326/92規則中再度確定，共同體關稅法典第161條關於出口程序之規定應配合單一市場的建立，於1993年1月1日生效。*

1.第一篇「總則」(第1條～第19條)

　　首先界定共同體關稅法典之適用客體爲共同體與第三國貿易往來之行爲，釐定共同體關稅領域之範圍，規定自然人對海關條例之權利與義務等。其中第4條就「共同體貨物」一詞重新賦予嚴謹之定義:

　　——依據本法典第23條之規定，完全在共同體關稅領域中取得或生產之貨物 (goods wholly obtained or produced in a customs territory)，以及從共同體非關稅領域進口之非成品貨物 (not incorporating goods)；

　　——自共同體非關稅領域進口，按規定可自由流通於共同體內部之貨物。

　　第23條並且就「完全在關稅領域內取得或生產之貨物」加以界定，本規定即貨物原產地之認定標準:

　　(1)在該國採取之礦產；

　　(2)在該國收取之蔬菜；

　　(3)在該國養殖之動物；

　　(4)在該國飼養動物之產品；

　　(5)在該國捕獲或漁獲之產品；

　　(6)於該國登記註冊之船舶在外海捕獲之水產品；

　　(7)在該國註冊之加工船舶 (board factory ship) 所取得或生產之產品；

　　(8)在該國有權開採之外海海床及海底所取得之產品；

　　(9)該國回收於製造過程廢棄或使用過之物品可再生做爲原料之產品；

　　(10)除上述所列產品或其衍生品外，於該國任一生產週期製造之產品。

2.第二篇「關稅適用基礎項目」(factors on the basis of which duties are applied)(第20條～第36條)

其分爲三章，首章規定共同體關稅稅則之稅率與分類；第二章規定貨物原產地之認定標準；第三章則規定貨物完稅價格之估價方式。共同體關稅法典第20條第3項規定共同體關稅稅則涵蓋下列各點：

(1)貨物之稅目共同分類表；

(2)完全或部份根據稅目共同分類表制定更細目之其他稅則分類；

(3)稅目共同分類表規範之稅率與其他之課徵稅目包括有關稅、農產品稅捐、共同農業政策規定之進口稅與適用於其他特殊條款之農產品加工品；

(4)共同體與某些國家或區域性集團訂立之優惠關稅協定，如EEA協定；

(5)共同體對某些國家、區域性集團或地區片面採行之優惠關稅措施，如洛梅公約；

(6)共同體對某些產品採行之降低或取消徵收進口關稅之自定暫停措施（autonomous suspensive measures）；

(7)共同體關於關稅措施之其他立法規定。

但共同體與其他國家或集團所簽定之優惠關稅協定並非毫無限制，關稅法典第20條第5項則根據此一考量就同條第3項(4)、(5)、(6)三款規定：當進口數量已達到鼓勵點，即取消該項產品之進口配額；該配額之上限由執委會規定之。此點係在預防，由於自與共同體訂有優惠關稅措施之第三國進口過量之產品，引起貿易轉向作用，因而損及會員國之利益之情事。

3.第三篇「貨物輸入共同體前用途之認定」(第37條～第57條)

即海關對貨物輸入共同體用途認定權限，貨物暫時存關與非共同體貨物轉運之相關規定。

4.第四篇「海關對貨物用途之認定」(customs-approved treatment or use)(第58條～第182條)

首先將貨物之通關程序劃分爲簡式與正常程序二種，其次規定貨物

之內部轉運程序（internal transit procedure），此外，並准許會員國劃出部份關稅領域設立保稅區（free zone）與免稅倉庫（free warehouse）等相關規定。

5.第五篇(第183條)

規定貨物離開共同體關稅領域時，應依共同體規定之航線，並接受海關之檢驗。

6.第六篇「優惠措施」(privileged operations)(第184條〜第188條)

臚列產品免繳關稅之適用條件。

7.第七篇「關稅欠繳」(customs debt)(第189條〜第242條)

規定欠稅之擔保金額、計算方式、繳納程序與清償等問題。

8.第八篇「行政救濟」(appeals)(第243條〜第246條)

規定任何不服海關裁定之納稅人均得提起行政救濟。

9.第九篇「最終條款」(第247條〜第253條)

設立關稅法典委員會（Customs Code Committee）負責相關問題之研商與修正有關條文，此外，第251條與第252條廢止自1968年以來共同體所制定的有關關稅法規（**註六三**），而由共同體關稅法典所取代，第253條則規範此法典生效之日期。

關稅本應是由各國海關徵收，但歐體自1968年實施共同關稅稅則後，在1975年1月1日前，共同關稅之收入係按一定之比例分歸進口國與共同體；而自1975年起，共同關稅收入全數悉歸共同體，再由共同體分10%的關稅收入予課徵國，作爲行政手續費。歐體現行的關稅課徵方式係，當貨物自第三地(third territory)或第三國(third country)運抵歐體時，即需課徵關稅（由於關稅同盟之故，各成員國所課徵之稅率皆相同）；關稅由貨品進口國徵收後再轉付予歐體的關稅清算中心。完稅之貨物再轉運至其他歐體國家時便無須再課徵關稅，然而貨物抵達之目的

註六三　共同體關稅法典所取代有關關稅適用的法規總共有四十四個規則。

國得課徵當地國之內國稅，如貨物稅與加值稅**(註六四)**（見下圖）

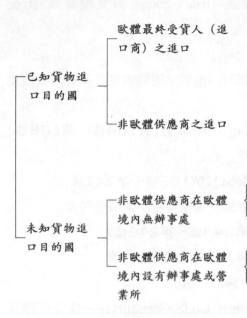

已知貨物進口目的國
— 歐體最終受貨人（進口商）之進口
　　關稅由進口商於貨物抵岸國繳納
　　進口商在抵岸國辦理登記可免預繳加值稅
　　加值稅由進口商於貨物目的國繳納
— 非歐體供應商之進口
　　關稅由供應商在貨物抵岸國繳納
　　供應商於抵岸國辦理登記可免預繳加值稅
　　加值稅由進口商在貨物進口目的國繳納

未知貨物進口目的國
— 非歐體供應商在歐體境內無辦事處
　　關稅由貨物供應商於貨物抵岸國繳納
　　加值稅由供應商預繳再由稅務代表辦理沖銷退稅
— 非歐體供應商在歐體境內設有辦事處或營業所
　　關稅由供應商於貨物抵岸國繳納
　　加值稅由供應商之辦事處或營業所預繳及辦理沖退稅

　　至於共同關稅稅制之貨物估價、關稅稅額核定，是以歐洲貨幣單位（European Currency Unit）作爲會員國代徵關稅之貨幣兌換標準，每年1月由共同體出版處出版「共同關稅稅制年報」（*Annual Edition of the Common Customs Tariff*），內載官定歐幣匯率，作爲兌換之基準（註六五）。

三、共同體之對外關稅談判

註六四　加值稅係對消費商品所課徵之間接稅，稅額依產品生產過程中於每一階段所增加的價值總和來計算，而由最後購買的消費者支付該項稅金，但爲稽徵之方便故採間接稅之方式課徵。但至今歐體各成員國間之加值稅稅率尚未統一。

註六五　Nicolas Moussis, *Access to Europe*, 1991, 參照呂黎娟，前揭論文，頁37。

　　理論上關稅之問題爲一國主權之行使，外力不得干預，但事實上今日之國際貿易以達到自由化爲目標，各種雙邊或多邊之協定或條約使各國於關稅問題上尙需與其他國家達成某程度之協議，而經濟大國片面以報復措施爲要脅，要求降低關稅或取消非關稅障礙之情形更是層出不窮；於此情況下，關稅之相關規定不可能由一國恣意決定。而歐體及其成員國與第三國或其他國際組織簽訂之國際條約亦是歐體的法源之一，故在對外之締約權限問題上亦須有明確之規範，以下將歐聯締約權及對外關稅談判問題分述如下：

(一)締約權範圍擴張

　　國際協定旣是共同體法之法源之一，故究竟誰有權利與非會員國簽訂國際協定拘束會員國及共同體便是一重要之課題。EC條約中僅有二個條文明示共同體之締約權（**註六六**），一是EC條約第113條規定，共同體之共同商業政策，包括關稅稅率之修訂、關稅及貿易協定之訂定等均係共同體之專屬締約權；另一是EC條約第238條規定之與非會員國間的結盟協議。但共同體之外部締約權是否僅限於此，是否亦包括EC條約之默視授與締約權？從以下三個案例，可看出歐洲法院擴張共同體締約權之立場：

1. 1971年之 "European Road Transport Agreement" 一案（註六七）

註六六　此二條文於EU條約中皆被修改，但只是文字之更動，重要內容仍被保留。參照TEU Art. G(28)Para. 1 & No.84.

註六七　此案是1962年時，六個成員國其中五個成員國和其他歐洲國家談判簽訂了「歐洲道路運輸協議」（European Road Transport Agreement, 簡稱ERTA），但因批准此協議簽約國不夠，故未能生效。在1969年談判繼續中時，理事會卻頒佈了一項與ERTA類似的規則，來處理共同體內會員國間的道路運輸問題。1970年，理事會通過一項決議，決定應由六個成員國共同去談判，而排除執委會的參與；執委會認爲旣然共同體內已有

　　歐洲法院認為共同體之締約權除了來自EEC條約之明示規定外，亦來自EEC條約之其他規定和共同體立法機關依這些規定已制訂之法律。當共同體為履行EEC條約而制訂共同法律時，成員國便不再有權利個別或集體去承諾會影響共同體法規之國際義務，亦即共同體內部之法律制度無法和共同體外部之法律關係分離獨立。此案承認了「平行理論」，即共同體在內部享有如何之立法權，其於外部關係上就相同範圍亦享有締約權。但此時之平行理論範圍仍嫌狹小，必須是條約中賦予共同體就某些事物有立法權，且理事會亦行使立法權制訂法律後，共同體就這些事物才平行取得自成員國移轉而來之締約權。

2.1977年於 "North-East Atlantic Fisheries Convention" 一案 （註六八）

　　歐洲法院將共同體之締約權更擴大，認為外部締約權係共同體本來即具有之權力，並不待行使內部立法權後，才從成員國移轉而來。亦即在共同體未行使內部立法權時，共同體與成員國共同享有與非成員國締結國際協定之權力。但此結論係針對此個案而導出，歐洲法院並未於裁判理由中明示此理論。

3.1977年之 "Inland Waterway Vessels" 一案（註六九）

　　　　類似的規則，為避免對外的ERTA談成後和內部規則相抵觸，故應由執委會代表共同體去談判。理事會不理會執委會的意見，執委會遂向歐洲法院起訴，要求宣告理事會的該決議無效。

註六八　1977年時，九個成員國間的七個成員國和一些非成員國間締結了「北—東大西洋漁業公約」（North-East Atlantic Fisheries Convention），在此公約下設有一個漁業委員會；之後荷蘭依此公約制訂一些內國法，違法者會受到刑事處分。之後因一些荷蘭漁民違反上述法律而被起訴，漁民抗辯說這七個成員國無權簽訂該漁業公約，故荷蘭依此公約所制訂之內國法違反羅馬條約，應為無效之法律。荷蘭法院因無權決定此一問題，故循初步裁定程序（Preliminary Reference Procedure）將此問題呈請歐洲法院裁定。

註六九　此案是起因於一個有關萊茵河和莫瑟河水運系統的國際協定，此協定是

確立了內外部平行理論於所有之事務上，只要共同體有內部立法權，無論其已否行使此立法權制訂法規，共同體皆具平行之外部權力。

於以上三個案例中可看出歐洲法院逐步擴張了共同體之外部締約權利，而共同體之外部權力亦不再限於條約中之明文。而最近一次（1994年11月15日）歐洲法院對於對外貿易談判權之裁判，主要係針對烏拉圭回合中新增之議題──服務業與智慧財產權問題：商品貿易（包括核子性物質與煤）之管轄權仍屬執委會；跨國境之電信服務、視聽傳播以及電子傳輸金融服務，視同與商品貿易無異，仍歸執委會管轄；其他形式之勞務（如涉及歐體內之人員移動），則由該會員國政府與執委會共同管轄；智慧財產權之管轄屬於各會員國政府，但爾後若有損及共同市場運作功能時，執委會得介入干涉。

(二)締約權行使機關

共同體對外有關關稅問題談判之行使機關為執委會。當共同體與一個或一個以上之國家或與國際組織締結協定或就協定進行協商時，執委會應建議理事會，再由理事會授權執委會展開必要之談判。執委會於諮詢由理事會所指定為協助其任務之特別委員會及於其所下達之指令範圍內進行談判（**註七〇**）。

(三)程序

共同體與他國或國際組織就共同商業政策協定進行協商時，其規範基礎係由EU條約第G(28)條修改EEC條約第113條中加以規定，而依該條第3項明文，第228條之相關條款亦應適用之，故於締約之情況應適用

──────────

由共同體的執委會、六個成員國和瑞士共同參與談判。執委會認為成員國之參與資格有問題，乃提請歐洲法院，就成員國可否參與這個協議一事表示意見。

註七〇　EU條約第G(28)條；EC條約第228條。

EC條約第228條之規定。以下將締結協定及進行協商之方式分述如下：

1. 協定之締結

(1)當共同體與一個或一個以上之國家或與國際組織締結協定時，執委會應向理事會提出建議，再由理事會授權執委會展開必要之談判。

(2)執委會在諮詢理事會所指定爲協助其任務之特別委員會後於授權範圍內進行談判。談判完成後，除EC條約第113條第3項所指之協定外，理事會應於諮詢歐洲議會後（包括此協定涵蓋之領域依EC條約第189b條或第189c條（註七一）之規定，其程序尚要求內部規則之制訂時）原則上以條件多數決之方式締結該協議，但此協議爲有關必須以一致決之方式制訂內部規則及第238條（註七二）所指之協議時，理事會應以一致決之方式決議。歐洲議會應於理事會得依緊急狀況設定之期限內表示其意見，否則理事會得決定之。

(3)理事會、執委會或會員國得接受歐洲法院對一協定是否與本條約之條文相容所提出之意見，凡歐洲法院對此協定提出反對之意見時，唯

註七一 若所簽訂之協定其涵蓋領域尚要求內部規則之制訂時，依EU條約第二篇第G(61)條新增EC條約第189b條及第189c條之規定，執委會應向理事會和歐洲議會提出提案，理事會獲得歐洲議會意見後應以條件多數決採行其共同主張，並附完整之理由將共同主張告知歐洲議會。若於告知三個月內，歐洲議會贊成此一共同主張或尚未作成決定，理事會應依該共同主張制訂係爭法案；若議會之成員絕對多數拒絕此共同主張，則應立即通知理事會，經理事會召開協調委員會解釋其主張後，歐洲議會仍以絕對多數否定其共同主張時，該法案便無法通過。但歐洲議會亦可提議修改此共同主張，轉呈理事會和執委會提出意見；若執委會採否定決態度，理事會須以一致決方式才能通過該修正案，否則理事會只須經由條件多數決之方式贊成歐洲議會之全體修正案，一致修改其共同主張並通過係爭法案。

註七二 依EU條約第G(84)條修改EEC條約第238條之規定：共同體得與一個或多個國家或國際組織簽訂協議，建立一個包含互惠之權利、共同行爲及特殊程序之合作。

有符合EU條約第N條之規定時，協定方能生效。因國際條約雖亦為共
同體之法源，其法律效力於派生共同體法之上但仍須受到共同體基礎條
約之規範，若共同體欲簽署之協定與EU條約不符時，除條約依第N條
進行修正，否則協定仍屬無效。而依上述條件所簽訂之協定應拘束共同
體之機構及各會員國。

2.協商之進行

(1)當共同體與一個或一個以上之國家或與國際組織就協定進行協商
時，執委會應向理事會作出建議，再由理事會授權執委會展開必要之協
商。

(2)執委會應於理事會指派之一特別委員會協調，且於部長理事會得
發佈之指令架構中，進行此類協商。理事會行使本條約所賦予之職權時
應以條件多數決之方式行之。

第五節　結論

共同體各國為挽救二次戰後衰頹之經濟，並在冷戰對峙的兩極體系
中尋得可靠之政治同盟，乃藉由新功能主義學派所提倡之「經濟合作優
先」方式以達成統合目標，其中關稅同盟的建立實為其最重要之一環。

在貿易自由化上，共同體藉由關稅同盟的逐步建立，使歐體內部無
關稅障礙，對外採取一致之稅則，內部貨物得自由流通、產品成本降
低、競爭力大幅提升，並獲得規模經濟之利益，為其邁向政治統合奠立
良好基礎，並掀起全球性之區域整合熱潮。然而在共同體致力於達成一
內部無關稅障礙空間之同時，「關稅內國稅化」之情形屢見不鮮，現階
段歐體致力於整合會員國間不同之內國稅稅制，但其困難度遠大於關稅
之統一。

由歐體關稅整合之過程中吾人瞭解到歐體致力於自由貿易推廣之用
心，而在歐體對外締約權之擴張過程中亦顯示會員國漸漸將其部份經濟

主權釋出。但由另一角度觀之，歐體從關稅同盟、單一市場至歐洲聯盟過程中障礙之解除對締約國而言固為貿易自由化之推動，但對非會員國則可能形成新障礙。此問題涉及區域主義與多邊主義是否相容之爭議，GATT第24條允許締約國組織關稅同盟或自由貿易區協定，乃希望藉由區域性做起及於全球成立自由貿易體制，區域性主義應只是過渡時期，而非終極目標，而歐體只允許歐洲國家加入成為會員國（**註七三**），顯具排外意識，以歐體為終極目標而非中間過程；從此角度觀之，顯與世界貿易組織之精神不合，故日後於世界自由貿易潮流之衝擊下，歐體之未來演變是值得加以注意。

　　另一方面歐體整合之斐然成效，堪為其他區域組織爭相競仿之典範。與我們關係密切的「亞太經濟合作會議」（Asian Pacific Cooperation Conference, APEC），希望藉由經濟合作方式增進亞太地區經濟之繁榮發展，印尼會議各國領袖發表共同宣言，揭櫫實現亞太地區貿易自由化之目標。姑且不論亞太地區各國差異頗大之政治制度、經濟發展程度和產業結構等問題，單就促進區域經濟整合的角度觀之，歐體成功之經濟統合先例，堪為各國借鏡，尤其歐體於建立關稅同盟之過程採行漸進而有階段性之步驟，顯現其在現實與理想間盡力求得平衡之苦心及妥協性：羅馬條約保留予會員國面對部長理事會及執委會執行時極大之彈性調適空間，而使歐體關稅同盟之建立反而提前完成。

　　共同體得再度成為世界經濟強權，並順利完成「歐洲聯盟條約」之通過與實行，獲致政治統合之一大進步，此等均歸功於關稅同盟累積之基礎，故吾人欲透過國際經濟合作方式增進區域經濟之繁榮成長，歐體之經驗值得研究。

註七三　EU條約第O條；EC條約第237條。

第六章 歐洲共同體經濟暨貨幣同盟之發展

第一節 共同體經濟暨貨幣同盟之歷史演變

歐洲聯盟條約對歐洲經濟暨貨幣同盟的規定，是歐洲共同體會員國長期努力的結果。在早期羅馬條約中，其發展之目標在於建立共同市場和逐步調和會員國之經濟政策，對於經濟與貨幣方面的整合尚未提及。1986年以來，歐洲整合已有顯著進展，戴洛報告所引起的協商日益複雜，在1991年的政府間會議達到最高潮。事實上有關問題的整個基本架構早在二次大戰後已形成。以下將以歷史分期探討歐洲經濟暨貨幣同盟的發展（**註一**）。

一、二次大戰後的國際經濟秩序

二次大戰後，歐洲經濟衰退，而美國本土因未受二次大戰的影響，主導了戰後國際經濟秩序。世界貿易四分之三的金額以美元支付，因而產生了固定但可調整的匯率體系——「布雷頓森林體系」（Bretton Woods System）（**註二**）。

1947年美國國務卿馬歇爾（George C. Marshall）宣布全面經援

註一 詳參周月卿，歐洲共同體經濟暨貨幣同盟（EMU）發展之研究，淡江大學歐洲研究所碩士論文，民國81年12月。

註二 有關布雷頓森林體系，參閱歐陽勛與黃仁德編著，國際金融理論與制度，三民書局，民國80年10月修訂初版，頁64～65。

歐洲，並提出馬歇爾計畫（Marshall Plan）。爲了配合計畫之要求，1948年在巴黎成立了歐洲經濟合作組織協助歐洲復興。此一組織爲歐洲在戰後經濟合作的開端，之後並藉由1950年建立的歐洲清算同盟（The European Payment Union）緩和貨幣短缺問題，而歐洲基金（European Fund）和國際付款銀行（Bank for International Settlement）建立了歐洲國家間的國際付款體系，使得歐洲經濟嚴重衰退的地區能在短時間內恢復。

二、歐洲內部的整合

另一個影響歐洲經濟暨貨幣同盟形成的歷史因素就是歐洲自身的發展。當西歐國家在戰後出現混亂不堪之局面後，各國開始認眞面對歐洲的未來。大多數的看法認爲歐洲各國間可以保持類似聯盟的關係，不過這不單只是爲了經濟的問題而是更廣泛的政治考量。所以，比利時、法國、義大利、盧森堡、荷蘭及德國在1951年簽署了「歐洲煤鋼共同體條約」成立了歐洲煤鋼共同體；1957年在羅馬簽署歐洲經濟共同條約及歐洲原子能共同體條約建立了歐洲經濟共同體及原子能共同體。

歐洲煤鋼共同體致力於會員國煤鋼工業之聯營，建立煤鋼產銷共同市場。歐洲原子能共同體在於鞏固安全方面的考慮，並經由原子能共同體促進會員國核能工業的穩定發展，提升生活水準。而經濟共同體的目標則在設立共同市場及逐步調整會員國的經濟政策，以促進共同體內經濟活動的蓬勃發展（**註三**），並且還預計以十二年的時間分爲三個階段，每四年一個階段，分期實現共同市場之建立的理想（**註四**），消除貿易障礙建立一個貨物、服務自由流通的共同市場，以「經濟同盟」，強化會員國間的協商與合作。同時依據EEC條約第105條成立貨幣委員

註三　ECSC條約第2條；Euratom條約第1條、第2條；ECSC條約第2條。
註四　EEC條約，第8條。

會以檢視會員國間及共同體內之財政狀況與貨幣付款體系。然而建立貨幣同盟所需要的「基金自動移轉機制」及「開放的內部經濟」在1950年代尚未成形。

1959年1月歐洲議會經濟暨財政委員會提倡在共同體內發展類似美國聯邦準備制度的組織，並有Robert Triffin提議設立歐洲準備聯盟與共同貨幣的構想，及比利時Pierre Wingy提議採用記帳單位（Unit of Account）計帳。

1962年，執委會提案建立貨幣同盟，推動各會員國財政部長、中央銀行總裁間就財政、經濟、貨幣政策等問題進行更進一步的諮商與合作，但是此一提案未被採納。雖然有此挫敗，不過仍有相當的進展出現：如1964年有中央銀行總裁委員會（Committee of Governors of Central Banks）及預算委員會之成立（Budgetary Committee）；1968年有關稅同盟（Customs Union）的成立、共同農業政策（Common Agriculture Policy, CAP）之建立及自主財源制度（System of own resources）之產生等（**註五**）。

三、1970年代歐洲經濟、貨幣整合之發展

㈠海牙首長高峰會議（The Hague Summit）與巴禮計劃（Barre Plan）

六〇年代末期歐洲整合的結果，促成共同市場日益茁壯，區域貿易大幅增加，會員國間經貿依賴度提升，爲避免相互間國際收支之失衡，乃進一步調整各國之經濟政策。且歐洲美元市場之成長提高各會員國貨幣間的互賴性，促使會員國深感採行共同貨幣政策之必要。同時，美國

註五　Committee for the Study of Economic and Monetary Union, *Report on Economic and Monetary Union in the European Community*, Luxembourg: Office for Official Publications of the EC, 1989, p.11.

國際收支不斷產生逆差，布雷頓森林體系呈現不穩跡象，美元的長期過剩，使得國際金融情勢緊張。執委會乃於1969年2月12日由副主席巴禮 (Raymond Barre) 向理事會提出備忘錄，要求會員國就一般經濟暨貨幣政策以及短期貨幣支持和中期財政融資計畫之問題進行緊密之諮商 (**註六**)。

在理事會的討論之後，歐洲共同體會員國領袖於1969年12月在荷蘭海牙 (Hague) 召開首長高峰會議。會中根據巴禮提案制定「建立經濟暨貨幣同盟之階段性實施計畫」，以達到穩定成長共同體之目標 (**註七**)。此一計劃後來被稱爲巴禮計畫 (Barre Plan)。海牙首長高峰會議後，共同體採行一連串措施以執行高峰會之決議。1970年1月，理事會擬定一套短期的貨幣輔助體系，並在同年2月，由各會員國中央銀行簽訂短期貨幣輔助辦法協定。

㈡魏納報告 (Werner Report) 之提出

雖然依據1969年高峰會議之決議事項，各會員國同意最後必須建立一個經濟暨貨幣同盟，但却無明確之施行表。1970年4月，理事會任命當時盧森堡總理魏納 (Pierre Werner) 主持專責委員會，積極研擬建立經濟暨貨幣同盟之具體方案。同年10月，提出「魏納報告」 (**註八**)，建議分三階段完成同盟計劃，並以1980年爲期限。以下就其內容與發展析述之。

1.魏納報告之內容

註六 Jean-Victor Louis, *From EMS to Monetary Union*, Luxembourg: Office for Official Publications of the European Communities, 1990, p.7.

註七 M. T. Summer and G. Zis, *European Monetary Union*, London: The Macmillan Printing, 1982, p.5.

註八 Harbrecht Wolfgang著，朱建松譯，歐洲共同體，臺北，黎明文化事業公司，民國80年3月版，頁57。

魏納報告之內容分爲三項：

(1)檢視共同市場完成過渡階段後之一般情勢，並探討可能遭遇的結構性問題；

(2)描繪經濟暨貨幣同盟體系，且說明該體系有效運作之必備條件；

(3)研擬階段性實施計劃，依計劃逐步建立經濟暨貨幣同盟。

除此之外，亦就經濟暨貨幣同盟之主要特性及重要目標作了下列說明（註九）：

(1)共同體內務必使匯率穩定以確保通貨價值，若情況允許，最好採單一貨幣。

(2)共同體內流動性之創造及貨幣信貸政策必須統籌加以執行。

(3)共同體外的貨幣政策，亦屬共同體之管轄權限。

(4)會員國之資本市場政策須統一。

(5)各國公共預算總額之增刪、差額數量、融資或使用方法須由共同體決定。

(6)區域及結構性政策不再僅由會員國執行。

(7)系統化且持續建立各階層諮詢之管道。

報告中亦建議分爲三階段來逐步建立經濟暨貨幣聯盟：

(1)第一階段（1971～1973年）。著重經濟政策之協調，並於金融領域方面密切配合（註一〇）。

(2)第二階段（1974～1979年）。主要在經濟、金融方面擴大採取整合措施，在本階段結束前，建立歐洲貨幣合作基金（European Monetary Cooperation Fund, EMCF），作爲未來共同體中央銀行之前導（註一一）。

註九　M. T. Summer and G. Zis, op.cit.,p.6.

註一〇　關於相關之主要措施，詳參Harbrecht Wolfgang著，朱建松譯，前揭書，頁60。

註一一　Commission of the European Communities, *The European Monetary*

(3)第三階段（自1980年起）。致力固定各會員國之匯率，即消除共同體內匯率浮動，達到貨幣完全及不可取消之兌換性與不可撤銷之平價；清除財政界限由共同體央行負責共同體之穩定、成長。

2．魏納報告之發展與挫敗

魏納報告提出之後廣受會員國及執委會之支持，1971年3月，理事會通過了「關於分階段實現經濟與貨幣聯盟之決議」（**註一二**），宣告成立經濟暨貨幣同盟。會員國間對於經濟、貨幣方面之各相關政策均能積極協調溝通，穩定共同體內部貨幣之匯率。然而接踵而至之國際金融危機，造成經濟暨貨幣同盟莫大之打擊，被逼走向挫敗之途。

首先是布雷頓森林體系的崩潰。由於美國對越戰的鉅額支出造成鉅額逆差，各國對美金失去信心，要求將持有的美金換爲黃金，致使金價節節上揚而美元不斷貶值。所以美國結束了固定的平等待遇使主要貨幣透過浮動匯率兌換美金及中止了黃金對美金平價兌換關係，並對進口貨物課徵10％之附加稅，產生「尼克森震撼」（Nixson's Shock）。

之後，爲尋求國際匯率穩定之新制度，世界十大工業國家財政部長及中央銀行總裁於1971年12月在美國華盛頓史密斯松寧博物館召開會議達成史密斯松寧協定（Smithsonian Agreement）。目的在挽救布雷頓森林體系崩潰後之情勢，內容主要爲訂立中心匯率、放寬匯率波動幅度爲中心匯率上下2.5％、美國同意取消進口附加稅、改革長期國際貨幣政策等。

根據史密斯松寧協定，歐體會員國爲維持匯率穩定以便邁向貨幣同盟，遂於1972年4月達成「歐洲共同界限協議」（European Common Margins Arrangement）亦即所謂之蛇行浮動，實施「隧道內蛇行浮動」匯率（Snake in the tunnel）。換言之，會員國間貨幣匯率波幅

System, Luxembourg: Office for Official Publications of the European Communities, 1985, p.35.

註一二　Resolution, OJ C 73, 27.3.1971.

在中心匯率上下各2.5%。對外則採4.5%波幅內聯合浮動（**註一三**）。然而1973年初，美元再度貶值10%，史密斯松寧協定無異遭到破壞，於是會員國間之貨幣匯率採中心匯率上下各1.125%，但對美元之匯率不一再受上下各2.25%之限制，從此改稱為「隧道外蛇行浮動」（Snake outside the tunnel）或「湖中蛇行浮動」（Snake in the lake），此一浮動與隧道內蛇行浮動共稱「聯合浮動」（**註一四**）。不過此一體制存在很多問題，一般貨幣較弱的國家無法維持本國貨幣的匯率，只有退出聯合浮動。因此為了保證縮小會員國貨幣匯率波動之運行，共同體更於1973年成立歐洲貨幣合作基金，並決定會員國之間互相提供短期、中期的財政幫助，以應付可能產生之緊急情況。

　　由於美元一再發生危機，以美元為中心的世界貨幣體系的瓦解及二次石油危機，加之歐洲共同體各會員國間之經濟程度相差太大，故聯合浮動實行數年之後，不但未改善會員國國際收支失衡之問題，更變本加厲地導致嚴重之通貨膨脹（**註一五**）。尤其1978年第二次石油危機時，再次引發國際金融秩序之紊亂，分階段實施經濟與貨幣同盟的計劃未能貫徹執行。

(三)歐洲貨幣體系之成立

　　由於不滿美國主導之匯率浮動狀況，以及為解決當時嚴重之經濟衰退，高失業率等問題，執委會主席Roy Jenkins在1977年提出成立貨幣同盟之構想，建議成立一個單一的歐洲通貨及負責貨幣政策之中央機構（**註一六**）。而魏納報告失敗的同時也使歐體體認匯率波動過於激烈之

註一三　Andrew Britton & David Mayes, *Achieving Monetary Union in Europe,* London: SAGE Publications, 1992, pp.7～8.

註一四　參見Commission of the European Communities, op.cit.,p.42。

註一五　參見Harbrecht Wolfgang著，朱健松譯，前揭書，p.42。

註一六　參見Andrew Britton & David Mayes, op.cit., p.9。

苦，會員國間貿易投資大受影響，尤以德法所受通貨膨脹最烈，故西德總理史密特（Helmut Schmidt）及法國總統季斯卡（Valerie Giscard d'Estaing）於1978年歐體會員國領袖在丹麥哥本哈根（Copenhagen）召開高峰會議時聯合倡導成立歐洲貨幣制度（EMS）。同年7月，歐體會員國領袖於德國不來梅（Bremen）集會，決定創設歐洲貨幣制度，藉集體力量來加強會員國匯率穩定，促成「歐洲的貨幣穩定區」，以作爲歐洲經濟暨貨幣同盟的里程碑。

1979年3月，EMS正式生效，由西德、法國、義大利、丹麥、比利時、荷蘭、愛爾蘭及盧森堡八國參與組成，英國名義上亦屬此一系統，唯不干預外匯市場作業。

1.歐洲貨幣體系之目的

(1)建立一歐洲貨幣穩定區；

(2)促進生產，提高就業率，遏止通貨膨脹上升；

(3)維護共同農業政策及自營貿易制度；

(4)經濟自主，不受美元連累，以增進貿易成長；

(5)作爲邁向貨幣統一之試金石；

(6)以此作爲八〇年代歐洲獨立外交政策之象徵，具政治意義極大，並視爲政治統一之步驟。

2.歐洲貨幣體系之內容

歐洲貨幣制度之主要內容包括三大項目：歐洲通貨單位，匯率機能（Exchange Rate Mechanism, ERM）及基金與信用機能。

I.歐洲通貨單位（ECU）

歐洲共同體原使用「歐洲記帳單位」作爲記帳、計價統計與結算之標準。每一歐洲記帳最初與1971年貶值前的美元同值。1975年起，改用新的記帳單位，以會員國之貨幣進行定值。歐洲貨幣單位就是在此基礎上建立的（**註一七**）。

註一七 參閱Andrew Britton & David Mayes, op.cit., p.9。

　　故歐洲通貨單位乃是匯率機能之基礎，且爲會員國間因干預匯率所產生之債務的計值與清算工具，並用於表示各會員國之中心匯率，亦僅屬一記帳單位，而非實際存在之通貨。而ECU係由共同體會員國通貨依固定權數所組成之貨幣籃，其中各國通貨所占比率則依各國國民生產毛額（GNP）在共同市場中貿易額及在歐洲貨幣合作基金中之支持配額。並且此固定權數並非固定不變，而係由EMS實施六個月後，每隔五年評定一次，遇有特殊情況得加以修改。評定之程序爲共同體執委會提出建議，經徵求貨幣委員會及歐洲貨幣合作基金管理會之意見後，由理事會以一致決決定之。

　Ⅱ.匯率機能

　　匯率機能主要包含二大部分：(1)中心匯率（Central rates）與干預法則（rules for intervention）；(2)分離指標（divergence indicator）。

　　(1)中心匯率及干預法則

　　各會員國之通貨對ECU均有一中心匯率，此中心匯率是表示每個ECU中所含通貨之數量，例如一個ECU等於多少馬克或法郎。因而各國間之匯率可透過ECU而予以確定，故和中心匯率連繫，每一通貨都有相當於另一通貨之雙邊匯率（bilateral exchange rates）。並且在雙邊匯率中任何兩個會員國間之通貨匯率浮動範圍爲上下各2.25%，但允許當時之義大利及新加入歐洲貨幣體系之會員國貨幣浮動範圍上下各6%，直至經濟條件允許後，逐步縮小差距。中心匯率可定期檢討，若會員國之基本情勢發生變動則須由歐體執委會及參與ERM之會員國，共同達成協定加以調整。

　　干預法則乃是當會員國之通貨匯率超過了上述之2.25%或6%之限制時，此時依歐洲會議決議案，當事國之貨幣當局必須適時採取適當措施，或是進行外匯市場干預，修正本身之貨幣政策，探討國內經濟政

策，調整中心匯率（**註一八**）。

(2)分離指標

所謂分離指標乃是以公式表示會員國通貨之市場匯率偏離中心匯率之情況，即若會員國之通貨匯率偏離中心匯率達所允許範圍之3/4時，警戒性的分離指標會發出訊息，該國中央銀行必須採取適當且必要之貨幣及經濟政策來修正市場匯價。

Ⅲ.基金及信用機能

歐洲貨幣體系（EMS）本欲以成立歐洲貨幣基金（EMF）來取代1973年所成立之歐洲貨幣合作基金（EMCF），使其成為共同體中央銀行（ECB）。但EMF未依計畫於EMS生效後二年內建立，故EMCF成為目前管理各項信用、穩定歐市匯率及分配ECU之機構。其現行的信用融資辦法有下列諸項：

(1)極短期融資（very short-term financing, VSTF）：針對達到市場匯價強制干預點之會員國可由EMCF獲取短期之融資。

(2)短期貨幣支持（short-term monetary support, STM）：針對暫時性國際收支失衡之會員國提供有限融資。

(3)中期融資協助（medium-term financial assistance, MTF）：針對嚴重國際收支失衡之會員國提供2～5年的財務協助。

3.歐洲貨幣制度之發展

EMS在1979年3月生效至1983年5月的4年中，歷經七次頻繁的匯率重整（realignments），這段期間德國馬克（D-Mark）與荷蘭幣（Dutch guilder）之匯率的重整影響其他會員國之通貨匯率。不過自1987年起，匯率重整已逐步減少，並且除了義大利之外，匯率浮動已由6%之上下限轉為2%之上下限，這樣的改變促成了穩定之匯率系統。

註一八 進一步參閱Jacques van Ypersele, *The European Monetary System*, Luxembourg: Office for Official Publications of the European Communities 1985, p.52.

　　然而EMS並未如原來之構想發展。因爲EMS本來是允許參加國之貨幣個別地自由地在干預限制內浮動，只有當觸及限制時受中央銀行之一般干預。但是實際上，央行往往過早干預或在未達限制時直接干預。此外，整個EMS也被德國聯邦銀行（Bundesbank）掌控，尤其是聯邦銀行的政策竟成爲其他會員國經濟政策之一般策略而阻礙了成長。

　　ECU的發展亦偏離了作爲歐洲貨幣的角色的設計。官方ECU限制了其使用範圍，僅爲一清償貨幣而非一般的干預貨幣。私人ECU則愈受重視，成爲避免匯率危機的屏障與提供優於其他強勢貨幣之買回價格。

　　隨著EMS的進展，信用機能亦有所更易，由於外在環境變化，於1986～1987年間擴張了極短期融資與中期融資，也就是所謂之Basle/Nyborg協定（**註一九**）。透過擴大融資，不僅承認了內部干預的需要，更增強EMS在外部震盪下的生存能力。例如1987年美國股市的崩盤與所造成的世界性危機及隨後1988年9月的投機壓力下，仍不受影響。所以經由這樣的改變，使得各參加國之央行負起維持整合EMS的責任，而非僅由面臨危機國家之央行擔負。

　　總之，EMS發展成非常穩定的系統，除了促使參加國之央行彼此合作外，更令參加國經由一致的政策目標與經濟實踐而輕易地穩定匯率。也因此，在這樣成功的背景下，也朝向經濟暨貨幣同盟邁進了一大步。

㈣戴洛報告

1.背景

　　在EMS之長足進步，使參加國享有穩定之匯率，並促進歐洲經濟

註一九　各國央行總裁先在Basle集會提議，再由各國經濟暨財政部長理事會（ECOFIN）於Nyborg開會達成。

成長下，爲了進一步實現歐體內部人員、資本、貨物、服務之「四大自由流通」，使共同市場成爲無內部疆界之單一市場目標，執委會於1985年6月提出「完成內部市場之白皮書」。其內容包含了針對三百種不同領域之實體上、技術上和財政上的非關稅障礙之排除，與建立四大自由流通之經濟區域的方法，並以1992年年底爲完成履行上述措施之期限。

1986年2月簽署，1987年6月生效的歐洲單一法則是歐洲進一步整合的里程碑，更是使白皮書之目標具體化的依據。歐洲單一法第13條就歐洲經濟共同體條約補充第8A條規定，共同體在1992年年底之前循序漸進逐步建立內部市場。並且爲完成共同體經濟整合，對共同體策略作了四項重大改變（註二〇）：

(1)經由調和「重要的標準」且有系統地以「交互承認的方式」採用各國際標準和規則，大舉簡化調整各國法律之需要。

(2)透過「共同合作程序」之建立，擴大歐洲議會立法參與而在經濟立法方面扮演重要之角色。

(3)擴大條件多數決之適用範圍而建立快速及有效率之決策過程，以因應瞬息萬變、日新月異之經濟環境。

(4)再次肯認共同體之經濟與社會整合，加強共同體之貨幣能力以達到經濟與貨幣同盟之理想。改善共同體之科學及技術基礎，協調與安全有關之工作條件，促進勞資溝通與環境保護措施之必要性。

1986年至1989年，內部市場計畫之執行有相當之進步，特別是資本自由流通與ERM之實施。除此之外，單一市場之建立目標亦廣受消費者及廠商之支持。經濟政策也逐漸受1992年之展望影響；單一市場是否完成，與各國經濟關係密切，且同時導致會員國經濟結構完全改變。更甚者，自1988年開始，各方表明支持貨幣同盟之意願如雨後春筍般地暴

註二〇　請參考蔡宏明譯，歐洲共同體經濟與貨幣同盟之目標與展望，臺北市銀月刊，21卷6期，民國79年6月，頁63～64。

增。例如前法國經濟部長巴拉杜（Balladur）曾主張發行具有法律地位之單一貨幣，成立共同中央機構及聯邦銀行系統。

有鑑於此，歐洲共同體會員國首長於1988年6月在漢諾威（Hannover）舉行高峰會議，再次重申逐步實現EMU之必要性，並委託執委會主席戴洛爲首的十七人委員會，對推展該同盟之具體步驟進行研究及提出建議，同時決定該報告結果最遲應於1989年6月提交馬德里高峰會議，供各會員國出席首長審議及研究。九個月後，亦即1989年4月，戴洛委員會提出了「歐洲共同體貨幣與經濟同盟報告」，爲馬德里高峰會議所接受。並確立建立EMU之基本原則：

(1)EMU爲共同體經濟整合程序之最後成果。

(2)共同體各會員國將逐步轉移在經濟暨貨幣政策方面之決定權。

(3)在特定之共同政策的決定權上，有必要將部份權限移交共同體之決策機構。

4.經濟同盟與貨幣同盟可同時並行實現。

2.戴洛報告之內容

戴洛報告之內容將建立EMU之程序分爲三階段，每一階段皆具不同的步驟，亦即所謂之「漸進主義」（gradualism），以便分階段逐步達成目標。以下就步驟進行之原則與各階段之實質內容分別說明之。

Ⅰ.步驟進行之原則

(1)逐步實施原則：即將實現EMU之過程分爲幾個明確之階段。

(2)單一過程原則：將EMU視爲單一過程，實施第一階段之決定即視爲著手全程之決定，不可只實施第一個階段便告中止（**註二一**）。

(3)平行原則（parallellism）：經濟同盟與貨幣同盟應平行發展。

(4)參加原則（participation）：原則上各會員國在參與ESCB時應維持參與之「終極目標」和「參與共同機構之共識」，但例外亦允許會

註二一　謝聖隆著，說一段歐洲整合的故事，錢雜誌，1992.11，頁60.

員國在加入時，於條件和期日上有所彈性。

II.內容及實行時間表

(1)第一階段

主要加強政策部分之協調，使經濟績效獲得一致性，並爲羅馬條約的修正作準備。第一階段的特色在於基於「志願基礎」之結合。

①經濟方面

以國家預算統一（budgetary consolidation）計畫及有效的結構性、區域性政策之方法來完成單一內部市場，並消除各會員國的差異性。主要採取下列措施：

a.消除共同體內部實體，技術和財政障礙。加強共同體競爭政策，促進會員國之合作並實施監督制度。

b.達成結構基金（Structural Funds）的改革及加強其資金來源，以促進區域發展與修正經濟之失衡。

c.藉新程序替代1974年歐洲高峰會議有關經濟整合方面之決議，以加強經濟及財政政策之協調，並提供可以評估會員國政策成效之架構。該評估結果於徵詢中央銀行總裁委員會（Committee of Central Bank Governors）後，提出建議。

②貨幣方面

目標在消除金融整合障礙及加強貨幣政策之協調與合作，允許ERM之重整，推廣ECU之使用。主要實施：

a.透過共同體指令，促進貨幣與金融工具自由流通，除去整合障礙，並作爲銀行、證券、保險等服務業之單一金融領域目標。

b.共同體之通貨應加入EMS匯率機能中，以便適用相同之原則。

c.消除ECU民間使用之所有障礙。

d.1964年歐洲高峰會議決議所決定之央行總裁委員會之職權，應由新的決議替代之，亦即央行總裁委員會應：

(a)對所有貨幣及匯率政策及會員國所採取之措施提出意見。

(b)對個別政府及經濟暨財政部長理事會（ECOFIN）影響共同體內外情勢之政策表達意見，尤其是EMS之運作。

(c)向歐洲議會提出年度報告。

(d)設立貨幣、匯率政策及諮詢委員會，負責研究與諮詢的任務，且提供常設之研究幕僚。

(e)以多數決之方式表示意見，但在第一階段央行總裁委員會之意見不具拘束力。

(2)第二階段

本階段乃過渡性質，主要任務爲設立EMU之基本架構，包括修改現存機構及成立新機構。以爲監視及分析總體經濟之發展中心與推動共同決策之制定程序。不過此階段最後之決策權仍歸屬各會員國主管機關。

①在經濟方面

歐洲議會、理事會和執委會應：

a.加強並審查單一市場計畫之實施結果。

b.對結構性與區域性政策之實施績效加以評估與修正，並加強共同體投資及研究之計畫。

c.依據1974年整合決議所建立之程序，擴大總體經濟政策，並採多數決訂定政策方針。依此方針，共同體應：

(a)訂定中期計畫以達成穩定成長之目標；並以追蹤程序來監視施行績效，必要時得加以干預。

(b)設立有關會員國每年預算赤字與融資額度之程序原則。

(c)以現有之代表（會員國或執委會）爲基礎，在國際政策協調會議之公開討論上以「單一實體」扮演積極之角色。

②在貨幣方面

重點在於歐洲央行體系之建立，合併現存之貨幣機構與組織（如EMCF，央行總裁委員會下之次級委員會常設秘書處等）。ESCB應發

揮其共同貨幣政策與運作方面之功能。盡力縮小各會員國在EMS之匯率機能（ERM）內之波動幅度，以使達到完全固定匯率之境界。ESCB在本階段之關鍵工作在於進行貨幣政策權限轉讓之準備工作。主要之貨幣措施為：

　　a.共同體之共同貨幣政策導向。

　　b.建立共同貨幣政策之決策與執行機構。

　　c.會員國須分擔一定之準備金，並依ESCB之方針進行市場干預。

　　d.ESCB應在貨幣與銀行方面發揮規範性功能，以便調和共同貨幣政策。

　　(3)第三階段

　　著手朝向不可取消之固定匯率制，達成共同體機構在貨幣暨經濟政策上擁有完全之權限。並且各國之通貨最終將由單一之共同體通貨所取代。

　　①經濟方面

　　由三項發展顯示出轉變：

　　a.共同體之結構與區域政策應進一步加強，所使用之政策工具與資源應適於經濟與貨幣同盟之需要。

　　b.共同體在總體經濟及預算方面之規定程序應具有拘束力。經由理事會和歐洲議會合作採取下列措施：

　　(a)對會員國內國預算加以限制，預防貨幣穩定失衡。

　　(b)對共同體資源方面作謹慎之運用以補助會員國之結構性改變。

　　(c)運用共同體貸款之條件，代替現行之中期融資協助制度，以加強會員國結構調整。

　　c.共同體在國際政策協調與貨幣談判中，以新的代表方式扮演完全一體之角色參與。

　　②在貨幣方面

　　不可撤銷之固定匯率自本階段生效，並制定單一之貨幣政策。

ESCB亦負起相關之責任：

a.經常公布共同體通貨間不可撤銷之固定匯率，並移轉共同體貨幣政策之制定與執行權於ESCB。

b.對第三國通貨進行外匯市場干預之決定，將由ESCB依共同體匯率全權負責，干預之執行則委託各會員國央行或ESCB自行爲之。

c.官方準備金由ESCB集中加以管理。

d.研擬有關轉變爲單一共同體通貨之技術與原則性之規定。

3.戴洛報告提出後之發展

I.馬德里高峰會議

戴洛報告提出後的同年6月（1989年），歐洲高峰會議於馬德里召開，接受戴洛報告之建議，並決定EMU第一階段於1990年7月開始。此外，在貨幣方面做了二點修正：

(1)共同體會員國之貨幣均須加入EMS；

(2)在ESCB正式運作前，賦予央行總裁委員會更高之職權地位。

II.史特拉斯堡高峰會議

1989年12月於法國召開。會中除英國外，其餘十一國一致決議於1990年12月起同時召開EMU及PU（Political Union）之政府間會議，以便修正羅馬條約之相關規定，且爲EMU之第二、三階段之運作準備。

III.都柏林高峰會議

1990年6月召開，會中德法兩國提議要求執委會作出EMU草約以修正羅馬條約，並決定政府間會議應於1990年12月13日舉行；以1992年底爲完成條約批准工作之期限。

IV.羅馬高峰會議

1990年10月進行。除英國之外，其餘會員國同意自1994年4月1日實行第二階段及列出第三階段之步驟：包括固定匯率、以新機構執行貨幣政策、共同通貨之實施與物價穩定爲首要目標。不過各會員國政府拒絕

於第二階段進行職權移轉，並以爲此階段中應先爲內國政策之協調。

V.盧森堡高峰會議

1991年6月舉行。先由輪值主席國提出「盧森堡草約」，繼而確認其應爲EMU及PU二政府間會議進行之基礎，且須於同年12月之馬斯垂克高峰會議上達成。

除此之外，政府間會議亦如期於1990年12月展開，至1991年12月馬斯垂克協議簽定爲止，共舉行了70次會議。故完成EMU對共同體之國家而言，已經是歐洲整合所不可避免及忽略的過程及目標了。

第二節　歐洲聯盟條約(EU)中的經濟暨貨幣同盟

一、EU條約之簽署過程

在歷經多次歐洲高峰會議及政府間會議，於1991年12月歐體會員國領袖於荷蘭之馬斯垂克鎮舉行高峰會議。通過了經濟暨貨幣同盟及政治同盟兩項草約，即所謂之「歐洲聯盟條約」。各會員國亦於1992年2月7日簽行最後議定書（Final Act），內容係上述之歐洲同盟條約外，尚包括了17項議定書（Protocols）及33則宣言（Declarations）。如此實現EMU已經是一不可撤銷，逐步且穩定之承諾了（**註二二**）。

本條約以第二篇及第五篇爲精髓，即「建立歐洲共同體之歐洲經濟」及「共同外交及安全政策條款」兩大部分。所以馬斯垂克條約中有關EMU之運作以第二篇爲主，有關之議定書爲輔，以下就是馬約有關EMU之部份。

註二二　Commission of the ECs, Bulletin of the European Communities No. 12, December 1991, p.17.

二、EU條約中有關EMU之規定

㈠原則(EU條約第G(2)條～第G(6)條，即EC條約第2條～第4b條)

1.任務

　　藉由共同市場及EMU之建立及共同政策……等方式之實施，達成經濟活動之平衡和諧發展，無通貨膨脹，充分就業，生活水準之提升及經濟社會之結合（**註二三**）。

2.活動

　　爲達成上述任務，歐體及其會員國進行以下任務：

　　(1)維持不可撤銷之固定匯率，向歐洲單一通貨——歐洲通貨單位（ECU）邁進。

　　(2)爲維持物價穩定採行單一貨幣及固定匯率政策。並在不破壞物價穩定，符合自由競爭之開放市場經濟政策下，支持共同體之一致之經濟政策（**註二四**）。

　　(3)有關會員國及共同體之活動應以穩定之物價，健全公共財產與貨幣條件，國際收支平衡爲指導原則（**註二五**）。

3.機構

　　達成EMU之相關機構依據本條約第G(6)條、第G(7)條（EC條約第4條及第4a條）分別爲：

　　(1)歐洲理事會、執委會、議會、法院等原有機構。並且在理事會和執委會應由經濟暨社會理事會及區域委員會以諮詢身分協助之。

　　(2)設立歐洲央行體系和歐洲中央銀行。

註二三　　EU條約，第G(2)條(EC條約，第2條)。
註二四　　EU條約，第G(4)條(EC條約，第3a條第2項)。
註二五　　同上註(EC條約，第3a條第3項)。

　　以上馬斯垂克條約有關經濟暨貨幣同盟方面之主要計劃在於建構新的體系以管理貨幣同盟中之單一通貨、貨幣政策及外匯；條約中亦說明財政及預算政策如何運作（**註二六**）。

㈡經濟政策

　　經濟政策之主旨乃是爲配合貨幣管理計畫。其原則爲依據本條約第G(25)條(EC條約，第103條第1項以及第102a條) 之規定下，各會員國應視其內國經濟政策爲共同利益事務，並於理事會中加以協調，以條件多數決之方式，制定經濟政策之一般行動綱領（**註二七**），向歐洲高峰會議提出報告。高峰會議據此報告進行討論並作出結論。然後理事會就此結論再以條件多數決之方式作成建議（recommendation），並告知歐洲議會。

　　此外，爲了確保會員國間對經濟政策之密切協調與經濟之表現具持續一致化，理事會應根據執委會之報告，對於會員國及共同體之經濟發展及其是否配合一般行動綱領加以監督，並定期實施全面性之評估，亦即實行多邊監督制度（multilateral surveillance）（**註二八**）。此時若有會員國之政策被認爲不一致時，或有礙EMU之功能時，理事會依照本條約第G(25)條(EC條約，第103條第4項) 之規定，就執委會之提案，以條件多數決之方式提出建議案。

　　在經濟政策中另一重要的內容爲「政府赤字問題」。根據本條約第G(25)條 (EC條約，第104c條) 開宗明文規定各會員國政府應避免超額之政府赤字。執委會爲避免各會員國間之重大誤差，應監控各會員國之預算狀況發展及會員國政府公債之發行，以及該政府赤字與政府負債

註二六　參見Andrew Britton & David Mayes, op.cit., p.24。
註二七　EU條約，第G(25)條(EC條約，第103條第2項)。
註二八　EU條約，第G(25)條(EC條約，第103條第3項、第4項)。

是否在其國內生產毛額（GDP）超過一定比例（**註二九**）。如果執委會認為某一會員國已經或可能發生超額赤字，應將其意見通知理事會。理事會可以條件多數決做成超額赤字是否存在之決議，若確定存在，理事會應向該會員國提出建議。若會員國不適當回應，理事會得採取制裁措施：要求會員國發行債券與公債前須公佈額外資訊；請求歐洲投資銀行（EIB）重新考慮核對會員國之貸款政策；要求會員國繳交無息保證金；甚至課以罰金（**註三〇**）。

(三)貨幣政策

主要主導設立歐洲央行體系，並由其監控整個EMU的運作。

歐洲央行體系之組織結構依本條約第G(25)條（歐洲共同體條約第106條第1項）及「有關歐洲中央銀行體系及歐洲中央銀行章程議定書」(Protocol on the Statute of the European System of Central Banks and of the European Central Bank, 以下簡稱議定書)第1條，歐洲中央銀行體系乃由歐洲中央銀行及各會員國之中央銀行組成。其主要目標在維持物價之穩定，支持共同體之經濟政策，並在自由競爭及貨源有效分配之開放市場經濟原則下運作（**註三一**）。基本任務則為（**註三二**）：

(1)擬定及執行共同體之貨幣政策。

(2)根據EC條約第109條進行外匯操作。

(3)在不得損害會員國之利益下管理會員國之「官方外匯存底（official foreign reserves）。

(4)促進收支體系之順利運作。

註二九 依「超額赤字程序議定書」(Protocol on the excessive deficit procedure) 之規定，政府赤字不得超過3%，政府公債不得超過6%。

註三〇 EU條約，第G(25)條(EC條約，第104c條第11款)。

註三一 參見EU條約，第G(25)條(EC條約，第105條第1項)。

註三二 同上註(EC條約，第105條第2項)。

依本條約第G(25)條（EC條約，第106條第3項）與議定書第8條之規定，ESCB乃由歐體央行之決策機構：管理委員會（Governing Council）及執行董事會（Executive Board）管理運作。管理委員會由執行董事會成員與各國央行總裁所組成（**註三三**）。其職責爲定出「指導方針」，作成確保達成歐洲央行體系任務之決定，制定共同體之貨幣政策，包括中期貨幣目標、主要利率及歐洲央行體系之存款供給，授與執行董事會特定權力。

執行董事會以總裁、副總裁及其他4名具專業經驗之人士所組成。主要職責乃負責執行歐洲央行之業務，並根據管理委員會所作成之「指導方針」及所決定之貨幣政策，給予會員國央行必要之執行指示（**註三四**）。

歐洲央行、各會員國央行及任何歐洲央行體系之決策成員，對於其自身職權之行使不得受共同體、會員國或其他機構的指使（**註三五**）。

1.歐洲中央銀行（ECB）

歐洲央行具有法人資格，享有諮詢功能、監督權，並且負責蒐集統計資訊及國際合作之相關事宜。

本條約第G(25)條（EC條約，第106條第2項）規定歐洲央行具有法人格。其法人格之權利能力範圍是各會員國內國法律所承認法人之最大權限。根據本條約同條（EC條約，第105條第4項）及議定書第4條之規定可分爲：

在歐洲央行之權限範圍內的共同體法案或理事會之立法草案下，歐洲央行須受諮詢。另外歐洲央行每得就其主管之事項，對適當之共同體機構、組織或會員國有關之機關提出意見。

根據本條約同條（EC條約，第105條第6項），歐洲央行監督信用機構與除保險業外之其他金融機構之政策。又議定書第25條規定，歐洲

註三三　EU條約，第G(25)條（EC條約，第109a條第1項）。
註三四　同上註(EC條約，第107條與議定書第7條)。
註三五　前揭議定書，第11條、第12條。

央行對於有關監督之共同體法令的範圍及適用得提供建議並諮詢理事會、執委會及會員國之主管機關。

根據議定書第5條，歐洲央行應與各會員國央行密切合作，蒐集必要之統計資訊。共同體理事會亦應依法定程序，確定應申報之自然人、法人、保密義務與適當的執行條款。歐洲央行就歐洲央行體系權限範圍內有關國際合作事宜之代表問題，應加以決定之。而歐洲央行與經歐洲央行同意之會員國央行得加入國際貨幣組織（註三六）。

歐洲央行至少每季出刊ESCB之運作。ESCB的聯合財政評論每週刊出。歐洲央行應向歐洲議會、理事會、執委會及歐洲高峰會議就ESCB之活動與前一年之當年的貨幣政策加以報告之。ECB總裁更應向理事會及議會提出報告書，作為廣泛討論之基礎（註三七）。

歐洲央行乃共同體內唯一授權發行貨幣者。歐洲央行與各會員國央行得發行此種貨幣，而此貨幣為共同體之法定貨幣。理事會根據本條約第G(61)條（EC條約，第189c條）所定之程序諮詢過歐洲央行後，得採相關之措施協調發行之事宜（註三八）。

2.各會員國央行

各會員國央行應在歐洲央行體系成立後，確保其內國立法與相關之央行法規符合本條約及議定書。

各會員國之央行總裁之任期不得少於5年，且僅於資格不符或有嚴重之不當行為，姑可解職。

各國央行為歐洲央行體系之一部分，應遵循歐洲央行之指示及指導原則。管理委員會得採取必要之行為以確保歐洲央行之指示及指導原則之歐洲央行遵守。各國央行得採行本議定書規定以外之行為，但經管理委員會三分之二表決認為與歐洲央行體系之目標及任務不符者，不在此

註三六　同上註，第7條。
註三七　EU條約，第G(25)條(EC條約，第109b條第3項)與議定書第15條。
註三八　同上註(EC條約，第105a條)。

限，行爲之結果亦應由各會員國央行自行負責（**註三九**）。

3．歐洲央行體系之貨幣功能及運作

歐洲央行體系的貨幣功能及運作，包括帳戶、市場與信用之公開操作、最低存底的要求、貨幣操作工具、公共實體交易、清算與支付體系及外部操作。

歐洲央行與各會員國央行得開設信用機構、公共實體（public entities）及其他市場參與者之帳戶。亦得接受資產、記名證券爲擔保品。

爲達成歐洲央行體系之目標及任務，歐洲央行得以現金買賣（現匯及遠匯）或在買回協議（repurchase agreement）請求權下與在市場性工具下於金融市場進行操作，不論以共同體或非共同體通貨或黃金運作均可。並且在適當之擔保下，對信用機構與其他市場參與者爲借貸行爲。

歐洲央行應爲其與各國央行公開市場與信用操作之行爲建立一般性準則，及決定進入市場交易之條件（**註四〇**）。

歐洲央行得要求信用機構在各會員國央行與歐洲央行之帳戶維持最低存底。存底之計算與決定由管理委員會依共同體貨幣政策決定。若有違反，歐洲央行可處以罰金（**註四一**）。

依議定書第20條管理委員會可決定認爲適當之貨幣操作工具與方法。當此操作工具與方法對第三人課以義務時，理事會應確定可用方法與工具之範圍。

歐洲央行與會員國央行禁止對公共實體，包括共同體機構，各政府或其他公行政單位之透支行爲，或以任何其他形式之信用進行融資貸款，或直接購買上述單位之債務信用工具。

註三九　議定書第17條。
註四〇　前揭議定書第18條。
註四一　同上註，第19條。

但歐洲央行與各會員國央行得爲公共實體之財政代理人(**註四二**)。

根據議定書第22條，歐洲央行與各會員國央行可提供措施及制定管制規範以促進效率化之清算與支付體系。

歐體央行及各會員國央行得與其他國家之央行或金融機構建立關係。或與第三國或國際組織從事銀行往來業務。此外亦可以行政目的進行外部操作（**註四三**）。

4.歐洲央行體系之財政

歐洲央行體系之財政內容有會計、審計、資本、外匯準備金之移轉與業務執行、會員國央行貨幣收入之分配及歐洲央行的淨利和損失的分派。

歐洲央行與會員國央行會計年度之始末爲每年之1月1日及12月31日。會計表冊由執行董事會依管理委員會所建之原則造冊，並在管理委員會批准後公布。管理委員會應制訂必要規定使各會員國央行之會計及運作報告一致化（**註四四**）。

歐洲央行及各會員國央行之會計表冊，依議定書第27條應由外來獨立之審查員查核。審查員由管理委員會推薦，經理事會之同意加以任命。

依議定書第28條歐洲央行之資本額爲500億ECU，但管理委員會依法定程序得進行增資。而各會員國央行根據議定書第29條爲歐洲央行資本之唯一認購者及持有者，認購比例依會員國之人口及GDP之數據分配之。而管理委員會可決定認購繳款之程序、方法；各會員國央行之持股不得移轉或設定抵押等。

依議定書第30條，各會員國央行應提供歐洲央行相當於5000億ECU外匯準備金，而各會員國央行外匯準備之移轉之比例依其在歐洲

註四二　前揭議定書第21條。

註四三　前揭議定書第23條、第24條。

註四四　前揭議定書第26條。

央行之持股比例。歐洲央行全權持有及管理該外匯準備金，並在符合章程目的下使用。

此外，歐洲央行得管理IMF準備金及特別提款權（Special Drawing Rights,SDRS，並準備此種資產之聯營（pooling）。

會員國央行應在符合議定書第23條之條件下，允許就其持有之外匯執行相關業務。而保留給會員國央行之外匯準備之操作及會員國外匯兌換平衡業務，應得歐洲央行之同意，以確保共同體匯率及貨幣政策之協調統一。不過管理委員會應制定指導原則以利運作。

會員國央行於歐洲央行體系貨幣政策功能之執行下所得之收入應於每年會計年度結束時，依議定書之規定分配（**註四五**）。

會員國央行一年之貨幣收入乃指由資產所得之年收入。所謂之資產是指用以支應貨幣發行及信用機構存款之準備金。貨幣收入之總數，依會員國央行已支付歐洲央行資金之比例，分配之。並且管理委員會應制定指導方針。

歐洲央行在有淨利時由管理委員會決定，以不超過淨利總額20％之數量移轉為一般準備金，但此準備金應等同於資本。剩餘之淨利則由各會員國央行依已支付於歐洲央行之資金比例加以分配。

虧損產生時，得由歐洲央行之一般準備金抵付。若有必要則按管理委員會之決定，由相關會計年度之貨幣收入抵付至依議定書第33條應分配於各國央行之數額（**註四六**）。

㈣機構條款

1.貨幣委員會（註四七）

係由各會員國及執委會各指派兩個成員組成，在於增進會員國間貨

註四五 前揭議定書第32條。
註四六 前揭議定書第33條。
註四七 EU條約，第G(25)條（EC條約，第109c條）。

幣政策之協調使其符合內部市場功能之需求。隨時檢討各會員國及共同
體貨幣，財政狀況及會員國之一般收支體系，並就此定期向理事會、執
委會報告；應理事會及執委會之要求，或自行提出意見；進行有關協助
理事會任務之準備工作；每年至少一次檢驗適用本條約及理事會採取之
方法後，資金流動及相關支付自由措施之情形，並應向執委會及理事會
報告。

2.經濟財政委員會

　　由執委會及各會員國各指派二名成員組成，於第三階段開始時，取
代貨幣委員會之地位。其任務除向理事會及執委會提供意見之外，通常
就共同體經濟、財政情況提出例行性報告，特別是與第三國及國際組織
之金融關係；每年審查依本條約及理事會採取之措施適用後，有關之資
本、收支等情況。協助理事會並執行理事會指派之事務；持續檢視「除
外會員國」（Member States with a derogation，即不符共同體聚合
標準而暫未加入貨幣同盟第三階段之會員國）之相關貨幣、財政情形及
一般國際收支系統，並就此向理事會及執委會報告（**註四八**）。

(五)過渡條款

　　所謂過渡期間乃指進入EMU第二階段期間，主要之特點在於「歐
洲貨幣機構」之成立，而不同於戴洛報告之第二階段以ESCB來進行運
作，故以下說明之過渡條款乃以EMI之組織運作為主。

1.第二階段之開始（註四九）

　　EMU預計自1994年1月1日進入第二階段。

　　在預期日前各會員國應廢除資本移動之限制，採取多年度計畫。而
理事會亦須根據執委會之報告評估相關之共同體經濟，財政等情勢。

註四八　同上註（EC條約，第109c條第2項）。
註四九　同上註（EC條約，第109e條）。

會員國在第二階段應避免超額之政府赤字，並應維持其內國央行之超然獨立之地位。

2.歐洲貨幣機構

有關EMI內容之規定包括：組成、目標、一般原則、初步工作、運作及技術性功能、獨立性機構間合作與報告義務及資產。

在第二階段一開始應設立一具有法人格之EMI。依本條約第G(25)條(EC條約，第109f條第1項) 及「歐洲貨幣機構章程議定書」（以下簡稱章程）第1條，由一委員會加以管理，其成員包括主席及各國央行總裁，副主席由後者選出。主席須爲專業人士，並依章程第9條，召集並主持委員會會議，代表EMI。

EMI應致力於EMU第三階段所必要之準備工作，尤其是在物價穩定下加強貨幣政策之調協；爲歐洲央行體系之設立及第三階段之單一貨幣和單一通貨作準備，並監督ECU之發展（**註五〇**）。

依章程第3條，EMI行使職權，不得干涉會員國之貨幣政策。應加強會員國央行之合作與協調，監視EMS之運作及接管即將結束之歐洲貨幣合作基金（EMCF），促進ECU之使用，並提供相關貨幣政策意見（**註五一**）。爲準備進入第三階段，EMI應收集統計數據，策劃單一貨幣施行之方法及程序，並於ESCB之框架內，預備各會員國央行之作業規畫準則，最遲於1996年12月31日前對ESCB提供一套必要之規範、組織及邏輯架構，以利ESCB執行任務，使ESCB有所遵循。

EMI就共同體通貨可能招致之困難提出解決方案，並在短期內執行EMS之運作。爲此執行任務，得由各會員國央行收取貨幣準備金、發行ECU及採取必要之措施。EMI得應各會員國央行之要求，以各會員國之代理人身分持有並管理外匯準備金。然因管理而生之損益應由各

註五〇 歐洲貨幣機構章程議定書（簡稱章程），第2條。
註五一 EU條約，第G(25)條(EC條約，第109f條第2項及第3項)、前揭章程第4條。

會員國央行自由承受（**註五二**）。

　　按章程第8條EMI之委員會成員，依其職權獨立執行，不受共同體機構或各國政府之指示。理事會主席與執行委員得列席EMI之委員會會議。EMI之委員會主席亦可列席理事會有關EMI之議題（**註五三**）。

　　EMI應有自身之資產。按章程第16條，資產之數額應由EMI之委員會斟酌EMI行政工作所需開銷決定。資產額之捐獻比例與ESCB章程中各國認購ECB股份相同。

　　綜上所述，EMI之性質乃一過渡機構，為ESCB之前身，主要任務為過渡到第三階段之橋樑，為ESCB之設立作準備。

3.ECU

　　ECU之組成採通貨籃結構之方式，不應被改變；且自第三階段開始，ECU之價值即應固定不變（**註五四**）。

4.會員國財政危機之支援與自救

　　I.支援（**註五五**）

　　當會員國因國際收支失衡或所支配的通貨種類發生困難時，而有損及共同體機能進行或共同體商業政策確立之虞時，執委會應加以調查並建議可採行之措施。若該會員國採行後仍無法因應時，執委會在徵詢貨幣委員會後，向理事會建議相互援助及適當之方法。

　　理事會則以條件多數決，准許相互援助；應發出指令或決定；制定相互援助之條件和相關之細節。

　　若執委所建議之相互援助未獲理事會之同意，或所同意之範圍不足，則執委會應授權發生困難之會員國採取防衛性措施並決定該措施之條件、細節。

註五二　前揭章程第6條。
註五三　前揭章程第11條。
註五四　EU條約，第G(25)條(EC條約，第109g條)。
註五五　同上註(EC條約，第109h條)。

本條之規定於第3階段開始時停止適用之。

II.自救（註五六）

若國際收支突發危機，且依本條約第G(25)條(EC條約，第109h條第2項)所作之決定未被立刻採行時，該會員國得暫爲必要之防衛性措施。但此項措施對共同市場機能僅可爲最小限度之擾亂，且需符合比例原則。

執委會得在本條約同條(EC條約，第109h條)規定下向理事會建議相互援助。而理事會根據執委會之意見，在徵詢貨幣委員會後，得以條件多數決決定該會員國是否修正、暫停或廢止其防衛措施。本規定亦於第三階段開始後停止適用。

5.持續一致標準（Convergence Criteria）

執委會及EMI應向理事會報告各會員國履行有關進入EMU義務之情形。該報告應包括各會員國間之內國立法是否相容之檢驗，同時應與下列標準審查各會員國維持高度持續一致之進展情況：

(1)物價之高度穩定，以通貨膨脹率來比較。

(2)政府財政維持狀況，以政府是否有超額赤字。

(3)遵守EMS之匯率機能所容許之正常匯率變動幅度，以兩年內是否對其他會員國貨幣貶值爲準。

(4)由長期利率水準加以觀察。

(六)時間表

1.1994年1月1日

第二階段開始進行，並且設立「歐洲貨幣機構」（註五七）。

2.1996年12月31日前

註五六　同上註(EC條約，第109i條)。
註五七　同上註(EC條約，第109e及f條)。

考慮執委會與EMI提出之EMU發展報告與歐洲議會之意見後，理事會依本條約第109j條第4項應在1996年12月31日前以條件多數表決：

(1)多數會員國是否具備實施單一貨幣之必要條件。

(2)決定共同體是否適合進入第三階段；若適合則進一步決定第三階段之起始日期。

3.1997年12月31日前

若尚未進入EMU第三階段，則在1998年7月1日前，則第之階段自1999年1月1日開始。

4.1998年7月1日前

理事會在依前述程序考慮歐洲議會意見後，應以條件多數決確認何會員國具備實施單一貨幣之必要條件（**註五八**）。

(七)除外會員國

前述不符合「持續一致標準」門檻條款之會員國，依本條約第G(25)條(EC條約，第109k條) 從緩進入EMU之第三階段，該類國家即為「除外會員國」，排除第三階段相關整合規定之適用。

執委會及歐體央行二年至少一次，或應除外會員國之聲請依本條約第109j條第1項之程序向理事會提出報告。在諮詢歐洲議會後，理事會以條件多數決表決執委會提案，決定何會員國已合乎「持續一致標準」，並廢除其「除外地位」，加入第三階段整合。

(八)ESCB之過渡規定

ECB成立後，如仍有除外會員國存在，應依ESCB章程第45條成立「一般理事會」(General Council) 成為歐洲央行管理委員會、執行董事會之第三決策組織。

註五八　同上註(EC條約，第109i條第4項)。

㈨單一通貨之兌換

在第三階段開始時，就執委會之提案，理事會應由非除外會員國以無異議表決方式通過，經諮詢ECB後，就各國之通貨採取一固定不變之兌換率（Conversation rates），且基此一兌換率，ECU取代各國之通貨，ECU亦將成為具有自主權之通貨（a currency in its one right），採取其他必要之方法促使ECU成為會員國唯一通貨。

㈩經社結合（Economic & Social Cohesion）之需求

為了促進共同體內部區域之協調發展，共同體應加強經社之結合。尤其致力降低各區域間發展之懸殊差距，共同體之經濟政策應相互一致。且政策、行動之形成與實行，應以達成經社結合之目標加以考量，更甚者，藉由組織基金（歐洲農業指導與保證基金、歐洲社會基金與歐洲區域發展基金），歐洲投資銀行及其他既存之金融機構之協助完成之（**註五九**）。

三、EU條約後之發展

㈠兩次ERM危機

1992年9月，法國公民複決EU條約時，雖以些微差距過關，但却造成法郎與馬克間之外匯市場投機風暴；投機客對芬蘭幣之炒作，波及ERM之弱勢貨幣國家，造成全體ERM通貨重組，義大利里拉及英國英鎊退出ERM。

第二次危機則為1993年7月底，馬克投機風潮再起，因市場上對德國只重視國內之物價穩定且輕忽其他共同體國家經濟利益之作法不滿，

註五九 同上註（EC條約，第103a條至第130e條）。

而對ERM大失所望，故投機者大量拋售馬克，國際熱錢充斥於共同體各國金融市場，ECU對美金之匯價大跌，各會員國央行之干預穩定匯市功能低落，央行進行匯率重組，各會員國財政部長及央行總裁遂決定將ERM之貨幣中心匯率波動範圍由上下2.25％擴大至上下15％，但馬克與荷蘭幣之匯率仍維持2.25％之舊制。

㈡會員國進入EMU第二階段

1992年2月起，共同體各會員國展開批准EU條約之程序，但數月後，丹麥與英國即宣布不加入EMU之最後階段（即第三階段）。並且由於會員國之公民不瞭解本條約，致EU條約在1993年10月才完成全體12個會員國之批准程序，於1993年11月1日正式生效，所以1994年1月才正式進入EMU之第二階段。

㈢會員國進入EMU第三階段之狀況

以1994年資料觀之，希臘、西班牙、義大利與葡萄牙向未達到通貨膨脹率之持續一致標準，不過距離標準值已甚接近，預料將可在短期內改善。

歐洲共同體各會員國政府赤字方面則不甚樂觀，只有德、愛爾蘭、盧森堡之年度赤字小於GDP之3％，希、西、義、葡、英則落差頗大，所以經濟政策之協調上困難重重，恐將造成貨幣經濟政策之合作進度（註六〇）。至於匯率穩定部分，有西、葡、英、希、義還在苦苦追趕中，其中西、葡兩國受1995年年初墨西哥金融風暴影響，而於同年3月貶值。

註六〇　施遵驊，歐洲經濟與貨幣聯盟之發展，美歐月刊，第10卷9期，84年9月，頁41。

㈣新會員國之加入

奧地利、芬蘭及瑞典三國已正式於1995年1月1日加入歐洲聯盟，此舉不但擴大會員國總數至15國，更顯示出未來在整合方面，尤其是經濟與貨幣同盟，將面臨更多之挑戰及更大之變數。

第三節　共同體貨幣暨經濟同盟之展望

歐洲共同體單一市場計畫之實施，使得內部市場經濟能夠循序進行，因此個人或公司可享受廣大市場之優勢，產生規模經濟之效，降低生產成本，增加競爭力而有利於消費者。進一步的EMU對共同體之會員國而言，具有固定匯率，節省各會員國貨幣匯兌成本及外匯，且不需使用遠期外匯市場來規避風險，進而使物價穩定、利率降低。更可影響世界經濟之提升與發展。我們需領悟到，共同體實施EMU之最終目標，不應認爲僅是發行單一貨幣或設立單一貨幣機構，也是在追求經濟社會結合而平衡發展、經濟表現一致化、高就業率、生活品質提高之共同體。但在實踐方面而言，其整合之最高程度是以單一貨幣之發行及單一貨幣之設立爲其達成最終階段之表徵。

不過，歐洲共同體各會員國仍須克服許多的障礙與困難。各會員國政府赤字嚴重，只有盧森堡、德、英具有資格進入單一貨幣階段。但其中英國已宣布不願加入，而德國央行提出遲延單一貨幣之使用，不但違反馬斯垂克條約及執委會之建議，更造成投機之誘因。至於南歐會員國，明顯落後，非短期內可改進，並且各會員國對EMU之目標未形共識，執委會努力於1999年同時完成固定匯率與單一貨幣之目標恐怕不可能實現，還須往後推遲！

第七章　歐洲共同體反傾銷法

第一節　概說

　　傾銷乃爲目前國際貿易上極常出現的行爲，依美國學者Jacob Viner之定義（註一），「傾銷」係指「在國際市場間價格之歧異」，一般指低價之進口銷售行爲。因爲此一低價進口銷售，可能對進口國國內產業造成損害，所以世界各國近年來莫不訂定反傾銷法規以因應之。甚至作爲規範國際間貿易行爲之最高共同準則"GATT"亦就傾銷行爲訂立了一反傾銷法典（註二）。然傾銷行爲是否眞爲一不公平貿易行爲？究否眞具可責性？事實上仍有待探究。大多數經濟學家都同意，從進口國角度觀之，實無採取反傾銷措施之理由；而反傾銷法亦很難被視爲一可改進經濟福祉之工具（註三），尤其是反傾銷制度提供了與進口貨品競爭之進口國內國廠商一增加競爭對手成本的有利工具，有利於內國廠商採取掠奪性行爲，而不利進口國內之消費者。

　　歐洲共同體是目前全世界最大的貿易市場，因此遭遇到的傾銷行爲

註一　Jacob Viner, *Dumping, A Problem in International Trade*, New York, 1995, Reprint of Economic Classics, p.3.

註二　General Agreement on Tariffs and Trade, Article VI, & Agreement on Implementation of Article VI of the General Agreement on Tariffs and Trade.

註三　蔡英文，反傾銷法，政大法學評論，第34期，民國75年2月，頁83。

也特別多，故共同體在反傾銷法之制定上不遺餘力。早在EEC條約第113條第1項，即規定共同體應統一立法以規範其共同商業政策，包括採行貿易保護措施以對抗傾銷。共同體最早的反傾銷法規出現於1968年（註四），乃根據1967年GATT甘迺迪回合（The Kennedy Round）談判達成之反傾銷協定爲藍本，其內容與GATT反傾銷法典大致相同。事實上共同體各會員國皆爲GATT重要締約國，GATT之反傾銷協定當然對共同體有相當大的影響力，因此，GATT歷年之談判所達成之協定即成爲共同體反傾銷法的基本法源。

自1968年以來，共同體反傾銷法曾經歷多次修正。首先有1973年二次局部修正。1979年GATT東京回合（The Tokyo Round）談判之反傾銷協定出爐後，又經大幅修正（註五）。八○年代時，共同體反傾銷法又經82年、84年二次修正，增訂了複查（Review）、日落條款（Sunset Clause）及其他在價格推算上的修正（註六），至1987年，又加入了極具爭議性之螺絲起子條款（Screwdriver Rule）（註七）。1988年，共同體部長理事會通過反傾銷基本規則之修正案（註八），此一規則一直沿用至1994年，方依據1993年GATT烏拉圭回合之最新反傾銷協定再大幅修改，成爲共同體目前據以實施反傾銷措施之法律（註九）。

本章第二節即以上述1988年之反傾銷法規爲重點加以分析，並於第三節討論新法變更舊法之主要內容。在第四節探討GATT反傾銷法規

註四　即Council Regulation No.459/68, OJ No L 96, 5.4.1968, p.1.

註五　Council Regulation No.1687/79, OJ No L 196, 2.8.1979, p.1.

註六　Council Regulation No.1580/82 OJ No L 178, 22.6.1982, p.9; No.2176/84, OJ No L 201 & 227, 30.7 & 24.8.1984, p.1 & p.33.

註七　Council Regulation No. 1761/87, OJ No L 167, 22.6.1987, p.9.

註八　Council Regulation No.2423/88, OJ No L 209, 2.8.1988, p.1.

註九　Council Regulation No.3283/94.

與共同體反傾銷法規相關問題，並針對烏拉圭回合談判達成之協議有關GATT最新反傾銷協定之部分加以說明，最後再探討共同體依據烏拉圭回合談判修定之最新反傾銷法。

第二節　共同體反傾銷法規之內容

目前歐洲共同體採行的反傾銷法乃為1994年修訂後的版本，亦即部長理事會第3283/94號規則（**註一〇**）。惟為對共同體反傾銷法最近發展提供一較完整全面之說明，又因新法事實上承襲許多舊法之概念，本節仍將就1988年之舊法作一全面性之分析，分別就實體法部分之「傾銷」與「損害」的認定、二者之比較、以及程序法部分作一說明。

一、傾銷之認定

部長理事會第2423/88號規則（以下簡稱反傾銷法）於第2條第1款開宗明義規定課徵反傾銷稅基本條件——即有傾銷的事實且該傾銷產品在共同體內部的自由流通造成損害（**註一一**）。因此在反傾銷案件調查程序中，首要工作即為認定傾銷行為是否確實存在，是否確實對共同體產業（Community industry）造成損害，以及傾銷與損害間是否具有因果關係（causation）。

關於傾銷之認定，觀之反傾銷法第2條第2項規定可知「如某產品其出口至共同體的價格低於同類產品的正常價值，則應視為傾銷。」（**註一二**）。因此在認定傾銷行為時，必先求出其正常價值、出口價格，並

註一〇　Council Regulation No.3283/94.

註一一　參照原文 "An anti-dumping duty may be applied to any dumped product whose release for free circulation in the Community causes injury."

註一二　參照原文 "A product shall be considered to have been dumped if its

將二者加以比較。

㈠正常價值 (Normal Value)

共同體反傾銷法第二條第三項規定認定正常價值之方法：一、應以國內實際售價為準 (**註一三**)；二、在某些情況下則得以同類產品銷往第三國價格 (**註一四**)；或三、推定價格 (**註一五**) 為正常價值。

1.國內實際售價 (domestic market price)

根據反傾銷法第 2 條第 3 項a款規定，正常價值之決定應優先適用「同類產品於通常貿易過程中，在出口國或原產國內實際支付或應支付消費之足資比較價格 (**註一六**)。根據此一規定，若出口商另給予客戶折讓 (discounts and rebates)，且此折讓與該銷售有直接關聯 (directly linked to the sales under consideration)，而出口商能舉證其事實上確已經給付者，則該折讓應自售價中扣除，以求得較低之國內實際售價 (**註一七**)。另外在延期折扣 (deferred discount) 情形下，因其給付之時間與銷售之時間相隔較久，故延期折扣除需與該銷售直接有關外，出口商尚須證明此延期折扣乃基於與先前交易一致之基礎；或基於針對延期折扣給予之承諾 (**註一八**)。

除上述規則規定外，執委會在以國內實際售價為基礎決定正常價值

---

export price to the Community is less than the normal value of the like product."

註一三 Council Regulation No.2423/88, Article 2(3)(a).

註一四 Ibid., Article 2(3)(b)(i).

註一五 Ibid., Article 2(3)(b)(ii).

註一六 參照原文 "Comparable price actually paid or payable in the ordinary course of trade for the like product intended for consumption in the exporting country or country of origin."

註一七 Council Regulation No.2423/88, Article 2(3)(a).

註一八 Ibid.

時，以下數種慣行作法值得注意：

(1)通常執委會就涉及傾銷的產品會決定單一正常價值。該正常價值之決定係基於調查期間內（通常爲反傾銷程序開始前六個月到十二個月）國內市場之所有銷售，至於其因行銷管道、交易數量之不同而可能導致之價格差異則不在考慮之列。正常價值係與調查期間內國內售價之加權平均數相符合（**註一九**）。

(2)如出口商亦在國內市場有銷售行爲時，執委會通常會針對個別出口商決定個別之正常價值。如出口商在國內市場既不製造亦不銷售該產品，則執委會通常以其他在國內市場有銷售同類產品之出口商國內售價爲其正常價值。在某些牽涉到大量出口商的案例中，曾有執委會和出口商合意將正常價值之調查限定於某些出口商的案例（**註二〇**）。

(3)在國內市場相關公司（related companies）間銷售的情形下，執委會習慣採行的計算正常價值方法，乃基於相關公司銷售給其國內市場客戶的價格來決定。事實上在1985年電子打字機案（**註二一**）之前，對於相關公司間的銷售，執委會通常都傾向於將其視爲非反傾銷法第2條第3項之「通常交易過程」的銷售，而以推定價格（constructed value）爲基礎來計算其正常價格。

(4)在有國內實際售價的情形下，通常執委會會以該國內實際售價爲認定，而不考慮認爲該國內價格不具代表性的抗辯（**註二二**）。

在某些情況下，執委會並不採用國內實際售價做爲決定正常價值的基礎，從反傾銷法規分析之應有以下幾種情形：

註一九　Jean-François Bellis, "The EEC Anti-dumping System" in J. Jackson & E. Vermulst (eds.), *Anti-dumping Law and Practice—A Comparative Study* (1990), p.69.

註二〇　Ibid.

註二一　Electronic Typewriters, OJ No L 128, 14.5.1985, p.39.

註二二　Jean-François Bellis, op. cit., p.70.

(1)在出口國或原產國國內市場並無同類產品的銷售（**註二三**）。但如出口產品與國內市場銷售產品之間的差異很小，執委會通常將之視爲同類產品以認定該出口產品之國內實際售價，不過就其不同部分執委會仍會做些許調整（adjustment）（**註二四**）。

(2)國內市場之銷售非爲「通常貿易過程」（ordinary course of trade）之銷售。所謂非「通常貿易過程」之銷售有以下數種情形：(1)低於成本之銷售（sales below costs）（**註二五**）；(2)關係人間之交易（transactions between parties which appear to be associated）（**註二六**）；(3)交易雙方存有補償性協議（transactions between parties which appear to have a compensatory arrangement）（**註二七**）。

特別是關於低於成本之銷售，1978年澳洲、加拿大、美國及歐洲共同體達成協議，將低於成本之銷售在特定情況下視爲非通常貿易過程之銷售，共同體並依該協議於1979年修改其反傾銷法（**註二八**）。依照修改後之反傾銷法第2條第4項規定，凡有合理根據，相信或懷疑某產品於調查期間內在原產國供消費之銷售價格低於其生產成本者，此項銷售價格將可能被視爲非通常貿易過程中之價格，如果該低於成本之銷售：(1)在調查期間內涉及相當的數量（substantial quantities）（**註二九**）；(2)於正常情況下無法於調查期間內回收所有成本者（**註三〇**）。一般而言，執委會在判斷有無低於成本銷售是以調查期間內全部國內售價之加

註二三　Council Regulation No.2433/88, Article 2(3)(b).

註二四　Jean-François Bellis, op. cit., p.71.

註二五　Council Regulation No.2433/88, Article 2(4).

註二六　Ibid., Article 2(7).

註二七　Ibid.

註二八　Jean-François Bellis, op. cit., p.74.

註二九　Council Regulation No.2433/88, Article 2(4)(a).

註三〇　Ibid., Article 2(4)(b).

權平均值與其生產成本比較，若平均價格低於生產成本，即爲「低於成本銷售」（註三一）。但若平均價格高於生產成本，而其中低於成本銷售之銷售數量超過總數之20％時，執委會仍可能視全部銷售爲低於成本，而改依其他方式計算正常價值（註三二）。

在關係人間之交易方面，依據反傾銷法第2條第7項規定之文義，交易雙方是否爲關係人似乎僅需依表面事實來決定，亦即交易雙方「表面顯示關係」（appear to be associated）則得被認定爲係關係人間之交易。如屬關係人間之交易，則應視爲非通常貿易過程之交易，其交易價格不得視爲國內實際售價，亦不得作爲決定正常價值的基礎，除非執委會認爲該關係人間之交易的價格及成本與非關係人間之交易相當（註三三）。

自1985年「電子打字機」案（註三四）後，銷售予相關銷售公司之交易不再適用反傾銷法第2條第7項之關係人間之交易。目前執委會都將製造公司（manufacturing company）及銷售公司視爲一個「單一經濟體」（single economic entity），而以銷售公司之售價做爲決定正常價值的基礎。在前述之電子打字機案中，執委會解釋其作法的理由是，銷售公司履行之經濟機能相當類似於銷售分行（sales branch）或銷售部門（sales department）之角色，故應視其與製造公司爲單一經濟體，而逕以其轉售價格作爲正常價值之決定基礎（註三五）。

註三一　吳綵宇，歐市反傾銷法規之細部內容，歐市反傾銷法規及其執行狀況之研究，中華經濟研究院，民國81年5月，頁40。

註三二　Photocopier, OJ No L 239, 26.8.1986. p.5.

註三三　參見反傾銷法第2條第7項後半段 "unless the Community authorities are satisfied that the prices and costs involved are comparable to those involved in transactions between parties which have no such link."

註三四　Electronic Typewriters, OJ No L 128, 14.5.1985, p.39.

註三五　Ibid.

交易雙方存有補償性協議的情形，反傾銷法中對其並無明確定義。但依過去案例，此種情形主要包括買回即約定售出後經過一定之加工（processing）及添附（conversion）程序後再購回（註三六）或補貼（如對客戶所負擔之部分銷售費用，如廣告費）等情況。由於補償性協議的存在，使該交易價格不能完全反映出交易條件，因此應視為非通常性貿易過程下的交易（註三七）。

(3)國內實際售價非為足資比較之價格（comparable price）。某些涉案產品雖有國內實際售價，但因其國內銷售量小，不具代表性，其價格無參考價值，此時便不採納其為正常價值。至於銷售量究竟要達何種程度方得被視為足資比較之數量？1984年前，共同體是採個案分別考慮方式，再參考美國之作法，惟自1984年電子打字機案（註三八）後，執委會對此逐漸形成5%的標準。

如涉案產品有以上的三種情形即(1)無國內市場銷售；(2)其國內市場銷售非為通常貿易過程下之銷售；(3)其國內實際售價非為足資比較的價格，則正常價值之決定基礎應捨國內實際售價而就第三國價格或推定價格決定之（註三九）。

2.出口至第三國價格 (export price to a third country)

根據共同體反傾銷法第2條第3項b款(i)規定，在第2條第3項b款所列各項情形下，正常價值可為同類產品出口至任何第三國的足資比較價格。該第三國價格可為第三國中最高之價格，但必須具代表性(註四〇)。

註三六　Ivo Van Bael & Jean-François Bellis, *Anti-Dumping and Other Trade Protection Laws of the EEC* (1990), p.48.

註三七　吳絲宇，前揭書，頁43。

註三八　Electronic Typewriters, OJ No L 335, 22.12.1984, p.43.

註三九　Council Regulation No.2433/88, Article 2(3)(b).

註四〇　參照原文 "The comparable price of the like product when exported to any third country, which may be the highest such export price but should be a representative price."

通常在必須捨國內實際售價而依反傾銷法第2條第3項b款，以第三國價格或推定價格作爲計算正常價值基礎的情況下，執委會多捨第三國價格而採推定價格。對於此一選擇，執委會在少數幾個案例中曾經提出解釋，認爲該涉案產品出口至第三國的價格亦可能爲傾銷價格，所以不予採用。然衡諸實務狀況，此一作法很可能僅爲執委會之行政便利之故（**註四一**）。因在計算涉案產品出口至第三國價格時，如其出口係銷售予相關銷售公司，則執委會必須耗費大量人力、時間來調查其轉售價格（resale prices），甚或必須以「推定價格」方式來求得該出口價格。但如直接捨第三國價格而以推定價格方式來計算正常價值，由於執委會先前在調查國內實際售價是否爲通常貿易過程之銷售時，即調查了涉案產品的生產成本（cost of production）以求得出其是否爲低於成本銷售（sales below costs），故執委會不須另行決定生產成本即可計算推定價格。在執委會有限的人力、預算條件下，直接採用推定價格可能是最便利的方法（**註四二**）。

3.推定價格（constructed value）

根據共同體反傾銷法第2條第3項b款(ii)規定，推定價格應爲生產成本加上合理利潤（**註四三**）。

所謂生產成本係指原產國於通常貿易過程中之全部固定及變動成本，包括原料及製造成本，加上合理的銷售、管理及一般費用（**註四四**）。在1985年電子打字機案中（**註四五**），執委會聲稱所謂「銷售、管理，及一般費用」，係指發生於出口國之本國市場的費用，而非出口至

註四一 Jean-François Bellis, op. cit.,p.72.

註四二 Jean-François Bellis, op. cit.,p.72.

註四三 參照原文 "The constructed value, determined by adding cost of production and a resonable margin of profit."

註四四 Council Regulation No.2423/88, Article 2(3)(b)(ii).

註四五 See "Electronic Typewriters," OJ No L 128, 14.5.1985, p.39.

歐洲共同體的費用。另外在生產成本的攤銷（allocation）方面，由於一公司會計實務上極少針對單一產品，或對單一產品中之個別產品類別、型式，或等級單獨計算其成本。而在傾銷之計算上，實務上多以受調查產品之不同類別、型式、等級分別認定，如此必然牽涉到將現有會計資料分攤到不同產品類別之問題 **（註四六）**。原則上所有會計成本之計算，應以可得會計數據正常分攤，如有必要，則考慮市場狀況以每一產品的交易額，按比例計算之 **（註四七）**。至於開發成本（start-up operation）的攤銷，雖然出口商主張其新設廠房之折舊及開辦費用不應計入製造費用之內，因為其在新設階段，單位成本必然因為低產能利用率而偏高。然執委會並不採納此一主張，理由是計入開發成本乃為出口商慣用之成本攤銷方式 **（註四八）**。

在推定價格的利潤計算方面，在1985年電子打字機案之後 **（註四九）** 形成了一個原則，即當涉案出口商有相關產品（relevant product）之含足夠利潤的國內銷售時（sufficient profitable domestic sales），以涉案產品在市場上之含利潤銷售的平均利潤值作為該特定出口商之利潤計算基礎 **（註五〇）**。

共同體反傾銷法第2條第3項b款(ii)也明確規定了推定價格之成本與利潤之各種計算基礎的優先適用順序：(1)首先，銷售、管理及一般費用與利潤，應參考國內生產者或出口商對同類產品之含利潤銷售所發生的成本及利潤。(2)當前述數據不可得，不可信或不適用時，則參考其他生產者或出口商在原產國或出口國，就同類產品的含利潤銷售所發生的成本和利潤。(3)如前述二種方法皆不適用時，則已發生成本及利潤之計

註四六 吳綏宇，前揭書，頁43。

註四七 Council Regulation No.2433/88, Article 2(11).

註四八 I. V. Bael & J. F. Bellis, op. cit., pp.57～58.

註四九 See "Electronic Typewriters," OJ No L 128, 14.5.1985, p.39.

註五〇 Jean-François Bellis, op. cit., pp.73～74.

算應參考在原產國或出口國之同一產業領域下，該涉案出口商或其他生產者、出口商的銷售計算之；或另以其他合理基礎計算之。

　　決定正常價值的方法，除了前述一、「國內實際售價」，二、「第三國價格」，三、「推定價格」外，在某些特殊情況下，正常價值之計算需考慮其他的方式，包括：一、剩餘銷售價格，二、調整價格，三、非市場經濟國家之正常價值。

1.剩餘銷售價格 (remaining sales at a price which is not less than the cost of production)

　　在有合理根據相信或懷疑某產品供原產國消費之銷售價格，屬反傾銷法第2條第4項定義的低於成本銷售；且該價格在調查期間（**註五一**）內有相當數量之銷售，而在通常交易過程中及調查期間內無法回收成本者，除了可依推定價格及第三國價格決定正常價值外，國內市場中其他不低於生產成本之剩餘銷售，其價格亦可作為計算正常價值的基礎（**註五二**）。

2.調整價格

　　所謂調整價格，係指反傾銷法第2條第4項規定之低於成本銷售情況下，可將該低於成本銷售價格 (sub-production-cost price) 加以調整，而求出一高於生產成本並反映合理利潤的價格，以作為決定正常價值的基礎（**註五三**）。此一方式可以說是推定價格的簡化。例如在人造金剛石一案，三種受調查的基本等級中只有一種被發現有低於成本銷售情形，故執委會將符合一般標準之國內市場利潤值加入成本中，以推定正常價格（**註五四**）。

註五一　有關調查期間之規定，見反傾銷法，Council Regulation No.2423/88, Article 7(1)(c).

註五二　Council Regulation No.2423/88, Article 2(4).

註五三　Ibid.

註五四　I. V. Bael & J. F. Bellis, op. cit., p.64.

3.非市場經濟國家（non-market economy countries）之正常價值

依據反傾銷法第2條第5項規定，對由非市場經濟國家進口之產品，其正常價值之決定應以適當合理的方式，按下列標準決定之：

(1)任何屬市場經濟國家之第三國，其同類產品出口至其他國家（包括共同體國家）的價格，或供其本國市場消費的價格；

(2)市場經濟國家同類產品之推定價格；

(3)如上述二種價格都無法提供適當的計算正常價值的基礎，則以同類產品在共同體內實際支付或應支付價格爲準，但加以適當的調整，必要時並加入合理的利潤。

何謂「非市場經濟國家」，在反傾銷法中並無明確定義。惟依反傾銷法第2條第5項規定適用部長理事會第1765/82號規則及第1766/82號規則的國家，即適用反傾銷法中所謂「非市場經濟國家」的規定。但非屬上述規則規定國家者亦有可能適用「非市場經濟國家」的規定。

(二)出口價格（export price）

除上述之「正常價值」外，要認定有無傾銷之事實，還須將正常價值與出口商出口至共同體的價格相比較。因此，傾銷判斷之第二步驟即爲決定受調查產品出口至共同體之價格。關於出口價格之決定，共同體反傾銷法第2條第8項規定：出口價格應爲出口至共同體產品實際支付或應支付之價格（**註五五**）。該項價格應扣除稅捐，並應扣除與銷售直接有關，且實際上確有給予之折讓（discounts and rebates）；延期折讓（deferred discount）亦應扣除之（**註五六**）。

如出口銷售係透過一與製造商無關聯的貿易公司代理商，則出口價格係指貿易公司或代理商支付給生產者的價格。但如：(1)無出口價格；

註五五　參照原文 "The export price shall be the price actually paid or payable for the product sold for export to the Community".

註五六　此點與國內實際售價相同。參見前文有關國內實際售價之說明。

⑵表面事實顯示出出口商與進口商或第三者間有關聯 (associa-
tion)，或有補償性協議 (compensatory arrangement) 存在；⑶基
於其他原因，而使出口價格不可信，則出口價格應依「推定」方法爲之
（註五七）。

以上第一種情況實務上甚少發生，其可能適用於貨品進口至共同
體，但非以買賣方式爲之，或未定有價格的情況下。而第三種情形顯然
係一補充性規定，其用語又十分空泛，致使執法者享有很大的裁量權
（註五八），如此造成外界對其適用上之疑慮。實務上使用本規定之例
子並不多，故以下僅就第二種情形討論。即出口商與進口商或第三者之
間有關聯，或有補償性協議，可能透過關係作特殊之安排，使銷售產品
出口價格並不低於其國內實際售價，以規避傾銷之認定。但進口商於進
口後之轉售價格卻低於出口國之國內價格 **（註五九）**。在此種情形之
下，出口價格之推定係以「進口產品第一次轉售予獨立購買者」(the
imported product is first resold to an independant buyer) 的價格
爲決定基礎；而在並無轉售予獨立購買者，或其轉售非以進口產品之原
來狀況爲之者（如裝配或改變包裝），則以其他合理基礎計算之 **（註六
○）**。

在上述情形下，推定出口價格應斟酌考慮扣除自進口起迄至轉售止
所發生之一切成本，以及合理之轉售利潤。此一應扣除成本，包括通常
應由進口商負擔，但實際上由與進口商或出口商有關聯或有補償性協議
的任一方負擔的成本在內 **（註六一）**。如此乃爲防止進口商或出口商利

註五七 Council Regulation No.2423/88, Article 2(8)(b).

註五八 吳綏宇，前揭書，頁59。

註五九 此種情形即爲GATT第6條附註中所指「隱藏傾銷」(hidden dumping,
See Notes and Supplementary Provisions, Paragraph 1(1), Ad Arti-
cle VI of GATT.

註六○ Council Regulation No.2423/88, Article 2(8)(b).

註六一 Ibid.

用第三者代為支付，以規避應扣除之成本。

對於推定出口價格時應斟酌考慮之成本及利潤，共同體反傾銷法第2條第8項b款作了以下例示性的規定：

(1)通常之運輸、保險、手續費、裝卸費用與雜費（ancillary costs）。

(2)就貨物之進口銷售，在進口國應支付之關稅、反傾銷稅及其他稅捐。

(3)合理的經常費用、利潤、及／或通常支付或約定之佣金。

以推定方式計算出口價格極易導致傾銷事實存在之認定。而此一認定與其說是低價進口銷售的緣故，其實更可能是進口國內的出口商相關銷售公司之高額相關費用的結果（因轉售價格需逆算，扣除轉售前在共同體境內發生的一切成本及費用，相關銷售公司的相關費用常被高估，導致高額扣除後出口價格偏低）。且在轉售利潤方面，執委會實務上率以其他獨立之進口商在調查期間所獲利潤，作為扣除標準。其理由是與出口商有關係之進口商之進口價格既不可信，其帳目上所得之利潤率自然亦值得懷疑。一般執委會決定的利潤率約在3％到10％之間，平均為5％（**註六二**）。

(三)正常價值與出口價格之比較

決定了正常價值出口價格之後，即可將之比較對照，如正常價值高於出口價格，則該涉案產品就可能被判定有傾銷事實存在。

由於正常價值與出口價格的比較影響傾銷的認定至鉅，故反傾銷法特別規定比較應儘可能採時間相近的價格，並求取比較的公平（**註六三**），也就是使正常價值與出口價格在相同的基礎上進行比較。根據此一原則，在比較的階段上，主要的工作就是找出影響比較公平的因素，

註六二 I. V. Bael & J. F. Bellis, op. cit., p.84.

註六三 Council Regulation No.2423/88, Article 2(9)(a).

也就是造成價格形成上之歧異（difference），利用調整（adjustment）的手段以排除此歧異（**註六四**）。

　　反傾銷法對於可作調整的歧異作了列舉式的規定（**註六五**），包括：(1)物理特徵；(2)進口稅捐及間接稅；(3)銷售費用。

　　以下即就上述可調整歧異分別說明之。

1. 物理特徵（physical characteristics）

　　依反傾銷法第2條第3～7項規定估算出的正常價值，應依涉案產品合理估算出的物理特徵差異數額作調整（**註六六**）。

　　一種產品常因內銷、外銷，市場需求不同，而有物理特徵上諸如規格、品質、效用的差異。為求比較之公平，此時就物理特徵差異所造成價格上的差異，自應予以排除。但如物理特徵差異對價格沒有影響，例如某些產品設計上、尺寸上、包裝上的差異（**註六七**），則不得主張調整。

2. 進口稅捐及間接稅（import charges and indirect taxes）

　　正常價值應扣除相同產品及物理上已附合之原料（materials physically incorporated）所負擔之進口規費或間接稅數額，該項稅捐係於供原產國或出口國消費用時繳納，然於出口至共同體產品並未徵收或被退還。

3. 銷售費用（selling expenses）

　　造成銷售費用差異的原因，包括銷售層次、銷售數量及銷售條件之不同。但實際運用上，僅可能就銷售條件不同進行調整（**註六八**）。依反傾銷法第2條第10項c款規定，銷售費用指：（ⅰ）運費、保險、手續

註六四　吳綏宇，前揭書，頁63。

註六五　Council Regulation No.2423/88, Article 2(9)(a).

註六六　Council Regulation No.2423/88, Article 2(10)(a).

註六七　Refrigerators, OJ No L 184, 29.6.1982, p.23.

註六八　I. V. Bael & J. F. Bellis, op. cit., pp.44～45.

費、裝卸費及其他雜費；（ii）包裝費用（packing）；（iii）融資費用（credit）；（iv）瑕疵擔保、保證、技術協助及其他售後服務費用；（v）其他銷售費用（註六九）。

另外反傾銷法亦於1988年增訂了第2條第10項e款微量不予調整的原則（insignificant adjustment）。即就相對於所影響交易之價格或價值而言，調整請求係屬微量者，應不予考慮。一般而言，單一調整項目其從價效果（ad valorem）少於價格或價值的0.5％時，應視為微量。惟依該款規定文義觀之，此一百分之零點五的標準應非絕對，執委會仍可自由裁量決定之（註七〇）。

正常價值與出口價格經過調整後即進行比較，以求出其傾銷差額（dumping margin）。傾銷差額的計算是以依調查期間內加權平均值為基礎計算出的正常價值，與依逐筆交易（transaction-by-transaction）決定的出口價格（註七一）相比較而得。此時產生了「負傾銷」的問題。在逐筆比較中，傾銷差額的計算是採取正常價值高於出口價格的每筆差額的總和作計算的基礎。由於負數不計入，出口價格高於正常價值者其差額以零計算，即負傾銷不能抵銷正傾銷。如此常導致過高之傾銷差額。

正常價值與出口價格之比較決定了是否有傾銷事實的存在，然尚不足以直接構成課徵反傾銷稅的理由，還須視傾銷是否造成損害。以下即討論損害之認定方法。

二、損害之認定

決定反傾銷稅的課徵，除了必須認定有無傾銷事實的存在之外，還

註六九　此一「其他銷售費用」，包括與銷售有關之佣金的給付，完全參與直接銷售之銷售人員薪資。

註七〇　I. V. Bael & J. F. Bellis, op. cit., p.89.

註七一　Council Regulation No.2423/88, Article 2(13).

需傾銷事實造成損害（**註七二**）。因此，所有反傾銷措施的採行，損害
的認定乃是繼「傾銷」事實存在的第二個決定要件。

　　根據反傾銷法第4條第1項前半段規定：「只有在傾銷進口產品透過
傾銷的效果造成『損害』──亦即，對共同體產業造成實質損害或有實
質『損害』之虞，或實質阻礙該等產業的建立等情況下，方可爲『損
害』之決定。」分析此一條文可將損害存否之決定要素臚列如下：一、
損害之對象：依上述條文可知，損害只有發生在生產傾銷進口產品之同
類產品（like product）的共同體產業時，方具可責性。故討論損害之
對象，應就「同類產品」及「共同體產業」二方面爲之。二、損害認定
之標準：不僅受「實質損害」（material injury）的共同體產業有受
反傾銷稅救濟的必要，若傾銷進口產品對共同體產業「有實質損害之
虞」（threatening to cause material injury），或實質阻礙共同體
產業的建立（materially retarding the establishment of Commu-
nity industry），亦可被認定有「損害」的存在。三、因果關係：共
同體產業之受損害應與外國傾銷進口產品有因果關係，其損害方具反傾
銷法之可責性。

　　以下即就上述各決定損害之要素分別討論之：

(一)損害之對象

1.同類產品（like product）

　　一個產品常因各國市場需求的不同，而在規格、材料、功能上有所
差異，甚至有不同的外觀、不同的加工層次，因此在傾銷及損害的認定
上，都必需考慮外國本國產品、傾銷進口產品、與共同體生產產品其間
之不同是否影響其爲足資比較的同類產品。根據反傾銷法第2條第12項

註七二　Council Regulation No.2423/88, Article 2(1). "An antidumping duty
　　　　may be applied to any dumped product whose release for free circu-
　　　　lation in the Community causes injury."

規定，就反傾銷法之立法目的，同類產品應指與涉案產品同一（即各方面均相同）的產品，或在無此等產品存在的情況下，指其他與涉案產品特性極爲接近的產品（**註七三**）。

反傾銷法此一對於同類產品的定義與GATT的定義幾無差別（**註七四**），唯共同體主管機關通常對此一定義做比較狹義的解釋。因爲如果定義範圍過廣，使得合於調查範圍內的共同體產業數量過大，則傾銷進口產品產生之衝擊較不易被彰顯；且共同體產業的數量過大，對提起控告之共同體業者亦加重其代表上的負擔（**註七五**）。緣上之故，傾銷進口產品與共同體本地產品必須在物理關係上極爲接近，僅僅爲「類似」或具代替性的產品不受反傾銷法的保護。以船外馬達案（**註七六**）爲例，執委會在該案中把高於85匹馬力的船外馬達排除於受調查產品之外，因該產品雖可能有代替性，而與共同體業者生產的類似產品有直接競爭的情形，但共同體內並無此產品的生產，亦無足以令人信服的證據顯示共同體業者有意建立此產品的生產。故高於85匹馬力的船外馬達不應列入受調查範圍。

在判斷物理特性之近似上（**註七七**），執委會通常考慮產品使用之原材料、化學成分、主要特徵、以及產品效用與功能等因素。惟此僅爲原則，在實際案例中，往往有其他考慮因素會影響同類產品的定義範

註七三　參照原文 "For the purposes of this regulation, 'like product' means a product which is identical, i.e., alike in all respects, to the product under consideration, or, in the absence of such a product, another product which has characteristics closely resembling those of the product under consideration."

註七四　Agreement on Implementation of Article VI of GATT 1994, Article 2(6).

註七五　See I. V. Bael & J. F. Bellis, op. cit., p.114.

註七六　Outboard Motors, OJ No L 124, 13.5.1987, p.3.

註七七　本段參考吳綏宇，前揭書，頁82。

圍，例如產品市場上旣有的市場區隔亦常爲執委會引用作爲判斷依據
（**註七八**），此亦包括將來產品演進上之趨勢在內（**註七九**）。最近的案
例中，執委會被迫對同類產品之認定做更細部的考慮，有許多案例已將
功能上的類似（functional similarity）列爲考慮重點（**註八〇**）。

2. 共同體產業（Community industry）

損害必須是對「共同體產業」造成，方有反傾銷法的適用。反傾銷
法第4條第5項定義了所謂「共同體產業」，即爲生產同類產品的全體共
同體生產者或其生產量構成共同體同類產品總產量之主要部分者（**註八
一**）。

所謂「主要部份」（a major proportion）並非指生產量一定要
佔共同體內同類產品總生產量之50％以上，低於50％比例的情形亦時有
所見，唯下限應不可低於25％（**註八二**）。此外，即使是單一生產者受
損害亦可被認定爲代表共同體產業，只要其市場佔有率夠大（suffi-
ciently large）（**註八三**），而受損害生產者僅侷限於某一會員國的情
形亦同（**註八四**）。

註七八　Photocopier, OJ No L 239, 26.8.1986, p.5; Ball Bearings, OJ No L 102,
　　　　　18.4.1986, p.31.

註七九　Tokyo Electric vs. Council, Case 106/86, Common Market Law
　　　　　Report, Sec 14/512, pp.18, 855.

註八〇　See e.g., Printers, OJ No L 130, 26.5.1988, p.12; Video Cassette
　　　　　Recorders, OJ No L 240, 31.8.1988, p.5.

註八一　參照原文 "The term 'Community industry' shall be interpreted as
　　　　　referring to the community producers as a whole of the like product,
　　　　　or to those of them whose collective output of the products consti-
　　　　　tutes a major proportion of the total community production of those
　　　　　products."

註八二　I. V. Bael & J. F. Bellis, op. cit., Note 283, pp.117～118.

註八三　E.g., Oxalic Acid, OJ No L 72, 18.3.1988, p.70.

註八四　E.g., Mechanical Wristwatches, OJ No L 72, 18.3.1988, p.12.

　　事實上共同體主管機關由於其人力、經費的限制，並不會就反傾銷控訴是否確實受到全體共同體產業的支持，來進行曠日費時的事實查證。原則上除非其他當事人提出反證，或共同體產業未對反傾銷調查問卷提出答覆，共同體主管機關一般都採信所提控訴係代表共同體產業**（註八五）**。

　　在共同體產業的認定上有三個例外情形**（註八六）**：⑴關係人（related parties）；⑵地區性產業（regional industry）；⑶生產產品與涉案產品屬同一產品線（product lines）的產業。

　　I.關係人

　　根據反傾銷法第4條第5項規定，如共同體生產者與出口商或進口商有關係（related to）；或本身即爲傾銷進口產品之進口商，則「共同體產業」一詞應指其餘生產者**（註八七）**。

　　一般而言，此處關係人的認定較傾銷調查中的「關係人」認定範圍爲寬，只要是受調查外國生產者的子公司，或與其有牽連（links）、或本身即從事進口業務，即足以被從共同體產業中排除。共同體主管機關顯然並不考慮是否關係人確因其關係而有異於非關係人的行爲**（註八八）**。不過對某些曾從事傾銷產品進口的共同體產業，如果能證明其進口乃屬被迫，則仍可被歸入受損害的共同體產業，有權提出控訴**（註八九）**。

註八五　Jean-François Bellis, op. cit., p.86.

註八六　Council Regulation No.2423/88, Article 4(5).

註八七　參照原文 "When producers are related to the exporters of importers or are themselves importers of the allegedly dumped⋯product the term 'Community industry' may be interpreted as referring to the rest of the producers."

註八八　Jean-François Bellis, op. cit., p.87.

註八九　E.g., Photocopying Apparatus, OJ No L 239, 26.8.1986, p.5. 該案中執委會判定，共同體生產者之進口行爲，從商業角度觀之乃係不得不然之選擇，故不將該等生產者排除於共同體產業之外。

另外，一個關係人產業對共同體之貢獻也影響到其是否會被排除於共同體產業之外。例如在錄影機（Video Cassette Recorder）一案（註九〇）中，執委會決定將某些日歐合資企業（joint-ventures）納入共同體產業中，因為考慮到此等企業長期以來對共同體投資及增加就業機會的貢獻。

總而言之，執委會對於與外國生產者有關係的共同體生產者究否應被排除於共同體產業之外，有相當大的裁量權。其決定可能視個案情形而有所不同。

II.地區性產業

在某些例外情況下，就受調查之產品，可將共同體分為二個到二個以上的競爭市場，各市場內的生產者可各別被視為一共同體產業（註九一）。為符合上述例外情形，該地區之生產者必須將其產品全部或幾乎全部銷售於該地區市場內；且該地區外的相同產品生產者對於該地區市場需求之提供並不達相當程度（substantial degree）。滿足以上條件之後，尚需考慮：(1)傾銷進口產品其銷售集中在此一地區；(2)其生產佔該地區全部或幾乎全部之生產者受傾銷進口產品的損害。如果上述二條件亦符合，則可就該地區單獨認定損害，即使共同體產業整體上並未受害。

III.生產產品與涉案產品屬一產品線（product lines）（註九二）的產業

當有可得數據存在，允許就同類產品為各別之認定時，傾銷進口產品效應之評估應就其與同類產品在共同體內生產之關係為之（註九三）。但因有時生產同類產品的共同體生產者同時也生產其他產品（例

註九〇　Video Cassette Recorders, OJ No L 240, 3.18.1988, p.5.

註九一　Council Regulation No.2423/88, Article 4(5).

註九二　「產品線」指同一公司產品下的類似產品，產品羣中的各項產品均密切關聯，或功能相似，因而售予相同的顧客羣，或經由相同的經銷商出售。例如化粧品產品線就包括口紅、面霜等。

註九三　Council Regulation No.2423/88, Article 4(4).

如同類產品為其他產品之副產品），則共同體產業無法明確認定其範圍，從而無法估算其損害。在此種情況下，依反傾銷法第4條第4項後半段規定，傾銷進口效應之評估，應就具備必要資料之包括同類產品在內的最小範圍產品之生產為之（**註九四**）。此即所謂「產品線例外」（product lines exception）（**註九五**）。

與上述之「關係人例外」或「地區性產業例外」對共同體產業的縮小範圍不同，「產品線例外」擴大了共同體產業的範圍，因此也相對淡化了傾銷進口的衝擊，使得損害較難被認定。故執委會在某些案件中（**註九六**），無視同類產品各別生產數字之闕如，仍然不願對產品範圍做更寬的解釋。

(二)損害認定之標準

根據反傾銷法第4條之規定，只有在傾銷進口產品係透過傾銷之效應導致損害時，方可為損害存在之認定。所謂損害意指：對已建立之共同體產業造成實質損害或有造成實質損害之虞，或實質阻礙共同體產業之建立。而由其他因素（例如非傾銷進口產品之數量及價格，或市場需求量萎縮等）所導致之損害，則不應歸責於傾銷進口產品。

以下就三種認定損害存在之標準分別討論之：

1.**實質損害**（material injury）

註九四　參照原文 "When the Community production of the like product has no separate identity, the effect of the dumped…imports shall be assessed in relation to the production of the narrowest group or range of production which includes the like product for which the necessary information can be found."

註九五　Jean-François Bellis, op. cit., p.88; I. V. Bael & J. F. Bellis, op. cit,. p.122.

註九六　E.g., Electric Multiphase Motors, OJ No L 153, 21.6.1980, p.15.

「實質損害」一詞在反傾銷法中並未有明確的定義，僅在第4條第2項中列出數個應考慮的標準，且特別指明沒有任一或數個標準具必然之決定性（**註九七**）。此標準包括：(1)傾銷進口量；(2)傾銷進口價格；(3)對共同體產業的衝擊。

I.傾銷進口量（volume of dumped imports）

特別應考慮傾銷進口量是否有絕對的增加，或有相對於共同體生產量或消費的增加，此一進口數量的增加應為「重大」之增加（significant increase）（**註九八**）。執委會通常特別注意傾銷進口產品在共同體之市場佔有率（market shares），亦即傾銷進口產品之絕對數量雖未增加，但可能在市場需求量縮小的情況下，傾銷進口產品並未隨比例而下降，其市場佔有率反有顯著增加。此種情況下亦可為損害認定之依據。但並非低市場佔有率即可避免損害之認定，實務上甚至有市場佔有率僅有2.47%的傾銷進口產品被判定為導致損害（**註九九**）。另外有一點值得注意的是，共同體主管機關在計算市場佔有率時是以國家為基礎，而不考慮該國家內個別生產者之個別市場佔有率，且通常在調查中將各國之市場佔有率累積計算（**註一○○**）。

雖然在反傾銷法中明文規定只有「傾銷進口量」之增加方可做為認定依據，但實務上在以進口量之是否增加來做為損害認定標準時，執委會多以「總進口量」（指同類產品之總進口量，包括傾銷進口與非傾銷進口）之增加為依據。此點似有違反反傾銷法之嫌（**註一○一**）。

註九七　參照原文 "No one or several of which can necessarily give decisive guidance."

註九八　Council Regulation No.2423/88, Article 4(2)(a).

註九九　Mounted Piezo-Electric Quartz Crystal Units, OJ No L 162, 27.6. 1980, p.62.

註一○○　Jean-François Bellis, op. cit., p.89.

註一○一　Ibid.

Ⅱ.傾銷進口價格 (the prices of dumped imports)

特別應考慮相較於同類產品在共同體之價格，該傾銷進口產品是否有重大之削價情形 (significant price undercutting) **(註一○二)**。實務上其實不乏僅有輕微之削價 (marginal price undercutting) 情況而仍被判定造成損害者 **(註一○三)**。

傾銷進口產品之價格在共同體反傾銷程序中扮演了二種角色：一是決定損害是否存在的標準。如判定傾銷進口產品之價格對本地市場價格沒有影響，則應判定為損害不存在；二是當削價情形確實存在，則在決定應以何種救濟來除去損害時，應考慮削價額度。

Ⅲ.對共同體產業的衝擊 (consequent impact on the industry)

根據反傾銷法第4條第2項(c)規定，損害之決定亦須考慮傾銷進口產品對共同體產業造成的衝擊。此一衝擊可由下列經濟指標 (economic indicators) 判斷之：生產量、設備利用率、存貨、銷售、市場佔有率、價格（包括價格打壓、抑制價格上漲的情形 **(註一○四)**）、利潤、投資報酬率、資金流通及僱用員工情況等。

上述各項指標僅為例示性的規定，共同體主管機關尚可就其他指標加以判斷，此觀諸條文可得而知 **(註一○五)**。

以上為可能被判定有損害存在之情形。而依案例分析，在下列情況下可能判定損害不存在 **(註一○六)**：⑴缺乏共同體產業之合作或合作不足 **(註一○七)**；⑵無削價情形 **(註一○八)**；⑶針對某一對象提出的

註一○二　Council Regulation No.2423/88, Article 4(2)(b).

註一○三　Sodium Carbonate, OJ No L 317, 13.11.1982, p.5.

註一○四　此一觀念源自GATT反傾銷協定，第3條第2項。

註一○五　參照原文 "in the relevant economic factors such as: …"

註一○六　Jean-François Bellis, op. cit., p.90.

註一○七　E.g., Monochrome Portable Television Sets, OJ No L 364, 19.12.1981, p.49.

註一○八　E.g., Deep Freezers, OJ No L 259, 11.9.1986, p.14.

選擇性控訴，及/或削價販賣產品無傾銷情形（註一〇九）；(4)低市場佔有率（註一一〇）。

2.實質損害之虞（threat of material injury）

根據反傾銷法第4條第3項之規定，要認定有否產生「實質損害之虞」可參考以下因素：(1)傾銷產品對共同體出口量之增加率；(2)原產國或出口國之出口產量，包括已存在之產能或於可預見之未來可能增加之產能，以及其將出口至共同體之可能性。

而只有在傾銷情況可能發展成實質損害的情況下，方可認為有實質損害之虞（註一一一）。一般而言，共同體主管機關極少單獨以有實質損害之虞作為採取反傾銷措施的理由，只有在非常例外的情況下，例如因1978年的煤鋼危機導致的嚴重市場瓦解，才會單獨以有實質損害之虞作為課徵反傾銷稅理由（註一一二）。而在某些案例中亦曾出現「實質損害之虞」與「實質損害」被併行考慮，作為採取反傾銷措施之理由（註一一三）。

3.實質阻礙共同體產業的建立（materially retarding the establishment of Community industry）

與上述「實質損害之虞」的情況相同，「實質阻礙共同體產業的建立」此一理由亦甚少被引用為採取反傾銷措施的基礎。以船外馬達案為例（註一一四），該案中共同體產業認為，日本生產之高於85馬力的船外馬達的進口，阻礙了共同體產業就此類產品的生產。惟執委會並不同

註一〇九　Tube & Pipe Fittings, OJ No L 313, 8.11.1986, p.20.

註一一〇　E.g., Styrene Monomer, OJ No L 258, 8.9.1987, p.20.

註一一一　Council Regulation No.2423/88, Article 4(3).

註一一二　J. E. Beseler and A. N. Williams, *Anti-Dumping and Anti-Subsidy Law: The European Communities* (1986), p.215.

註一一三　E.g., Video Cassette Recorders, OJ No L 240, 31.8.1988, p.5.

註一一四　Outboard Motors, OJ No L 124, 13.5.1987, p.1.

意此一論點。

(三)因果關係

　　共同體反傾銷法中有關損害及傾銷之因果關係規定在第4條第1項：只有在傾銷進口產品透過傾銷的效果造成損害的情況下，方可爲損害之認定。其他造成共同體產業損害的因素（例如非傾銷進口產品的數量及價格、市場需求量萎縮等），不得轉嫁於傾銷進口產品。此一規定較諸1968年的反傾銷法，大幅放寬了因果關係存在的認定。1968年的反傾銷法中規定，要認定損害與傾銷間確實有因果關係，足以支持反傾銷措施的採行，必需傾銷事實的存在乃是造成損害的主要原因（principle cause），且傾銷結果對共同體產業的影響應高於其他所有不利於共同體產業的因素（註一一五）。現行條文下因果關係存在的決定，依歐洲法院的見解，只要傾銷是造成損害的諸多原因之一，即足以認定傾銷與損害間具有因果關係（註一一六）。如此對共同體主管機關的損害調查有大幅減少其舉證責任的作用。

　　既然損害之認定，必須是在傾銷進口產品透過傾銷的效果，確實對共同體產業造成損害的情況下方可成立。則「傾銷差額」（dumping margin，即正常價值與出口價格的差額）是否應對損害之認定有所影響？特別是傾銷差額遠低於削價競爭差額時，很可能損害主要係因削價競爭而產生，則可否認定傾銷是造成損害的原因而課徵反傾銷稅？既然

註一一五　Council Regulation No.459/68, OJ No L 96, 5.4.1968, p.1.

註一一六　"It is therefore possible to attribute to an importer responsibility for injury caused by dumping even if the loses due to the dumping are merely part of more extensive injury attributable to other factors" See Canon Inc. et al. vs. Council, case 277 & 300/85, Common Market Reporter, Sec.14514, at p.18912, 轉引自吳綏宇，前揭書，頁129之註一五五。

損害可能是因削價競爭的緣故而產生，則反傾銷稅之課徵可能無補於損害的減輕，如此對於此類型案件是否應為課徵反傾銷稅的決定？此一問題在相關案例中尚未有論述（**註一一七**），對於傾銷差額在損害認定方面影響的討論，只有在「微量傾銷差額」（de minimis dumping margin）時出現。亦即共同體主管機關對於傾銷差額極低（低於1.5％）者，依「微量」規則（de minimis rule）不認為其對共同體產業造成損害（**註一一八**）。

　　另外在因果關係方面尚需討論損害之「累積評估」（cumulation）的問題。所謂累積評估有二種情形，一是將來自同一國家之所有出口商的傾銷進口造成的損害累積評估；一是將所有來白不同國家的傾銷進口造成的損害累積評估。

　　實務上共同體主管機關已確立原則，對來自同一國家的不同出口商的傾銷效果累積評估。執委會的理由是（**註一一九**），如果在同一個國家中僅對某些傾銷出口商採取反傾銷措施，則相對於其他未被採取反傾銷措施的傾銷出口商，其產品未來在競爭上可能處於不利的地位，此一情況的產生並非反傾銷法措施的目的。執委會並認為此一累積評估方式並未違反GATT規定，且與美國等國家的作法相符。

　　至於不同國家傾銷進口之累積評估問題，通常執委會對此亦採肯定態度，除非某些國家之傾銷進口量很少，明顯地不足與其他國家比較（**註一二〇**）。

　　事實上累積評估是否有其必要性是值得存疑的。與共同體主管機關

註一一七　Jean-François Bellis, op. cit., p.92.

註一一八　Stainless Steel Bars, OJ No L 131, 28.5.1980, p.18.

註一一九　Jean-François Bellis, op. cit., p.92.

註一二〇　在Hardboard案中，執委會把自保加利亞進口的傾銷產品排除於反傾銷措施之外，因其在調查期間的共同體市場占有率僅有0.2％。參見Hardboard OJ No L 181, 25.6.1982, p.19.

的其他許多作法相同，累積評估最主要的功能乃是行政上的便宜性，減輕共同體主管機關的搜證負擔。對於其進口事實上並未造成共同體產業損害的出口商或國家而言，尤其是剛加入市場者，累積評估的作法使得他們必須違反一般的商業原則，將價格調高到現有的市場價格標準，如此是相當不公平的，唯目前共同體主管機關似無可能改變其作法，除非訴諸GATT的仲裁。

在前文中，我們討論了決定是否課徵反傾銷稅的二個基本要件，即傾銷的事實及損害的存在。然而自1979年GATT東京回合談判後又發展出了「共同體利益」（Community interest）的觀念。亦即縱使傾銷進口已造成損害，但對其課徵反傾銷稅並不符合共同體之整體利益時，反傾銷法亦賦予共同體主管機關一裁量權，得選擇不予課徵反傾銷稅。此一「共同體利益」觀念展現在反傾銷法第11條第1項及第12條第1項規定中──當初步認定或最終判斷涉案產品有傾銷之實並導致損害，「且共同體利益需要共同體干預保護時」，應對其課徵臨時或確定反傾銷稅（**註一二一**）。不過反傾銷法中對於何謂「共同體利益」並無明確規定。惟執委會曾表示，「共同體利益」包涵了範圍廣大的各種考慮因素，其中最重要的是消費者及涉案產品下游業者的利益、及考慮共同體內部市場競爭狀態的需要（**註一二二**）。

「共同體利益」實務上極少被作為免於反傾銷稅課徵的理由。在許多案例中，某些涉案產品的下游業者（user）或加工者（processor）

註一二一　參照原文 "the interests of Community call for Community intervention".

註一二二　"Community interest may cover a wide range of factors but the most important are the interests of consumers and processors of the imported products and the need to have regard to the competitive situation within the Community market," guide to the European Communities Anti-Dumping and Countervailing Legislation, see I. V. Bael & J. F. Bellis, op. cit., Annex 6, p.594.

以「共同體利益」作爲對抗反傾銷稅課徵的依據。但幾乎在每個案例
中，共同體主管機關都認爲反傾銷稅的課徵對加工業者的衝擊有限（因
爲加工業者之總生產成本中，進口產品成本只佔很小的百分比），且保
護提出控訴的產業使其得以繼續存在，以避免過度依賴外國供應，此方
爲符合「共同體利益」（**註一二三**）。

三、反傾銷控訴程序

　　以下就反傾銷法中有關程序規定部分做一說明，分別討論歐洲共同
體中主管反傾銷措施的機關及其職權、調查程序、和解、反傾銷稅的課
徵等問題。最後並將探討對於反傾銷措施之濫用與誤用，所可能採取的
救濟措施。

(一)決定機關

　　理事會、執委會及諮詢委員會（Advisory Committee）爲執行傾
銷控訴處理程序的主要決定機關。其三者間權力的分工，係依EEC條
約第113條第3項規定：執委會應向部長理事會提出建議，部長理事會授
權執委會開始爲必要之談判，執委會於進行談判時，並應徵詢特別委員
會之意見。除前述三個機關外，歐洲法院在反傾銷程序中提供了救濟的
功能；歐洲議會則自1983年起，每年由執委會向其提供當年有關反傾銷
活動的報告。以下即就各共同體機關在反傾銷程序中扮演的角色做一說
明。

1.執委會

　　在反傾銷程序中，執委會無疑地扮演了最重要的角色。其主要任務
爲進行調查及認定事實。執委會接受控訴的提出、判斷控訴是否有足夠
的證據足以支持調查程序的開始、進行調查，並課徵臨時反傾銷稅。在

註一二三　E.g., Urea, OJ No L 121, 9.5.1987, p.11.

某些特定情況下，執委會亦有權接受外國出口商的價格具結或終止反傾銷程序。此外，就確定反傾銷稅的課徵，執委會應向部長理事會提出建議。在反傾銷立法程序方面，只有在執委會提議下，部長理事會方可就反傾銷法予以修正或制定新法。

2.理事會

理事會有權在執委會提議下，決定確定反傾銷稅的課徵以及臨時反傾銷稅之確定課徵。理事會並不參與反傾銷調查。大部分的案例中，理事會都只是執委會的橡皮圖章，只要執委會提議，理事會即同意課徵。要否定執委會的提議，必須理事會以條件多數決通過。此外理事會有權在執委會提議下，制定或修改共同體反傾銷法（**註一二四**）。

3.諮詢委員會

諮詢委員會乃由每一會員國派員組成，其主席為執委會官員。透過諮詢委員會的架構，共同體會員國得以參與反傾銷程序。諮詢委員會定期於布魯塞爾集會，執委會得於諮詢委員會集會時提出諮詢。此外諮詢亦得以書面為之。諮詢之內容包括（**註一二五**）：(1)傾銷是否存在及傾銷差額的計算方法；(2)損害是否存在及損害的程度；(3)傾銷與損害發生之因果關係；(4)防止或救濟因傾銷造成的損害之措施，及有效採行此措施之方法。

4.歐洲法院

歐洲法院在某些條件下有權審查執委會或部長理事會的反傾銷決定。反傾銷案件請求歐洲法院給予司法審查的情形雖有日漸增加的趨勢，但仍相當有限。目前歐洲法院只有在傾銷事實之評估有顯明錯誤，或有程序上的違反時，方可為司法審查（**註一二六**）。有關司法審查問題將於後文之「救濟程序」中詳細說明。

註一二四　Jean-François Bellis, op. cit., p.46.

註一二五　Council Regulation No.2423/88, Article 6(4).

註一二六　Jean-François Bellis, p.47.

5.歐洲議會

　　歐洲共同體的立法系統中，歐洲議會扮演了重要的諮詢合作的角色，對共同體的立法提案參與提供意見。自1983年開始，執委會更就共同體之反傾銷及反補貼活動每年向歐洲議會提出報告，此一年度報告都會在歐洲議會之「對外經濟關係委員會」被提出討論，委員會並就討論結果擬出報告並向歐洲議會提出就此報告作成決議的請求（**註一二七**）。

㈡調查程序

　　共同體反傾銷法中對於傾銷案件的調查程序有非常明確、清楚的規定，主要過程包括⑴對控訴是否適當、適格之審查；⑵調查問卷之設計與分發；⑶實地查證；⑷聽證會的舉行；⑸調查結論之發布closure）。

　　根據反傾銷法第5條第1項規定，任一自然人或法人，或不具法人資格之公會組織，皆得代表受傾銷損害或有損害之虞的共同體產業提出控訴（**註一二八**）。或雖無人提出控訴，但任一會員國如握有足夠證據證明傾銷及由此而生的對共同體產業的損害之存在，則應立即將其提交執委會（**註一二九**）。實務上通常控訴是由相關產業的公會代表共同體產業提出。

註一二七　　Ibid.

註一二八　　參照原文 "Any natural or legal person, or any association not having legal personality, acting on behalf of a Community industry which considers itself injured or threatened by dumped⋯ imports may lodge a written complaint."

註一二九　　Council Regulation No.2423/88, Article 5⑹, "Where, in the absence of any complaint, a member state is in possession of sufficient evidence both of dumping⋯and of injury resulting therefrom for a Community industry, it shall immediately communicate such evidence to the Commission."

控訴需以書面提出，內容載明傾銷及損害存在的證據（**註一三
〇**）。控訴之提出應向執委會任一會員國為之，若控訴係向會員國為之
時，會員國應將其轉交執委會，執委會應將所有控訴書之副本送交會員
國（**註一三一**）。執委會備有控訴書之格式供控訴人使用，並有專人負
責受理控訴及協助控訴書之擬定。對於控訴之提出執委會有保密之責，
除非調查程序開始，不得洩漏控訴之存在。

控訴人得撤回（withdraw）其控訴。控訴一經撤回，執委會即終
止其處理程序，但程序之終止不符「共同體利益」時，執委會得繼續其
處理程序（**註一三二**）。

㈢開始調查 (initiation and subsequent investigation)

根據反傾銷法第7條第1項規定，執委會在向諮詢委員會諮詢，認定
控訴有足夠證據後，執委會應立即與各會員國合作，於共同體層次展開
調查工作（**註一三三**）。調查開始時應採取下列措施：

(1)於控訴提出一個月內開始調查程序，並於共同體官方公報刊登公
告。此一公告需指明涉案產品及國家、控訴資料摘要，並規定應將所有
相關資料提交執委會。公告中應指出相關當事人得以書面提出說明及申
請召開公聽會的期限（**註一三四**）。

(2)執委會應個別通知已知之有關進、出口商及出口國及控訴人代表
（**註一三五**），並向涉案出口商及共同體業者寄發問卷，問卷一般應於

註一三〇　Ibid., Article 5(2).
註一三一　Ibid., Article 5(3).
註一三二　Ibid., Article 5(4).
註一三三　Ibid., Article 7(1)(c).
註一三四　See Council Regulation No 521/94, OJ No L 66, 10.3.1994, p.7,
　　　　　Article 1(6).
註一三五　Ibid., Article 7(1)(b).

三十七日內塡答完畢送交執委會（**註一三六**）。

調查傾銷事實是否存在的調查期間通常應涵蓋調查程序開始前六個月內（**註一三七**），損害之調查期間在反傾銷法中並無明確規定，但實務上多以調查程序開始前二至三年爲調查期間。執委會如認爲有必要，得檢查有關當事人的記錄（**註一三八**）。執委會得要求會員國官員之協助；如第三國已被通知且並不表示異議，則執委會得於必要時前往第三國進行調查（**註一三九**）。若涉案廠商數量龐大，則調查得以可得時間內受調查之部分廠商、產品或交易作爲樣本（**註一四〇**）。

已依本規則規定陳述其意見之控訴人、涉案進、出口商、使用者及消費者組織，以及出口國代表有權檢查相關當事人提供給執委會的任何資料，只要該資料與其利益有關，且非爲反傾銷法第8條規定範圍內之機密資料（**註一四一**）。執委會所得之資料應僅使用於調查之目的（**註一四二**）。執委會、部長理事會及各會員國對於資料提供人要求保密的資料負有保密的義務，非經資料提供人允許不得洩密（**註一四三**）。要求保密之資料提供人應提出一不具機密性之資料摘要（non-confidential summary of the information），指明爲何資料應保密；如無法提出此不具機密性的資料摘要，則應陳明不能提出摘要的理由（**註一四四**）。如要求保密的聲明無正當理由，執委會得拒絕採納該資料（**註一四五**）。

註一三六　Jean-François Bellis, op. cit., p.48.

註一三七　Council Regulation, No.2423/88, Article 7(1)(C).

註一三八　Ibid., Article 7(2)(a).

註一三九　Ibid., Article 7(2)(b).

註一四〇　Council Regulation 521/94, Article 1(7).

註一四一　Ibid., Article 1(8).

註一四二　Ibid., Article 8(1).

註一四三　Ibid., Article 8(2)(a).

註一四四　Ibid., Article 8(2)(b).

註一四五　Ibid., Article 8(4).

利害關係人得於前述公告指定之期限內，以書面敍明理由請求執委會召開公聽會（**註一四六**）。但當事人並不負有參加公聽會的義務，不論當事人之參加與否均不得影響對該案的裁決（**註一四七**）。若利害關係人拒絕於本規則或執委會規定之時間內提供必要資料，或提供錯誤或誤導之資料，執委會得不予採用，並拒絕任何據此資料提出的請求（**註一四八**）。

調查過程中的幾點說明：

I.通常調查問卷應在發出後三十七日內回覆

當事人得以書面請求延長回覆期限，但通常不會超過二個星期。惟近來實務上執委會對回覆期限的限制有日趨嚴格的趨勢。執委會目前通常堅持當事人的論點應於規定之回覆期限內提出，此種作法使得利害關係人在調查初期負擔沈重的舉證工作。不過當事人於後續程序中（例如在公聽會中、或查閱過非機密資料後）仍得就其論點為補強（**註一四九**）。

自1985年影印機案（**註一五〇**）後，執委會開始要求進口商及出口商以電腦磁帶（computer tape）作問卷的回覆，除了一些較為單純的案子之外，目前多數的案件執委會都傾向如此要求。問卷的內容包括產業別、生產成本中的主要零件、產品類別等（**註一五一**）。

II.實地查證（on-site verification）

實務上，除非在進口商、共同體產業或外國出口商做過實地查證後，執委會不會採取任何臨時性反傾銷措施（**註一五二**）。實地查證的

註一四六 Ibid., Article 7(5).

註一四七 Ibid.,Article 7(6).

註一四八 Council Regulation 521/94, Article 1(9).

註一四九 Jean-François Bellis, op. cit., pp.48～49.

註一五〇 Photocopier, OJ No L 239, 26.8.1986, p.5.

註一五一 Jean-François Bellis, op. cit., p.48.

註一五二 Ibid., p.49.

功能在於檢驗調查問卷中當事人提供的各種數據資料的可信度。

III.聽證會 (hearings)

聽證會在反傾銷程序中曾經扮演相當重要的角色，當事人在聽證會中討論價格調整 (adjustments) 事項、或者價格具結 (price under-taking)。但近年來隨著調查程序的日趨專業化及法制化，聽證會的重要性一度降低。價格具結不再在聽證會中討論、聽證會不對外公開、無官方記錄，如此使得聽證會越來越像是與調查人員間的片面會議 (ex parte meeting) 性質 (**註一五三**)。

IV.調查結論之公布 (disclosure meetings)

在1979年「軸承」案 (**註一五四**) 之前，反傾銷法並未明確保護出口商「知的權利」。也就是共同體官方並不承認出口商有權得知執委會之任何決定究係基於何種基礎。軸承案影響了1979年反傾銷法的修正，加入以下條文：受調查之出口商及進口商，對於執委會主張對其課徵反傾銷稅或徵收臨時反傾銷稅之擔保金的決定，得請求被告知其根據之事實及考慮 (**註一五五**)。惟當時僅有進、出口商有此權利，一直到1985年Timex案中，才確立此一「知的權利」爲涉案當事人的基本權利，控訴人亦應享有 (**註一五六**)。

調查結論之公布時機依案件而有不同。目前的趨勢是在臨時反傾銷稅課徵之後才公布，但亦有例外；至於公布範圍則視主理案件者而定 (**註一五七**)。

註一五三　Ibid.

註一五四　Case 121/78, NTN Toyo Bearing v. Council (1979) E.C.R. 1185; (1979), 2 C.M.L.R.257.

註一五五　Council Regulation 3017/79, OJ No L 339, 31.12.1979, p.1.

註一五六　Case 264/82, Timex v. Council and Commission (1985) E.C.R. 849; (1985) 3 C.M.L.R. 550.

註一五七　Jean-François Bellis, op. cit., pp.50～51.

(四)和解

反傾銷實例提供了二種不必對出口商課徵最終或臨時反傾銷稅的和解（settlements）方法：一是涉案出口商為價格及／或數量之具結（price and/or quantity undertaking）；一是涉案出口國家自動為數量之限制。

1.具結

如在調查過程中，出口商提出具結，執委會經與諮詢委員會諮商後認為可以接受，則調查可即行終止，無須課徵確定或臨時反傾銷稅（**註一五八**）。反傾銷案例中提供了幾種可能之具結方式，包括具結修訂價格至足以消除傾銷差額或損害的程度，或具結停止出口，或出口商具結承諾減少其出口至共同體或某一會員國的數量（**註一五九**）。

具結亦可由執委會建議為之，但如出口商拒絕具結，其結果不應導致執委會在考慮案件時的偏見（**註一六○**）。具結被接受後，如經佔涉案產業之主要比例的出口商代表要求，執委會得繼續進行損害之調查。或經與諮詢委員會諮商後，執委會亦得自行決定繼續損害之調查（**註一六一**）。

具結被接受後，執委會得要求為具結之當事人定期提供具結履行情形之相關資料，並得要求就此資料為查證。如拒不遵行此要求，應被視為具結之違反（**註一六二**）。另外如出口商撤銷其具結承諾，或執委會有理由相信其已違反具結之承諾，且為共同體之利益應介入干涉者，在與諮詢委員會諮商，且給予相關出口商說明之機會後，執委會得以具結

註一五八　Council Regulation No.2423/88, Article 10(1).
註一五九　Jean-François Bellis, op. cit., p.53.
註一六○　Council Regulation No.2423/88, Article 10(3).
註一六一　Council Regulation No.2423/88, Article 10(4).
註一六二　Ibid., Article 10(5).

被接受前已調查得知之事實，對出口商課徵臨時反傾銷稅（**註一六三**）。

2.自動設限方案（voluntary restraint arrangements）

反傾銷程序亦可因執委會與涉案出口國、或涉案出口國單方提出之出口數量自動設限方案而終止。在共同體之鋼產業方面此一自動設限方案被運用最多；另外在電子產業方面亦有運用之先例，例如1983年日本錄影機案（**註一六四**），反傾銷程序在開始初期即被終止，因為日本方面提供了一為期三年的出口自動設限方案。

(五)反傾銷稅

除調查最終結果認定有課徵「確定反傾銷稅」（definitive anti-dumping duty）之情形外，調查過程中亦可能有「臨時反傾銷稅」（provisional anti-dumping duty）之課徵。而1988年共同體反傾銷法修正後，另規定了「額外反傾銷稅」（additional anti-dumping duty）的課徵情形。

1.臨時反傾銷稅（provisional anti-dumping duty）

反傾銷調查程序複雜耗時，尤其當其需於國外或涉及一個以上國家進行時，其程序必然無法於短期內完成。有鑑於調查期間內共同體並無法阻止涉案產品繼續通關（**註一六五**），為彌補此一情形，執委會得課徵臨時反傾銷稅。如此既可能立即提高該產品之價格，以防止損害之繼續；又可預防涉案產品於調查期間內大量進口，以規避其後確定反傾銷稅之課徵。

註一六三　Ibid., Article 10(6).

註一六四　Television Image and Sound Recorders and Reproducers, OJ No L 86, 1983, p.23.

註一六五　Council Regulation No.2423/88, Article 7(8), 本條規定傾銷調查程序之進行不應構成涉案產品通關之阻礙。

　　實務上，執委會於調查中如初步認定有傾銷及損害的事實後，多立即課徵臨時反傾銷稅。惟仍必須與諮詢委員會諮商。但在某些極為緊急的案件中，只要於通知會員國之後即可課徵，不過仍須於通知會員國後之十日內向諮詢委員會諮商之（**註一六六**）。受課徵反傾銷稅的產品如欲在共同體內流通，則應先提供相等於臨時反傾銷稅額的擔保。

　　執委會課徵臨時反傾銷稅的有效期限不應超過四個月，但如相關產業中佔主要比例之出口商代表請求延長，或對執委會擬予延長之通知不表反對時，得再延長二個月（**註一六七**）。執委會須於臨時反傾銷稅到期前一個月，向部長理事會提出採取最終確定措施或延長臨時反傾銷稅課徵之建議（**註一六八**）。若臨時反傾銷稅到期，而部長理事會尚未決定課徵確定反傾銷稅，則執委會應儘速解除前述擔保（**註一六九**）。

　　臨時反傾銷稅之稅額應以不超過臨時估計傾銷差額為準，並不得超過預估損害之值（**註一七〇**）。

2.確定反傾銷稅（definitive anti-dumping duty）

　　如全部調查完成，發現涉案產品在調查期間內確有傾銷事實存在而造成損害，且為共同體之利益應介入干預者，部長理事會得於執委會經過諮商後之建議下，以條件多數決通過課徵確定反傾銷稅（**註一七一**）。反傾銷稅之徵收應由各會員國依決定課徵時所定之各種徵收標準、稅率及形式為之，且應與其他對進口產品課徵之關稅、國內稅及其他稅捐有別（**註一七二**）。確定反傾銷稅之稅額不應超過最終確立之傾

註一六六　　Ibid., Article 11(2).

註一六七　　Ibid., Article 11(5).

註一六八　　Ibid., Article 11(6).

註一六九　　Ibid., Article 11(7).

註一七〇　　Ibid., Article 13(3).

註一七一　　Ibid., Article 12(1).

註一七二　　Ibid., Article 13(8).

銷差額；如低於此傾銷差額之稅率即足以除去損害，則從其低者（**註一七三**）。

3.額外反傾銷稅 (additional anti-dumping duty)

1988年反傾銷法全面修正，加入了極具爭議性的反吸收條款（anti-absorption provision），即目前反傾銷法第13條第11項。該項條文規定，若反傾銷稅由出口商負擔，則應課徵額外反傾銷稅以補出口商負擔的總額（**註一七四**）。此一條文確立了反傾銷稅應由傾銷進口產品在共同體之進口商及消費者負擔的原則。關於反吸收條款之詳細內容，將於第三節二、反傾銷程序的修正另行說明之。

上述各類反傾銷稅原則上均不得溯及課徵（**註一七五**），但在部長理事會認定：(1)傾銷行為係長期存在且造成損害，或進口商明知或可得而知出口商有傾銷行為且其傾銷會造成損害；(2)損害係由偶發性傾銷造成，亦即在短時間內大量進口傾銷產品；(3)違反具結，此三種情形下，方可為反傾銷稅之溯及課徵（**註一七六**）。另外前述之額外反傾銷稅亦可溯及課徵（**註一七七**）。

(六)救濟措施——覆查 (review)

反傾銷法亦提供了涉案當事人在認為反傾銷措施有濫用、誤用或不必要的情形下，可以採取的行政救濟措施——即行政覆查 (administrative review)。另外涉案當事人亦得請求歐洲法院為司法覆查 (judicial review)。

註一七三　Ibid., Article 13(3).

註一七四　Ibid., Article 13(11)(a).

註一七五　Ibid., Article13(4)(a), "Anti-dumping…duties shall be neither imposed nor increased with retroactive effect."

註一七六　Ibid., Article 13(4)(b)(i), (iii).

註一七七　Ibid., Article 13(11)(b).

1. 行政覆查（administrative review）

任何反傾銷稅之課徵或具結之決定，在有正當理由之情況下，應予以部分或全部之覆查（**註一七八**）。覆查得由各會員國之要求而提起或由執委會主動開始，利害關係人亦得檢具足資證明情事變更有覆查之需要的證據，向執委會請求覆查，執委會並應通知會員國（**註一七九**）。執委會接到覆查之請求後，需與諮詢委員會諮商，諮商後認爲有必要時，得重新開始訴訟程序。至於重新開始之訴訟程序，對於已生效適用正運作中之措施，並不發生影響。此一覆查之調查一般應於覆查開始後15個月內完成之（**註一八○**）。

經由覆查之結果，不論其是否有重開調查，原採取之措施應由共同體各主管機關修正、廢除或取消之（**註一八一**）。若反傾銷措施之採行係依共同體加入法案（Act of Accession）中過渡條款（transitional provisions）而採行者，則由執委會修正、廢除或取消之，並應向部長理事會報告。部長理事會得以條件多數決做成不同的決議（**註一八二**）。

另外自1984年的修正後，共同體反傾銷法加入了「日落審查」的規定，亦即反傾銷稅的課徵或具結在實施5年後自動失效，除非利害關係人證明該措施之失效將導致損害或有損害之虞，則執委會得於向諮詢委員會諮商後，進行覆查（**註一八三**）。

2. 司法覆查

除上述之行政覆查外，對於執委會之終局裁決，不服之當事人亦得

註一七八　Ibid., Article 14(1).

註一七九　Ibid.

註一八○　Council Regulation 521/94, Article 1(13).

註一八一　Council Regulation No. 2423/88, Article 14(3).

註一八二　Ibid.

註一八三　Ibid., Article 15(1)&(3).

向歐洲法院訴請撤銷之。

　　事實上直至數年前，反傾銷措施是否可以受司法覆查仍是相當引起
爭論的（**註一八四**）。主要爭點即在EEC條約第173條規定的文義。EEC
條約第173條主要是規定對共同體機關之行爲或裁決聲請爲司法覆查，
其第2項規定，任何自然人或法人皆得就共同體機關之裁決爲司法覆查
之聲請，但需此裁決與其有直接及個別的關係（**註一八五**）。就此「有
直接及個別的關係」，歐洲法院傳統上都爲非常限縮的解釋，因此共同
體反傾銷措施究否得由個別當事人申請法院之司法覆查相當引起爭議。
惟經過幾個案例演變後（**註一八六**），目前已確定反傾銷案件得依EEC

註一八四　J. F. Bellis, Judicial review of EEC Anti-dumping and Anti-
Subsidy Determinations After Fediol: The Emergence of A New
Admissibility Test, *Common Market Law Review 21* (1984), p.
539.

註一八五　在共同體基礎條約之一——歐洲聯盟條約 (Treaties on European
Union) 中，該項被列入第173條第4項，參照原文 "Any natural or
legal person may, under the same conditions, institute proceed-
ings against a decision addressed to that person or against a deci-
sion which, although in the form of a regulation or a decision
addressed to another person, is of direct and individual concern
to the former."

註一八六　Jean-François Bellis, op. cit., pp.66～67. 在1979年軸承案 (Case
121/78, NTN Toyo Bearing v. Council (1979) E.C.R. 1185; (1979) 2
C.M.L.R. 257) 中，歐洲法院首次承認利害關係人得依EEC條約第173條
第2項就反傾銷措施向法院提出訴訟，惟其判決內容用語十分謹慎，似
乎認爲只有在執委會之反傾銷裁決中被明確指名的當事人方有依EEC
條約第173條第2項提出訴訟的權力。而後在1983年的Fediol案中開始
有了重大突破。該案中歐洲法院認爲如不許利害關係人向歐洲法院提
出訴訟，則利害關係人在EEC反傾銷制度中別無其他司法救濟方式。
據此考慮，歐洲法院採行了一種新的標準，亦即只要利害關係人在反
傾銷程序中曾「參與」(participation in the proceedings leading to

條約第173條第2項，由原控訴人、出口商、及相關之進口商提出司法覆查。由於近年來呈送至歐洲法院之案例逐漸增多，使歐洲法院於反傾銷控訴程序中扮演更重要的角色，於可預見之未來，判例原則將成為共同體反傾銷法的重要法源。

第三節　1988年修法後的變化

1988年7月11日，部長理事會通過第2423/88號規則，以修正歐洲共同體反傾銷基本規則——即1984年頒佈的第2176/84號規則。雖然執委會針對此一修正曾聲明其僅為技術上的修正，重點在於使部長理事會與執委會就現行規則的施行所採取的一致措施與方法得以法制化（codification）（**註一八七**）。然觀諸其所謂「技術上的修正」所涵蓋的內容，率皆與傾銷認定原則有所關聯。其中包括正常價值與出口價格的認定方法及其比較、執委會對於非屬重大調整（insignificant adjustment）取捨之權責，以及反傾銷規則之操作程序（**註一八八**）。

---

the adoption of the measures），則可為EEC條約第173條第2項的當事人向歐洲法院提起訴訟。其後在另一由出口商提出的Allied案（Allied Corporation, Demufert and Transcontinental v. Commission, (1984) E.C.R. 1005; (1985) 3 C.M.L.R. 572）中，歐洲法院進一步確認了在調查過程中涉及的外國出口商及其相關進口商皆有權依EEC條約第173條第2項提起訴訟，不論反傾銷措施中是否有對其個別明確指名。

註一八七 Proposal for a Council Regulation (EEC) Amending Regulation EEC No. 2176/84 on Protection against Dumped or Subsidized Imports from Countries not Members of the European Economic Community presented by the commission, Com (88)112 final,Brussels, 22 March, 1988, p.3.

註一八八 何志誠, 歐洲經濟共同體反傾銷修訂法之研究, 淡江大學歐洲研究所碩士論文, 民國79年6月, 頁70。

同時本次修正爲加強反傾銷措施的執行效果，增加了一項一般認爲相當激進的「反吸收條款」（Anti-Absorption Provision），以防杜進口商將其原應負擔的反傾銷稅轉嫁予出口商吸收之。另外更合併了備受爭議的1987年第1761/87號規則（即俗稱之「螺絲起子條款」，使其正式成爲共同體反傾銷規則之一部。

以下即就1988年修法後之重大變化做一分析說明。

一、正常價值與出口價格之最新認定方式

在正常價值與出口價格的認定方面，1988年修正的反傾銷法釐清了有關正常價值與出口價格之計算與比較的細節，以確認傾銷認定之原則，並使共同體近年來所採的反傾銷措施與方法，得以法制化。以下即分別討論之。

㈠正常價值方面

1.折讓 (discounts and rebates)

修訂的反傾銷法於第2條第3項a款新添有關折讓的規定，將在何種情況下折讓始可被認可扣除作了較明確的規定。新條文規定折讓必須「直接關聯到」（directly linked）涉案產品的銷售，並且必須檢具足夠的證據證明「確實給予」（actually granted）折讓。另外有關延期折扣（deferred discounts）之扣除，出口商必須證明此延期折扣乃基於與先前交易一致的基礎；或基於對延期折扣給予之承諾，亦即在合約上有所規定。

2.低於成本銷售下正常價值之決定

在國內實際售價低於成本的情況下，其正常價值認定之規定在修正條文中主要有二點修正：

　　Ⅰ.限定低於成本銷售之正常價值的認定期間

原1984年反傾銷法規定，若低於成本銷售(1)已持續一段期間及相當

之銷售量；(2)其售價無法在合理期間內，以通常交易過程收回其投入之成本，則此銷售會被視爲非通常貿易過程之銷售。1988年修訂反傾銷法則進一步明確規定了認定低於成本銷售的期間，需爲反傾銷法第7條第1項c款規定之六個月調查期間內；其成本若無法於該段六個月期間之通常交易過程中回收，則應被視爲非通常貿易過程之交易。

II.調查期間內特殊成本之處理

此處所謂特殊成本，乃指該項成本需有較長之一段時間加以攤銷者，例如「開發成本」（**註一八九**）。執委會對此種成本原則上採取不予以攤銷，而直接計入生產成本的方式（**註一九〇**）。此舉雖可避免調查上的困難，但容易造成傾銷差額的扭曲，因開發成本金額較大，若全數列入正常價值中，將使正常價值上升。

III.正常價值之推定

1988年修正的反傾銷法，於第2條第3項b款(ⅱ)新添了決定推定價格之銷售、管理及一般費用（即生產成本）與利潤的優先次序。亦即先以生產者或出口商之同類產品在國內市場上含利潤銷售所生之成本與利潤爲決定基礎；若上述數據不可得、不可信或不適用，則以同一出口國或原產國其他生產者或出口商之同類產品的含利潤銷售所生之成本及利潤，作爲決定基礎；若上述二者皆不可適用，則以原產國或出口國之同一產業領域下（the same business sector），該涉案出口商或其他生產者、出口商的銷售所生之成本及利潤爲參考基礎決定之（**註一九一**）。

註一八九 關於開發成本的問題，本文第二節已加以探討，詳見前文。

註一九〇 參見日本及新加坡軸承案，Ballbearings from Japan and Singapore OJ No L 193, 21.7.1984, p.1.

註一九一 Council Regulation No.2423/88, OJ No L 209, 11.7.1988, p.1, Article 2(3)(b)(ⅱ).

㈡出口價格方面

1. 折讓

　　與正常價值相同，1988年修訂之反傾銷法在出口價格方面亦規定了「折讓」扣除的標準，延期折扣亦同（**註一九二**）。另外稅捐）亦應自出口價格中扣除。

2. 以進口商品初次轉售予一獨立買受人的價格爲推定出口價格之計算 基礎

　　此一計算基礎需將轉售過程中之轉運成本及利潤加以調整扣除，修正後之反傾銷規則加入了一新的調整項目，即「通常應由進口商負擔，但實際上由與進口商或出口商有關聯或有補償性協議的任一方負擔的成本。」（**註一九三**）此種情形通常是發生在某些出口商其出口相關的行政作業是委託設於共同體或第三國的代理公司完成的。習慣上，代理公司並非進口商，不負責報關出貨，但卻負責重新報價及開具發票。因此在形式上出口費用是由代理公司負擔的，另外也有出口商直接負擔產品在共同體的廣告費用。故在此情況下，出口價格的計算，應以代理公司的轉售價格爲依據，減掉代理公司之營運成本、合理利潤以及由出口商負擔的廣告開支後而得。

㈢正常價值與出口價格之比較

　　在正常價值與出口價格的比較上，調整各項影響公平比較的歧異是最重要的工作。此次1988年反傾銷法的修正，將過去共同體在反傾銷措施方面，有關價格之公平比較所採的方法加以法制化，此一法制化結果，提供了共同體反傾銷措施一更明確的條文基礎，有助於傾銷決定之

註一九二　Ibid., Article 2(8)(a).

註一九三　Ibid., Article 2(8)(b).

透明化（**註一九四**）。

以下就各項修訂之調整內容作一說明：

1.1988年修訂規則對可調整之項目做了嚴格的列舉式規定

新修訂後僅能對修定規則第2條第10項所定之各項調整項目爲調整。與過去舊規則不同，過去生產成本亦可列爲調整項目，新規定中則否（**註一九五**）。

2.進口費用與間接稅之調整

同類產品與物理上已與其附合的原料，於供原產國或出口國消費之用時，應負擔之進口費用與間接稅，在其輸入共同體後，前述費用及稅捐已退還予出口商，或根本未加以課徵，故在決定正常價值時，可予以調整扣除，以代替其加入出口價格中（**註一九六**）。

3.其他新增調整項目

I.運輸費用

修正後反傾銷法規定如運輸成本係由出口商將產品初次移轉至一獨立買受人之運輸過程中所產生，則可以由正常價值中扣除（**註一九七**）。此項要件事實上已將產品由工廠運輸至廠商或有關聯的公司倉庫的費用排除在外，此方式對設有分公司之外國生產者相當不利。

II.銷售人員薪資

修正後之反傾銷法規定，僅有完全投入直接銷售活動的銷售人員，其薪資可做爲調整項目扣除（**註一九八**）。

註一九四 C. Norall, The New Amendments to the EC's Basic Anti-dumping Regulation, V.26, *Common Market Law Review*, Spring, 1989, p.89.

註一九五 有關調整之規定及做法，參見第二節中正常價值與出口價格之比較。

註一九六 See Council Regulation No.2423/88, Article 2(10)(b).

註一九七 Ibid., Article 2(10)(c)(i) & C. Norall, op. cit., p.89.

註一九八 Ibid., Article 2(10)(c)(v).

二、反傾銷程序規定的修正

1988年共同體反傾銷法的修訂，在反傾銷之程序規定方面也做了若干修正，以下即就各項重要程序方面修正說明之。

(一)日落條款 (sunset clause)

日落條款係指反傾銷稅或價格具結，應自生效日起、或最後一次修訂或確認之日起五年後失效。此一原則於1984年反傾銷法修訂時始開始適用（註一九九），1988年修法時又增加了以下規定：

(1)執委會應於上述五年期限屆滿時，將其即將終止該措施之通知刊登於共同體官方公報，並通知共同體產業此一消息。

(2)若利害關係人表示該終止措施之行為將再導致損害發生或有受損害之虞，執委會應於諮商後在共同體官方公報刊登其覆查該措施之通知。該通知應於上述五年期間屆滿前刊登，且該措施在覆查程序進行時仍然有效。

(3)五年到期後之六個月內，如上述覆查未在共同體官方公報為公告者，則前述措施將於六個月期滿時失效（註二〇〇）。

(二)反傾銷稅退稅 (refund)

若進口商能證明其被課徵之稅款超過實際上傾銷差額，則在將加權平均值納入考慮後，超額徵收之款項應予以退還。此即反傾銷稅的退稅。在這一方面，1988年的修正可說是將執委會處理反傾銷稅退稅的習慣程序法制化（註二〇一）。所有退稅之計算應依照反傾銷法第2條及第

註一九九　See Council Regulation No. 2176/84, OJ NoL201, 30.7.1984, p1.

註二〇〇　Council Regulation No.2423/88, Article 15(1),(2)&(3).

註二〇一　Commission Notice Concerning Reimbursement of Anti-Dumping Duties , OJ No C 266/2, 1986.

3條規定，並應儘可能採用原始調查程序所使用之方法，特別是平均及取樣技術（**註二〇二**）。

(三)反傾銷稅轉嫁給出口商則需另課稅問題

1988年修正的反傾銷法，納入了一項極為引起爭議的規定：對於被課徵反傾銷稅的出口商，若其自行負擔反傾銷稅時，可以對其再加以課徵額外之反傾銷稅，以補償其自行負擔部分（**註二〇三**）。此一規定主要是為避免出口商吸收反傾銷稅，使進口商仍得以與未被課徵反傾銷稅之前相同的價格銷售涉案產品，使得共同體產業仍繼續受到低價傾銷的損害。原則上應在進口商與出口商有關聯的情況下，最易有本條之適用。但在事實上進口商與出口商並無關聯的情況下，此一適用並不合理。然觀諸反傾銷法第13條第11項規定，似乎並不排除進口商與出口商間並無關聯的情形。

依反傾銷法第13條第11項規定課徵額外反傾銷稅有以下條件：(1)必須由利害關係人提出控告；(2)必須出口商之直接或間接吸收反傾銷稅行為，妨礙了共同體的利益（**註二〇四**）。

額外反傾銷稅的課徵可為回溯性課徵。亦可課徵於在課徵確定反傾銷稅之後，依執委會第79/623號指令所發生之繳納進口稅義務之產品。但在出口商負擔反傾銷稅前已行銷共同體內之進口貨物，則不受該額外反傾銷稅之課徵（**註二〇五**）。

反傾銷法第13條第11項c款規定，若調查結果顯示涉案產品價格並未相等於反傾銷稅數額而提高，且其價格未提高並非由於成本之減少或利潤之減少，則此一無提高價格之情形，應視為反傾銷稅已由出口商自

註二〇二　Council Regulation No.2423/88, Article 16(1).

註二〇三　Ibid., Article 13(11)(a).

註二〇四　Ibid., Article 13(11)(b).

註二〇五　Ibid.

行負擔。此一規定無疑是在迫使出口商自行檢具證據，證明自己並未有吸收反傾銷稅的情形，而省去了執委會繁重的蒐證工作。

三、反規避制度

1980年代以來，跨國公司全球化策略盛行，使得歐洲共同體行之有年的反傾銷措施之有效性受到挑戰，特別是日本廠商在共同體境內利用進口零組件從事簡單裝配的策略，已被視為一規避反傾銷措施的手段（**註二〇六**）。緣此，為有效防堵此一規避行為，1987年6月22日，部長理事會通過一規則，允許對某些雖在共同體內部設立工廠生產，但其生產係於「裝配」層次，僅使用非常基礎的「螺絲起子裝配」（**註二〇七**）技術者，課徵反傾銷稅。此即部長理事會第1761/87號規則，亦即一般通稱的反規避規則——「螺絲起子條款」（Screwdriver Regulation）（**註二〇八**）。該條款的制定，一般認為主要係為解決大量日製產品進入共同體所產生之日本問題所致（**註二〇九**）。

以下就此一螺絲起子條款的立法沿革及其適用做一說明。另外由於螺絲起子條款之適用牽涉到裝配零件的原產地認定問題，故下文亦將就共同體之原產地規定略做探討。

(一)螺絲起子條款

註二〇六 蔡宏明，歐市反傾銷法反規避規定之研究，進口救濟處理委員會專輯，第1輯（1991年12月），頁115。

註二〇七 所謂「螺絲起子裝配」係指在製作過程中，僅以基礎技術將零件或副零件裝配成完整成品。且其附加價值甚低。

註二〇八 Council Regulation 1761/87, OJ No L 167, 22.6.1987, p.9.

註二〇九 Patrick J. McDermont, Extending the Reach of Their Anti-Dumping Laws: The European Community's "Screwdriver Assembly Regulation," *Law and Policy in International Business,* V.20 (1988), p.315.

1.立法沿革

　　共同體反傾銷法實施後，爲規避反傾銷稅之課徵，其產品已被裁定課徵反傾銷稅的外國生產者紛紛在共同體內部設立裝配工廠，藉著進口零件在共同體從事簡單裝配工作，以使其產品得以列爲共同體原產產品，不受反傾銷法拘束。日本影印機的生產就是一個很好的例子。由於共同體對日本影印機的進口課徵反傾銷稅，日本影印機生產者即在共同體內部設立裝配工廠，並將非在共同體生產、且未被課徵反傾銷稅的未裝配零件進口至共同體境內，再於其在共同體設立之裝配工廠內，以簡單的、低附加價值的「螺絲起子裝配」技術組裝，使其成爲「共同體製」影印機，取得共同體原產資格，得以在共同體內部自由流通而不受反傾銷法之拘束。

　　由於此一規避行爲日益普遍，且造成同類產品之共同體產業日益喪失市場競爭力，故共同體亟思尋求一有效方法以防杜之。在螺絲起子條款訂立之前，共同體是以海關貨品稅則號列作爲防止進口零組件在共同體內部裝配，以規避反傾銷稅的方法。其主要依據爲「綜合稅則號列解釋之一般規則」第2條a項：稅則號列中所列之任何一種貨品，應包括該項貨品之不完整或未完成者而言，但該不完整或未完成貨品需於進口時已具有完整或已完成貨品之主要特性。該稅則號列亦應包括該完整或已完成之貨品（或由於本規則而被列爲完整或已完成者）而於進口時，未組合或經拆散者（**註二一〇**）。進口之零組件如依此規定被列爲和其

註二一〇 Council Regulation No.2658/87, Annex 1, OJ No L 282, 1989 Article 2(a)："Any reference in a heading to an article shall be taken to include a reference to that article incompleted or unfinished, provided that, as presented, the incomplete or unfinished article has the essential character of the complete or finished article. It shall also be taken to include a reference to that article complete or finished （or falling to be classified as complete or finished by virtue of this rule）, presented unassembled or disassembled" 上述譯文係參考蔡宏明，前揭書，頁122.

製成品屬於同一稅則號列，則對其製成品所課徵之任何反傾銷稅亦適用於零組件。

以上述方法防杜規避行爲有其侷限性。如出口商將各零組件分別運送、且於不同地點進入共同體，則仍可有效規避依上述方法課徵之反傾銷稅。故另外制定一反規避規則成爲共同體各會員國之共識。

1986年7月3日，歐洲議會之對外經濟關係委員會發表一建議報告，敦促執委會及部長理事會採取措施以防止外國生產者規避反傾銷稅。其中有一點即爲建議對其製成品已被課徵反傾銷稅的零組件亦課徵反傾銷稅，如此第三國生產者即不能以在共同體境內設立裝配工廠的方式有效規避反傾銷稅（**註二一一**）。

1987年2月23日，執委會向部長理事會提出制定反規避規則的提案，當時對外關係及貿易政策委員會委員Willy De Clercg特別指出，每當共同體開始對某一產品展開傾銷調查或課徵反傾銷稅，該種產品之裝配工廠即在共同體境內大量出現，故實有必要另制定規則以救濟此一反傾銷法的漏洞。此一提案當時遭到日本業者的強烈反對，認爲此一條款的唯一作用係強迫外國生產者使用共同體產製的零組件。而共同體內部亦有反對的聲音，例如執委會委員Peter Sutherland即主張此一提案將違反EEC條約、GATT、及GATT的反傾銷法典。另外某些執委會委員亦懷疑各會員國海關是否有能力負擔隨之而來的沈重工作量，且擔心此一反規避措施將對外國生產者在共同體之投資及增加就業率有負面影響（**註二一二**）。上述反對皆未產生效果，1987年6月22日，部長理事會將執委會之提案略作修改後，通過第1761/87號規則（**註二一三**），共同體反傾銷法中之反規避制度——螺絲起子條款於焉誕生。1988年反傾銷法全面修正，螺絲起子條款被納入修正後反傾銷法的第13條第10項。

註二一一　Patrick J. McDermont, op. cit., pp.317〜318.

註二一二　Patrick J. McDermont, op. cit., p.319 & footnote 24.

註二一三　Council Regulation No.1761/87, OJ No L 167, 22.6.1987, p.9.

2.適用原則

I.適用條件

反傾銷法第13條第10項規定，對於在共同體內裝配生產以供共同體內流通之產品得課徵反傾銷稅，如果：(1)從事該裝配或生產的生產者與出口同類產品且其產品被課徵確定反傾銷稅的製造者有關聯。(2)該裝配或生產係於反傾銷調查開始後才開始或有顯著增加。(3)裝配或生產製程中，使用來自其製成品之同類產品已被課徵反傾銷稅的出口國的零件或原料，且其價值超過其他零件或原料總值的50%（**註二一四**）。

上述第一個要件所謂的有關聯，反傾銷法並未予以明確定義，無疑地出口國產業在共同體的分支機構、或完全擁有的子公司，其所設置的裝配工廠即屬於此要件規定範圍。但以各種不同形式存在，由外國公司控制或擁有的「合資企業」是否亦屬此一規定範圍？另外與被課徵反傾銷稅出口商僅有契約關係的裝配工廠是否亦應視為有關聯？由語意模糊不明的條文本身並無法判定，如此賦予執委會在解釋法律時相當大的自由裁量權。

螺絲起子條款中相當重要的一點為裝配零組件或原料價值的計算。執委會原先的提案係規定若由其同類產品被課徵反傾銷稅的出口國出口的零組件及原料，其價值超過其他使用零組件及原料價值的20%，或其價值佔全部零組件及原料總值的55%，即應予課徵反傾銷稅。部長理事會通過之規則中將之分別更改為50%及60%，主要是為顧及某些生產技術較為落後，多從事低價裝配工作（low cost assembly）的會員國（**註二一五**），使外國對其投資不致受到影響（**註二一六**）。

零組件及原料價值之計算可以代入以下公式（**註二一七**）：

註二一四　Council Regulation No.2423/88, Article 13(10)(a).

註二一五　例如希臘、葡萄牙、愛爾蘭。

註二一六　See Patrick J. McDermont, op. cit., p.320 & footnote 28.

註二一七　本公式係參考何志誠，前揭論文，頁45。

（自同類產品被課徵反傾銷稅國家出口的）

① $\dfrac{\text{零組件及原料價值}}{\text{全部零組件及原料總值}} \geqq 60\%$

（自同類產品被課徵反傾銷稅國家出口的）

② $\dfrac{\text{零組件及原料價值}}{\text{其他零組件及原料價值}} \geqq 50\%$

此外來自同類產品被課徵反傾銷稅國家的零組件及原料價值、比例的多寡，亦對可能課徵之反傾銷稅額有影響。

除了上述適用要件之外，反傾銷法第13條第10項a款後半亦規定：適用本條款規定時，應考慮每一案例之個別情形，特別是於裝配生產製程中產生的變動成本，在共同體境內進行的研究發展工作、以及在共同體境內使用的技術（**註二一八**）。此一規定使得產品之生產牽涉到高附加價值的製程、提供相當的就業機會、且藉由技術及研究的移轉幫助共同體提升其技術知識者，即使使用傾銷國家零組件及原料超過60%，其製成品亦不受反傾銷稅之課徵。

反傾銷法原本僅適於進口之產品，由於螺絲起子條款的特殊規定而有針對共同體境內生產產品的適用，故為確保共同體內部「貨物自由流通」原則（**註二一九**）不受妨害，反傾銷法特別規定：來自其產品被課徵反傾銷稅國家且可使用於該產品之裝配及生產的零組件及原料，僅於

註二一八　參照原文 "In applying this provision, account shall be taken of the circumstances of each case, and inter alia, of the variable costs incurred in the assembly or production operation and of the reseach and development carried out and the technology applied within the Community."

註二一九　See Treaty Establishing the European Economic Community, Article 9, 10.

不使用於上述規定所指之裝配生產用途時，方得在共同體內部自由流通
（註二二〇）。

　　II.對製成品課徵反傾銷稅

　　根據反傾銷法第13條第10項c款規定：（對於共同體境內製成品課
徵之）反傾銷稅稅率，應以同類產品之原產國產業之中，與在共同體境
內裝配生產者有關聯者，其同類產品被課徵的稅率爲準。反傾銷法特別
指出，徵收之反傾銷稅額，應按零組件及原料比例，以零組件及原料之
到岸價格（CIF價格）爲基礎計算之。且其稅額不應超過防止規避之所
需（註二二一）。此一規定使得製成品中共同體生產之零組件及原料部
分免於反傾銷稅的課徵，保障了共同體產製零件的市場。

(二)原產地規定

　　由於世界經濟日益國際化，全球化的結果，促使產業基於利益的比
較、考量，將其生產活動散布至全球，因此也使原產地規定重要性與日
俱增。目前的生產活動中，極少見一產品自始至終，完完全全於同一國
家製造，緣此更增決定產品原產地之複雜性。國際間最早將原產地規定
標準化者爲1977年的京都公約（Kyoto Convention）（註二二二），許
多國家即以此公約爲藍圖訂定本身之原產地規定。然京都公約之認定標
準並不具有效拘束力，故爲解決因原產地規定所產生之貿易糾紛案件，
方結束之GATT烏拉圭回合談判，其最終協議中即訂定了——「原產
地規則協定」（Agreement on Rules of Origin）（註二二三），以爲

註二二〇　Council Regulation No.2423/88, Article 13(10)(a), third paragraph.

註二二一　Council Regulation No.2423/88, Article 13(10)(c).

註二二二　京都公約即「國際關務程序調和簡化公約」（International Conven-
　　　　　tion on the Simplification and Harmonization of Customs Proce-
　　　　　dures），係由關稅合作理事會訂定，於1973年在京都通過。公約內容
　　　　　除本文外尚包括31篇附則，締約國計51國。

註二二三　Agreement on Rules of Origin, See "Final Agreement Embodying

國際間產品原產地之認定準據。

　　歐洲共同體使用的原產地規定較諸他國更爲複雜，主要是以三類規則來建構其原產地認定制度。一是非優惠原產地規則 (non-preferential rules of origin)，即部長理事會第802/68號規則 **（註二二四）**，主要作爲(1)共同體或其會員國對進口貨品採取共同關稅、數量限制及其他措施之統一適用依據；(2)共同體或其會員國所採之與出口貨品有關措施之統一適用依據；(3)並作爲製作及發行原產地證明書之依據。二是優惠原產地規則 (preferential rules of origin)，例如共同體的普通優惠關稅制度及洛梅協定 (Lomé Convention) 中非加太 **（註二二五）** 受惠國之原產地認定。三是針對個別產品單獨制定的規則，例如對積體電路 (integrated circuit)、錄音機、軸承 (roller bearings)、葡萄汁制定的原產地認定規範。

　　與反傾銷法之反規避規定有關者主要爲非優惠性原產地規定，先有第802/68號規則 **（註二二六）**，隨後被第2913/92號規則廢止，而被整合納入其規範中。

1.第802/68號規則

　　部長理事會第802/68號規則爲共同體原產地規定的通則，對產品「原產」之概念作了共同定義的規定。基本上，該規則與前述之「京都公約」(Kyoto Convention)附件D-I內容類似，都將產品分爲「完全取得

---

　　　　the Results of the Uruguay Round of Multilateral Trade Negotia-tions," GATT 1994, MTV FAIIA1 A-11.

註二二四　Council Regulation No.802/68, OJ No L 148, 22.6.1968, p.1.

註二二五　「非加太」指非洲、加勒比海及太平洋等地與共同體簽定洛梅協定的國家。

註二二六　第802/68號規則已於1992年10月22日廢止，相關規定已併入1993年1月1日開始施行的共同關稅法典 (Common Custom Tariff Code, Council Regulation 2913/92, OJ No L 302, 19.10.1992, p.1)，第二篇第二章中。

或生產」(goods wholly obtained or produced)**(註二二七)**和「二國以上參與生產」(a product in the production of which two or more countries are concerned)**(註二二八)** 等二大類，前者指天然產品，及在某國可以取得或僅在一國完成之製品。後者則多為工業產品，其原產地指「經濟意義上之最終實質處理或作業進行之國家。且此實質處理或作業需於專為該生產目的而備置的企業內進行，並造成一項新產品或代表製造過程中之重要階段。」**(註二二九)**。此亦即京都公約附件D-1所規定的「實質轉型」(substantial transformation)標準。

第802/68號規則中「實質轉型」之認定，係以「附加價值增加之程度」、和「處理作業是否造成產品特性的改變」二者為主。前者通稱「經濟認定原則」，後者則為「技術認定原則」 **(註二三○)** 。

I.經濟認定原則

指一項產品在一國所進行的特定製程或工作，或某些足以改變產品稅則號列的「充分工作」 (sufficient work) ，所能增加的附加價值而定。例如執委會規定，錄音機如在共同體國家內從事零組件組合過程中，產生占錄音機出廠交貨發票價格 (exworks invoice price) 的45%以上的價值時，即具有共同體原產地或製造地所在國原產地身份。「充分工作」則指若A國零件運至B國裝配成組合產品，若成品稅則號列與零組件不同，則該製造作業即可認為足以賦予該產品B國原產地身

註二二七 Council Regulation No.802/68, Article 4.

註二二八 Ibid., Article 5.

註二二九 Ibid., "in which the last substantial process or operation that is economically justified was performed, having been carried out in an undertaking equipped for the purpose, and resulting in the manufacture of a new product or representing an important stage of manufacture."

註二三○ Titton & Randolph, The Origin of Confusion, *Eurobusiness*, June 1989, pp.33~34.

份。惟「充分工作」仍須配合附加價值與實質轉型等標準，方足以決定原產地。

II.技術認定原則

當實質轉型產生的附加價值很低或成本很少，但技術極爲複雜重要時，常以列出屬於（或不屬於）一國原產地的製造或處理作業的方式製程，作爲認定產品之原產地的依據，在此原則下，不同產品有特定的實質轉型標準。以積體電路（IC）爲例，執委會認定以「將導體灌入矽片的過程──擴散（diffusion）作業」的所在地，作爲認定原產地的標準，因該製程係爲極複雜的工作，須投入極多的研究發展費用，故雖然擴散作業不一定是第802/68號規則所規定之「最終實質處理或作業」但該作業顯然是IC製造中最重要的製程（**註二三一**）。

根據EEC條約第9條與第10條規定，具共同體原產資格或經通關進入共同體的第三國產品，得在共同體內自由流通。但另根據EEC條約第115條規定，執委會可授權會員國，對來自共同體以外的產品採取保護措施限制其自由流通，所以外國產品只有在獲得共同體原產資格的情況下，才能與共同體內的產品享相同待遇（**註二三二**）。故共同體爲防止外國產品規避共同體或其會員國對該特定國家貨品之規定，而混入共同體內，在共同體內部自由流通，故於第802/68號原產地規則第6條明文規定：「任何製造，依其工作之設立或其據以推定之事實，可證明其唯一目的在逃避共同體或其會員國對來自特定國家貨品之推定，則不應依規則第5條賦予該產品其製造地之原產地身份。」（**註二三三**)據此條款，

註二三一　Ibid., 本段譯文參考, 原產地規定之研究, 國貿局, 1983年GATT電腦資料。

註二三二　何志誠, 前揭論文, 頁57。

註二三三　參照原文 "…Any process of work in respect of which it is established, on in respect of which the facts as ascertained justify the presumption, that its sole object was to circumvent the provi-

原產地規定得被運用於反傾銷領域內，以補共同體反傾銷法中反規避制度之不足。例如在第三國生產之產品，如係與同類產品被課徵反傾銷稅的國家生產者有關，則可據上述規定認定其原產地，防止其藉於第三國從事簡單裝配工作而取得第三國原產資格，得以規避反傾銷稅的課徵。

故在對第三國生產產品採取反傾銷措施方面，共同體主管機關有二種選擇。一是待第三國產品亦受反傾銷控訴時，再在調查過程中決定其原產地。例如1986年的臺灣打字機案（**註二三四**），執委會即於反傾銷調查程序中決定：臺灣兄弟公司製造之電子打字機，其成本低於第802/68號規則所定之最終實質轉型（the last major transformation）所要求之水準，故不足以認定該貨品爲臺灣原產，據此理由執委會終止了對臺灣電子打字機的反傾銷調查，而逕以日本原產認定之，課以與日本原產電子打字機相同的反傾銷稅。

另一個方法則是由會員國向執委會要求開始原產地調查，或執委會自行開始調查。例如1989年理光影印機案（**註二三五**）。在經過實地查證（on-the-spot investigation）之後，執委會認定理光公司在美國加州生產的影印機不應被視爲美國原產，而應繼續課徵與日本原產影印機相當之反傾銷稅稅率。理由是依針對影印機的某些製造過程，例如皮帶、滾筒、滾軸、側面感光板、軸承、螺絲及螺帽等簡單零件製造不得用以認定原產地。

除了上述第三國產品原產地認定之外，原產地規定與螺絲起子條款(反傾銷法第13條第10項)之零組件及原料價值認定也有很大的關係。影

---

sions applicable to the Community or the Member States to goods from specific countries shall in no case be considered, under Article 5, as conferring on the goods thus produced the origin of the country where it is carried out."

註二三四 Electronic Typewriters from Taiwan, OJ NoL 140, 27.5.1986, p. 52.

註二三五 Photocopying Apparatus, OJ No L 196, 12.7.1989, p.24.

印機制定部長理事會第207/89號影印機原產地認定規則(**註二三六**)，特別是對於在共同體或第三國生產的由副零件(sub-parts)裝配成零件的產品而言，其零件之原產地決定究應視其為單一零件(single parts)決定之；或應將之分散為副零件各別認定其原產地？此為一相當重要的問題。因為若將之視為單一零件，則其在共同體內生產製程所產生的附加價值可以被計入於零件價值內，而被視為非傾銷國家之內含。在某些案例中，此一認定甚至對整組零件的原產地認定有決定性的影響。

例如在1988年的影印機案（**註二三七**），執委會以「破壞理論」（destruction theory）原則對半裝配品（sub-assemblies）及零件加以區分。亦即如零件可被分解成許多次零件而不毀壞其次零件，則應被視為半裝配品，半裝配品之原產地認定則依生產者與涉及傾銷廠商之關連而定。如分解零件會破壞零組件，則應視為單一零件（single parts）。單一零件如取得共同體原產資格，則其次級裝配成本（sub-assembly cost）應計入非傾銷國家之零件價值中（**註二三八**）。

2.第2913/92號規則

第802/68號規則已於1992年10月22日廢止，共同體部長理事會於1992年10月12日另行通過了第2913/92號規則（一般稱之為「共同關稅法典」）以規範共同關稅問題，其中有關原產地之規定見於第二篇第二章，與反傾銷法之反規避規定相關之非優惠性原產地規定則規定於該章第一節中。共同關稅法典中的原產地規定大體上承受了原來的第802/68號規則，共同體的原產地規定於第802/68號規則廢止、共同關稅法典生效後，並無重大變更。

註二三六　Council Regulation 207/89.

註二三七　Photocopiers, OJ No L 284, 19.10.1988, p.60.

註二三八　Edwin Vermulst & Paul Waer, European Communcity Rules of Origin as Commercial Policy Instruments, V.24, *Journal of World Trade*, June 1990, pp.86~87.

　　簡而言之，第2913號規則除在第22條至第27條規定關於商品原產地外，在該號規則第4條第7項與第8項中分別對所謂的「共同體產品」（Community goods）與「非共同體產品」（Non-Community goods）加以定義規定。所謂的共同體產品，依據該號規則第23條的規定包括完全在共同體關稅領域內獲得或製造的產品，以及依關稅法的規定完成通關手續進口到共同體，並已自由流通的非共同體產品，亦視爲共同體產品。但若自這些準共同體產品獲得或製造成新的產品時，當然亦視爲共同體產品。但共同體產品在運出共同體的關稅領域時，即喪失其在關稅法上共同體產品的資格，而成爲非共同體產品；所謂的非共同體產品，即非在共同體關稅領域內完全獲得或製造而成的產品，以及運出共同體關稅領域的產品。

　　所謂產品的原產國，係指生產或製造產品的國家。依據第24條之規定，若產品僅在某一國家完全的取得或製造時，無疑地該國即爲該產品的原產國。但由於國際分工的製造情形愈來愈多，商品往往由數個國家共同製造生產，在這種情況下，對於進口的商品判斷原產地也愈來愈困難，特別是當許多廠商在不同的國家先後參與製造生產的情形。第2913號規則第25條規定承受第802/68號規則第5條規定，針對上述在數國共同製造的產品，規範判斷其原產地的標準，即以製造過程爲最後的與實質的加工過程，且在經濟上合理的加工過程，並在一定的廠房內從事的加工過程，此外尚須因而產生新的產品或加工過程爲重要的製造階段，才得認定該加工國爲該產品的原產國。

(三)小結

　　共同體之反規避規則的訂定無非是針對1980年代以來全球海外投資盛行所形成的市場全球化趨勢的一種政策反應（**註二三九**）。特別是針

註二三九　　見蔡宏明，前揭書，頁112。

對日本產業的大量海外投資，以在全球各地設立裝配工廠的策略逐行規避反傾銷措施之實。此由螺絲起子規則實施後，打擊對象多爲日本產業即可看出。

日本就共同體的種種反規避行動自然也提出反擊，於1988年7月依GATT第23條第1項要求與共同體就部長理事會第1761/87號規則（即螺絲起子規則）對日商在共同體裝配製造所採之反規避措施，進行雙邊諮商，並於諮商失敗後要求GATT爭端解決小組進行調查。GATT調查結果亦認共同體螺絲起子規則條款不符GATT規定，而建議其修改（註二四〇）。

除了違反GATT規定之外，共同體的反規避制度尚有以下的爭議：

1.條文不明確

反規避規則中對於幾項重要的決定要件皆未明確加以界定，例如反傾銷法第13條10項a款中規定的與傾銷出口商有關聯（related or associated）情形，條文中即未對「關聯」作一明確定義。如此使得執委會和部長理事會有廣泛的自由裁量權以解釋法律，卻置預期（prospective）投資者與製造者於不確定的不利境地。

2.不公平性與歧視性

反規避制度對於第三國投資人的合理預期實爲一背信的行爲，且對與外國零組件供應商有關的製造商爲一歧視之待遇。外國公司受共同體內部（特別是高失業率會員國）的鼓勵，而在共同體設廠以足夠的「自製率」（local content）生產產品，以取得共同體原產資格。而當投資人符合共同體原產要件後，如今又必須面臨反規避制度訂定後的更高當地要件規定。另外不論是與傾銷之外國生產者有關或無關的製造商，

在某些情況下，都可能必須採用大量非共同體原產零件。但獨立或無關的製造商免受反規避制度的處罰，此實爲對相關製造商的歧視待遇。

3.對外國在共同體投資的影響

反規避制度的不確定性將使外國投資人持觀望態度，不願貿然對共同體投資，甚而減少對共同體的投資活動。此種情形相當不利於共同體內某些亟需外資的會員國，例如葡萄牙、希臘、愛爾蘭及西班牙等。另外由於「自製率」的要求提高，可能會迫使外國投資人改變原來設裝配工廠方式，而以在共同體內設立零件生產工廠，以作爲其在共同體裝配工廠的零件供應商，如此雖可增加共同體就業率或提高技術知識（know-how），但亦將使共同體本身的零件生產商喪失原來可能獲得的利益。

第四節　GATT與EU反傾銷法

國際上對於反傾銷措施之規範，始於1948年生效之GATT（關稅及貿易總協定，General Agreement on Tariffs and Trade）原始協定第6條。該條規定准許締約國對於以低於正常價格傾銷進口之產品，若導致締約國國內產業受實質損害，或有受實質損害之虞，或實質阻礙國內產業之建立時，得針對該產品課以反傾銷稅（**註二四一**）。1967年甘迺迪回合進行期間，有鑑於採行反傾銷措施之國家逐漸增加，原第6條之規定已不敷現實所需，乃協商訂定第6條之施行細則（**註二四二**），使反傾銷案件之調查處理程序有一更明確的規範，同時並建立了爭端解決之架構。此一施行細則一般稱之爲「反傾銷法典」（The Anti-

---

註二四一　General Agreement on Tariffs and Trade (GATT), Article VI, Anti-Dumping and Countervailing Duties.

註二四二　Agreement on Implementation of Article VI of the General Agreement on Tariffs and Trade.

Dumping Code）。1979年東京回合談判，各締約國經協商後同意修改1967年法典，訂定「修正後之反傾銷法典」（Revised Anti-Dumping Code）。此次修正主要目的在於確保調查程序之透明化，並明定各締約國應遵守調查程序之基本原則。

自修正後之反傾銷法典施行以來，援引反傾銷法典以限制進口競爭的情形有愈演愈烈趨勢。在1980年代十年間，就有1,456件以反傾銷法典為基礎進行的調查案件（**註二四三**）。其中澳洲佔421件；美國395件；加拿大294件；共同體則有271件（**註二四四**）。正因反傾銷案件的日益增加，各國對反傾銷措施的倚賴日益深切，在GATT最近一次談判——烏拉圭回合談判（The Uruguay Round）中，反傾銷法典的修正也成為談判焦點之一。

1994年4月15日在摩洛哥完成正式簽署的烏拉圭回合談判被視為是國際經貿史上最重要的多邊談判。此一自1986年開始進行，歷經八年協商斡旋始完成的談判達成了多項協議：包括成立世界貿易組織（World Trade Organization, WTO），將智慧財產權、服務業貿易、及與貿易有關之投資等議題納入GATT規範內；對於原規範不明確項目如農業、紡織品與成衣、防衛條款、補貼及傾銷措施等予以檢討強化。在反傾銷法典修正方面，由於各國意識到此次反傾銷法典的修訂對國際貨物貿易競爭影響深遠，甚或可能決定下一世紀之貨物貿易價格，因此莫不

註二四三　"Use of the GATT Anti-dumping Code," U.S. General Accounting Office, NSIAD-90-238FS, p.4(1990), 轉引自Gary N. Horlick,"How the GATT Became Protectionist—An Analysis of the Uruguay Round Draft Final Antidumping Code," 27 *Journal of World Trade*, Oct.1993, p.5. 實際上存在的反傾銷案件應不只此數，因有些國家並未將與非締約國間之傾銷案件納入報告中。

註二四四　Gary N. Horlick, "How the GATT Became Protectionist—An Analysis of the Uruguay Round Draft Final Antidumping Code," 27 *Journal of World Trade*, Oct 1993, p.5.

各執立場極力爭取對己有利之條件。其中美國、共同體、加拿大、澳洲等經常使用反傾銷措施的國家，與日本、韓國、香港、新加坡等經常受反傾銷調查的國家間之意見對立分歧更是激烈。當時談判重點集中在於傾銷事實、損害的認定、以及反規避措施之適用上，唯至烏拉圭回合談判結束之時雖對上述之傾銷事實、損害認定以及傾銷案件處理程序作成了更明確詳盡的規定，但對反規避措施之適用則因無法獲致結論而將其提交反傾銷措施施行委員會（Committee on Anti-dumping Practices）續行審議（**註二四五**）。

　　有鑒於歐洲共同體乃爲世界三大貿易體之一，其各會員國亦皆爲GATT之主要會員國，GATT之最新反傾銷規定對本文研究之歐洲共同體反傾銷法規當具有相當之約束作用。因此，本章將就烏拉圭回合之最新反傾銷規定，以及共同體本身之反傾銷法規與之牴觸問題加以研究。

一、烏拉圭回合後之GATT最新反傾銷協定

　　1993年12月15日，GATT各締約國達成烏拉圭回合之最終協議，其中包括了即將成爲國際間執行反傾銷措施之最新依據的「1994年GATT第6條之施行協定」（Agreement on Implementation of Article Ⅵ of GATT 1994）（**註二四六**）。該協定分成三部分，共十八條並附錄二則。第一部分包括了反傾銷案件處理之實體及程序規定；第二部分則規定了本協定監督機關以及爭端之解決；第三部分最終條款則

註二四五　See "Agreement on Implementation of Article Ⅵ of GATT 1994, Statement on Anti-Circumvention," Final Act Embodying the Results of the Uruguay Round of Multilateral Trade Negotiations, MTN/FA Ⅲ−11(a).

註二四六　Agreement on Implementation of Article Ⅵ of GATT 1994, op. cit., MTN/FA Ⅱ−A1 A−8.

說明本協定之適用、生效、及與WTO之關係。另以附錄詳細規定了「實地查證」與「最佳可得資料」的適用原則。

由於烏拉圭回合反傾銷協定乃爲1979年東京回合反傾銷法典之修正，故本節僅就有重大變更處加以討論。內容依序爲傾銷之認定、損害之認定、反傾銷控訴程序以及其他重要修正。

(一)傾銷認定之修正

1.擴大以出口國輸往第三國價格作爲認定基準之範圍

與1979年東京回合協定（以下簡稱「原協定」）相同，烏拉圭回合反傾銷協定（以下簡稱「新協定」）亦同意在出口國國內市場一般交易無同類產品的銷售、或因市場狀況特殊致其價格不適比較時，可以該出口國同類產品輸往任何第三國之價格作爲比較。不過原協定中規定應取具代表性之最高第三國價格，新協定中予以刪除，修正爲「具代表性之適當第三國」（an appropriate third country provided that this price is representative），並增訂當同類產品於出口國國內市場銷售爲「低量」（low volume）時，亦得適用第三國價格。此一「低量」通常應爲5%以下（註二四七）。

2.明定出口國國內銷售價格或輸往第三國價格低於成本時不得作爲比較

此處所謂成本係指單位生產成本（固定或變動），加上一般管理銷售費用。原協定中對此點並無規定，新協定中則明定若進口國主管機關認爲(1)是項銷售係相當數量於長期間內所爲之銷售；(2)且其銷售價格無法在合理期間回收所有成本。則該項出口國國內價格或輸往第三國價格應不得作爲比較（註二四八）。

3.詳細訂定推定價格之認定基礎與查證方法

註二四七　Ibid., Article 2.2 & note 2.
註二四八　Ibid., Article 2.2.1.

原協定僅規定推定價格係指生產成本加上合理的管銷費用及其他費用，再加上合理利潤。新協定則於第2條第2項一之一款詳細訂定了：

I.認定之基礎

推定價格中成本的認定，應以出口商或生產者所記錄之會計資料為基礎計算之。該會計資料應符合出口國之一般通行會計原則（generally accepted accounting principles），並且合理反應出該產品之生產銷售成本。

II.查證方法

主管機關就成本之分配應考慮所有可得證據，包括出口商或生產者間傳統使用之分配方法，特別是與適當之債務償還期、設備折舊期、及其他發展所需成本之建立有關之證據。除非成本分配已依本協定規定得到適當的反映，否則成本之決定應就以下因素為適當調整：(1)對未來或目前之生產有利，但不可循環使用之物件之支出；(2)受調查之對象，其生產乃處於「開發」（start-up）階段，成本之多寡受其影響（註二四九）。

4.修訂出口價格與國內價格比較之原則

(1)出口國國內售價與出口價格之比較應基於相同之交易層次，通常係工廠交貨層次；並於銷售方面儘量採用同時間之售價。此外並應就個案分別考慮其他影響價格比較之差異。新協定中就此一「其他影響價格比較之差異」做了比較詳細的規定，包括銷售條件之不同、稅捐、交易層次、數量、物理特徵……等。而在新協定第2條第3項所指之「無出口價格、或其出口價格因出口商與進口商或第三者間聯合或補償性安排（compensatory arrangement）而不值採用」的情況下，由於其出口

註二四九　Gary N. Horlick, "How the GATT Became Protectionist—Analysis of the Uruguay Round Draft Final Anti-dumping Code," 27 *Journal of World Trade*, Oct. 1993, p.8.

價格乃以貨物第一次轉售於一獨立買主之價格爲準，故在考慮影響價格比較之因素時，應將進口到轉售過程中產生之成本支出、利益孳生列入考慮。

此外新協定中亦特別規定，主管機關應明確告知涉案廠商應準備何種可供公平比較之資料，同時不得加諸涉案廠商不合理的舉證責任（**註二五〇**）。

(2)價格比較上之匯率轉換問題——新協定增訂價格比較如涉及滙率轉換（conversion of currencies）問題時，應以涉案廠商實際得到的匯率作標準，同時以成交日爲基礎。所謂「成交日」（date of sale），應指契約訂立日、或出具訂單日、確認定單日、或發票開具日等達成實質銷售要件之日期（**註二五一**）。

(3)出口價格與國內售價差額之計算方式——原協定對傾銷差額之計算方法並無規定，新協定則明定價格之比較應以加權平均對加權平均（weighted average to weighted average）、或逐筆交易對逐筆交易（transaction to transaction）爲基礎。亦即出口價格如以逐筆交易計算，則國內售價亦應以逐筆交易計算；反之出口價格如以加權平均計算，另一方亦必改以加權平均計算。若主管機關發現出口價格因購買者、地區、或時間之不同而有極大的差異時，傾銷差額之認定得以國內售價之加權平均對單筆出口價格比較之（**註二五二**）。

(二)損害認定之修正

損害指的是傾銷進口產品對國內產業造成重大損害、或有損害之虞、或嚴重阻礙國內產業之建立。新協定對於損害之認定作了以下的修

註二五〇 Agreement on Implementation of Article VI of GATT 1994, op. cit., Article 2.4.

註二五一 Ibid., Article 2.4.1 & note 8.

註二五二 Ibid., Article 2.4.2.

正：

1.明確訂定除傾銷外其他可能造成國內產業損害之因素

證明損害存在後，同時也要證明傾銷與損害間確有因果關係，而對於除傾銷外其他可能造成損害之因素亦應加以審查，並不得將其歸責於傾銷進口。

新協定中對於應加以審查之其他可能造成損害之因素舉了數個例子，包括：非以傾銷價格進口貨品之數量及價格、需求量萎縮及消費型態之改變、國內外生產者間限制交易及競爭之措施、生產技術之發展、以及國內產業之出口表現及生產力（**註二五三**）。

2.增訂對多國傾銷之損害認定原則

「多國傾銷」指一種被指控傾銷之產品，其來源不只一國。原協定對此種多國傾銷情形並無規定，烏拉圭回合新協定則於第3條第3項規定在以下二種情形下，主管機關得累積（cumulatively）評估多國傾銷進口之效果：(1)各國進口數量皆達不可忽視之程度，且其傾銷差額並非「微量」（de minimis）；(2)依照進口產品間之競爭條件及進口產品與國內產品之競爭條件，適合將其進口效果累積評估。

也就是除上述二種情況外，多國傾銷造成之損害原則上應分國家各別評估（**註二五四**）。

3.修訂「有損害之虞」之認定標準

在認定是否有損害之虞時，應根據事實，而非單憑指陳、臆測或推論。而該損害之虞應為可預見的，即將發生的。新協定增訂了考量有否損害之虞的數個可能因素：

(1)傾銷進口產品之數量在進口國市場比例有相當之增加，可能意味進口之大量增加；

註二五三　Ibid., Article 3.5.

註二五四　Ibid., Article 3.3.

(2)出口商出口能力之增加是否導致傾銷進口之增加；其他出口市場是否可能吸收一部分；

(3)傾銷進口之價格是否對國內價格產生壓抑之效果，而有否可能增加進口國對進口之更大需求；

(4)進口國之存貨情形（**註二五五**）。

4.國內產業之定義

有關於國內產業之定義，原協定與新協定大致相同，都指「國內同類產品之全體生產者，或合計生產量構成該產品全國總產量之大部分之生產者」。但如生產者與出口商或進口商有關聯，或其本身即為涉案產品之進口商時，則所稱「產業」應指其他生產者。

新協定對於所謂「生產者與出口商或進口商有關聯」之認定另以附註詳細規定之，其標準為：

(1)一方直接或間接控制他方；

(2)雙方皆直接或間接受第三者控制；

(3)雙方共同直接或間接控制第三者。

而有理由相信或懷疑此種關係確使其與其他無關聯之生產者為不同之作為者。

所謂「控制」係指一方在法律上或實際操作上得限制或指示對方者（**註二五六**）。

(三)反傾銷程序之修正

在反傾銷程序方面，新協定除做了若干修正外，並增加了二條文，一是第12條「公告及決定之說明」，二是第13條「司法審查」。以下分別討論之：

註二五五　Ibid., Article 3.7.
註二五六　Ibid., Article 4.1 & note 11.

1.公告及決定之說明

　　新協定在此一新增條文中（**註二五七**）要求主管機關就其於每一階段所為之決定均應通知相關會員國及其他所有已知之利害關係人，並公告（public notice）說明之。包括決定開始調查時（**註二五八**）、做成任何初步或最終之決定時、決定接受價格具結時、具結終止時、及撤銷決定時，均應公告之（**註二五九**）。

　　決定開始調查之公告應載明⑴涉案產品及其出口國；⑵調查開始之日期；⑶控訴中提出之傾銷存在之依據；⑷損害存在之依據；⑸相關當事人之代表地址；⑹利害關係人得提出其觀點之時限（**註二六○**）。另外其他公告應載明決定之細節、結論所依據之事實及法律（**註二六一**）等。

2.司法審查

　　根據新協定第13條規定，任一會員國內國法律中有反傾銷立法之國家，為使各會員國之反傾銷措施能得到快速之司法審查，各會員國應建立一司法或行政法庭或程序（**註二六二**）。該等法庭或程序應獨立於任何決定傾銷或覆審的機構。

　　此一司法救濟制度使涉案廠商在被裁定傾銷後，仍可循此司法程序謀求救濟。

3.申請採取反傾銷措施應載明之資料及應檢附之證據

　　原協定即明定反傾銷措施之申請應提出有關傾銷、損害及傾銷與損害之因果關係的證據。新協定中更補充規定，傾銷調查之開始應依國內

註二五七　Ibid., Article 12.

註二五八　Ibid., Article 12.1.

註二五九　Ibid., Article 12.2.

註二六○　Ibid., Article 12.1.1.

註二六一　Ibid., Article 12.2.

註二六二　Ibid., Article 13.

產業或國內產業代表之書面申請始得進行。此外，更明定了申請書中應載明事項，包括：

(1)申請人身份證明及其生產之同類產品之數量與價值。當申請係「代表」(on behalf of)國內產業爲之時，其申請書應載明所代表之同類產品的國內生產者，並應儘可能描述其生產之同類產品的數量及價值；

(2)涉案產品之說明、涉案產品之出口國或原產國、出口者或製造者，以及涉案產品之進口者；

(3)涉案產品出口價格以及其在出口國國內之銷售價格，在某些情況下則爲涉案產品在進口國內首次出售予獨立買主的價格；

(4)涉案傾銷進口產品數量之演變，對國內同類產品價格之影響，以及其他有關之影響（註二六三）。

4.增訂微量不舉原則

新協定中規定，對於傾銷差額爲一微量，或傾銷數量、損害爲可忽視之程度時，主管機關應立即終止案件的調查。所謂「微量之傾銷差額」乃指低於出口價格的2%；而「可忽視之傾銷數量」則指個別國家傾銷進口的數量低於進口國國內同類產品之總進口量的3%，且其數個國家之總進口量低於進口國國內總進口量的7%（註二六四）。

5.調查問卷之塡覆期限

新協定規定調查問卷之塡覆至少應給予被調查人三十天的時間，此三十日期間應由被調查人收到問卷之日起算；被調查人如申請延期，應酌情予以適當展延（註二六五）。

6.實地查證程序之修正

原協定中規定，主管機關於調查程序中，應確認由利害關係人所提、並爲其判定之依據的資料之正確性。故如主管機關爲查證之需要，

註二六三　Ibid., Article 5.1 & 5.2.
註二六四　Ibid., Article 5.8.
註二六五　Ibid., Article 6.1 & its note 15.

得經有關廠商之同意，並通知涉案國家政府，而在涉案國當地進行實地查證。新協定中對於此一實地查證規定更以附件形式詳細訂明其進行程序（註二六六）。包括須給予被調查人及其政府必要的通知，經其同意後排定查證時間；如有非政府人員參與查證，應先告知並確保其遵守保密義務；擬查證之事項及所須之資料亦須事先告知；如被調查人或其政府有任何問題，且涉及重要事項者，應先予回覆。

7.最佳可得資料之意義及範圍

利害關係人若拒絕接受調查或提供必要的資料，或嚴重妨礙調查，則主管機關得依可得之事實（facts available）作為判定之基礎。關於此一「可得之事實」，新協定以附件形式詳細規定了所謂「最佳可得資料」（best information available）之意義、範圍及方法，以求在當事人不合作之情況下，仍得發現事實作成決定（註二六七）。

8.臨時性措施之時效規定

臨時性措施必須在初步調查肯定傾銷及損害之存在時方得採行，原協定規定臨時性措施的採行以四個月為原則，最長不得超過六個月。新協定則增訂臨時性措施必須在調查開始進行之日起六十日後方得採行（註二六八）。

9.反傾銷案件之調查期間及課徵之期限

原協定對於反傾銷案件之調查期間及課徵期限並無一明定的時間規定，新協定則規定，除特殊情況外，調查程序應於發動後一年內完成，任何情況下皆不能超過十八個月；任何覆審（review）應自覆審開始之日起一年內完成。任何確定反傾銷稅之課徵都應在課徵屆滿五年時終止，此即一般通稱之日落條款（註二六九）。

註二六六　Ibid., Article 6.7 & Annex I.
註二六七　Ibid., Article 6.8 & Annex II.
註二六八　Ibid., Article 7.3 & 7.4.
註二六九　Ibid., Article 5.10, 11.4 & 11.3.

㈣其他重要修正（註二七〇）

1.新協定增訂給予當事人面對面溝通的機會，俾使得正、反兩方面的主張皆得以申張，主管機關搜集資料時不致於片面偏袒任何一方。

2.新協定增訂若涉案產品來自不只一個出口國時，其傾銷差額之認定應個別為之。如此可使涉及傾銷之出口國生產者負擔公平合理的稅賦，並鼓勵未在調查範圍內之生產者及時提供資料。

3.新協定增訂主管機關應將資料公開予利害關係人參閱，使得各利害關係人提供資料時皆能謹慎行事，並得就此資料陳述其意見。

以上各項說明即為GATT烏拉圭回合後之最新反傾銷協定內容，以下將討論共同體與GATT反傾銷規定之不同或牴觸處。

二、共同體反傾銷法與GATT體系下相關規定之牴觸問題

共同體因屬較常遭他國貨品傾銷進口之國家，其立場與美國、加拿大、澳洲及北歐等國家同，皆大量運用反傾銷措施以保護其本國產業。因此，在烏拉圭回合談判期間，共同體即積極參與反傾銷小組的談判，當時其提案可分為三部分：第一部份建議GATT就以下諸項反傾銷程序及實質的規則，應採取更明確的標準（**註二七一**）：程序方面，如發動反傾銷調查案件之證據、調查程序及資料公開化、採取臨時性反傾銷措施的基本要件；實質方面，如同類產品之定義，可用為比較之國內銷售數量、相當之因果關係以及司法審查等。此部分除了同類產品之定義並無更動外，餘皆有部分修改。

註二七〇　本部分主要參考戴秋萍，烏拉圭回合最終法案反傾銷協定評估報告，（臺北，財政部關政司，民國83年3月）。

註二七一　轉引自酈承華，Washington: Inside U.S. Trade, Jan. 5, 1990, p.2.

第二部分提案則主張反傾銷程序應予簡化（**註二七二**）：

1.課徵臨時性反傾銷稅之期間應予延伸。一般性案件應為六個月，複雜案件應為九個月。此點後經列入烏拉圭回合新協定之第7條第4項。

2.有關區域性損害（regional injury）應重新界定。依共同體提案，構成區域性損害應符合三要件：其一，進口應集中於一特定區域；其二，損害之程度應為嚴重損害，而非僅為實質之損害，其三，位於該區之生產商，其產值應佔進口國該項產業總產值的重要比例（**註二七三**）。此部分後來規定於烏拉圭回合新協定之第4條第1項第2款，但並未規定須為「嚴重」之損害。

3.對於調查期間大量進口之傾銷品，決定課徵溯及反傾銷稅時，應無須查證進口商之意圖。此點後來於烏拉圭回合新協定中並未列入。

4.傾銷進口產品之出口商係一多國籍公司之子公司，且該子公司於該出口國內並未行銷同類產品時，則正常傾銷之決定應基於該多國籍公司之總公司所在國的市場銷售情形（**註二七四**）。此一提案後來未列入烏拉圭回合新規定中。

大體上共同體反傾銷法規與GATT反傾銷法規就其條文本身觀之，並無明顯牴觸。僅有螺絲起子條款被GATT認定是違反規定。但共同體在反傾銷法規之實務操作上，以及個案中對其反傾銷法條文的解釋，卻頗有可議之處。以下即就與GATT條款明顯牴觸的螺絲起子條款，及共同體在反傾銷措施操作上之問題做一討論。

(一)螺絲起子條款與GATT相關規定牴觸問題

1.GATT反傾銷法典僅與產品的進口有關，並不具有處理關稅領域（Custom Area）內的產品之反傾銷稅課徵的可能性。而螺絲起子條

註二七二　Ibid., p.3.

註二七三　Ibid., pp.3～4.

註二七四　Ibid., p.4.

款乃對共同體內經簡單裝配製成成品的產品課徵反傾銷稅，其產品可能
未經進口程序。故與GATT反傾銷法規適用範圍不甚相合。

2.螺絲起子條款開啓了進口零組件受反傾銷稅之回溯課徵的可能
性。此點顯然已違反GATT的回溯規定（**註二七五**）。在反傾銷法典規
定下，回溯性（retroactivity）不能回溯至課徵臨時反傾銷稅之前；或
者，在某些特定情況下，不可回溯至該日期前的九十日。

3.螺絲起子條款對零組件直接課徵反傾銷稅時，係在未調查零組件
進口本身是否具有傾銷性質，及未證實其對共同體產業是否造成損害的
情況下即予以課徵（**註二七六**）。因此，在此種未經傾銷認定及調查的
情形下，有可能產生進口零組件未具傾銷性及對產業的損害性，而被課
徵反傾銷稅。此種情形違反GATT反傾銷法典第9條第1項規定（**註二七
七**），即反傾銷稅「只有在所有課徵反傾銷稅的條件皆符合下」時，方
可課徵（**註二七八**）。

4.反規避制度可能違反GATT的國民待遇原則（**註二七九**）。若對
一廠商使用超過某一特定比例的某國產製之進口零組件的行爲，依反規
避條款加以處罰，則此種懲罰可視爲是一種歧視他國進口零組件的待

註二七五　Agreement on Implementation of Article VI of GATT 1994, op. cit., Article 10(6)。

註二七六　See Patrick J. McDermont, Extending the Reach of Their Anti-dumping Laws: The European Communities' "Screw Driver Regulation," *Law and Policy in International Business*, 20 (1988) p.322.

註二七七　"The decision whether or not to impose an anti-dumping duty in cases where all requirements for the imposition have been fulfilled⋯."

註二七八　Lucien R. Le Lievre and Luc G. Howben, EC v. Japan "The Community's Legal Weapons, *Common Market Law Review*, 24 (1987) p. 442.

註二七九　See General Agreement on Tariffs and Trade, Article 3.

遇，因此違反國民待遇條款（註二八○）。

　　日本由於其產品不論在共同體內部生產或於第三國生產，皆不斷受到共同體反規避條款之處罰，因此於1988年7月要求與歐洲共同體進行雙邊諮商。而後諮商失敗，GATT乃於1988年10月成立爭端解決小組，並於1990年3月提出小組報告。其結論認定：

　　1.共同體對於在共同體內裝配製造之產品課徵反傾銷稅，該稅間接地使進口零組件和原料被課徵內地稅的數額超過類似的國內產品，已違反GATT第3條第2項規定。

　　2.共同體使日本廠商具結不再於裝配作業中使用日本原料或零件。此已形成對其使用日本零件之禁止，使得進口產品在有關內部使用上所受之待遇不及國產類似產品，已違反GATT第3條第4項有關「進口品依適用之所有法令享有之待遇，不得低於本國生產之同類產品享有之待遇」之規定。

　　3.GATT第20條d項允許會員國採取必要措施，以預防企業逃避會員國所課符合GATT規定之義務(如逃避進口稅之繳納)。然而該條款並未允許會員國對企業用以規避尚未存在的義務所採之行為（如進口免稅的替代品或將生產移向課徵國），採取預防措施。因此，不論是反規避稅或用以防止規避反傾銷稅義務的具結，均不適用GATT第20條d項。

　　4.最後，爭端解決小組於結論中建議共同體修改部長理事會第2423/88號規則第13條第10項(即螺絲起子條款)，以符合GATT之規定。

(二)其他實務操作上及個案中與GATT相關規定牴觸問題

　　前文提到，除螺絲起子條款外，就條文本身觀之，共同體反傾銷法與GATT相關規定並無明顯牴觸之處，但從其實務操作上及個案中對其反傾銷法條文的解釋，卻可分析出若干可議之處：

註二八○　Patrick J. McDermont, op. cit., p.323.

　　1.在決定正常價值時，GATT規定在本國銷售量不足爲比較之基礎時，得使用第三國價格「或」推定價格。共同體實務上在本國內銷數量低過出口至共同體的5％時，均不採本國售價爲正常價格之基準，同時亦不採用第三國價格，而當然地以推定價格爲基準。此舉明顯地排除了低於成本售價被視爲正常價格的可能性，而對於以出口爲主的國家極爲不利。且在以成本加利潤爲構成要件的推定價格中，調查單位在決定時享有極大的裁量權。往例中竟有所認定之利潤高達30％者(**註二八一**)。

　　2.在計算傾銷差額採用平均法時，共同體與美國作法一樣，將「負數傾銷差額」（即售價高過正常價值者）不計入，而使得無可避免的認定有傾銷之存在，除非本國市場價格明顯的低過出口價格（**註二八二**）。

　　3.共同體當局對未參加調查之出口商，依受調查者之最高傾銷稅率課徵之。此一作法對一些無力參與調查的小廠商至爲不利。共同體此項作法之依據爲GATT反傾銷法典第6條第8項之規定。該條給予調查單位在出口商無法在合理期間內提出必要資料時，得依據調查單位已掌握之相關資料作決定。同樣的情形，美國反傾銷法規定係以受調查者之傾銷稅平均值適用於未受調查者。相較之下，共同體之規定似乎較苛。

　　4.共同體執委會極少公佈反傾銷案件之決定理由，以致外國廠商無法探知共同體反傾銷措施執行之準則爲何，更遑論遵循；再者，在課徵確定反傾銷稅之案例中，共同體亦多未給予傾銷或損害成立之具體理由，或是合理解釋傾銷與損害間之因果關係。共同體對此類案件之裁定內容，可說是「公告性質」而非「闡釋性質」（**註二八三**）。

註二八一　蔡英文，GATT體制下的反傾銷法，歐市反傾銷法規及其執行狀況之研究，中華經濟研究院，民國81年5月，頁302。

註二八二　Ibid., p.304.

註二八三　I.V. Bael, "Ten Years of EEC Anti-dumping Enforcement," 13 *Journal of World Trade Law*, No.395, 1979, p.407.

5.共同體當局在退還超額之反傾銷稅時，常有不當的遲延，而使進口商與出口商蒙受不利。這種遲延可能長至二、三年。而根據GATT反傾銷法典第9條第3項規定，超額部分應儘速返還。

共同體的退稅作法另一可議之處在於決定是否有超額時之計算方法。此種計算方法有二種：一以出口廠商出口至反傾銷稅課徵國的價格平均值爲準；一以單一進口商向出口商購買的價格爲準。實務上，共同體採用前者。一般認爲此與GATT反傾銷協定相違（**註二八四**）。

6.共同體調查當局常被指爲計算方式不公開，調查參考期間不確定（從宣佈前六個月到十二個月不等），被調查者常沒有足夠時間來搜集資料回答調查單位（**註二八五**）。

三、烏拉圭回合後最新共同體反傾銷法

歷經八年漫長之協調、談判、斡旋的過程，關稅暨貿易總協定（General Agreement on Tarifts and Trade, GATT）烏拉圭回合談判（Uruguay Round）終於1993年12月15日完成，談判達成之諸多協定中亦包括了作爲國際間執行反傾銷措施之準據的「1994年GATT第6條之施行協定」(Agreement on Implementation of Article VI of GATT 1994, 以下簡稱「GATT反傾銷協定」)（**註二八六**）。隨著世界貿易組織(World Trade Organization, WTO)的成立，GATT的組織化，GATT各協定對各成員國內國法規之影響力及拘束力也日益重

註二八四 蔡英文，前揭書，頁305。

註二八五 William J. Davey, "Anti-dumping Laws in the GATT and the EC," in J. Jackson & E. Vermulst (eds.), Anti-dumping a *Law and Practice—A Comparative* Study (1990), pp.26~27.

註二八六 Agreement on Implementation of Article VI of GATT 1994, Final Act Embodying the Results of the Uruguay Round of Multilateral Trade Negotiations, MTN/FA III-11(a).

大。有鑑於此，歐洲共同體於烏拉圭回合GATT反傾銷協定通過後，爲配合落實此一協定，亦積極進行共同體本身反傾銷法之修正工作。

繼1994年10月的部分修正之後（**註二八七**），共同體理事會再於1994年12月就反傾銷法通過大幅之修正（**註二八八**）。條文中明確指出，此次修正係爲配合烏拉圭回合談判所達成之最新GATT反傾銷協定，於GATT反傾銷協定變更之範圍內，爲確保該協定之充分適用以及透明化，新修正之共同體反傾銷法應儘量與GATT之規定統一。而本次修正亦就反補貼規定另行訂定獨立規則，與原1988年反傾銷法係與反傾銷規定於同一規則中之作法不同（**註二八九**）。

此次反傾銷法修正包含範圍甚廣，包括正常價值及出口價格之認定及比較，損害之認定，以及調查程序、退稅、具結、進口登記等相關程序規定皆有修正。以下即將修正內容分三部分，按傾銷、損害及程序規定依序討論。討論重點在修正條文中與舊法有實體差異者，而於實體規定並無影響僅爲文字更動者，不另論述。

(一)傾銷之認定

1.其他製造商或銷售商之價格

新反傾銷法於第2條中規定，如出口商於出口國未製造或銷售同類產品，則正常價值得以其他銷售商及製造商之價格認定之。烏拉圭回合新反傾銷協定中並未有類似規定，而根據其第2條第2項第1款及第2款規定可知，價格之決定應優先採納受調查廠商本身之相關帳冊記錄，即使其他銷售商或製造商之價格得作爲認定基礎，亦應僅限於決定管銷費用及利潤時，且其採用之優先順序並絕對於後於受調查廠商本身的數據。由此觀之，新反傾銷法之規定似與烏拉圭回合之規定不甚相合，日後必

註二八七　Council Regulation No.521/94, OJ L 66, 10.3. 1994, p.7.

註二八八　Council Regulation No.3283/94, OJ L 349,22.12, 1994, p.1.

註二八九　Council Regulation No.2423/88, OJ L 209, 11.7 .1988, p.1.

將爲爭議重點之一。

2.折讓 (discounts and rebates)

原反傾銷法第2條第3項第1款規定,正常價值之認定應扣除與產品之銷售直接有關之折讓,新法中已將此規定刪除,而將折讓改列於第2條第10項作爲調整 (adjustment) 因素之一,以確保正常價值及出口價格之公平比較。惟此一變動如係意味折讓不必然被扣除,則可能導致價格或成本之層次問題,亦即共同體日後似乎不一定以出廠層次 (ex-factory level) 來決定價格或成本。

3.第三國出口價格

新反傾銷法不再要求於採用第三國出口價格以代替出口國價格時,採用第三國出口價格中最高者(**註二九○**),而僅要求其必須爲一具代表性 (representative) 之價格(**註二九一**)。另外新反傾銷法第2條第4項明訂第三國出口價格如爲低於單位生產成本(包括固定或變動成本)加上管銷成本,則應視爲非通常貿易過程之價格而不應採納作爲認定正常價值之基礎。此一規定避免了本身即爲傾銷之第三國出口價格被採爲認定基礎之危險。

4.低於成本之銷售

新反傾銷法於第2條第4項更明確規範了低於成本銷售之認定。如前第三國出口價格之認定,出口國國內價格如低於單位生產成本(包括固定及變動成本)加上管銷成本且此等價格之銷售係以一相當數量於一段長時間內進行,而無法於合理期間內回收所有成本者,則不應被視爲通常貿易過程之價格,不得採爲正常價值之認定基礎。

新反傾銷法中明確規範了所謂「一段長時間」之定義。其通常應爲

註二九○ Council Regulation No.3283/94, (OJ NO L 22.12.1994, p.1)., Article 2.3.b.i.

註二九一 Ibid., Article 2.3.

一年，至少不得少於六個月（**註二九二**）；而該等期間內相當數量之低
於成本之銷售則指其加權平均售價低於加權平均單位成本；或低於單位
成本之銷售量達到被用來決定正常價值之銷售量之20%（**註二九三**）。

5.成本之計算

　　為與烏拉圭回合反傾銷協定相符（**註二九四**），新反傾銷法於第2條
第5項中規定，成本之計算通常應接受調查當事人之帳冊記錄估算之，
惟此等記錄必須合於相關國家之一般會計原則，並應合理反應與涉案產
品之製造及銷售有關之成本。而成本之分配亦應列入考慮範圍，但必須
證明此等分配方式是該等產業傳統使用之方式。如無更好之分配方式，
則應優先按銷售額為成本之分配（**註二九五**）。

　　另外值得注意的是，新反傾銷法較明確規範了「初始營運」之間開
發成本之計算。如因調查期間內始開始營運，回收成本所需時間因額外
投資之新生產設備或因產能利用率而受影響，則初始營運階段之平均成
本應於初始營運終止時，按新反傾銷法規定之合理方式分配之；並應包
括於新反傾銷法第2條第4項a款所指之加權平均成本內。初始營運階段
之長短應按不同製造商或出口商之情況分別認定之，但不應超過適當的
回收成本期間（appropriate initial portion of the period for cost
recovery）。而為求調查期間內初始營運之成本獲適當調整，超過調
查期間之初始營運階段亦得列入考量，但相關資訊應於實地查證前及調
查開始後三個月內提出。

6.推定正常價值所需考量之管銷費用及正常價值

　　新反傾銷法於第2條第6項規定，銷售數量、管銷費用或利潤之計

註二九二　Ibid., Article 2.4.b.

註二九三　此一立法係落實執委會於1986年Photocopier案之決定。

註二九四　Agreement on the Implementation of Article VI of GATT 1994, op.
　　　　　cit., Article 2.2.2.

註二九五　Council Regulation No.3283/94, Article 2.5.a.

算，應依與同類產品於通常貿易過程中之銷售或製造有關之實際數據為準，如無法以此為依據，則新反傾銷法另行規定了數種考量方式。此一規定大體上沿襲了烏拉圭回合新反傾銷協定之規定，惟限定需以「通常貿易過程」中之數據為準則非為新反傾銷協定之規定。

7.正常價值與出口價格之比較

欲認定涉案產品有無傾銷事實之存在，必須將同類產品之正常價值與出口價格加以比較；而欲求比較之公平，必須使二種價格儘量立於平等之基礎。針對此一需要，反傾銷法規定得以「調整」（adjustment）之方式排除影響價格之公平比較之因素。新反傾銷法於第2條第10項規定了得調整之項目，較之原反傾銷法之規定略有不同。

Ⅰ.進口稅捐及間接稅 (import charges and indirect taxes)

新反傾銷法規定，進口稅捐及間接稅作為正常價值之調整項目必須為同類產品及其使用之原料供出口國國內消費時所課徵，且於外銷至共同體時，或因免徵，或因退稅，實際上並無須負擔此等費用（註二九六）。此一規定大致與原反傾銷法規定相同，惟其限於供「出口國國內」消費時所課徵，與原規定亦包括原產國（country of origin）者不同（註二九七）。

Ⅱ.交易層次 (level of trade)

「交易層次」係新反傾銷法新增之調整項目。新反傾銷法規定，交易層次之差異，包括OEM（original equipment manufacturer）銷售等，如就進出口市場之經銷系統（distribution chain），其出口價格（包括推定出口價格）與正常價值之交易層次不同，且此一不同已影響到價格之比較，而明顯顯示在出口國之內國市場中不同交易層次間銷售者之運作及價格上之不同，則應被視為調整項目之一為調整。其幅度

註二九六　Ibid., Article 2.10.b.
註二九七　Council Regulation No.2423/88, Article 2.10.b.

以不同交易層次間市場價值差異爲準（註二九八）。

III.信用交易 （credit）

對於因信用交易造成之價差作爲調整項目之一，新反傾銷法規定此等信用交易必須確實爲決定價格時之考慮因素之一（註二九九）。此一規定較諸原反傾銷法之相關規定更爲嚴格（註三〇〇）。新法並刪除了應扣除之調整幅度之依據。

IV.售後服務費用 （after-sales costs）

新反傾銷法將得列於售後服務費用以作爲價格調整之依據嚴格限制於「依法律或經銷契約」必須提供之保證、擔保、技術協助及服務之費用（註三〇一）。

V.佣金 （comissions）

新反傾銷法中新增與銷售有關之佣金，其間之差異亦得爲調整項目之一（註三〇二）。

以上如價格之比較涉及匯率之轉換，則其匯率應以出售當日匯率爲準；如爲期貨買賣，則應適用期貨出售日之匯率。前述所謂「出售當日」通常指發票之日期，但如契約簽定日，下定單之日等較諸發票日更能確實反映「出售」之意義，則得採用爲「出售當日」（註三〇三）。與烏拉圭回合反傾銷協定相同，新反傾銷法亦將廠商之避險 （hedging）作法納入規定，另外匯率之浮動不納入價格之考量範圍，出口商應獲60日之時間以反映調查期間內匯率之浮動（註三〇四）。

註二九八　Council Regulation No.3283/94, Article 2.10.d .

註二九九　Ibid., Article 2.10.g.

註三〇〇　Council Regulation No.2423/88, Article 2.10.c.(iii).

註三〇一　Council Regulation No.3283/94, Article 2.10.h .

註三〇二　Ibid., Article 2.10.i.

註三〇三　Council Regulation No. 3283/94 Article 2.10.j.

註三〇四　Ibid.

8.微量傾銷 （de minimis dumping）

新反傾銷法規定，如單一出口商於調查程序中獲認定其傾銷差額低於出口價格之百分之二，則共同體應「立即」對其停止調查程序；惟該等出口商仍應繼續列名調查程序中，以備日後執委會就傾銷產品之國家為調查時，對該等出口商重開調查（註三○五）。

目前由於案例不多，尚無法得知執委會對於上述「立即」停止調查程序認定之時點為何。由於執委會寄發給廠商之問卷上即可就有無傾銷，傾銷差額是否低於百分之二等為初步之判定，故理論上調查程序得於分析問卷後中止。惟目前實務上執委會多於實地調查並查證該等出口商之計算方式後始決定要否中止調查程序（註三○六）。

(二)損害之認定

1.損害之累積計算 （cumulation）

新反傾銷法第3條第4項規定，如來自不只一出口國之產品同時受到反傾銷調查，則此等產品之進口造成之損害效果於下列情形下應累積計算：

(1)與各個國家進口有關之傾銷差額高於第9條第3項規定之「微量」差額，且各國之進口數量非為可忽視的；且

(2)就進口產品相互間之競爭條件，或進口產品與共同體內同類產品之競爭條件觀之，累積計算為適當者。

2.微量

新反傾銷法規定，如無足夠之傾銷或損害之證據，則控訴應駁回；且如進口產品之市場占有率低於1%，則不應開始調查程序，除非出口

註三○五　Ibid., Article 9.3.

註三○六　Edwin Vermulst and Paul Waer, the Post-Uruguay Round EC Anti-dumping Regulation after a Pit Stop, Back in the Race, *Journal of World Trade*, No.2, April 1995, p.62.

涉案產品之國家其於共同體之總市場占有率達3%以上（**註三〇七**）。

　　一般而言，學者多贊同一以市場占有率為考量之規定（**註三〇八**）。惟此一規定可能相當難以執行，因有關市場占有率之數據較進口量之數據更難客觀取得。另外此一規定與烏拉圭回合新反傾銷協定之規定不同，亦可能於未來適用上造成困擾。烏拉圭回合反傾銷協定規定，傾銷進口數量如係由單一國家傾銷進口而低於共同體總進口量之3%，而所有傾銷進口國家進口至共同體之總量低於同類產品於共同體之總進口量7%者，應視為微量而不予處罰。

　　由於新反傾銷法與烏拉圭回合反傾銷協定規定之不同，日後必將引起爭議。而共同體各國身為WTO之成員，日後如有傾銷案件依WTO之標準計算得視為微量，而依共同體之標準則不可者，共同體勢必需遵循WTO之規定。較之共同體其他與烏拉圭回合反傾銷協定類似之規定，此一認定微量之標準似亦宜修改以符合烏拉圭回合反傾銷協定規定，避免造成困擾。

(三)程序規定

1.當事人適格

　　根據新反傾銷法之規定，欲開始反傾銷之調查，必先考慮提出控訴者是否具當事人適格(standing)，即是否由共同體產業或代表共同體產業者提出(**註三〇九**)。控訴如經總生產量佔同類產品之共同體總生產量之50%者支持，則應視為「由共同體產業或代表共同體產業者」提出。

　　由於新反傾銷法同時規定應於控訴提出後45日內開始調查程序，或於一個月內駁回控訴（**註三一〇**），執委會目前於決定此一當事人適格

註三〇七　Ibid., Article 5.7.

註三〇八　Edwin Vermulst and Paul Waer, op. cit., p.63.

註三〇九　Council Regulation No.3283/94, Article 5.4.

註三一〇　Ibid., Article 5.9.

或認定微量傾銷進口量時，面臨了相當大的時間壓力。

2.具結（undertaking）

新反傾銷法規定，如接受具結不符實際需求，則不需接受出口商提供之具結要求。例如實際或潛在之出口商數量過大，或因其他原因（包括一般政策之需要）。如欲拒絕具結之要求，共同體主管機關應提供相關出口商拒絕之依據，並應給予出口商就此依據為評論之機會（註三一一）。

而具結之出口商亦有義務提供一不具機密性之具結文件，供利害關係人查閱（註三一二）。此一規定主要係提供共同體產業一得知具結內容之機會，惟具結價格仍屬機密，此一規定之效果仍相當有限。

3.新進入市場者（Newcomer）

原反傾銷規定並未就新進入市場者為規範，但共同體實務上皆考慮新進入市場者其情況與其他業者不同，而另以較寬鬆之認定方式規範之。新反傾銷法納入此一實務作法，於第11條第4項中作出相關規定。欲獲認定為新加入市場者，其必證明其進口係於調查期間後發生，或其進口係因不可撤銷的契約義務而不得不為之。與烏拉圭回合反傾銷協定相同，新反傾銷法規定，於此一新加入市場者審查期間不應對其課徵反傾銷稅；如新加入市場者隨後被認定有傾銷之行為，則反傾銷稅應溯及於新加入市場者審查開始時課徵之（註三一三）。

4.反吸收規定（Anti-Absorption）

烏拉圭回合協定並無關於反吸收之規定，共同體亦於1988年修法時始納入此一規定。此次修法為平息各方批評亦就此一反吸收稅之課徵做了相當的修正，包括(1)課徵反吸收稅前應重新計算傾銷差額；(2)如正常價值變動係基於特殊理由，而非反傾銷轉嫁予出口商之結果，則如出口

註三一一　Ibid., Article 8.3.
註三一二　Ibid., Article 8.4.
註三一三　Ibid., Article 11.4.b.

商提出相關證據，執委會得加以考量；(3)如有證據證明反傾銷稅確實反應在傾銷產品於共同體之轉售價格或其後之銷售價格，則推定出口價格時不應將反傾銷稅列入成本計算之（**註三一四**）。

5.登記程序

　　新反傾銷法設計了一新的登記程序（registration procedures）。根據規定，執委會得於與反傾銷委員會（Anti-Dumping Committee）諮詢後，指示海關採取適當步驟登記進口產品，如此相關反傾銷程序則得於登記日後實施於此類產品。共同體產業亦有權要求特定進口產品為此一登記，惟其須提出相當證據證明此一登記之必要性。登記措施必須以「規則」之方式公布之，並應說明其目的；如有可能，亦應說明其未來可能牽涉之賠償責任之數量。此一登記時間不得超過九個月（**註三一五**）。

6.反規避制度

　　新反傾銷法以第13條規定了反規避稅之課徵條件及方式。第1項定義「規避」為：「第三國與共同體間貿易型式之變更。此等變更係因除稅之課徵外別無其他正當原因或經濟上之合理性之實務操作、加工或其他工作而生；且有證據證明課徵反傾銷稅而反映於同類產品之價格及數量上之救濟作用已因此而受損害；另外依先前對其他同類或相似產品認定之正常價值，足認有傾銷之證據者。」對於此一規避行為，共同體得延伸其反傾銷稅之課徵至其他出口同類產品或其零件之第三國。

　　於第三國或共同體從事之裝配工作可能被視為規避行為之情況如下：

　　(1)此等裝配工作係於反傾銷調查程序開始後才開始或大量增加，而零件係自受反傾銷措施處置之國家進口；且

註三一四　Ibid., Article 12.5.
註三一五　Ibid., Article 14.5.

(2)上述進口零件占裝配產品之所有零件之百分之六十以上，除非上述零件於裝配或完成過程中，其附加價值大於製造成本之20％；且

(3)因反傾銷稅之課徵而反映於裝配完成之同類產品之數量及價格上之救濟作用受損害，且依先前為同類或相似產品認定之正常價值，足認有傾銷之證據者（註三一六）。

四、結論

有反傾銷法規則之制定的國家認為，傾銷乃為一種掠奪性行為，屬不公平之貿易手段，故應採取反傾銷措施加以遏止，以彌補其國內產業所受損害，或防止損害之發生。然就現行各國反傾銷法規執行之結果觀之，受反傾銷稅之課徵的貨品其低價並非當然涉及不公平情事；而反傾銷稅之課徵，亦非必然達到公平的結果。美國密西根大學教授Alan V. Deardozff指出（註三一七），構成反傾銷法要件之低價出口行為並非當然有可責性。因其造成內外銷價差的原因，一則可能係出口商在其本國之同類產品市場有獨佔或壟斷的能力；一則可能因該產品在出口國市場之需求彈性較小，而出口之低價則係面臨國際市場競爭的結果。但現行各國執委會反傾銷法並未對於傾銷之性質做深入探討，而多僅為技術層面的規定，如此而導致反傾銷稅課徵之不公平結果，相當程度地阻礙了國際自由貿易。

共同體屬大量採行反傾銷措施的國家。然觀諸其反傾銷措施實例，足可佐證上述之反傾銷措施之實行，並非必然達到公平之結果。共同體所採取的反傾銷措施中，有56％的案件涉案之國家其涉案產品之總數在共同體之市場占有率未逾5％，更遑論個別之廠商；而幾乎90％的案件

註三一六 Ibid., Article 13.2.

註三一七 Alan V. Deardozff, "Economic Perspectives on Antidumping Law," in J. Jackson & E. Vermulst (eds.) *Anti-dumping Law and Practice—A Comparative Study* (1990), pp.26～27.

中，第三國在共同體之市場占有率未逾25％（**註三一八**）。事實上，共同體反傾銷措施之採行難逃爲疏解其國內因貿易失衡而導致的社會及政治壓力之議，更不免保護共同體內無效率廠商之譏。

　　反傾銷法從1904年加拿大開始採行至今不過九十年的時間，仍屬一相當新的法律規範，故其不盡完善乃可想見。各採行反傾銷措施的國家無不屢屢修改其反傾銷法規以適應現實之需要。GATT自1948年至今就三次修改了反傾銷法典。共同體反傾銷法規自1968年初訂至今，也歷經大大小小多次修改（**註三一九**），而GATT烏拉圭回合於1993年12月結束談判，其修訂後之最新反傾銷法規作爲規範締約國間反傾銷行爲的共同準則，已促使許多國家要修法以因應烏拉圭回合新規定。共同體亦不例外。綜觀共同體現行反傾銷規定及執行方式，其修正主要著重於二方面：第一，在傾銷差額之詳細計算方面，其決定過程更加透明化（transparency）；第二，超額稅款之退還應適用一比較合理的機制，如此方可確定共同體反傾銷稅的課徵乃是爲彌補傾銷之損害，而非對國際貿易商的不公平懲罰。

　　至於共同體反傾銷稅法規中最受爭議的螺絲起子條款──反規避規定，由於GATT各締約國在烏拉圭回合中並未達成協議，國際反規避制度之共同準則仍未建立，其適用未來必將繼續產生爭議。共同體在適用反規避規定上將之與原產地規定交互運用，確實對外國廠商輸歐產品利用生產區位移轉以規避反傾銷稅之策略形成明顯的限制；但其主管機關大量運用自由裁量，及決定過程的不透明化，預料未來在執行上將會引起更多的國際貿易糾紛。

　　學者一般認爲，合理的反傾銷法必須包含3個要素，一爲可預測性（predictability），二爲具體性（substantive），三爲程序之公平性

註三一八　黃立，歐洲法院判例選評──傾銷差價之認定，進口救濟處理委員專輯第1輯（1991年12月），頁112。

註三一九　參見本文緒論。

（procedural fairness）。共同體反傾銷法向來最令人詬病的即為其可預測性（**註三二〇**）。由於其立法不夠明確，適用上常因個案不同而出現不同結果，而使廠商無從預測、無可適從。新反傾銷法於此已頗有改進，然而仍有應再行改進之處，例如無國內實際售價時究應選擇規定價格或第三國價格以代之；推定價格中計算管銷費用（SGA）及利潤之方式等。

　　至於最引起爭議的反規避規定，新反傾銷法中雖然增加了需以傾銷事實存在為成立要件，但其規定仍不甚明確，共同體主管機關仍有許多自由裁量的空間，未來勢必仍將導致諸多問題。

　　另外對於涉案廠商取得據以認定其傾銷事實之其他生產者或出口商資料或數據之禁止，亦對反傾銷法之可預測性及公平性有負面的影響。涉案生產者無法取得用於判斷其價格之他廠商資料或數據，故無法判斷其本身是否可能構成傾銷，且一旦調查程序開始，由於無法獲得適當之資訊，涉案廠商只能完全任憑共同體主管機關宰制，無法對數據提出辯解。因此，除非真有必要，否則實不應採用他生產者或出口商之數據作為計算涉案廠商是否涉及傾銷之基礎。

　　由於適用之時日尚短，共同體此一新反傾銷法究將對他國出口商及生產者造成何種影響尚難判定，其可能缺失亦無法就個案具體正確評估。惟此一新反傾銷法可謂各國反傾銷法中最符合烏拉圭回合GATT反傾銷協定精神者，此點實值得肯定。

註三二〇　Edwin Vermulst and Paul Waer, op.cit., p.63.

第八章　歐洲共同體競爭法

　　歐洲共同體競爭法（**註一**），並無一部完整的法典，而是分別以不同的規定，即條約、規則、指令、歐洲法院判決、執委會通知或指導原則籌建構成競爭規範（**註二**）。就此規範內容，本章分別分析企業間協議或共同行為之管制（第一節）；企業濫用優勢地位之管制（第二節）；企業結合之管制（第三節）；國家補貼之管制（第四節）以及共同體競爭法與我國公平交易法的比較（第五節）。

第一節 共同體企業間協議或共同行為之管制

　　各種企業往往透過彼此間對特定區域、特定產品的生產或銷售協議（agreement）或共同行為（concerted practice），使市場上原有的競爭情勢消失或減弱，藉此維護其既有的、或開創其未來的市場地位或經濟利益。這種種反競爭的行為，皆與共同市場的目標相違背。由於經濟事務的複雜與市場狀況的瞬息萬變，企業間協議或動作的內容亦十分繁多，對於抽象的EC條約第85條相關條文的理解和適用，仍需透過歐洲法院的解釋和執委會有關規則的規定與實務上所做出的見解。

　　企業一詞是個廣泛的概念，涵蓋任何從事商業或經濟活動之自然人

註一　王泰銓（主持），歐洲共同體競爭法（Ⅰ）（Ⅱ），行政院國家科學委員會專題研究，民國84年10月。

註二　詳參王泰銓（合作研究助理戴豪君、梁禹山、楊苑琳），歐洲事業法㈡：歐洲競爭規範（臺北：五南圖書公司印行，1997）。

或法人，而法人之範圍並不僅限於以公司法為準據法所創設的公司法人。換言之，任何從事經濟活動的實體均可被包括在企業的範圍內。歐洲共同體條約中對於企業並未有明確的定義，而是透過歐洲法院判決解釋與執委會實務之執行形成的概念。因此在第85條的適用上，並不限於同一類企業間的行為，亦不以該組織具有法人格為必要。二個以上的企業雖各自具有獨立法律上人格，但彼此在決策或其他管理控制方面是相互依存的經濟單一體，彼此間有緊密的經濟關係加以聯繫，居於同一控制之下，而無獨立決策能力之企業間之協議則不受EC條約（羅馬條約）第85條第1項之規範。多數企業的組合，只要具有一定的目的和功能，並有一定組織型態之同業公會所作的決定，與企業間之協議同樣有限制競爭之效果，必須受第85條第1項之規範。

　　EC條約第85條與第86條，均將是否影響會員國間貿易，作為測試企業行為是否有悖於共同體之統合目標之要件。歐洲法院與執委會對於影響會員國間貿易一向採取較為廣義的解釋，在Société Technique Minière案中指出要構成影響會員國間貿易之要件，必須所係爭之企業協議，基於客觀之法律與事實因素判斷，可預見具有直接或間接、實際或潛在的影響會員國間貿易之相當程度的可能性，因此這個判斷原則又稱為 "STM Test"。企業之行為唯有在影響會員國間商品與服務之貿易，才受歐體競爭法之規範。對於市場行為之影響範圍只生於各會員國內部，對於非會員國發生影響之協議，均不在共同體法管轄之範圍內。此種以影響會員國間貿易作為是否適用競爭規範之判斷要件又稱為會員國間條款。

　　健全自由的競爭市場，原本僅是一種假設，實際上的市場情況並非處於完全的競爭狀態。蓋以任何一個經濟活動的主體在尋求進入特定的區域及產品的市場時，受限於現實環境，其並沒有選擇手段的完全自由，因此，以協議或共同行為達成其目的的情形即相當平常。所以，使得何謂限制、妨礙、扭曲競爭的內涵顯得模糊而不可捉摸。再加上各國

政府特有的經濟政策對經濟市場的干預，使得完全自由的競爭市場成爲純粹的理想。有鑑於此，競爭限制旣不可避免，則對第85條的了解，應當掌握第85條的立法目的，不僅是爲了消除或減少這類的協議的數量，並且也應嘗試區分那些無法自限制競爭取得充分利益的協議與那些雖減少競爭但卻伴隨實質利益，而可以獲得第85條第３項適用的協議之間的不同。因此，在不完全競爭的環境前提下，對於第85條的適用，應充分考量利益衡量後的結果。而對於限制、妨礙及扭曲競爭的理解上亦然。

對於某種限制，或扭曲競爭之行爲，若發現實證上對於市場競爭秩序，僅有微不足道的妨害時，無需再將其列入競爭法的管制範圍內。經由執委會實務上執行以及歐洲法院透過判決所形成「微渺理論」。其目的在使執委會資源的使用達到效率，即先排除某些相對不重要的案件。原則上一些不重要的協議可以免除第85條的管制，蓋以沒有一個合理可能的期待去期待這樣的協議在交易趨向產生直接或間接、實際或潛在的影響。歐洲法院認爲，必須對歐體競爭秩序造成顯著之影響，才需受第85條及第86條之規範。

EC條約第85條第2項特別規定了違反第85條第１項競爭規範的效果，即當然無效。因此，該違反的協議不待有權機關的宣示，亦不待當事人撤銷或提出抗辯，即自始，當然無效。而無效的範圍亦非全部的協議內容，而僅限於違反的部分無效而已。至於由執委會要求修改的協議，在解釋上應自修改後協議的效力，方始發生。

面對複雜的經濟市場，廠商間的協議或共同行爲，其態樣也同樣繁多。就商品之製造及分配的流程來看，協議的種類可大別爲兩大類：在同一層次的協議，稱之爲水平協議，屬於橫向的結合形態。水平協議係指在商品的產銷上，位於同一層次而相互間彼此處於競爭狀態的貿易或工業間的關係，例如某一特定產品的製造商之間、零售商之間或者競爭產品的特許授權者之間。因此對於特定商品的產銷上，處於同一層次而彼此競爭的企業間所爲的協商行爲，稱之爲水平協議。由於影響市場的

經濟因素相當複雜，因此水平協議的態樣也同樣多而繁複，但就其結合的目的及形式來觀察，水平協議分爲防禦性卡特爾專業化、專業化及研究發展協議以及合資企業三種類型。

相對於水平協議，垂直協議的主體間，並非位於同一層次處於相互競爭的態勢，而係在產品銷售上處於上下層的貿易隸屬關係，例如製造者與經銷商、批發商與零售商、或資格授受者之間即是。而這種具有上下垂直關係的企業，爲特定商品之銷售所爲的協議，稱爲垂直協議。可能限制競爭的垂直協議，就其經銷的型態來分，有下述幾種類型：獨家經銷、獨買、選擇性經銷和加盟協議，以及價格控制、差別待遇、拒絕往來或供給的協議等類型。

企業間的協議，縱使限制市場的競爭，但若從市場的性質或長遠利益的考量，協議的價值也非全然負面的。尤其是競爭的維持並非人們從事經濟行爲的目的，而僅爲維持市場機能的一種手段，因此果有利於經濟目的的追求，縱使對於競爭有所限制，該協議仍然是可以接受的。因此，在歐洲共同體條約第85條第 3 項中，即規定了協議豁免管制的標準。至於第85條第 3 項的運用，就其作法的不同，分別爲類別豁免以及個別豁免，各有其程序規定與審核之標準。

EC條約第85條第1項尚包括「共同行爲」的管制。此名稱係來自美國反托拉斯法：concerted practices，亦爲法國法和歐洲煤鋼共同體條約所使用：pratique concertée（註三）。

共同作爲之相互發生並不基於契約的義務，而是在於默示合意的基礎上；即使存在著合意的約定，但不可能由參與者或第三人依債法舉證出來。這種共同行爲的方式很多，例如價格的調整、費率表的交換、市場的分割。第85條第1項所指的「共同行爲」，基本上應有減少或避免

註三　參見Ordonnance française sur les prix, n° 45-1483, art.59 bis; ECSE條約，第65條。

競爭的意圖（**註四**），與美國法上單憑多個企業寡占市場地位的事實已
構成管制之條件不同（**註五**）。

第二節　共同體企業濫用優勢地位之管制

　　EC條約第86條對於企業優勢地位與其濫用行為類型之規定，其適
用之要件有三：

　　(1)在共同市場或其重要部份中一個或多個企業擁有優勢地位。

　　(2)需有濫用優勢地位之行為。

　　(3)濫用行為影響會員國間貿易。

　　但是歐洲共同體條約條文中對於優勢地位並未做出明確之定義。優
勢地位此一不確定的法律概念，乃經由各種學說與判例為其建構實質的
內容與意義。歐洲法院在Michelin一案中，將優勢地位定義為：「企
業所享有經濟強勢的狀態，使該企業有能力在相關市場中，經由相對於
其他競爭者、顧客與最終消費者，為相當可感覺的程度之獨立行動，而
損害有效競爭之維持。」優勢地位意涵範圍較經濟學上獨占為廣，尚包
括寡占之情況。然而由經濟學上獨占與寡占之理論，演變至以競爭法之
抽象條文，或判決之文字來描述優勢地位時，是否能具體明確表示出其
構成要件，實非易事。法律上之判斷與經濟學之見解亦有不同，但經濟
學之見解，對於形成法律判斷仍有相當影響。

　　EC條約第86條，提及企業用語時使用一個或數個企業。表示居於

註四　這種解釋符合法國實務上的作法，參見Xavier de Roux, Dominigue Voil-
　　　　lemot, Le droit de la concurrence des Communantés européennes,
　　　　Traité pratique-Recueil de Textes, Paris, 1969, p.13.

註五　Cf American Tabacco Company, 328 U.S., 781 1946 (IV-A-00061)。係
　　　　基於 section II en sherman Act 產生的「單行行為」（parallélisme
　　　　d'actions）甚或主要價格（Leading prices）的美國理論。

優勢地位之企業數目並不限定於單一企業，可能有數個企業同居於優勢地位。在早期判決中對於數個企業解釋採狹義見解。雖然在同居於優勢地位中數個企業，均具有法律上獨立人格，但彼此間有緊密的經濟關係加以聯繫，居於同一控制之下，這些企業可能是同屬一企業集團或被視為經濟單一體。數個企業間若無法律上或經濟上互相控制關係，僅單純的缺少競爭或無重要明顯的競爭時，可否認為共同居於市場優勢地位？在此對於第86條所稱一個或數個企業必須再作較廣義的解釋。寡占市場中數企業無法構成聯合行為之協議，該組企業可否被視為同居優勢地位之企業。歐洲法院及執委會透過裁判與解釋，建立了集體優勢地位理論來解決這個問題。

分析一企業是否構成市場中之優勢地位，必須考量四個重點：(1)定義相關市場，包括產品市場與地理市場，使優勢地位之市場力量可與市場中競爭條件進行評估；(2)證明該企業持續在市場上擁有高市場占有率；(3)證明不可能有實際或潛在之競爭對手侵害該企業之地位；(4)證明優勢地位存在於共同市場或其重要部份之中。欲判斷企業是否居優勢地位，如何界定相關市場之範圍是十分重要的。相關市場範圍界定之寬窄，直接影響優勢地位認定之從寬或從嚴原則。相關市場之界定，不僅在認定優勢地位有關鍵性地位，在競爭法中其他聯合行為，結合行為，不公平競爭行為均以相關市場之界定作為執行時重要依據。歐洲法院在 Continental Can Company 一案中曾明白指出，相關市場的界定是如何決定優勢地位之關鍵要素。意指優勢地位不能抽象的存在，必須附麗於實質的相關市場中，才具有意義。相關市場主要分相關產品市場與相關地理市場兩部份討論。

欲適用EC條約第86條，須該企業之優勢地位存在於共同市場或其重要部分。企業僅在小的地方性市場或區域性市場造成影響，應被自執委會之監督下豁免。決定共同市場之重要部份，不僅以地理範圍大小與單純數量標準加以判定，必須就涉案產品在共同市場之產品市場中經濟

重要性等因素綜合加以研判。

　　相關市場範圍界定之後，企業在市場之中需達到何種狀態，才足以認定其擁有優勢地位？而其認定標準由何種因素構成，對於企業而言造成何種影響，是相當關鍵性的問題。就判斷優勢地位之各項要素可分爲兩部分加以討論，首先討論市場占有率高低對於優勢地位構成之影響，其次就測定優勢地位之其他因素（包括市場進入障礙，技術能力，財務能力，機會成本，企業行爲等）加以討論。

　　由於企業之行爲，只有在其影響會員國間貿易到達可感覺的程度時，才有違反第85條與第86條之可能。判斷可感覺的影響之標準爲企業之市場占有率、市場地位、財務資源等。違反第86條規定之案例中，其市場中已存在優勢地位企業，因此該市場之競爭結構格外需要謹愼監視與保護。執委會與歐洲法院在解釋與適用第86條之會員國條款時，特別注重優勢地位企業之濫用行爲是否影響或更動共同市場中之競爭結構。

　　依EC條約第86條規定，對於優勢地位之狀態並不加以非難與禁止，優勢地位本身並非當然違法（**註六**）。在自由且公平競爭之市場機能運作下，企業因其經營方式成功，循正當途徑取得或維持其市場之優勢地位，自爲法律所允許。歐洲共同體條約第86條僅對優勢地位企業之濫用行爲加以禁止與管制。條文內容對於何謂濫用，並未提出說明或定義，僅在條文中列舉四款濫用行爲類型作爲例示規定。討論濫用之意涵，必須透過歐洲共同體條約所揭櫫之宗旨，條文之架構以及判例上實務見解與學理之解釋，對於濫用一詞加以定義。就企業濫用優勢地位之行爲類型而言，基於企業濫用優勢地位其目的在於牟取超額利潤或排除其他競爭對手，其手段與方式可以說是目不暇給，但最爲消費者與廠商關心的便是價格。其次，因智慧財產權被賦與一定專屬排他權，以提供

註六　詳參戴豪君，歐洲共同體競爭法對優勢地位企業規範之研究，淡江大學歐
　　　　洲研究所碩士論文，民國84年6月。

一定之經濟利益以鼓勵發明與創新。從競爭法角度而言，此種法定授與之專屬權，行使時必然造成排除他人競爭之效果，許多智慧財產權人與其行使專屬權時，以法律賦予之權利保護外觀作爲掩護，不當行使或濫用其權利與優勢地位，造成限制競爭或不公平競爭之結果，此時智慧財產權與競爭法產生交集而需受其規範。

第三節 共同體企業結合（經濟力集中）之管制

「企業結合管制規則」係歐洲共同體競爭法事前管制企業結合之工具。歐體早先係以EC條約第85條及第86條，作爲管制企業結合之法規。惟該兩條規定，有其特定適用之對象，而各會員國亦有其各自管制企業結合之規範，共同體事前管制企業之結合行爲，仍處於法外紛亂之情形或擴張解釋第86條的結果。有鑑於實際之需要，1990年開始整合管制共同體層次有關結合之競爭法規。

早在1973年共同體境內因Continental Case一案的影響，各方開始呼籲應制定具有共同體廣度之企業結合規範，藉以管制隨著戰後經濟繁榮而愈加複雜之企業行爲。其間歷經六次草案，費時十七年，終於在1989年通過企業結合管制規則，並於次年正式生效實施。

企業結合管制規則係檢視關於企業以結合爲手段，達成其增強或創造優勢地位，且將來有濫用其所增強或創造之優勢地位之虞者，所爲之事前管制。故企業結合管制規則有關企業結合之定義，便成爲企業行爲是否適用結合規則之依據，例如企業之控制權及決定性影響力至何種程度，始有結合規則之適用，單獨控股及聯合控股如何界定其決定性影響力以及如何區分屬於結合型態的企業協調行爲及合資行爲等（**註七**）。

註七 詳參梁禹山，歐洲共同體企業結合規劃之研究，淡江大學歐洲研究所碩士論文，民國85年1月。

　　當企業經濟力之集中符合結合規則之規定，並且結合之相關企業的營業額，超過結合規則所規定之標準時，執委會此時應對該項企業行為予以檢視。執委會檢視之方式，係以該結合行為之企業，所生產之產品的相關產品市場與相關地理市場為依據，觀察其產品替代性、市場競爭條件、市場占有率、市場進入障礙、產品價格等，作為判定結合之企業，其得以濫用經濟力之可能性。

　　惟企業結合行為之樣態複雜，執委會得以附條件之方式，限制企業之作為或不作為，以達到管制之效果。其所附之條件，實因尊重市場機能之結果，認為公權力對於市場之干預，應盡量減至最低程度。

第四節　共同體國家補貼之管制

　　歐洲共同體條約第92條第1項所稱之國家補貼係指「由會員國或國家資源以任何形式所給與之補助」**（註八）**。這樣廣泛的定義包括了相當多種可能的補貼形式，至少包括了積極地給與現金利益，或消極地減少企業原本應負擔之成本。當一個企業得到政府的資金卻不須有相當之回報時，即明顯的構成補貼。日本豐田汽車在英國投資設廠的例子中，當地政府提供較便宜的土地供作廠房建設用地，偏離一般市場價格，也是一種補貼。既然歐洲共同體法上對於不當補貼禁止之原則乃是基於淘汰效率不佳企業之目的，因此執委會提出所謂「市場經濟投資者原則」用以審查此種政府投資之案件。所謂市場經濟投資者原則就是，以一般私人投資者是否願意依同樣條件（考慮可能的回收）加以投資，來決定政府之投資是否構成補貼。如果執委會認為在相同條件下私人投資者將不願投資，則國家之投資顯然不合市場上的理性決策，當然就構成補

註八　關於歐洲共同體國家補貼制度，詳參王泰銓（主持），前揭研究報告，頁250～268。

貼。歐洲法院也認為此種原則是審查政府投資的適當方法。

就補貼之對象而言，第92條之範圍限於特定企業體或特定產業中的所有企業體。在實際適用上，有時很難確定其措施是否對特定產業有利。例如，義大利政府降低所有女性勞工之健康保險費用，執委會經過嚴格的審查後認定，這樣的措施對紡織工業有不當之利益，因為該產業有較多數之女工，此項措施等於降低了紡織業的生產成本，而且是以減少國家稅收的方式達成。因此認定其構成補貼。

歐洲法院認為只要不同會員國家內之公司彼此有競爭關係，即使互相未進行貿易關係，對其中一公司之補助仍足以影響競爭。因為國家補貼在此足以強化受補貼公司之市場地位，也因此阻礙了他國公司將來進口到本國之機會。換言之，受補貼公司並不須從事出口貿易，其受到補貼一樣會增加外國公司之進口困難。

就產業性補貼而言，如果補貼的目的只是要維持該產業的現狀而非對其進行改造，則會被認為不適當。亦即，歐洲共同體之目標是促進資源合理使用及競爭效能，因此會員國對產業進行之補貼不能反而變成維持無競爭力之產業生存的方法。

歐洲共同體條約對補貼之例外許可，首先是對非常困難地區之補助，執委會對於此規定所確立的原則是，構成此規定之所謂非常困難地區，必須是相對於整個歐洲共同體的經濟水準而言，而非相對於該會員國其他地區而言。而最主要的評估標準就是國民生產毛額。目前被執委會認定的此類地區有希臘、愛爾蘭、葡萄牙（國內全境），及義大利、西班牙、北愛爾蘭（境內部份地區）。其次是為促進有關歐洲共同利益重要計劃之補助，本項所指的計劃是由不同國家參與的跨國計劃，或是由各國聯合採取的共同利益行動，例如針對環境污染問題。除此之外，如果有私人企業進行對全歐洲有利之研究發展計劃而受到國家補貼，也有本規定之適用。

歐體對國家補貼之程序規定，可以分為兩部份，首先是對已經存在

的補貼之審查。歐洲共同體條約要求執委會必須持續地審查這些已經存在的補貼之適當性。例如，基於地區性經濟困難而許可之補貼，在當地經濟狀況改善之後就應該終止。在此情形下，執委會就要經過條約第93條第2項之辯論程序要求會員國終止或修正其措施。其次是對新提出補貼計劃之批准，會員國在提交執委會審查之後，在執委會宣告此項補貼計劃合法之前，不得付諸實行。這項限制稱為凍結條款。這項條款具有直接適用性，亦即，當會員國政府不遵守凍結之規定時，受影響之其他私人企業得直接向該國國內法院提起訴訟，而國內法院有權取消其政府之措施。

執委會對該補貼計劃批准與否，須經以下程序決定。當會員國將其補貼計劃提交執委會審查後，執委會必須在兩個月的調查程序中形成初步意見。亦即，這項補貼計劃到底屬於第92條第1項之範圍，或是第92條第3項之例外豁免範圍。如果執委會不能在兩個月內完成初步審查，則會員國可以實施其計劃，但必須先告知執委會其已實施。若會員國逕行實施一項補貼計劃而未向執委會申請，則一旦執委會注意到此項事實，一樣可以進行調查。首先，執委會仍須要求該會員國提供必要的資訊，藉以決定此補貼是否符合條約之規定。當執委會獲得會員國之回應後，執委會有義務對此項補貼計劃進行審查，以使該項補貼計劃之合法性早日確定。

執委會在命令受補貼者退還違法國家補貼時，有相當大的裁量權決定要退還多少金額，因為在很多被認定為補貼的情形，其構成補貼之金額並不容易確定。因為執委會具有個案的退還金額決定權，更要注意合乎比例以及尊重當事人正當的信賴。

如果執委會認為會員國之補貼違反共同市場精神，可要求其於一定期間（該期間由執委會決定）內停止補貼。若會員國未於該期間內達成其要求，則執委會可以依條約第93條第2項，「直接」訴諸歐洲法院，由歐洲法院執行。所謂直接訴諸歐洲法院，是指不須經過條約第169條

及第170條之規定程序。在Spain v. Commission 一案中，歐洲法院進一步認為執委會對於補貼案件所作的決定或召開之辯論程序，與對於競爭或反傾銷案件之調查程序具有不同之法律效果。後者只是一種中間程序，其目的是為了產生出最終決定，故不受歐洲法院之審查。至於補貼案件之辯論程序，則可以爭執其合法性，也就是說，即使執委會之審查結果未直接認定為違法補貼，而是決定召開辯論程序，會員國依然可以向歐洲法院爭議。

綜觀這幾年來之趨勢，歐洲共同體對於國家補貼之管制問題經過歐洲法院之判決累積，已經漸漸形成較完整之體系，尤其在確立執委會之裁量權及審查補貼計劃時應遵守之程序等方面。一方面，各會員國之補貼計劃愈來愈多，被宣告違法者卻很有限，這說明了執委會的裁量權其實相當大。另一方面，相對於執委會之裁量權，各會員國及企業需要有充分的程序參與機會，才能維護其權益。因此，歐洲法院也要求執委會必須嚴格遵守程序上的規定。

第五節　共同體競爭法與我國公平交易法之比較

EEC條約（即今EC條約）簽訂之時，歐洲各國並無太多運用法律以保護競爭之經驗。事實上，僅有德國對競爭法制度之建立態度較為積極。ECSC條約雖規定了諸多有關競爭事項，卻少有適用之經驗且侷限於煤鋼產銷領域。而EEC條約中有關競爭之規定主要的也僅有第85條與第86條，且第85條及第86條僅規範限制競爭之情形，對於不正競爭之防止並無明確規定，實不足以應付關係複雜認定困難之妨礙競爭案件，更不能說歐洲共同體已具備一完整之競爭法制度。EEC條約生效後十數年間成為歐洲共同體競爭法制度之摸索肇建期，此一期間內對條約第85條及第86條之適用建立了歐洲共同體競爭法制度之執行方向，並漸漸

發展出相關學理與原則。此外相關派生法規亦陸續出現，使共同體之競爭規範架構日趨完整。直至1989年企業結合管制規則之制定，歐洲共同體競爭法於限制競爭行為之規範方面可說已相當齊備，惟於不正競爭禁止之立法仍相當缺乏，不如我國公平交易法的規定（註九）。

　　我國公平交易法於民國69年開始研議立法，期間歷經十餘年，主要出現三種草案版本，十餘年間贊成與反對之聲浪此起彼落，爭執頗多。尤其是獨占之部份及對公營事業是否列入該法之規範範圍，則爭議最大。民國80年2月4日，公平交易法終於完成立法，並於民國82年2月4日開始付諸施行。我國公平交易法係以一完整之法典姿態出現，與歐體分別以不同之規定，即條約、規則、指令、歐洲法院判決、以及各種雖無拘束力卻具參考價值之通知、指導原則等構成整體競爭規範差異甚大。由於我國公平交易法立法時間較許多國家為晚，公平交易法之立法得以大量參酌各國之前例及其執行之得失情況，故涵蓋範圍尚稱完善。公平交易法立法之初即將不公平競爭情形之規範納入，於獨占之注意、結合之管制、聯合行為之禁止外，亦兼顧其他限制價格、侵犯商品與服務表徵、引人錯誤廣告、妨礙公平競爭行為、侵害營業信譽等等不公平競爭行為之管制。

　　自1957年EEC條約開始，歐洲共同體之競爭法制度運作迄今已近半個世紀。其間競爭法之性質及規範重點亦隨之迭有變動，尤其是其完成經濟統合之任務已因單一市場之建立而漸失去重要性，往昔對於「影響會員國間貿易」之構成要件之強調，如今已有將定義放寬之趨勢，使其更趨向一般競爭法之本質。另外傳統歐體競爭法焦點多集中於私企業私人行為，近幾年則開始強調解決政府力量介入市場競爭，或公營事業獨占之問題。當前歐洲共同體競爭法面臨之最大難題，在於整個歐洲之

註九　關於歐洲共同體競爭法與我國公平交易法之比較研究，詳參王泰銓（主
　　　持），前揭研究報告，頁189～247。

統合更深更廣後，各會員國內國與共同體層次對於競爭法之管制權限究應如何劃分的問題。雖然前述「影響會員國間貿易」之要件規定有日益放寬之趨勢，會員國間卻開始要求分散並下放競爭法管制權予各會員國。如能有效進行對競爭法管制力量的分配而不致扭曲，則可能大量減少執委會之負擔、提高案件處理之效率，進而降低企業經濟力集中之情形，減低市場力量被濫用之可能性。但亦可能減少執委會對整體競爭政策之執行、監督及發展的效力，並使歐洲共同體競爭法淪於為各會員國不同目標服務之區域性法律，而喪失其共同體層次之一致意義。隨著近年來歐洲之快速整合，歐洲共同體競爭法亦可能將面臨更多之變化，此一情形對於其長久以來建立之原理原則究會產生多深之影響，值得注意。

我國公平交易法之實施只有短短的經歷，不似歐洲共同體競爭法已有數十年之歷史，得於此長時間中發展出各種足以補充競爭法本質上無可避免的不確定法律概念之解釋及案例。故這幾年來其適用上頻遭困難、多所爭議，修法之聲不斷。其修正草案也於民國83年4月間，由行政院邀集學者專家草擬提出，主要重點包括：(1)廢止獨占事業與市場占有率達五分之一事業之公告制度；(2)增列聯合行為例外情形之規定與容許農工商團體為防止不公平競爭之自律公約；(3)賦予公平交易委員會權力，對於違反本法規定之事業得逕處以罰鍰；(4)貫徹「先行政後司法」之處理原則；(5)損害他人營業信譽之行為改為告訴乃論並加重其刑。縱觀此次修法重點，最為人垢病之獨占公告制度獲刪除將減輕不少行政單位工作上之負擔，第35條至第37條修正為以行政處理為優先，建立「先行政後司法」之處理原則，亦相當程度地反映了學者專家主張經濟秩序之管理不宜過分嚴苛之態度。唯先行政後司法並非完全免除公平交易法可能導出的刑事責任。以競爭法此種包含諸多不確定的法律概念，且為因應經濟活動多變之特性亦不宜太過僵化其規定之法律而言，課以事業業主或相關人刑責，似違反刑法之罪刑法定主義，而將有抑制經濟活動

之作用。故若能將刑責留待由相關明確法律規範，似更能符合公平交易法之立法目的，使事業得依誠信原則積極從事經濟活動，而無慮誤觸刑責規定，進而活潑整體經濟之運作，促進經濟之安定與繁榮。

有關事業之獨占方面，共同體係於EC條約第86條規範此類事業獨占之情形。唯其乃規定「一個或多個事業，濫用在共同市場或其重要部分中之優勢地位……」，而非規定「一個或多個事業共同占有優勢地位……」者，故未如我國公平交易法明確將寡占情形亦納入規範。但是透過判例與學理的推動，集體優勢地位之管制已日趨完善（此處保留共同體之優勢地位用語，提及歐體競爭法有關獨占之規定時，均按其條文本來用語稱之，以免與公平交易法「獨占」概念混淆）。事業可能因法律上原因，自然形成或因他因素而形成獨占之優勢地位，如獨占之事業發揮大規模經濟之效果而降低生產成本、或以其雄厚之經濟實力致力於技術研發或創新，則獨占確有其完全競爭下無法達成的經濟效率；但如獨占之事業利用其優勢之市場力量，控制價格，故意阻礙競爭者之進入，又因其可獨立於競爭同業、顧客，以及消費者之意見影響之外之市場力量，而忽略成本控制與生產效率，使資源無法獲得最有效之配置，則獨占又可能帶來許多完全競爭市場可以避免的問題。如何規範獨占企業之市場行為，使其得以發揮最大經濟功能卻又不致導致其濫用市場力量，損及長遠的經濟利益，乃為競爭法亟欲達成之目標。世界各國競爭法大多不以獨占為違法，僅以其濫用為防制目標，歐洲共同體競爭法與我國公平交易法亦同。依據EC條約第86條之規定，一個或多個企業，濫用在共同市場或其重要部分中之優勢地位，於其可能影響會員國間貿易，而與共同市場不相容時，應被禁止，第86條並例示了數項優勢地位濫用之情形。我國公平交易法則分別於第5條及第10條定義獨占，與獨占事業被禁止從事之行為。依公平交易法之定義，獨占係指事業在特定市場處於無競爭狀態、或具有壓倒性地位，可排除競爭之能力者。而二以上事業，實際上不為價格之競爭，而其全體之對外關係具有前項規定之情

形者，視爲獨占。

在事業之結合方面，1989年之前歐體係以EEC條約第85條與第86條對事業結合行爲進行管制。1973年，執委會依歐洲共同體條約第87條及第235條之規定提出一份規範事業結合活動之草案，草案之目的在補充原有共同體規則之不足，並有系統的建立一套規制事業結合之工具。此一草案提出後經過多次修正，直至1989年12月30日方通過成爲理事會第4064/89號規則。執委會其後更依其授權陸續制定了各項施行細則、指導要點、結合申報須知……等，使歐洲共同體結合規範更爲完備。與歐洲共同體競爭法制度中之結合立法方式不同，我國公平交易法立法之初即體認到規範企業結合之必要。行政院所擬之公平交易法草案總說明即闡明：「事業結合之結果，易致壟斷市場，足以影響交易秩序，當有限制之必要。爲對於加強國際市場競爭能力之需要亦宜兼顧，爰本於配合政策及當前經濟情況，參考日本、韓國、德國等國之立法例，規定事業結合致市場占有率達一定之比例或金額者，應經中央主管機關許可，如其結合對整體經濟利益大於限制競爭之不利益者，應予許可；其應申請許可而未申請者，其經申請未獲許可而逕行結合者，中央主管機關得爲必要之處置與處分。」而分別於公平交易法第6條闡明該法受規範之事業結合之定義、第11條規定應申報之事業結合、第12條爲考量應否准許結合之基準、第13條爲違法結合之處分，另外並於第40條規定應處之罰鍰。此外，公平會亦於民國81年4月公告事業結合應申請許可之銷售金額之標準（二十億元）。而同年公佈之「公平交易法施行細則」則於第6條至第10條規定有關結合事項。雖然共同體對於事業結合之規範仍存有許多灰色地帶，但相較之下我國公平交易法則更爲晦澀不明。本部份即就二種法律間不同之處，分別針對適用對象、結合之定義、結合準駁之審核標準、以及結合之程序進行比較。

事業間聯合行爲使其得以較大之經濟力攫取超額利潤，妨礙市場上價格決定等競爭自由、或阻礙其他競爭者參與公平競爭之條件。不論其

短期是否對消費者產生利益，長期而言，其將損害經濟資源之利用效率，形成社會損失。世界各國競爭法制度中皆以聯合行為為規範重點之一，唯規範角度各有不同：有以水平聯合行為為主者，如我國公平交易法，及德國營業競爭限制防止法；有對垂直聯合行為規範較嚴格者，如法國競爭法；亦有二者皆重無分軒輊者，如歐洲共同體競爭法。無論其規範角度為何，考慮重點則一致皆在防止市場上之「競爭」受扭曲、妨礙或限制。歐洲共同體競爭法對於聯合行為之管制主要規定於EEC條約第85條。唯第85條僅為大方向原則性規定，其執行有賴1962年頒佈之理事會第17/62號規則作為其準則，另外執委會亦陸續公佈各種審查標準，注意事項等以為歐洲共同體條約第85條適用之補強。我國公平交易法則將聯合行為之規定與前文討論之獨占及結合皆納入同一法典中，另輔以公平交易法施行細則以為執行之準據。根據歐洲共同體條約第85條第1項之規定：所有可能影響會員國間貿易，以及係以妨礙、限制或扭曲共同市場之競爭為目的或效果之企業間協議、同業公會之決定或共同行為，特別是：(1)直接或間接訂定買賣價格或其他交易條件；(2)限制或控制生產、行銷、科技發展或投資；(3)分配市場或資源之供給；(4)就相同之交易，對不同貿易夥伴適用差別的條件，而使其處於競爭上之劣勢；(5)就契約之締結使他方當事人接受其他附加之義務，而此附加義務，依其本質或商業習慣，與該契約之標的並無關聯。我國公平交易法則於第7條定義聯合行為，明定聯合行為應指事業以契約、協議或其他方式之合意，與有競爭關係之他事業共同決定商品或服務之價格，或限制數量、技術、產品、設備、交易對象、交易地區等，相互約束事業活動之行為而言。歐洲共同體規定的「共同行為」，並無契約的關係，所以雖其與我公平交易法「聯合行為」之外文名稱相同，但使用不同的中文名稱以示區別其性質。

第六節　共同體智慧財產權與競爭規範

一、概說

隨著經濟生活的進化，各個經濟活動彼此息息相關，所謂市場自由競爭也有了新的時代意義。因爲自由的市場中必然存在經濟實力不盡相同的各種企業體，因此優勢者可能挾其雄厚實力使弱勢者無法生存，最後從自由競爭變成無人與其競爭；而弱勢者也可能以相互聯合的方式抵制其他競爭者。這些都是經濟市場的失序現象，也是當代政府最關心的問題。因此，當代國家對於經濟活動都有不同程度的管制，而這種管制似乎也成爲新時代「經濟自由」的眞義。同樣的，歐洲共同體即是以EC條約第30條至第36條的四大自由流通原則（貨品、人員、服務、資本）以及第85條及第86條的公平競爭原則，規範了經濟活動。

本節所關注的是智慧財產權與競爭規範之關聯性（註一〇）。智慧財產權制度之存在原本是基於保障及鼓勵發明人而藉此提升文明進步之手段，其種類可大別爲專利權、商標權、著作權。此三類智慧財產權在形態上及目的上固然不同，卻都表現出相當程度的專屬性和排他性。這種專屬性及排他性在本質上與所謂市場自由競爭會產生互相扞格之情形。不過這三種不同的權利與市場自由競爭的關係是複雜的，必須經過深入探討才能掌握其關係的脈絡。本節先分析在歐洲智慧財產權與四大流通原則的關聯性，其次再分別探討三種智慧財產權與競爭法規範之關係，主要是以歐洲法院及執行委員會的見解爲分析內容。但畢竟三種智慧財產權與競爭規範的關係仍有其共通之處，特別在專利權中作深入說

註一〇　本節係國科會專題研究報告，歐洲共同體競爭法研究（Ⅰ）（Ⅱ）之續編，王泰銓（主持），研究助理李崇僖。

明，在其他部份不再贅述。

二、智慧財產權與貨品自由流通

　　由於EEC條約（即今EC條約）並未明文要求建立歐洲共同體本身的智慧財產權制度，因此關於智慧財產權之保護，現階段只有依照各會員國國內的法律及各國相互間簽訂的各種公約。在這種情形下，智慧財產權之保護與建立歐洲單一市場的目標似乎基本上會發生衝突。一方面，各會員國對於智慧財產權之授予其難易程度並不一致，造成各國廠商競爭條件不同，更重要的，智慧財產權的專屬性將成為阻止外國相同產品進口的利器。例如同一技術如果在兩個會員國分別有一個專利權人，則其中任何一人都將引用其受保護之專利權作為禁止他人商品輸入該國之理由，這就使羅馬條約所標榜的貨品自由流通精神無法貫徹。

　　為此，歐洲共同體正分別朝立法及司法兩個方向解決問題。所謂立法方面的努力，就是企圖建立整個歐洲共同體本身的專利權制度、著作權制度、商標權制度。這是徹底解決智慧財產權與經濟秩序之方法，詳見本節三、之說明。至於司法方面的努力，是使歐洲法院相關的判決之見解，形成各項原則。

(一)權利存在與權利行使

　　當歐洲法院及執委會在實際案例中面對專利權與貨物自由流通的矛盾時，必須同時考慮到EEC條約第222條之規定：「本條約不得損及各會員國國內規範財產權制度的法律。」因此，歐洲法院自Consten and Grundig v. Commission（**註一一**）案，發展出區分權利存在（existence）與權利行使（exercise）的原則（**註一二**），承認各會員國國內

註一一　Case 56 & 58/64 (1966) E.C.R.299.

註一二　Valentine Korah, *An Introductory Guide to EEC Competition Law and Practice* (ESC Publishing Limited, 1990, 4th Edition), p.157.

所保障的智慧財產權制度存在是作為財產權之保障，但該項財產權之行使不得觸犯EEC條約第36條的禁止歧視及限額進出口之規定。

(二)權利用盡原則

　　歐洲法院本此原則對專利權之行使所作限制較重要的就是「權利用盡原則」。在Centrafam v. Sterling一案（**註一三**）中，歐洲法院認為Sterling公司自己同意將該專利藥品輸入英國市場，如此該公司對此專利藥品的應有獲利已得到保障，該藥品自然可以在歐體內自由流通，Sterling公司不得基於其在荷蘭的專利權而禁止該藥品從英國反輸入荷蘭。然而，「權利用盡原則」在適用上必須以權利人自願地讓與有關商品進入共同體市場的任何地區為前提（**註一四**）。

　　其實「權利用盡原則」是智慧財產權領域中的基本法則，本身並不會引起爭議。但適用到歐體中的問題則是歐洲共同體究竟是完全的單一市場或是在智慧財產權法制上還未成立為單一市場？如果說就智慧財產這項商品而言並沒有整個歐洲單一市場的概念，則前述Sterling公司的專利權在英國市場用盡，在荷蘭市場卻還未行使呢，當然不受權利用盡原則的限制。因此，徹底解決此項爭議的方法就是建立屬於歐洲共同體一體的智慧財產權制度。

三、專利權與競爭規範

(一)共同體專利制度

　　所謂立法方向的努力，以專利而言就是建立整個共同體的專利制度。過去歐洲各國在專利制度方面的合作頗多，曾經簽署「巴黎公約」

註一三　Case 15/74 (1974) E.C.R.1147.
註一四　Korah, op.cit., p.163.

以及「歐洲專利公約」，而歐體的會員國也都是這兩個公約的締約國。
但是這樣的合作程度仍不足以解決專利制度與貨品自由流通之間的衝
突，因為專利發明人依「歐洲專利公約」所申請的專利固然可以一次指
定適用於多個國家，卻仍然是個別國家的國內專利，每一個國內專利都
足以將其國內相關產品的市場與其他國家區隔開（**註一五**）。

　　1975年，共同體會員國簽下「共同體專利公約」正式創造了涵蓋整
個共同體的單一專利制度，也就是對此種專利的授予、撤銷、轉讓或其
他任何方式的處分，都只能以整個共同體為範圍。專利權人限定區域的
專屬授權將是不被容許的，藉此防止專利權人區隔市場。

(二)專利制度與競爭規範之調和

　　EEC條約的競爭規範中，雖有對造成競爭限制而應予禁止的行為
加以規定，亦有規定得豁免的情形（第85條第3項）。1965年歐洲理事
會授權執委會得就與智慧財產權之取得及行使有關之競爭限制規定其豁
免情形。

　　先前，執委會曾於1962年12月24日就專利授權契約，公佈其認為不
屬於第85條第1項所禁止範圍的協議。但是由於其所持之標準與德國營
業競爭限制防止法第20條相同，亦即以是否屬於專利權內容為判斷標
準，因而遭受嚴厲的批評（**註一六**）。因為專利權之內容係由國內法決
定，如此將導致國內的專利法優先於羅馬條約，於是執委會只好另外發
展出新的判斷標準。

　　執委會參酌歐洲法院歷年來的判決，終於在1984年7月23日公佈第
2349/84號規則，即是有關專利授權契約之「類型豁免規定」，該規定
自1985年1月1日起生效。從此，歐洲共同體中關於專利契約與競爭限制

註一五　邱晃泉、張炳煌合著，歐洲共同體解讀，（月旦出版社，1993年），頁111。
註一六　謝銘洋主持，公平交易法與智慧財產權之關係（行政院公平交易委員會
　　　　　委託研究，1993年），頁119。

之規範分三部分：一、羅馬條約第85條；二、羅馬條約第86條；三、類型豁免規定。

1.EC條約第85條

本條為歐洲共同體關於競爭法則的基本規定：「下列行為與共同市場不相容而被禁止，所有可能影響會員國間貿易以及係以阻礙、限制或扭曲共同市場內之競爭為目的或效果之企業間協議、同業公會之決定和共同行為，特別是：

(1)直接或間接訂定買賣價格或其他交易條件；

(2)限制或控制生產、行銷、技術發展或投資；

(3)分配市場或來源之供給

(4)就相同之交易，對不同交易相對人適用不同之條件，而使其處於競爭上之劣勢。

(5)就契約之締結使他方當事人接受其他附加之義務而此附加義務，依其本質或商業習慣，與該契約之標的並無關係。

本條所禁止之協定或決定無效。

第1項之規定於下列情形得宣告不適用之：

——企業間之協定或類別協議。

——同業公會之決定或類別決定。

——共同行為或類別共同行為。

上列行為須有助於改善商品之生產或行銷，或有助於技術或經濟之進步，而使消費者公平享有因而產生之利益，且不得有下列情形：

(1)對相關企業加以與達成上列目的所不必之限制。

(2)使相關企業就係爭產品之重要部份有排除其競爭之可能。」

由於歐洲共同體各會員國在其國內法上亦有競爭法規範，於是羅馬條約第85條與各會員國內國法在適用上就產生競合關係。依歐洲法院之見解，共同體法應優先於內國法適用。羅馬條約第85條主要在規範可能對會員國之間貿易造成影響之行為，所謂對會員國間貿易造成影響之行

為其範圍仍相當廣泛，歐洲法院在實務上以其影響達於可察覺之程度，例如某一企業之市場占有率達5%以上為前提（註一七）。

　　第85條的規定在適用上尚須藉由歐洲法院及執委會透過案例表達其見解，才能將此條文具體落實。如上述，歐體執委會原先所採取的標準與德國營業競爭限制防止法第20條相同，引來許多批評。於是執委會改採權利存在與權利行使的區分方式。在此見解下，執委會認為屬於權利存在事項的有：約定標示義務、仲裁條款、時間或地區之限制、實施義務、禁止次授權、保密義務、改良之通知義務、品質之規定或給付費用之義務。這些約款原則上有效。相反的，若在專利授權契約中禁止被授權人將專利品銷往其他國家、禁止被授權人為營業競爭、擴張契約及於未受專利保護之客體、於專利權期滿後被授權人仍受拘束、要求必須購買未受專利保護之物、約定就未受專利保護之物亦應為專利之標示、約定不爭執條款、約定被授權人有移轉改良發明之義務、約定授權人有過大之監督權等等情形，都被執委會認為違反第85條之規定。以上判斷標準也已獲得歐洲法院之肯認（**註一八**）。

2.EC條約第86條

　　第86條是在規範企業濫用其市場上控制地位之情形，其規定內容如「一企業或數企業在共同市場上或在共同市場之主要部分中濫用其控制優勢地位，足以妨礙會員國間之交易，而與共同市場不相容時應予禁止。

　　下列情事為濫用：

　　(1)直接或間接設定不公平之買賣價格或其他不公平之交易條件；

　　(2)限制生產、市場或科技發展致生損害於消費者；

　　(3)就相同之交易，對不相同之交易相對人適用不同之條件，而使其

註一七　Volker Emmerich, *Kartellrecht* (Verlag C. H. Beck, 1988, 5. Auflage), S.480.

註一八　Emmerich, op.cit., S. 523.

處於競爭上之劣勢；

　　(4)就契約之締結使他方當事人接受其他附加義務，而此附加義務，依其本質或商業習慣，與該契約之標的並無關係。」

　　嚴格言之，此一規定在專利權的適用上意義不大。因爲所謂的市場上控制地位，係指一事業在經濟上之強勢地位足以使特定市場無法維持有效之競爭。一般而言，單純擁有一項專利並不足以達到此一控制地位。亦即，專利雖然賦予權利人在法律上的獨占地位，但不必然就產生經濟學意義上的獨占地位。另外，即使是一個具有市場控制地位的事業，其行使專利權也並不當然違反第86條之規定，必須達到濫用之程度，例如拒絕授權他事業實施其專利的同時，本身又怠於實施其專利，則構成濫用。

3. 類型豁免規定

　　共同體對於專利授權契約之「類型豁免規定」係依據羅馬條約第85條第3項所制定，其內容主要在規範：

　　(1)所約定之義務原則上雖構成競爭之限制，但應予豁免者，及所謂之「眞正豁免」(第1條)；

　　(2)所約定之義務原本即不構成競爭之限制，只不過透過規定再明確地予以宣示，即所謂之「非眞正之豁免」(第2條)；

　　(3)明示不屬於豁免範圍之約款(第3條)；

　　(4)規定未被列舉豁免之約款，得另爲申報之程序，以及執行委員會得爲異議之事由(第4條)。

(三)2349/84號專利授權契約之類別豁免規則

1. 適用之客體及範圍

　　豁免規定之適用客體不限於專利權契約，新型權也包括在內（德國法上將專利與新型分別立法規定），另外，即使尚未取得專利權保護之發明，如果於締結授權契約後一年內提出專利申請者，亦可適用此豁免

規定。

　　在適用範圍上，並不包括四種特殊類型，即專利聯合授權、專利共同事業、交互授權、就植物栽培所爲之授權約定。這些類型因爲不在豁免範圍內，故仍可能受到EC條約第85條第1項之規範（**註一九**）。

2.豁免之限制競爭約款

　　該豁免規定第1條第1項除列出得豁免之情形外，第2項更明文規定，如果當事人間所約定之限制義務範圍較第1項所列舉之義務範圍小，亦屬得爲豁免之範圍，此即舉重以明輕之原則。以下分別說明其規定內容：

　　Ⅰ.對授權人所爲之限制

　　⑴不另爲授權之義務

　　在授權契約中約定，所授予專利之有效期間內，授權人在被授權人所取得之授權區域內（可能爲共同市場之全部或部分），不得再同意其他事業使用該被授權之發明。此爲有效之約定。此所謂利用，包括專利法賦予專利權人之所有利用行爲（第1條第1項第1款）（**註二〇**）。

　　⑵不自行使用之義務

　　約定授權人在被授權人取得之授權區域內，不得自行使用該發明，此亦爲有效之約定。但必須被授權人有從事製造之行爲時，才能對專利權人作此限制，否則專利權人不受此約定之拘束（第1條第2項）。

　　此約款顯然與平行輸入問題有關。依此規定，如果當事人間約定授權人不得自行將相同之產品輸入被授權人之區域，應屬有效之約定。但不能排除第三人在市場上取得已經流通之商品，而將其輸入被授權人之區域之合法性（**註二一**）。

註一九　Emmerich, op.cit., S. 525.

註二〇　Bunte/Sauter, *EG-Gruppenfreistellungsverordnungen* (Verlag C. H.Beck, 1988), S. 318.

註二一　Bunte/Sauter,op.cit., S. 321.

II.對被授權人所為之限制（相對於授權人）

(1)區域之限制

如果約定在共同市場中授權人所保留之區域內，被授權人不得自行使用授權取得之發明，屬於有效之約定。此豁免等於給專利權人分割共同市場之權利，但前提是該授權之發明在所保留之區域內亦受有專利之保護始可（第1條第1項第3款）。

此種限制當然也與平行輸入問題有關。如果約定被授權人不得將相同產品輸入授權人未取得專利保護之地區，這種約定就違反競爭法則而無法豁免，反之，則可獲得豁免。當然，這種約定並不能禁止第三人在市場上取得經合法散布之專利品後（權利用盡原則），將其輸入授權人所保留的區域，亦即不能禁止第三人之平行輸入（**註二二**）。

(2)標示之義務

約定被授權人在授權製造的產品上僅得標示由授權人指定之商標或標記者，此限制約款屬有效。但不能禁止或妨礙被授權人在商品上表明其為製造人（第1條第1項第7款）。

III.*對被授權人所為之限制（相對於其他被授權人）*

(1)禁止越區製造或利用

依照前述原則，只要授權人在所約定的全部區域內都受有專利保護，則授權人可以在授權製造利用的契約中分割市場，因此，此種限制為合法（第1條第1項第4款）。

(2)禁止越區銷售

被授權人付出代價取得授權製造，無非是希望藉由銷售取得市場上利益，因此，授權人為了保護其他被授權人之市場利益，可能限制某一被授權人或全部被授權人不得越區銷售。依照豁免規定，如果授權人約定被授權人不得有主動之銷售策略（例如在別區登廣告促銷自己產

註二二　Bunte/Sauter,op.cit., S. 321.

品），是合法的，前提依舊是授權人在該禁止區域亦受有專利權之保護
（第1條第1項第5款）。

如果完全禁止被授權人為被動銷售行為（例如應別區消費者之請求
而販售），則此種約定只有在五年內有效。此種期限是為保障消費者追
求便宜產品之權益。而所謂五年期限，是由授權人或被授權人中之任何
一人第一次將授權產品在共同市場內流通時起算（第1條第1項第6
款）。

3.無疑義之約款

如上述，豁免規定的第2條第1項列出原則上不構成反競爭之約款。
此類約款在本質上被認為合法，不是經過該豁免規定之明定才合法的，
其所以將之明列，乃是為了減少適用上的疑義，因此本項又稱為「白色
清單」（White List）。列舉其內容主要如下：

　Ⅰ.*被授權人之義務*

(1)交易對象之限制（第1款）

(2)報酬金或數量上之限制（第2款）

(3)實施範圍之限制（第3款）

(4)契約期滿後不得再使用（第4款）

(5)禁止次授權或讓與（第5款）

(6)標示義務（第6款）

(7)保密義務（第7款）

(8)制止侵害專利之義務（第8款）

(9)品質限制（第9款）

　Ⅱ.*授權人之義務*

約定授權人於訂立契約後給予他事業更優惠之授權條件時，有讓被
授權人亦享有該較優惠條件之義務（第11款）。

　Ⅲ.*雙方之義務*

約定雙方當事人相互間負有將使用經驗告知對方，以及就改良性發

明授權給對方之義務。但該告知及授權義務不得爲專屬性者，亦即不得限定只能向自己告知（第10款）。

4.禁止之限制約款

豁免規定第3條，又稱爲「黑色清單」（Black List）。也就是原則上此類約款被禁止，但企業體可以就個案申請執行委員會宣告其符合羅馬條約第85條（註二三）。

Ⅰ.禁止爭執約款

禁止被授權人爭執授權人所授予之專利之有效性，爲豁免規定所禁止。但授權人再受到被授權人爭執權利之有效性時，得終止授權契約（第1款）。

Ⅱ.契約期間超過專利期限（第2款）

Ⅲ.限制競爭自由

此規定之目的在於避免因限制競爭而妨礙技術進步。因此，不排除當事人可約定被授權人有盡力實施授予之發明之義務（第3款）。

Ⅳ.報酬金支付義務

約定被授權人對於未受專利保護之產品或未依專利方法製造之產品，有支付授權報酬金之義務。此種約款是違反競爭法的（第4款）。

Ⅴ.數量或次數上之限制（第5款）

執行委員會認爲此種限制約款會造成與禁止出口相同之效果，故應禁止（**註二四**）。

Ⅵ.價格限制

一方當事人就授權產品在價格、價格組成或折扣之決定上受到限制（第6款）。

Ⅶ.限制交易對象（第7款）

註二三　Bunte/Sauter,op.cit., S. 329.
註二四　Bunte/Sauter,op.cit., S. 330.

Ⅷ.回饋義務

限制被授權人負有將其對授權專利之應用發明或改良發明所得之專利權，全部或部分移轉給授權人之義務（第8款）。

Ⅸ.搭售

一方當事人於締結契約時，被要求應接受其不需要之授權、使用其不需要之專利、購買不需要之產品或勞務，是為搭售，為執委會所禁止（第9款）。

Ⅹ.禁止越區交易

約定被授權人於產品首次流通五年後，仍不得將授權產品在共同體內其他授權區域交易者，此約款被禁止（第10款）。但如上所述，授權人可以禁止被授權人為主動銷售（如越區登廣告）。

Ⅺ.限制銷售對象

如果當事人間約定不得將授權產品銷售給有意在別的區域轉售的人，此種約定是被禁止的（第11款）。

四、著作權與競爭規範

由於著作權之保護並未明列於羅馬條約中，因此執行委員會必須以各種指令（directives）來調和各國國內法，並同時避免違反羅馬條約中的四大流通原則及競爭法則。這其中尤其以1988年所通過的綠皮書（Green Paper on Copyright and the Challenge of Technology）可視為建立整個歐洲共同體單一著作權制度的基本方針，以下即說明近幾年來的整合成果（註二五）。

(一)共同體著作權制度

1.電腦程式保護

註二五　張於仁，歐洲智慧財產權現況報導，資訊法務透析，民國83年7月，頁20。

　　歐洲執委會於1991年公佈第122/42號指令，即"Directive on Legal Protection of Computer Programs"。該指令規定會員國必須在1993年1月1日之前採取方法或措施，落實符合指令規範，其重要內容包括：1.明定以著作權保護電腦程式；2.有限制地允許還原工程；3.先前設計文件亦列入保護；4.電腦程式著作人享有複製、翻譯、改作、修改和散布權。

2.出租權與出借權

　　指令第346/61號，即"Directive on Rental and Lending Rights and Certain Rights Relating to Copyright"。其中明令各會員國於1997年1月1日以前採取方法或措施，落實符合指令規範，其重要內容包括：1.協調各會員國對著作物出租出借時的保護；2.給予著作人、表演人、發音片製作人、影片製作人、出租、出借、固著、重製、播送、散布等權。

3.衛星播送

　　規定於指令第248/15號，即"Directive on Copyright and Neightbouring Rights Relating to Satellite Broadcasting and Cable Retransmission"。其中明令各會員國於1995年1月1日前完成落實指令之方法與措施，其重要內容包括：1.對衛星播送及有線再傳輸予以定義；2.對著作人、鄰接權人涉及衛星播送及有線再傳輸時的權利內容予以規範；3.以節目訊號發射的法律爲準據法；4.衛星傳送及有線再傳輸的授權方式予以規範；5.仲介團體被賦予更強功能。

4.著作權保護期間

　　規定於指令第290/9號，即"Directive on Term of Protection"。其落實期限爲1995年7月1日。重要內容包括：1.給予著作人終身加七十年的保護期間；2.給予鄰接權人終身加五十年。

5.資料庫法律保護

　　規定於指令第308/1號，即"Directive on Legal Protection of

Database"。其落實期限爲1995年1月1日，其重點在於以著作權及不正
擷取防止權雙軌制度保護資料庫。

執委會在努力建立共同體著作權制度的同時，也要使其符合競爭規
範之要求。大體而言，由於著作權在性質上與專利權頗相似，因此前述
專利權制度下授權限制及類型豁免規定之意旨也能適用在著作權授權契
約中。然而，著作權畢竟不如專利權的強烈商業性，因此執委會在審查
上採取較寬鬆的標準。

五、商標與競爭規範

執委會對於專利授權契約所發佈的類型豁免規定並不當然適用於商
標使用權之授與契約（**註二六**）。因爲商標制度之存在目的就是在維護
公平競爭，避免已經建立起的商譽遭他人盜用，不但破壞產品之信譽，
對消費者而言，也失去實質上的商品選擇權，因爲消費者必須藉由清楚
的商標區隔出產品或製造者的好壞，以決定其選擇。

共同體在確立商標權使用契約與競爭規範的關係上，尙未如專利權
契約一般完整，以下僅分析其立法及司法上的成果。

(一)共同權利來源原則

所謂共同權利來源原則是歐洲法院在Van Zuylen Freres v. Hag
AG一案（**註二七**）所建立的判斷標準。該案的事實部份爲1927年德國
Hag　AG公司在比利時設立一家子公司，並將其在比利時和盧森堡的
HAG商標轉讓給它。二次大戰後，該子公司被比利時政府當作敵產沒
收，最後轉賣給Van　Oevelen。1971年，Van　Oevelen將該商標賣給
Van Zuylen公司。當德國Hag AG公司將自己生產的咖啡，以HAG商

註二六　Korah,op.cit., p. 187.
註二七　Case 192/73 (1974) E.C.R.731.

標輸入盧森堡時，Van Zuylen公司（盧森堡HAG商標專用權人）控告Hag AG公司侵害它的商標。歐洲法院在判決中認為，如果有關的商標事實上來源相同，則不允許一會員國之商標抵制另一會員國之相同商標。此即共同權利來源原則。此判決原則遭到嚴重批評，尤其在案例事實中的商標更涉及政府的敵產沒收行為。亦即，並非商標來源廠商自願地將商標提供給他人使用。

此一原則之所以引起爭議，實因為商標制度本身之目的即在維持商譽，促進競爭，當然前提是避免消費者對不同廠商之相同或相似商標產生混淆。偏偏歐洲各會員國的國內商標有許多相互類似的情形，單純以相同權利來源原則並不能解決問題。

在Terrapin v. Terranova一案（註二八），歐洲法院對共同權利原則作出重要轉向，即以是否會造成消費者之混淆為可否約定不相互進口的判斷標準。如果尚不會造成混淆，則兩廠商相互約定不進口將被認定為構成對共同市場之分割。這就違反貨品自由流通原則了。

(二)共同體商標制度

建立一個共同體單一的商標制度之重要性更甚於專利或著作權制度。因為過去歐體十二國就有十套商標制度，很自然出現所謂相同或相似商標的問題。其中雖有八個國家加入「馬德里協定」（商標國際註冊協定），但其效果僅止於一次受到多個申請人所指定國家的保護，並不是得到一個適用於整個共同體的商標。

依據1993年通過的共同體商標規則（Community Trade Mark Regulation）（註二九），一個商標只要經由共同體「內部市場協調局」

註二八　Case 119/75 (1976) E.C.R.1039.

註二九　關於Council Regulation (EC) No. 40/94 of 20 December 1993 on the Community Trade Mark, 詳參曾陳明汝，論歐體商標及其涉外關係，臺大法學論叢，民國86年。

（The Office for the Harmonistation in the Internal Market）
核准註冊，即爲共同體商標。然而，共同體商標規則的目標並非取代現
今所有商標制度（包括各會員國之商標、馬德里協定之商標），而是並
存的關係。也就是說，此制度付諸實現後，歐洲共同體中將同時存在三
種制度架構下的商標權。

第九章　歐洲共同體公司法

第一節　概說

　　追求歐洲市場單一化的原因，在於歐洲的經濟活動長久受到歐洲各國邊界層層管制的影響，加上各國體制、法律體系、標準規格、財經制度的不同，使其極端缺乏效率，嚴重削減了歐洲國家在世界經濟、政治舞臺上的影響力。而這種現象隨著世界市場及產業的國際化，逐漸為歐洲各國所難以忍受，為解除歐洲共同體經濟發展上的障礙，成立單一市場的歐洲經濟共同體的構想，早在1957年羅馬條約中即明示要破除疆界藩籬；使人員、貨物、勞務、資本在各會員國間自由流通；設專職機構確保共同市場之自由競爭；使各會員國所訂定之法令規章具有「單一市場」的立法精神，並使賦稅法趨於調和。

　　1968年的關稅同盟，雖然摒除了會員國間的關稅障礙，並對非會員國取得一致的關稅立場；然而在景氣波動的陰影下，非關稅性障礙反而成了會員國間保護其本國市場利益的一項武器。為貫徹EEC條約之精神，1985年3月在布魯塞爾高峰會議揭櫫「1992年單一市場」計劃，同年5月歐洲共同體執行委員會在縝密研究下提出「完成內部市場」白皮書，列明三百多項建議，訂明時間表，以期1992年底完成修正立法，使歐洲成為一個完全自由流通的內部市場。1987年7月1日「單一歐洲法」生效後，該法明定以1992年為限期完成歐洲共同體內部市場整合並訂定多項配合措施，使得內部市場單一化的進展更為順利。

歐洲共同體爲要完成歐洲單一市場的目的，除加緊在1986年歐洲單一法之規範下，積極消除共同體內部市場各種有礙貨物、人員、資本、勞務自由流通的實體性、技術性、財稅性之障礙外，同時，更認爲共同體內之跨國界合作不僅是建立單一市場之必備條件，而且也是維持與改善市場競爭地位不可或缺之因素。而這種經濟規模上之事實需要，即有賴統一的歐洲公司法予以配合，以使得經濟上之商業單位與法律上之商業單位儘量求其一致，方足以實現單一市場的目標。因此不但多年來陸續通過了許多指令，以調和各會員國間的公司法規，而且在1989年時，共同體執委會又發布SE規則的建議草案，以期建立歐洲層次的公司型態，亦即在共同體之層面上建立一單一之公司法體系，使其完全獨立於各會員國內國公司法體系。而在1991年時，本規則建議草案則做了進一步修正。

隨著歐洲內部市場的形成、發展，歐洲共同體會員國本身便有其兩種性質不同的法律制度。除會員國內國法之外，尚有多元性法源的歐洲共同體法。就歐洲公司法有關方面而言（**註一**），主要源自於1957年創立歐洲經濟共同體的羅馬條約（即EEC條約）第52條第2項、第54條第3項(f)、(g)款、第58條、第220條第3項和第221條等規定；1968年歐洲經濟共同體會員國間公司及法人相互認許公約（以下簡稱「公司及法人相互認許公約」）（**註二**），以及共同體理事會頒布施行之有關公司之下

註一 詳參王泰銓，歐洲事業法㈠：歐洲公司企業組織法，臺北：五南圖書公司印行，1997年；王泰銓（主持），歐洲公司法之研究（規則、指令及其相關草案），行政院經社法規研究報告4011，民國80年6月；王泰銓（主持），歐洲公司法之研究（公約、規則、指令與我國相關法規之比較）；經濟部商業司委託研究，民國82年7月。

註二 Convention sur la reconnaissance mutuelle des sociétés et personnes morales, signée le 29 février 1968. 本公約之分析及中文譯文，亦可參見王泰銓（主持），歐洲公司法之研究，經社法規研究報告4011，行政院經濟建設委員會健全經社法規工作小組編印，民國80年6月，頁67～82。

列規則、指令（**註三**）：2137/85/EEC規則（歐洲經濟利益集團），4064/89/EEC規則（企業結合管制），68/151/EEC第一號指令（公司之設立與無效），77/91/EEC第二號指令（股份有限公司之資本及相關規定），78/855/EEC第三號指令及第十號指令草案（公司之合併），78/660/EEC第四號指令草案及84/253/EEC第八號指令（公司之年度會計），第五號指令草案修正草案（公司之組織），84/891/EEC第六號指令（公司之分割），83/349/EEC第七號指令（公司之合併報表），89/666/EEC第十一號指令（分公司設立的公開要件）及第九號指令草案（母子公司之關係），89/667/EEC第十二號指令（一人公司），第十三號指令草案修正草案（公司之公開接管收購），以及銀行業、保險業及其海外分行年度會計與合併報表指令、指令草案修正草案。另外還有審議中的歐洲公司（SE）規則最新建議草案（Amended Proposal for a Council Regulation on the Statute for a European Company）（**註四**）、勞工參與指令草案（Proposal for a Council Directive Complementing the Statute for a European Company with Regard to the Involvment of Employees in the European Company）。

　　雖有上述歐洲公司之法源，但歐洲共同體會員國各自的內國公司法令，並不必然因共同體的成立、發展而消失。相對的，根據公司及法人相互認許公約以及有關歐洲公司方面的指令、規則之規定，會員國內國公司法令並沒有完全被取代，兩者之間除有相輔相成之層次外，前者有優先適用之效力，並且具有即時、直接的適用性。申言之，歐洲公司有

註三　已頒佈施行或刻正審議中之關於歐洲公司之指令有十餘種；規則方面有歐洲經濟利益集團規則、企業經濟力集中（結合）管制規則及歐洲公司規則，詳見王泰銓（主持），前揭書。

註四　參見王泰銓（主持），一九九一年最新歐洲公司（SE）規則建議草案之研究，國科會補助，民國82年。

其廣義之內涵及兩層次的不同法律的基礎。只是應該注意到該內國法令是否受到共同體指令之調整或規則的統一。

　　本章首先僅就有關歐洲公司之公約、規則、指令，以及草案等，作一扼要說明。其次，針對1992年歐洲內部市場完成之後，將由統一的歐洲公司規則創造出以其爲法律基礎的全新面貌、超國界的歐洲級公司（Societas Europaea，以下簡稱"SE"）**（註五）**，探討其相關問題。

第二節　歐洲公司法之相關公約、規則、指令

一、公司及法人相互認許公約

　　爲了使歐洲共同市場內的公司或法人可以在其他會員國境內設立營業、提供勞務，不致因國籍不同而受到差別待遇，EEC遂有計劃地推動各會員國間公司法的調和統一運動，而「公司及法人相互認許公約」即是此項行動最具體的成果之一。

　　依公約之規定，被認許之對象可以分爲兩類**（註六）**：一爲依據締約國之民法或商法所成立之公司（包括合作社），而依其設立時所準據之法律爲權利義務之主體，並於本公約適用領域內設有法定事務所者；一爲前者所稱之公司以外，其他依公法或私法所成立之法人，依其設立時所準據之法律爲權利義務之主體，於本公約適用領域內設有法定事務所，並以通常收取報酬之經濟活動爲其主要或附帶目的，或在不違反其設立時所準據之法律，事實上繼續從事通常收取報酬之經濟活動者。凡

註五　亦可參照王泰銓、劉華美，歐洲級公司之立法、演進及特色，經社法制論叢，第12期，民國82年7月，頁25～41；王泰銓（主持），一九九一年最新歐洲公司（SE）規則建議草案之研究，國科會補助，民國82年。詳細內容見本章第三節1991年最新歐洲公司（SE）規則建議草案。

註六　參照公司及法人相互認許公約，第1條、第2條。

屬於此二者所稱之公司或法人，則無須踐行一般或特別之程序，即當然
認許。此外，對於此兩類之公司或法人，其法定事務所並未設於本公約
之適用領域內時，則要求其必須與締約國有實際且持續之經濟關係，否
則便不予以認許（**註七**）。

　　而依公約所認許之公司或法人，原則上享有其設立時所準據之法律
所賦予之能力。但認許國國內之類似公司或法人所未享有之權利或權
限，認許國得拒絕給予（**註八**）。此外，若請求認許之公司或法人，其
目的事業或實際從事之活動，違反認許國視為國際私法意義上之公序原
則（**註九**）時，締約國亦得拒絕公約之適用（**註一〇**）。

二、歐洲經濟利益集團

　　理事會第2137/85號規則，創造了真正「歐洲級」的法律主體──
「歐洲經濟利益集團」（European Economic Interest Grouping，
簡稱EEIG），提供歐洲共同體內各會員國境內的企業從事跨國境合作
的單一法律架構。就該號規則的制度特色而言，係以集團構成員間的設
立契約，做為創設法律主體並規範構成員間法律關係的基礎。因其組
織、財務安排上頗具彈性（**註一一**），有利於中小企業參與跨國性的經

註七　同上註，第3條。

註八　同上註，第6條至第8條，有關認許之效力規定。

註九　關於國際私法意義上之公序原則，參閱馬漢寶，國際私法原則，頁205以
　　　　下。

註一〇　參照公司法人相互認許公約，第9條、第10條；其中第10條強調，違反
　　　　經濟共同體條約之相關規定者，不得視之為公序原則。

註一一　2137/85/EEC關於EEIG規則，對於EEIG的法律形式，採用合夥的原則，
　　　　即係著眼於合夥契約的彈性變化，容許當事人依據「經濟利益」之不
　　　　同，以契約約定彼此間的權利義務，並緩和各會員國對於法律主體如公
　　　　司、合夥等的嚴格限制。見Murphy, D. T., The European Economic
　　　　Interest Grouping (EEIG): A New European Business Entity, *Vander-
　　　　bilt J. Tran L.* 23 (1990), p.65.

濟活動，而不致爲資本的籌措困難所羈絆。

　　爲強化交易相對人對EEIG的信賴，該號規則亦規定相關的公示要求，以及特定行爲對第三人的效力等，落實EEIG的法律主體性。

　　此外，關於EEIG構成員的資格、EEIG的活動範圍，該號規則均儘量放寬其限制，使得絕大多數的「國際性」（**註一二**）「經濟活動」均得成爲EEIG輔助其構成員的項目。然爲了確保EEIG的活動僅在於輔助其構成員，不違背其輔助性的特質，EEIG規則第3條第1項進一步明定：「EEIG之目的乃在於促進或發展其構成員的經濟活動，並改進或增加該等活動的成果，不得爲其自身謀取利益」。

　　雖然EEIG它是以共同體規則所創造的第一個法律主體，依該規則的規定，它仍須在勞工法、營業競爭法、智慧財產權法與稅法等領域，受各會員國法律所規範。

　　該規則已於1989年7月1日正式施行。依法國法上類似制度（GIE）的成功經驗來看（**註一三**），EEIG未來勢必大量被採行，然而，由於各會員國稅制上的差異尙未協調，關於EEIG之盈餘分派與計算的問題，恐將造成共同體內執行上的障礙。

　　無論如何，EEIG可視作第一階段的歐洲企業合作型態，期待著更進一步的營利性合作型態（即「歐洲公司」）的出現。

三、管制企業集中(結合)規則

註一二　EEIG規則藉由要求EEIG的成員國籍間的差異性，確保了EEIG的國際性；見該規則第4條第1、2項之規定。

註一三　EEIG的法律形式，係仿自法國法上的Groupement d'intérêt économique（GIE），該團體形式於1967年時爲法國法所採用，並在法國大受歡迎。至1985年7月，法國已有九千個以上的GIE完成註冊，其中大多爲中小企業，而空中巴士工業則是以GIE型態營運的大型事業。見Commission of the European Community, *Press Release* No. IP (85) 292, at.1 & n°2 (June 27, 1985); Murph, D. T., above Article, p.67.

　　本規則為理事會於1989年12月21日訂定，1990年9月21日開始生效
（註一四）。其目的在於透過統一之規則管制企業經濟的集中，以保障
共同體之競爭秩序。亦即，意圖以建立歐體內對企業集中統一之管制體
系之方式，對於部份影響層次較大之企業結合行為給予一定之規範，以
便維持及增進共同體內企業之競爭，改善成長條件，進而提升共同體之
生活品質**（註一五）**。

　　本規則所欲規範者，為大型企業之結合行為（「企業集中」con-
centration between undertakings），即營業額及其營業額加總超過
一定金額以上企業之合併、收購或合資經營之情形。此類行為涉及市場
供需及價格之影響力，如能在其形成優勢地位之前加以管制，可避免濫
用優勢地位的結果。

　　本規則之內容，主要為企業集中行為之認定、評估；執委會之決定
權、資訊請求權及調查權；認定程序之進行；企業集中行為之法律效
果；罰則及歐洲法院之審查權等。

四、第一號指令——公司之設立與無效

　　第一號指令**（註一六）**之主要內容，係在調和歐體各會員國公司法
關於公司之設立登記及公司無效之規定。其可分成三大部份，一為公司
設立登記文件之強制公開，二為以公司名義對外所為之行為對於公司所
生之效力，三為公司之無效。

　　於第一部份，主要臚列公司設立時強制對外公開之文件以及有關刑
罰之規定，其目的，不外是在使一般社會大眾得知公司存在及其營業之

註一四　見Council Regulation (EEC) No.4064/89，第25條。

註一五　見Council Regulation (EEC) No.4064/89前言第五段。

註一六　第一號指令，乃執委會於1968年3月14日，依據EEC條約第54條第3項(g)
　　　　　款規定所公布，其目的在使各會員國境內，符合EEC條約第58條第2項規
　　　　　定之公司，能獲得相同的保護，並使股東及第三人之利益獲得保障。

事實而獲得保護。

　　第二部份，規定以公司名義對外所爲之行爲對於公司所生之效力。區分設立中公司（**註一七**）及公司機關之行爲分別予以考量。其主旨不外揭櫫對於與公司爲法律行爲之第三人應受保護之原則，公司原則上必須爲其行爲負責，僅在極少數例外的情形，才能不受拘束。彌補了同一體說（**註一八**）無法理基礎之缺陷！蓋嬰（胎）兒之權利概念乃源於民法明文規定，其旨趣在於保護其即將擁有的權益。而同一體說本無任何法源基礎，且參雜不分權利和義務問題，概以一貫事實前後關係的推理，認定設立中公司，以公司名義對外所爲之行爲，其效力及於公司，法理上尙難接納。在論斷於公司設立中，以公司名義對外所爲之行爲其對於公司之效力時，於保護交易相對人之前提下，本指令第7條加以明文規定，設立中公司對於第三人所負債務，本應由成立後之公司負淸償之責；唯對於以公司名義作成之行爲於公司不承擔該義務時，除另有協議外，行爲人須負連帶責任之規定。如此，不但交易相對人之權利獲得較大的保障，而且避免以上說理上的缺陷。

　　倘使行爲發生於公司設立後，公司機關對外所爲之行爲對於公司之效力，原則上就該行爲，不論是否在公司所營事業範圍之內，公司均應受其拘束。

　　第三部份，規定公司之無效。公司設立無效的宣告將產生致使公司的法人人格自始不存在之法律效果，在實務上將對第三人、股票持有

註一七　設立中公司，係指由訂定章程起，至設立登記完成前，尚未取得法人資格之公司而言。由法社會學之層面而視，公司之實體並非於完成設立登記時突然出現，在此之前，其已與社會上之團體或個人發生法律關係。詳細說明參見柯芳枝，公司法論，77年3月，頁171。

註一八　同一體說（Identitatstheorie），亦爲近來學者通說，其概念乃認爲設立中公司係即將成立公司之前身（Vorbild），二者超越人格之有無，於實質上仍屬一體。

人、公司員工等人造成毀滅性的影響。在各會員國內國法原即對於公司
無效有不同方式之處理，故此指令要求各會員國限定公司無效之法定事
由，規定公司之無效只能由法院宣告；此外在處理公司無效之對外關係
上，亦本第三人之保護勝於公司股票持有人之原則，即後者縱於公司無
效之情形，仍負有義務依其所認股數繳納股款。此更彰顯本指令重視第
三人利益之保護的一貫立場。

五、第二號指令——股份有限公司之資本及相關規定

股份有限公司為典型的資合公司，資本存在為其存在的先決要件。
股份有限公司若無資本，即欠缺要件不得設立及存續。法律上之公司資
本，係指股東為實現所定目的事業所為出資之計算金額，即是由股東出
資所集成之一定基金總額。此外，公司資本為股份有限公司活動與信用
之基礎，故公司自設立中、設立後，以至解散前，皆應力求保有相當於
資本之現時財產，始能保護交易大眾、投資股東，並維護公司信用以保
持公司於不墜。因此大陸法系上向有資本三大原則；即資本確定原則
（即股份有限公司於設立時，資本總額須在章程中確定，並應認足（發
起設立）或募足（募集設立））；資本維持原則（即公司存續中，應經
常維持相當於資本額之財產，以具體財產充實抽象資本以保護債權人，
並制止公司股東不當之盈餘分派要求）；資本不變原則（即資本總額一
經章程確定，應保持不變，若須增減資本，則須實行嚴格之法定程
序），以作為規範股份有限公司資本之準則。

對外關係而言，資本總額為公司債務之唯一擔保；對內關係而言，
出資之多寡為股東權計算之依據。是以，資本應加以確定，故股份有限
公司設立之初，資本總額必須在章程或設立文件中確定，以昭明信。此
外，公司存續中，公司至少應維持相當於資本額之財產，以免章程中雖
規定資本總額，但公司實質上卻無相當之資產，故關於股票發行價格、
股東出資種類之限制、盈餘分派之限制、以及公司取得自己股份之限制

等關乎公司資本維持之事實，亦在指令規範之列。同時，爲使上述三大資本原則能夠落實，故關於公司資本總額如一經章程確定，應保持固定不動，如欲加以變動則應踐履嚴格之增資或減資程序。另外，股東之新股認購權及償還股之發行亦涉及公司資本變動等問題，故亦加以規範。最後，由於股份有限公司資本三大原則有其本質上之缺點與僵滯，故世界各國立法例紛紛採用授權資本制（**註一九**）以利於公司之籌組及新股發行時程序之便捷，歐洲公司法亦同此潮流，而於第二號指令中作若干規定。

第二號指令，係爲調和歐洲各會員國公司法在股份有限公司資本制度上之歧異。其主要乃針對資本三大原則提出一最低共通標準，使公司股東及債權人對公司資本之保障信賴，不致因國而異，而有一公開標準。同時，亦爲往後之歐洲公司法，循序漸進，奠下初步規模。

六、第三號指令、第十號指令草案──公司之合併

公司爲謀業務之擴張、經營之合理、市場之控制與避免彼此間無益之競爭，或救濟發生破綻之公司乃實行公司合併，使多數公司在經濟上及法律上拋棄個別獨立之企業體而合併成一單一企業實體。爲配合此種實際需要，法律上便設計公司合併之制度（**註二○**），使合併之當事公司不必經過嚴格的清算程序而承認資產與負債之概括移轉，以求程序之

註一九　授權資本制 (System of Authorized Capital)，乃謂公司之資本總額，雖於其成立時應載於基本章程，但股份無庸全部發行，股東僅須認購其資本之一部份即可。至於其餘未發行之部份，則授權董事會視公司成立後之實際需要隨時決議發行。就英國而言，每一發起人各認足一股以上的股份已足。見陳祖玉，論我國股份有限公司資本制度之型態及相關法條之修訂，法令月刊，第35卷第9期。

註二○　公司之合併者，謂兩個或兩個以上之公司，訂立合併契約，免經清算程序，歸併成一個公司之行爲。其原有之一以上公司從而消滅，而消滅公司之權利義務概括由合併後存續或另立之公司承受。

簡化與減免經濟上之損失。

目前歐體中第三號指令規範內國合併，第十號指令草案規範跨國合併。規範之目的皆爲保護參加合併公司之股東及交易第三人，但適用範圍僅限於股份有限公司（public limited liability companies），其他種類公司之合併，仍依各會員國本國法律之規定。

此二號指令與指令草案所謂之合併，可分成兩種類型，即吸收合併及新設合併。吸收合併 **(註二一)** 指由一定公司概括承受其他參加合併公司之權利義務，即所有公司於合併後僅存留一家公司，其他公司之法人格消滅。新設合併 **(註二二)** 則指由全部參加合併之公司共同設立一家新公司，由此一新公司概括承受全部公司之權利義務，除此新公司外，所有公司於合併後均不再存在。

在規範內容上，包括合併所需具備之程序及要件，合併之法律效果、無效之宣告，對於公司受僱人、股東、債權人及其他相關之第三人之保護等。

此二號指令及指令草案屬調和各會員國內國法之性質，故其規範之具體內容仍有賴各會員國內國法之補充。

七、第四號指令、第八號指令——公司之年度會計

(一)第四號指令

本指令之目的乃就各會員國內國法上有關「有限責任公司」之年度會計及報告之提出、內容、使用之評價法則和公開等等爲一最低程度的調和，以保護股東和其他第三人。然而，本指令並非要在共同體內將會

註二一　吸收合併，依78/855/EEC（即第三號指令）第2條："merger by the acquisition of one or more companies by another".

註二二　新設合併，依第三號指令第2條："merger by the formation of a new company".

計規則予以標準化，而是在使公司所公布之財務資訊「相當化」及「可比較化」。

指令中之第11條和第27條分別對小型及中型公司加以定義，予以減免其會計製作義務。凡不屬於該二條規範之公司，便得製作合乎指令中所規定之相當程度的會計表冊。

指令第2條第1項中就會計表冊所含之項目加以規定，即(1)資產負債表；(2)損益表及(3)會計附註。並對於各項所應記載之內容提供不同之版本以供會員國制定標準。此外，並為評價法則之規定（**註二三**）。相較之下，會計表冊之年度報告書，雖僅有第46條之規定，但亦要求勾劃出公司現在之業務狀況及未來可能之發展方向。總之，本指令所要追求的是一個合乎「眞實且公正」之觀點（**註二四**）的報表，並強調公開之原則。

本指令中所規定者，乃最低標準，各會員國可為更詳細之規定。

註二三 第四號指令自第31條至第42條為評價法則之規定。其目的在於「維持資本」及「確保資訊之可比較性」。見K. Van Hulle, EEC Commission (DG XV), Status of the Communities' programme in the area of harmonization of accounting standards. 載於*The Future of Harmonization of Accounting Standards within the European Communities*, Conference 17 and 18, January 1990, Brussels, Commission of the European Communities, p.7.

註二四 第四號指令第2條第3項規定年度會計必須對於公司資產、負債、財務狀況及損益提供一個真實且公正之觀點。我國之「一般公認會計原則彙編」中有類似之規定，一般俗稱為「客觀性原則」。學者對此原則有以下之說明：「客觀二字，指公正無私，亦即在運用和產生資料過程中所使用之各項技術，必須不偏袒、不循私。……所謂『可以證實』，是指數位具有相同能力之人士，對於同一事項，分別採用同樣衡量方法，所產生之結果應大致一樣。所產生之資料才有高度可靠性」。參閱徐景亮，一般公認會計原則詮釋，民國78年10月4版，三民書局，頁16。

(二)第八號指令

本指令之目的乃對於會計表冊稽核人員之教育及專業資格爲統一標準之規定，並求其獨立與可信賴性，以保障各會員國中之股東及第三人。

在此需強調的是本指令之目的不在於規範人員之自由流通，而是各國對稽核人員素質要求之差距會造成會計表冊品質之不穩定，而有調和之必要。

本指令實爲第四號及第七號指令之輔助，可謂爲輔助性之規定。

八、第五號指令草案修正草案——公司之組織

歐體執委會所草擬的第五號指令草案，係以協調各會員國關於股份有限公司之組織與會計的法令爲目的。本號指令草案於1972年第一次提出草案（**註二五**），於1983年復予修正（**註二六**），迄今仍未成爲歐洲理事會的正式指令。

修正草案除了原草案所規定的「雙層制」之外，尚提供與之併爲選擇對象的「單層制」，做爲會員國股份有限公司管理機關的基本模式（**註二七**）。無論採取何種制度，其機關構成員均應區分爲司經營與司監察兩種不同之權責，俾便來自不同會員國的股東能共同設立股份有限公司。

本號指令修正草案同時引起了「員工參與制」，提供股份有限公司的員工參與公司決策的法律基礎。原草案硬性規定僱用員工數逾五百人之股份有限公司，即應採用員工參與管理機關的制度；修正草案一則容許各會員國就前項員工人數在一千人以下彈性訂定，另一方面則在參與

註二五　OJ No C 131, 13.12.1972, p.49 or Bull. EC Suppl. 10/72.

註二六　OJ No C 240, 9.9.1983, p.2.

註二七　參見本草案前言。

制度之上，增加集體合意制（第4e條）與員工代表機構制（第4d條），賦予各會員國較大的自主空間。

此外，關於股份有限公司的股東會，其會議的召集（第22條至第25條）、進行（第26條至第32條）、表決權之計算（第33條至第35條）與決議無效或撤銷之訴（第42條、第43條）等，本號指令草案修正草案亦有詳盡的規定。至於股份有限公司的會計，於年度會計表冊（第48條）、法定公積（第49條、第50條）、管理機關構成員的責任與任免檢查人、檢查人職務之執行（**註二八**）等方面，大多採取強行性規定。

本號指令草案修正草案因一體規定了公司組織的形式，而遭到會員國中英國的反對；但是，由於修正草案提供了單層制的選擇可能性，使得部分仍採單層制的會員國更容易接納本號指令修正草案。惟應注意的是，本號指令草案擬訂於第八號指令之前，其關於會計事項之規定勢必因該號指令之公布施行而必須有所調整。其實，真正阻礙本號指令修正草案通過者，乃為部份會員國對員工參與制的抗拒，因此，本號指令修正草案何時能公布實施，仍在未定之數。

九、第六號指令——公司之分割

第六號指令係規範「股份有限公司」之分割（**註二九**）。目的在於使面臨業務、財務危機之公司，得不經由清算程序，概括地將權利義務移轉於其他數家公司，使其原有業務得繼續進行，減少因清算過程所造成之損失。同時，以調和各會員國內國法律之方式，建立對於分割公司

註二八　關於檢查人的任免與其職務之執行，可參照我國公司法股份有限公司重整之部分，有較詳盡之規定。

註二九　分割（division），依第六號指令第2條及第21條之規定，可大致定義為「一公司之解散，不經由清算程序，而概括地將資產、負債移轉於其他多數公司，使被分割公司股東取得繼受公司（recipient company）股東地位之行為」。

之受僱人、債權人及股東保障之最低標準，以資保障交易安全。

　　分割之型態亦如合併，分爲吸收分割（division by acquisition）及新設分割（division by formation of new company），惟其與吸收合併及新設合併有所不同。吸收分割指由現有數家公司分別承擔被分割公司之權利義務；新設分割則指將被分割公司分割成數部份，各自成立新的公司。然不論採取何種型態，被分割公司均於分割後消滅，權利義務分由各個參加分割公司承受。

　　本指令規定之主要內容，爲分割草約之形式及內容，及分割之程序要件，此爲分割之主要部份。另外，尚規定分割之效果、分割無效之宣告及效力，以及分割過程中及成立後對於各參加公司（不限於被分割公司）受僱人（**註三〇**）、股東、債權人及其他關係人權益之保護。

十、第七號指令——公司之合併報表

　　隨著經濟的發展，企業迅速地成長，尤其有些企業透過合併或轉投資的方式，形成所謂「關係企業」或「集團企業」，使得成長的腳步加快。由於關係企業的出現，企業的利害關係人（如投資者、債權人等）所關心者，轉而爲關係企業整體，而非單一公司之財務報表，因此如何編製合併報表乃成爲迫切解決的問題。爲充分達成各會員國間對於公司管理及公司會計處理方式的調和，歐洲共同體於1978年7月25日提出規範公司年度財務報表之第四號指令（78/660/EEC）後，復於1983年制定第七號指令（83/349/EEC），對於公司合併及其合併財務報表（consolidated accounts）之會計處理加以規範。上述兩號指令，共同構成了1992年後EEC各會員國會計處理的基本結構。其最終之目標，乃在規範會計報表對於公司之財務狀況（financial position）、

註三〇　依據77/187/EEC指令規定，公司受僱人有權參與公司之經營及決策。在分割時，亦應包含公司受僱人得參與管理或經營部門之決定，或以股東身分參加股東會的權利（82/891/EEC指令第11條）。

損益報導等，能提供眞實而公正的觀點(true and fair view)(**註三一**)，並使其具有可比較性 (comparability) 及相當性 (equivalence) 。此種財務資訊之提供，對於公司之營運管理，甚或能否延續經營等均具有決定性的影響。

在規範公司合併報表相關事項的第七號指令的制度上，理事會採取了較爲調和性的立法措施，一方面尊重國際會計準則委員會 (IASC) 所發布合併報表有關公報（第二十二號、第二十七號公報）的精神；另一方面，對於各會員國間合併報表編製實務上的重大歧異亦有所認知，因而在條文的規定上即預留彈性，僅對基本原則加以規範，並允許各會員國依本身需要自行立法予以補充規定。其次，條文中對母子公司關係 **（註三二）** 的認定及須編製合併報表的標準上，均採取了較爲實際的認定標準，不僅以傳統控股權的比例爲準，只要實際對被投資公司具重大之控制能力者，即可認爲達到須編製合併報表之標準。

第七號指令首先確定適用的範圍，亦即合併報表之編製主體。既然要求編製合併財務報表以保障關係企業的債權人與股東，就要界定何謂關係企業、何種型態的關係企業以及關係企業中的那一個公司，負有編製合併財務報表之義務。其次確定合併財務報表之內容應當包括那些子公司 (a subsidiary undertaking) ，以及那些子公司由於營業性質不同不宜編製在內的。再者，規定合併財務報表中評價的方法，是應採取「權益法」抑或「購買法」來估算 **（註三三）**；而評價方法須符合「一

註三一 OJ No L 193, 18.7.1983, pp.1～2.

註三二 依據國際會計準則第二十二號、第二十七號及我國財會準則公報第七號之定義，所謂母公司 (a parent undertaking) 乃指對被投資公司具控制力的公司，它可能擁有一家或數家子公司。而所謂子公司 (a subsidiary undertaking) 則指被另一公司（即母公司）所控制的公司。見張俊俠、楊昌田、陳枝凌，公報解析及實例，財務會計準則公報第七號——合併財務報表，會計研究月刊叢書，民國77年5月，頁14。

註三三 投資公司（母公司）對於被投資公司（子公司）是否具有重大影響力，

致性」（consistency）原則（第25條）。第七號指令之規範對象除了需編製合併財務報表之外，根據指令之規定，還要提出合併年度報告（consolidated annual report）。而為了確保合併年度報告與合併財務報表之「公允及眞實」，對於二者之稽核（auditing）乃是不可或缺，因此第七號指令特別規定，稽核人之稽核報告應當與合併年度報告與合併財務報表一齊公開。最後，就法令之執行，新法令之變革，皆應考慮到人民信賴利益之保障，以及因應法令推行所需準備之一切工作。因此，在第七號指令之最後，規定過渡條款（transitional clause），以利第七號指令之順勢推展，誠屬必要。

此外，由於共同體之會員國多為經濟發展之國家，各會員國長久的發展，在商業習慣及法律各方面難免互相分歧（**註三四**）。就合併報表的編製而言，不但各會員國在編製實務及規定上大異其趣，甚且有不要求編製者（**註三五**），因而第七號指令及其相關之會計規定在完成各國會計準則一致化的目標上，調和各國間之歧異的工作便須有相當的努力及技巧。

十一、第十一號指令──分公司設立之公開要件、第九號指令草案──母子公司之關係

第十一號指令係規範在歐體會員國境內設立分公司所需之公開要件，分公司設立的事實及其組織，應公示於社會，藉以維護交易安全；

本指令規定端視投資公司持有表決權股份是否逾百分之二十而定。在對被投資公司（子公司）具重大影響力的情況下，指令規定以權益法（equity method）評價，因而資產之評價通常以「歷史成本」（historical cost）原則為基礎。

註三四 參閱謝國松，歐市致力會計準則一致化，會計研究雜誌第29期，民國77年2月10日，頁40～43。及陳枝凌，會計準則與美國會計準則之比較，政大會研所碩士論文，民國74年，頁82～83及頁93～94。

註三五 如盧森堡、希臘等國。

並且，為平等保護股東及債權人，依共同體的指令所製作、稽核的會計表冊應公開。其目的在於協調各會員國間法律規定的不一致，確保分公司設立權利的運作；並且，為了健全公司營運及保護股東、債權人與第三人的權益，於必要範圍內，將相關資訊公開。

申言之，第十一號指令明白規範分公司所在地之會員國應公開分公司本身及總公司之登記事項，並為確保該指令得完全實現，對於非會員國法律規範下之總公司在共同體內設立分公司之程序，亦有其適用，以避免由於分公司之設立而影響地主會員國之經濟與社會狀況，並保護股東及第三人之權益（**註三六**）。

第十一號指令中規定有兩種分公司之制度：一為先於會員國中設立一子公司，再以該子公司為名義上之總公司，於另一會員國境內設立分公司；另一種為直接於會員國中設立分公司。若以第一種方式設立分公司，則必須依照第十一號指令第1條至第6條之規定，特別是必須就第2條所規定之公開事項準備必要之文件，亦即，必須先依一會員國之內國法設立子公司，以此為名義上之總公司，才可引用第十一號指令中第一節有關「總公司於會員國國內之分公司」之規定。若以第二種方式設立分公司，則依照第十一號指令第6條至第10條之規定，特別是第8條所規定之強制公開事項，亦即，直接引用第十一號指令之第二節：「總公司位於非會員國境內之分公司」之規定。

惟無論以何方式於歐體中設立分公司，均須注意第十一號指令有關分公司設立公開之原則，必須將一切有關總公司及分公司之文件公開，以便大眾得以知悉其內容，並應注意各會員國自行制定之有關罰則之規

註三六 *然本指令不影響到關於催備法、稅法或基於統計的目的而要求分公司公開條款的實施。*見Eleventh Council Directive of 21 December 1989 (89/666/EEC) on company law concerning disclosure requirements in respect of branches opened in a Member State by certain types of companies. OJ No L 395, 30.12.1989, pp.36～39.

定。

第九號指令草案（**註三七**）主要在規範母公司與子公司的關係，按其結合情形的不同，可分爲二種型態：一爲根據母公司與子公司的控制契約或於一定要件下依母公司的片面聲明，而建立的「垂直的關係企業」；一爲由二個或二個以上的獨立企業以書面契約同意集中統一指揮，立於平等的地位而建立的「水平的關係企業」。鑑於企業整體的需要，便利其產銷政策的推行，明定如控制企業利用其影響力，使從屬公司爲不利於己之法律行爲或一定作爲或不作爲，控制企業對於其從屬公司所受之損害，應爲補償。其次，爲查明控制企業是否有不當利用其影響力，從屬公司應提出關係報告，並得就關係企業間的業務關係爲必要的檢查。最後，爲使投資大衆及有關業者對關係企業的財務狀況有全盤的了解，明定關係企業報表的編製與提出，以保護社會交易安全(**註三八**)。

綜合言之，關於分公司與子公司的差異，可從下述幾方面了解（**註三九**）：

(1)子公司係依照地主國法律規定設立登記成立的獨立法人；分公司則爲總公司管轄的分支機構，其本身並不具有獨立人格。

(2)子公司係以自己的名義與第三人締結契約；分公司則以總公司名義代表總公司與第三人締結契約。

(3)子公司應以自己的資產作爲債務的擔保；分公司係代表總公司與第三人締約，因此不僅是總公司交託分公司去經營業務的資產，尚包括總公司所有的資產，均應作爲債務的擔保。

註三七　第九號指令草案乃淵源於德國的「關係企業法」（Konzernrecht），係爲處理關係企業在公司法上產生的一些特別問題。有關此草案詳細內容，參閱施建州，控制公司與從屬公司法律關係規範之研究——以歐洲立法趨勢爲中心，國立台灣大學法律學研究所碩士論文，民國82年6月。

註三八　參閱施智謀，公司法，臺北，76年修訂版，頁328。

註三九　Bull. EC Suppl. 5188, p.60.

(4)這些資產係歸屬總公司的財產，而非分公司的；不若子公司能擁有自己的資產。

(5)分公司的所得須與總公司合併計算課稅；子公司的虧損縱有編列合併報表，但在課稅時不可併入母公司的損益中。

由於分公司與子公司有上述種種的差異，雖然在設立手續方面，子公司是較分公司為麻煩，然而在經營風險上，設立子公司卻較不會連累母公司，可限制高風險業務對母公司的影響（註四〇）。

十二、第十二號指令──一人公司

在尊重各會員國均存在有「一人商人」（individual business-man）之事實下，並參酌會員國中有「一人公司」（single-member company）之立法例，歐洲共同體理事會公布之第十二號指令，乃依1986年「中小企業行動計劃」(SME's)（註四一），及調和當時十二個會員國公司法之基本原則，提出「關於一人公司」之九個條文規定。自1988年5月19日，執委會提出第十二號指令草案，歷經歐洲議會及理事會之諮詢討論，於1989年12月21日由理事會公布實施。該指令一方面融合了歐洲共同體會員國對「一人公司」經營責任之規範，一方面保留各會員國依其內國法自行規範解決之空間，俾使半數無相當「一人公司」立法之會員國，得以彈性配合，避免一旦遽然採行，原有公司法及相關法令未及調整，產生窒礙難行之現象。

註四〇 因此，原則上，我國企業到國外設立營運單位時，應考慮其營運政策、發展目標，及當地的法律規定，以便作正確的抉擇。請參閱王泰允，子公司與分公司之抉擇，會計研究月刊，第42期，78年3月10日。

註四一 理事會為鼓勵中、小型企業之發展，提出「中小企業行動計劃」（the Action Programme for SME's）。見OJ No C 287, 14.11.1986, p.1. 該計劃於1986年經理事會批准，且同年該會亦討論如何鼓勵「一人事業」之問題。見Com ⑧⑧ 101, final, p.3; OJ No C 173, 2.7.1988, p.10.

　　第十二號指令對於「一人公司」之基本立場，除緣由於鼓勵「一人事業」而來，最大之著眼點，乃在於保障債權人及投資人。「一人公司」原則上適用於有限公司 (the private limited liability companies) 型態，並採行嚴格會計程序及公開揭示登記資料之制度，以便達到交易安全之要求。爲避免「一人公司」產生連鎖型式，流於泛濫，亦對自然人或法人爲多數「一人公司」之「唯一一人」時之問題，賦予各會員國可依其內國法作彈性規範。

　　然而，第十二號指令之規定，仍僅具概括性，他如「一人公司」之清算及稅法問題，以及董事資格等等，尚需由各會員國依其內國公司法予以補充。甚且某些會員國亦需針對其內國法制及「一人公司」概念之調整與修正，作相當程度之變革 **(註四二)**，此乃勢在必行的！

　　學理上一人公司可分爲實質意義之一人公司與形式意義之一人公司。在我國之公司法上，就形式意義之一人公司而言，基於同法第2條與第71條之規定，學說與實務均一致認爲，我國法不准許形式意義之一人公司之存在，殆無疑問；至於實質意義之一人公司得否存在，則有各種不同之見解，頗滋爭議。

　　由於一人公司之股份掌握在單一股東之手，不少「唯一一人」股東不分公司財產或個人財產，均充爲私人之用，甚至以公司名義爲自己目的而爲借貸或保證，藉以詐欺債務人，迴避契約義務。針對這些弊端，在德、英、美等承認形式意義之一人公司之國家，便逐漸發展出「公司法人人格否認理論」之法理，亦即將公司之獨立人格在特定之法律關係中加以否認，此又稱爲「揭開面紗原則」 (Opening the Veil of Incorporation) **(註四三)**。

註四二　例如，英國無「一人公司」之規定，因此1985年之公司法 (Companies Act)，1986年之破產法 (Insolvency Act)，甚至「一人公司」概念之介紹，均極需作一番調整。

註四三　揭開面紗原則，可溯自1809年美國高等法院所發展出來之理論。美國公

在我國之公司法上，是否宜採用外國之立法例，而承認形式意義之一人公司？倘若准許，其態樣應為如何？鼓勵中小企業創業發展意旨下，承認有限公司型態之一人公司，不失為良策，但立法上要配合採取相關之措施，以防一人公司之弊端，例如：適當引進「公司法人人格否認理論」，在特定法律關係中否認公司法人人格之存在，使正當經營者受公司有限責任制度之保護，而使濫用公司人格或有其他不法意圖者，由個人負責；此外，充實公司會計制度，亦為另一可行之途徑。

十三、第十三號指令草案修正草案——公司之公開接管收購

接管收購（take over），乃是透過證券交易市場，公開收購上市公司之股票，以取得該公司之經營權。藉著接管收購，收購者可使其公司與被收購公司之經營權相互配合，彼此分享原有之資源，達到擴大經營規模，提昇企業之競爭能力而追求更大利潤之目的。接管收購和公司間之合併相同，皆是兼跨法律和經濟領域之商業競爭行為 **(註四四)**，

司法原則上承認公司與股東各為不同法律主體。在股東有限責任的原則下，股東就公司的債務僅於其出資額之限度內負責。此種股東有限責任之原則，為成立公司的最大利益，然而，該原則並非絕對。在某些情形下，為了要保護公司之債權人，法院可揭開公司面紗，否定公司與股東各為獨立主體之原則，而使股東直接對公司債務負責。參閱賴英照，關係企業法律問題及立法草案之研究，收錄於氏著，公司法論文集，民國77年5月增訂再版，頁122～136。

註四四　關於企業間相互結合的商業競爭行為，除為一般人熟知的企業間相互合併外，便是所謂企業收買（acquisition）。企業收買，又區分為企業收買（assets acquisition）及股權收買（stock acquisition）兩種。前者指購買企業資產而取得該企業經營權；後者則指購買企業的股權而取得該企業的經營權。至於收購股權的方式，一為不經由股票交易市場而直接向特定股東收買股權以取得企業之經營權；另一種即為透過股票交易市場，公開收購上市公司股票以取得公司經營權之方式，此亦即本指令所

惟接管收購在程序上卻較合併簡便及迅速，更易掌握商業契機。然而，接管收購固有其經濟上之積極功能，但事實上卻有不少之接管收購，乃是為炒作股票等投機性目的而為，甚至於大股東與第三人私相授受，而侵害一般無經營權之小股東之權益；況且，經營權之更迭過於簡易和頻繁，反使被收購之公司無法穩定經營，喪失接管收購應有之經濟功能。

為了肯定接管收購之經濟價值，同時藉此淘汰不良之公司，提昇歐體內公司之經營規模及競爭能力；另一方面，顧及接管收購中常發生之影響證券交易市場安全及侵害小股東權益等弊端，第十三號指令之修正草案，乃再三強調保障一般小股東之權益及維持證券交易市場之交易秩序等立法原則，而有下述之特色：

(1)強制公開收購（第4條），即當持有某一公司之股票或其他有價證券，其上所附之表決權數，合計已超過該公司總表決權數三分之一以上時，必須對其他股東及有價證券持有人，為條件相同之公開收購要約，以達股東平等原則；

(2)監督機關之設立（第6條），以加強接管收購之控制，維持證券交易市場之秩序，避免野蠻之接管收購；

(3)加強相關資訊之流通，如收購文件內容及公布之要求，及收購相關人之說明義務，以防止大股東和第三人間之私相授受，並且使小股東有充分之資訊，以資判斷是否出售其持股；

(4)要求收購人公開說明其收購之目的、經營計劃，以避免炒作股票等投機性之接管收購；

(5)同時也要求對被收購公司員工之保障（第10條(1)第19款）；以及不當妨礙接管收購之禁止（第8條）。

規範之「接管收購」。詳參戚仁俊，公開收購股權立法之研究——以公司法、證券交易法為中心，國立台灣大學法律學研究所碩士論文，民國81年6月。

十四、銀行業、保險業及其海外分行年度會計與合併報表之指令、指令草案修正草案

共同體規範一般公司的年度會計與合併報表，而公布了第四號及第七號指令（78/660/EEC, 83/349/EEC）。然基於金融服務業（即銀行業、保險業、證券業等等）之特性（例如風險較高）以及其重要性（即商業性服務業的蓬勃發展），故於第四號指令的第1條第2項中，明文排除對金融服務業的適用，並於第七號指令的第40條規定過渡條款，於期限過後，亦不適用於金融服務業（**註四五**）。執委會已另外公布與金融服務業有關的指令、指令草案修正草案，即共同體關於銀行業、保險業及其海外分行年度會計與合併報表。

基本上，這三號指令、指令草案修正草案仍以第四號指令及第七號指令爲基礎，只是在考慮這些特殊類型公司的特質時，才有不同的規定。最主要的即適用主體的不同，其一限縮於銀行業，其二限縮於保險業，另一則爲其海外分行，又分爲設於他會員國境內或非會員國境內兩種。此外，由於金融服務業的風險較高，爲了保持會計上的可比較性（comparability），來保障股東、債權人、債務人及一般大眾的利益，因此也針對適用的內容上有較一般公司更詳細、明確的規定，例如，資產負債表和損益表的項目必須較爲仔細記載，對於某些特定項目的範圍加以定義，以及會計附註內容應詳盡等等，都是與第四號及第七號指令的不同處。

此外，也有與第四號指令不同之評價法則（valuation rules），

註四五　K. Van Hulle, EEC. Commission DGXV, Status of the Communities' programme in the area of harmonization of accounting standards, in *the Future of Harmonization of Accounting Standards within the European Communities,* Conference 17 and 18, Jan. 1990, Brussels, Commission of the European Communities, p.14.

尤其對債券的估價有特別的規定。至於風險基金的設立（fund of general banking risks）與對於外國貨幣的處理，更是新設之內容，特別針對銀行業的特性而設。

　　由於共同體內經濟結構的改變，基於金融服務業日趨重要的情況，這些指令及指令草案修正草案，對於歐體服務業共同市場的建立，將有極大的影響。

第三節　1991年最新歐洲公司(SE)規則建議草案

一、創立SE之必要性

　　歐洲共同體爲完成單一市場的目的，積極消除共同體內部人員、資本、貨物、勞務自由流通之障礙，並籌措促進共同體經濟的成長與發展。而經濟目標的實現，自須仰賴各種以從事經濟活動爲目的之營利團體，其中又以公司之型態，在組織上最完善，制度上最健全，經營上最有效率，最足以做爲促進單一市場目標之主體性工具。

　　由於各會員國國內關於公司之法律性質、組織型態、稅捐計算、解散清算等事項存有法令上之重大歧異，致欲即時整合會員國國內之跨國公司以利單一市場之實現有其明顯困難；對外而言，爲鞏固並加強共同體在全球市場上之競爭地位，以與美日等國之產業界競爭，以期居於領導市場之地位，亦惟有匯集大量之資金技術，透過共同體層面、跨國界的產業合作，以歐洲級公司之新型態展現於市場，方爲最直接而有效的途徑（**註四六**）。因此爲因應經濟規模之事實上需要，提供共同體內產

註四六　亦有持反對意見者認爲，進一步的歐洲公司整合並非達成單一市場之必
　　　　要條件，美國亦無單一的公司法制，不同的公司卻仍能於全美展開活
　　　　動。但執委會對此仍堅持一貫立場，認爲公司整合之方案對未來而言仍

業跨國界合作的法律基礎，確保橫跨數會員國國界之生產業或服務業能在單一法律體系下從事活動，並保障利害關係人之權益，實有制訂一統一的歐洲公司法以適當規範之必要，所以從1970年起，即陸續有制定統一的歐洲公司法的呼聲及行動（註四七）。

統一的歐洲公司規則，係在創造一個以其為法律基礎而設立的全新的、超國界的歐洲級公司，以規範歐洲公司的組織、行為，並保障勞工的社會權；其一方面異於以會員國國內公司法令為準據法設立的公司（註四八），另一方面亦異於2137/85/EEC以合夥組織為基礎的歐洲經濟利益集團（註四九）。要之，SE之創設並不影響各會員國國內公司之存在，且其單一法律主體之本質，亦與歐洲經濟利益集團之合夥性主體特質不同，故SE實係一共同體法上新的創設。

二、制定SE規則之歷史背景

屬必要而有效的措施，參閱OJ No L 199, 31.7.1985, p.11.

註四七 關於歐洲公司整合之障礙及制訂統一歐洲級公司法之必要性，另可參閱王泰銓（主持），歐洲公司法之研究，經社法規研究報告4011，頁41～49，行政院經濟建設委員會健全經社法規工作小組編印，民國80年6月。

註四八 一般言之歐洲公司有兩種涵義，一係以會員國內國法為準據法而設立之公司，亦即現有型態之歐洲公司，一係於單一市場完成之後將以歐洲公司規則為準據法而設立之歐洲層次的公司，兩者有很大的差異。參閱王泰銓，歐洲公司之性質及其型態，經社法制論叢第9期，頁4～8，民國81年1月。本文所稱歐洲公司除特別陳明外，均指第二種意義的歐洲公司。

註四九 歐洲經濟利益集團係為因應在統一的歐洲公司法制訂之前，企業跨國境合作之迫切需求下所設計的過渡型態，可視為是一自「會員國公司」過渡到「歐洲級公司」的中間型態，其雖提供企業跨國界合作的基礎，但因主體性質上要求合夥的限制，使其仍無法有效促進大規模企業間的合作，故其尚不能取代歐洲公司規則所可提供的功能，僅能謂係邁向單一歐洲公司規則的里程碑。詳細內容可參閱王泰銓，前揭研究報告，頁83以下。

　　創立歐洲級公司的理念最早係由理事會提出，由Sanders草擬，經執委會採用作爲1970年歐洲公司規則最初建議草案。草案提出後，受到熱烈的討論，特別是在設立歐洲級公司是否可能、以及容許設立之範圍等問題上。由此反應出欲創造一個新型式的商業主體，牽涉到多少存在於會員國而過去從未被討論過的原則細節問題。但另一方面，也存在著刺激歐洲公司設立的因素，即各會員國之企業界在面臨美、日強大競爭壓力下，極希共同體機關能適時提供一個具有一定法律地位，而能使產業界合作以在全球市場上競爭的商業主體設計。可惜立法的脚步似未能趕上實際的需求，第一份建議草案因與許多會員國內國法令衝突，且並未顧及會員國的經濟現狀，終致失敗。執委會在檢討改進之後，特別是諮詢經濟暨社會委員會及歐洲議會的意見後，於1975年復提出修正建議草案。不料此次草案比以前之草案更形複雜，不但規範密度上過高，甚且增加規範之強制力，例如強制公司之組織爲雙層制，亦嚴格限制公司機關之權限及作用（**註五〇**），致使與會員國內國法律間之衝突更劇，是以本次草案於1983年理事會審議中途即告停頓，設立SE之理念，至此似遭逢完全挫敗的命運。

　　唯執委會因堅信歐洲級公司之設立必有助於單一市場之達成及共同體競爭能力之提昇，逐於權衡現實、集思廣益下，於1985年提出內部市場白皮書（Internal Market White Paper）時，再度嘗試性地提出設立SE的理念。理事會鑑於此次建議內容已較取向於各會員國公司法調和之努力，且在設立條件及組織機關上亦提供了相當的選擇機會，同意重新考慮設立SE之可能性，使得統一歐洲公司法之制定終於重現生機。執委會乃於1988年本於上述原則提出新的設立SE的備忘錄（Memorandom），該備忘錄首先送請各會員國之公法及私法機關、

註五〇　Ritter, "Der Vorstand der S.E.," in Lutter, *Die Europaeische Aktiengesellschaft*, 2nd. ed.(1978), p.93.

團體表示意見後，執委會即據以制定1989年之歐洲公司規則建議草案，嗣再經送請歐洲議會及經濟暨社會委員會等機關表示意見後，執委會再參酌各方的修改建議，終於在1991年5月22日正式提出最新的歐洲公司規則建議草案（Amended Proposal for a Council Regulation on the Statute for a European Company，以下簡稱本規則建議草案）。

三、SE規則建議草案之規範基礎

本次草案異於前兩次草案，不再以歐洲經濟共同體條約第235條為立法依據，而以EEC條約第100a條為規範依據。所以如此轉變的原因，一般認為明顯地係基於策略上的考慮，蓋EEC條約第235條要求須理事會一致決議通過（unanimity）為要件，才能使本建議草案合法有效，而EEC條約第100a條僅要求理事會條件多數決通過（qualified majority）即可。透過這種決議方式的改變，希望能克服可能的會員國的反對，使實現歐洲級公司的阻力減到最低（**註五一**）。此種轉變在法理上並非毫無疑問，學者批評之聲浪始終不絕於耳，例如就文義而言，EEC條約第100a條主要在規定會員國間因法規歧異時之協調措施，但本次草案嚴格來講，主要不在於「協調」會員國既存的法令秩序，而是在為一超國界的歐洲公司形式積極創設一新的法律架構。再如，以EEC條約第100a條為依據之結果，亦應考慮到將同時受到第100a條第2項對租稅及勞工等問題限制適用的規範，而執委會卻將勞工問題透過技術上之分裂──不在本次建議草案規範而另以獨立之指令規範──達到實質上適用之結果，亦造成與第100 a條第2項間的規範矛盾（**註五二**）等等。以上的論爭或將繼續不斷，但執委會一心促成SE誕生

註五一 參照Marcus Lutter, Genuegen die vorgeschlagenen Regelungen fuer eine Europaeische Aktiengesellschaft? in *Die Aktiengesellschaft (AG)*, 1990, S.415.

註五二 參照Lutter, Ebd., S.415. Lutter並主張正確的作法應是回歸到以EEC條

的決心，似乎仍未改變。

四、SE規則建議草案之立法結構

本次建議草案計分九章：

第一章總則，就共通事項及名詞做定義性的規定，諸如就SE之型態、設立方式(合併、控股、聯合子公司、轉換設立)、最低資本額限制、登記、公告等事項之規定；另就SE之章程、登記所在地、登記所在地之遷移、受控制事業與控制事業、歐洲公司文件等做解釋性的規定。

第二章公司之設立分五節，第一節仍屬通則性的規定，就SE設立時適用之準據法、設立之公告、設立之效果做規定；另就創立公司之含義做解釋性的規定。第二節至第五節則進一步規定各種設立方式之詳細程序、股東之保護、債權人之保護、機關人員之責任、設立之無效等。

第三章主要規範SE之資本、股份及債券，其中包括SE資本之原則，增資減資的要件、程序，股票發行之權利義務，股東表決權，回籠股票之禁止。

第四章規定SE之機關，雙層制與單層制機關之類別、權限，成員之任命與監督，機關會議之召集、決議之方式，人員責任，訴訟權限，表決權種類。

第五章規範SE之會計事項，包括年度會計與合併會計之內容、稽核、公告。

約第235條為規範基礎，才不會導致共同體法規互相衝突的危險。同說如 Wahlers, Art. 100a EWGV—Unzulaessige Rechtsgrundlage fuer er den geaenderten Vorschlage einer Verordnung ueber das Statute der Europaeische AG? AG (1990), S. 449. 其他反對的理由請參閱Andreas Wehlau, The Societas Europaea: A Critque of the Commission's 1991 Amended Proposal, *Common Market Law Review,* Vol.29, No.3 (1992), p.479.

第六章規範SE之解散清算事宜。

第七章規範合併之準據法。

第八章規範永久住所。

第九章規範制裁及生效日期。

五、SE規則建議草案之特色

㈠本規則建議草案與1970年及1975年草案之比較

就SE之立法進程而言，在本次最新規則建議草案之前，以1970年及1975年提出之草案較具重要性，蓋以上三者分別代表了共同體在SE政策上不同階段的轉變，顯示出SE立法過程中所遭遇之障礙、挫敗、折衝、修正，終至目前較得確定地體現出SE全貌的過程。此處即擬藉由與前兩次草案之比較，期更能掌握本次草案之意義及特色。

本規則建議草案與1970年與1975年之草案相比較，有很大的轉變，其中最大的改變可歸納爲兩點：一是本規則草案大幅縮減規範事項，以致在整個篇幅上與前兩次草案相較明顯地縮短，蓋在當時之立法理念係企圖制定一儘可能廣泛統合的歐洲公司法。前兩次草案在內容上均呈現詳細而完整的特色，諸如包括股份法（Aktienrecht）、康采恩法（Konzernrecht）等領域之設計在內；相較於彼時之會員國內國股份法，如法國、義大利及德國法，此兩草案顯然處於一優越的、高規範密度的地位（**註五三**）。以1975年之草案爲例，其條文總數即高達二百八十四條，且其附錄部分亦有五十條之多。然而觀諸本次草案內容，可知執委會已放棄過去高度立法之理念，改以比較務實的作法，不再全面性地預測SE可能發生的所有法律問題而爲規範，毋寧僅限於必要的部

註五三　參照Marcus Lutter, above Article p.145; Andreas Wehlau, above Article, p.479.

分，以期達成儘速創設SE的目標；是故表現在條文總數上，只剩下一
百三十七條，尚不及前次草案之一半，就員工參與部分而言（**註五
四**），亦僅剩下十三條，而只有前次草案附錄部分的四分之一；表現在
內容上，則大量參酌SE登記所在地的會員國內國法，其結果即爲相對
地承認各會員國不同的法律標準，無怪乎有學者直稱本次草案係一較具
有彈性之不完全作品（ein Torso）（**註五五**）。

　　本規則建議草案之另一重要轉變爲將員工參與歐洲公司部分自建議
草案中分離出來，另以獨立之指令予以制訂。按前兩次草案本諸保障勞
工社會權之理念，特別就公司員工參與公司之方式等設若干規定以爲保
障，並將之納爲歐洲公司法之內容而擬同以「規則」之方式制定（**註五
六**）。由於各會員國內國法令、實務之歧異，一時驟然實施員工參與之
規定誠屬不易，亦因此致使前兩次草案迭遭批評（**註五七**），故執委會

註五四　所謂員工參與（the Involvement of Employees in the European Company; Mitbestimmung）係指員工得依歐洲公司法之保障一定程度地參與並監督公司的營運及發展，其立法意旨乃在促進勞資關係之和諧，並有助於公司的營運。由於各會員國對於員工是否能參與公司的營運、參與的方式及程度差異頗大，企業界本身亦未建立共識，故此問題向來均成爲SE立法過程之爭論焦點。甚且成爲阻礙統一歐洲公司法誕生的重要障礙，因此執委會在歷經多次挫折後，特於本次建議草案中將員工參與之相關規定刪除而另外以指令形式獨立規定，實見其維護此制度之用心良苦。

註五五　同註五三。

註五六　所謂規則與指令都是共同體機關的立法形式，規則具有普遍的適用性，且直接適用於全部會員國內，故在實踐上規則多適用於共同體內一體化程度需求較高之領域；指令則不同，其目的不是在共同體內建立統一的法律規範和原則，而是在確定所要達成的目標，至於採取何種形式或方法來達成目標，會員國有其選擇的自由，故在實踐上，指令多用來協調會員國的各個政策。參閱EEC條約第189條之規定。

註五七　參照Peter Behrens, Das Gesellschaftsrecht im Europaischen Binnenmarkt, EnZW, Heftl (1990), S.17.

遂於本次建議草案中將SE之架構與員工參與二者分開規定（**註五八**），但因兩者仍共同構成統一歐洲公司法之內容，仍須同時生效，同時適用，不得分開（**註五九**）

㈡本規則建議草案之特色

由於建議草案之內容，直接影響到未來SE之性質、成立、組織、運作及對股東、債權人與第三人之保護，在此對草案基本立法態度與規範特色的分析，有助於了解SE之雛型。

1.股份有限公司

本草案開宗明義即規定SE之性質爲一股份有限公司。因此不論創立公司（founding company）原來之屬性如何，亦不論成立SE採取之方式爲何，均不影響SE爲股份有限公司之性質，亦即公司資本須分爲股份，股東對於公司之責任僅以其認繳出資之金額爲限。

2.具有法人格

公司組織是否具有法人格，各會員國依其內國公司法令之認定標準頗不一致（**註六〇**），因此爲求法律適用的一貫性，並保護第三人之交易安全，本次草案即明文規定凡SE均具有法人格。

3.最低資本額限制

鑑於SE在規劃理念上原即係提供一大型的歐洲級的組織模式，以

註五八　亦有學者認爲，執委會此舉並非如其所稱是爲了使員工參與公司之方式更有彈性，其真正的意圖乃在使基於EEC條約第54(3)(g)條制訂的員工參與公司指令及基於EEC條約第100a條制定的SE規則草案兩者在理事會能以「特定多數決」之方式通過，而不再如以往受EEC條約第235條須一致決議通過的限制。參照European Trends, Background Supplement 1991～1992, p.33.

註五九　Com ⑻⑼ 268 final-syn 218 p.67及Com ⑻⑼ 268 final-syn 219, p.419.

註六〇　王泰銓，歐洲公司之性質及其型態，社經法制論叢，第9期，1992，pp.5～7.

增進單一市場的內部整合，並提昇共同體整體對外的競爭能力，是故特明文限制SE之資本額至少不得低於十萬歐洲貨幣單位（ECU），此與歐洲經濟利益集團規則相較，顯然高出許多。

4. 設立方式的多元化

　　與過去草案不同者，本次草案在SE之設立管道方面採取較寬廣、較有彈性的設計。一方面在創立者之條件限制上放寬，二方面在設立SE之方式上亦有多元化（**註六一**），諸如創立公司可依據本身的經濟條件及營業方向選擇以合併、控股、聯合子公司或股份有限公司的轉換等方式來成立SE。且成立後之SE又可有多種的發展途徑，因此依本次草案內容，SE之設立將更趨容易（**註六二**）。

5. 準據法的多樣性

　　對不同的規範事項，所適用之準據法不盡相同。在草案之第一章總則部分，即有就SE適用之法律作原則性的規定，即首先是屬於共同體法層次的歐洲公司規則，其次如為本規則未規定之事項，則參照SE登記所在地之會員國法之規定。除上述原則外，在草案之其他章節中援引的準據法尚有多種，如創立公司設立時依據之會員國法、依共同體各種指令所指定之內國法……等。此外本次草案亦放棄對一些特別棘手領域

註六一　設立SE有多重選擇可能性，基本上愈符合立法政策鼓勵方向的創立者，如股份有限公司，其可選擇之設立方式愈多。反之，較不符合立法政策方向之創立者，如一般內國之私經濟團體，其可選擇之設立方式即愈少。

註六二　然亦有學者認為，本次建議草案對於一些屬於小型的及中型的企業並不合用。因為對它們而言，整個程序顯得過於複雜且成本亦太高。因此建議執委會可考慮針對中、小型企業設計一個「小號的歐洲級公司（Kleine Europa-AG）」，或是在SE之外另單獨設計一個「歐洲級有限公司(Euro-GmbH)」，參照Peter Hommelhoff, Gesellschaftsrechtliche Fragen im Entwurf eines SE-Statues, AG (1990), S. 434~435; Anderas Wehlau, Die Europäische Aktiengesellschaft—eine Option fuer die GmbH? *GmbHRundschau* (1992), S.642~643.

的規範，例如康采恩法，放棄的結果即等於完全委諸於內國法的決定。至於稅法部分，也僅剩下一個條文的規範份量。

執委會此種立法技術，在各界引起不同的反應。批評者認爲此乃屈就現實規避責任的作法，無異放棄了當初制訂「統一」的SE法典的理想，將導致各個SE因不同會員國的法律秩序而造成嚴重歧異；何況依照這種設計下產生出來的公司，是否還能稱其爲「歐洲級公司」實值懷疑（**註六三**）；亦有持肯定態度者認爲，在本規則已獲得的法律調和的程度內，可認爲已成功地謀取到歐洲法律的合作，至於在參照內國法指示的部分，則僅是共同體法的一種輔助工具的表達。

6.組織結構的二重選擇

本次草案針對各SE之規模大小與其營業狀況之特殊需要，有單層制（One-Tier System）與雙層制（Two-Tier System）之設計，以建立SE中的經營管理架構，各SE得就此二模式任擇其一。簡言之，雙層制中得同時設立經營機關與管理機關；而單層制中僅設有管理機關。唯不論採取何種模式，此部分之立法顯現兩種基本觀念，一是經營者與監督者權責應明確劃分，二是儘可能縮小單層制與雙層制之差異性，故二者共通規定的部分較過去之草案內容爲多（**註六四**）。

註六三　參照Marcus Lutter, above Article S.415; Anderas Wehlau, Ebd., S.641.
註六四　參閱Anderas Wehlau, Ebd., S.641〜642.

歐洲單一法

(Single European Act,簡稱SEA)

第一篇　共同條款

第一條　歐洲共同體（European Communities，以下簡稱EC）與歐洲政治合作（European Political Cooperation）以共同促進歐洲聯盟為其目的。

歐洲共同體係以創立歐洲煤鋼共同體（European Coal and Steel Community）、歐洲經濟共同體（European Economic Community）、及歐洲原子能共同體（European Atomic Energy Community）三紙條約，以及後續修訂或補充之相關條約與法律為基礎而建立的。

政治合作（事項）規定在第三篇。此篇之條款在確認並補充盧森堡報告（1970）、哥本哈根報告（1973）、倫敦報告（1981）及歐洲聯盟正式宣言（Solemn Declaration on European Union, 1983）所規定之程序，以及在會員國間逐漸形成之慣例。

第二條　歐洲高峰會議（European Council）由各會員國領袖或各會員國政府首長及歐洲共同體執行委員會主席所組成，並由各會員國外交部長及執行委員會之一位成員陪同參加出席。

歐洲高峰會議一年至少集會兩次。

第三條　1.歐洲共同體機構（以下亦如此指稱）在建立歐洲共同體之條

約與後續修訂或補充之條約或法律，以及第二篇所載明之條件及目標下，行使其職權。

2.歐洲政治合作有關機構及機關依照第三篇及第一條第三項所稱文件規定之條件與目標，行使其職權。

第二篇　建立歐洲共同體之條約之修正條款

第一章　創立歐洲煤鋼共同體條約之修正條款

第四條　歐洲煤鋼共同體條約補充下列之條款:

「第三十二條之五

1.應歐洲法院之要求，部長理事會於徵詢執行委員會和歐洲議會之意見後，得以一致決之方式通過設立附屬於歐洲法院之第一審法院受理自然人或法人提起之特定種類案件，並作第一審判決；惟對判決法律適用上的錯誤，得依法院規章之規定上訴歐洲法院。第一審法院無權審理會員國或共同體機構所提出之案件，亦無第一百七十七條規定的先行裁決權。

2.依據第一項所規定之程序，部長理事會應規定第一審法院之組成，並對歐洲法院規章為必要之修訂與補充。除部長理事會另有決定外，本條約中與歐洲法院有關之條款，特別是歐洲法院規章議定書之規定，均適用於該第一審法院。

3.第一審法院之成員應自具備擔任司法職務之專業素養之獨立公正人士中挑選之，經會員國政府共同同意後任命之，任期六年。每三年其成員應部分更新。卸任之成員有接受重新任命之資格。

4.第一審法院應與歐洲法院協議訂定其程序規則，此規則經部長理事會以一致決之方式同意之。

第五條　歐洲煤鋼共同體條約第四十五條補充以下之條款:

「依歐洲法院之要求於徵詢執行委員會與歐洲議會之意見後，部長理事會得以一致決之方式通過修改規章第三篇之規定。」

第二章　創立歐洲經濟共同體條約之修正條款

第一節　組織條款

第六條　1.依照歐洲經濟共同體條約第七條、第四十九條、第五十四條第二項、第五十六條第二項第二句、第五十七條(除第二項第二句之外)、第一百A條、第一百之B條、第一百一十八A條、第一百三十E條、以及第一百三十Q條第二項規定制定法律應適用合作之程序。

2.歐洲經濟共同體條約第七條第二段，原「於徵詢議會（Assembly）後」等字改為「透過與歐洲議會 （European Parliament）合作之程序」。

3.歐洲經濟共同體條約第四十九條，原「部長理事會依據執行委員會之提議，於徵詢經濟暨社會委員會之意見後制定」等字，改為「部長理事會依據執行委員會之提議，應透過與歐洲議會合作之程序並於徵詢經濟暨社會委員會之意見後，以條件多數決制定」。

4.歐洲經濟共同體條約第五十四條第二項，原「部長理事會依據執行委員會之提議，於徵詢經濟暨社會委員會與議會之意見後制定」等字，改為「部長理事會，應依據執行委員會之提議，透過與歐洲議會合作之程序，並於徵詢經濟暨社會委員會之意見後制定」。

5.歐洲經濟共同體條約第五十六條第二項第二句改為下列之條款：

「然而在第二階段結束後，部長理事會應依據執行委員會之提議，透過與歐洲議會合作之程序，以條件多數決制定指

令，以協調各會員國國內之相關法規或行政措施。」

6.歐洲經濟共同體條約第五十七條第一項，原「於徵詢議會後」等字改爲「透過與歐洲議會合作之程序」。

7.歐洲經濟共同體條約第五十七條第二項第三句改爲下列之條款：

「在其他情況下，部長理事會透過與歐洲議會合作之程序以條件多數決制定之。」

第七條 歐洲經濟共同體條約第一百四十九條改爲下列之條款：

「第一百四十九條

1.依據本條約，部長理事會對執行委員會之提議有修正時，須以一致決之方式爲該提議之修正。

2.依據本條約，部長理事會與歐洲議會合作時，適用下列程序：

(a)部長理事會依第一項之規定，對於執行委員會之提議，聽取歐洲議會之意見後，以條件多數決之方式作成一共同立場（common position）。

(b)部長理事會之共同立場應傳達於歐洲議會。部長理事會與執行委員會應充分地告知歐洲議會部長理事會，採取其共同立場以及執行委員會採取其立場之理由。

於通知後三個月之期間內，歐洲議會若贊同該共同立場或未於期限內作出決定，部長理事會應根據該共同立場通過此審議中之議案。

(c)歐洲議會得於b款所規定之三個月期間內，以其成員之絕對多數決通過修正部長理事會共同立場之提案；亦得以同樣之表決方式否決部長理事會之共同立場。有關此程序之結果，應轉送予部長理事會和執行委員會。

若歐洲議會否決部長理事會之共同立場，部長理事會在二讀

程序只能以一致決之方式通過其共同立場。

(d)執行委員會應在一個月的期間內，考慮歐洲議會之修正案，再審議以部長理事會之共同立場爲基礎之提案。

執行委員會應將其再審議過之提案，及其不接受的歐洲議會的修改案提交部長理事會，並向部長理事會表達其觀點。部長理事會得以一致決方式通過歐洲議會之修正案。

(e)部長理事會以條件多數決之方式通過執行委員會再審議之提案。

部長理事會應以一致決之方式修正執行委員會應審議之提案。

(f)在c、d、e款規定之情況下，部長理事會應於三個月之期限內作出決定；若未於此期限內作出決定，執行委員會之提案視爲未通過。

(g)b、f款所規定之期間，得經部長理事會與歐洲議會共同同意後延長之，至多不超過一個月。

3.在部長理事會未作出決定前，執行委員會得依據第一項及第二項所規定之程序隨時修改其提案。」

第八條　歐洲經濟共同體條約第二百三十七條第一項改爲下列之條款：

「任何歐洲國家均可申請成爲共同體之一員。欲申請國應向部長理事會提出申請，部長理事會於徵詢執行委員會之意見後，在歐洲議會議員絕對多數決之同意下，以一致決之方式作出決定。」

第九條　歐洲經濟共同體條約第二百三十八條第二項改爲下列之條款：

「這類協定由部長理事會徵得歐洲議會議員絕對多數之同意後，以一致決之方式達成。」

第十條　歐洲經濟共同體條約第一百四十五條補充下列之條款：

「部長理事會對其通過之法案賦予執行委員會執行之權限。有

關此權限之行使，部長理事會得附條件。在特定之情況下，部長理事會亦得保留此權限，由其直接行使。上述程序須符合部長理事會事前依據執行委員會之提案及徵詢歐洲議會之意見後，以一致決之方式通過所擬定之原則與規則。」

第十一條　歐洲經濟共同體條約補充下列之條款：

「第一百六十八Ａ條

1. 應歐洲法院之要求，部長理事會於徵詢執行委員會和歐洲議會之意見後，得以一致決之方式通過設立附屬於歐洲法院之第一審法院，受理自然人或法人提起之特定種類案件，並作第一審判決；惟對判決法律適用上的錯誤，得依法院規章的規定，上訴歐洲法院。第一審法院無權審理會員國或共同體機構所提出之案件，亦無第一百七十七條規定的先行裁決權。

2. 依據第一項所規定之程序，部長理事會應規定第一審法院之組成，並對歐洲法院規章為必要之修訂與補充。除部長理事會另有決定外，本條約中與歐洲法院有關之條款，特別是歐洲法院規章之議定書之規定，均適用於該第一審法院。

3. 第一審法院之成員應自具備擔任司法職務之專業素養之獨立公正人士中挑選之，經會員國政府共同同意後任命之，任期六年。每三年其或員應部分更新。卸任之成員有重新接受任命之資格。

4. 第一審法院應與歐洲法院協議訂定其程序規則，此規則經部長理事會以一致決之方式同意之。

第十二條　歐洲經濟共同體條約第一百八十八條插入下列之第二項：

「應歐洲法院之要求，及徵詢執行委員會與歐洲議會之意見後，部長理事會得以一致決之方式通過修改規章第三篇之規

定。」

第二節　有關共同體之基礎與政策之條款

第一分節　內部市場

第十三條　歐洲經濟共同體條約補充下列之條款:

「第八A條

依據現行歐洲經濟共同體條約第八A條, 第八C條, 第二十八條, 第五十七條第二項, 第五十九條, 第七十條第一項, 與第八十四條, 第九十九條, 第一百A條, 第一百B條, 以及在不妨礙現行條約之其他條款下, 共同體得採取措施, 期於西元一九九二年十二月三十一日前, 以循序漸進之方式, 逐步建立內部市場。

內部市場包含一個無內部疆界之空間; 在此空間內, 貨物、人員、勞務與資金得在本條約之保障下自由流通。」

第十四條　歐洲經濟共同體條約補充下列之條款:

「第八B條

為使內部市場在第八A條所定之期限內實現, 執行委員會應於西元一九八八年十二月三十一日前及西元一九九〇年十二月三十一日前就工作進度向部長理事會報告。

依據執行委員會之提議, 部長理事會以條件多數決之方式訂立必要之方針與條件, 以確保所有有關部門之均衡發展。」

第十五條　歐洲經濟共同體條約補充下列之條款:

「第八C條

為完成第八A條所揭櫫之目標, 執行委員會於提議時, 應考慮某些發展程度不同之經濟, 在內部市場建立之時間內所必須承受之努力程度, 並提出適切之建議條款。

若執行委員會之提議係採例外規定之形式, 則該提議僅具暫時之性質, 且應盡可能不妨礙共同市場之運作。」

第十六條　1.歐洲經濟共同體條約第二十八條改爲下列之條款：

　　　　　　「第二十八條

　　　　　　任何共同海關稅則之修訂或自動中止，須由部長理事會依據執行委員會之提議，以條件多數決之方式作成決定。」

　　　　　2.歐洲經濟共同體條約第五十七條第二項第二句改爲如下之條款：

　　　　　　「一指令在至少一個會員國內執行，且涉及與自然人之就業訓練與僱用條件有關法律由現行原則之修改時，須以一致決之方式決定之」。

　　　　　3.歐洲經濟共同體條約第五十九條第二項，原「一致決」改爲「條件多數決」。

　　　　　4.歐洲經濟共同體條約第七十條第一項倒數第二句改爲如下之條款：

　　　　　　「爲達成此目的，部長理事會經由條件多數決之方式制定指令力求達到最高度之自由化。對於使資本自由流通倒退之措施，部長理事會應以一致決之方式決定之」。

　　　　　5.歐洲經濟共同體條約第八十四條第二項，原「一致決」改爲「條件多數決」。

　　　　　6.歐洲經濟共同體條約第八十四條第二項補充下列之條款：

　　　　　　「第七十五條第一項及第三項之程序規定適用之。」

第十七條　歐洲經濟共同體條約第九十九條由下列條款取代之：

　　　　　「第九十九條

　　　　　部長理事會依據執行委員會之提議，於徵詢歐洲議會之意見後，以一致決之方式制定關於調和營業稅、貨物稅及其他間接稅之條款，此爲確保內部市場能在第八A條所定之期間內建立與運作所必須的。」

第十八條　歐洲經濟共同體條約補充下列之條款：

「第一百A條

1. 除第一百條之例外規定及本條約另有規定外，適用以下之條款，以實現第八A條所揭櫫之目標。部長理事會依據執行委員會之提案透過與歐洲議會合作之程序，並徵詢經濟暨社會委員會之意見後，以多數決之方式制定使會員國內國的法律、法規趨近的措施，以達到制定內部市場之建立與運作為目的。

2. 第一項不適用於財政規定，亦不適用於有關人員自由流通與受雇者權益之規定。

3. 執行委員會第一項提案有關健康、安全、環境保護以及消費者保護者，須以高度之保護為原則。

4. 部長理事會以條件多數決之方式通過採取之調和措施後，會員國基於第三十六條規定之重大需求或者有關工作環境或環境保護之重大需求，而認為有必要適用其國內規定時，應將該國內規定告知執行委員會。

   執行委員會於查核會員國之國內規定非為對會員國之間的貿易構成專斷歧視或掩飾限制之方法後，始得予以認可。

   若執行委員會或會員國認為有其他會員國濫用本條款所規定之權限時，得直接向歐洲法院提起訴訟，不適用第一百六十九條與第一百七十條所規定之程序。

5. 上列調和措施，在適當之情況下，包含有防衛條款，授權會員國基於第三十六條所規定之一個或數個非經濟理由，採用在共同體監督程序下之暫時性措施。」

第十九條　歐洲共同體條約補充下列之條款:

「第一百B條

1. 在西元一九九二年間，執行委員會應與每個會員國共同對歸屬第一百A條的但尚未依該條款調和之內國法律、規

則、和行政法規進行清查。

部長理事會依第一百A條之規定，得決定在一會員國國內現行有效之規定視爲與他會員國之現行適用規定有同等之效力。

2. 第一百A條第四項之規定得類推適用。

3. 執行委員會進行第一項第一款規定之清查，並於適當時機提出適切之提案，俾使部長理事會得在西元一九九二年結束前完成立法。」

第二分節 貨幣之法定地位

第二十條 1. 歐洲經濟共同體條約第二篇第三部分挿入下列之新的第一章：

第一章 經濟暨貨幣政策之合作（經濟暨貨幣聯盟, Economic and Monetary Union）

「第一百零二A條

1. 爲確保共同體今後發展所需之經濟暨貨幣政策之一致，會員國應依照第一百零四條所定之目標互相合作；並且考慮在歐洲貨幣制度（European Monetary System）之架構下與歐洲貨幣單位（ECU）之發展上，所獲得之合作經驗，以及尊重這一方面現有之權限。

2. 經濟暨貨幣方面之進一步發展，需要在制度上有所改革時，得適用第二百三十六條之規定。貨幣委員會（Monetary Committee）及中央銀行總裁委員會（Committee of Governors of the Central Bank）就有關貨幣方面之制度改革均應接受諮詢。」

3. 原第一、二、三章分別改爲第二、三、四章。

第三分節 社會政策

第二十一條 歐洲經濟共同體條約補充下列之條款：

「第一百一十八A條

1. 會員國致力於促進社會改善，特別是工作環境之改善，以保障勞工之安全與健康；而在進行改善工作時，應以此一方面條件之調和爲目標。

2. 爲了有助於實現第一項所訂之目標，部長理事會依據執行委員會之提議，透過與歐洲議會合作之程序，並徵詢經濟暨社會委員會之意見後，以條件多數決之方式，用指令規定逐步實現之基本要求，並考慮現存於各會員國之技術條件與法規。

   此類指令應避免施加行政、金融和法律上之約束，以免妨礙中小企業之創業與發展。

3. 依照本條款所施行之規定，不妨礙任何會員國維持或建立與本條約相容之更嚴格之工作條件之保護。」

第二十二條　歐洲經濟共同體補充下列之條款：

「第一百一十八B條

執行委員會致力於開展歐洲層次之資方與勞方之間的對話；若兩方認爲此舉適當，執行委員會可基於協議關係進行。」

第四分節　經濟與社會之協致

第二十三條　歐洲經濟共同體條約第三部分增加下列之第五篇：

「第五篇　經濟與社會之結合

第一百三十A條

爲了促進整體之協調發展，共同體應展開並從事以強化其經濟與社會之結合爲目的之行動。

共同體尤應致力消弭不同地區間之差距與較不利地區之落後。

第一百三十B條

會員國應引導其經濟政策並加以統合，以此方式達到前條所定之目標之結合。共同政策與內部市場之實施應考慮到第一百三十A條與第一百三十C條所規定之目標並助其實現。共同體透過結構基金(歐洲農業輔導和保證基金──輔導部門 (Eu-ropean Agricultural Guidance and Guarantee Fund, Guidance Section)；歐洲社會基金 (European Social Fund)；歐洲區域發展基金 (Eu-ropean Regional Development Fund))、歐洲投資銀行 (European Investment Bank) 及其他現有金融工具之運用，資助這些目標達成。

第一百三十C條

歐洲區域發展基金之任務，在於藉由參與落後地區之發展與結構調整及工業衰退地區之回復轉型之方法，以協助調整共同體內主要之區域失衡。

第一百三十D條

自歐洲單一法生效時起，執行委員會應提交給部長理事會一全面之提案，其目的在於修正現有結構基金(歐洲農業輔導和保證基金──輔導部門；歐洲社會基金；歐洲區域發展基金)之結構與運用規則，這對各結構基金任務之確定與合理化是有必要的，俾能有助於達成第一百三十A條與第一百三十C條所規定之目標，提升基金之功效，以及協調基金彼此和基金與現有金融工具之間之運用關係。部長理事於徵詢歐洲議會和經濟暨社會委員會之意見後，應於一年內以一致決之方式通過此提案。

第一百三十E條

於作成第一百三十D條之決定後，部長理事會應依據執行委員會之提案，並透過與歐洲議會合作之程序，以條件多

數決之方式，作成有關歐洲區域發展基金之實施決定。

有關歐洲農業輔導和保證基金——輔導部門與歐洲社會基金，仍分別適用第四十三條與第一百二十六條、第一百二十七條之規定。」

第五分節　研究與科技發展

第二十四條　歐洲經濟共同體條約第三部分增加下列之第六篇：

「第六篇　研究與科技發展

第一百三十F條

1. 共同體以加強歐洲工業之科技基礎與提升其國際競爭力之發展為目標而努力。

2. 為前項之理念，共同體應鼓勵企業(包括中小企業)、研究中心、與大學等致力於有關研究與科技發展工作，並支持其彼此合作之努力，特別是透過各國政府壟斷市場之開放，共同標準之確定，以及有礙於合作之法律與財政障礙之消除，俾使企業能充分開發共同體內部市場之潛力。

3. 在實現這些目標時，應特別考慮有關研究與科技發展之共同努力、內部市場之建立、以及共同政策(尤其是關於競爭與交易方面)之實施三者之間的關係。

第一百三十G條

為達成這些目標，共同體應採取下列措施以補充會員國行為之不足。

(a) 透過促進與企業、研究中心和大學之合作，以實施研究、科技發展與展示之計劃；

(b) 在共同體之研究、科技發展與展示之領域上，促進與第三國及國際組織之合作；

(c) 傳播並充分利用有關共同體之研究、科技發展與展示工

作成果；

(d)促進共同體內研究人員之培訓與流動。

第一百三十H條

會員國應與執行委員會保持聯繫，協調各會員國所採行之國家層面之政策與計劃。 為推動此協調工作， 執行委員會得儘可能主動地與會員國保持密切之聯繫。

第一百三十I條

1.共同體應制定一項多年度遠程體制計劃，概括其所有活動。此一框架計劃應確定發展科學與技術之目標及其各自優先次序、計劃行動之主要方針、預估所需之款項與共同體在整個計劃中財政劃分之方式，以及各種計劃行動之款項分配。

2.前項體制計劃得視情況之變更而修改或補充。

第一百三十K條

前條體制計劃，透過在每項行動中所發展出之特定計劃而加以實施。每項特定計劃皆應確定其實施之方式、期限、及必要之措施。

部長理事會應確定由特定計劃所獲致之知識之傳播方式。

第一百三十L條

於實施多年度遠程體制計劃之同時，補充計劃得於只有某些會員國參與之情況下決定之；而這些會員國在共同體可能參與之條件下，擔保提供資金。

部長理事會應制定適用於補充計劃之規則，特別是關於知識之傳播及其他會員國之加入。

第一百三十M條

在實行多年度遠程體制計劃時，共同體得於相關會員國之同意下，規定對數會員國所從事之研究發展計劃及其執行

機構之參與。

第一百三十N條

於實行多年度遠程體制計劃時，共同體得就有關共同體之研究、技術發展與展示與第三國及國際組織合作。

有關此合作之方式，得以共同體與第三相關團體之國際協定爲之，該協定依第二百二十八條之規定進行談判、簽訂。

第一百三十O條

共同體得創立共同企業或成立任何其他必要之組織，以有效地執行共同體之研究、科技發展與展示之計劃。

第一百三十P條

1.每個計劃之投資方式，包括共同體可能之參與，應於該項計劃通過時就已擬定。

2.在不影響共同體其他可能資助方式之情況下，共同體每年之資助金額應在預算程序中決定之。特定計劃之估計費用總額不得超過多年度遠程體制計劃所規定之投資金額。

第一百三十Q條

1.部長理事會依據執行委員會之提議，於徵詢歐洲議會與經濟暨社會委員會之意見後，以全體一致決之方式，制定第一百三十I條與第一百三十O條之規定。

2.部長理事會依據執行委員會之提議，於徵詢經濟暨社會委員會之意見後，透過與歐洲議會合作之程序，以特定多數決之方式，制定第一百三十K條、第一百三十L條、第一百三十M條、第一百三十N條與第一百三十P條第一項之規定。補充計劃之採用應經相關會員國之同意。」

第六分節　環境

第二十五條　歐洲經濟共同體條約第三部分增加下列之第七篇：

「第七篇　環境

第一百三十R條

1. 共同體為下列之目標而對環境問題採取行動：

　　——保存、保護及改善環境品質；

　　——致力於保護人類健康；

　　——確保對自然資源審慎而合理之使用。

2. 共同體對環境問題所採取之行動，應基於下列之原則：採取預防措施，對於環境之破壞應先矯正其根源，以及污染者付費。對環境保護之要求應為共同體其他政策之一部分。

3. 在設計有關環境問題之行動時，共同體應考慮下列事項：

　　——可獲得之科技資料；

　　——共同體內不同地區之環境狀況；

　　——行動或不行動所造成之利益與代價；

　　——共同體經濟與社會整體之發展及其區域之均衡發展。

4. 對有關環境問題所採取之行動，就第一項之目標而言，在共同體層次上比在會員國個別之層次上更能獲得實現；在不損及某些具有共同體特性之措施之情況下，會員國得投資及實施其他措施。

5. 在各自之權限內，共同體和會員國得與第三國及有能力之國際組織合作。共同體之合作方式得以共同體與相關第三當事人之間之協議訂之。該協議依第二百二十八條之規定進行談判、簽訂。

前段規定，應不損及會員國於國際組織內進行談判並簽訂國際協定之權限。

第一百三十S條

部長理事會依據執行委員會之提議，於徵詢歐洲議會與經濟暨社會委員會之意見後，以一致決之方式，決定共同體所採取之行動。

部長理事會應依照前項所規定之條件，規定需以條件多數決之方式作成決定之事項。

第一百三十T條

凡共同依據前條之規定所採取之保護措施，不得妨礙任何會員國維持或建立與本條約相容之更嚴格之保護措施。」

第三章　歐洲原子能共同體條約之修正條款

第二十六條　歐洲原子能共同體條約第一百四十條改為下列之條款：

「第一百四十A條

1. 應歐洲法院之要求，部長理事會於徵詢執行委員會和歐洲議會之意見後，得以一致決之方式，通過設立附屬於歐洲法院之第一審法院，受理自然人或法人提起之特定種類案件，並作第一審判決；惟對判決法律適用上的錯誤得依法院規章之規定上訴歐洲法院。第一審法院無權審理會員國或共同體機構所提出之案件，亦無第一百七十七條規定的先行裁決權。

2. 依據第一項所規定之程序，部長理事會應規定第一審法院之組成，並對歐洲法院規章為必要之修訂與補充。除部長理事會另有決定外，本條約中與歐洲法院有關之條款，特別是歐洲法院規章議定書之規定，均適用於該第一審法院。

3.第一審法院之成員，應自具備擔任司法職務之專業素養之獨立公正人士中挑選之，經會員國政府共同同意後任命之，任期六年。每三年其成員應部分更新。卸任之成員有接受新任命之資格。

4.第一審法院應與歐洲法院協議訂定其程序規則，此規則經部長理事會以一致決之方式同意之。

第二十七條 歐洲原子能共同體條約第一百六十條挿入下列之第二段：
「應歐洲法院之要求，於徵詢執行委員會與歐洲議會之意見後，部長理事會得以一致決之方式，通過修改第三篇之規定。」

第四章　一般條款

第二十八條 本法之規定不應損及西班牙王國與葡萄牙共和國加入共同體之方法。

第二十九條 歐洲經濟共同體第851/257號決定第四條第二項規定中，歐洲原子能共同體部長理事會一九八五年五月七日關於各共同體自主財源制度，原「數額與分配要點由部長理事會以一致決之方式予以決定」等字改爲「部長理事會於徵得相關會員國之同意後，以條件多數決之方式決定數額與分配要點。」
此修正不影響前述決定之法律性質。

第三篇　有關外交政策之歐洲合作條款

第三十條 歐洲在有關外交政策之合作依下列之條款爲之：

1.締約國（High Contracting Parties），即歐洲共同體之會員國，共同致力於形成並實現一個歐洲之外交政策。

2.(a)締約國對於有共同利益之外交政策應互相協商，以最有

效之方式運作，確保其結合之影響力能透過立場之協調與一致，實現共同行動。

(b)締約國確定其最終立場前，應互相協商。

(c)締約國在採取其各國之立場與措施時，應充分考量其他會員國之立場，並對共同歐洲立場之採取與實施相關的利益予以適當之考慮。

為增加在外交政策領域上共同行動之能力，締約國應確保共同原則和目標之逐步發展與確定。

締約國之政策應以共同立場之決定作為參考依據。

(d)締約國應力求避免採取任何有損其在國際關係或國際組織內有效結合力量之行動或立場。

3.(a)在歐洲政治活動之架構下，各會員國之外交部長與執行委員會中之一委員一年至少集會四次。在歐洲共同體部長理事會之會期中，其亦可討論在政治合作架構下之外交政策之問題。

(b)執行委員會應充分的參與政治合作。

(c)為能儘快採取共同立場及實行共同行動，締約國在可能之範圍內，應避免妨礙共識之形成與因共識所形成之聯合行動。

4.締約國應確保歐洲議會在歐洲政治合作上之密切結合。為此，執行委員會主席應定期告知歐洲議會在政治合作之架構下正在審議中之外交政策議題，並確保歐洲議會之意見被適度地考量。

5.歐洲共同體之對外政策與歐洲政治合作中所約定之政策必須一致。

主席與執行委員會依其專有之權限，有確保追求與維持這種政策一致之特別責任。

6.(a)締約國同意在歐洲安全問題上爲更密切之合作，能促進歐洲在外交政策事務上之一致發展。並應就其在歐洲安全之政治與經濟方面之立場，進行更爲密切之協調。

(b)締約國決心維護對其安全所必需之技術與工業之條件，並於國家之層面上以及相關主管機構、機關之架構下，努力達成此目標。

(c)本篇條款不妨礙某些締約國之間在西歐聯盟（Western European Union）與大西洋同盟（Atlantic Alliance）之架構下，對安全方面更爲密切之合作。

7.(a)締約國於參加國際組織和國際會議時，應就本篇所涵蓋之事宜，力求採取共同之立場。

(b)於非所有締約國均參加之國際組織與國際會議，參加之締約國應充分考慮歐洲政治合作之領域中所約定之共同立場。

8.當締約國認爲有必要時，得安排與第三國和區域性組織之政治對話。

9.締約國及執行委員會藉由相互之援助與資訊之提供，加強雙方派駐在第三國和國際組織之代表間之合作。

10.(a)歐洲政治合作之主席應由擔任歐洲共同體部長理事會主席之締約國擔任之。

(b)在與第三國之關係上，主席有責任就有關歐洲政治合作之活動發起行動，協調以及代表會員國之立場。主席亦須負責政治合作之經營，特別是集會時間表、召開並組織會議。

(c)政治委員會（Political Committee）中之政治主任委員應定期集會，以便能給予必要之推動，確保歐洲政治合作之連續性，及準備部長之討論會。

(d)在至少三個會員國之要求下，政治委員會或部長會議
(有必要時)應於四十八小時內召開。

(e)歐洲通訊小組（European Correspondents' Group）
在政治委員會之指揮下，負責注意歐洲政治合作之執
行，並研究一般組織之問題。

(f)工作小組（Working Groups）依政治委員會之指示而
召集之。

(g)設於布魯塞爾之祕書處（Secretariat）應協助主席準
備與實施歐洲政治合作之活動，以及處理行政方面之事
務。祕書處在主席之授權下行使其職權。

11.關於優先權與豁免權，歐洲政治合作祕書處之人員視為締
約國派駐在祕書處所在地之外交人員。

12.本法生效五年後，締約國應審查第三篇有無修正之必要。

第四篇　一般及最後條款

第三十一條 歐洲煤鋼共同體條約、歐洲經濟共同體條約與歐洲原子能
共同體條約中有關歐洲共同體歐洲法院之職權及行使該職
權之相關規定，僅適用第二篇與第三十二條之規定；適用
條件必須同於上述條約之條款。

第三十二條 除第三條第一項，第二篇與第三十一條外，本法之其他條
款不影響創立歐洲共同體之三紙條約，以及後續予以修正
補充之相關條約或法律。

第三十三條 1.本法應由締約國依其各國之憲法規定批准之。批准文件
應交由義大利共和國政府保管。

2.本法於最後一個簽約國完成送存批准文件手續後之下月
一日起生效。

第三十四條 本法之原件應留存義大利共和國政府之檔庫，其中德文、

英文、丹麥文、西班牙文、法文、希臘文、愛爾蘭文、義大利文、荷蘭文、葡萄牙文各一份，均具有同等之效力。義大利政府應將經核對無誤之副本送其他簽字國政府。

本條約於西元一九八六年二月十七日在盧森堡及西元一九八六年二月二十八日在海牙簽定。

歐洲經濟區域協定
(Agreement on the European Economic Area)

第一部分　目標與原則

第一條　1.為創建「歐洲經濟區域」(European Economic Area, 以下簡稱EEA)，本協定之目標係以平等之競爭條件及相同規則之遵守，促進締約方間經貿關係之持續且平衡之增強。

　　2.為達成第一項規定之目的，結合應依據本協定之條款達成以下事項：

(a)貨物的自由流通；

(b)人員的自由流通；

(c)勞務的自由流通；

(d)資本的自由流通；

(e)建立一制度以確保競爭不致遭受扭曲，且有關競爭之規則受平等之尊重；以及

(f)於其他領域更緊密之合作，例如研究發展、環境、教育及社會政策方面。

第二條　為本協定之目的：

(a)「協定」(Agreement) 一詞意指協定本文、其議定書、附錄以及其中所指之法律條文；

(b)「EFTA國家」一詞意指屬於「歐洲自由貿易協會」(European Free Trade Association, 以下簡稱EFTA) 成員

　　　　　之締約方。

　　　(c)「締約方」一詞，於有關共同體（EC）及EC會員國時，意指共同體及EC會員國、或共同體、或EC會員國。此定義在各別情況下之意涵，應依本協定相關條款以及依「建立歐洲經濟共同體條約」、「建立歐洲煤鋼共同體條約」所生之共同體與EC會員國之個別權限推斷之。

第三條　締約方應採取所有適當措施，無論係一般性或特別性的，以確保因本協定而生之義務之達成。

契約方應禁止任何可能危及本協定目標之達成之措施。

此外，締約方應促進本協定架構內之合作。

第四條　於本協定適用之範圍內，且不抵觸其所包含之特別條款下，應禁止肇因於國籍之歧視。

第五條　締約方分別根據第九十九條第二項與第八十九條第二項所規定之形式，隨時向EEA聯合委員會（Joint Committee）或EEA理事會（Council）提出關切事項。

第六條　於不損及判例法未來發展之前提下，本協定各條款中與「建立歐洲經濟共同體(以下簡稱EEC)條約」、「建立歐洲煤鋼共同體條約」中對應，以及為適用此二條約所訂定之法律，實質上相同者，其執行及適用應與本協定簽署之前歐洲法院所作成之相關判決為一致之解釋。

第七條　於本協定之附錄或EEA聯合委員會所作成之決定中，所指稱或包含的法律，應對各締約方有拘束力，且應成為、或被做成為其內部法秩序之一部分如下：

　　　(a)與EEC規則相當之法律應成為締約方內部法秩序之一部分；

　　　(b)與EEC指令相當之法律應由締約方當局選擇執行之形式與方法。

第二部分　貨物自由流通

第一章　基本原則

第八條　1.締約方間貨物之自由流通應依照本協定之各條款規定建立。

2.除另有規定外，第十條至第十五條，第十九條，第二十條及第二十五條至第二十七條僅適用於原產地爲各締約方之產品。

3.除本協定另有規定外，本協定之條款僅適用於：

(a)屬國際商品統一分類編號制度（Harmonized Commodity Description and Coding System）第二十五章至第九十七章範圍產品。惟不包括第2號議定書中所列之產品。

(b)列於第3號議定書中，受該議定書規定之特別協商所規範之特定產品。

第九條　1.原產地規則規定於第4號議定書中。此等規定應不抵觸締約方已於或可能於關稅暨貿易總協定（General Agreement on Tariffs and Trade）下同意履行之任何國際義務。

2.爲發展本協定之結果，締約方應持續致力於進一步改善及簡化原產地規則，並增進關稅事務上之合作。

3.第一次之審查將於1993年年底前舉行，後續之審查將每隔兩年舉行一次。以此等審查之結果爲基礎，締約方得決定將增列於本協定之中的適當措施。

第十條　締約方間，進出口關稅及任何具有相同效果之費用課徵均一律禁止。但以不抵觸第5號議定書中規定之協商爲前提。本原則亦適用於財政性質之關稅。

第十一條　締約方間禁止進口數量限制及所有具有相同效果之措施。

第十二條　締約方間禁止出口數量限制及所有具相同效果之措施。

第十三條　第十一條及第十二條之規定，不應排除被認爲正當禁止或限
制之進口、出口或轉運之貨物係基於公共道德、公共政策、
或公共安全；保護人類或動、植物之健康及生命；保護具有
藝術、歷史及考古價值之國家財產；或保護工商業財產。惟
此類之禁止或限制不應構成恣意歧視或變相限制締約方交易
之手段。

第十四條　任何締約方對它締約方之產品直接或間接課徵之任何種類之
內部稅，不應超過其對內部同類產品課徵之直接或間接稅。
此外，任何締約方不得對它締約方之產品課徵具有對其他產
品提供間接保護性質之內部稅。

第十五條　產品輸出至任一締約方境內時，內部稅賦之退還，均不得超
過直接或間接課徵之內部稅賦。

第十六條　1.締約方應確保調整任何具商業性之國家獨占事業，以使EC
會員國及EFTA國家間就貨物之取得與行銷條件享有不受
歧視之待遇。

　　2.本條之規定適用於任何團體，若締約方主管機關透過此團
體，得於法律或事實上，直接或間接監督、決定或影響締
約方間進出口。此等規定應同樣適用於國家授權他人之獨
占事業。

第二章　農業及漁業產品

第十七條　附錄 I 包含有關家畜疾病及植物衛生事務之特別條款及協商
事宜。

第十八條　於不抵觸有關農產品貿易之特別協商之前提下，締約方應確
保第十七條及第二十三條第a項，第b項規定之協商，於其
適用於第八條第三項涵蓋產品以外之產品時，不因其他貿易
上之技術障礙而受影響。第十三條準用之。

第十九條　1.締約方應檢視於其農產品貿易中產生之困難，並努力尋求適當之解決方案。

2.締約方持續其努力，以逐漸達成農產品貿易自由化之目的。

3.爲此目的，締約方應於1993年年底前，隨後並以每兩年爲一期，進行有關農產品貿易條件之審查。

4.根據此等審查之結果，於其個別農業政策架構內並考量烏拉圭回合（Uruguay Round）協定之談判結果後，締約方於本協定之架構內，基於特惠、雙邊或多邊、相互及共同利益之原則，決定於農業部門中進一步減少任何形式之貿易障礙，包括由農業領域中具商業性質之國家獨占事業所引起者。

第二十條　適用於魚類及其他海產品之條款及協商，規定於第 9 號議定書內。

第三章　關稅事務及便利貿易之合作

第二十一條　1.爲便利彼此間之貿易，締約方應簡化邊界之管制及手續。有關此目的之協商規定於第10號議定書。

2.締約方應於關稅事務上彼此協助之，以確保關稅立法之正確適用。有關此目的之協商規定於第11號議定書。

3.爲簡化貨物貿易手續之目標，締約方應依據第六部分之規定加強並擴大合作，特別是針對便利貿易所爲之共同體計畫與行動。

4.本條款適用於第八條第三項之外之所有產品。

第二十二條　一締約方考慮對最惠國待遇之第三國降低其適用之稅捐及有相同效果之費用，或考慮暫停其適用，則其應於可行範圍內，於該降低或暫停措施生效三十日前，通知EEA聯

合委員會。EEA聯合委員會應注意其他締約方關於可能因此而生之任何扭曲結果之陳訴。

第四章　有關貨物自由流通之其他相關規定

第二十三條　特別條款及協商規定於：

(a)有關技術規定、標準、測試及檢定之第12號議定書及附錄II；

(b)有關廢除酒類貿易之技術障礙之第47號議定書；

(c)有關產品責任之附錄III。

以上除另有特別規定適用於所有產品。

第二十四條　附錄IV包含有關能源之特別條款及協商。

第二十五條　依照第十條及第十二條之條款而導致：

(a)再出口第三國，對該第三國此產品的輸入締約方出口國維持出口數量限制、出口稅捐或具相同效果之措施或費用；或

(b)出口締約方之主要產品之嚴重短缺或有短缺之虞；

且當上述情形導致或可能導致出口締約方之重大困境時，該締約方得依據第一百一十三條規定之程序採取適當措施。

第二十六條　針對第三國之反傾銷措施、平衡稅之課徵、及因應不法商業行為之措施，除另有特別規定外，不適用於締約方間。

第五章　煤鋼產品

第二十七條　有關煤鋼產品之條款及協商規定於第14號及第25號議定書中。

第三部分　人員、勞務及資本之自由流通

第一章　勞工及自由業

第二十八條　1.EC會員國及EFTA國家間勞工之自由流通應保障之。

2.此等自由流通應包括廢除於EC會員國及EFTA國家間因國籍而造成之有關僱傭、酬勞及其他工作及受僱條件之任何歧視。

3.除基於公共政策、公共安全、及公共健康所訂之限制外，應包括有權：

(a)承諾實際之僱傭要約；

(b)以此目的於EC會員國及EFTA國家境內自由遷徙；

(c)以工作為目的，依據其內國法律、法規或行政命令中規範僱傭之條款規定，而停留於任一EC會員國或EFTA國家境內；

(d)於受僱後，居住於該EC會員國或EFTA國家境內。

4.本條之條款不適用於公職之僱傭。

5.附錄 V 包含有關勞工自由流通之特別條款。

第二十九條　為勞工及自由業者之自由流通，締約方應於社會福利之範疇內，如同附錄Ⅵ之規定，確保勞工、自由業者及受其扶養之家屬，特別是：

(a)為取得並保有福利金之權利及計算其金額之目的，加總計算數個國家法律承認之所有期間；

(b)對居住於締約方境內者福利金之給付。

第三十條　為便利人民從事勞工及自由業者之工作，締約方就文憑、證書及其他正式資格證明文件之相互承認，以及各締約方規範勞工及自由業者從事工作之相關法律、規定及行政命

令之協調，應採取如附錄Ⅶ中所規定之必要措施。

第二章　經營設立權

第三十一條　1.於本協定各條款之架構下，EC會員國及EFTA國家之人民享有於任何其他上述國家境內經營設立權不受限制之自由。此原則亦適用於EC會員國或EFTA國家境內已建立之人民，於他國境內設立經銷處、分公司或子公司。

經營設立自由包括從事自由業者之工作、設立並經營企業之權利，特別是於符合企業所在地之內國法律對其國民訂定之條件下，第三十四條第二項所指之公司或商號，並應參照有關資本之章節的規定。

2.附錄Ⅷ到Ⅺ包含有關經常設立權利之特別條款。

第三十二條　就任何特定之締約方而言，本章之規定對於該締約方內與行使官方權限有關之活動，縱係間歇性亦不適用之。

第三十三條　本章之條款及據此採行之措施，不應抵觸基於公共政策、公共安全或公共健康而為外國國民之特殊待遇所訂之法律、規則或行政命令。

第三十四條　基於本章之宗旨，依照EC會員國或EFTA國家之法律設立之公司或商號，且其法定事務所（registered office）、主管理機構（central administration）或主營業所（principal place of business）在締約方境內者，應與EC會員國或EFTA國家之自然人國民享有同等之待遇。

「公司或商號」係指依照民法或商事法設立之公司或商號，包括合作社（cooperative societies）及其他受公法或私法規範之法人，惟不包括非營利性之法人。

第三十五條　第三十條之規定應適用於本章所涵蓋之事務。

第三章　勞務

第三十六條　1.於本協定各條款之架構內，欲於其已建立國家外之其他EC會員國或EFTA國家提供勞務的EC會員國及EFTA國家之國民，享有於締約方境內不受限制地提供勞務之自由。

2.附錄IX至XI包含有關提供勞務之自由之特別條款。

第三十七條　於本協定定義下，「勞務」應指通常係為報酬而提供之服務，且未受有關貨物、資本及人員之自由流通條款之規範者。

「勞務」應特別包括：

(a)工業性質之工作

(b)商業性質之工作

(c)技能之工作

(d)專業之工作

於不抵觸有關經營設立權利之章節規定為前提，勞務提供者為提供其勞務，得暫時性地於其提供勞務之國家境內從事其工作，其條件同於該國加諸於其本國國民之條件。

第三十八條　於運輸業領域之提供勞務自由，應受有關運輸業章節條款之規範。

第三十九條　第三十條及第三十二條至第三十四條，應適用於本章所涵蓋之事項。

第四章　資本

第　四　十條　於本協定各條款之架構內，屬於EC會員國或EFTA國家居民之資本，應不受限制地於締約方間自由流通，並不得有基於國籍、當事人居住地或資本投資地之歧視。

附錄XII包含實行本條規定之必要條款。

第四十一條　於本協定各條款之架構內，締約方之間與貨物、人員、勞務或資本之流通有關流通支付應不受任何限制。

第四十二條　1.規範資本市場及信用制度之內部法規，應以無歧視之方式，適用於依本協定條款規定而自由化之資本流通。

2.除相關國家已就此達成協定外，直接或間接給予EC會員國、EFTA國家或其區域或地方當局之融資性貸款，一律不得於其他EC會員國或EFTA國家內發行或發出。

第四十三條　1.若因EC會員國與EFTA國家之間不同之滙率規則，而導致此等國家之居民，得於締約方境內利用第四十條規定之較爲自由之滙兌措施，藉以規避此等國家之有關資本匯出或匯入第三國之規定，則該相關締約方得採取適當之措施以克服此困境。

2.若資本之流通導致任何EC會員國或EFTA國家資本市場運作之紊亂，該相關締約方得於資本流通之範疇採取保護性之措施。

3.若一締約方之主管機關就匯率爲嚴重扭曲競爭條件之變更，他締約方得採取必要之措施以對抗此等變更所產生之結果，惟該措施之期間需爲嚴格之限制。

4.若因其全盤國際收支不平衡，或因其支配貨幣之種類，導致一EC會員國或EFTA國家之國際收支平衡陷於困境或將有陷入困境之虞，而此等困境將特別有害於本協定之運作，則該相關締約方得採取保護性之措施。

第四十四條　EC及EFTA國家應，如第18號議定書之規定，適用其內部程序以施行第四十三條之條款。

第四十五條　1.與第四十三條規定之措施相關之決定、意見與建議，應

通知EEA聯合委員會。

2.所有防衛性之措施均應於EEA聯合委員會中進行事前之諮商及資訊之交流。

3.惟於第四十三條第二項所指之狀況下，該相關締約方於必要情況下得以機密及緊急爲由，免除事前之諮商及資訊之交流，而逕行採取措施。

4.於第四十三條四項所指之狀況下，突然發生國際收支平衡之危機且無法採取第二項規定之程序時，該相關締約方得預先採取必要之保護性措施；此等措施應求對本協定運作爲最小之干擾，並其範圍不得超出爲挽救此突發危機所嚴格限制之必要範圍。

5.於依據第三項及第四項採取措施時，最遲應於措施生效日前給予通知，而資訊之交流、磋商以及第一項所指之通知並應於其後儘快進行。

第五章　經濟暨貨幣政策之合作

第四十六條　締約方應就本協定之施行，以及經濟活動與經濟貨幣政策執行之整合之影響，進行意見與資訊之交流。此外，其亦得討論整體之經濟情勢、政策與展望。此等意見與資訊之交流應不具有拘束力。

第六章　運輸

第四十七條　1.第四十八條至第五十二條應適用於鐵路、公路及內陸水運之運輸。

2.附錄XIII包含所有有關運輸方式之特別條款。

第四十八條　1.EC會員國或EFTA國家之規定中，有關鐵路、公路、內陸水運運輸且未包含於附錄VIII之規定者，不應對於他

國運輸業者直接或間接爲劣於其對本國運輸業者之待遇。

2.任何偏離第一項規定原則之締約方應就此通知EEA聯合委員會。任何不接受此偏離之締約方得採取相應之抗衡措施。

第四十九條 若符合運輸整合之需要，或代表特定具有公共事業色彩之任務免除之補償，則此等補助是與本協定並行不悖的。

第 五 十 條 1.於締約方境內進行運輸時，對於以相同運輸方式之相同貨物之運輸，應禁止以貨物原產國或目的地不同爲由而索取不同比率之運費及附加不同之運輸條件之差別待遇。

2.第七部分中規定之主管機關，應主動或應EC會員國或EFTA國家之申請，調查本條規定下之歧視案件，並於其內部規則之架構下做成必要之決定。

第五十一條 1.於締約方境內進行之運輸作業，其所課之費率及運輸條件若牽涉某一或某些特定企業或工業利益之支持或保護，應禁止之；除非其係經由第五十條第二項所指之主管機關授權。

2.主管機關應主動或應EC會員國或EFTA國家之申請，審查第一項所指之費率與運輸條件。尤其一方面應考慮適當區域經濟政策之要件、低度開發區域之需要、以及受政治局勢嚴重影響之地區之問題；另一方面則考慮不同之運輸方式間費率及運輸條件於競爭上造成之效果。主管機關於其內部規則之架構下，應做成必要之決定。

3.第一項規定之禁止不適用於爲競爭所需而修訂之關稅。

第五十二條 運送人除運費之外，因跨越國境而索取之費用或稅款，於考量實際發生之費用後，不得超過一合理之標準。締約方

應致力逐步減低此等費用。

第四部分　競爭及其他共同規則

第一章　企業適用規則

第五十三條　1.以下所列與本協定之運作相牴觸，應禁止之：企業間之所有協議、企業結合所作之決定、以及聯合行為，而可能影響締約方間之貿易，並以妨礙、限制或扭曲本協定所涵蓋領域內之競爭為目的或造成其效果者。特別是下列之行為：

(a)直接或間接訂定買賣價格，或其他交易條件；

(b)限制或控制生產、市場、技術發展或投資；

(c)分配市場或供貨來源；

(d)對於同等交易之交易當事人適用不同之條件而使其處於競爭之劣勢；

(e)使契約之締結，以當事人接受附加之義務為條件，而該附加之義務無論就其性質或依商業習慣均與該契約之標的無關。

2.依本條所禁止之任何協議及決定均應自動無效。

3.惟下列情形得不適用第一項之規定：

　　──企業間之任何協議或類別協議；

　　──企業結合所作之任何決定或類別決定；

　　──任何聯合行為或類別聯合行為；

　　係有助於生產之改良或貨品之分配，或提昇技術或經濟發展，而將所得利潤公平分配予消費者，且未：

(a)對相關企業強加對上述目的之達成非無可避免之限制；

(b)提供企業以消除有關產品之重要部分競爭之可能性。

第五十四條 一或數家企業於本協定所涵蓋領域或於該領域之重要部份內，濫用、占有之，其優勢地位，致足以影響締約方間之交易者，應視爲與本協定之運作相抵觸而禁止之。

此類濫用，特別在於：

(a)直接或間接附加不公平之買賣價格，或其他不公平之交易條件；

(b)限制生產，市場或技術發展而損及消費者；

(c)對於同等交易之交易當事人適用不同之條件而使其處於競爭之劣勢；

(d)使契約之締結，以當事人接受附加之義務爲條件，而該附加之義務無論就其性質或依商業習慣，均與該契約之標的無關。

第五十五條 1.以不抵觸本協定第21號議定書與附錄XIV中爲實施第五十三及第五十四條之條款爲前提，EC執行委員會及EFTA監督官署應確保第五十三條及第五十四條中規定原則之適用。

第五十六條規定之主管監督官署應主動，或應各別領域內任一國家或另一監督官署之申請，調查涉嫌侵害上述原則之案件。主管監督官署應與個別領域內之國家主管官署及其他監督官署合作，由此等官署依據其內部規則提供協助，以執行上述之調查。

如發現有侵害之情形，上述主管監督官署應提出適當之措施以終止侵害。

2.若侵害情形未經終止，主管監督官署應以一附理由之決定，記錄該原則受侵害之情形。

主管監督官署得公布其決定並授權各別領域內之各國採取必要之措施以補救該狀況，此等措施之條件及細節應

由主管監督官署決定之。其亦得要求另一監督官署授權
個別領域內之各國採取上述必要措施。

第五十六條 1.屬於第五十三條規定之個案應由監督官署依下列條款決
定之。

(a)僅對EFTA國家間交易有影響之個案應由EFTA監督官
署決定之。

(b)EFTA監督機構應於不抵觸第c款之前提下，依第五十
八條，第21號議定書及其施行細則，第23號議定書以及
附錄(4)IV之條款，決定企業於EFTA國家領域中之營
業額占其於本協定領域中營業額之百分之三十三以上之
案件。

(c)EC執行委員會應於考量第五十八條，第21號議定書，
第23號議定書及附錄XIV之條款後決定其他案件，包
括第b款中影響EC會員國間交易之案件。

2.屬於第五十四條規定之個案應由其領域內存在有優勢地
位之監督官署決定之。若優勢地位於二監督官署之領域
內皆存在，則應適用第一項第b款、第c款之規定。

3.屬於第一項第c款之個案，若其影響對EC會員國間之交
易或對共同體內之競爭並非可察覺者，應由EFTA監督
官署決定之。

4.為本條款之目的，「企業」及「營業額」（turnover）
二名詞於第22號議定書定義之。

第五十七條 1.屬第二項所管制之集中情形，且該集中創造或強化優勢
地位，以致重大阻礙於本協定涵蓋之領域或其重要部分
內之有效競爭，則此集中應被宣告為牴觸本協定。

2.第一項規定之集中管制應由下列機構執行之：

(a)如依據EEC第4064/89號規則、及第21號、第24號議定

書及附錄XIV之規定，係屬EEC第4064/89號規則範圍之案件，則歸EC執行委員會執行。EC執行委員會就此類案件之決定有專屬之權限，惟應受歐洲法院（EC法院）之審查。

(b)如不屬第a款範圍之案件，而其規定於附錄XIV之門檻條件已於EFTA國家內，依據第21號及第24號議定書及附錄XIV完成之，則歸EFTA監督官署執行。惟不應抵觸EC會員國之權限。

第五十八條　為發展及維持於歐洲經濟區域內競爭領域之一致監督，以及為促進本協定條款之施行、適用及解釋之調和，主管機關應依據第23號及第24號議定書中之規定合作之。

第五十九條　1.就公營事業或擁有EC會員國或EFTA國家授與之特許權或專屬權之企業，締約方應確保將不制定或維持與本協定包含之規則相抵觸之任何措施，特別是有關第四條及第五十三條至第六十三條之規定。

2.受託經營大眾經濟利益服務之企業或具營利特性之獨占企業應受本協定規定之拘束，特別是有關競爭之規則，惟此等規則之適用不得妨礙企業於法律上或事實上被指派之特殊任務之實行。貿易之發展不應受影響而導致與締約方之利益相抵觸。

3.EC執委會及EFTA監督官署應確保於其個別之權限內，適用本條款，並應於必要時向其個別領域內之國家提出適當之措施。

第 六 十 條　附錄XIV包含第五十三條、第五十四條、第五十七條及第五十九條中規定原則生效之特別條款。

第二章　國家援助（或稱補貼）

第六十一條　1.除本協定另有規定外，任何經由EC會員國、EFTA國家或透過國家資源以任何形式授與之援助，使特定企業或特定產品之生產受惠而造成競爭之扭曲或有扭曲之虞，影響締約方間之交易，則與本協定之運作相抵觸。

2.下列情況符合本協定之運作：

(a)具社會性質且係給予個別消費者之援助，惟此等援助之授與不得因相關產品之原產地不同而有差別待遇；

(b)對天災或意外事件所造成損害之援助。

3.下列情況得視爲符合本協定之運作：

(a)爲促進生活水準過低或失業情形嚴重地區之經濟發展之援助。

(b)爲促進歐洲共同利益之重要計劃之執行或爲挽救EC會員國或EFTA國家經濟之嚴重失序之援助。

(c)以不對貿易條件造成違反共同利益之負面影響爲前提，爲促進特定經濟活動或經濟區域發展之援助。

(d)其他由EEA聯合委員會依據第七部分規定指定之援助。

第六十二條　1.於締約方境內之所有現行國家援助制度及任何授與或改變國家援助之計劃，對於其是否符合第六十一條之規定，應受經常性之審查。此審查應由下列機關執行：

(a)關於EC會員國，由EC執行委員會依據EEC條約（即今EC條約）第九十三條之規定執行。

(b)關於EFTA國家，由EFTA監督官署依照EFTA國家間建立EFTA監督官署之協議規定執行之。該等協議之權力及功能係源於第26號議定書之委託。

2.為確保本協定涵蓋領域內之國家援助之一致監督，EC執行委員會與EFTA監督官署應依據第27號議定書規定之條款合作。

第六十三條　附錄XV包含國家援助之特別條款。

第六十四條　1.若一監督官署認為其他監督官署就第六十一條、第六十二條及第14號議定書第五條之執行不符合於本協定涵蓋領域內之公平競爭條件之維持，則應於二週內依據第27號議定書第f項之程序交換意見。

若於此2週期限後仍無法達成一致同意之解決方案，則受影響之相關締約方主管機關即可立即採取適當之臨時措施以補救所導致之競爭扭曲。

EEA聯合委員會於其後應進行協商，以尋求一共同可接受之解決方案。

若於三個月內EEA聯合委員會仍無法達成一解決方案，且係爭之行為已造成影響締約方間貿易之競爭扭曲或有造成扭曲之虞，則此臨時措施得由一確定措施替代之，惟其須嚴格限制為彌補此等扭曲之必要。此等措施以對EEA功能之妨礙最小者為優先。

2.本條款之規定亦適用於本協定簽約之日後設立之國家獨占事業。

第三章　其他共同規則

第六十五條　1.附錄XVI包含有關採購之特別規定及協商，除另有特別規定外，其應適用於所有產品與勞務。

2.第28號議定書及附錄XVI中包含有關智慧、工業及商業財產權之特別規定及協商，除另有特別規定外，其應適用於所有產品與勞務。

第五部分　與四大自由流通相關之平行規定

第一章　社會政策

第六十六條　締約方同意有必要不斷改善工作條件及提昇勞工之生活水準。

第六十七條　1.締約方應特別注意鼓勵有關勞工健康與安全之改善，特別在工作環境方面。爲達成此目標，於考量各締約方通用之條件及技術規則後，爲逐步執行，應適用最低要求。此最低要求不應妨礙任何締約方維持或提出更嚴格之符合本協定之工作條件保護措施。

　　　　　　　2.就第一項規定之最低要求，其應執行之條款規定於附錄 XVIII。

第六十八條　於勞工法方面，締約方應採用必要措施以確保本協定之良好運作。此等措施規定於附錄 XVIII。

第六十九條　1.各締約方應確保並維持男女同工同酬原則之適用。

　　　　　　　爲本協定之目的，「酬勞」係指由工作者就其受雇向雇主直接或間接領取之通常底薪或最低薪資及任何其他對價，無論其係以現金或實物給付。

　　　　　　　無性別歧視之同酬係指：

　　　　　　　(a)按件計酬之相同工作應基於相同之計量單位計算；

　　　　　　　(b)按時計酬之工作應就相同之工作給予相同之酬勞。

　　　　　　　2.附錄 XVIII 包含有關執行第一項之特別條款。

第 七 十 條　締約方應執行附錄 XVIII 中規定之條款以促進男女待遇平等之原則。

第七十一條　締約方應致力促進管理階層與勞工於歐洲層級中之溝通。

第二章　消費者保護

第七十二條　附錄XIX包含有關消費者保護之條款。

第三章　環境

第七十三條　1.締約方有關環境之行動應具下列之目標：

(a)為保存、維護及改善環境品質；

(b)為保護人類健康；

(c)為確保自然資源之審慎合理之運用。

2.締約方有關環境之行動應基於下列原則：

採取預防措施的原則；環境破壞應由其污染源優先矯正、以及污染者付費的原則。環境保護之要件應為締約方其他政策之一部分。

第七十四條　附錄ＸＸ包含依據第七十三條應適用之保護措施之特別條款。

第七十五條　第七十四條中所規定之保護性措施，不應妨礙締約方維持或採用符合本協定之更嚴格之措施。

第四章　統計

第七十六條　1.締約方應確保一致且足資比較之統計資料之製作與傳播，以說明及監督歐洲經濟區域內所有相關之經濟、社會及環境形勢。

2.為此目的，締約方應發展並運用調和之方法、定義及分類，以及於適當之行政層次辦理統計工作及充分配合統計機密之需要之共同計劃與程序。

3.附錄XXI包含統計之特別條款。

4.第30號議定書包含統計方面合作組織之特別條款。

第五章　公司法

第七十七條　附錄XXII包含公司法之特別條款。

第六部分　四大自由外之合作

第七十八條　於下列領域內，締約方應加強及擴大共同體活動架構中之合作：

——研究與技術發展

——資訊服務

——環境

——教育、訓練與青年

——社會政策

——消費者保護

——中小企業

——觀光

——視聽部門，及

——公民之保護

只要上述規定未規定於本協定其他部分之條款。

第七十九條　1.締約方應藉由各種適當方法加強彼此間之聯繫，特別是透過第七部分所規定之程序，以特定出於前條規定之領域內，藉由更緊密之合作以達成締約方共同目標之範圍與活動。

2.締約方尤其應交換資訊，並應任一締約方之要求，於EEA聯合委員會內舉行諮商，遵循第七十八條所規定之各領域之架構計畫、特別計畫、行動及項目之建議、籌劃或修改。

3.當本部分或第31號議定書有特別規定時，本部分應準用

第七部分之規定。

第 八 十 條 第七十八條所規定之合作通常應採用下列之一種形式：

——EFTA國家參與EC架構計畫、特別計畫、設計或其他行動。

——於特定範圍內建立聯合活動，包括活動之協調與集中、現有活動之合併，以及特別聯合活動之建立。

——正式與非正式之資訊交換及規定。

——共同之努力以鼓勵締約方境內之特定活動。

——平行立法，具同一或類似之立法內容。

——協調，具相互之利益，藉由國際組織或於國際組織內之努力與活動且與第三國合作。

第八十一條 如合作係以EFTA國家參與EC之架構計畫、特別計畫、設計及其他行動之方式為之，則應適用下列原則：

(a)EFTA國家應就一計畫之所有部分均有參與之管道。

(b)於協助EC執行委員會管理及發展共同體活動之各委員會中，若EFTA國家藉由參與而對該等活動有財務上之出資，則應就其出資為完全之考量以決定其於此等委員會之地位。

(c)共同體所做之決定，除有關共同體之一般預算外，直接或間接地影響EFTA國家依本協定做成之決定而參與之架構計畫、特別計畫、設計或其他行動時，應受第七十九條第三項規定條款之拘束。持續參與上述活動之條件與規定得由EEA聯合委員會依據第八十六條審查之。

(d)於計畫之層次，EFTA國家之機構、企業、組織及國民於共同體計畫或上述其他行動上，與對等EC會員國之機構、企業、組織及國民應有相同之權利與義務。若EC會員國與EFTA國家角色互換，其參與者於上述其

他活動下亦準用相同之規定。

(e)於傳播、評估及其結果之開發，EFTA國家之機構、企業、組織及國民，應與EC會員國之機構、企業、組織與國民有相同之義務與權利。

(f)締約方依據其各別之規則及規定，協助計畫及其他活動之參與者於必要程度內之流通。

第八十二條　1.當本部分所述之合作涉及EFTA國家之財務上參與時，該參與應依照下列之形式爲之：

(a)EFTA國家參與共同體活動所生之出資額應按下列比例計算：

——約定撥款；以及

——支付撥款；

就上述活動之每一預算來源編入每年共同體一般預算中。

決定EFTA國家參與之「比例因素」，應爲每一EFTA國家依市場價格計算之國內生產毛額占EC會員國及該EFTA國家依市場價格計算之國內生產毛額總數之比例總數。此一因素於每一預算年度中，應依據最近之統計資料爲基礎計算之。

EFTA國家之出資額，於約定撥款以及支付撥款，均應附加於EC一般預算之相關活動預算來源之數額當中。

EFTA國家每年應給付之出資額應依支付撥款爲基礎決定之。

以本協定爲基礎，於生效日前共同體於EFTA國家參與有關活動之前所爲之有效約定及由此所生之支出，應不計入EFTA國家之出資額。

(b)EFTA國家因其參與特定計畫或其他活動所生之財務出

資，應以各締約國自負其支出之爲原則，而由EEA聯合委員會訂定適當出資額此例資助共同體之間接費用。

(c)EEA聯合委員會應就締約方對上述活動開支之資助作成必要之決定。

2.爲本條之執行，其細部條款規定於第32號議定書中。

第八十三條 當合作係以公共機關間資訊交換之形式爲之，EFTA國家應有與EC會員國相同之接受資訊之權利與提供資訊之義務，並受由EEA聯合委員會訂定之保密條件之拘束。

第八十四條 規範於特別領域內合作之條款訂定於第31號議定書中。

第八十五條 除第31號議定書另有規定外，於本協定生效之日時即已存在之共同體與個別之EFTA國家間於第七十八條所規定領域內之合作，此後應由本部分之相關條款及第31號議定書規範之。

第八十六條 EEA聯合委員會應依照第七部分規定，爲第七十八條至第八十五條及其衍生措施之施行必要，爲所有決定。特別包括第31號議定書條款之補充與修正，以及採取任何爲執行第八十五條所需之過渡性準備。

第八十七條 締約方應採取必要之步驟以發展、加強或擴大於第七十八條中所未規定之領域內共同體活動架構下之合作，如此類合作有助於本協定目標之達成，或被締約方視爲有共同之利益。此等步驟可包括修正第七十八條，於其原規定領域外，附加新領域。

第八十八條 以不抵觸本協定其他部分之條款爲前提，本部分之條款應不排除締約方得獨立地預備、採取或執行各項措施之可能性。

第七部分　組織條款

第一章　聯合會之架構

第一節　EEA理事會

第八十九條　1.EEA理事會（EEA Council）據此設立之。其應特別負起賦予施行本協定之政治動力，並爲EEA聯合委員會訂定一般之指導方針。

爲達此目標，EEA理事會應評估本協定之全面運作與發展，並作成爲修正本協定所需之政治決定。

2.就共同體及EC會員國之個別權限範圍，締約方得經EEA聯合委員會討論後，或例外地於緊急狀況之下直接於EEA理事會中提出任何發生困難之議題。

3.EEA理事會得以決定之方式訂定其程序規則。

第九十條　1.EEA理事會由EC部長理事會之成員，EC執行委員會委員，及各個EFTA國家政府之一員組成。

EEA理事會之成員得依其程序規則規定之條件推舉其代表。

2.EEA理事會所爲之決定應由共同體與EFTA國家間之協議作成之。

第九十一條　1.EEA理事會之主席應由一位EC部長理事會之成員及一位EFTA國家政府官員，每隔六個月輪流擔任。

2.EEA理事會每年集會兩次，由主席召集。其亦得依照其程序規則視情況需要隨時開會。

第二節　EEA聯合委員會

第九十二條　1.EEA聯合委員會（EEA Joint Committee）據此設立之。其應確保本協定之有效執行及運作。爲達此目標，應於

本協定所規定之情形下踐行意見及資訊之交換並作成決定。

2.締約方，就共同體及EC會員國之個別權限範圍，對與本協定有關而發生困難之議題，應因任一方提出，於EEA聯合委員會進行諮商。

3.EEA聯合委員會以決定之方式訂定其程序規則。

第九十三條 1.EEA聯合委員會應由各締約方之代表組成。

2.EEA聯合委員會所為之決定，應依由共同體及EFTA國家之一致意見所達成之協議作成。

第九十四條 1.EEA聯合委員會之主席應由共同體之代表，亦即EC執行委員會，及一位EFTA國家之代表，每隔六個月輪流擔任。

2.為達其功能，EEA聯合委員會每月至少應開會一次。並得依其程序規則，經由主席之召集或任一締約方之要求召開之。

3.EEA聯合委員會得決定任何次級委員會或工作小組之設立，以協助其任務之實行。EEA聯合委員會應於其程序規則中規定該等次級委員會或工作小組之組成及運作模式。前述次級委員會及工作小組之任務應由EEA聯合委員會就個案決定之。

4.EEA聯合委員會應針對本協定的運作及進展發行年度報告。

第三節　議會的合作

第九十五條 1.EEA聯合議會委員會（EEA Joint Parliamentary Committee）據此設立之。其應由歐洲議會與EFTA國家之議會成員以相同名額組成之。本委員會之名額依第36號議定書之規定定之。

2. EEA聯合議會委員會依第36號議定書之規定輪流於共同體與EFTA國家境內召開會議。

3. EEA聯合議會委員會透過對話及辯論，致力於增進共同體與EFTA國家間就有關本協定涵蓋事項之相互瞭解。

4. EEA聯合議會委員會得於適當時機以報告或決議之方式表示其意見。其特別應就EEA聯合委員會依第九十四條第四項，針對協定之運作與進展，所發行之年度報告進行審查。

5. EEA理事會主席為表達其意見得出席EEA聯合議會委員會。

6. EEA聯合議會委員會應自行制定訂定其程序規則。

第四節　經濟暨社會夥伴的合作

第九十六條　1. 經濟暨社會委員會（Economic and Social Committee）成員及其他代表共同體內社會夥伴之團體與EFTA國家中相當之團體，應致力於加強彼此溝通及有組織且定期之方式之合作，以提高彼此於本協定中經濟與社會之相互信賴和彼此間於EEA之利益。

2. 為達此目標，EEA諮詢委員會（EEA Consultative Committee）據此設立之。其應由共同體經濟暨社會委員會成員及EFTA諮詢委員會成員以相同名額組成之。EEA諮詢委員會於適當時機得以報告或決議之方式表示其意見。

3. EEA諮詢委員會應訂定其程序規則。

第二章　立法程序（決策程序）

第九十七條　本協定對於任一締約方在不抵觸非歧視之原則，並經通知

其他締約方後，就本協定所涵蓋之事項修正其內部立法之權利，不作預先判斷：

——若EEA聯合委員會決定經修正後之法規並不影響本協定之良好運作；或

——若已完成第九十八條規定之程序。

第九十八條　本協定之附錄和第1號到第7號、第9號到第11號、第19號到第27號、第30號到第32號、第37號、第39號、第41號、及第47號議定書，得於適當時機，由EEA聯合委員會根據第九十三條第二項、第九十九條、第一〇〇條、第一〇二條、及第一〇三條，作成決定修改之。

第九十九條　1.一經EC執行委員會就本協定所規範之領域內草擬出新法案後，EC執行委員會應就其提案之詳細內容，以向EC會員國專家尋求建議之相同方式，非正式地向EFTA國家專家尋求建議。

2.當EC執行委員會將其法案提交EC部長理事會時，亦應將法案之影本提交EFTA國家。

應任一締約方之請求，得於EEA聯合委員會中進行初步之意見交換。

3.於EC部長理事會作成決定前期，於持續之告知與諮詢過程中，得應任一締約方之要求，在此特殊期間內，於EEA聯合委員會中各締約方再互相諮詢。

4.為協助於前述過程終了時於EEA聯合委員會中作成決策，締約方應於告知與諮商過程中，依誠信原則（in good faith）合作。

第一〇〇條　EC執行委員會就將提交至協助EC執行委員會行使其執行權之委員會之草擬措施，於其準備階段，應確保EFTA國家之專家於相關領域內盡可能之廣泛參與。有鑑於此，

EC執行委員會提出草擬措施時，應基於其諮詢EC會員國專家之相同基礎向EFTA國家專家諮詢。

若EC部長理事會依據相關委員會所適用之程序介入時，EC執行委員會應將EFTA國家之專家意見提交至EC部長理事會。

第一〇一條　1.關於既非第八十一條亦非第一〇〇條所規範之委員會，EFTA國家之專家基於本協定之良好運作所需，應參與該等委員會之工作。

此等委員會列示於第37號議定書中。這種參與之形式規定於處理相關事項之相關議定書中。

2.若締約方認為這種參與應延申至其他具有相同性質之委員會時，EEA聯合委員會得修改第37號議定書。

第一〇二條　1.為了保障法律之安定性與EEA之和諧，EEA聯合委員會應儘可能針對本協定附錄之修正作出與共同體制定之相關新法規相似之決定，以便共同體之相關新法規與本協定附錄之修正得同時適用。為達此目的，共同體於每次針對受本協定規範之事項通過立法時，應立即於EEA聯合委員會中知會其他締約方。

2.若本協定中任一附錄之一部分因新法規而直接受影響，則於EEA聯合委員會中評估之。

3.締約方應盡最大之努力以達成關於本協定事項之協議。若任一議題產生嚴重問題，而其於EFTA國家中係屬立法機構之權限範圍，則EEA聯合委員會應特別盡所有努力以尋求一共同可接受之解決方案。

4.若於適用前項後，仍無法就本協定附錄之修正達成協議，EEA聯合委員會應審查所有之可能性以維持本協定之良好運作，並為此目的採取任何必要的決定，包括

注意平等立法之可能性。上述決定應至少於提交至
EEA聯合委員會之日起六個月內作成，或若該日遲於
共同體對等立法之生效日，則應於共同體立法生效日時
作成。

5. 於第四項規定之期限終了時，若EEA聯合委員會尚未
對本協定附錄之修改作出決定，依據第二項決定其受影
響部份，將被視為暫停適用，除非EEA聯合委員會作
成不同決定。此暫停適用部份應自第四項所定之六個月
期限終了之日起生效，但不得早於該系爭共同體法案於
共同體內之施行日。EEA聯合委員應致力於就一共同
可接受之解決方案達成協議以儘早終止暫停適用。

6. 第五項所指涉之暫停適用引起之實際結果應於EEA聯
合委員會中討論。個人或經濟運作體依照本協定已取得
之權利及義務應予維持。締約方應於適當時機就因此暫
停適用而生之必要調整作成決定。

第一〇三條　1. 若一EEA聯合委員會之決定對某一會員國之拘束力須
俟其完成憲法規定要件後始發生效力，於該決定規定之
生效日前，相關締約方若已通知其他締約方其已完成憲
法規定要件時，該決定始得於此日期生效。
若於該日期前未為此等通知，則上述之決定應於最末通
知後第二個月之首日生效。

2. 若於EEA聯合委員會作成決定六個月期滿後仍未為通
知，則EEA聯合委員會之決定應於該憲法規定要件之
完成期間內暫時適用之，除非一締約方告知不應為此一
暫時適用。於此情形，或若一締約方告知EEA聯合委
員會之決定未被批准，則第一〇二條第五項規定之暫停
適用應於此項通知後一個月生效，惟不得早於該相關共

同體法案於共同體內之施行日。

第一○四條　EEA聯合委員會就本協定規定之情況所爲之決定，除另有規定外，應於其生效之日起拘束全體締約方，締約方並應採取必要之措施以確保此等決定之施行與適用。

第三章　一致性、監督程序和爭端解決

第一節　一致性

第一○五條　1.爲達成締約方對本協定條款，以及本協定中實質引進的共同體法律條款爲盡可能一致解釋之目標，EEA聯合委員會應依據本條規定運作之。

2.EEA聯合委員會應對歐洲法院及EFTA法院判例法之發展保持經常性之檢閱。爲達此目標，前述法院之判決應提交EEA聯合委員會使其維持本協定解釋之一致性。

3.若前述兩法院判例法之歧異提交EEA聯合委員會二個月內，EEA聯合委員會未能成功確保對本協定解釋之一致性，則得適用第一一一條規定之程序。

第一○六條　爲確保對於本協定之解釋盡可能地一致、並充分尊重各法院之獨立性，應由EEA聯合委員會組織一有關EFTA法院、歐洲法院、歐洲共同體第一審法院（Court of First Instance）及EFTA國家終審法院（Court of last instance of the EFTA States）所爲判決之資訊交流系統，此系統應包含：

(a)將前述法院一方面就解釋與適用本協定，另一方面就解釋與適用「建立歐洲經濟共同體條約」、「建立歐洲煤鋼共同體條約」其經修正或補充者，以及據此二條約而採用之法律中有關實質上與本協定條款相同之條款而做

成之判決，送達歐洲法院之書記處（Registrar）；

(b)歐洲法院書記處就上述判決之分類，包括視情況需要製作並公布譯文與摘要；

(c)歐洲法院書記處對各國主管機關就相關文件事宜之連繫，此主管機關由各締約方指定之。

第一〇七條 允許EFTA國家法院或法庭要求歐洲法院就EEA規則為解釋之可能性之相關條款，規定於第34號議定書。

第二節 監督程序

第一〇八條 1.EFTA國家應設立一獨立之監督官署（EFTA監督官署，EFTA Surveillance Authority），並建立與共同體內現行程序類似之程序，包括確保本協定下義務之履行及EFTA監督官署就競爭方面所作決定的合法性之管制。

2.EFTA國家應設立一EFTA法院（EFTA Court）。EFTA法院依據EFTA國家間個別之協議，就本協定之適用，特別是下列事項，具管轄權限：

(a)關於EFTA國家涉及監督程序之案件；

(b)不服EFTA監督官署有關競爭之決定所提起的訴訟；

(c)二個或二個以上EFTA國家間爭端之解決。

第一〇九條 1.本協定義務之履行應一方面由EFTA監督官署，另一方面由EC執行委員會，依據「建立歐洲經濟共同體條約」、「建立歐洲煤鋼共同體條約」及本協定監督之。

2.為確保EEA內監督之一致，EFTA監督官署與EC執行委員會應就監督政策議題與個案合作、交換資訊並相互協商。

3.EC執行委員會與EFTA監督官署應接受任何與本協定之適用相關之申訴，並彼此知會所受理之申訴。

　　　　　4.此二機構應審查其管轄範圍內之申訴，並將隸屬於它方
　　　　　　管轄範圍之申訴移送給它方。

　　　　　5.若此二機構就對申訴所採取之行動或審查之結果發生爭
　　　　　　議，任一方均得將其提交EEA聯合委員會，由聯合委
　　　　　　員會依據第一一一條處理之。

第一一〇條　EFTA監督官署與EC執行委員會依據本協定所作之決定，
　　　　　若係針對個人而非國家而課予罰鍰之義務者，具強制性。
　　　　　歐洲法院、歐洲共同體初審法院與EFTA法院依據本協定
　　　　　所作之判決亦適用之。

　　　　　強制執行應由執行地國現行之民事訴訟規則規範之。其強
　　　　　制執行之命令應附加於決定中，經由締約方專門為此目的
　　　　　而指定之主管當局查核該決定的眞實性，並知會其他締約
　　　　　方、EFTA監督官署、EC執行委員會、歐洲法院、歐洲
　　　　　共同體第一審法院及EFTA法院之處，無須其他任何形
　　　　　式。

　　　　　於當事人申請完成此等程序時，該當事人得以依據執行地
　　　　　國之本國法，直接送交其主管機關執行。

　　　　　強制執行之中止，有關歐洲共同體執行委員會、歐洲共同
　　　　　體第一審法院、或歐洲法院之決定，僅得由歐洲法院決定
　　　　　之；有關EFTA監督官署或EFTA法院之決定，僅得由
　　　　　EFTA法院決定之。惟相關國家之法院就不合法之強制執
　　　　　行之申訴具有管轄權。

第三節　爭端之解決

第一一一條　1.共同體或任一EFTA國家得將有關本協定之解釋或適用
　　　　　　之爭端事項，依據下列規定送交EEA聯合委員會。

　　　　　2.EEA聯合委員會得解決上述之爭端。為尋求一可接受
　　　　　　之解決之道，應提供該委員會所有於其進行深入審查時

有可資利用之資料。爲此，EEA聯合委員會應就所有之可能性爲審查以維持本協定之良好運作。

3.若一項爭端涉及與本協定之條款有關之判例法，而其實質上同於「建立歐洲經濟共同體條約」、「建立歐洲煤鋼共同體條約」之相對應法令，並同於爲適用上述二條約而制定之法規者，且若此項爭端於交付EEA聯合委員會後三個月內尚未解決，則該爭端之當事締約方得同意請求歐洲法院就相關法令之解釋予以裁決。

若EEA聯合委員會於此程序提出後六個月內，對該爭端之解決尚未達成協議，或若於當時，該爭端之當事締約方尚未決定是否送交歐洲法院裁決，則一締約方爲彌補可能之不平衡狀態，得，

——依據第一一二條第二項採取防衛性措施並遵守第一一三條之程序；

——或準用第一○二條。

4.若一爭端涉及依第一一一條第三項或第一一二條而採取之防衛性措施之範圍或期限，或依第一一四條採取之恢復平衡措施之比例分配，且若EEA聯合委員會於受理該事項之日起三個月後尚未成功解決該爭端，則任一締約方得依據第33號議定書規定之程序將此爭端交付仲裁。第三項規定所指之解釋本協定條款之問題不得以此程序處理之。該爭端之當事締約方應受仲裁判斷之拘束。

第四章　防衛性措施

第一一二條 1.如果因行業或區域性原因而發生嚴重之經濟、社會或環境困境時，締約方得單方面依據第一一三條規定之條件

與程序採取適當之措施。

2. 此防衛性措施必須嚴格受限於為改善上述情況所必要採取之範圍與期限。對本協定之運作干擾最小之措施應優先考慮之。

3. 防衛性措施應適用於全體締約方。

第一一三條 1. 考慮依第一一二條採取防衛性措施之締約方，應立即透過EEA聯合委員會知會其他締約方，並應提供所有相關資訊。

2. 締約方應立即於EEA聯合委員會內進行協商，以尋求一共同可接受之解決方案。

3. 當事締約方必須於第一項規定之通知日一個月後，才得採取防衛性措施，除非第二項所規定之協商程序已於上述期限屆滿前作出結論。當需要採取立即行動而排除事先審查之例外狀況發生時，當事締約方為救濟該情況之絕對必要，得立即採取防衛性措施。

於共同體內，防衛性措施應由EC執行委員會採取之。

4. 當事締約方應立即知會EEA聯合委員會其所採取之措施，並應提供所有相關資訊。

5. 所採取之防衛性措施，為於其預期之期限屆滿日前廢止或為限制其適用範圍等目的，於其採行之日起，每三個月於EEA聯合委員會中諮商。

各締約方得隨時請求EEA聯合委員會審查該等措施。

第一一四條 1. 若一締約方所採取之防衛性措施造成本協定規定之權利與義務不平衡，其他任何一締約方為救濟此情況之絕對必要，得向此締約方採取比例恢復平衡措施。

對本協定之運作干擾最小之措施應優先考慮之。

2. 第一一三條之程序規定適用之。

第八部分　金融機制

第一一五條　爲促進締約方間貿易與經濟關係持續且平衡地增強，如第
一條所規定，締約方同意有必要減低各區域間經濟與社會
之差異。此方面應注意本協定其他部分及相關議定書中所
規定之相關條款，包括與農業及漁業相關之安排。

第一一六條　EFTA國家應建立一金融機制，以於歐洲經濟區域內，除
共同體已著手從事之努力外，另促成第一一五條規定目標
之達成。

第一一七條　規範金融機制之條款訂定於第38號議定書中。

第九部分　一般及最終條款

第一一八條　1.當一締約方認爲擴展依本協定而建立之關係至其原未涵
蓋之領域，係有利於全體締約方時，其應於EEA理事
會中提交一附理由之請願書予其他締約方。EEA理事
會得指示EEA聯合委員會審查該請願之所有事項並發
布報告。

EEA理事會於適當時機得做成政治決定，以展開締約
方間之諮商。

2.由第一項所述之諮商所做成之協議，應由締約方依照其
各別之程序批准或同意之。

第一一九條　本協定之附錄及其爲本協定之目的而採用的法律及議定書，
均屬構成本協定之一部分。

第一二○條　除本協定，特別是第41號、第43號、第44號議定書，有特
別規定外，本協定之條款對相同事項之規範範疇內，應較
現行拘束歐洲經濟共同體及或多個EFTA國家之雙邊或多
邊協定優先適用。

第一二一條　本協定之條款不應阻礙下列之合作：

(a)以不妨礙本協定之良好運作爲前提，於北歐合作架構下之合作；

(b)以不妨礙本協定之良好運作爲前提且聯盟之目的不妨礙本協定之適用，於瑞士及列支敦斯登間之區域聯盟架構下之合作；

(c)以不妨礙本協定之良好運作爲前提，於奧地利與義大利間有關 Tyrol、Vorarlberg 及 Trentino—South Tyrol/Alto Adige等地之合作架構下之合作。

第一二二條　締約方之代表及專家，以及本協定下之官員及受僱者，不得洩露其職業秘密之義務範圍內之資訊，特別是與企業之商業關係或成本結構有關之資訊。於其離職後亦同。

第一二三條　本協定將不阻礙任一締約方採取下列之措施：

(a)締約方認爲係爲防止資訊洩漏違反其重要安全利益之必要措施；

(b)有關生產或交易以防禦爲目的而不可或缺之武器、軍需品及戰爭物資或其他產品，或有關以防禦爲目的而不可或缺之研發與生產等措施。惟此等措施不得阻礙非爲特定軍事目的而生產之產品之競爭狀況。

(c)考量到與其自身安全相關之下列情況：因嚴重之內國動亂致影響其法律及秩序之維持、戰時或因重大之國際緊張情勢所導致之戰爭威脅、成爲履行其以維持和平及國際安全爲目的所承諾之義務。

第一二四條　締約方應給與EC會員國及EFTA國家之國民，於參與第三十四條意義下之公司或行號之資本時，享有與其本國國民相同之待遇，惟需不抵觸本協定其他條款之適用。

第一二五條　本協定決不應損及締約方規範其財產所有權制度之規定。

第一二六條　1.本協定應依歐洲經濟共同體條約與歐洲煤鋼共同體條約規定之條件，於此等條約適用之領域內適用之，且亦適用於奧地利共和國、芬蘭共和國、冰島共和國、列支敦斯登公國、挪威王國、瑞典王國與瑞士聯邦之領域。

2.縱有前項之規定，本協定將不適用於Aaland羣島。惟芬蘭政府得於其批准本協定時，於協定存放處寄存宣言，並將此宣言經認證之副本轉呈至各締約方，以告知本協定應依據下列條件，以適用於芬蘭其他地區之相同條件適用於該群島：

(a)本協定之條款應不排除Aaland羣島於任何特定期間內，就下列事項，其有效條款之適用：

（ⅰ）若無Aaland群島主管機關之允許，就未享有該地公民權之自然人或任何法人取得並持有該島不動產權利之限制；

（ⅱ）若無Aaland群島主管機關之允許，就未享有該地公民權之自然人或任何法人之設立公司與提供勞務權利之限制。

(b)Aaland群島島民於芬蘭所享有之權利不受本協定影響。

(c)Aaland羣島之主管機關應給予締約方所有自然人及法人相同之待遇。

第一二七條　任一締約方皆得退出本協定，惟至少應於十二個月前給予其他締約方書面通知。

於前項退出之通知後，其他締約方應立即召開外交會議以為本協定之必要修正。

第一二八條　1.任一歐洲國家如成為共同體會員國申請加入或如成為EFTA國家成員得申請加入本協定。該國家應向EEA理事會提出申請。

2.該申請國加入之條件應爲締約方與該申請國間協議之主題。該協議應提交所有締約方以求依照其本國之程序批准或同意之。

第一二九條　1.本協定以丹麥文、荷蘭文、英文、芬蘭文、法文、德文、希臘文、冰島文、義大利文、挪威文、葡萄牙牙文、西班牙文及瑞典文各一份原文擬定之，每份皆爲同等眞實正確。

附錄所指之法律內容，其丹麥文本、荷蘭文本、英文本、法文本、德文本、希臘文本、義大利文本、葡萄牙文本及西班牙文本，以刊登於EC官方公報者爲準，均具同等之眞實正確性。並爲證明之需，應另以芬蘭文、冰島文、挪威文及瑞典文作成之。

2.本協定應由締約方依照其個別之憲法規定要件批准或同意之。

本協定應存放於EC部長理事會之總秘書處，並將經認證之副本送交各締約方。

經批准或同意之法律文件應存放於EC部長理事會之總秘書處，並由該秘書處向其他所有締約方公告通知之。

3.如各締約方已將其批准或同意之法律文件於1993年1月1日前寄存完畢，本協定將於1993年1月1日生效。若無法於該日生效，則本協定應於最末之締約方通知後第二個月之第一天生效。此項通知之最後期限爲1993年6月30日。於該日之後，締約方應召開一外交會議以評估此情勢。

爲本協定之見證，簽署者全權大使已簽署本協定。

簽署於波爾多（Porto）西元1992年5月2日

附錄三

歐洲聯盟條約

(Treaty on European Union, 簡稱TEU,
亦稱Maastricht Treaty,馬斯垂克條約)

第一篇　總則

第A條　各締約國經由本條約建立歐洲聯盟，以下簡稱聯盟。

本條約於創造歐洲各民族間愈益緊密的聯盟之過程中，開創一個新階段，聯盟之決策應盡可能地符合民意。

聯盟以歐洲共同體爲基礎，並由本條約中所建立之政策及各種合作形式加以補充。聯盟之使命，以團結一致之方式，來組織各會員國及其人民間之關係。

第B條　聯盟應致力於下列目標：

——推動經濟與社會均衡且持續的進步，特別是藉由創造一內部無疆界之區域、強化經濟與社會之凝聚以及建立一符合本條約之條款以單一貨幣制度爲目的之經濟與貨幣聯盟；

——確定聯盟於國際社會中之主體性，特別是經由共同外交與安全政策之實施，包括終將成立共同防衛體之共同防衛政策；

——藉由以聯盟公民權之建立，加強保護各會員國國民之權益；

——發展司法及內政上密切之合作；

——維護共同體既有制度之完整並以此爲基礎，根據第N條第2項之程序，檢討本條約所建立之政策及各種合作形式，

於確保共同體機制及機構有效運作之目標下得修改之範圍。

聯盟之目標應依據本條約及其所規定之條件與時間加以實現，並同時遵守建立歐洲聯盟條約第3b條中規定之輔助原則。

第 C 條 聯盟應有一單一機構之組織以確保其各項活動施行之一致性與持續性，同時遵守並發展共同體既有的制度。

聯盟特別在其對外關係、安全、經濟及發展政策上確保其整體對外活動的一致性。部長理事會與執行委員會應就確保上述之一致性負責，並依其職權確保該政策之執行。

第 D 條 歐洲高峰會議 (the European Council) 提供聯盟發展所需之動力，並為其訂定一般性的政治行動綱領。

歐洲高峰會議由各會員國之國家元首或政府首長，以及執行委員會主席出席，並由各會員國外交部長及一名執行委員會委員共同參與。歐洲高峰會議每年至少開會二次以上，會議主席由部長理事會之主席國國家元首或政府首長擔任之。

歐洲高峰會議向歐洲議會提交每次開會後之報告，以及關於聯盟進展情況之年度書面報告。

第 E 條 歐洲議會、部長理事會、執行委員會以及歐洲法院，一方面依據建立歐洲共同體條約及其後修正或補充條約的規定，另一方面依據本條約其他條款行使其職權。

第 F 條 1. 聯盟對於根據民主原則而建立政府體制之各會員國，應尊重其國家人格。

2. 聯盟尊重各項基本權利為共同體法律的一般原則，這些基本權利是1950年11月4日於羅馬簽訂的「歐洲人權及基本自由保護公約」(European Convention for the Protection of Human Rights and Fundamental Freedoms) 所保障

的，以及根源於各會員國之共同憲政傳統的。

3.聯盟自行籌措達成其目標與實現其政策所需之財源。

第二篇　建立歐洲共同體之歐洲經濟共同體條約增修條款

第G條　爲建立歐洲共同體，歐洲經濟共同體條約應依本條修改之：

A——縱覽全文：

(1)「歐洲經濟共同體」（European Economic Community）一詞，應以「歐洲共同體」取代之。

B——第一部「原則」部份：

(2)第2條應由下文替代之：

第2條

本共同體藉設立一共同市場、經濟暨貨幣同盟（economic and monetary union），並藉由實現第3條、第3a條訂定之共同政策與措施，以促進整個共同體內經濟活動之和諧與均衡發展，以環保爲前提下之永續而無通貨膨漲的經濟成長、經濟表現的高度一致、充份就業與健全的社會保障、居住水準與生活品質的提高以及會員國間經濟與社會之結合與團結爲任務。

(3)第3條由下文替代之：

第3條

爲實現第2條所訂目標，共同體之活動，依照本條約之規定及公佈之時間表，包括：

(a)會員國間之關稅、進出口貨物之數量限制及其他具同等效果之一切措施之廢除；

(b)一共同之商業政策；

(c)一個以廢除會員國間有關貨物、人員、勞務及資本自由流通之障礙爲特色之內部市場；

(d)依照第100c條規定內部市場外人入境及其遷徙之相關措施;

(e)一共同之農漁業政策;

(f)一共同之運輸政策;

(g)一確保內部市場競爭不致遭受扭曲之制度;

(h)於共同市場機能運作所需範圍內協調各會員國之法律;

(i)一涵蓋歐洲社會基金 (European Social Fund) 在內之社會政策;

(j)加強經濟與社會的結合;

(k)一環境政策;

(l)加強共同體之工業的競爭力;

(m)促進研究與科技之發展;

(n)鼓勵泛歐網路之設立及發展;

(o)致力於高水準健康保護目標之達成;

(p)致力於各會員國之教育與訓練品質及其文化之蓬勃;

(q)一發展合作之政策;

(r)聯合海外國家及區域以增進貿易成長並共同促進經濟與社會之發展;

(s)致力於加強消費者保護;

(t)有關能源、公民保護、及觀光事業之措施。

(4)**插入下條文:**

第3a條

　　1.為實現第2條既定目的,各會員國與共同體之活動,依照本條約規定之條件及預定之時間,應包括:制定以各會員國之經濟政策之密切協調、內部市場、共同目標之訂定為基礎之經濟政策,並遵循自由競爭之開放市場經濟之原則。

　　2.同前項,依照本條約規定之條件及預定之時間與程序,上述活動應包括採用固定匯率制度,以完成單一貨幣制——即歐洲通貨單

位（ECU）之採行，並於符合自由競爭之開放市場經濟之原則下，確立並施行單一貨幣政策與匯率政策，兩者之主要目的均在於維持物價穩定，及在不違反此項目的之原則下，支持共同體內之一般性經濟政策。

3. 會員國及本共同體之上述活動應遵從下列指導原則：穩定的物價、健全的公共財政與貨幣條件及國際收支的平衡。

(5)插入下條文

第3b條

共同體應在本條約所賦與之權限及指定目標之範圍內，執行其職務。

於非其專屬之職權範圍內，共同體應本於輔助之原則採取行動，但僅限於會員國未能有效地達成所規劃之行動目標，而且該行動之規模及成效只有共同體才能有效地達成的。

共同體所採取之任何行動，不得逾越爲達成本條約所訂目標之必要範圍。

(6)第4條由下文替代之：

第 4 條

1. 所賦與共同體之任務，由下列各機構負責完成：

　　——歐洲議會（European Parliament），

　　——部長理事會（Council），

　　——執行委員會（Commission），

　　——歐洲法院（Court of Justice），

　　——審計院（Court of Auditors），

上述各機構，應於本條約所賦與之權限範圍內，執行其職務。

2. 部長理事會及執行委員會應由一經濟暨社會理事會（Economic and Social Committee）及區域委員會（Committee of Regions）以諮詢身份參與之。

(7)插入下條文

第4a條

歐洲中央銀行體系（European System of Central Banks，以下簡稱央行體系，ESCB），以及歐洲中央銀行（European Central Bank,以下簡稱歐洲央行，ECB）應依照本條約所規定之程序設立；其應於本條約以及其附錄之中央銀行體系及歐洲中央銀行規約（以下簡稱央行體系規約，Statute of the ESCB）所賦予之權限範圍內執行其職務。

第4b條

設立歐洲投資銀行（European Investment Bank）。應於本條約及其附錄之規約所賦予之權限範圍內執行其職務。

(8)第6條應予以廢除，由第7條替代之。其第2項應由下文替代之：

第6條第2項

部長理事會得依照第189c條規定之程序制定規則，以禁止此類歧視。

(9)第8條、第8a條、第8b條、及第8c條，應分別改為第7條、第7a條、第7b條、及第7c條。

C——插入下部分

第二部　聯盟之公民權

第8條

1.聯盟之公民權自此確立。

任一持有會員國國籍者，皆屬本聯盟之公民。

2.本聯盟之公民得享本條約所賦與之權利並擔負其所加諸之義務。

第8a條

1.本聯盟之公民，除在本條約及其施行細則規定之限制與條件外，享有於各會員國境內自由遷徙與居住之權利。

2.部長理事會得制定相關條款，以便前項權利順利實踐；除本條約

另有規定外，部長理事會就執行委員會之提案，經歐洲議會同意後，以一致決之方式表決通過。

第8b條

1. 任何本聯盟公民，凡居住於非其國籍國之會員國內者，得在其所居住之會員國內享有與該國國民平等之投票權與其地方自治選舉之候選人資格。該權利應由部長理事會就執行委員會之提案，經諮詢歐洲議會後，以一致決之方式於1994年12月31日前制定方式實現之；該制定的方式對會員國的適用有特殊困難理由時，得作例外規定。

2. 於不違反第138條第3項及其施行細則之前提下，本聯盟公民，凡居住於非其國籍國之會員國內者，得在其所居住之會員國內享有與該國國民平等之投票權與成為歐洲議會議員之候選人資格。該權利應由部長理事會就執行委員會之提案，經諮詢歐洲議會後，以一致決之方式於1993年12月31日前制定方式實現之；該制定的方式對會員國的適用有特殊困難時，得作例外的規定。

第8c條

任何於第三國領域內之本聯盟公民，凡其國籍國未於該第三國設置代表處者，皆得享有其他會員國之國民於該第三國境內所得享有之外交或領事保護。會員國得於1993年12月31日以前完成所需之內部相關立法並展開確保此項保護所需之國際談判。

第8d條

本聯盟之公民，依照本條約第138d條之規定，應享有向歐洲議會請願之權利。

本聯盟之公民，得向依照本條約第138e條設立之行政監察使（Ombudsman）申訴。

第8e條

執行委員會應於1993年12月31日以前，向歐洲議會、部長理事會、

及經濟暨社會理事會提出報告，並就本部分條款之適用，每三年報告一次。該報告應重視聯盟之發展情形。

根據上述之基礎，並於不違反本條約其他條款之前提下，部長理事會就執行委員會之提案，經諮詢歐洲議會後，得以一致決之方式，制定相關條款，以加強或增加本部分規定之權利；該條款並應建議各會員國依其各國憲法之規定制定之。

D──第二部與第三部應合併如下：

第三部　共同體政策

本部分中：

(10)第49條第1句由下文替代之：

第49條第1句

自本條約生效之日起，部長理事會應根據第189b條規定之程序，經諮詢經濟暨社會理事會後，頒布指令或規則訂定必要措施，以逐步推行第48條確立之勞工流動自由，特別是：

(11)第54條第2項應由下文替代之：

第54條

為完成此項共同計劃，或無此項計劃存在，而為完成某一特定事業在某一階段之設立自由，部長理事會應根據第189b條規定之程序並經諮詢經濟暨社會理事會後，以指令行之。

(12)第56條第2項由下文替代之：

第56條

在過渡時期屆滿之前，部長理事會就執行委員會之提案，經諮詢歐洲議會後，應以一致決之方式，對上述法律、法規，以指令加以協調。然而，於第二階段終了後，部長理事會應根據第189b條規定之程序，對每一會員國內之法規，以指令加以協調。

(13)第57條由下文替代之：

第57條

1. 為便利從事自由業者之工作，部長理事會應根據第189b條規定之程序，就文憑、證件及其他有關資格證明之文件之相互承認事宜，以指令加以規定。

2. 為同一目的，部長理事會應在過渡期限屆滿前，就會員國內所有以法律、規定或行政行為方式，對有關從事自由業工作者之條款，以指令加以協調。部長理事會就執行委員會之提案，經諮詢歐洲議會後，應以一致決之方式，對至少在一個會員國內有關專業人員所需訓練與條件之現有法律原則之修改，以指令加以決定之。至於其他情形應按第189b條規定之程序為之。

3. 於醫療製藥劑及其他類似專業所受限制之逐步廢除，應視各會員國對執業條件所作之協調而定。

(14)第四章之標題應由下文替代之：

第四章　資本與支付

(15)插入下條文

第73a條

自1994年1月1日起，第67至73條應由第73b、73c、73d、73e、73f，和73g條替代之。

第73b條

1. 於本章規定之範圍內，各會員國之間及會員國與第三國之間，有關資本流通的限制應禁止之。

2. 於本章規定之範圍內，各會員國之間及會員國與第三國間，有關支付款項的限制應禁止之。

第73c條

1. 第73b條之規定應不違反自1993年12月31日起以國內法或共同體法形式，適用於與第三國間涉及直接投資（包括不動產投資）之資本輸出入限制及有關金融服務或允許證券進入資本市場之規定。

2.部長理事會致力於各會員國間與第三國之間最大可能之資本流通自由，於不違反本條約其他章節之前提下，就執行委員會之提案，得以條件多數決之方式，對有關與第三國間涉及直接投資（包括不動產投資）在內的資本輸出入，及有關金融服務或允許證券進入資本市場之規定，採取相關之措施。至於對於與第三國資本輸出入流通之自由，共同體法採用倒退之相關措施時，則應以一致決之方式行之。

第73d條

1.第73b條應以不違反各會員國就下列事項之權利為前提

(a)適用就居住地或資本投資所在地之不同之情形而區分納稅義務人之稅法相關條款。

(b)採取必要措施，以預防國內法律、法規之違反，特別是在租稅領域及金融財政機構之審慎監督管理上；或制定以行政或統計資訊為目的之資金流通之申報程序；或以公共政策或公共安全為其正當理由，採取相關措施。

2.本章之條款應以不違反與本條約相容，就設立權所為之限制的適用性為前提。

3.第1項與第2項規定之措施與程序，不得對第73b條定義下之資本流通自由與支付，構成恣意之歧視或變相之限制。

第73e條

因排除第73b條之適用，自1993年12月31日起，依現行共同體法而享例外之會員國最遲到1995年12月31日可保有該例外賦予而已存在之資本流通限制。

第73f條

在特殊情況下，如與第三國間之資本輸出入導致或有可能導致經濟暨貨幣聯盟運作之嚴重困難時，部長理事會就執行委員會之提案，經諮詢歐洲央行後，得以條件多數決之方式對第三國採取為期不得

超出六個月，而有必要採行之防衛措施。

第73g條

1. 如果本共同體於面臨第228a條之情形，認為必須採取對應措施時，部長理事會得根據第228a條規定之程序，對相關第三國之資本流通及支付，採取必要之緊急措施。

2. 在不違反第224條且部長理事會並未依前項採取任何措施之前提下，會員國得以重大之政治理由及急迫性為由，於有關資本流通與支付方面，對第三國採取片面措施。惟最遲於其生效日前，應將此類措施通知執行委員會及其他會員國。

   部長理事會就執行委員會之提案，得以條件多數決之方式，決定該會員國所採取之措施應否修正或廢止。部長理事會主席應將部長理事會之任何相關決定通知歐洲議會。

第73h條

於1994年1月1日前，應適用下列條款：

1. 每一會員國應授權准許債權人或受益人通以其所在地會員國之貨幣，從事任何有關貨物、勞務、或資本流通之支付，以及任何資本及工資之移轉，以使各會員國間貨物、勞務、資本及人員之流通，因本條約之施行而自由化。

   各會員國於其一般經濟情況許可，尤其收支平衡允許之情況下，得宣布使其支付辦法較前項之規定更為自由。

2. 如果貨物、勞務以及資本流動僅受與其有關之支付方式限制時，則此限制應準用本章條款及有關數量限制之取消及勞務自由流通之相關章節之規定逐步取消之。

3. 各會員國對於有關本條約附件Ⅲ所列舉之無形交易之移轉，不得在彼此間引進任何新的限制。

   現行限制之逐步取消，應依照第63至65條之規定施行，惟此種取消須不為第1項與第2項之規定，或本章其他條款之規定中所規範

者。

(4)如有必要，各會員國應就有關支付及移轉方式採取之措施相互諮商，以便實現本條訂定之支付與移轉。此等措施應以不違反本條約所定目標之達成為前提。

(16)第75條由下文替代之：

第75條

　1.為實現第74條以及考量運輸之特殊問題，部長理事會應根據第189c條規定之程序，經諮詢經濟暨社會理事會後，制定：

(a)適用於來自或前往某一會員國領土，或跨越一或多個會員國領土之國際運輸的共同規則；

(b)於一會員國內准許非本國業者經營本國運輸業務之條件；

(c)增進運輸安全之措施；

(d)任何其他適當之規定。

　2.上述第1項第(a)與(b)款之規定，應於過渡期限內制定之。

　3.於排除第1項規定之程序時，凡對有關正常運輸系統原則所作之規定，且實施此等規定後，可能嚴重影響某些地區之生活水準及就業情形，並可能影響運輸設備之利用時，則此等規定應由部長理事會就執行委員會之提案，經諮詢歐洲議會與經濟暨社會理事會後，以一致決之方式制定之。惟部長理事會亦需將為適應因成立共同市場所引起之經濟發展之需要列入考量。

(17)第三部第一篇由下文替代之：

　　第五篇　競爭、租稅及法律協調之共同規則

(18)第92條第32項中：

──下點應插入：

(d)為促進文化及遺產保存所給予之援助，惟需此等援助並未改變共同體內之貿易情勢與競爭而導致其違背共同利益。

──原第(d)點應改為第(e)點。

⑲第94條由下文替代之：

第94條

　　部長理事會就執行委員會之提案，經諮詢歐洲議會後，得以條件多數決之方式，制定適當規則以實施第92條及第93條，尤其應確定第93條第３項之施行條件及不受此項程序限制之援助種類。

⑳第99條由下文替代之：

第99條

　　部長理事會就執行委員會之提案，經諮詢歐洲議會及經濟暨社會理事會後，以一致決之方式，制定有關協調各種營業稅、貨物稅及其他各種間接稅之立法，以確保在第7a條規定之期限內完成內部市場之建立與運作。

㉑第100條由下文替代之：

第100條

　　部長理事會就執行委員會之提案，經諮詢歐洲議會及經濟暨社會理事會後，以一致決之方式，發布指令，協調各會員國國內直接影響共同市場之建立或運作之法律、法規。

㉒第100a條第１項由下文替代之：

第100a條

　　1.於排除第100條之適用及除本條約另有規定外，爲達成第7a條揭櫫之目標，應適用下列條款：部長理事會應根據第189b條規定之程序，經諮詢經濟暨社會理事會後，採取相關措施，以協調各會員國內以內部市場之建立與運作爲目的之法律、法規。

㉓插入下條文

第100c條

　　1.部長理事會就執行委員會之提案，經諮詢歐洲議會後，以一致決之方式，決定哪些第三國國民必須持有簽證才得穿越會員國之外部邊境。

2.惟若第三國國內發生緊急事件，導致其國民因避難而突然大量湧進本共同體境內時，部長理事會就執行委員會之建議，得以條件多數決之方式，決定對該國國民採取為期不得超出六個月之入境簽證要求。本項之入境簽證要求，得依前項規定之程序予以延長。

3.自1996年1月1日起，部長理事會以條件多數決之方式制定第1項之決定；在該日之前，部長理事會就執行委員會之提案，經諮詢歐洲議會後，以條件多數決之方式，採取有關簽證統一格式之相關措施。

4.於本條規定之範圍內，執行委員會應就會員國之要求加以審查並向部長理事會提出建議。

5.本條之執行不得違反各會員國行使因維持其法律、秩序及內部安全所負之義務。

6.本條應適用歐洲聯盟條約第K.9條所決定有關司法及內政合作事項之領域，並依同條規定之表決方式決定之。

7.會員國間之有效公約，如果其條文之規範事項為本條之規定所涵蓋者，於其內容被依本條採取之指令或措施取代前，應視為有效。

⑷插入下條文

第100d條

根據歐洲聯盟條約第K.4條組成之高級官員協調委員會，於不違反第151條之前提下，協助部長理事會關於第100c條範圍內之準備工作。

⑵第三部中第二篇之第一、二、三章由下文替代之：

第六篇　經濟及貨幣政策

第一章　經濟政策

第102a條

各會員國於實施其經濟政策時，應以實現第2條揭櫫之共同體目標
與第103條第2項訂定之廣泛行動綱領爲其依歸。各會員國及共同體
應本著自由競爭與資源最有效分配的開放市場經濟之原則，並遵從
第3條規定之原則，執行其職務。

第103條

1. 各會員國應視彼等經濟政策爲一共同利益事務，並應根據第102a
條之規定，於部長理事會中協調其經濟政策。

2. 部長理事會就執行委員會之建議，以條件多數決之方式，草擬各
會員國及共同體經濟政策之廣泛行動綱領，並向歐洲高峰會議報
告。歐洲高峰會議根據部長理事會之報告，對各會員國及共同體
經濟政策之廣泛行動綱領進行討論並作成結論。

部長理事會就此結論以條件多數決方式，通過對此行動綱領之建
議，並將此建議通知歐洲議會。

3. 爲確保各會員國對經濟政策之密切協調與經濟表現能有持續一致
性，部長理事會根據執行委員會之報告，對各會員國及共同體之
經濟發展，及依照第2項規定之廣泛行動綱領之經濟政策一致性
進行監督，並定期作全面性之評估。

爲實現此一多邊監督之目的，各會員國應將其採行有關經濟政策
之重要措施及一切必要之相關資料，轉呈執行委員會。

4. 經由第3項之規定程序證實，某一會員國之經濟政策與第2項規定
之廣泛行動綱領不符，或其危及經濟暨貨幣聯盟之正常運作時，
部長理事會就執行委員會之建議，得以條件多數決之方式，對該
會員國作成必要之建議。部長理事會就執行委員會之提案，得以
條件多數決之方式，決定公開該建議。

部長理事會與執行委員會之主席應就上述多邊監督之結果，向歐
洲議會報告。如部長理事會公開其建議，部長理事會主席得應邀
出席歐洲議會之相關委員會。

5.部長理事會根據第189c條規定之程序，得針對本條第3項與第4項
規定之多邊監督程序，制定細部規則。

第103a條

1.於不違反本條約中規定之其他程序之前提下，部長理事會就執行
委員會之提案，以一致決之方式，對經濟狀況作出適當之措施，
特別是於某些特定之產品發生嚴重供應短缺之情形時。

2.如果某些無法控制之特殊事件，導致或嚴重使會員國陷入困境
時，部長理事會就執行委員會之提案，得以一致決之方式，於特
定條件下允許共同體對該會員國提供財務援助。如果該嚴重困境
乃肇因於天然災害，部長理事會以條件多數決之方式行之。部長
理事會主席應將此決定通知歐洲議會。

第104條

1.禁止歐洲央行或各會員國中央銀行（以下簡稱各國央行）對共同
體機構或組織、各國政府、區域或地方或其他公家單位、其他公
法管轄團體或各會員國國營企業給予融資或其他形式之信用貸
款。由歐洲央行與各國央行直接向上述機構購買債務證書，亦應
予禁止。

2.本條第1項應不適用於由央行供應儲備金之官方信用機構，各國
央行與歐洲央行應給予此等官方信用機構與私人信用機構相同之
待遇。

第104a條

1.禁止未經審慎考慮，賦予共同體機構或組織、各國政府、區域或
地方或其他公家單位、其他公法管轄團體或各會員國國營企業取
得金融機構之特權。

2.部長理事會根據第189c條規定之程序，於1994年1月1日以前定義
前項中之特權禁止之適用範圍。

第104b條

1. 共同體於共同實現特殊計劃時，在不違反交叉財務擔保（mutual financial guarantees）之前提下，不承擔各國政府、區域或地方或其他公家單位、其他公法管轄團體或各會員國國營企業之任何責任。會員國於共同實現特殊計劃時，在不違反交叉財務擔保之前提下，不承擔各國政府、區域或地方或其他公家單位、其他公法管轄團體或另一會員國國營企業之任何責任。

2. 部長理事會於必要時，根據第189c條規定之程序，得確定第104條及本條規定之禁止事項之適用範圍。

第104c條

1. 各會員國應避免超額之政府赤字。

2. 執行委員會應監督各會員國預算狀況之發展及會員國政府公債之發行，以鑑明重大誤差。特別應以下列兩準則爲基礎，依照預算規則加以審查：

(a)預估或實質政府赤字佔其國內生產毛額之比例是否超出某一衡量指數，除非：

——該比例持續地不斷地下降，並趨近該衡量指數；

——或，該衡量指數之超越，乃爲一特殊短暫的現象，且其比例仍維持趨近於該衡量指數；

(b)政府負債佔其國內生產毛額之比例是否超出某一衡量指數，除非該比例正實質地降低，且以適當之速度趨近於該衡量指數。

該衡量指數記載於本條約附錄關於超額赤字處理程序議定書中。

3. 如果一會員國無法符合上述之準則或任一標準，執行委員會應提出報告。該報告應斟酌其政府赤字是否超出政府投資支出，同時，包含該會員國之中期經濟及預算狀況在內之其他相關因素亦必須納入考慮。

如果其雖已符合上述標準之要件，但仍認爲某一會員國國內潛藏超額赤字之危機時，執行委員會亦得提出報告。

4. 根據第109c條所成立之委員會，應對執行委員會之報告表示其意見。

5. 如果執行委員會認為某一會員國國內存在或可能發生超額赤字，應將其意見通知部長理事會。

6. 部長理事會就執行委員會之建議，以條件多數決之方式，在斟酌對該會員國可能所作之觀察及進行全面性評估後，決定超額赤字是否存在。

7. 如果依第6項之規定作出超額赤字存在之結論，部長理事會應向該會員國提出建議，要求於一規定期限內解決此情況。除第8項之規定外，此項建議不公開。

8. 如果規定之期限內，並無任何有關該建議之有效行動，部長理事會得公開其建議。

9. 如果會員國始終不將部長理事會之建議付諸實行，部長理事會得發出通知，要求該會員國於一定期限內，採行部長理事會視為補救此一狀況之必要措施，以降低赤字。

   同時，部長理事會得要求該會員國依照一特定時間表提出報告，以審查該會員國之調整結果。

10. 於本條第1項至第9項之規定範圍內，不得提起第169條及第170條規定之訴訟。

11. 如果有會員國無法遵守依據第9項作成之決議，部長理事會得決定採取或視情勢加強下列之一或多項措施：

   —— 要求該相關會員國於發行債券及公債前，依部長理事會之指定，公佈額外之資訊；

   —— 請求歐洲投資銀行重新考慮對該會員國之貸款政策；

   —— 要求該會員國繳交共同體適當數目之無息保證金，直至部長理事會認為其超額赤字已經改善；

   —— 科以適當數目之罰金。

部長理事會主席將所作之決定通知歐洲議會。

12.如果部長理事會認為該相關會員國之超額赤字已有改善，則應撤銷根據第6項至第9項及第11項所作決定之一部或全部。如果部長理事會已公開其建議，在根據第8項所定之決定被撤銷之同時，應立即發表公開聲明，說明該會員國之超額赤字已不復存在。

13.根據第7項至第9項、第11項及第12項作成決定時，部長理事會就執行委員會之建議，應依第148條第2項規定之出席代表票數分配，以三分之二票數多數決之方式行之，惟該相關會員國之出席代表不得參與投票。

14.有關本條進一步之相關執行程序，記載於本條約附錄有關超額赤字處理程序議定書中。

部長理事會就執行委員會之提案，經諮詢歐洲議會與ECB後，以一致決之方式，制定適當條款取代上述之議定書。

除本條其他款項之規定外，部長理事會應於1994年1月1日前就執行委員會之提案，經諮詢歐洲議會後，以條件多數決之方式，對上述議定書之適用，訂定細則與說明。

第二章 貨幣政策

第105條

1.央行體系（ESCB）之主要目標在於穩定物價。於不背離此目標下，ESCB支持共同體之一般經濟政策以協助共同體達成依本條約第2條訂定之目標。ESCB本著自由競爭與資源最有效分配的開放市場經濟之原則，並遵從第3a條所定之原則執行其職務。

2.ESCB之基本任務為：

——訂定及執行共同體的貨幣政策；

——根據第109條之規定進行外匯操作；

——持有與管理會員國之官方外匯存底；

——提昇支付體系之順利運作。

3. 第2項第3款不得妨害會員國政府對其外匯周轉金之持有與管理。

4. 歐洲央行（ECB）於下列情形應受諮詢：

——於其職權範圍內之有關共同體法案；

——於部長理事會依第106條第6項規定之程序所設定之條件及範圍內，就其職權範圍內之有關立法草案，受各會員國相關機構之諮詢。ECB得向適當之共同體組織機構或各國相關機關就其職權範圍內之事務提出意見；

5. ESCB應協助審慎監督信用機構與穩定金融體制之相關主管機關順利執行其政策；

6. 部長理事會就執行委員會之提案經諮詢ECB並獲歐洲議會同意後，得以一致決之方式賦予ECB特別任務關係審慎監督信用機構與除保險業外之其他金融機構之政策。

第105a條

1. ECB為共同體內唯一授權發行貨幣者。ECB與各會員國之央行得發行此種貨幣，且此種貨幣為共同體內惟一法定貨幣單位。

2. 會員國得依照ECB許可之貨幣發行量鑄幣。為確保其在共同體內流通順暢，必要時，部長理事會得根據第189c條之程序，經諮詢ECB意見後，採取相關措施協調預定發行鑄幣之單位價額及技術規格。

第106條

1. ESCB由ECB及各會員國之中央銀行（以下簡稱各國央行）組成。

2. ECB具有法人人格。

3. ESCB由管理委員會（Governing Council）及執行董事會（Executive Board）組成之ECB決策機構管理之。

4. ESCB規約（the Statute of the ESCB）訂定於本條約附錄議定書中。

5. ESCB規約之第5條第1、2、3項、第17條、第18條、第19條第1項、第22條、第23條、第24條、第26條、第32條第2、3、4、6項、第33條第1項第a款及第36條，得由部長理事會就ECB之建議經諮詢執行委員會後以條件多數決之方式，或就執行委員會之提案經諮詢ECB後，以一致決之方式修改之；惟兩者皆需獲歐洲議會之同意。

6. 部長理事會就執行委員會之提案經諮詢歐洲議會及ECB後；或就ECB之建議經諮詢歐洲議會及執行委員會後，以條件多數決之方式採行ESCB規約第4條、第5條第4項、第19條第2項、第20條、第28條第1項、第29條第2項、第30條第4項、及第34條第3項之條款。

第107條

在行使其職權及施行本條約及ESCB規約所賦予之任務及責任時，ECB、各國央行或其決策機構中之成員不得尋求或接受來自共同體機構及團體及各會員國政府乃至其他任何組織之指示。共同體機構、團體及各會員國政府有義務尊重此原則，不得企圖影響ECB之決策機構或各國央行之成員執行其職務。

第108條

會員國應確保最遲於ESCB成立之日前，各會員國之立法，包括其中央銀行規章，應符合本條約及ESCB規約之規定。

第108a條

1. 為執行ESCB賦予之任務，ECB根據本條約之條款及於ESCB規約訂定的條件下：

——為執行ESCB規約第3條第1項第1款、第19條第1項、第22條及第25條第2項規定之職務和本條約第106條第6項部長理事會訂定之法案之必要，制定規則；

——為施行根據本條約及ESCB規約所賦予ESCB之任務之必

要，做成決定；

──做成建議及提出意見。

2.規則具有一般適用性及整體之拘束力，且直接適用於全體會員國。

建議及意見不具拘束力。

決定對其發佈對象具整體之拘束力。

第190條至第192條應適用於經ECB制定之規則與決定。

ECB得決定公開其決定、建議及意見。

3.在部長理事會依第106條第6項規定之程序所設定之條件及範圍內，ECB有權對不遵守其規則及決定之企業課以罰鍰或定期之罰金。

第109條

1.於排除第228條之適用，部長理事會就ECB之建議或執行委員會之建議，經諮詢ECB後努力就穩定物價之目標達成共識，並於諮詢歐洲議會後，依照決定安排事宜之第3項中規定之程序，得以一致決之方式，就歐洲通貨單位對非共同體貨幣之匯兌制度達成正式協議。部長理事會就ECB之建議或執行委員會之建議，努力就穩定物價之目標的共識諮詢ECB後，得以條件多數決制定、調整或廢棄匯兌制度中之歐洲通貨單位的中心匯率。部長理事會主席應將歐洲通貨單位中心匯率之制定、調整或廢棄知會歐洲議會。

2.在缺乏第1項對一種或多種非共同體貨幣的匯兌制度下，理事會就執行委員會之建議經諮詢ECB後，或就ECB建議，得以條件多數決之方式，就此非共同體貨幣之匯兌政策作成一般決策方針，但不得偏離ESCB維持物價穩定之主要目標。

3.於排除第228條之適用，當共同體與一個或多個國家或其他國際組織就貨幣或外匯制度之協議進行談判時，部長理事會就執行委

員會之建議經諮詢ECB後，以條件多數決之方式，決定對此類協議進行協商與締結之安排。此類安排應確保共同體表達單一立場，執委會應充份參與磋商。

依照本項所達成之協議應對ECB、共同體組織及各會員國有拘束力。

4.除第1項之規定外，部長理事會就執行委員會之提案經諮詢ECB後應以條件多數決之方式，決定共同體於國際間就有關經濟暨貨幣聯盟之特別事務上之立場，並根據第103條和第105條權力分派之規定，以一致決之方式決定其代表。

5.會員國於不違反共同體權限及共同體就經濟暨貨幣聯盟做成之協議為前提之下，得與其他組織協商並訂立國際協定。

第三章　組織條款

第109a條

1.ECB的管理委員會由ECB執行董事會之成員及各會員國央行總裁組成。

2.(a)執行董事會由總裁（president）、副總裁（vice-president）及其他四名成員組成。

(b)總裁、副總裁及其他成員，應自貨幣及銀行業中享有聲譽且具專業經驗之人士，於得到各會員國國家元首及政府首長之共同同意後，就部長理事會之建議經諮詢歐洲議會及ECB管理委員會後指派之。

其任期為八年，不得連任。

僅會員國公民得為執行委員會之成員。

第109b條

1.部長理事會主席及執行委員會一名成員得參與ECB管理委員會會議，但無投票權。

部長理事會主席得向ECB之管理委員會提出動議。

2.部長理事會議商討有關ESCB之目標與任務時，ECB總裁應受邀列席參與討論。

3.ECB應就ESCB之活動與前一年及當年之貨幣政策向歐洲議會、部長理事會、執行委員會及歐洲高峰會議提出年度報告書。ECB總裁應向部長理事會及歐洲議會提出報告書，並依是項基礎舉行廣泛討論。

ECB總裁及其他執行董事會成員得應歐洲議會之請求，或由其主動於歐洲議會各相關委員會上陳述意見。

第109c條

1.為促進各會員國對完成內部市場運作政策的協調，設立一具諮詢性質之貨幣委員會（Monetary Committee）。

任務如下：

——隨時審視各會員國及共同體內貨幣、財政情形與會員國一般收支體系（the general payments system）的情況，並定期向部長理事會及執行委員會報告；

——應部長理事會、執行委員會之要求，或主動地提出意見；

——於不違反第151條之前提下，協助部長理事會就第73f條、第73g條、第103條第2、3、4、5項、第103a條、第104a條、第104b條、第104c條、第109e條第2項、第109f條第6項、第109h條、第109i條、第109j條第2項及第109k條第1項規定之準備工作；

——對於因適用本條約及部長理事會採取之措施而引起之資金流動，支付自由之各相關措施，每年應至少審查一次，此審查應包含所有有關資本流動及支付活動之措施，貨幣委員會並應將審查結果向執行委員會及部長理事會報告。

各會員國及執行委員會應各指派兩名貨幣委員會委員。

2.於第3階段開始時，應設立一經濟暨金融委員會（Economic

and Financial Committee），本條第1項規定之貨幣委員會應予解散。

經濟暨金融委員會之任務如下：

——應部長理事會、執行委員會之要求或主動地提出意見；

——隨時審視各會員國及共同體內之經濟、財政情況，並定期向部長理事會及執行委員會提出報告，特別是就與第三國及國際組織間之金融關係；

——於不違反第151條之前提下，協助部長理事會就第73f條、第73g條、第103條第2、3、4、5項、第103a條、第104a條、第104b條、第104c條、第105條第6項、第105a條第2項、第106條第5、6項、第109條、第109h條、第109i條第2、3項、第109k條第2項及第109l項第4、5項規定之準備工作，並執行部長理事會指派之準備任務及其他諮詢事務；

——對於因適用本條約及部長理事會採取之措施而引起之資金流動、支付自由之各相關措施，每年應至少審查一次，此審查應包含所有有關資本流動及支付活動之措施，委員會並應將審查結果向執行委員會及部長理事會報告。

各會員國、執行委員會及ECB應各指派不超過兩名的經濟暨金融委員會委員。

3. 部長理事會就執行委員會之提案經諮詢ECB及本條中所指之委員會後，應以條件多數決之方式制訂有關成立經濟暨金融委員會的詳細條款。部長理事會主席應將該項決定通知歐洲議會。

4. 除了第2項規定之職務外，如果且只要有會員國享有第109k及第109l條之例外情事，經濟暨金融委員會即應隨時對此類會員國之貨幣與金融情況及一般收支體系加以審視，並定期向部長理事會與執行委員會報告。

第109d條

於第103條第4項、第104c條（第14項除外）、第109條、第109j條、第109k條與第109l條第4、5項範圍內之事項，部長理事會或任何會員國得要求執行委員會提出建議或提案，執行委員會應就是項要求加以審查並向部長理事會提出結論而不得延遲。

第四章　過渡條款

第109e條

1.經濟暨貨幣聯盟自1994年1月1日進入第二階段。

2.在此日期前

(a)各會員國應：

——在必要時候，於不違反第73e條之前提下，採取適當之措施以符合第73b條、第104條和第104a(1)條之限制；

——如果需要時，爲達成(b)款做成之評估，採取多年度計劃以確保達成經濟暨貨幣聯盟所需之持久聚合性，特別是就維持物價穩定及健全的公共財政方面；

(b)部長理事會應以執行委員會之報告爲基礎，評估經濟與貨幣整合之進展，特別是就維持物價穩定及健全的公共財政方面，以及評估有關內部市場之共同體法的履行進展。

3.第104條、第104a條第1項、第104b條第1項及第104c條（第1、9、11及14項）之各條款，於第二階段開始時適用之。

第103a條第2項、第104c條第1、9、11項、第105條、第105a條、第107條、第109條、第109a條、第109b條和第109c條第2、4項之各條款，在第三階段開始時適用之。

4.在第二階段中，會員國應致力於避免超額之政府赤字。

5.在第二階段中，各會員國應根據第108條適當地展開引導其中央銀行獨立自主。

第109f條

1.自第二階段開始時，應成立一歐洲貨幣機構（European Monetary Institute，以下簡稱"EMI"）並執行其職務，其應具法人人格並由一委員會（Council）指導管理之。委員會由一總裁及各國央行總裁組成，副總裁應從各國央行總裁中選出。

總裁應視情況就會員國央行總裁委員會（以下簡稱「總裁委員會」（Committee of Governors））或EMI委員會之建議，並經諮詢歐洲議會及部長理事會後，經各會員國元首及政府首長之共同同意任命之。總裁應從貨幣及銀行業中享有聲譽且具專業經驗之人士中遴選之。僅會員國之公民得任EMI之總裁。EMI委員會應指派一副總裁。

EMI規約在本條約附錄議定書中。

總裁委員會應在第二階段開始時予以解散。

2.EMI應：

——加強各會員國央行間之合作；

——為確保物價的穩定，加強各會員國貨幣政策之協調；

——監督歐洲貨幣制度之運作；

——就各國央行權限內及影響金融機構與市場穩定之議題展開諮商；

——接管自此解散之歐洲貨幣合作基金（European Monetary Cooperation Fund）的任務，其解散方式訂定於EMI規約中；

——促進歐洲通貨單位之使用並監督其發展，包括清算制度的順暢運作。

3.於第三階段之準備階段，EMI應：

——準備於第三階段欲實行單一貨幣政策所需之工具及作業程序；

——於必要時，在其職權範圍內，促進管理統計數據的收集編纂與分發之規則與其實務之運作；

——於ESCB的架構內，規劃各國央行運作之規則；

——提昇歐體跨國收支的效率；

——監督歐洲通貨單位之技術準備。

最遲於1996年12月31日以前，EMI應爲ESCB在執行其第三階段任務上，提出一套必要的規範性、組織性及數據上的框架，並提交ECB於其成立之日做成決定。

4. EMI得以其委員會的⅔多數決之方式決定：

——對貨幣政策及匯率政策的全盤方針以及各會員國所採行之相關措施之意見或建議；

——向各會員國政府及部長理事會，就可能影響共同體之內、外部金融情況的政策，特別是就歐洲貨幣制度的功能提交意見或建議；

——向各會員國的金融當局就其所指導之貨幣政策提出建議。

5. EMI得以一致決之方式決定公開其意見及建議。

6. EMI於職權範圍內，就任何共同體法案之提議，應接受部長理事會之諮詢。

於部長理事會就執行委員會之提案經諮詢歐洲議會和EMI後，以條件多數決之方式所訂之限制與條件下，EMI應於其職權範圍內，就任何立法草案，接受各會員國相關機構之諮詢。

7. 部長理事會得就執行委員會之提案經諮詢歐洲議會及EMI後，以一致決之方式通過賦予EMI就第三階段準備工作之其他任務。

8. 於ECB成立之前，本條約有關ECB的諮詢地位，應指EMI而言。於1994年1月1日以前，本條約有關EMI的諮詢地位應指總裁委員會而言。

9. 在第二階段中，第173條、第175條、第176條、第177條、第180條和第215條指稱之“ECB”應爲EMI。

第109g條

　　歐洲通貨單位貨幣籃中之貨幣單位不得變動之。

　　自第三階段開始，歐洲通貨單位的幣值根據第109l條第4項的規定，固定不得更動之。

第109h條

1. 當一會員國其國際收支因本身收支失衡或所能支配之通貨種類而遭致或可能遭致困境，且此困境特別有可能損及共同市場機能之運作或共同商業政策之逐漸實現時，執行委員會應立即對該會員國之處境、該會員國根據本條約將要或已採取之措施加以調查，表明其建議該會員國應採行之措施。

　　如果一會員國採取之行動以及執行委員會建議之措施，仍不足以克服該會員國遭遇之困境或威脅時，執行委員會於諮詢第109c條所指之委員會後，應向部長理事會建議相互援助及適當的方法。

　　執行委員會應經常將發展情況向部長理事會報告。

2. 部長理事會，經由條件多數決之方式，准許採用相互援助；且應發佈指令或決定，制定相互援助之條件及形式，其方式如下·

(a)於會員國得求助之任何國際組織內採取協調的方法；

(b)當陷入困境之會員國維持或再度採行對第三國數量限制時，為避免貿易扭曲之必要措施；

(c)根據其他會員國之間的協議准許他會員國有限度之貸款。

3. 如果執行委員會建議之相互援助，未獲部長理事會准許或准許之相互援助採取之措施仍為不足，執行委員會授權發生困境之會員國採取保護措施，並由執行委員會決定此類措施之條件及形式。部長理事會得以條件多數決之方式，取消此授權及此類條件及形式。

4. 依照第109k條第6項之規定，本條內容應於第三階段開始時終止適用。

第109i條

1.如果國際收支平衡突然發生危機且第109h條第2項所指之決定未立即採行時，相關會員國爲保全作用得採取必要之保護措施。此類措施須以影響共同市場機能最小且不得超過爲挽救可能出現之突發困難必須之補救方法爲限。

2.最遲於此類保護措施生效之前，應告知執行委員會及其他會員國。執行委員會得依照第109h條之規定，向部長理事會建議批准相互援助。

3.依執行委員會之意見並諮詢第109c條所指之委員會後，部長理事會得以條件多數決之方式，決定該相關會員國應修正、暫停或廢止上述之保護措施。

4.依照第109k條第6項之規定，本條內容應於第三階段開始時終止適用。

第109j條

1.執行委員會與EMI應就會員國對經濟暨貨幣聯盟之實現已完成之進展向部長理事會報告。該報告應包含對各會員國之內國法（包含其中央銀行規約）及本條約之第107條、第108條和ESCB規約間相容性的審查，並應以各會員國就下列標準之實現情況，審查持續一致性之高度進展：

——實現高度的物價穩定；此點可由其通貨膨脹率與三個就物價穩定而言表現最佳之會員國的通貨膨脹率是否相近明顯得知；

——政府財政狀況的維持能力；此點可由其政府沒有第104c條第6項規定之政府超額赤字的預算狀態明顯得知；

——遵守歐洲貨幣制度匯率機能所容許的正常匯率波動的幅度，至少在兩年期間內沒有對其他會員國之貨幣貶值；

——從長期利率水準反映出會員國達成聚合及加入歐洲貨幣制度

之匯率機制之持久性；

本項中之4項標準與其相關預定完成之時間，規定於本條約附錄議定書中。執行委員會與EMI之報告亦應同時考量歐洲通貨單位的發展、市場整合之結果及國際收支平衡的演變，並對單位勞力成本及其他物價指數之演變加以審查。

2. 以此類報告為基礎，部長理事會應就執行委員會建議，以條件多數決之方式，評估：

――每一會員國是否具備實施單一貨幣的必要條件；

――是否大多數會員國具備實施單一貨幣的必要條件，

並將其結果向部長理事會於國家元首或政府首長列席之會議上提出建議。歐洲議會於接受諮詢後，應將其意見向部長理事會於國家元首或政府首長列席之會議上提出。

3. 就第1項中作成之報告及第2項中歐洲議會的意見加以適當考量，部長理事會於國家元首及政府首長列席之會議上，最遲應於1996年12月31日前以條件多數決之方式：

――以第2項中部長理事會所做之建議為基礎，決定多數會員國是否具備實施單一貨幣之必要條件；

――決定共同體是否適合進入經濟貨幣聯盟的第三階段。如果適合：

――訂定第三階段開始的日期。

4. 如果在1997年底前，尚未訂定第三階段的開始日期，則第三階段應自1999年1月1日起開始。在1998年7月1日之前，經重複第1項、第2項之程序，除第2項第2款之例外情形外，就第1項中做成之報告和歐洲議會的意見加以考量後，部長理事會於國家元首及政府首長列席的會議上，以部長理事會於第2項中所提之建議為基礎，以條件多數決之方式加以確認那些會員國具備實施單一貨幣的必要條件。

第109k條

1. 如果日期已根據第109j條第3項之規定訂定，部長理事會應以其在第109j條第2項所提之建議爲基礎，就執行委員會之建議以條件多數決之方式決定有無或哪些會員國應根據本條第3項之規定定義下予以例外。此類會員國於本條約中稱爲「享有例外之會員國」（Member States with a derogation）

   如果部長理事會已根據第109j條第4項之規定，確認出那些會員國已具備實施單一貨幣之必要條件，則不具備此條件之會員國應根據本條第3項之規定予以例外。該會員國於本條約中稱爲「享有例外之會員國」。

2. 每二年至少一次，或應享有例外之會員國之申請，執行委員會與ECB根據第109j條第1項之程序向部長理事會報告。經諮詢歐洲議會並於國家元首、政府首長列席之部長理事會議上討論後，部長理事會就執行委員會之提案以條件多數決之方式，決定哪些享有例外之會員國已具備第109j條第1項規定之標準之必要條件，而終止予以該會員國之例外。

3. 於第1項享有例外之會員國不適用第104c條第9項、第11項、第105條第1、2、3項及第5項、第105a條、第108a條、第109條第109a條第2項第b款之規定。享有例外之會員國及其央行於ESCB中被排除之權利義務於ESCB規約第9章中明定之。

4. 於第105條第1、2、3項、第105a條、第108a條、第109條和第109a條第2項第b款中，「會員國」一語應視爲「不享有例外之會員國」。

5. 第3項中所提及之本條賦予部長理事會之決議權，享有例外之會員國投票權將暫時被中止。在該種情況下，排除第148條及第189a條第1項之適用，條件多數決應指依照第148條第2項，不享有例外之會員國代表的2/3多數表決；一致決應指這些會員國代

表之一致表決。

6.第109h條、第109i條，仍繼續適用於享有例外之會員國。

第109l條

1.根據第109j條第3項之規定決定第三階段開始日期或依情況自 1998年7月1日後：

——部長理事會應採用第106條第6項之規定；

——不享有例外之會員國政府應根據ESCB規約第50條規定之程 序指派ECB執行董事會之總裁、副總裁及其他成員。如果 有會員國享有例外，則ESCB規約第11條第1項規定之執行 董事會成員得予以減少，但不得少於4人。

ESCB及ECB於執行董事會一經指派後即成立，且應就本條約及 ESCB規約規定之運作做準備。其權力之充份運作應自第三階段 首日開始。

2.ECB一經成立，應視其需要接掌EMI之職務。EMI應於ECB成 立後進行清算，其清算方式訂定於EMI規約中。

3.如果有或只要有享有例外之會員國，於不違反本條約第106條第3 項之前提下，ECB規約第45條所指之ECB總理事會（General Council）應組織成ECB之第三決策機構。

4.於第三階段開始時，部長理事會就執行委員會之提案經諮詢 ECB後，經不享有例外之會員國以一致決之方式採行其貨幣之 固定兌換率並依其不可變更之固定匯率兌換成歐洲通貨單位，而 歐洲通貨單位將自成一種貨幣。這項調整本身不更動歐洲通貨單 位的對外價值。部長理事會應根據相同程序採取其他必要措施以 加速使歐洲通貨單位成為這些會員國中之單一貨幣。

5.如果根據第109k條第2項規定之程序決定廢除一項例外，部長理 事會就執行委員會之提案，經諮詢ECB後應由不享有例外之會 員國及該相關國以一致決之方式，決定該國貨幣對歐洲通貨單位

之兌換率，並採取其他必要措施，促成歐洲通貨單位成爲該相關會員國國內之單一貨幣。

第109m條

1. 於第三階段開始之前，各會員國應視其匯率政策爲一共同利益，藉此，會員國應就歐洲貨幣制度（European Monetary System，簡稱「EMS」）及發展歐洲通貨單位合作所獲得之經驗加以考量，並尊重此方面之職權。

2. 自第三階段開始及如果有一會員仍享有例外遭除名時，第1項應仍準用於該會員國的匯率政策。

(26)在第三部第二篇中，第四章的章名由下文替代之：

第七篇　共同商業政策

(27)第111條廢除之。

(28)第113條由下文替代之：

第113條

1. 共同商業政策基於一致原則，特別是就關稅稅率改變、關稅及貿易協定之訂定、自由化措施的一致成就、出口政策及對反傾銷、補貼所採取之貿易保護措施。

2. 執行委員會向部長理事會提出實施前項共同商業政策之提案。

3. 如果需與一個或多個國家及國際組織就協定進行協商時執行委員會應向部長理事會做出建議；部長理事會授權執行委員會展開必要之協商。
執行委員會應與部長理事會指派之一特別委員會協調，且於部長理事會得發佈之指令的架構中，進行此類協商。
第228條的相關條款適用之。

4. 部長理事會於行使本條所賦予之職權時，以條件多數決行之。

(29)第114條廢除之。

(30)第115條由下文替代之：

第115條

爲確保各會員國根據本條約所實行之商業政策的措施不受貿易扭曲
轉向的阻礙，或當此類措施之差異導致一個或多個會員國經濟困難
時，執行委員會應建議彼此間必要之合作方法。否則，執行委員會
得授權會員國採取必要之保護措施，惟對此類保護措施須由其訂定
條件及細節。

於緊急事件時，會員國要求執行委員會授權以採取必要措施，執行
委員會應儘速做成決定；相關會員國應將此類措施通知其他會員
國。執行委員會得於任何時間決定相關會員國應修改或廢除所採取
的措施。

此類措施的選擇，應以擾亂共同市場機能最小者爲優先。

(31)第116條廢除之。

(32)第三部份第三篇之標題以下列標題替代之：

　　　第八篇　社會政策、教育、職業訓練與青年

(33)第118a條第2項之第1款後段由下文替代：

第118a條

　　2.爲助於實現第1項所訂之目標，部長理事會於諮詢經濟暨社會委
　　　員會後，並顧及各會員國之狀況及其通行之技術性法規下，依第
　　　189c條之程序，以最低程度要件制定指令逐步實施。

(34)第123條由下文替代之：

第123條

爲增進內部市場勞工之就業機會，並藉此提昇其生活水準，依照下
列條款，成立歐洲社會基金（European Social Fund）：該基金
之目標包括致力增進勞工就業便利，增加勞工在共同體內地理上與
職業上之流動性，使勞工適應產業與生產體系之變遷，特別是透過
職業訓練與在職訓練之方式。

(35)第125條由下文替代之：

第125條

　　部長理事會於諮詢經濟暨社會委員會後，依照第189c條之程序制定
與歐洲社會基金相關之施行細則。

(36)第126條、第127條與第128條應由下文替代之：

第三章　教育、職業訓練與青年

第126條

1. 共同體藉由鼓勵會員國間相互合作，及於必要時支持與補助其活
動，以助於提昇教育之發展；於同時，共同體應尊重各會員國對
其教學內容、教育體系的組織與其文化及語言上的多樣化之職
權。

2. 共同體行動應致力於：

　　──擴展歐洲層次之教育，尤其是透過教導與傳播各會員國之語
言；

　　──方便學生與教師之交流，尤其是藉由鼓勵文憑及短期進修之
相互承認；

　　──促進教育機構間之合作；

　　──針對各會員國教育體系上的共同問題，擴展資訊與經驗之交
流；

　　──方便擴展青年與社教人士之交流；

　　──鼓勵偏遠地區教育之發展。

3. 共同體及其會員國應與第三國及相關之國際組織，就教育領域建
立合作關係，尤其是歐洲理事會。

4. 為助於實現本條擬訂之目標，部長理事會應：

　　──除了各會員國相關法規上的協調以外，於諮詢經濟暨社會委
員會與區域委員會後，依照第189b條之程序制定獎勵性措
施。

　　──依執行委員會之提案，以條件多數決之方式通過建議。

第127條

1. 共同體應執行職訓政策以支持與補助各會員國的職業訓練活動，同時應完全尊重各會員國對其職訓內容與組織之職權。

2. 共同體行動應致力於：

——協助勞工適應工業變遷，特別是透過職訓與在職訓練的方式；

——為便利勞工進入與重新納入勞工市場，應改善原始職訓並繼續加強之；

——增進職訓機會，並鼓勵師資與受訓者之流動，尤其是青年人的交流；

——激勵教育或職訓機構與公司之間之訓練合作；

——針對各會員國職訓體系上的共同問題，擴展資訊與經驗之交流。

3. 共同體及其會員國應與第三國及相關之國際組織，就職訓領域建立合作關係。

4. 除了各會員國相關法規上的協調以外，部長理事會於諮詢經濟暨社會委員會後，依照第189c條之程序，制定各種措施以易於實現本條擬訂之目標。

⑶⑺插入下條文：

　第九篇　文化

第128條

1. 共同體應協助會員國發展文化，同時尊重會員國的國家與地區之多元性，並引導承繼共同之先民文化。

2. 共同體之活動應致力於鼓勵會員國間相互合作，於必要時針對下列諸領域支持與補助其活動：

——對歐洲文化及民族歷史的認知與傳播之改善；

——保存與保護具歐洲意義的文化遺產；

　　　　——非商業化的文化交流；

　　　　——藝術與文學的創作，包括現代視聽部份；

　3.共同體及其會員國應與第三國及相關之國際組織，就文化領域建立合作關係，特別是歐洲理事會。

　4.共同體於本條約其他條款中，應將文化方面納入考量。

　5.為助於實現本條擬訂之目標，部長理事會應：

　　　　——除了會員國相關法規上的協調以外，於諮詢區域委員會後，依照第189b條之程序，制定獎勵性措施。第189b條規定之程序，部長理事會以一致決之方式行之。

　　　　——就執行委員會之提案，以一致決之方式通過建議。

⑻第四篇、第五篇、第六篇與第七篇以下文替代：

　　第十篇　公共衛生

第129條

　1.共同體藉鼓勵加強會員國間之合作，及於必要時支持其活動，以協助確保人類高品質之健康。

　　共同體之行動應藉由加強研究其病因及傳染媒介與有關健康之資訊與教育，以預防疾疫，特別是針對禍患包括毒物癖引發之重大疾病傳染。

　　保護健康的必要條件應列入共同體其他政策中的一部分。

　2.會員國與執行委員會應彼此聯繫，就第1項訂定之有關保健政策與計劃加以協調；執行委員會與會員國密切接觸後，得採取任何有效之動議（initiative）以促進此等協調。

　3.共同體及其會員國應與第三國及相關之國際組織，就公共健康領域建立合作關係。

　4.為助於實現本條訂定之目標，部長理事會應：

　　　　——除了各會員國相關法規上的協調之外，於諮詢經濟暨社會委員會與區域委員會後，依照第189b條之程序應制定獎勵性

措施；

——就執行委員會之提案，以條件多數決之方式通過建議。

第十一篇　消費者保護政策

第129a條

1.共同體應透過以下措施，致力於達成高度保護消費者之目標：

(a)在實現內部市場的範圍內，依第100a條之規定，採行相關措施；

(b)對會員國內有關保護消費者健康、安全及經濟利益，以及提供消費者適當資訊的政策，共同體以特別行動加以支持補助之。

2.部長理事會於諮詢經濟暨社會委員會後，依照第189b條之程序，制定第1項第(b)款規定之特別行動。

3.依第2項規定訂定之行動，不得妨礙任何會員國維持或建立其他更有效的保護措施；但此措施必須與本條約相容，並須知會執行委員會。

第十二篇　跨歐網路

第129b條

1.為協助實現第7a條與第130a條訂定之目標，並使歐洲聯盟之公民、經濟操作者（economic operators）與區域性及地方性團體於此一無內部疆界之區域中獲得充分利益，共同體應致力於建立與發展運輸、電信與能源基本設備等方面的跨歐網路。

2.於一開放與競爭之市場體系架構內，共同體之行動應致力於提昇國家間的網路內部連結與運作，及進入該網路之機會。共同體尤應將島嶼、內陸及周邊偏遠地區與其中心地區間之連結需要納入考量。

第129c條

1.為實現第129b條擬訂之目標，共同體：

——應針對跨歐網路之領域，建立一系列指導方針，其中必須涵

蓋目標、優先順序與行動大綱；再者，這些指導方針應為基於共同利益訂定之計劃；

——應採取任何有助確保跨歐網路運作的必要行動，特別是有關技術規格標準化的方面；

——得以財務支援各會員國根據第一點擬定之指導方針下為資助共同利益計劃所做之財政努力，特別是透過適當之審查、保證貸款或利率補貼之方式；共同體亦可經由依據第130d條最遲於1993年12月31日前成立之整合基金資助各會員國於運輸結構領域中之特別計劃。

共同體之活動應將計劃的潛在經濟可行性列入考量。

2. 會員國應與執行委員會相互聯繫，就可能對第129b條訂定目標之實現有重大影響之國家層次政策進行協調。執行委員會與會員國密切合作，並得採取任何有效之創舉以促進此等協調。

3. 共同體可決定與第三國互相合作，以促進其共同利益計畫之進行，並確保網路之運作。

第129d條

部長理事會於諮詢經濟暨社會委員會與區域委員會後，依照第189b條之程序，制定第129c條第1項訂定之指導方針。

如果基於共同利益訂定之指導方針與計劃牽涉到會員國之領土問題，需取得相關會員國家之認可。

部長理事會於諮詢經濟暨社會委員會與區域委員會後，依照第189c條之程序，就第129c條第1項之規定，制定其他相關措施。

第十三篇　工業

第130條

1. 共同體及其會員國應確保共同體之工業保持自由競爭之狀況。為實現建立一個開放與競爭的市場之目標，共同體行動應致力於：

——加速工業結構性轉變之調整；

　　——鼓勵形成共同體內之企業創設與發展之有利環境，特別是中
　　小企業；

　　——鼓勵形成企業彼此間相互合作之有利環境；

　　——促進革新、研究與技術發展之工業潛能政策的有利開發。

2.會員國與執行委員會應彼此聯繫，相互諮詢，於必要時協調其行
　動。執委會並得採取任何有效之動議以促進此等協調。

3.共同體應透過符合本條約其他條款之政策與活動，協助實現上述
　第1項訂定目標。部長理事會就執行委員會之提案，於諮詢歐洲
　議會與經濟暨社會委員會後，得以一致決之方式，決定採行特別
　措施以支持會員國實現第1項訂定之目標。

　　本篇不得作為共同體引入任何可能導致扭曲競爭的措施之基礎。

第十四篇　經濟與社會之結合

第130a條

　　為促進其全面和諧發展，共同體應展開及從事能強化其經濟與社會
整合的行動。

　　共同體尤應致力於降低大多數之區域與最貧瘠落後之地區，包括鄉
村地區間，於發展程度上之懸殊差異。

第130b條

　　會員國應制定其經濟政策，此外，並以達到第130a條訂定之目標
為目的，協調其經濟政策。共同體的政策與行動之形成與實施，以
及內部市場的實現皆應考慮第130a條所訂定之目標並戮力實現。

　　共同體亦應運用各組織基金（包括歐洲農業輔導與保證基金（European Agriculture Guidance and Guarantee Fund）——輔導
部門（Guidgnce　Section）；歐洲社會基金；歐洲區域發展基金
（European Regional Development Fund）、歐洲投資銀行與
其他現有的金融體系，資助其達成此等目標。

　　執行委員會必須每三年針對經濟與社會整合的進度，與本條提出之

各類方法的實現施行概況，對歐洲議會、部長理事會、經濟暨社會委員會與區域委員會提出報告。必要時本報告亦得提出適當的提案。

如果有必要基金外之特殊行動，於不違反共同體其他政策架構內所訂之措施下，得由部長理事會依執行委員會之提案，於諮詢歐洲議會、經濟暨社會委員會與區域委員會後，以一致決之方式制定之。

第130c條

歐洲區域發展基金係藉由參與落後地區的發展與結構調整，及沒落工業區（declining industrial regions）之回復轉型之方法，以協助匡正共同體內主要的區域失衡狀況。

第130d條

於不違反第130e條之規定的前提下，部長理事會對執行委員會之提案，經歐洲議會之同意，於諮詢經濟暨社會委員會與區域委員會後，以一致決之方式，明確定義各組織基金之任務、目標之優先順序與基金之結構組織，包括分配該組織基金。部長理事會亦應經由同一程序制定基金之一般適用規則、確保基金效力之必要條款、各基金彼此之間，以及基金與其他現存金融體系間的協調事項。部長理事會應經由同一程序，於1993年12月31日以前，設立一整合基金（Cohesion Fund），以針對有關環境及運輸基本設施計劃中之跨歐網路計劃提供財政援助。

第130e條

部長理事會應依第189c條之程序，於諮詢經濟暨社會委員會與區域委員會後，制定與歐洲區域發展基金相關之施行細則。

歐洲農業輔導與保證基金──輔導部門，與歐洲社會基金，得分別繼續適用第143條與第125條之規定。

第十五篇　研究與技術發展

第130f條

1. 共同體應以強化其工業之科技基礎，鼓勵使其在國際市場上更具競爭力為其目標，同時應促進依本條約其他章節之規定視為必要之研究活動。

2. 為達成前項目標，共同體應鼓勵共同體內之企業，包括中小企業、研究中心與各大學，從事高品質之研究與技術發展活動；並應支援其彼此間合作之努力，特別是透過開放會員國公共市場、訂定共同標準、消除法律與財政障礙，俾使各企業能完全開發內部市場之潛力。

3. 依本條約共同體有關研究及技術發展方面之活動，包括展示計劃，皆需依本篇之條款決定並實行之。

第130g條

為實現上述目標，共同體應採取下列措施以補足會員國採行之活動：

(a)促進與各企業、研究中心與大學間及其彼此間之合作，以實施研究、技術發展與展示計劃；

(b)促進與第三國及國際組織間，就共同體研究、技術發展與展示等方面之合作；

(c)傳播並充分運用共同體在研究、技術發展與展示等方面之活動成果；

(d)激勵共同體內研究人員之培訓與流動。

第130h條

1. 共同體及其會員國應協調彼此之研究與技術發展活動，以確保國家政策與共同體政策能相互配合。

2. 執行委員會在與會員國之密切合作下，得採取任何有效之動議以促進前項所指之協調。

第130i條

1. 部長理事會依第189b條之程序，於諮詢經濟暨社會委員會之意

見後，制定涵蓋共同體活動之多年度體制計劃。第189b條所規定之程序，部長理事會以一致決之方式行之。

此體制計劃內容應包括：

——建立第130g條規定之活動所欲達成之科技目標，並訂定適當之優先順序；

——訂定此等活動之大綱；

——於體制計劃中訂定共同體財政參與之最高總額與細部規則，以及每項活動金額的分配。

2. 體制計劃得依情況變遷加以調整與補助。

3. 體制計劃應藉每項活動發展出之特定計劃實行之；每項特定計劃應訂定其細部規則期限並提供必要之手段。特定計劃之必要支出金額，不得超過體制計劃及其每項活動的最高支出總額。

4. 部長理事會依執行委員會之提案，於諮詢歐洲議會與經濟暨社會委員會後，以條件多數決之方式制定該特定計劃。

第130j條

為實現多年度體制計劃，部長理事會應：

——制定各企業、研究中心與大學之參與規則；

——制定傳播研究成果之管理規則。

第130k條

實施多年度體制計劃時，其補充計劃得僅於一些會員國之參與並提供資金之情況下決定之；但以共同體可能參與出資為條件。

理事會應制定補充計劃之適用規則，特別是關於對其他會員國傳播訊息以及提供管道。

第130l條

實現多年度體制計劃時，共同體得在相關會員國的同意下，制定條款參與由數個會員國所推動之研發計劃，包括參與執行該計劃之組織體制。

第130m條

實行多年度體制計劃時，共同體得制定條款與第三國及國際組織就共同體研究、技術發展與展示之合作。

合作之形式，得為共同體與相關第三團體間之協議主題，依第228條之規定，進行協商與締結。

第130n條

共同體得成立聯合企業或任何其他必要組織，以有效執行共同體的研究、技術發展與展示之計劃。

第130o條

部長理事會依執行委員會之提案，於諮詢歐洲議會與經濟暨社會委員會後，以一致決之方式，制定第130n條規定之條款。

部長理事會於諮詢經濟暨社會委員會之意見後，依照第189c條之程序，制定第130j條至第130l條規定之條款。補充計劃之制定須獲得相關會員國的同意。

第130p條

執行委員會應於每年年初對歐洲議會與部長理事會提出報告；報告內容應涵蓋前一年度之研究與技術發展活動及成果的傳播等資訊，與現年度之工作計劃。

第十六篇　環境

第130r條

1.共同體環境政策應致力於達成下列目標：

——保存、保護與改善環境品質；

——保護人類健康；

——謹慎及合理地使用自然資源；

——將處理區域性或世界性環境問題之措施提昇到國際層次。

2.共同體環境政策之目標在於達到高層次的環保，惟須考量共同體內不同地區的多樣性情況。環境政策應以採取預警及預防措施、

環境破壞應先矯正其根源與污染者付費等原則為其基礎。環境保護的要求事項必須納入共同體其他政策的定義與實施中。

於本文中，符合環保需求的協調措施包括允許會員國在適當時機，基於非經濟性的環境因素，於共同體的監督程序下，採行暫時性措施的防衛條款。

3. 共同體制定環境政策時，應將下列因素納入考量：

　　——科技資料的獲得；

　　——共同體內不同地區的環境狀況；

　　——作為或不作為可能產生的利益及損失；

　　——共同體經濟與社會的整體發展及其區域間的均衡發展。

4. 共同體及其會員國於其各自權限範圍內應與第三國及相關之國際組織合作。共同體之合作形式得為共同體與相關第三者間協議之主題，依第228條規定進行協商與締結。

前段規定應不損及各會員國於國際組織內進行協商及締結國際協定之權限。

第130s條

1. 為實現第130r條訂定之目標，部長理事會於諮詢經濟暨社會委員會之意見後，依照第189c條之程序，決定共同體應採行之行動。

2. 於排除第1項的決定程序，且不違反第100a條規定的前提下，部長理事會依執行委員會之提案，於諮詢歐洲議會與經濟暨社會委員會後，以一致決之方式制定：

　　——以財政本質為考量之條款；

　　——有關城鄉計劃、廢物處理及一般性措施以外之土地利用與水資源管理相關的辦法；

　　——實質影響會員國對不同能源來源的選擇，及其供應能源之一般組織的相關辦法。

依上述規定之條件，部長理事會得確定本項中以條件多數決之方

式決定的各事項。

3.在其他方面，部長理事會得依第189b條之程序，於諮詢經濟暨
社會委員會後，制定排定實現目標優先順序之一般行動計劃。
為實行上述計劃，部長理事會得針對個案，依第1、2項之規定採
行相關措施。

4.於不違反共同體本質之措施下，會員國確保其環境政策之經費與
執行。

5.於不違反污染者付費的原則下，部長理事會依第1項之規定訂定
相關措施，其花費被視為與一會員國當局不成比例時，部長理事
會以下列形式制定適當條款：

——暫時排除適用，及/或

——根據第130d條規定，由整合基金給予財政援助，該整合基
金依規定最遲於1993年12月31日以前成立。

第130t條

依第130s條之規定採行之保護措施不得妨礙任何會員國維持或建立
更嚴格之保護措施；但此等措施必須與本條約相容，並須知會執行
委員會。

第十七篇　合作發展

第130u條

1.共同體於合作發展領域上之政策應和會員國所追求之政策互補，
應致力於：

——開發中國家的經濟自立與社會發展，尤其是其中處境最差
者；

——開發中國家能順利並持續地整合進入世界經濟；

——對抗開發中國家之貧窮。

2.於本領域內之共同體政策應促成民主與法治的發展和鞏固及尊重
人權和基本自由。

3.共同體及其會員國應依此承諾行事，並就其於聯合國和其他相關
國際組織中已批准之條款的目標加以考量。

第130v條

共同體應於其政策中將第130u條規定之目標納入考量，因該條之
執行可能對開發中國家造成影響。

第130w條

1.於不違反本條約其他條款之前提下，部長理事會應依據第189c條
規定之程序採行為進一步完成第130u條之目標所需之相關措
施。此措施得以多年度之計劃為之。

2.歐洲投資銀行於其規約所訂定之條件下，應就前項措施之執行予
以贊助。

3.本條款中之規定不應影響其與在ACP—EEC公約架構下之非
洲、加勒比海和太平洋國家間的合作。

第130x條

1.共同體與其會員國應協調其合作發展政策，並就彼此之援助計
劃，包括於國際組織中及國際會議中，相互諮詢之。其得採取聯
合行動。必要時，會員國應資助共同體援助計劃的實施。

2.執行委員會得採取任何有效之動議以促進前項所規定之協調。

第130y條

共同體和各會員國在其各自之權限範圍內與第三國及相關之國際組
織合作。與共同體協調合作之安排事宜得為共同體與相關第三者間
協議之主題，其協商與締結應符合第228條之規定。

前項規定應不損及各會員國於國際團體中協商並達成國際協議之權
限。

E──第五部「共同體的機構」

㊴第137條應由下文替代之：

第137條

歐洲議會由各會員國人民代表於共同體內組成之，應行使本條約所賦予之職權。

(40)第138條第3項由下文替代之：

第138條第3項

歐洲議會擬定直接普選之選舉草案使全體會員國的程序統一。

部長理事會於獲得歐洲議會以其成員之多數決同意後，以一致決之方式制定適當之條款，並將此條款推薦至各會員國於其符合各自之憲法要件下採納之。

(41)插入下條文

第138a條

於歐洲層次之政黨對於聯盟內之整合為一重要要素。其有助於歐洲意識的形成並表達聯盟公民政治上之意願。

第138b條

就本條約規定之範圍內，歐洲議會依第189b條和第189c條規定程序之職權，以及其同意權或諮詢權之行使而參與制訂共同體法之程序。

歐洲議會於其多數成員通過下，可要求執行委員會提出其認為為履行本條約之目的而須制定之共同體法案相關事項之適當提案。

第138c條

於其職責範圍內，歐洲議會於其四分之一成員之要求下，可設立一暫時性之調查委員會（Committee of Inquiry），於不損及由本條約所賦與其他機構或團體之職權下，調查在執行共同體法時是否有抵觸或不當行政（maladministration）之情形，除非該描述事實已由法院審理當中且該案正於訴訟程序進行中。

此一暫時性之調查委員會應於其提出調查報告後解散之。

有關調查權行使之細部條款應由歐洲議會，部長理事會和執行委員會共同同意後決定之。

第138d條

聯盟之公民，及任何居住於一會員國國內或已於一會員國國內有法定住所之自然人或法人，在發生於共同體之活動範圍內對其造成直接影響之相關事項上，有權以個人名義或聯合其他公民或個人向歐洲議會提出請願。

第138e條

1. 歐洲議會應指派一行政監察使（an Ombudsman）並授權其接受來自聯盟之公民及任何居住於一會員國內或於一會員國國內有法定住所（registered office）之自然人或法人，對於共同體機構或團體執行職務時之不當行政之申訴，惟其不得影響歐洲法院與第一審法院（Court of First Instance）執行其司法管轄權。依其職責，行政監察使於其認為有理由時，應主動或經由申訴人或交由歐洲議會之一成員向其提出申訴時展開調查，除非該指稱事項正於訴訟程序進行中或已終結其訴訟程序。當行政監察使發現有不當行政之處，應將該事項通知該相關機構，而該機構應於三個月內向行政監察使提出其意見。行政監察使則應向歐洲議會及該相關機構提交一份報告，並應將此調查結果通知該案之申訴人。

行政監察使就其調查結果應向歐洲議會提交一份年度報告。

2. 行政監察使應於每一次歐洲議會選舉後指派之，其任期與歐洲議會相同，行政監察使有接受重新任命之資格。

如行政監察使無法履行其職務所要求之義務或犯重大罪行時，得經由歐洲議會之要求由歐洲法院解職之。

3. 行政監察使應完全獨立行使其職權。於執行其職務時，其不得尋求或接受來自任何團體的指示。行政監察使於其任期內，不得擔任其他有給或無給之職務。

4. 歐洲議會於徵詢執行委員會之意見並經部長理事會以條件多數決

同意後，制定行政監察使行使其職務時之規則及一般條件。

⑷第144條第2項應由下文補充之：

於此情形，受指派接替其職務之執行委員會委員之任期，應於執行
委員會全體依規定總辭之委員任期屆滿後到期。

⑷插入下條文

第146條

部長理事會應由各會員國部長級之代表組成，有權代表該會員國之
政府。

主席的職務應以六個月一期由部長理事會中之每一會員國依下列順
序輪流擔任。

——第一次之六年循環：比利時、丹麥、德國、希臘、西班牙、法
國、愛爾蘭、義大利、盧森堡、荷蘭、葡萄牙、英國；

——第二次之六年循環：丹麥、比利時、希臘、德國、法國、西班
牙、義大利、愛爾蘭、荷蘭、盧森堡、英國、葡萄牙。'

⑷插入下條文

第147條

主席依其主動或於其他任一會員或執行委員會之要求下，應召開部
長理事會。

⑷第149條廢除之。

⑷插入下條文

第151條

1.由會員國常駐代表（Permanent Representatives）所組成之委
員會，應負責部長理事會之準備工作，並執行部長理事會分派之
任務。

2.部長理事會由秘書長（Secretary-General）職掌之總秘書處
（General Secretariat）協助之。秘書長應經由部長理事會以一
致決之方式任命之。

部長理事會決定總秘書處之組織。

3.部長理事會制定其內部規則。

⑷插入下條文

第154條

部長理事會以條件多數決決定執行委員會之主席及委員、歐洲法院之主席、法官、輔佐法官（Advocates-General）、及書記官（Registrar）之薪資、津貼與退休金。部長理事會並應經由同樣條件多數決之方式決定任何報酬之津貼。

⑷插入下條文

第156條

至遲於歐洲議會會期開始前之一個月，執行委員會應就共同體之活動發表一年度綜合報告。

第157條

1.執行委員會由17個委員組成，委員應由具備一般能力之公正人士中選出。

執行委員會之委員名額，得經由部長理事會以一致決之方式更改之。

僅會員國之國民得為執行委員會之委員。

執行委員會至少包含每一會員國之一位國民，但同一國籍之會員國國民不得超過二位。

2.執行委員會之委員應基於共同體之整體利益，完全獨立行使其職務。

於執行其職務時，執行委員會之委員不得尋求或接受來自任何政府或其他團體之指示。其應避免採取任何與其職務不相容之行動。各會員國應尊重此原則，並不得企圖影響執行委員會委員執行其職務。

執行委員會之委員，於其任期內不得從事其他有償或無償之職

業。委員於就任時，應承諾其於任期內或任期屆滿後，將尊重因
其職務而產生之義務，特別是於其卸任後，對於其他之職務或利
益，應以正直且謹慎之態度接受之。如有違反此義務之情事，歐
洲法院經部長理事會或執行委員會之請求，得根據情況，或按第
160條之規定強制該委員辭職，或剝奪其退休金或其他利益之權
利。

第158條

1.執行委員會的委員應依照第2項之程序任命之，除有第144條規定
之情形外，其任期爲五年。

委員得連任之。

2.會員國之政府經諮詢歐洲議會後，應依共同同意提名其欲任命之
人爲執行委員會主席。

會員國政府與被提名之主席諮商後提名其欲任命之人爲執行委員
會之委員。

經上述程序被提名之執行委員會主席與委員應全體經歐洲議會投
票同意之。經歐洲議會同意後，執行委員會之主席與委員應由各
會員國之政府之共同同意任命之。

3.第1項、第2項首次適用於其任期始於1995年1月7日之執行委員會
主席與委員上。

任期始於1993年1月7日之執行委員會主席與其他委員，則應依會
員國政府共同同意任命之。其任期終於1995年1月6日。

第159條

除正常之替換或死亡外，執行委員會委員之職務，於其自願或強制
辭職時終止。

由此所生之缺額，委員任期尙未屆滿之部份應由會員國政府經共同
同意任命一新委員遞補之。部長理事會以一致決之方式，得決定此
項缺額無需遞補。

如有主席辭職、強制辭職或死亡等情況，於其任期尚未屆滿之部分應遞補之。第158條第2項規定之程序應適用於主席之遞補。

除第160條規定之強制辭職外，執行委員會之委員於其更換前應留任之。

第160條

如執行委員會之任一委員無法履行其職務所要求之義務，或犯重大罪行時，歐洲法院得依據部長理事會或執行委員會之請求，強迫其辭職。

第161條

執行委員會得自委員中指派一或二位副主席。

第162條

1. 部長理事會和執行委員會相互諮商並依共同同意決定彼等之合作方法。

2. 執行委員會制定其內部規則，以確保其本身與其各部門得依照本條約之條款運作。執行委員會負責公佈此規則。

第163條

執行委員會依照第157條規定之委員人數之多數決行之。

執行委員會之會議，唯有當委員會之內部規則所規定之委員人數出席時始屬有效。

(49)第165條由下文替代之：

第165條

歐洲法院由法官13人組成之。

歐洲法院全會由全體法官出席之。惟其得由3到5位法官組成法庭，根據依其目的所制定之法律，進行預審或就特殊類型之案件予以裁判。

當會員國或一共同體機構為訴訟程序之一造而提出請求時，歐洲法院應全體開庭審理之。

如經歐洲法院要求，部長理事會得以一致決之方式，增加法官人數，並就本條第2、第3項以及第167條第2項作必要之修正。

(50)第168條應由下文替代之：

第168a條

1.第一審法院隸屬於歐洲法院，審理第一審案件，惟對其第一審判決法律適用上的錯誤依其規章，或依第2項規定之要件，得上訴歐洲法院。第一審法院無第177條規定之先前裁決權。

2.經歐洲法院請求，於諮詢歐洲議會及執行委員會後，部長理事會以一致決之方式決定前項所指之案件種類或訴訟程序及第一審法院之組織，並採取適用歐洲法院規章之必要調整補充條款。除部長理事會另有規定外，本條約中有關歐洲法院之相關條款，特別是歐洲法院規章議定書之規定，均應適用於第一審法院。

3.第一審法院之成員應自具備擔任司法職務之專業素養之獨立公正人士中挑選之，經會員國政府共同同意後任命之，任期六年。每三年其成員應部分更新。卸任之成員有接受重新任命之資格。

4.第一審法院應與歐洲法院協議訂定其程序規則，此規則經部長理事會以一致決之方式同意之。

(51)第171條由下文替代之：

第171條

1.如歐洲法院認定某一會員國沒有履行本條約規定之義務時，該會員國應依照歐洲法院之判決，採取必須措施。

如執行委員會認為該會員國並未採取前項措施，執行委員會應於給予其陳明意見之機會後，針對該會員國提出一未執行歐洲法院判決之附理由意見書。

如該會員國於執行委員會規定之期限內，未依照歐洲法院之判決採取必要之措施，執行委員會得就此訴之於歐洲法院，並依情形請求課以該會員國總數金額（lump sum）或罰金。

如歐洲法院認定該會員國未執行其判決，可課以該會員國總數金額或罰金。

本程序以不違反第170條爲前提。

(52)第172條由下文替代之：

第172條

依本條約之規定由歐洲議會和部長理事會共同制定及由部長理事會制定之規則，就該規則所規定之罰金得交由歐洲法院全權管轄之。

(53)第173條由下文替代之：

第173條

歐洲法院審查除建議和意見以外之下列法案之合法性：由歐洲議會與部長理事會共同制定之法令、部長理事會之法令、執行委員會及歐洲中央銀行之法令、以及由歐洲議會制定對第三者產生法律效力之法令。

爲此目的，歐洲法院對任一會員國、部長理事會或執行委員會，基於無權管轄、違反基本程序要件、違反本條約或與適用本條約相關之任何規定，或濫用權力爲由所提起之訴訟，應有管轄權。

法院於相同之要件下，就由歐洲議會和ECB爲保護其特權所提起之訴訟應有管轄權。

任何自然人或法人，於相同之要件，對直接下達於其之決定，或雖係以規則或爲下達於第三人之決定，但與其有直接、間接之關係者，均得於法院提起訴訟。

本條所規定之訴訟，應於法令公佈或通知送達原告之日起兩個月內提出，如無法送達原告，則視情況，於原告知悉之日起兩個月內提出之。

(54)第175條由下條文替代之：

第175條

如歐洲議會，部長理事會或執行委員會未能採取行動，因而侵害本

條約時，各會員國及共同體其他之機構得向歐洲法院提起訴訟確認
此項侵害。

前項訴訟應僅限於該相關機構已於先前被要求作爲時才得受理。如
於經要求後之兩個月內，該相關機構未作任何表示，則得在重新起
算兩個月內提出該訴訟。

任何自然人或法人，於上述各項規定之條件下，就共同體之任一機
構未向其告知除建議或意見外之作爲時，得向法院提出申訴。

歐洲法院於相同之條件下，對於ECB於其權限範圍內所提出之訴
訟及向ECB提出之訴訟有管轄權。

⑸第176條應由下條文替代之：

第176條

某一或數個機構之行爲被宣告無效或由於未能作爲而被宣告違背本
條約規定者，均應依照法院之判決採取必需措施。

此項義務不應影響因適用第215條第2項之規定所產生之任何義務。

本條亦適用於ECB。

⑹第177條由下條文替代之：

第177條

歐洲法院就下列各事項有作初步裁決之管轄權：

(a)本條約之解釋；

(b)共同體和ECB各機構法規（acts）之效力及其解釋；

(c)依部長理事會法令設立之任何團體所制定法規之解釋，如果該相
關法規如此規定者。

如果以上任何事項發生於某一會員國之法院或法庭，此等法院或
法庭如認爲其本身所作之判決有賴於對此判決之初步裁決時，得
請求歐洲法院對此作一裁決。

如果以上任何事項，於一會員國之法院或法庭繫屬中之案件中出
現時，而依據該會員國之國內法，該案件之判決已無其他司法救

濟途徑時，該法院或法庭應將本案移送至歐洲法院。

(57)第180條由下文替代之：

第180條

歐洲法院於下列之範圍內之爭議有管轄權：

(a)關於各會員國履行歐洲投資銀行規約所規定之義務。歐洲投資銀行董事會（Board of Directors of the Bank）應於此方面享有第169條所賦予執行委員會之權力；

(b)關於歐洲投資銀行理事會（Board of Governors of the European Investment Bank）所採取之措施。任何會員國於此方面，部長理事會或歐洲投資銀行董事會，得在第173條所規定之情況下，就此事項提起訴訟；

(c)關於歐洲投資銀行董事會所採取之措施。就此措施所提起之訴訟，僅得由各會員國或執行委員會依第173條規定之條件下提出，且僅限於違反歐洲投資銀行規約第21條第2項和第5、6、7項規定之程序爲理由；

(d)關於本條約和ESCB規約下各會員國中央銀行所應履行之義務。關於此方面ECB理事會對於會員國中央銀行之權力應與執行委員會對於會員國由條約第169條賦予之權力相同。如果歐洲法院發現某會員國中央銀行未能履行本條約所規定之義務，得要求該央行依照歐洲法院之判決採取必需措施。

(58)第184條由下文替代之：

第184條

歐洲議會和部長理事會共同制定之規則，或部長理事會、執行委員會、或ECB之規則爲系爭點時，任何相關當事人，即使於第173條第5項規定之期間終止後，仍得引用第173條第2項所列之理由，向法院請求不適用該規則。

(59)插入下節

第五節　審計院

第188a條

審計院（Court of Auditors）執行審計權。

第188b條

1. 審計院由12位委員組成之。

2. 審計院委員應自目前或曾經隸屬其各別會員國外部獨立之審計團體之人民，或適合擔任此職務之人員中選任之。委員之獨立性應無庸置疑。

3. 審計院委員由部長理事會經諮詢歐洲議會後以一致決之方式任命之，其任期爲六年。

   然而，於第一次任命後，審計院中依抽籤選出之四名委員應僅有四年之任期。

   審計院委員有接受重新任命之資格。

   其應自全體委員中選出審計院之主席，任期爲三年，連選得連任之。

4. 審計院委員就共同體之整體利益，應完全獨立行使其職權。於執行職務時，其不應尋求或接受來自任何政府或其他團體之指示。

   其應避免採取任何與其職務不相容之行爲。

5. 審計院委員於其任期內，不得擔任其他有給或無給之職務。委員於就任時，應承諾於其任期內或任期屆滿後，將尊重因其職務而產生義務，特別是於其卸任後，對於其他之職務或利益，應以正直且謹愼的態度接受之。

6. 除正常之替換及死亡外，審計院委員之職務，於其自願辭職或由歐洲法院依第7項規定裁決命其強制辭職時終止。

   由此所生之缺額，其任期尚未屆滿部份應遞補之。

   除強制辭職外，審計院之委員應繼續任職至其職務被替換時爲止。

7.唯有當歐洲法院經審計院之要求，發現委員已未能具備必要條件或無法盡其職責所生之義務時，始得剝奪審計院委員之職務、退休金或其他替代之權利金。

8.部長理事會以條件多數決之方式決定審計院委員及主席之任用條件，尤其有關其薪俸，津貼及退休金。其亦以同樣之條件多數決定任何代替報酬之給付。

9.於「歐洲共同體特權與豁免議定書」（Protocol on the Privileges and Immunities of the Communities）中適用於歐洲法院法官之條款亦適用於審計院之委員。

第188c條

1.審計院審查所有共同體之收入與支出帳目。審計院亦審查所有由共同體所設立團體之收入與支出帳目，除非該有關機構創立文件排除其審查。

審計院提供歐洲議會和部長理事會一份聲明，保證其審核帳目之可靠性及於帳目下業務之合法性與規律性。

2.審計院審查是否所有之收入均已入帳，所有之開支是否以合法且正常之方式支出，以及財務管理是否健全。

收入之審計以應給付之數額（amounts established as due）與實際給付予共同體之金額兩者為基礎執行之。

支出之審計以應支付之數額（commitments undertaken）與實際支付之數額（payments made）兩者為基礎執行之。

此等審計得於當年之會計年度結束前完成。

3.審查以書面記錄為根據，必要時於共同體其他機構和會員國中當場執行之。於會員國中，該項審計應與各國之審計團體，或若該團體不具必要權限時與各國之相關部門連絡以完成之。該團體或部門應通知審計院其是否意欲參與審計之工作。

共同體之其他機構和各國審計團體，或若該等團體不具權限時，

各國之相關部門應依審計院之要求轉呈任何必要之文件或資料以供其執行其職務。

4. 審計院於每一會計年度結束後擬出一份年度報告。該報告送交其他共同體機構，並與該機構就審計院之觀察回覆之評論共同刊出於歐洲共同體官方公報（the Official Journal of the European Communities）。

審計院亦可隨時就特定問題提出其觀察報告，特別是以特別報告之形式提出，並應其他共同體機構之要求提出其意見。

審計院之年度報告、特別報告或意見，由其成員以多數決制定之。

審計院協助歐洲議會和部長理事會運作有關預算執行之控制權。

⑹0第189條由下文替代之：

第189條

為執行其職務並依照本條約之規定，歐洲議會聯合部長理事會、部長理事會和執行委員會，制定規則並頒佈指令，做出決定，提出建議或送達意見。

規則具有一般適用性，其整體均具有約束力並直接適用於各會員國。

指令對其下達之會員國，就其要求完成之目的具有拘束力，但將其完成之形式和方法之選擇交由相關會員國當局決定。

決定對其下達者有整體之約束力。

建議和意見不具約束力。

⑹1插入下條文

第189a條

1. 依據本條約之規定，部長理事會就執行委員會之提案，除第189b條第4項和第5項另有規定之外，只能以一致決之方式才可對該提案制定修正案。

2.只要部長理事會尚未表決，執行委員會於其提案在被制定爲共同
體法案之過程中隨時得變更之。

第189b條

1.依據本條援用本條款制定法規時，應適用下列之程序。

2.執行委員會向歐洲議會和部長理事會提出法案。

部長理事會經獲得歐洲議會之意見後以條件多數決作出共同立場
（common position）。此一共同立場應送交於歐洲議會。部
長理事會完整告知歐洲議會其採行此一共同立場之理由。執行委
員會完整地告知歐洲議會其立場。

如果在傳送後三個月內，歐洲議會：

(a)贊同此一共同立場，部長理事會必須依照該共同立場通過法案；

(b)未做成決定，部長理事會依其共同立場通過法案；

(c)經由其成員之絕對多數指出其意欲拒絕此共同立場，則立即通知
部長理事會。部長理事會依照第4項規定可召開協調委員會
（Conciliation Committee）以進一步解釋其立場。其後歐洲
議會或經由其委員之絕對多數決確定否決此共同立場，則其結果
視爲不接受該法案，或依照本項之第(d)款修改之；

(d)經由其成員之絕對多數提議修改此共同立場。此修改內容傳送部
長理事會和執行委員會，兩者就此修改提出意見。

3.如果在傳送後三個月內，部長理事會經由條件多數決贊成歐洲議
會之修正案，則修改其共同立場並通過法案；然而，對於執行委
員會已傳達其否決意見之修正案部長理事會則應以一致決通過才
可。若部長理事會不批准該系爭法案，部長理事會主席於歐洲議
會主席同意後即時召開協調委員會。

4.由部長理事會成員或其代表及同額之歐洲議會代表所組成之協調
委員會，其職責爲經由部長理事會成員或其代表之條件多數決及
歐洲議會代表之多數決，達成聯合正文之協議（agreement on

a joint text）。執行委員會參與協調委員會之程序並採取所有
必要之動議以調解歐洲議會與部長理事會之立場。

5.如於召開會議之六週內，協調委員會同意此一聯合正文，則自同
意日起六週內歐洲議會經由絕對多數之投票，及部長理事會之條
件多數決，依照此一聯合正文通過該法案。若此二機構中之一者
未能批准時，此法案應視爲沒有通過。

6.當協調委員會不同意此一聯合正文時，此法案應視爲沒有通過，
除非部長理事會於協調委員會之決議期限屆滿後，以條件多數決
確認其於進行協調程序前之共同立場，於可能之範圍內加入歐洲
議會提議之修正案。在此情況下，通過該法案，除非歐洲議會於
部長理事會確認之日起六週內以其成員之絕對多數決否決此一法
案。

7.本條規定之三個月及六週之期限，依照歐洲議會與部長理事會之
共同同意至多得分別延長一個月及二週。第2項規定之三個月期
限於適用第2項第c款時應自動延長二個月。

8.本條規定之程序之適用範圍，依照歐洲聯盟條約第Ｎ條第2項規
定之程序，得以執行委員會最遲於1996年以前向部長理事會提交
之報告爲基礎擴大之。

第189c條

依據本條約援用本條通過法案時，應適用下列程序：

(a)部長理事會就執行委員會之提案，經諮詢歐洲議會後，以條件多
數決之方式作出共同立場。

(b)部長理事會之共同立場應送交於歐洲議會。部長理事會與執行委
員會應完整告知歐洲議會有關部長理事會採取共同立場之理由與
執行委員會之立場。

若歐洲議會在受通知後三個月內贊成此一共同立場或在此期間內
未作任何決定，部長理事會必須依據共同立場通過法案。

(c)歐洲議會得於第(b)項規定之三個月期間內，由其成員依絕對多數決之方式通過修正部長理事會之共同立場。歐洲議會亦得經由相同之表決方式否決部長理事會之共同立場。此程序之結果應傳送部長理事會與執行委員會。

如歐洲議會否決部長理事會之共同立場，部長理事會在二讀程序只能以一致決之方式通過其共同立場。

(d)執行委員會在一個月之期間內重新審查部長理事會依據歐洲議會所提之修正案，作成之共同立場。

執行委員會送交部長理事會其重新審查後之提案的同時，應將其未接受之歐洲議會所提之修正案亦送交部長理事會，並就此表示意見。部長理事會得以一致決之方式通過此修正案。

(e)部長理事會以條件多數決之方式通過執行委員會重新審查後之提案。

部長理事會應以一致決之方式修正執行委員會重新審查後之提案。

(f)於第(c)項、第(d)項與第(e)項所規定之情形下，部長理事會在三個月之期間內做出決定，如於期間內未作成任何決定，執行委員會之提案應視爲未通過。

(g)第(b)項與第(f)項所規定之期間，得經部長理事會與歐洲議會共同同意後延長之，至多不超過一個月。

(62)第190條由下文替代之：

第190條

經歐洲議會與部長理事會共同制定之規則、指令及決定，與執行委員會或部長理事會制定上述法規，均應載明其根據之理由及符合本條約要求之相關提案或意見。

(63)第191條由下文替代之：

第191條

1. 依照第189b條規定之程序所制定之規則，指令及決定，係經歐洲議會主席及部長理事會主席之簽署，且刊載於歐洲共同體官方公報上。其自各條文中明訂之日起生效，惟若無明訂，則自公布日起二十天後生效。

2. 部長理事會及執行委員會之規則與其所適用於各會員國之指令，均刊載於歐洲共同體官方公報上。自各條文中明訂之日起生效。若無明訂，則自公布日起二十天後生效。

3. 其他指令、決定應通知適用該指令或決定者，並於通知之日起生效。

⒃第194條由下文替代之：

第194條

　　經濟暨社會委員會之委員名額如下：

　　比利時　12名

　　丹　麥　9名

　　德　國　24名

　　希　臘　12名

　　西班牙　21名

　　法　國　24名

　　愛爾蘭　9名

　　義大利　24名

　　盧森堡　6名

　　荷　蘭　12名

　　葡萄牙　12名

　　英　國　24名

　　委員之任命由部長理事會以一致決之方式提名。其任期為四年。委員連選得連任之。

　　委員不受任何強制性指示之拘束，基於共同體之整體利益獨立行使

其職權。

部長理事會以條件多數決之方式決定委員會委員之津貼。

(65)第196條由下文替代之：

第196條

經濟暨社會委員會自其委員中選任主席及職員，其任期為兩年。

該委員會制定其內部之程序規則。

委員會會議由主席應部長理事會或執行委員會之請求召開之。其亦得自行集會。

(66)第198條由下文替代之：

第198條

部長理事會或執行委員會應就本條約相關規定諮詢經濟暨社會委員會。上述兩機構於其認為適當之情形下亦得諮詢委員會。委員會於其認為適當時亦可主動提出其意見。

部長理事會或執行委員會於其認為必要時，應設定一期間供委員會提出意見，該期間自主席收到通知時起算，不得少於一個月。期間屆滿時，若未提交意見，委員會不得妨礙後續之行動。

委員會之意見及其特定部門之意見，應隨同一程序記錄，提交部長理事會及執行委員會。

(67)插入下章

第四章　區域委員會

第198a條

以下之區域委員會係由區域及地方團體之代表組成，該委員會屬諮詢性質。

區域委員會成員之名額如下：

比利時　12名

丹　麥　9名

德　國　24名

希　臘　12名

西班牙　21名

法　國　24名

愛爾蘭　9名

義大利　24名

盧森堡　6名

荷　蘭　12名

葡萄牙　12名

英　國　24名

該委員會成員及同額之候補委員由各會員國提名，經部長理事會一致決而任命之，其任期爲四年，並得連任之。

委員會成員不受任何強制性指示之拘束，基於共同體之整體利益獨立行使其職權。

第198b條

區域委員會應於其成員中選任主席及職員，任期二年。

區域委員會應制定其內部之程序規定，並提交部長理事會以一致決之方式批准之。

委員會由其主席應部長理事會或執行委員會之要求而召集。委員會亦得自行集會。

第198c條

區域委員會於本條約有規定，或於部長理事會或執行委員會中之任一機關認爲適當時，應受部長理事會或執行委員會之諮詢。

部長理事會或執行委員會於必要時，訂一期限供委員會提出意見，該期間自主席接到該通知時起算不得少於一個月。期限屆滿時，委員會如無提出意見，則不應阻礙部長理事會或執行委員會後續之行動。

當經濟暨社會委員會依照第198條接受諮詢時，部長理事會或執行

委員會徵詢區域委員會之意見。當區域委員會認爲牽涉到特定區域之利益時，得針對此議題表示其意見。

區域委員會於其認爲適當時，得自行表示其意見。

委員會之意見應隨同一程序紀錄，一併轉送部長理事會和執行委員會。

⑹插入下章：

第五章　歐洲投資銀行

第198d條

歐洲投資銀行具有法人人格。

歐洲投資銀行之成員爲各會員國。

歐洲投資銀行之章程規定於本條約之一議定書中。

第198e條

歐洲投資銀行藉由依賴資本市場及其本身財源，本於共同體之利益下，以協助共同市場之均衡與穩定成長爲其職責。爲達此目的，於以非營利爲目的之運作下，歐洲投資銀行允許貸款和提供擔保，以便利下述所有經濟領域中之投資計劃：

(a)發展低度開發區域之計劃；

(b)有關企業現代化或轉型計劃，或因應共同市場逐漸成立所需新型活動之創作計劃，而該計劃依其規模或性質，無法自各會員國所提供之財產中獲得全額資助者；

(c)數個會員國共同利益之計劃，依其規模或性質，無法自各會員國所提供之財產中獲得全額資助者；

於執行其任務時，銀行結合來自組織基金（structural funds）及其他共同體財政手段之協助，以便利對投資計劃之融資。

⑹第199條由下文替代之：

第199條

共同體之各項收支，包括歐洲社會基金，應納入每一會計年度中加

以估計，並於預算中顯示。

歐洲聯盟條約規定機構有關共同外交及安全政策與司法、內政之合作的行政支出，由預算支付之。執行以上規定之業務支出，得依以上規定之條件，由預算支付之。

預算之收支應平衡。

⑺第200條廢除之。

⑺第201條由下列條文替代之：

第201條

於不違反其他收入條件之前提下，預算應自行籌措其財源。

部長理事會就執行委員會之提案，於諮詢歐洲議會後，以一致決之方式，制定共同體自行籌措其財源之規定，並建議各會員國於符合其憲法要件下採用之。

⑺插入下條文

第201a條

為確保其預算原則，在沒有確信其提案或相關措施於符合部長理事會依據第201條規定之共同體財源範圍下能獲得資助之情形下，執行委員會不得提出共同體新法案，或改變其提案，或採行任何措施可能對預算有明顯的影響。

⑺第205條由下文替代之：

第205條

執行委員會依據第209條制定之預算法規，考量健全之財政管理原則，於預算撥款之限度內，自行負責執行其預算。

該法規訂定每一機構執行其專屬支出之細則。

於預算範圍內，執行委員會依第209條制定之規則限制與條件下，得進行各預算項目或細目之適當移動。

⑺第206條由下文替代之：

第206條

1.歐洲議會就部長理事會經條件多數決通過之建議，卸除執行委員會執行預算責任。為此，歐洲議會於部長理事會建議之後，依次審查第205a條所指之帳目及財務報表、審計院年度報告和附有經審計院審查之機構的相關答覆，以及審計院有關之特別報告。

2.歐洲議會於卸除執行委員會執行預算責任前或其他任何與執行預算相關之責任，得要求聽取執行委員會有關預算之執行或財務控制制度之運作。應歐洲議會之要求，執行委員會應提交所有必需之資料。

3.執行委員會採取一切步驟以因應歐洲議會有關卸除其執行預算責之意見及歐洲議會就部長理事會針對此責任卸除所作建議之其他意見。

　　應歐洲議會或部長理事會之要求，執行委員會應就因應前項之意見和建議所採取之措施，特別是對執行預算之相關部門所為之指示提出報告。此報告亦應轉送審計院。

(75)第206a條和第206b條廢除之。

(76)第209條由下文替代之：

第209條

　　部長理事會就執行委員會之提案經諮詢歐洲議會與徵詢審計院之意見後，以一致決之方式：

(a)制定財務規則（Financial Regulations），尤其針對預算之建立與執行及帳目之提出與審核之程序；

(b)決定依據共同體自主財源制度提供執行委員會使用預算之方式及程序，並決定於必要時採行符合現金需求之相關措施；

(c)制定有關財務監督員、撥款審核員和會計人員責任之規則，並制定有關其監督之規定。

(77)插入下條文

第209a條

會員國應採取相關措施對抗影響共同體財務利益之詐欺行為，該措施應同於各會員國為對抗影響其個別財務利益之詐欺行為所採取之措施。

於不違反本條約中之其他條款之前提下，為保護共同體之財務利益，會員國應協調其行動以對抗詐欺行為。為此，於執行委員會之協助下，各會員國建立其行政相關主管部門密切且定期之合作關係。

(78)第215條由下文替代之：

第215條

　　共同體之契約責任依系爭契約（contract in question）適用之法律定之。

　　共同體之非契約責任，根據會員國法律中共同的一般原則，賠償因其機構或其人員於執行職務時所造成的損害。

　　前項規定亦適用於因ECB或其人員於執行職務時所造成的損害。

　　工作人員對共同體之個人責任由該人員適用之幕僚規則（Staff Regulations）或僱傭條款（Conditions of Employment）之相關條款定之。

(79)第227條修改如下：

　　(a)第2項由下文替代之：

　　關於法國海外屬地（French overseas departments），本條約之一般及特別規定中有關：

　　——貨物之自由流通；

　　——農業，惟第40條第4項除外；

　　——勞務之自由化；

　　——競爭之規則；

　　——第109n條、第109i條及第226條所規定之保護性措施；

　　——各機構；

均自本條約生效之日起適用之。

至於實施本條約其他規定之條件，由部長理事會於本條約生效後之兩年內，就執行委員會之提案以一致決之方式決定之。

於本條約所規定之程序範圍內，特別是第226條中所規定者，共同體各機構應注意並促進此地區之經濟及社會發展。

(b)第5項中之第a款由下文替代之：

(a)本條約不適用於菲洛群島（Faeroe Islands）。

⑻第228條由下文替代之：

第228條

1.本條約中有規定共同體與一個或一個以上之國家或與國際組織締結協議時，執行委員會應建議理事會，再由部長理事會授權執行委員會展開必要之談判。執行委員會於諮詢由部長理事會所指定為協助其任務之特別委員會，及於部長理事會所下達之指令範圍內進行其談判。

於行使本項所賦予之權力時，除了第2項第二段之情形應以一致決之方式行使外，部長理事會以條件多數決之方式行使之。

2.除在此領域，賦予執行委員會之權力外，部長理事會就執行委員會之提案以條件多數決之方式簽訂該協議。當此協議為有關必須以一致決之方式制定其內部規則及第238條之所指之協議時，部長理事會則應以一致決之方式行使之。

3.部長理事會於諮詢歐洲議會後簽訂協議，但排除第113條第3項所指之協議，包括此協議涵蓋之領域依第189b條或第189c條之規定，其程序尚須要求內部規則之制定。歐洲議會依部長理事會在緊急狀況設定之期限內表示其意見。如果歐洲議會未於期限內表示意見，部長理事會得決定之。

於排除前款之適用情形，第238條所指之協議、其他藉由組織合作程序成立一特殊組織性架構之協議、與共同體之預算有重大牽

連之協議以及依第189b條規定之程序修正制定之法案有關之協
議，應於獲得歐洲議會之同意後簽訂之。

部長理事會和歐洲議會得於緊急狀況時，為上述之同意設定一期
限。

4. 簽訂協議時，於排除第2項之適用情形，部長理事會得授權執行
委員會代表共同體批准其修正案，但惟有當協議中規定該修正案
須依簡化之程序，或由協議中所設立之機構採用之時方得適用；
而部長理事會得就此授權附加特殊之條件。

5. 當部長理事會簽訂一協議考慮修正本條約時，該修正案應先依照
歐洲聯盟條約第N條規定之程序制定之。

6. 部長理事會、執行委員會或任何會員國得蒐集歐洲法院對一協議
是否與本條約之規定相容之意見。凡歐洲法院對此協議提出反對
之意見時，惟有符合歐洲聯盟條約第N條之規定時，協議方能生
效。

7. 根據本條款中所列之條件而簽訂之協議，拘束共同體之機構及各
會員國。

⒅插入下條文

第228a條

依照歐洲聯盟條約有關共同外交及安全政策之規定採取共同立場或
聯合行動時，共同體如欲與一個或一個以上之第三國全面或部份斷
絕或降低其經濟關係時，部長理事會得依據執行委員會之提案，以
條件多數決之方式採取必要之緊急措施。

⒆第231條由下文替代之：

第231條

共同體應與經濟合作與發展組織（Organization for Economic
Cooperation and Development）建立密切之合作關係，其細節
由雙方以共同同意方式決定之。

(83)第236條和第237條廢除之。

(84)第238條由下文替代之：

第238條

　　共同體得與一個或多個國家或國際組織簽訂協議成立準會員（association），包含互惠之權義、共同行爲及特殊程序之關係。

F──於附件三：

(85)標題由下列句子替代之：

　　本條約第73h條，所規定之無形交易項目（List of invisible transactions）。

G──於歐洲投資銀行之章程議定書：

(86)第129條和第130條之批注（reference）分別由條文第198d條及第198e條之批注替代之。

第五篇　共同外交及安全政策之條款

第J條　建立共同之外交及安全政策，由下列條款規範之：

第J.1條　1.本聯盟及其會員國制定並實現一共同之外交及安全政策，由本篇之各條款規範之，涵蓋所有有關外交及安全政策之領域。

　　　　　2.共同外交及安全政策之目的爲：

　　　　　──維護聯盟之共同價值、基本利益及其獨立；

　　　　　──加強聯盟及其會員國各方面之安全；

　　　　　──依照聯合國憲章（the U.N. Charter）、赫爾辛基最終條款（the Helsinki Final Act）之原則及巴黎憲章（the Paris Charter）之目的，維持和平與加強國際安全；

　　　　　──提昇國際間之合作；

　　　　　──發展並鞏固民主與法治，並尊重人權與基本自由；

3.本聯盟追求下列目標：

——依照第J.2條，於各會員國間建立有系統之合作以實施其政策；

——依照第J.3條，於各會員國有重要之共同利益之事項，逐步地採取聯合之行動。

4.各會員國秉持忠誠和相互團結之精神，主動並無保留地支持本聯盟之對外及安全政策。各會員國應避免與本聯盟利益相衝突或可能危害其於國際關係中緊密結合效力之各種行動。部長理事會確保依此原則之遵行。

第J.2條　1.各會員國得於部長理事會中，互相知會並商討其有關整體利益之外交及安全政策之各項議題，以確保藉由其一致之行動，能盡可能地有效運用其聯合影響力。

2.於其視為必要之情況下，理事會得制定一共同立場。

各會員國確保其國家政策與此共同立場相一致。

3.各會員國於國際組織及國際會議中協調其行動，且於此等公開討論會中維護其共同立場。

於國際組織及國際會議中，如非全體會員國參與時，則參與之會員國應維護其共同立場。

第J.3條　於有關外交及安全政策事項中，採取聯合行動（joint action）之程序如下：

1.以歐洲高峰會議決定之整體指導方針為基礎，部長理事會決定將成為聯合行動之主題之事項。

部長理事會決定一聯合行動之原則時，規定明確之範圍，及本聯盟實施此行動之整體及特殊目標，於必要時一併規定其執行之期限、方法、程序、及要件；

2.於採行聯合行動和其發展階段時，部長理事會界定主題之事項以條件多數決行之。

部長理事會依據前項規定需以條件多數決之方式作出決定時，其委員之票數應符合成立歐洲共同體條約中第148條第2項之規定，如理事會欲達成其決定，須獲得至少五十四張贊成票，其中至少應包括八個會員國。

3. 如果情事變更而就聯合行動中之任一主題產生實質之影響時，部長理事會應重審該行動之原則與目標，並採取必要之決定。只要部長理事會沒有作出任何決定，該聯合行動應予保留。

4. 聯合行動促使各會員國採取立場，並引導其行動。

5. 依據一聯合行動制定任何有關採行之國家立場或其行動，於必要時應及時提供相關資訊以便於部長理事會中先行協商。事先提供相關資訊之義務不適用於僅為將部長理事會之決定轉換為國家法律之相關措施。

6. 基於情事變更而無任何部長理事會的決定之迫切情況下，各會員國得於聯合行動之整體目標下，採取緊急之必要措施。相關之會員國應立即將該措施通知部長理事會。

7. 執行聯合行動上若有任何重大困難，各會員國應將其提交部長理事會，由部長理事會商討並尋求適當之解決方法。此解決方法不得違反聯合行動之目標或損其效力。

第J.4條 1. 共同外交及安全政策涵蓋所有關於本聯盟安全之問題，包括最終可能走向一共同防衛體系之共同防禦政策之形成。

2. 本聯盟要求為歐洲聯盟發展整合之一部份的西歐聯盟（WEU, Western European Union）協助及實施本聯盟有關防禦之決定和行動。部長理事會基於與西歐聯盟組織之協定，採行必要具體之安排。

3. 本條規定有關防禦之問題，不應適用第J.3條規定之程序。

4. 本條規定之聯盟政策不影響某些會員國之安全暨防禦政策之特殊性質，並尊重某些聯盟會員國參與北大西洋公約（North Atlantic Treaty）而擔負之義務，並與於該公約之架構中建立之安全及防禦政策並行不悖；

5. 本條不限制兩個或兩個以上之會員國於西歐聯盟及大西洋同盟（Atlantic Alliance）中之雙邊基礎上尋求更密切的合作發展，惟此合作應以不違反或妨礙本篇條文所規定者爲限；

6. 爲達成本條約之目標，及考慮到布魯塞爾條約（Brussels Treaty）第12條中所訂1998年的最後期限，本條得依第N條第2項之規定，以部長理事會將於1996年提交歐洲高峰會議之報告爲基礎修改之，該報告應包括屆時已完成之進度與經驗的評估。

第J.5條　1. 主席代表聯盟處理有關共同外交及安全政策之事務；

2. 主席負責共同措施之實行。在此權限下，主席於國際組織及國際會議中，原則性地表達本聯盟之立場；

3. 第1、2項中規定之任務，如有必要，主席由前任及下任之輪值會員國協助之。而執行委員會應充分地參與此等任務；

4. 於不違反第J.2條第3項及第J.3條第J.4條之前提下，參與某些國際組織及國際會議之本聯盟會員國應知會未參與之會員國有關共同利益之各事項。

同爲聯合國安全理事會（U.N. Security Council）成員之本聯盟會員國將與其他會員國保持充分之聯繫。爲安全理事會常任理事國成員之本聯盟會員國行使其職權時，於不違反聯合國憲章之規定所賦予之職責之前提下，應確保本聯盟之立場及利益之維護。

第J.6條 駐於第三國及國際會議中之各會員國外交暨領事使節團與執行委員會代表團（Commission Delegations），及其於國際組織中之代表，應合作以確保由部長理事會制定之共同立場及措施相互一致並付諸實行。

各代表團應藉由交換資訊、進行共同評估，及協助實行成立歐洲共同體條約第8c條之規定等方式加速其合作。

第J.7條 主席應向歐洲議會諮詢有關共同外交及安全政策之主要方向及其基本選擇，並應確保歐洲議會之意見得適切地列入考量。主席及執行委員會應定期向歐洲議會報告有關共同體外交及安全政策之進展。

歐洲議會得向部長理事會詢問或對其提出建議，且每年針對共同外交及安全政策實施之成效進行討論。

第J.8條 1.歐洲高峰會議應制定共同外交及安全政策之原則及整體指導方針。

2.部長理事會應根據歐洲高峰會議制定之整體指導方針，對共同外交及安全政策的制定與實施作成決議。並確保本聯盟行動之統一、協調及其效能。

除有關第J.3條第2項之規定及程序問題外，部長理事會應以一致決之方式決定之。

3.各會員國或執行委員會得向部長理事會提出任何有關共同外交及安全政策之問題，並得向部長理事會提交提案。

4.如需迅速作成其決議，主席得以其動議，或應執行委員會或任一會員國之要求，於48小時內，或於緊急之狀況下，最短時間內召開部長理事會非常會議（extradinary Council meeting）。

5.於不違反成立歐洲共同體條約第151條之前提下，由政治領袖組成之政治委員會（Political Committee）應注意

於共同外交及安全政策範圍內之國際局勢，並應部長理事會之要求或主動提供部長理事會其意見以助政策之擬定。在不妨礙主席及執行委員會之職權下，政治委員會亦得監督已確立之政策之實施情形。

第J.9條　執行委員會應充分地參與共同外交及安全政策範圍內之工作。

第J.10條　於審查第J.4條有關安全之條款時，為此而召開之會議亦應審查是否需針對有關共同外交及安全政策之條款作任何其他之修正。

第J.11條　1.成立歐洲共同體條約中，第137條、第138條、第139至142條、第146條、第147條、第150至153條、第157條至第163及217條之條文，應適用於本篇相關領域中規定之條文；

2.各機構因本篇相關規定而負擔之行政費用應由歐洲共同體之預算支付。

部長理事會亦得：

——或以一致決之方式決定因執行上述條文而支出之運作費用（operational expenditure），由歐洲共同體之預算支付之。在此情形下，成立歐洲共同體之條約中有關預算編列之規定亦適用之；

——或決定此等費用依有待進一步決定之比例，由各會員國支付之。

第六篇　司法與內政之合作條款

第K條　內政與司法之合作應依下列各條款規定之。

第K.1條　為實現聯盟之目標，特別是關於人員自由流通之目標，於無損及共同體之權限下，各會員國應將下列規定之事項視為其共同利益。

(1)庇護政策；

(2)有關管制人員往來各會員國間邊界之規定及其相關控制方
式；

(3)移民政策及有關第三國國民之政策；

(a)第三國國民之入境及遷徙於各會員國境內之條件；

(b)第三國國民居住於各會員國境內之條件，包括家庭成員團
聚與雇用人員之居留權；

(c)對抗第三國國民於各會員國領域內之非法移民、居住及工
作。

(4)對抗未於第7項至第9項中所規範之毒品問題。

(5)對抗未於第7項至第9項中所規範之國際性詐欺行為。

(6)民事案件之司法合作。

(7)刑事案件之司法合作。

(8)海關之合作。

(9)為預防及對抗恐怖主義，非法之毒品走私及其他嚴重之國
際犯罪行為而進行警政之合作，若必要時得包括一定程度
海關之合作。並與歐洲警察總署（European Police
Office, Europol）中之全聯盟情報交換組織維持連繫。

第K.2條　1.第K.1條之規定事項應遵循1950年11月4日簽訂之「歐洲
人權及基本自由保護公約」及1951年7月28日簽訂之「有
關難民身分之公約」（Convention Relating to the Sta-
tus of Refugees of 28 July 1951），並應尊重各會員國
給予政治受難者之保護。

2.本篇之規定不得影響各會員國維護其法律、命令及內部安
全防護措施之責任。

第K.3條　1.於第K.1條所規定之事項中，各會員國為協調其全體之行
為，應於部長理事會中彼此知會並相互諮商之。其最終目

標應爲各會員國建立彼此相關行政部門之合作關係。

2.部長理事會得

——就第K.1條第1項至第6項之事項，針對任一會員國或執行委員會所提出之動議；

——就第K.1條第7項至第9項之事項，針對任一會員國所提出之動議：

(a)採取聯合立場及利用適當之方式與程序促進任何有助於實現聯盟所追求之目標之合作行爲；

(b)於考量其行動之規模或效果後，當聯合行動較各會員國單獨行動更有助於聯盟之目標時，採取聯合行動。部長理事會得以條件多數決之方式決定實施聯合行動之相關措施；

(c)於不違反成立歐洲共同體條約第220條之前提下，草擬一建議各會員國於符合其各別憲法規定後制定之公約；

除非此等公約另有規定，相關措施之實施應經部長理事會中三分之二決議通過制定之。

此等公約於符合其得另行制定之協議時，得規定歐洲法院就其條文之解釋與其適用所生之爭議有管轄權。

第K.4條　1.協調委員會（Coordinating Committee）應由資深官員組成之，除協調功能外，本委員會之任務如下：

——不論是應部長理事會之請求或其主動提出，就部長理事會應注意之事項提供其意見；

——於不違反成立歐洲共同體條約第151條前提下，就本條約第K.1條之規定，及符合成立歐洲共同體條約第100條第(d)項之規定，有關該條約第100條第(c)項之規定，爲部長理事會之討論提供準備事項。

2.執行委員會應充分地參與就本篇所規定事項之工作。

3.除程序問題與第K.3條中明示採用其他表決方式之事項

外，部長理事會應以一致決之方式行動。

部長理事會採用條件多數決時，各會員國之票數依建立歐洲共同體條約第148條第2項之規定計算之，部長理事會之提案應有至少五十四票以上之贊成票，且其中至少包括八個會員國方爲通過。

第K.5條 於國際組織與國際會議中，各參與之會員國應維護依本篇各條款所制定之共同立場。

第K.6條 執行委員會及其主席應定期將有關本篇事項之討論情形通知歐洲議會。

執行委員會主席應向歐洲議會詢問有關本篇範圍內原則性活動事項，並應確保歐洲議會之意見被適切地列入考量。

歐洲議會得向部長理事會提出詢問或建議，並每年集會一次討論有關本篇規定事項之執行進度。

第K.7條 本篇之條款並不阻止各會員國彼此間建立或發展更爲緊密之合作，惟此等合作不得抵觸或妨礙本篇之規定。

第K.8條 1.成立歐洲共同體條約第137條、第138條、第139至142條、第146條、第147條、第150至153條、第157至163條、及第217條之各條款應適用本篇之相關規定。

2.各機構因本篇相關規定而負擔之行政費用應由歐洲共同體之預算支付之。

——理事會亦得：

或以一致決之方式決定，因執行本篇相關規定而支出之運作費用，由歐洲共同體之預算加以支付。於此情況，成立歐洲共同體條約中有關預算編列程序之規定亦適用之；

——或決定將此等費用依有待進一步決定之比例，由各會員國支付之；

第K.9條　部長理事會就各會員國或執行委員會之動議得以一致決之方式，決定適用歐洲共同體條約第100c條之規定，採取第K.1條第1點至第6點相關事項之行動，同時並決定相關之投票規定。此等決定應建議各會員國於符合其各別憲法要件下制定之。

第七篇　最終條款

第L條　成立歐洲共同體條約、歐洲煤鋼共同體條約與歐洲原子能共同體條約中關於歐洲共同體法院之職權及其行使之規定僅適用下列條款之規定：

(a)基於成立歐洲共同體而修正之歐洲經濟共同體條約之條款，及歐洲煤鋼共同體條約與歐洲原子能共同體條約；

(b)第K.3條第2項第c款第3目；

(c)第L條至第S條。

第M條　依照基於成立歐洲共同體而修正之歐洲經濟共同體條約之條款、歐洲煤鋼共同體條約以及歐洲原子能共同體條約與本篇之最終條款，本條約不得影響歐洲共同體條約及其後續修正或補充之條約與法案。

第N條　1.各會員國政府或執行委員會得向部長理事會提出本條約之修正案。

部長理事會於諮詢歐洲議會並於適時地諮詢執行委員會後，得表示意見並要求召開各會員國政府代表會議。此會議由部長理事會主席召集之，期能共同同意對條約之修正案。就財政領域中之組織變更費用，亦應諮詢ECB。

修正案於各會員國依其憲法之規定批准後始生效力。

2.各會員國政府代表會議應於1996年召開，依據第A條與第B條所揭示之目標審查本條約中所修正之條款。

第O條 任何歐洲國家均得申請加入成爲聯盟之會員國。該國應向部長
理事會提出申請，部長理事會於諮詢執行委員會並獲得歐洲議
會其成員之絕對多數同意後，以一致決之方式作成決定。

加盟之許可條件及相關聯盟條約之調整，應爲各會員國與申請
加入國間協議之主旨。此協議應送交各締約國依各國憲法之規
定批准之。

第P條 1. 1965年4月8日於布魯塞爾簽訂之建立歐洲共同體單一部長理
事會暨單一執行委員會（a Single Council and a Single
Commission of the European Communities）條約第2至
7條與第10至9條宣告作廢。

2. 1986年2月17日於盧森堡及1986年2月28日於海牙簽訂之歐洲
單一法（Single European Act）第2條，第3條第2項與第
三篇宣告作廢。

第Q條 本條約無終止期限之規定。

第R條 1. 本條約應由各原始締約國，依其各自憲法之規定批准之。批
准文件應存放於義大利共和國政府。

2. 本條約於各國均送交其批准文件後，於1993年1月1日生效。
若無法於該期限完成，則自最後一個締約國完成送交批准文
件手續後次月之第一日起生效。

第S條 本條約之原本係以丹麥文、荷蘭文、英文、法文、德文、希臘
文、愛爾蘭文、義大利文、葡萄牙文、西班牙文草擬之。此十
種語言之原本具有同等效力並存放於義大利共和國政府之檔案
室，該國並應以業經證明之副本，分別送交各締約國政府。

大雅叢刊書目

法學叢書書目

圖書資訊學叢書書目

三民大專用書書目 —— 法律

書名	著者	學校／機關
中華民國憲法與立國精神	胡佛、沈清松、石之瑜、周陽山 著	臺灣大學　政治大學　臺灣大學
中國憲法新論	薩孟武 著	前臺灣大學
中國憲法論	傅肅良 著	前中興大學
中華民國憲法論	管歐 著	前東吳大學
中華民國憲法概要	曾繁康 著	前臺灣大學
中華民國憲法	林騰鷂 著	東海大學
中華民國憲法	陳志華 著	中興大學
大法官會議解釋彙編	編輯部 編	
中華民國憲法逐條釋義（一）～（四）	林紀東 著	前臺灣大學
比較憲法	鄒文海 著	前政治大學
比較憲法	曾繁康 著	前臺灣大學
美國憲法與憲政	荊知仁 著	政治大學
國家賠償法	劉春堂 著	輔仁大學
民法總整理	曾榮振 著	律師
民法概要	鄭玉波 著	前臺灣大學
民法概要	劉宗榮 著	臺灣大學
民法概要	何孝元著、李志鵬修訂	前大法官
民法概要	董世芳 著	實踐管理學院
民法概要	朱鈺洋 著	屏東商專
民　法	郭振恭 著	東海大學
民法總則	鄭玉波 著	前臺灣大學
民法總則	何孝元著、李志鵬修訂	前大法官
判解民法總則	劉春堂 著	輔仁大學
民法債編總論	戴修瓚 著	
民法債編總論	鄭玉波 著	前臺灣大學
民法債編總論	何孝元 著	
民法債編各論	戴修瓚 著	
判解民法債篇通則	劉春堂 著	輔仁大學
民法物權	鄭玉波 著	前臺灣大學
判解民法物權	劉春堂 著	輔仁大學
民法親屬新論	陳棋炎、黃宗樂、郭振恭 著	臺灣大學
民法繼承論	羅鼎 著	